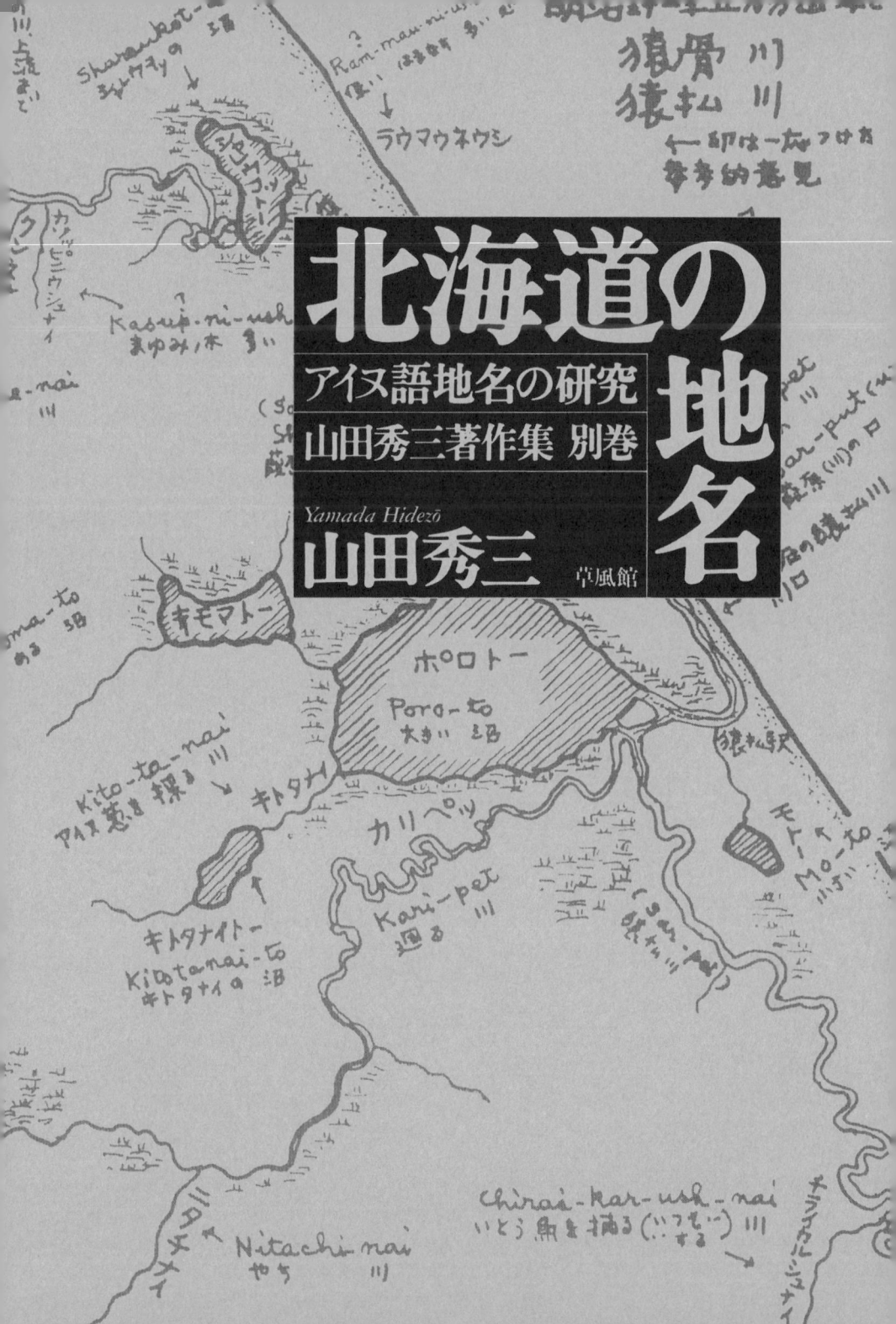

北海道の地名

アイヌ語地名の研究
山田秀三著作集 別巻

Yamada Hidezō
山田秀三

草風館

序

　北海道の地名の主なものは、殆どがアイヌ語系のもので，それが北海道のきわだった地方色であり，独特な風趣を漂わせている。北海道で生まれ育った方々は，それに慣れきっておられて，何でもないことと思われるかもしれないが，内地から北海道に来られた方が，少し歩いて地名に触れられたなら，おやと思われるに違いない。かつての私もその一人なのであった。

　昭和の初年に，初めて憧れの北海道に来て，登別，苫小牧を通って札幌に出た。そして月寒（当時はツキサップ）や真駒内の牧場に遊んだりしたが，東京育ちの私は，東京で慣れていた渋谷だの千駄ヶ谷だのという地名の音と全く違った美しい音の，札幌とか月寒とかいう地名にすっかり魅せられてしまった。北海道庁に行って友人に聞くと，アイヌ語の地名だからだろうよという。

　戦後すぐから北海道で仕事をするようになり，それから30何年もたって，自分では半北海道人のつもりでいるようになったが，いつまでたっても北海道地名への愛着は変わらない。いや覚えれば覚えるだけ興趣を深くするのだった。内地で慣れ育ってからの半北海道人だから，それをはっきりと感じるのかもしれない。

　アイヌ語は母音も子音も日本語と殆ど変わらない，親しみ深い言葉であるが，当然のことながら音の配列が違う。例えばp音やr音が多いし，子音で終わる音（閉音節）も少なくない。一例でいえばサッ・ポロ（sat-poro　札幌）のような形である。それらが何となく美しい，エキゾティックな風韻を感じさせてくれるのであろうか。

　とにかく一般和人の知らない言葉の地名なので，古い徳川時代の旅行者たちも関心を持ったようで，彼等の旅行記には，多かれ少なかれ地名の語義が書かれて来た。

　昔は，入口の地方等の僅かの地名は別として，だいたいの地名は平仮名か片仮名で記録されて来た。アイヌ社会には文字がない。和人がその音を聞いて仮名書きする際に，若干の訛りがあり勝ちだったのは止むを得ない。

　幕末から明治にかけて，それらを二字か三字ぐらいの漢字で書くようになった。そうなると中々巧い字がない場合が多い。札幌のように上手に字を選べたものは別として，多くは若干似た音の字を当てる。そして後には，その漢字が，普通に読む形に呼び変えられて行った。例えば室蘭は，最初はその字を当てて，モロランと呼んでいたのだが，いつのまにか「むろらん」となってしまった。

月寒(ツキサップ chikisap)だって，寒が読みにくいので，「つきさむ」になったのはつい近年のことである。現在我々が使っている漢字地名とその読み方だけで，アイヌ語時代のその原形を知ろうとしても容易にできることではない。

幸いに，徳川時代から何人かの先輩がそれらの多くを仮名書きで書き残して置いた。例えば元禄郷帳（1700年）がある。また秦檍麻呂の地名考（文化5＝1808年）や上原熊次郎の地名考（文政7＝1824年）があった。幕末の松浦武四郎や明治の永田方正は何千もの地名記録を残して置いてくれたのであった。また私たちが勉強を始めたころまでは，アイヌ語に詳しいアイヌ系の古老も若干は残っていて，相当を学ぶことができた。

だがそれで地名の語義が分かるかというと，実は容易なことでない。アイヌ語は一つの言葉にいろいろの語意を持ったものも多いし，また似た音の言葉も少なくない。方言差もある。またアイヌ時代に使われていた地名であっても，年代を経て，既に相当訛っていたらしいものもあるのだった。

アイヌ語地名を使い出した人たちが，どういう意味でそう呼んだかを書いた由緒書きがあるわけでもない。今我々が触れる地名解は，全部が後の人の想像説なのであった。せめて，古いアイヌ時代の人たちが，それをどう理解していたかを知りたいと，誰でもがそう思うのではなかろうか。

永田方正が彼の有名な北海道蝦夷語地名解（明治24年刊）を書いた時代には，まだ多くの人々がアイヌ語で生活していた。アイヌ語に詳しい彼は，それでも「地名を解せんとせば，必ずその地の故老アイヌに質さざるを得ず。地名の原語は唯故老アイヌの頭上に在て存するのみ」と書き，現地アイヌの説をできるだけ聞いて書いたのだという。この点は古い秦檍麻呂でも，上原熊次郎でも，また松浦武四郎でも，同じである。

ところが同じ一つの地名であっても，今それらの諸先輩の著から，書かれた解を抜いて来て並べると，まるで違った解で，各人各説の場合が至る処で見られる。つまり，アイヌから聞いたといっても，同じ解が答えられたわけではない。時代により，人によりその解が違っていたのであった。

石狩とか十勝，雨竜といった大地名の場合には特にそれがひどい。そんな場合，例えば松浦武四郎の郡名建議書は，「ウリウ。是は太古神が号け給ひしと言伝へ，訳相分り申さず候」と書いた。いよいよ分からなくなると，神様が作った名だ。分かる筈がないじゃないか，とはよくいわれた言葉だった。これが一番正直な答えだったのではなかろうか。

金田一京助博士や知里真志保博士の時代にアイヌ語の研究が見違えるほどに進んだ。そのために，同じ地名の解釈でも，現在では随分がっちりして来たこ

とは事実である。だが地名は長い文章ではない。前後の説明が土地の人には自明のこととして省かれてあるものなので、いくら地名だけの単語や語法を正確に解したつもりであっても、それが元来の意味であるとは言い切れない。

　知里さんは無類の地名好きで、私とは親密に協力しあった仲である。始終地名の解釈で論議を続けていたのであったが、彼は「そうだったのかもしれないし、或はそうでなかったのかも知れませんね」と慨嘆した。正にその通りである。地名解に自信を持ち切れることはない。

　幸いにアイヌ語地名の大部分は地形をいったものであった。また同形、類形の地名が全道に数多く散在していることも大きな特色である。同形の地名の処に行って見ると、その位置さえ誤らなければ、必ず共通な処がある。それを繰り返していると、そこにその地名がつけられた当時の元来の意味があったらしいと考えるようになった。そんな経験は私にとっては若干の救いであった。

　とにかく地名とはその処の名前である。机上で単語を並べていただけでは始まらない。もちろん旧記を渉猟することは大切であるが、何とか現地に行って地形を眺め、また周辺の地名との関連も確かめ、古老を探しては土地の昔話を聞くと、必ず何かを覚える。その上で帰って、もう一度旧記、旧図を当たり直すと、ああこうだのかということに気がつくことも多かった。飽きもしないで道内を歩き回ったのはそんな意味だった。

　昭和46年に北海道庁河川課の依嘱によって「北海道の川の名」という本を書いたが、その時はお役所の年度の関係もあり、ゆっくり調べをする時間もないので、大きい川の名だけしか書けなかった。数年後には、歩いていて目につく程度の、その他の川の名も書き加えますよと関係者方にお話ししたままになっていたのが、いつまでも気にかかっていた。

　昭和56年には北海道新聞社の「北海道大百科事典」の地名部分の執筆をしたが、この場合も、時間の関係で限られた地名を書くのに止めた。現場を年中歩いて来た私としては、旅行中まずは立ち寄って煙草でも買ったような主部落とか、或は小地名でも、特に興味を持ったようなものぐらいは書いて置きたい。

　そんな意味で、目ぼしい主な地名を選んで本書を綴った。残念ながら離島や、交通不便の若干の個所は歩いて目で見ていないが、その部分だけを抜かすのもまずいので、それらは旧記、旧図等から参考資料を並べて書くに止めたことをお許し戴きたい。

　昔からの諸説を、知っている限り全部書くことは望ましいが余りに繁雑になる。よく読んで見ると、前からの説の孫引きのような説がずいぶん多い。それで、だいたい同じならば、私の読んだ一番古い時代のものを代表として書き、

それに後の時代の異説を並べることにして、それらの典拠を明記することに主眼点を置いた。処々には私見も書いてあるが、それらは、調べて来た過程で、こうも思われるがという意味で、単なる参考として見て戴きたい。

　地名は、北海道の海岸を、石狩川の川口から時計回りの順に並べた。また内陸部は、原則として川筋を川口から上流に向かっての順に書いた。地名には何となく地方、地方の味がある。目的とされる一地名だけでなく、その前後にある若干の地名にも目を通して戴けたら、何か現地を歩いているような気分になられるかもしれない。私にしても、これをまとめるのに10年、20年前の調査メモを書架から卸し、古い写真や見取図を眺め、懐かしい北海道の山河をまた旅しているような気持ちで書き綴っていたのであった。

　北海道地名が、我々の時代にも多く変わって、アイヌ語系の地名も消えて行ったものが少なくない。アイヌ時代から開拓時代を通って来た歴史的地名を、内地にごろごろある、平凡で特色もない地名に置き替えられるのがもったいない。先輩の汗の滲んでいる地名の地方色こそがその土地土地の誇りなのではなかろうか。古くからの地名を大切にして行って戴きたいものである。

　長い間、研究の上で、数々の尊敬すべきアイヌ古老方、先輩、友人方（大部分はもう故人になられた）や、若い同好研究者方のお世話になってこの調査を続けて来た。特に、地名解説書では生命ともいえる索引づくりでは、北大教授・村崎恭子氏監修のもとに佐藤知己君、佐藤恵留美さん、鷲尾理香さんの四人に大変お世話になった。しみじみと御礼を申し述べたい。また本書をまとめる上で配慮をして来られた北海道新聞社出版局図書編集部の皆さんに謝意を表したい。

　　1984年5月　　　　　　　　　　　　　　　　　　　　山　田　秀　三

アイヌ語地名の表記等

　アイヌ語の言葉の順序は日本語と殆ど同じである。従って訳もアイヌ語の言葉の順に書いた。その点我々には近親感が持たれる言葉なのであった。
　アイヌ語地名は片仮名とローマ字で書いた。ローマ字は，長い間使い慣れて来たヘボン式流（永田地名解や金田一京助先生の流儀）で書いた。（若い方には読みづらい処があるかとは思うがお許し戴きたい）
　アイヌ語は，母音も子音も日本語の標準音と殆ど同じ音であるが，それでも若干の差があるので，それらの主なものを次のように書いた。
　(1)　アイヌ語 tu の音。日本語のツに当る音が使われないで，tu が使われる。従来の書ではそれを書くのに，ある人はト゚，ある人はツ゚の字を使って来たのであるが，それでは一般の人に読みにくいので，本書ではトゥで書いた。例えばエトゥは etu（鼻，岬）の意。
　(2)　ワ行音とヤ行音は，例えばイェ（ye），ウェ（we）のように書いた。
　(3)　アイヌ語は子音で終わる言葉（閉音節）が多い。それらの子音は小文字の片仮名で表記した。
　(4)　小文字ッは t の昔の音。例えばサッ sat（乾く）のように書いた。ただし，wakka（水）のような形も便宜上ワッカと書いた。
　(5)　小文字ㇱ（sh）は，日本語のシの母音を落した音。あした（明日）の時の「し」のような音である。
　永田地名解や，その影響を受けた古い陸地測量部図は，何を考えたか，それをシュと書いた。明らかに誤りなので，本書ではそれらを引用する時は一々断わらずに小文字ㇱに書き直した。ただし，その当時の仮名書きのまま公式に使われて来てしまった，例えば「モセカルシュナイ川」のようなものは，書き直すわけに行かないので，どうも変な気がするのではあるが，そのまま書いた。
　(6)　語尾の子音の中ㇰ，ッ，ㇷ゚（k, t, p）は，喉，舌端，両唇をしめたままで終わるので，和人には聞き取りにくい音である（不破裂音）。例えばペッ（pet　川）は英語の pet の音ではない。それで，現在は語尾がべで残っている地名でも，あるいは元来はペッだったかと思われるものがあるが，確かめようもないものは，そのまま書いた。
　(7)　子音の r は，前後の母音を響かせるなどして，あたかも母音があるように聞こえるので，バチラー博士の時代までは，母音があるものとして書かれたが，金田一博士の時代からそれが解明された。ここでは，地名のことなどで，旧記に残された仮名はそのままにして，なるべくローマ字を並記した。例えば山はシリ（shir），淵はハッタラ（hattar）のように書いた。
　(8)　サ行とシャ行は同音として扱われていた。例えば滝はソ（so）でもショ（sho）でもいったし，西はスㇺでもシュㇺ（shum）でも同じことである。本文中で一々それを注書きしない処もあった。
　(9)　清音（あるいは半濁音）と濁音も同音として扱われた。例えば川はペッ（pet）

でも，ベッ（bet）でも呼んだし，鮭の産卵場はイチャンでもイジャン（ijan）でも呼ばれた。音韻論的に，一方に統一して書かれた金田一博士や知里博士の書に慣れた方に少し異様な感を持たれるかもしれないが，ここは地名のことなので，なるべく旧記に書かれた音をそのまま書いた。

(10) 連声（リエーゾン）。地名のように熟した語では前語の語尾子音と，後語の語頭母音が連声され，例えばシリ・エトゥ（shir-etu　地の・鼻→岬）はシレトゥと発音される。だが旧記，例えば松浦武四郎図でも，シリエト（連声されていない）の形で残っているものも少なくない。それらは強いて連声の形に直さないで，なるべく旧記の姿のまま書いた。

(11) 音韻変化。地名として二語，三語が並んで熟語的に呼ばれる時にはよく音韻変化が起こる。例えばウェン・シリ（悪い・山→断崖）ならウェイシリとなる。これらも，旧記では各語の音のままウェンシリと書かれている場合が多い。これも強いて直さず，旧記のままで書いた処が多い。

(12) 母音を伸ばして書いた形。単母音の言葉は，例えばソー（滝），トー（湖），ルー（道）のように，少し伸ばして呼ぶこともあった。だが二，三語を続けて地名として呼ぶ場合は，アクセントのない位置では伸ばさないのだという。だが旧記では，サㇰ・ルー（夏の・道），パンケ・トー（下の・湖）のように，アクセントのない処が伸びた形で残されたものも多い。これらも強いて書き直さず，なるべく旧記類の姿で書いた。

主な引用文献について

　本書をまとめるために，秦檍麻呂（はたあはぎまろ），上原熊次郎の時代から現代までの主な文献を座右に置いて，改めてそれらを読みながら書き綴ったが，その中に書かれた地名解には，自ら系譜のようなものがある。後の人は先人の書を読んで，多くはそれをそのまま使い，意見があるものや，前人の書かなかった地名については自分の考えた解をつけ加えて行った。また同じ人でも前後で異なる場合もある。まるで系図書きのようになっていたのであった。

　それらを一々書き並べることが望ましいが，記述を簡単にするために，同じ説ならば一番先に書かれたものを引用するに止め，その後にその後の説を加えた。ずっと並べて読み直して見ると，後に書かれたものほどよいとは必ずしも思われない。古いころの上原説に，もう一度戻って考えたいと思う地名もよくあるのであった。

〔秦檍麻呂地名考〕　正確には「東蝦夷地名考」。文化5年（1808年）の執筆。彼は有名な蝦夷嶋奇観の著者。アイヌ語地名解をまとめて書いた本としては最も古い書か。この中ではアイヌ語の tu の音はト゚で書かれた。後に永田地名解や知里博士に使われ，北海道の研究者に常用されたト゚の字は彼が書き出したのであろうか。

　古い時代のアイヌ古老の地名解説の聞き書きが処々に書かれている。ただし彼が自分で考えた説は，今になって見ると賛成できないものが少なくない。例えばモロラン（室蘭）は，「諸々に・降る」と，半ば日本語，半ばをアイヌ語で読んだ。地名のついた古い時代には，それは考えられないことである。

〔上原熊次郎地名考〕　正確には「蝦夷地名考並里程記」。文政7年（1824年）の執筆。彼は当時有名な通辞（通訳）で，金田一京助博士はアイヌ語学の鼻祖と称えられた。

　この書の中では tu の音はツで書かれた。後の金田一博士や久保寺博士もこの字で書かれた。日本語タチツテトのツに当たるという意味だったようである。

　彼はこの書の終わりに「諸場所の長夷に再応聞き質し，尚また私儀伝え承わり候義も書き加え候えども，如何とも相分り難く候個所も御座候に付，分明の処あらまし和解（和訳）仕り御覧に入れ候」（注：原文は漢文的候文で送り仮名がないので，筆者が現代風に送り仮名を付けた）と書いた。生真面目な人だったと伝えられる。その人が当時のアイヌ古老の解を集めてくれた貴重な文献である。

　それを和訳したのであるが，古い時代であるので，例えば接頭辞のオ（川尻に，あるいはそこに）は分かっていなかったようで，方々で「有る」と訳されている。そんな点は飲み込んで置いて読むと何とも魅力的で，アイヌ語地名研究者にとっては原典である。

　ただ惜しむらくは，この書は箱館奉行所の中に納められて一般の人の目には触れなかったらしい。今は東京国立博物館に一本があるだけで，友人の佐々木利和氏の配慮によって読んで，要点を本書の中に紹介した。なるべく早く刊行して戴きたい本である。

〔蝦夷地名解〕　市立函館図書館蔵。筆者，年代不詳。松浦武四郎の旅行より若干前

のころの書らしい。この書からは読みよいようにするためか，tu はトで書かれた。

中身は秦氏や上原氏の説でだいたい書かれた処が多いが，執筆者は上原氏ほどのアイヌ語家とは思えない節が処々に見える。ただ両氏の書になかった小地名や離島の地名が入れてあって，その解が書かれてあるのは有難い。

永田地名解の中には，よく「旧地名解」の語が出ている。同書はその序文の中で「東西蝦夷地名解，或は蝦夷地名箋，或は蝦夷地名解と題する者，書中記する所皆同一，松前氏通辞の作ならん。本篇引く，旧地名解とあるは是なり」と書いた。その旧地名解は今殆ど見当たらなくなったが，函館図書館のこの本はそれらの中の一本らしい。

松浦氏蝦夷日誌の中には地名語義を書いた後に（地名解）と書かれている。内容を見ると，これも永田氏のいう旧地名解のことだったらしい。

〔松浦武四郎資料〕　彼が北海道内の探検旅行をしたのは，幕末弘化2年（1845年）から安政5年（1858年）ぐらいまでで，その材料によって明治初年までに刊行された北海道資料は莫大なものであるが，本書で引用したものは主として次の著書である。

〈初航蝦夷日誌〉〈再航蝦夷日誌〉　彼の初期の旅行記で嘉永3年（1850年）の執筆。まだアイヌ語に充分慣れていなかったらしいが，記述が刻明で，後の時代の日誌と相補って有益な資料である。

〈木版本刊行の蝦夷日誌〉　安政3年（1856年）ごろからの紀行により，東蝦夷日誌，西蝦夷日誌，石狩日誌，天塩日誌，十勝日誌等々を木版本として刊行（後に活字本となった）。これが広く読まれた本で，本書も多くこれを引用した。

〈廻浦日記〉　前記日誌と裏腹になっているような書であるが，着実な記述なので参考となる処が多い。

〈丁巳（安政4年）日誌〉〈戊午（安政5年）日誌〉　松浦氏自筆のぼう大な日誌が，松浦家から文部省史館部に寄託されてある。木版刊行本よりも詳しい部分が多いので，処々にそれを引用した。左留日誌（沙流），登古呂日誌（常呂）等がそれである。

〈松浦図〉　正確には「東西蝦夷山川地理取調図」である。松浦氏が自分のメモと，各場所から集めた地図で編集した全道の地図で，木版印刷で刊行した。内陸まで細かく地名を書いた最初の北海道全図。だいたい20万分図大で，アイヌ語地名を調べる人が誰でもまず見たものである。個人で，短い期間にそれを作り上げたことは感嘆の外ない。ただし編集図である関係か，内陸部の川や地名の位置等に狂いがあるのは止むを得ない。明治の測量図と対比しながら相補って見ると何とも貴重な資料である。

〈国（郡）名建議書〉　松浦氏は，北海道を11の国に分け，更にその中を郡に分けるのがよいとして，明治2年太政官に建議書を差し出した。正確には「国（郡）名の儀に付申上候書付」である。だいたいそれによって国郡名が定められた。その中にその名を選んだ理由が書かれているので，本書にはそれらを引用した。

〔野作東部日記〕　安政3年（1856年）幕府から派遣された榊原鋕蔵と市川十郎の旅行日記で，アイヌ語地名の語意が書き込まれている。永田地名解のいう旧地名解からの引用らしい解と，同行のアイヌからの聞き書きらしい説が並べてある。松浦氏と同時代の記録で，処々それを引用した。

〔永田地名解〕　正確には「北海道庁属永田方正著北海道蝦夷語地名解」。明治24年（1891年）刊行。永田氏が北海道長官の命を受けて調査したものであった。彼は巻頭の序文でアイヌ語地名を論じ「簿記に地図に其訛謬少しとせず。且つアイヌと雖も久しく和人に接する者及壮年輩に至ては頗る訛音あり。地名の原語は唯故老の頭上に在て存するのみ。若し故老アイヌ死すれば，地名も亦従って亡ぶ」と書いた。まだアイヌ語が日常語として生きていたその当時でもそうだったのだ。

だがその彼でも，「故老アイヌを雇ひ質したる年月は実に一年に満たず。是れ主務の余暇を以て各地へ出張せしに因るなり」と書いた。広い北海道である。自分で行って古老に聞けない地方については，そのころの測量図を見て自分で解を考えて書いたのは止むを得ないことだった。だがその部分の解には疑問の部分が特に多い。

今になって見ると，とにかく6千余の地名を当時残っていた音で採録して置いてくれたことは実に有難い。アイヌ語地名を調べる人でこの書を読まない人はいない。不朽の名著である。

親友知里博士はその著アイヌ語入門（昭和31＝1956年）の中で48頁も使って永田地名解の誤りを徹底的に指摘し，名著か迷著かと書いた。そのために，この書に触れない研究者も出て来たらしい。

知里さんと私は地名研究の棒組みで，いつも二人で調査に歩いたが，彼はその時には必ず永田地名解を持って来ているのだった。「君は自分で迷著だと書いたその本をどうして持って来るのだ」というと，「いやこの本の誤りの点が分からない人が使うと迷著だ。分かっている人が読めば名著ですよ」と笑った。

正にその通りである。金田一先生や知里さんのお陰で，アイヌ語学は，永田方正の時代とは遙かに進歩した。知里さんのアイヌ語入門を読まれた上で，永田地名解を使って戴けたら，この書は何物にも替え難い貴重な名著である。

〔仮製5万分図〕，〔道庁版旧20万分図〕　本文の中では例えば明治30年5万分図，明治27年道庁版20万分図のような形で引用した。これもアイヌ語地名研究の上では必要な資料である。

地名は，それらが元来はどの川の名であったか，どの入江の名であったかを知らなければならない。だがあの松浦図を持って来て，それを今の5万分図の上に点を打つことは，すぐではできない。精密な測量図とはいえないからである。

幕末の伊能忠敬や今井八郎のお陰で，北海道の海岸部は測量され，そこに書かれたアイヌ語地名のだいたいの見当はつけられるようになったが，内陸部についてはまだまだ時間がかかった。明治になって，部分的には処々の測量図がつくられ出したが，全体図として信頼できるものは，明治26，7年ごろの北海道庁版旧20万分図と，明治30年前後の仮製5万分図（陸地測量部）からであろうか。当時土地土地のアイヌが参加して測量された地図なので，アイヌ語地名が元来あるべき位置に記入されていることが我われにとっては有難い。これと対比して現在の国土地理院の5万分図，20万分図の中に，昔の地名の位置を求めることが可能になった。

ただし地名は移転することもよくあるので，この図の位置だけで安心はできない。またこの図に採録されなかった旧地名も多い。一度この図を精読した上で，再び旧記，

旧図を読み直して行くのが，地名調査をやる人の誰でもが通って行く道なのであった。

〔北海道駅名の起源〕　前のころから，北海道の鉄道当局から刊行され，地名の理解を普及するのに役立って来た書である。正直な処，古いころの版は語呂合わせのような解が散見していて閉口な本で，金田一先生と顔を見合わせて，これがお役所（鉄道当局）の名で出されているのかと嘆息したのだった。

ところが昭和25年版は高倉新一郎博士，知里博士，更科源蔵氏が担当して作られたので，見違えるような良書になった。全道の駅名，つまり主要な地名の，永田方正以来の解が，正確な単語知識と語法で，整然と書き直された立派な地名書である。

昭和29年版になると更に河野広道博士も参加された。そうして多くの点が書き直されたのであるが，今度は学問的な研究のような解が処々に書かれた。それを持って東京で金田一先生と読んで，おやおやと驚いたり，感心したりしたが，何だか研究課題が書かれた本のような気もするのであった。その後の版はこれがもとで，加除がされている。

〔知里真志保博士の諸著〕　知里博士がアイヌ語のあらゆる部門について大きな業跡を残したことはいうまでもないが，彼は特に地名が好きで，地名のことになると熱中した。現在の地名研究の基礎をつくったのは彼である。引用した若干の書について簡単な解説をして置きたい。

〈植物篇〉　正確には知里真志保著「分類アイヌ語辞典第一巻植物篇」。昭和28年（1953年）の刊行。彼は植物が好きで，一緒に歩くと路傍の雑草の日本語とアイヌ語を教えてくれる。アイヌ語の語源から，生活に使われた状況までが詳しく書かれた名著。アイヌ語地名には植物が多く出て来る。植物にうとい私は，今でも何かとこの本を読んでいる。

〈地名アイヌ語小辞典〉　昭和31年刊行。地名のことなので，私と話しながらこの書が作られた。私のとった写真や絵が巻中の方々に使われている。小さい本ではあるが，地名語をこれだけよくまとめた本はない。惜しむらくは語彙がもう少しあって欲しいし，現実の地名の中にそれがどう使われたかの用例をもっと書き加えたい。面倒な地名の解説に処々引用させて貰った。

〈網走郡内アイヌ語地名解〉，〈斜里郡内アイヌ語地名解〉　前者は網走市史の中に，後者は斜里町史の中に書いたもの。美幌のアイヌ古老菊池儀之助翁の話もよく聞いて書かれたようであるが，小地名までよく調べた執筆で，これを載せた市史，町史はこのために後まで読まれるであろう。

〈上川郡アイヌ語地名解〉　旭川市史（昭和35年）のために書かれたもの。知里さんに協力を頼まれて，処々を彼やアイヌ古老と共に歩いた。上川盆地の約300の地名が書かれている。

〈幌別町のアイヌ語地名〉，〈室蘭市のアイヌ語地名〉　幌別町（今は登別市）に私の関係工場があって，そこの子弟の郷土資料としてアイヌ語地名調査の準備をしていたら，知里さんが，幌別は私の郷里ですよ。調査の仲間にして下さいという。異議あるはずはない。二人で，アイヌ古老に案内して貰いながら歩き回り，結局は私が地図を作り，知里さんが文を書いた。

ついでに隣の室蘭もやろうとなって、また二人で歩き出したが、彼は病床生活をするようになった。彼は室蘭中学の卒業生なので、せめてこれだけは書きたい。現地調査を続けて下さいよというので、吹雪の中をよく歩き回り、病院で調査結果を話したりしてこれができた。以上の二篇は北大文学部の「北方文化研究」に二人の名で出した。

　彼は二人で胆振国だけでも調べたいという。それで隣の白老町の調査準備を始め、彼も退院したらとそれを楽しみにしていたのだがついに亡くなった。白老町はいつでも通るのだが、二人でしようと思っていたのにと思うと気が重くなって、つい白老川筋には出かけないで来たのであった。

添付略図について

　松浦武四郎や永田方正はアイヌ語地名について貴重な資料を記録して置いてくれたのであるが，今それを読んで，現在のどこのことであるかが分からないものが少くない。土地を離れては地名だけ残っていてもしかたがないものである。
　幸い，明治30年前後に刊行された陸地測量部の北海道の仮製5万分の1図等は，その時代のアイヌ系の土地の人たちが測量に参加したせいか，殆どの地名が，本来あるべき位置に記入されているのであった。
　今，地名を調べる人は，誰でもがまずその仮製5万分の1図を見る処から取りかかられる。相当正確な図であるので，私のやり方は，先ずそれをトレーシングペーパーに敷き写しをして，それを現在の5万分の1図に重ねて見る。そうすると川筋の変遷もはっきり分かるし，当時の地名の位置を今の測量図の上にきちんと移すことができる。
　もちろん松浦氏の旅行日誌や地図，永田地名解等々には，仮製5万分の1図にはないものが多く残っているが，それを基礎にしてある程度位置の見当をつける。有難いことには，アイヌ語地名は地形の名が多い。そうやって準備した地図を持って現地を歩くと，ああここだったと分かるものも少くない。
　この書には，せめてそうやって準備した5万分の1図をつけて置いて本文と対照して戴きたいと思ったのであったが，何せ広い北海道のことである。全道の5万分の1図を本の頁の大きさに分けて入れたらたいへんな頁数になってしまう。止むを得ないので，地域別に，小さな略図を作って，ほんとうの見当をつけて戴く程度にしかできなかった。
　その地域がまた南北に長かったり，東西に広かったりである。それを頁の形に合わせて地図にするのには苦労した。地域別には止むを得ず縮尺を変えざるを得なかった。
　また地名が混んでいて書き込めなかったり，図面の外に少しはみ出していたりして，本文の小地名を入れれなかったものもあった。それらは本文の前後の地名と合わせて読んで位置を推定して戴くことで勘弁して戴きたい。
　要するにこの小図では，一応の見当をつける程度にしか書けなかった。更にお調べになられる方は，その見当で大きな図，できたら仮製5万分の1図のその部分を見て戴けたら有難い。

＝目　　次＝

序 ……………………………………………………………… 1
アイヌ語地名の表記等 …………………………………… 5
主な引用文献について …………………………………… 7
添付略図について ………………………………………… 12

第Ⅰ　石　狩　地　方 …………………………………… 15
　(1)札幌地域 ……………………………………………… 17
　(2)石狩川下，中流 ……………………………………… 38
　(3)千歳川筋 ……………………………………………… 51
　(4)夕張川筋 ……………………………………………… 59
　(5)空知川筋 ……………………………………………… 65
　(6)雨竜地域 ……………………………………………… 75
　(7)上川盆地 ……………………………………………… 92
　(8)日本海岸（石狩川以北）…………………………… 113

第Ⅱ　天　塩　地　方 …………………………………… 123
　(1)日本海岸地帯 ………………………………………… 123
　(2)天塩川筋 ……………………………………………… 137

第Ⅲ　北　見　地　方 …………………………………… 155
　(1)北見地方北部 ………………………………………… 157
　(2)北見地方中部 ………………………………………… 175
　(3)北見地方東部 ………………………………………… 205

第Ⅳ　根　室　地　方 …………………………………… 225

第Ⅴ　千　島　地　方 …………………………………… 246

第Ⅵ 釧 路 地 方 …………………………… *254*
  (1)釧路地方東部海岸 …………………… *254*
  (2)釧路市，釧路川筋 …………………… *264*
  (3)釧路地方西部 ………………………… *278*

第Ⅶ 十 勝 地 方 …………………………… *286*
  (1)十勝南東部 …………………………… *287*
  (2)利別川筋 ……………………………… *294*
  (3)十勝川中，上流 ……………………… *305*
  (4)十勝南西部 …………………………… *324*

第Ⅷ 日 高 地 方 …………………………… *335*
  (1)日高東部 ……………………………… *336*
  (2)日高西部 ……………………………… *356*

第Ⅸ 胆 振 地 方 …………………………… *369*
  (1)胆振東部 ……………………………… *370*
  (2)胆振中部 ……………………………… *387*
  (3)胆振西部 ……………………………… *404*

第Ⅹ 渡 島 地 方 …………………………… *420*
  (1)渡島東部 ……………………………… *421*
  (2)渡島西部 ……………………………… *435*

第Ⅺ 後 志 地 方 …………………………… *445*
  (1)後志南部 ……………………………… *446*
  (2)尻別川筋 ……………………………… *461*
  (3)後志北部 ……………………………… *470*
  (4)小樽市内 ……………………………… *490*

総索引 ………………………………………… *501*

〈装幀〉 亀 谷 　 隆

第Ⅰ　石　狩　地　方

石狩　いしかり

　道央を豊かに流れる石狩川は，北海道の心臓であり，大動脈だ。石狩は元来は川の名であるが，地方名，旧国名，町名としても使われた。もちろんアイヌ語から来た名であるが，どうしたものか語意が忘れられた。旧来説が多いが何とも判断がでないので，一応それらを並べて見ることにした。

　上原熊次郎蝦夷地名考（文政7年）は「塞る，亦は詰るといふ意にて，此川筋屈曲して塞りて見ゆる故此名ありといふ」と書いた。ishikari（ふさがる）と解したのであった。松浦武四郎の国名建議書（明治2年）でもだいたい同じく塞ると解し「此川筋屈曲して先が見えざる故相名づけ候由土人等申候」と書いた。

　永田地名解（北海道蝦夷語地名解，明治24年）は次の三つの説を紹介した。
　①　原名イシカラペツ。回流川の意。石狩川口の辺，川脈最も屈曲回流して川上塞るが如し。故に名く。これは，パニウングル（中川の人）の説なり。
　②　ペニウングル（上川人）云ふ。イシカラペッなり。イシは美く，カラは作る。美く作りたる川の意。太古コタンカラカムイ（国作りの神）親指にて大地を劃し此川を作り給ひたり。故に名くと。
　③　和人某云，イシカラペッは鳥尾にて箭羽を作る処の意なりと。老夷笑て曰く，此説は非なり。石狩アイヌ鳥尾をオイシと称し，イシと呼ばず。

　石狩のような大地名になると，その地名の元来の発祥地が忘れられたので，従ってその語義も分からなくなるのが自然なのであった。またその音であっても，元来の形さえ見当がつかなくなる。

　古謡の中で，石狩人という場合にはイシカラ・ウン・クル，あるいはイシカルンクルだったという。それから見ると，石狩の当時の音はイシカル（ish-kar）だったらしい。上記諸説の中，「美しく・作る」や「鳥の尾羽を・作る（採る）」はこの音である。

　「ふさがる」という説，あるいは「回流する」という説は，イシカリ（ishikari）で，前の説と音が違う。だが地名の音であっても，転訛しやすいので，それだからどうだともいえないのであった。

　石狩ばかりでなく，例えば雨竜とか十勝といった大地名の殆どが同じような姿で，語義が分からなくなっている。昔からこんな説もあったが，といった程度でがまんして置く外しかたがないのではなかろうか。

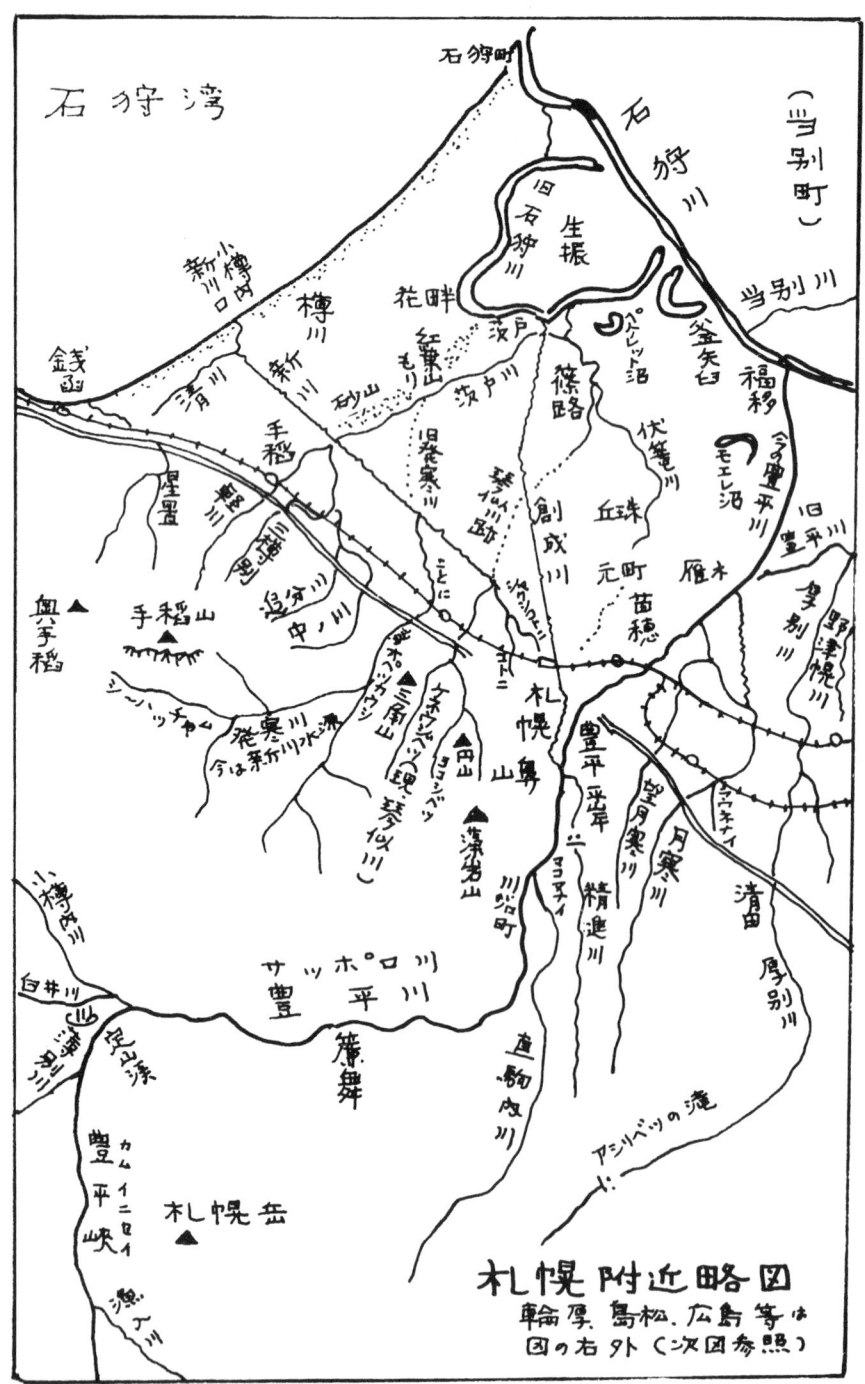

(1) 札 幌 地 域

この地域だけは札幌市街地を中心に西，北，東，南の順に並べた。

〈都心北部から西へ〉
札幌　さっぽろ

　今 sapporo と書くが，アイヌ時代の音は satporo で，「さとほろ」とも呼ばれた。古い元禄郷帳（1700年）では「しやつほろ」である（アイヌ語ではサ行音とシャ行音は同音）。元来は川の名で，豊平川の古名だった。ただしそれがサッポロ川で呼ばれた時代は，現在の豊平橋の辺からもっと北向きに流れ，伏篭川の筋を通り，茨戸付近で石狩川（旧）に注いでいたという。アイヌ時代の慣わしで，その川筋一帯の土地もサッポロなのであった。

　西蝦夷日誌を読むと，幕末に，今の札幌市街を松浦武四郎が通り，「此辺一面の平地。余按するに，此辺に府を立てまほしく思ふ」と書いているが，明治になり，彼の提唱が実現され，ろくに人もいなかった萱野原が今の美しい札幌市街になった。

　大地名の例に洩れず，札幌の意味も全く忘れられ，ずいぶんな数の意見が書かれて来た。目ぼしいものだけを書いて見たい。

　① 松浦武四郎は，山川地埋取調日記では「地即干潟多き処を云。義はサツ即干（ひ）る，ホロ即多し」と書き，西蝦夷日誌では「サッテホロの儀にて多く乾くの義，此川急流にして干（ほせ）安き故なり」と書いた。つまり乾く・川との伝承をアイヌから聞いて書いたものらしい。今の札幌市街の辺の川の姿である。

　② 林顕三北海紀行（明治7年）は「元は土人の言語にして，サチッポロと云儀。サチッポとは干魚，ポロとは大成と云義なり。豊平河岸にて秋味（鮭）の許多に取れたるを，土人の家毎に貯えあるさまを云なり」と書いた。sat-chep-poro（乾した・魚・多い）からサッポロとなったという説。

　③ 永田方正北海道蝦夷語地名解（以下永田地名解と略称。明治24年）は「乾燥広大の意。大陸と訳す」と書いた。これが一番普及して，札幌とは乾燥広大の地といわれて来たが，これが川の名であったらしい点でまず問題がある。

　④ 北海道駅名の起源は昭和29年版から新説を出して「サリ・ポロ・ペッ（その葦原が・広大な・川）がサチポロペツとなり，下部が略されてサチポロとなり，さらにサッ（乾いている）に付会されてサッポロとなった」と書いた。これは昔の札幌川の下流が，茨戸付近の湿原を流れる姿を考えて考えられた興味ある説である。ただ旧書，旧図に書かれたこの地名にサリあるいはサルの形がない点が気にかかる。

　もう分からなくなった名ではあるが，地名一般の付け方から見て，平易に，サッ・ポロ・ペッ（sat-poro-pet　乾く・大きい・川）ぐらいに解するのが自然なような気がする。札幌川（豊平川）が峡谷を出て札幌扇状地（今の市街地）で急に広がり乱流し，乾期には乾いた広い砂利河原ができる姿を呼んだのではあるまいか。（つまり松浦説）

札幌市街の昔の地形

20年ぐらい前,市内のアイヌ語の地名を調べて歩いているうちに,地名のもとになった昔の地形をだんだん覚えた。まず今の市街地は札幌川(豊平川)の扇状地の上にできたことである。峡谷から出た大川は,平岸の台地から円山の下までの間を乱流していたのだった。円山の下でも地下に丸石が多いという。

今では大川は堤防でがっちりおさえられ,市内はだんだん整地されて平らな一枚の板みたいになったが,古老たちは,市内を流れていたいくつもの川跡を教えてくれた。アイヌ語の地名の中にその名残りが見られる。

山鼻からだいたい大通公園の辺までが扇状地の上部で伏流水が深く,萱野原で,木は柏(かしわ)の類だったらしい。大通辺からが扇状地下部で伏流水が地上に現われ,至る処に泉と池(アイヌ語ではメㇺ)を作り,その周辺には高水位を好む春楡(はるにれ)(赤だも,アイヌ語チキサニ)が繁った。その辺からはアイヌ語の地名が多い。

国鉄函館本線を過ぎた辺が扇状地の終わりで,それから石狩川までは一面の低湿原野でひどい処だったらしい。石狩川から今の札幌市街に来るのには,葭原(よしはら)の中を流れる小川を丸木舟で溯ったという。琴似川筋にも,発寒川筋にもチフトラシという支流の名が残っていた。chip-turashi(舟が・溯る)という意。

明治の初め北海道開拓使の役所(今の道庁)を作ったのは,扇状地下部の生活適地の処で,泉池(メㇺ)の川や,豊平川の分流の間にある,大水の時でも水につからない微高地が選ばれたようで,それを中心に今の札幌が拡がって行ったのであった。まずその泉池川の旧名から書くことにしたい。

琴似の始まり

現在は琴似は札幌市街北西部の地名になっているが,アイヌ時代には,札幌都心部を呼んだ名であったらしい。札幌扇状地下部,つまり大通公園から北海道大学までにあった,たくさんの泉池川の水系の名がコトニで,その小川の流れている土地の名も従ってコトニで呼ばれていたのだった。

幕末から明治中年までの旧記や諸地図から総合すると,コトニ水系の諸川は次のように並んでいた(西からの順で)。

①コトニ(ホロコトニ)。琴似川本流の意。ホロはポロ(大きい)で,これをつけても呼ばれた。北一条西十六丁目の知事公邸の門内にある泉池や小流は,その名残りらしい。昔は道の向こう側にも相当な泉池があって牧場の牛乳を冷やしたりもしていたという。

②ホンコトニ。もちろんポン・コトニ(小・コトニ川)の意。すぐホロコトニに繋がっていた。札幌郡西部図は,この水系の西端にホンコトニと書いたが,昔からの絵図等の順から見ると,西十四丁目にあった小川の名ではないかと思っている。

③シンノシケコトニ。川筋の順からいうと,今の市立病院の西端を通り,植物園の西南端を抜けて西北流していた川だったらしい。北一条通りは,昔はそこが低くなっ

て坂になっていたという。シンノッケ・コトニ（まん中の・コトニ川）の意。またノッケ・コトニ（中央・コトニ川）とも呼んだ。

④チェフンベツ。順からいうと，植物園の川だったらしい。チェプ・ウン・ペッ（魚が・入る・川）の意だろう。鮭が入って来るという意か。この川の下，北大の裏の辺ではセロンペッと呼ばれた。

⑤シャクシコトニ。北大構内に美しく保存されている小川の名。これが一番東の端のコトニ川で，札幌川（伏篭川）に近い処を流れていた。道内諸地の類形名から見ると，sa-kush（大川端に近い方を・通る）意だったろうと思っている。

≪水系の形≫ 今は埋め立てや河川工事ですっかり分かりにくくなったが，コトニとホンコトニは北四条の辺ですぐ合流，それとシンノシケは北六条の辺で，セロンペッは北大の裏で，シャクシコトニは競馬場の東で合流して一本の川になり，少し北流してから，西のケネウシペッ（現称琴似川）と更に一緒になって北に行っていた。幕末の諸図は，どれを見てもそれを房のように描いている。それが昔の都心部の姿であった。

≪琴似の語義≫ 永田地名解は「kotune-i　低処」と書いた。永田氏は琴似の酋長又一郎と近しかったらしい。これが当時の音であろう。だが訳の方から考えると，平たくいえば，kot-ne-i（凹地・になっている・もの）の意らしい。北大裏に穴居跡が多かったので，コッはそれかとの説もあったが，コトニ諸川がいずれも泉池から出ていて，そこは低い凹地であった。その凹地が琴似の kot だったのではなかったろうか。

植物園　しょくぶつえん

北大農学部付属の植物園であるが，一般に公開されていて美しい行楽地になっている。古い時代の札幌の泉池（メム）の姿が残されている処である。明治初年に外人お雇い教師の提唱で博物館を作った処なので，古い人たちはここを植物園といわず博物館と呼んでいた。市内にビルができて地下水の水位が下がり，この泉池も涸れて来たが，このごろはポンプアップして昔の姿を残してくれていて有難い。

ピシ・クシ・メム（pish-kush-mem　浜の方を・通る・泉池）というのがそのアイヌ時代の名であった。西にあったキム・クシ・メム（山の方を・通る・泉池。知事公邸付近の辺だったらしい）と対称した名であった。

そこから流れ出る川の名がチェプンペッ（chep-un-pet　魚が・入る・川）だったらしいことは前記した通りである。水辺を好む春楡（札幌では英語でエルム）が繁っていて札幌の昔の姿を偲ばせてくれる。

偕楽園　かいらくえん

今は札幌の人でもその名を知らない人が多くなったが，明治のころの札幌案内記には必ず出て来る。今でいえば北大のクラーク会館から道を隔てた南一帯の土地で，メ

ム（泉池）を中心にした昔の公園である。明治4年岩村判官開築して遊観の地となし，同13年池に臨んで清華亭を作り，同14年明治天皇もこの亭で休憩された。

　清華亭は小さな木造西洋館で，今でも保存されているが，昔貴顕紳士の遊んだ泉池は無残に涸れて，僅かに小窪地が残り，児童用小公園設備が置いてあるだけである。

　ヌㇷ゚サㇺメㇺ（nup-sam-mem　野の・傍の・泉池）がそのアイヌ時代の名であった（永田地名解）。また札幌沿革史（明治30年）によればシャクㇱメㇺ（前辺泉池）とも呼ばれたという。これが北大の川の水源なのであった。なおその更に源は，すぐ南の伊藤邸の中の泉池であった。

シャクㇱコトニ（北大構内の川）

　北海道大学の正門から入ると，きれいな小川が草原の間を流れていて見事であるが，これも，北大当局が昔の姿を残すため，工夫して水を流しているものらしい。

　シャクㇱ・コトニ（sha-kush-kotnei　浜の方を・通っている・琴似川）であったことは前記した通りで，元来は，札幌沿革史の書いた，偕楽園の前辺泉池（シャクㇱ・メㇺ）の水が流れている川なのであった。

　この川は資料によりシャクシ，サクシ，シヤクウシ等々いろいろな形で書かれて来て誤解の種になったが，全道で同じ形が多いので，解説すれば，まずsa（sha, アイヌ語ではsとshは同音扱い）は「前」で，地名では浜の方，大川端の方の意に使われることが多い。

　sa-kush（前を・通る）はよく使われた用語で，海浜の方，あるいは大川端の方を通っているという意。処がどういうわけか，そのサクㇱがのばされてサクーシとも発音されたらしく，sak-ush のように解されていることがままあった。北大の川の場合もその一例である。また別の言葉の例をいえば koipok-kush（西の方を・通る）が koipok-ush（西に・ある）と解されて残っていることがしばしばなのであった。

　これらは，それと対称される，後あるいは東のつく川の名と比較できれば明瞭に分かることであり，また全道に類例の多い言葉使いなので，ちょっと考えれば何でもないことなのであるが，従来誤記のままに解されて来て，今ではそれが公式名となっているものさえ少なくない。本書の中で処々にその例が出て来るのであるが，文が長くなるので，一つ一つには解説を割愛してある処が多い。

桑園　そうえん

　国鉄札幌駅のすぐ西の駅が桑園である。北海道駅名の起源は「明治七年開拓使が酒田の藩士を招いて，現在の西十一丁目から西の地を開墾して養蚕を奨励したのによる。現在では全くその面影もないが今なおその付近を桑園といっている」と記す。札幌の年寄りの話を聞くと，北一条通りは，今の知事公邸の辺までしかなく，それから西は桑園だったという。

円山公園　まるやまこうえん
　　　——ヨコシベツ（円山川）

　札幌市街の西側にある円山公園は市民行楽の場所であるが，明治のころは養樹園と呼ばれ，道内に送る苗木等を育てた処，つまり官立の植木屋さんであった。今公園の中を流れている円山川は，従って当時は養樹園川であった。更に古くはヨコシベッで，ケネウシペッの支流である。

　意味はヨコウシペッ（yoko-ush-pet　ねらう・いつもする・処）であった。弓矢をつがえて鹿をねらうとか，銛（もり）をかまえて魚をねらうとかした処であろう。母音が二つ続くので，その一つが省かれてヨコシペッとも呼ばれた。その下流部では少し訛って「よこち川」ともいわれたようである。

円山　まるやま

　札幌市街の西にある円山は，市街のどこからでも見える美しい円頂丘である。アイヌ時代はモイワと呼ばれた（今その南の山を藻岩山というのは後人の誤りである）。モイワはモ・イワ（mo-iwa　小さい・山）という意。同名が北海道内にたくさん残っているが，いずれも目立つ独立丘である。（稀に長い山の端のこともあるが，見る方角によっては独立丘に見える）。知里博士はモイワは霊山だったのであろうと説いていた。その分布の姿から見てもそれが当たっているのではないかと思われる山なのであった。

琴似川　ことにがわ

　現在公式に琴似川と呼ばれる川は，荒井山スキー場の下を流れ，宮の森から十二軒を通り，競馬場の北で昔のコトニ川と合流している川で，十二軒川ともいわれ，アイヌ時代にはケネウシペッ（kene-ush-pet　はんの木が・群生する・川）と呼ばれた川である。

　明治の初め，北海道開拓使の役所を中心に1里（約4キロ）四方の正四角形を区画して1里方内と称し，そこが札幌となった。前記のコトニ水系はそっくりその札幌の中に入っていたのである。

　札幌沿革史によると「明治四年，札幌区の南四條許の地に寄留農夫五，六戸あり，官用地に属するを以て西札幌区を距る一里余の地に移転せしめ，命じて琴似村と曰ふ」とある。つまり，琴似の名が，都心から西北に移転した。もっとも合流点以北は昔もコトニ川だったので，そんなにむりな名ではない。そのころからケネウシペッが琴似川となったらしい。

三角山　さんかくやま

　札幌市街から見ると，円山の右に美しい三角山がある。昔はスキーの滑降競技場だった山である。永田地名解は「ハチャム・エブイ。桜鳥の小山。一名オペッカウシと云ふ」と書いたが分かりにくい。epui は蕾（つぼみ）だが，地名ではぼこんと盛り上がった小山を

いう。三角山の裏側が発寒川なので、「発寒川の・小山」の意。

オペッカウシ

オペッカウシは道内諸地にある地名。語意はオ・ペッ・カ・ウシ「o-pet-ka-ushi-i 尻を・川の・上（岸）・につけている・者」で、川岸が高い岡になって続いている所だという（知里博士・地名アイヌ語小辞典）。

北一条通を北海道神宮の内鳥居から右斜めに通り、三角山の裾を通って行くと発寒川の橋に出る。そこから川上を見ると、三角山の尻が大崖になって川に突き出している。そこが札幌のオペッカウシの名の発生地であろう（諸地のオペッカウシを見て来たがどれも、同地形である）。古くはそれが、その辺一帯の土地の名として使われていたのであった。永田方正もそのオペッカウシに住んでいたのだという。

琴似駅付近

現在琴似駅前通りはこの辺での繁華街で、現在ではタクシーに琴似といったらそこに連れて行かれるであろう。明治8年琴似屯田兵が入った処であるが、ここまで来ると、アイヌ時代のコトニとは遠く離れた、全く別の土地なのであった。

札幌郡西部図（明治6年測量図）で見ると、ここは発寒川の東を並流するその支流でチツフトラシ（chip-turashi　舟溯る川）の土地で土人七戸と書いてある。つまり発寒のコタンの傍であった。琴似という名は、その元来の土地であった都心から、このようにして遙か西にまで移転して来たのであった。

発寒　はっさむ

札幌市西区の川名、地名。発寒川は札幌の西の山と手稲山の間を流れ下る川である。旧来ハツシヤフ、ハツサフ、ハチヤムなどいろいろに書かれた。松浦武四郎後方羊蹄日誌では「ハツシヤム。本名ハシヤム。桜鳥の如き鳥多きより号るとかや」と書き、永田地名解は「ハチャム・ペッ（桜鳥・川）。桜鳥多し。故に名く。松前氏の時ハツサブと訛る」と書いた。桜鳥説はアイヌの伝承を書いたものらしい。知里真志保博士は雑談の中で、ハッチャム←ハッ・シャム（hat-sam　葡萄の・傍）だったのではないかとの案を出した。考えて見るとハシ・シャム（has-sam　灌木の・傍）とも聞こえるが、旧記には北海道内のところどころの地名に桜鳥が出て来るので、その説を一応とりたい。

中の川　なかのがわ

手稲山の東斜面から出て、発寒川の西の西野の平地を北流して新川に入る川。この辺は新川ができてから川筋が一変したのであるが、一応は古い地形によって解説したい。

この川は、昔はポン・ハチャム（小・発寒川）と呼ばれ、湿原地帯まで下ってから

は現在の函館本線の北側を，それと並行した形で西北流し，手稲山北面の諸流の水を入れた。今の手稲駅に近い処で直角に曲がり，砂山（石狩湾の古い時代の海岸砂丘らしい）の東裾に沿って東北流，途中で，発寒川本流（shi-hatcham）と合流，そのまま今の茨戸市街の西で石狩川に注いでいた。

つまり札幌の北の大湿原の一番下の川で，その水の尻を集めて石狩川に入れていた川であった。下流部は茨戸川とも呼ばれていた。　　　　　　　⇒茨戸（27㌻）

手稲　ていね

手稲山北麓の地名。駅名。幕末の旧図にはポン・ハチャム（中の川）の支流に，テイネニタツと書いてある。テイネ・ニタッ（teine-nitat　濡れている・低湿荒野）の意。当時のあの辺の姿が浮かんで来るような名。永田地名解は「テイネ・イ。濡（ぬるる）・処。ハチャム川（発寒川）の水散漫して常に地を濡す処。手稲村の原名」と書いた。明治5年中の川から星置（小樽郡との境）までの土地を手稲村としたが，まもなく東を上手稲村，西を下手稲村と分けた。現在の手稲駅や手稲市街のある処は，その下手稲村の中央ぐらいなのであった。

手稲山　ていねやま

札幌市街から見える西の山の北の端に一きわ高い，上の平らな手稲山が見えるのが印象的である。奥の深い山で，札幌市と小樽市の間が大きな手稲山塊になっている。札幌市街から見えるのはその東端の主峰で，タンネウェンシリと呼ばれた。永田地名解以来，それを逐語読みして，「長悪山」と称したが，恐らくはtanne-wenshir（長い・断崖）の意であったろう。wen-shir（ウェンシリ）は逐語読みすれば「悪い・山」であるが，地名では熟語で，断崖の意に使われる。落石があったりするからであろう。あの山頂に長崖が続いているので，それを呼んだ名らしい。

札幌沿革史は「タンネウェンシリの西をテイネヌプリという」と書いた。小樽境まで伸びているその山塊が，手稲の上の山だという意味でテイネ・ヌプリ（手稲・山）と呼ばれたのではなかろうか。

追分川　おいわけがわ

今の追分川は中の川のすぐ北を並流して手稲山を下り国鉄線路のそばで中の川に入っている。昔はその下流を，発寒川と合流するまでを追分川で呼んでいた。アイヌ時代はたぶんチライ・オチ「いとう魚・多くいるもの（川）」であったろうが，もしかしたらその一本北のテイネ・ニタッ「濡れている・低湿荒野」であったかもしれない。この辺は地形が変化しているようで，どうもはっきりしない。

軽川　がるがわ

手稲山のオリンピアスキー場の辺から流れ下り，現在の手稲駅(昭和26年までの名

は軽川駅）のそばを通り，北流して中の川に入る川の名，その付近の地名。和名である。

永田地名解は「がるがわ。涸川。春日水ありて夏日水無し。故に涸川と呼ぶ。ガルガワはカレカハの訛なり。原名をトシリパオマナイと云ふ」と書いた。また別に「トゥシリパオマナイ。tushiri-pa-oma-nai 墳頭川。アイヌはコタンカラカムイ（国作神）の墳陵なりと云ひ伝ふよし。小円丘にして栗樹其上に生ず。和人之れをモリと云ふ。土を盛り上げたる如き形状なればなり」と書いた。この名は tushir-pa-oma-nai（墓の・上手・にある・川）の意。

新川　しんかわ

石狩国と後志国の境は小樽内川であったが，近年の地図では，その川口の処に，小樽内川でなく新川と書かれている。これは札幌地域北辺の治水のために掘られた新川を小樽内川口の処に入れたため，そこが新川水系の川口となったからなのであった。

新川は早い時代に，今の北海道大学の裏の処から西北に向かって，大低湿地の中を一直線に作られた堀で，それができたために，琴似川，発寒川，手稲山北斜面の諸川（中の川，追分川，軽川等）の水は，これによって西北流して石狩湾に直入することになった。

そのために，上記諸川は，新川の支流の形になったのであるが，本書では旧記との関連もあるので，昔の川筋に従って解説した。　　　　⇒小樽内（499 ㌻）

〈札幌の北部から石狩町へ〉

伏篭川　ふしこがわ

札幌川（豊平川）は，もとは現在の豊平橋の辺から北流し，今の茨戸市街の東の処で旧石狩川に注いでいたが，後に洪水の時に河道が変わり，東側のツイシカリ川の川筋に流れ込んで東北流したのだという。遠山金四郎，村垣左太夫の西蝦夷日記（文化3年）によれば，大水でサッポロ川が切れて津石狩川に流れ込んだのは，その4，5年前だという。つまり寛政の末（1800年）か，その後の享和の初めのことらしい。

それから元来の札幌川下流は急に小川となり，そこがフシコ・サッポロ（古い・札幌川），あるいは簡単にフシコ・ペッで呼ばれ，それに当て字されて伏篭川となった。

それでも，幕末のころは，石狩川から物資を舟で運んだりするのに使われていたが，今では溝川のようになり，上部は埋め立てられて昔の姿が失われた。だが茨戸の古老たちは，その川口の辺にサッポロ・ブト（札幌川の・川口）の名が残っていたことを知っている。

苗穂　なえぼ

旧川名，地名，駅名。苗穂駅の北の処にあった伏篭川の東支流ナイポがこの名の起こりであった。nai-po は川っ子とでも訳すべきか。po は子供で，地名の中ではよく指

小辞として使われる。つまり小いちゃな川の意。札幌のこのナイポは、鮭漁で繁盛した時代があって、その当時は札幌地方での最も賑やかなコタンであったという。松浦武四郎がこの地方に来た時には昔語りになっていた。

元町　もとまち

元町は苗穂のすぐ北の地名。ここが札幌の草分けのような処なのであった。札幌沿革史は「慶応二年幕吏荒井金助農夫を奥羽に募りて此処に移し、幕吏大友亀太郎之を督す。明治二年名けて元村といふ。明治三年村名を改めて札幌村といふ」と書いた。林顕三北海紀行（明治7年）は「元サッポロといふ村は、今の札幌市中より十二、三丁篠路街道の傍らにあり。これ札幌の本地なり」と書いた。伏篭川沿いに開拓した処で、舟で石狩川から物資を運んだのだという。ここが札幌の元村だという誇りを持った地名なのであった。

丘珠　おかだま

元町から伏篭川を北に下った処の名。玉葱の産地。飛行場ができてから一般に知られるようになった。永田地名解は「オッカイ・タㇺ・チャラパ。男の・刀を・落したる処。川名。明治四年丘珠村を置く」と書いた。アイヌ語地名の中で、他に例のない珍しい名である。

モエレ沼

札幌北部の大湿原中に、ひっそりと横たわっている馬蹄形の大沼。札幌川か、あるいは石狩川の川跡沼であろうが、水は西に流れて伏篭川に繋がっている。永田地名解は「モエレ・ペッ・トー。遅滞の・川・沼」と書いた。何か変な形である。昔 moire-pet（静かな・川）と呼ばれていて、それが沼化したので、後に to（沼）をつけていうようになったのでもあろうか。よく分からない。

篠路　しのろ

札幌市北区の中だが、もう石狩川（旧）に接する低湿原地帯の名。ここでコトニ川（篠路川）が伏篭川と合流していた。昔の流儀で川名をいえば、都心部のコトニと、西側のケネウッペッ（現称琴似川）が競馬場の北で合流してからコトニ川、またはシノロ川といわれた。ここで伏篭川と合流してから下も、シノロ川とも呼ばれた。

札幌地区の水がこの湿原に集まっていたのだから、雨でも降ると水浸しになる、ひどい処で、古老は当時の水害を語ってくれる。早いころから琴似川の水を西に流す河川工事が行われたのはそのためであった。

篠路はもちろんアイヌ語からの名であろうが意味が全く分からない。さすがの永田地名解もただ？印をつけただけである。全くの参考に語呂合わせをして、shino-or-o「ほんとに・水が・ある（処、川）」とも考えたが、これはただの研究案である。

サッポロブト（伏篭川口）

現在の茨戸市街の少し東の処が伏篭川（篠路川）の川口で，茨戸の古老はサッポロブトの名を覚えていた。satporo-putu（札幌川・の口）の意。シノロブトともいう。永田地名解は hushko-satporo-putu（旧札幌川口）と書いた。

今の伏篭川は小さな野川に過ぎないが，ここが札幌川本流であった時代，例えば飛騨屋久兵衛石狩山伐木図（推定宝暦）では，ずっと太い大川として描かれ，川口には人家あり，「此所イカダ繋場所」と書かれてある。山から材木を，この川で流送していたのだ。

今の川口を見たいので，旧石狩川をボートを漕いで行って見たら，もう浅くなってはいるが，堂々たる大川口の姿が残っていた。石狩川が水が出るたびに地形が変わったというが，相当奥まで川形に入り込んでいるのは昔の札幌川の名残りらしい。ごく古い時代にサツホロとかシヤツホロと書かれたのはここであろう。

ペケレット沼

伏篭川川口の少し東にある半月形の小沼。行楽地になっていて，今の名からペケレ・ト（明るい・沼）と考えられがちであるが，原名は少しちがっていた。

松浦図はヘケツテシカだが「テ」は書きちがいらしい。再航蝦夷日誌はペケレトシカ。西蝦夷地場所絵図ではサツポロフト（伏篭川口）の東側に小沼がついている形を描いてヘケリトシカである。永田地名解は「ペケレ・トッカ。明・堤。旧札幌川口の右傍に在る堤なり。草のみ生じて樹木の陰影なし。故に名くと云ふ」と書いた。ペケレ(peker)は明るいであるが，このように樹のない地形にも時々使われる。トッカ(toshka)には適語が考えつかない。流れに削られたような形の川岸をいった言葉だとかいう。

釜谷臼　かまやうす

篠路市街の東，石狩川沿いの地名。札沼線釜谷臼駅あり。永田地名解は「カマソウシ。磐石多き処。カマは平磐，ソは岩石。松浦地図カマヤウシに誤る」と書いた。人によりどっちかで呼んだのではなかろうか。カマヤウスなら kama-ya-us（平べったい岩が・岸に・ついている）のように読まれる。

創成川　そうせいがわ

札幌市街から真北に向かって直線に作られた長い堀で，茨戸市街の処で旧石狩川に入っている。明治初年この堀割を作ったのは水路運送の便を得るためであった。明治4年その準備として琴似川合流点まで小水路を作った。札幌沿革史は「南一条通に橋を架設し，岩村大判官名けて創成橋といふ。堀割はただ新川と称し未だ創成川の称あらず。明治七年豊平川支流字鴨々に大水門を築き札幌街に通ずる堀割を修繕し創生川と称す」と書いた。鉄道の無かった当時，札幌への物資補給路として作られた運河なのであった。

茨戸　ばらと

　地名，川名。札幌市街から創成川に沿う石狩街道を北行すると茨戸市街につき当たる。市街の西側に創成川の川口があるが，そのすぐ上に，東側から篠路川（人造の川尻），西側から発寒川の川尻が合流している。実際は発寒川の川尻に他の二川を入れたものらしい。

　茨戸川が発寒川下流の別称であった。茨戸の地名はそれから出たようである。永田地名解は「ハチャム・パラトー。桜鳥川（発寒川）の広沼。バラトーは川口を云ふことあれども，此のバラトーは川流広がりて沼の如し。故に名く」と書いた。

　発寒川下流は砂山（昔の石狩湾海岸砂丘）の東下を流れているが，そこが札幌北部大湿原の終わりで，昔は川筋の至る処が沼になっていたのだという。その川口近くがパラ・ト（para-to　広い・沼）だったので，そのために茨戸川と呼ばれた。そのパラト・プトゥ（parato-putu　茨戸川・の口）が今の茨戸市街の処である。なお旧石狩川は現在は本流と離れたので，現在は茨戸川として扱われるようになった。

生振　おやふる

　石狩町の地名。茨戸市街から旧石狩川を北に渡った処が生振である。旧石狩川が大きく回っていて袋のように包まれた姿の土地であったが，現在はその北側の狭い処を，石狩川を直流させてあるので，島のようになっている。永田地名解は「オヤ・フル。他の・丘。生振村」と書いた。あるいは o-ya-hur「尻が・陸地（についている）・丘」と解すべきかもしれない。とにかく，根もとのくびれたような処を呼んだ名である。

花畔　ばんなぐろ

　旧石狩川（現称茨戸川）沿いの地。茨戸市街から少し下った処である。永田地名解は「パナ・ウン・グル・ヤソッケ。川下人の漁場。夕張の土人かく名けしと云。元来河北に夕張土人の漁場なりしが，明治四年河南の地名となし花畔村と称す。今バンナグロと云は訛謬なり」と書いた。

　ヤソッケ（yasotke）は少し分からないが，網漁場のことらしい。パナウングㇽは早く呼べばパナングㇽ（panan-gur）で，石狩川の神居古潭から下の人，和人流にいえば中川の人だったようである。夕張人もその仲間らしい。石狩川口の辺の石狩人の漁場の中にその漁場があったので，その名があったのであろう。幕末の漁場図では，石狩川北岸側に上，下のハナンクロがあったのがそれで，後に南岸側の名となった。そのハナンが，音韻転倒して今の「ばんなぐろ」になったのであろう。

樽川　たるかわ
花川　はなかわ

　樽川は花畔の西側の地名。小樽内川（現在の新川口付近）が略されてできた名らしい。明治35年その樽川村と花畔村が合村して，その各一字を採って花川村と称したが，

同40年石狩町に入った。その花川が現在でも地名として残った。

石狩町　いしかりちょう

　石狩川口の町名。徳川時代はここに石狩川筋の各漁場を支配する石狩元小屋が置かれた。西蝦夷日誌は「元小屋。他場所にては運上やと云。元小やと云は石狩十三ヶ所の元小やと云より起りしことなり」と書いた。

　ベツブツ。廻浦日記は「此処本名ヘツブツ」と書いた。大川のペッ・ブッ pet-put（川・口）なので，それだけで地名として呼ばれたのであろう。

　トクビラ。元小屋のあった処。現在の市街地。永田地名解は「トゥㇰピタラ tuk-pitara（新河原）。トㇰは生出るの義。故に出来河原とも訳すべし」とした。川口近くにできた土地だったろうか。

　ホリカモイ。前のころ渡船場だった辺。ホルカ・モイ（horka-moi　後戻りする・河曲がり）だったらしい。モイは大川ではゆったりと曲がった，水の静かな処。川上が海に戻るような感じの処だったので呼ばれた名か。

〈札幌の東部〉
雁来　かれき，かりき

　苗穂の北，豊平川下流沿いの土地の名。豊平川下流は180年前から東北流して対雁（江別市内）で石狩川に入っていたが，近年雁来から北に向けて直線の水路をつくり福移（福井県人移住地）で石狩川に入れた。雁来橋を渡って旧豊平川を見ると，もう小流に変わった。伏篭川（旧札幌川）が小流に変わった時代を見る思いがする。

　雁来は和名らしい。永田地名解は「ユㇰ・ミンダラ。鹿・庭。秋九月のころ，鹿交尾する時沙地凹み，あるいは毛の抜け代る時草上に転々し草に伏す処を云ふ。楡樹あり，火災の為に枯る。故に和人枯木と呼びたりしが今雁木村と称す」と書いた。

　札幌村史は，元来樹木繁茂の地でないから枯木説は誤りであろうと書いた。新しい和名の方が意味が分からなくなっているのだった。

白石　しろいし

　現在は札幌の区名。明治5年奥州白石の藩主片倉小十郎が藩士を率いて渡道，札幌と江別の間の土地を開拓し，郷土をしのんで白石村と称したのが始まりである。昔区内にトイシカラ・メㇺと呼ばれる泉池があり，そこから流れる川が対雁で石狩川に入り，津石狩川のように呼ばれていたが，180年前の洪水で豊平川が切れてその川筋に入って豊平川下流となった。

　前のころまではそのメㇺ（泉池）の名残りらしいものがあったが，もう市街地の中に埋没してしまったであろう。

I　石狩地方

豊平　とよひら

　豊平は豊平川を隔てて札幌と向かい合った土地であったが, 昭和36年札幌市に入り, 現在は豊平区である。松浦氏西蝦夷日誌は「サツポロ（川）。急流。南（東）岸をトイピラと云。茅や一棟。トイピラは土崩平の義」と書いた。松浦氏は平を崖の意に使った。tui-pira（崩れる・崖）の意。彼は樋平とも書いた。松浦図はこの豊平川の東岸にハンケトイヒラとヘンケトイヒラを記入している。panke（川下の）と penke（川上の）の二つの崩れ崖があったのであろう。
　永田地名解は「豊平橋のやや上流の支流に崖あり, しばしば水のために潰裂せらる。よってトゥエピラと名く」と書いた。彼は他動詞の形で tuye-pira とした。（川水が）崩す・崖と解したのだろうか。
　今は完全に整地された市街地で, その崖は見られないが, 古くは豊平川（豊平よりの分流か？）が若干屈曲して川岸を削って小崖を作っていた処が2カ所あって, 大水の時にはそれが崩れたのでこの名がついたのであろう。

豊平川　とよひらがわ

　アイヌ時代は, サッポロがこの川の元来の名で, それからその川筋がサッポロと呼ばれるようになった。ただしその当時の川は, 今の豊平橋の辺から北流し, 今の伏篭川筋を流れて, 茨戸市街の東の処で石狩川（旧）に入っていた。約160年前（享保, 文化のころ）, 大水等で川筋が東に変わり, 江別の対雁で石狩川に注ぐことになった。今は更に変わり, 雁来から北流, 福移で大川に入っている。
　札幌沿革史（明治30年刊。この部分は永田方正執筆）は「今の豊平川は, （昔は）豊平橋の上流より斜に西北流して石狩川に入り, 此川口を篠路太とも札幌太ともいふ。然るに中古洪水あり, 豊平橋の上辺より破壊して対雁川と合流したり。其後之を札幌川と称へ, 旧流を旧札幌川（フシコサッポロ）と呼びたり（今の伏篭川）。新札幌川を豊平川と称ふるは近来の名なり」と書いた。豊平川と呼ぶようになったのは明治になってからのことらしい。

平岸　ひらぎし

　最近急に市街化したが, 林檎園が並んでいた風雅なころが懐かしい。永田地名解は「ピラ・ケシ。崖・端。明治四年平岸村を置く」と書いた。この辺の現在の姿は, 豊平川の東岸が「中の島」で, その東側がずっと崖続きになり, 崖下を精進川の下流が流れている。少し古い地図を見ると, この地区では豊平川が東西の二流に分かれていて, 今精進川下流となっている処は豊平川の東側の川であった（中の島という名はその東西の流れの中の島の意らしい）。
　アイヌ語地名一般の例からいうと, 川沿いの長崖の始まる処 （上流側）がピラパ（pira-pa　崖の・上手）で, その終わる処がピラケシ（pira-kesh　崖の・末端）である。札幌の平岸もそこについた名が拡がって地名となったのであろう。あの崖のほ

んとの末端は幌平橋に近い処である。そこから出た名か。あるいはもっと上の崖の切れ目であったのかもしれないが，今では確かめようがない。とにかくあの崖の処の名なのであった。

精進川（しょうじんがわ）の来歴

精進川は南区の澄川から流れ，豊平区平岸に入って，中の島の東側の崖下をずっと通って，幌平橋のたもとで豊平川に注いでいる。ずいぶん前，札幌の地名を調べ歩いたころ，永田地名解が平岸の隣に「オソウシ。滝川尻」と書いた処を求めて歩いた。

オソウシは o-so-ush-i「川尻に・滝が・ついている・もの（川）」である。この辺の川は精進川だけなので，その川尻の幌平橋に行ったが滝はない。あの長崖を伝って溯って行ったら，平岸の南端近くでやっと滝があった。変だと思って調べたら，あの崖下はもとは豊平川で，滝の処が元来の精進川の川尻（オ）だと分かった。

精進川という和名は諸地にある。魚がいない川だとよくいわれる。札幌の精進川も滝があって魚が上らない川だと説かれていたが，ここはオソウシと何か音が似ている（アイヌ語ではソとショは同音）。戻ってから古い石狩山伐木図（宝暦）と対照して見た。当時はこの辺はアイヌ語地名しかない。その図ではオショシ川である。アイヌ語時代の o-sho-ush-i に違いない。母音が二つ続くのでその一つを落としてオショシになったのであろう。魚がいないこともあったかもしれないが，それを「お精進川」にしたのじゃないだろうか。

この川筋が近年澄川と呼ばれるようになった。精進川の水が清澄なのでその名にしたのだという。

月寒　つきさむ

豊平区内の地名，川名。私たち昔人は，ツキサップと呼びなれて来たので，いつの間にか「つきさむ」となったので，当分変な気がしたものであった。語義がはっきりしない。

松浦武四郎西蝦夷日誌は「チキシヤブ。小川。昔神が火打を忘れし古跡なりと。チキシヤブは火打の事なり。よって秦皮（あかだも）をチキシヤニといへるなり」と書いた。

永田地名解は「チキサㇷ゚。火を鑽る処。あかだもの木片を鑽りて火を取りし処」とした。チキサㇷ゚（chi-kisa-p　我ら・こする・もの）は発火器をいう。チ・キサ・ニ（〜・木）はそれに使われていた赤だも（春楡，札幌でいうエルム）の木のことであった。

木片をもんで火を作るのならどこでもできるので何か地名として変だ。北海道駅名の起源昭和29年版「トゥ・ケㇱ・サㇷ゚（丘の・はずれの・下り坂）の転訛と思われる」と，音と月寒台の地形に合わせて巧い案を書いたが，アイヌの間に伝承されていたチキサの音は捨て難い。

月寒の台地から月寒川に沿って市街地を離れると，川の両岸の斜面には，今でもチ

キサニが点々と残っている。また日高の浦河郡の同名月寒の沢は，土地のアイヌ系古老の話によると，昔はチキサニがたくさん生えていて，チキサニ・カルシ（あかだもの・茸）を採りに行って食用にした処だという。何だかチキサニと関係がありそうである。

火を作りたい時に，そこに行って赤だもの木を切って火を作ったのでチ・キサ・プ「我ら・（発火のために）こすった・処」だったのかもしれない（永田説）。

また，語尾のプ（-p）を処と読んで来たのであるが，チ・キサ・プ（我ら・こする・もの），つまり「赤だもの木」の意だったのかもしれない（ニの代わりにプが入った形）。それだったら，月寒は「赤だも（の生えている処）」の意であったろうか。

清田　きよた
　　――アシリベツ

豊平区内の地名。月寒の台地から弾丸道路（国道36号線）を南に下った低平地で，厚別川（現称）が街を横切って北流している。先年まではアシリベツといっていた処，清田と改名されたころは面食らったものであった。美田のある処という意味で清田としたという。

アシリベツはアシリ・ペッ（ashir-pet　新しい・川）にちがいないのであるが，どこが新川なのか分からないので土地の古い人に聞いた。「前に整地をしたら今の川とはまるで離れた処から橋ぐいの跡が出て来ました。この辺では時々川筋が変わったようです」とのことだった。川筋が変わった場合に，新しくできた方の川をアシリペッという。ここにその新川があったのでその名で呼ばれ，それがここの地名として使われて来たのであろう。

古いころの記録ではハシュッペツのように書かれた処である。

厚別　あつべつ

白石区の地名，川名，国鉄駅名。厚別川は支笏湖に近い辺から清田を通り，函館本線厚別の西を抜けて旧豊平川に入る長い川で，地名としては厚別駅を中心とした土地である。

厚別の類の地名が道内に多いが，簡単過ぎてどう読んでよいか分からないものが少なくない。幸いこの厚別は幕末から明治にかけての記録が多かった。松浦氏西蝦夷日誌は「アシニウシベツ。昔し樹枝もて梁(はり)を架しという義なり」と書いた。また彼の東西蝦夷山川地理取調日記（函館図書館）では「アシュシベツ」である。

明治6年札幌郡西部図では「アシベツ」，明治7年林顕三北海紀行は清田の処を「ハシスベツ」と書いた。高畑利宜が測量した銭函・忠別太間図（明治7年・滝川図書館）ではこの川の清田の辺がハシベツ，下流部分がワシベツとなっている。下って永田地名解（明治24年）は「ハシ・ウシ・ベツ。雑樹の川。又柴川とも訳す。今人厚別と云ふは非なり」と書いた。厚別という形は古くは見られないが，永田氏のころにはその

名が行われ出していて，それは原音でないと書いたものらしい。

これらから見ると，この川の名はハシュシペッ（hash-ush-pet　柴木・群生する・川），あるいは略してハシ・ペッ（hash-pet　雑樹・川）と呼ばれた。このhを落とした形で呼ぶ場合が多かったことは以上の例からも推察できる。つまりアシュッペッあるいはアッペッとも呼ばれていたのだった。

それから先は推定である。東北弁の人の多い世界だったので，アシペツ→アチペツ→アツペツとなり，それに厚別の字が当てられて今の形となったのではあるまいか。

輪厚　わっつ，わあつ

清田と島松の間の地名（札幌郡広島町内），川名。ゴルフ場ができてから一般に知られた名である。土地の古い人は「わっち」のようにも呼んでいた。

松浦氏西蝦夷日誌では「ウツ」，松浦図では「ウツツ」である。永田地名解は「ウッチ・ナイ。脇川。俚人ワッチといふは誤なり，谷地川にて本流の脇に注入す」と書いた。

ウッ・ナイ（ut-nai）は「肋・川」の意。沼や他の川に肋骨のような形で繋がっていた小川のことらしい。輪厚川は島松川に注いでいる。その辺は昔はたぶん沼沢地で，そこに横から入っていたのでこの名がついたものか。ウッナイはまた略して単にウッで呼ばれたことが多い。そのウッから輪厚に訛ったものらしい。

島松　しままつ

札幌，千歳の郡境であった。広島町南端の地名，川名。クラーク博士が帰米した時には札幌農学校の人たちは，郡境の島松まで見送りをして別れを惜しんだ。ここは要地なので多くの旧図類に名が書かれている。多くシママフ，シママッフであるが，松前藩が作った天保の松前島絵図ではシュママツプである。

原名はシュマオマフ（shuma-oma-p）で「石が・ある・もの（川）」の意。母音が二つ続くので，その一つを落としてシュママッと呼ばれていたのであろう。西蝦夷日誌は「名義シュマヲマフにて岩有儀。此源惣じて平磐なるよし」と書いた。

仁別　にべつ

広島町内の地名，川名。島松市街のすぐ上で島松川が二股に分かれていて，その右股が仁別川である。西蝦夷日誌は島松に来て「此川少々上り二股になり，左ニヲベッ（小川），右本川」と書いた。左右が逆のようだが，これが仁別川のことであろう。ニ・オ・ペッ（ni-o-pet　寄り木が・ごちゃごちゃある・川）の意であったろうか。あるいはニ・ウン・ペッ（木・のある・川）であったのかもしれない。

広島　ひろしま

石狩支庁内の町名。ここだけはまだ札幌郡である。明治17年広島県人25戸が移住

したのが始まりで,明治27年広島村戸長役場を設置した。移住者の故郷に因んだ名である。千歳線の駅ができたが,山陽本線の広島があるので北広島駅と呼ぶことにした。どこでもそうであるが,今では駅付近の繁華街の辺は,北広島と呼ばれている。

〈札幌の南部へ〉
藻岩山　もいわやま
札幌市街の南を限っている山で,山上からの眺望絶佳。この山を藻岩というのは,和人が北の円山の名モイワを誤ってこの山の名としたためで,アイヌ時代の山名はインカルシペ（inkar-ush-pe　眺める・いつもする・処）だったという。

松浦氏後方羊蹄日誌が「西岸にエンカルシペと云山有。椴木立也。往古より山霊著しき由にて土人等深く信仰せり」と書いたのはこの山であった。

山鼻　やまはな
札幌市街地の南西部,藻岩山に近い部分の名。山鼻屯田兵を置いた処である。永田地名解は「ユゥ・ニクリ。鹿・林。直訳鹿樹影なり。鹿群来りて樹影に集る故に名く。明治七年山鼻村を置く」と書いた。yuk-nikur「鹿の（来る）・林」の意だったろうか。古老に聞くと鹿の通り道のような処で,畑が荒らされて困ったので,木柵を回して鹿囲というものを作ってその害を防いだりしたのだという。

真駒内　まこまない
札幌市南区の川名,地名。豊平川東岸,真駒内市街の上手のはずれに真駒内川の川口があり,それが地名のもとである。永田地名解は「マッ・オマ・ナイ。後背を流れる川」と書いたが,それだけでは何のことが分からない。

マㇰ（mak）は一般的には「後ろ」であるが,地名では「山の方」の意に使われる場合が多い。サ（sa　前,浜の方）の反対語である。札幌の真駒内川の下流は,ずっと豊平川と並流しているので,あるいは「山側に・ある・川」の意だったのかもしれない。

しかしマコマナイは後志の利別川下流の北支流の名でもあるし,苫小牧川の旧名もマコマナイ（またはマコマイ）であった。これらに共通な点は,周辺の川よりもずっと長い,山奥からの川であることであった。札幌の場合は空沼岳に近い処からの川で,今でも支笏湖に行く道は真駒内川沿いである。mak-oma-nai（山奥に・入っている・川）の意だったのかとも考えて来た。

川沿町　かわぞいちょう
——八垂別　はったりべつ
昔の札幌の図には八垂別道などと書いてあったものだが,現在はその名が消えてしまった。旧図から見て,今の川沿町がそれらしいと思って,そこに行って古老に尋ね

たら正にそうだった。川沿町に三本の川があって，名前が何度も変わった。川下からそれを並べると，北の沢——四号の沢，ポン・ハッタルペッ（小・淵・川），パンケ・ハッタルペッ（下の・ハッタルペッ）中の沢——五号の沢，ポロ・ハッタルペッ（大・淵・川），ペンケ・ハッタルペッ（上の・ハッタルペッ）南の沢——八号の沢，ヌプ・パ・オマ・ナイ（野の・上手・にある・川）。

　この前の方の二川から八垂別の名が出たのだが，今はそのhattar（淵）の姿はない。古老に聞いたら，山裾に半円形に通っている旧道が昔の豊平川沿いで，北の沢の川口の辺には深い淵があって泳いだりしましたよ，という。昔の地名も地形もすっかり忘れられたのであった。

石山　いしやま

　札幌市南区の地名。和名である。豊平川の南岸，真駒内の南に石山の市街があり，その辺一面に石切山の跡が見える。札幌開府のころはコンクリートの時代でなかったので，建設材料として，ここから石材が送られたのでこの名が残った。

　現在札幌の西11丁目の道路（国道230号線）が石山通と呼ばれるのは，その当時石山からこの道に馬車鉄が敷かれ，盛んに石材を運んだのでその名が残ったのだという。

簾舞　みすまい

　札幌南区の地名，川名。札幌市街から定山渓に行く途中に簾舞の市街がある。永田地名解は「ニセイ・オマㇷ゚。絶壁の処。俚人訛りてミソマツプと云ふ」と書いた。nとmはよく訛る。nisei-oma-p「絶壁・ある・もの（処）」がミソマツプとも，また簾舞ともなったのであろう。元来は簾舞川の名らしい。あの辺にそれほどの絶壁は見えないが，このニセイは豊平川の川崖のことであったろう。

小樽内川　おたるないがわ

　定山渓温泉のすぐ手前で，小樽内川と白井川が合流して豊平川に北から注いでいる。今は白井川の方を本流扱いされているが，松浦氏は逆のような書き方。似たような長い川である。永田地名解が「エピショマ・サッポロ。浜へ流る札幌川」と書いたのが小樽内川のことなのであった。

　エピショマサッポロ（e-pish-oma-satporo　頭が・浜の方に・入っている・札幌川支流）の意。水源が海浜の方になっている川（大川の支流）によくエピショマをつけた。その川筋が交通路になっているものが多い。松浦日誌ではエキショマと書かれた。ピの音が処々の地名でキになっているのであった。

　小樽内川は和名。それを遡ると小樽内（銭函のそばの昔の小樽内か，今の小樽か不明）に行く意の川名。現在は立派な自動車道路が川沿いにできて，峠を越えると朝里温泉から海岸に出ている。

白井川　しらいがわ

　小樽内川は海岸近い山から南流しているが，白井川は西の山から東流している。松浦氏後方羊蹄日誌はその川名をヨイチパオマナイと書き，永田地名解はイヨチオマサッポロと書いた。前の方は iyochi-pa-oma-nai「余市（川）の・上手（の方）に・入っている・川」，後の方は iyochi-oma-satporo「余市（川）の方に・入っている・札幌川，つまり豊平川（の支流）」の意。昔はこれぐらい変わっていても同じ地名であった。この川の水源は余市岳で，その向こう側が余市川の源流になっているのであった。

定山渓温泉　じょうざんけいおんせん

　明治の初め定山というお坊さんが堂守をした処からこの名がついたというが，昔は無名の処。松浦氏が雪中中山峠越えをした時のここの姿が後方羊蹄日誌に次のように書かれている。中山峠から下って来ると「川の中より烟の立を見認たり。立寄て見るに岩間に温泉（セセツカ）沸々と噴上，其辺り氷も融たる故，一宿して浴するに数日の草臥（くたびれ）一時に消すかと思はる」。今では，松浦氏が温泉のそばで野宿して眠った処とは思えないような賑やかな温泉街になった。

薄別　うすべつ
　　　——シケレベニウシ

　中山峠に行く街道は，定山渓から少し上った処で，豊平川本流を離れ，西支流の薄別川筋を上る。その辺の地名が薄別である。ただし薄別の意味は分からない。（久遠や茅沼の臼別は入江・川らしいが，こことは地形がちがう）。

　松浦氏後方羊蹄日誌は，中山峠を越えてから，シケレベニウシに出て「川まま（シケレヘニウシ）下る。氷の山を午後迄下りて，幅十余間の川に出たり。是札幌の本川（シベツ）なり」と書いた。当時は薄別でなくシケレベニウシというのが川の名であった。

　松浦図ではそれをシケレヘウシヘツと書いている。シケレベ（shikerpe）は「きわだ，しころ，黄蘗」，木は ni をつけるが地名では省くことも多い。松浦図の方のシケレベウシベツの名が土地に残っていて，長いので前の方を落として薄別になったのかもしれない。

中山峠　なかやまとうげ

　このごろは札幌から豊平川筋の薄別川を上り，中山峠を越えて，尻別川筋の喜茂別に下る道（国道230号線）が盛んに使われる。幕末に近藤重蔵や松浦武四郎が探険して新道を作る研究をした処が，今立派に生かされているのであった。

　アイヌ時代には何々峠という名は無かったものらしい。中山峠の処も，ただルーチシ（ru-chish　峠）であったようである。

　松浦図ではシケレベニウシ（薄別川）支流にルヘシナイがある。ru-pesh-nai（道が・

下る・沢）の意。永田地名解が「ルペㇱペ　ru-pesh-pe。越路。後志国シリベツへ下る径なり」と書いたのもそれだろう。これが中山峠への道の上の方の沢の名か。
　松浦氏は喜茂別から札幌に出るまで，五晩雪上に野宿をしてやっとたどり着いた。今は自動車でゆっくり行って3時間ぐらいか。時代が進歩したものである。

無意根山　むいねやま

　札幌市と後志支庁京極町にまたがる山。原名はムイ・ネ・シㇼ（mui-ne-shir　箕の・ようである・山）であった。アイヌ時代の脱穀用の箕（ムイ）はよく木で作ったが，半月形であった。その円い処を上にして立てたような形の山なので，その名がついたのであろう。

天狗山　てんぐやま

　永田地名解はサッポロヌプリやムイネシリと並べて「キト・ウㇱ・ヌプリ。韮山。満山皆韮，故に名く。俚人天狗山と云ふ。又伊勢鉢山，摺鉢山とも云ふ。其形似に名くるなり」と書いた。どの天狗山のことかをまだ確かめれないで来た。二つの別称もあるので調べれば分かることと思われる。なお永田氏は kitu（韮）と書いたのであるが，kito-ush-nupuri（ぎょうじゃにんにく・群生する・山）と解すべきであろう。

豊平峡　ほうへいきょう

　豊平川は定山渓温泉から少し上ると二股になっていて，左（上に向かって）がシペッ（shi-pet　主たる・川），つまり本流と呼ばれた。後方羊蹄日誌は「シケレヘニの二股より上にカモイニセイとて，往古神が切開しと言う断岩絶壁」と書いた。カムイ・ニセイ（kamui-nisei　神の・絶壁）の意。今は豊平峡という。近年はダムができて，札幌市民の行楽地となった。

札幌岳　さっぽろだけ

　豊平川（札幌川）水源の東側にある山。中山峠に上って行く道から見ると，左側の山並みの中で一番高いが，頂上が長く平らな特異な山容である。永田地名解は「サッポロ・ヌプリ。札幌・山。札幌川の水源にある山なるを以て名く。北海道の山名大抵皆然り」と書いた。satporo-nupuri（札幌川の・山）の意。

漁入沢川　いざりいりさわがわ

　豊平川の水源も二股になっていて，南に入っているのが本流，東に入っているのが漁入沢川である。漁入沢川は和名。千歳の北にある漁川の方に入っている川の意。後方羊蹄日誌はそこを「ホリカウエンサツホロ（東方），シノマンサツホロ（西方）と二つに分る」と書いた。前の方は horka-wen-satporo「（本流に対して）後戻りしている・悪い・札幌川（支流）」で，川の中が歩きにくいという意味の悪いであろうか。これが

漁入沢川の旧名。後の方はshinoman-satporo「ほんとうに（奥の方に）行っている・札幌川」で，豊平川の最源流の意である。

(2) 石狩川下, 中流

滝川辺までの本流筋を記す。ただし札幌地域は前掲, 厚田村は後出の石狩湾岸の部に入れた。また千歳川筋, 夕張川筋, 空知川筋はこの後にまとめて別掲した。

当別　とうべつ

　石狩川下流北岸の川名, 町名。明治4年仙台の支藩岩出山藩主伊達邦直が家臣を率いて移住開拓した処である。永田地名解は「トー・ペッ。沼・川。旧名チワシペト。早川」と書いた。

　行って見たが然るべき沼が見えない。当別市街から17キロばかり上の東側に沼の沢があり, その上に小さな古沼があっただけである。処がふと松浦図を開いて見たら,

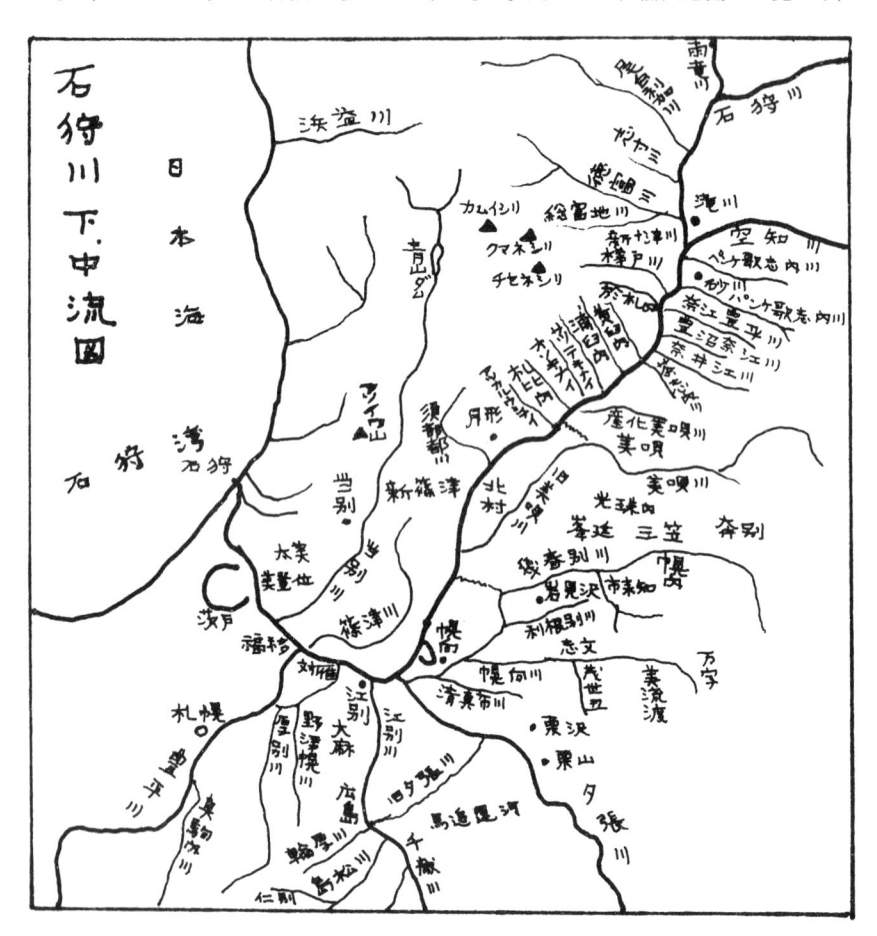

当別川下流の西側（今の石狩太美駅の近くらしい）に，昔は沼が並んでいたのだった。一番下流のがホロトウ（poro-to 大・沼），その上にシュウキナウシトウ（siukina-ush-to えぞにゅう草・群生する・沼），またその上のホントウ（沼形は描いていないが沼に違いない。pon-to 小・沼）である。今は水田地帯の中に埋没しているのではあるが，これらがある川だったので to-pet（沼・川）と呼ばれたものか。

なお旧名チワシベツは←chiu-ash-pet（波・立つ・川）の意であったろう。

美登江　ぴとえ

当別川の川口より少し下の石狩川北岸の地名。永田地名解は「ピトイ。pit-o-i。小石・多き・処。ピッは大小石の総称なれども石狩アイヌは泥土の小塊石を云ふ」と書いた。その少し下流側の石狩町内の処では美登位の地名あり。これも同じくピトイからの名であろう。

太美　ふとみ

当別川口に近い処に石狩太美の駅があり，太美町の市街がある。北海道駅名の起源は「駅名は元は当別太といっていたが，隣接部落に美登江があるところから，両方から一字ずつ採って駅名としたものである。当別太はアイヌ語ト・ペッ・プトゥ（沼川の口）の意である」と書いた。

阿蘇岩山　あそいわやま

当別川中流の西側の山。南の石狩からも，日本海側からもよく見える目立った山である。永田地名解は「アショイワ。ash-o-iwa 柴山。雑樹山とも云」と書いた。ash も as も同じ。as-o-iwa（柴木・多い・山）であろうが，同名の山が道内の処々にある。何か霊山であったらしい山である。

隈根尻　くまねしり
地勢根尻　ちせねしり
神居尻　かむいしり

当別川上流の青山ダムの付近の東側に，これらの山が並んでいる。クマ・ネ・シリ（物乾し・のような・山。山頂の平らに見える山），チセ・ネ・シリ（家・のような・山。家の屋根のような形の山），またカムイ・シリ（神様の・山）の意。神居尻は当別川の奥の最も威厳にみちた姿の山である。これらと同形あるいは類形の山名が道内諸地に多い。

篠津　しのつ

江別市内，石狩川北岸側の地名，旧村名，川名。永田地名解は「シン・ノッ。山崎」と書いた。シリ・ノッ（shir-not 山の・崎）の r は後の n に引きつけられて n に発音されシンノッとなる。それから篠津となったという意。

元来の篠津は篠津川を中心とした広大な原野であるが，現在の江別市の篠津はその

川口付近の小さい土地で，北東の部分は新篠津村，北西の部分は当別町の中に入っている。

一帯は低平地なので，どこがシンノッ（山崎）なのか分からない。当別町に入っている部分は，篠津川と当別川に挾まれた低い丘陵が長く南に突き出していて，篠津川はその東裾をずっと流れている。あるいはその突き出している丘陵をシンノッと呼んで，それがこの名のもとになったのかもしれない。

新篠津村　しんしのつむら

元来の篠津村は西から南を回って流れている石狩川と，当別町の間の広い原野であったが，明治29年その北東の大部分が分離して新篠津村を称した。南に残った篠津村は後に江別市の中に入ったが新篠津村の方は今でも石狩郡内の村である。

大麻　おおあさ

函館本線を札幌市厚別から江別市に入った辺が大麻で，近年大規模な住宅団地や開拓記念館等ができ，また国鉄の駅も開設された。北海道駅名の起源昭和48年版には「大麻。明治26年入植者が麻を栽培したことから、同39年江別村大曲麻畑林地となづけられ、昭和10年大麻となった」と書かれた。

野幌　のっぽろ

江別市と札幌市白石区にまたがる地名，川名。野幌川は札幌側から出て，市境を流れて旧豊平川に入っている。永田地名解は「ヌブル・オチ。濁処」と書いたが何だか変だ。ヌブル（nupur）が地名に使われるのは川の水に温泉水が入ったりして，どぎつく色がついている場合で，めったに出て来ないし，野幌の辺ではありそうに思えない。北海道駅名の起源昭和29年版から「ヌポロペッ即ちヌプ・オル・オ・ペッ（野中の川）から出たものである」と書かれた方を採りたい。

旧図の中ではノホロ，ノボロ，ノフロのように書かれている。nup-or（野の・中，処）のように呼ばれていたのではなかろうか。

対雁　ついしかり

ふつう対雁といえば，石狩川の南岸，江別市街から少し下った辺をいう。元来はツイシカリ川（津石狩川）の川口であったからの名であろう。180年ぐらい前札幌川（豊平川）の川筋が変わり，ツイシカリ川筋を流れ下るようになったが，今は切り変えられて福移の方に流された。永田地名解はその名のもとになった沼について「ト・イシカラ。回流沼。此沼はヌプロチペッとハシウシペッの間にありて清水湧出回流せり。故に名く。文政年間上対雁と称し石狩十三場所の内とす。明治四年対雁村を置く」と書いた。

つまり野津幌（のっぽろ）川と厚別川の間にあった沼から対雁の名が出たのだという。その名の解が少し難しい。to-e-shikari（沼が・そこで・回る）ぐらいの形から出た言葉か。

対雁は明治初年樺太からのアイヌを置いた処としても聞こえている。また当時は上川への道はここから渡舟で北岸に渡り，月形を通って行っていたのだという。

江別　えべつ
江別太　えべつぶと

　類例が少なく解しにくい地名である。松浦武四郎の夕張日誌には「兎唇（としp）の如く三ツに分るる処也。依てしか号く」と記す。エペッケ（顔裂けている）という言葉で三ツロをいい，兎の別称として使った。アイヌの説話的解を伝えたのであろう。永田地名解は「ユペオッ。鮫居る川」（ユペ・オッ。蝶鮫・たくさんいる。急言すればユペッとなるのであった）と解し，また松浦武四郎の三ツロは説話であるとし，「当時のアイヌは多く好漁場の地名を秘して語らざるを常とするを以て誤りたるなり」と付記した。北海道駅名の起源昭和29年版は新説を出し，「イ・ブッから訛ったものと思われ，イ・ブッとは（それの・入口）即ち大事なところへの入口を意味しているのだろう」と書き，千歳駅の項で，「千歳は往時文化の大中心地だったので，その北の口をイ・ブッ（江別）と言った」と書いた。江別は，古い飛騨屋久兵衛図では伊別，上原熊次郎地名考でもイベツであった。また昔は上流夕張川のユ（硫黄分の濃い水。ユペともいう）が，この川を流れた。ユ・ペッ（硫黄水・川），ユペ・オッ（硫黄質の水・多い），イェ・ペッ（膿・川），イペ・オッ（魚・多い）の形も考えられる。難しい地名である。

　現在の江別市街は元来は江別太と呼ばれた土地から発達した処で，エペッ・プトゥ（江別川の・川口）の意であった。

夕張川川口　ゆうばりがわかわぐち

　夕張川の石狩川に入る川口が，江別市街のすぐ東の処にあるが，ここは昔の夕張川ではない。昔の夕張川は，室蘭本線栗丘駅の処から西南流して江別川（千歳川）に注いでいたのであったが，西に向かって人工の川をつくり，夕張川を直接に石狩川に入れた。夕張の名のもとは昔の夕張川下流（旧夕張川）の方にあったらしいので，それについては夕張川筋の処に書いた。

豊幌　とよほろ

　江別市東端の地名。函館本線豊幌駅あり。北海道駅名の起源は「豊幌。幌向部落のうちの豊かなところの意と思われる」と書いた。

幌向　ほろむい

　岩見沢市の西部の地名，川名。現在幌向川は夕張川（新）の川口に近い処に入れられてその支川扱いであるが，元来の姿は，下流で東から来る幾春別川を合わせ，少し下って南からの清真布川（栗沢の川）を入れ，北流して石狩川（旧）の大きな川曲がりに注いでいた。

　永田地名解はそこを「ポロ・モイ・プトゥ。大・渦・川口」と書いたが，これは変である。モイ（moi）は大川では川が曲がっていて，水がゆったり流れている処。石

41

狩川がここで大きく屈曲していたのでポロ・モイ（大きな・モイ）で，それが幌向になったのだろう（モイはムイに訛って残るもの多し）。そこに流れ込んでいた川も従ってポロモイ川と呼ばれ（幌向川），その川口の辺が poromoi-putu（幌向川の・川口）といわれたのであろう。アイヌのコタンのあった処である。

南幌町　なんぽろちょう

広い幌向地区の南部という意らしい。北部の幌向太の辺は岩見沢市の中に入ったが，南幌は独立の町である。

栗沢　くりさわ

栗沢町は西隣の南幌と並んで空知郡南端の町名。開拓当時現在の栗沢市街付近に栗の樹が多く繁茂していたために名づけられたようである（行政区画便覧）。北海道駅名の起源には「ヤㇺ・オ・ナイ（栗の多い沢）の訳語である」と書かれているが，それがどの川なのか分からない。

室蘭本線の栗沢駅の処は，古い地図では清真布であって，昭和24年に現称の駅名に改めたという。その名のもとになった清真布川は幌向川の南支流で，栗沢市街の北を流れている。キオマㇷ゚（ki-oma-p　茅荻の類が・ある・もの（川））」の意であったろう。

栗丘　くりおか

栗沢町南端の地名。空知郡内ではあるが夕張川北岸の土地である。室蘭本線の栗丘駅があり，北海道駅名の起源には「付近の小高い丘に栗の木が多かったのでこの名が出た」と書かれている。

志文　しぶん

岩見沢市内の地名。幌向川本流沿いの土地。室蘭本線の志文駅あり。北海道駅名の起源は「シュプン・ペッ（shupun-pet　うぐい・川）から出たものである」と書いた。

茂世丑　もせうし

幌向川中流に南から茂世丑川が入っていて，その川筋が茂世丑である。明治の地図ではその川にモセウシと仮名書きされていた。道内諸地にモセウシ（mose-ush-i）の地名が多いが mose には「いらくさ」という意味と「草を刈る」という意味があって，いらくさ群生地であったか，草刈りをいつもする処であったか，伝承でもないと分からないのであった。

美流渡　みると
万字　まんじ

共に栗沢町内の地名。幌向川上流の土地である。国鉄万字線の駅があり北海道駅名の起源は「美流渡はミユルトマップから出たといわれるが意味は不明である。ここに

ある万字炭砿は朝吹英二氏の経営で同家の家紋卍に因んで万字の地名が生じたものである」と書いた。ミュルトマップはひどく訛った名であろう。このままでは解しようがない。

北村　きたむら

空知支庁内の村名。岩見沢市の西隣，石狩川東岸の土地で，旧美唄川が村内を流れている。北村の名は開拓功労者北村雄治の姓から採って付けたものであるという。村内にタップ（達布）のつく字名が処々にあるのは，曲流していた石狩川のヌタッ（川曲がりの内側の土地）の名残りであるようである。

岩見沢　いわみざわ

石狩地方の中央で，鉄道貨車輸送の中心駅になっているが，開拓時代も交通の要衝であったのであろう。行政区画便覧は「明治十五年市来知（現在の三笠市）に開拓使が開拓のため集治監を設置し，その折同監に通う人達が一棟の休憩処を利用して湯に入り疲れをいやした浴沢（ゆあみざわ）から変化して今日のように呼称されるに至ったと伝えられている」と書いた。市街は幾春別川中流の南側の処にあり，国道12号線が通っている。

利根別川　とねべつがわ

岩見沢市街を曲流している幌向川支流。語義不詳。ト・ネ・ペッ（to-ne-pet　沼・のようになっている・川）か。あるいはトゥンニ・ペッ（tunni-pet　柏の木・川）か。

幾春別　いくしゅんべつ

幾春別川は三笠市内から流れて中流からは岩見沢市である。元来は幌向川と合して旧石狩川に注いでいたが，現在は岩見沢市街のすぐ西の処から幾春別放水路をつくって石狩川に直流させてある。

永田地名解は「イクッウンペッ。彼方の川。向ふの川とも云ふ。古へポロモイ（幌向）に土人住居せし時，彼方の川と名けたりと云ふ」と書いた。ikushun-pet（向こう側にある・川）の意。幌向川の方に住んでいたアイヌが，あっちの方の川と呼んだからの名であろう。

現在幾春別と呼ぶ土地は，三笠市内で，この川のずっと上流の処をいう。明治29年図でもそこが幾春別村で，幾春別炭山の名が書かれている。古くから幾春別川から名を採って名づけた処なのであった。

市来知　いちきしり

市来知川は三笠市と岩見沢市の境を流れる川の名であるが，市来知という土地はそこから東の地域だったか。永田地名解は「イチキルシ　i-chikir-ushi　熊蹄多き処。今市来知村」と書いた。直訳すれば「それの・足（あと）が・多くある・処」であろうか。熊というのを憚かってi（それ）といったのであろう。その語尾を音韻転して市来

知となったものらしい。

三笠市　みかさし

　幾春別川上流地帯の地域である。行政区画便覧は「三笠とは，明治39年市来知村，幌内村，幾春別村の三村を合併したとき，町の中心である市来知神社の裏山を表徴して命名したのである」と書いている。三村合併の意味と，山容が奈良の三笠山に似ているという意味を含めた名であろう。

達布山　たっぷやま

　三笠市街の西にある小山の名。明治29年5万分図ではタップコップ山と書かれている。タッコッㇷ゚（tapkop　たんこぶ山）の意。
　諸地のタッコッㇷ゚はぽこんと盛り上がった目立つ小山であるが，三笠の達布山は，平べったい独立丘である。

幌内　ほろない

　幌内川は幾春別川の南支流で，三笠市街の処で本流に入っている。この川奥の幌内炭山の石炭を輸送するため，明治初年に，北海道で初めての鉄道が手宮（小樽）港から幌内まで作られた。この炭砿の高カロリー非粘結炭は長い間家庭用炭として高く評価されて来た。幌内はポロ・ナイ（poro-nai　大きい・沢）の意。道内に同名が多い。

奔別　ほんべつ

　幾春別川上流の地名，川名。炭砿で知られていた名である。奔別はアイヌ語のポン・ペッ（pon-pet　小さい・川）から来た名。ただし小さい川とはいうが，行って見ると相当な川である。川名のポロ，ポン（大，小）は近隣の川との比較で呼ばれたものらしい。

峰延　みねのぶ

　美唄市南端の地名。函館本線の峰延駅がある。ここは三笠市との境の丘陵が伸びて来た処の下にある土地なので峰延と呼んだものであろう。

光珠内　こうしゅない

　峰延のすぐ北の地名で，函館本線の光珠内駅がある。永田地名解には「カーウシュナイ。わな川。わなにて鹿を捕りし処なりといふ。和人峰延と云ふは妄称なり」と書かれている。また明治の5万分図では峰延駅のすぐ北の処の川にカーウシュナイと書いてある。その名が地名となって拡がり，少し北に光珠内駅ができたのであろう。カーは糸という意で，それから糸を使った「わな」の意にも使われた。カー・ウシ・ナイ（ka-ush-nai　わな・ある・川）のことであった。なおこの辺にはカーウシュナイと仮名書きの字名も残っている。

美唄　びばい

　市名，川名。西は石狩川，南は三笠市と北村，北は奈井江町の間を占める土地で，美唄川が流れている。初めは市来知（三笠市）の管轄下であったが，明治28年沼貝村の名で独立，大正15年美唄町と改称，昭和25年市制を施行した（沼貝はピパイの訳名）。

　ピパ（沼貝・からす貝・川真珠貝）は昔は食用に供し，殻の厚いものは穂を摘むのに使った。ピパのつく地名は全道に多い。

　ここは古くからピパイで，元来は美唄川の名であったろう。永田地名解はピパ・イ（沼貝川）と訳したが，イという語尾は名詞の後につかないので説明としては変だ。松浦図ではヒパヲマナイ（pipa-oma-nai　からす貝・ある・川）で自然な形である。また駅名の起源昭和29年版は美唄に近い形を考えてかピパ・オ・イ（からす貝・多い・処）の転訛と書いた。母音が二つ続くとその一つを落として呼ぶことが多いのでピパイとなる。巧い説である。

産化美唄川　さんかびばいがわ
奔美唄川　ぽんびばいがわ

　国道12号線を通ると，茶志内駅のすぐ南を産化美唄川（旧名はサンケピパイ），それと美唄川の間を奔美唄川（旧名ポンピパイ）が横切っている。

　明治27年版道庁20万分図では，この二川の下流は湿原で消えている。明治29年5万分図では，この二川は石狩川近くで合流した上で，南流して美唄川に入っている。これが元来の姿で二川は美唄川の支流であることを示している。

　その後に産化美唄川は美唄川と離れ，別々に石狩川に入っていたようであるが，現在は美唄市街の西で，美唄川を西に流し，産化美唄の川口近くに入れた。それで産化美唄は再び美唄川の支流となった。

　産化美唄は sanke-pipai（浜の方に出す・美唄川）の意。何を出したのか分からない。大雨の時に大増水する意か。あるいは山から何かを運び出した川筋なのか不明。奔美唄は pon-pipai（小さい・美唄川）の意。

茶志内　ちゃしない

　美唄市内の地名。名のもとになった茶志内川は茶志内駅から3キロ北を流れている。従来の解は区々である。永田地名解は「チャシ・ナイ。早川。トク土人云，チヤシはホユブに同じ。走るの義。故に早川の義なりと，コトニ土人又一云ふ。チヤシは柴なり，此辺小木多し，故にチヤシナイと云ふ。二説並に通ず」と書いた。

　北海道駅名の起源昭和25年版は「走る川」説。29年版は「チャルセナイ（滝をなして流れおちる川）か，あるいはチャシュンナイ（砦のある川）の転訛と考えられる」と別説。48年版には「この付近にはチャルセナイのような川は見あたらない」と訂正が書かれた。

　ふつうならチャシ・ナイ（砦・川）と解されるのが自然な名なのであるが，その辺にチャシの伝承が残っていなかったのでこのように各種の解が考えられたのであろう

か。なお研究問題が残っている地名である。

奈井江　ないえ

奈井江町は南は美唄市，北は砂川市と上砂川町で，名のもとになった奈井江川が横流している。古くは奈江村，後砂川村と改称。昭和19年分村して奈井江村となった。永田地名解は「ナエイ（naei, nae）。谷川。西岸高き川をナエイと云ふ。今奈井江と云ふは誤る。上川土人は谷をナエと云ひ，川をナイと云ふ」と興味ある説を書いたが，どうもよく分からない。nayの処属形naye（その川）が地名に残ったものであったろうか。

豊沼　とよぬま

砂川市南端の地名。豊沼駅があり，その前に東洋高圧の工場がある。北海道駅名の起源は「付近は石狩川に沿い，むかし大小の多くの沼があって地味も豊かでなかったので，豊かな所になるようにとの意味をこめて豊沼と名づけたものである」と書いた。

豊沼奈江川　とよぬまなえがわ

奈井江町から出て，砂川市豊沼を流れる川の名。永田地名解は「ナイ。川。両岸高からず」と書いて，南側の奈井江川と区別した。アイヌ時代には固有名詞だかどうか分からない形で呼んだ地名が多く，ナイという川名が並んで残っている例は他地でも見られる。ここでも，ただナイ（川），あるいはナイェ（その川）と呼ばれていたのが残ったのであろう。

奈江豊平川　なえとよひらがわ

砂川市南部の川名。豊沼駅，東洋高圧工場の北側を流れて石狩川に注いでいる。永田地名解は「トゥイェ・ピラ。潰崖」と書いた。札幌と同じように砂川市にも豊平があった。恐らくその川口の辺の石狩川に崩れ崖があって，tuye-pira「（川が）崩す・崖」，またはtui-pira「崩れる（あるいは崩れている）・崖」と呼ばれていたのであろうか。

パンケウタシナイ川
ペンケウタシナイ川

パンケ（下の）とペンケ（上の）をつけた兄弟のような二つのウタシナイ川が砂川市を並流している。永田地名解は「オタシ・ナイ。四手川。トク土人イチリ云。オタシは四手網なりと。コトネイ土人又一郎はオタウシナイにて沙の川なりと云ふ」と書いた。

ここでも対岸，新十津川のアイヌと，永田方正と近しかったらしい琴似（札幌）のアイヌの説が違っている。どっちが正しいかは判断がつかないが，琴似アイヌのいった説の方が後人に書かれて来た。ota-ush-nai（砂浜が・ついている・川）とでも解すべきか。母音が二つ続くので一つを略してオタシナイと呼ばれ，また和人のくせでオがウに訛ってウタシナイになったのであろう。

歌志内　うたしない

　歌志内市はペンケウタシナイ川上流の土地で，川沿いに歌志内線の鉄道があり，歌志内駅がある。炭砿で発達した土地で，明治24年北海道炭砿株式会社の鉄道開通に際してオタシナイの音を採って歌志内駅と称し，後にこれをそのまま村名としたのだという。昭和33年市制を施行した。

砂川　すながわ

　市名。石狩川沿いで南は奈井江町，北は空知川を隔て滝川市になっている土地である。元来は奈江村であったが明治36年砂川村と改称した。砂川はオタシナイ（歌志内）川を意訳してつくった名であるという。

上砂川町　かみすながわちょう

　パンケウタシナイ川上流が，砂川の上であるという意味で上砂川と呼ばれていたが，昭和24年その周辺の砂川町，歌志内等の一部を合わせて上砂川町ができた。新しい町である。

江部乙　えべおつ

　滝川市内，石狩川東岸の地名。永田地名解は「ユーベ・オッ。鮫居川。石狩川の旧流沼となりて流るる川」と書いた。ユベ・オッ（蝶鮫・たくさんいる）との解で，同書の江別の解と相通じている。北海道駅名の起源昭和25年版は永田方正の解を踏襲したのであるが，昭和29年版では「イペオチ即ちイペ・オッ・イ即ち（鮭の・多くいる・ところ）から出たものである」と変えた。イペは「食物，魚」という言葉である。この形であったのなら，あっさり「魚が・多くいる」と訳したい。意味の忘れられた地名である。永田説も棄てられない。

〈石狩川西岸，樺戸郡〉

須部都　すべつ

　樺戸郡内南端部の川名，地名。また士別とも書かれた。須部都川はこの辺での長い川で，松浦図ではシベツと書かれた。永田地名解は「シベッ　shi-pet。シベッ鳥。シベッシベッと鳴く鳥多し。故に川名となる。此鳥は大きさ雀の如く尾はやや長し」と書いた。永田氏は近いトク（新十津川）のアイヌの話をよく聞いたので，その伝承を書いたのであろう。だがシ・ペッの名は全道処々にあり，この須部都もそれらと同じく「大・川」あるいは「本・流」の意だったのではなかろうか。須部都の名は，シとスを混同する東北弁のくせで当て字されたものだったろうか。

知来乙　ちらいおつ

　月形町内須部都川中流の地名，元来は川名。札沼線知来乙駅あり。永田地名解は「チライ・オッ。いと魚川」と書いた。chirai-ot（いとう魚・たくさんいる）の意。たぶん後にナイがついたのが略された形であろう。

月形　つきがた

空知支庁内の町名。明治14年(1881年)樺戸集治監初代典獄として月形潔がこの地に赴任したが、その姓をとって月形村が生まれた。空知支庁管内第1号の村である。今の市街地は、須部都川の川口に近い処である。

厚軽臼内　あつかるうすない

月形町内の地名、川名(石狩川支流)。永田地名解は「アッ・カルシ。楡皮を取る処」と書いた。at-kar-ush-i「おひょう楡の皮を・取る・いつもする・もの(川)」の意。

札比内　さっぴない

月形町内の地名、川名(石狩川支流)。駅あり。永田地名解は「サッ・ピ・ナイ。涸れたる小川。此川上に沼あり。旱すれば乾き雨ふれば流す」と書いた。砂利川である。古老に昔の姿を聞くと、平常は流れているが、乾期になると、途中の処で水が砂利の下にもぐってしまって、からからになるのだったという。(今は乾期、田に水を採るのでからからの砂利川原になる)。永田氏はピを小さいと読んだが、この辺での普通の大きさの川である。「小石」と読みたい。また平常は流れている川である。sat-pi-nai(乾く・小石の・川)と解したい。

晩生内　おそきない

浦臼町内の地名、川名(石狩川支流)。駅あり。この名の意味ははっきりしない。永田地名解は「オ・ショキ・ナイ。川尻の高崖出たる処」と書いたが、ショキはsotki(寝台)とも読んだのだろうか。たぶんアイヌ古老の説だったのであろう。北海道駅名の起源は昭和25年版から「オ・ショシケ・ナイ(川尻が崩れている谷川)から転訛した」と説をたてた。o-soshke-nai(川尻・剝げている・川)と読んだ巧い考えかたである。晩生内は仮名でもついていないと読みにくい地名である。

札的内　さってきない

浦臼町内の地名、川名(石狩川支流)。駅名は下略して札的駅という。札的内川は晩生内川の北で砂利川である。語義はサッテヶ・ナイ(sattek-nai　やせる・川)。乾期になると水が砂利の下にしみ込んで、水流がやせ細る川の意。

浦臼内　うらうすない

川名(札的内の北の川で石狩川支流)。浦臼駅あり。浦臼町は南は札比内から、北は樺戸川までの土地である。永田地名解は「ウラシ・ナイ。笹川。ウラシは竹葉の義なれど又笹の義に用ふ」と書き、また北海道駅名の起源は「ウライ・ウシペッ(簗が多い川)の転訛である。むかし鮭鱒が豊かであったので、簗をかけたところから名づけたものである」と書いた。実は道内の処々にウラシで残っている川の原名はこの二通りのものが混じっていて判断が難しいのであった。

現場に行って見ると浅い砂利底の河床の高い川である。土地の古老に聞くと、昔は

この川は平地に入って勝手に流れていて川の形になっていなかった。築などかける川じゃないと思うとの話で少々困った。

だが念のために土地一枚一枚の名を調べて見た。本字も仮名書きも混じっているが，早く開拓されたらしい川沿いは多く仮名書きで，ウラウスナイとウラウシナイが多い。これが古い入植者の地名である処から見ると，アイヌの呼び名に近いであろう。ush（あるいは us。アイヌ語では同じこと）のついた名で，どうも urash（笹）ではなさそうである。

それで逆に戻って，昔はどこかに築をかけれる処があって urai-us-nai（やな・がついている・川）と呼ばれたのが浦臼内となったのではないかと思うようになった。駅名の起源の説に戻ったわけである。だが語尾の処はペッではない。松浦氏の記録も，土地に残る古い小地名も全部ナイであった。

松浦氏がウラシナイと書いたことは，北見の涛沸湖のウライ・ウシ・ペッが浦士別となったのと同じことであろう。ウライウシナイとウラシナイとは音も近く，また諸地にウラシナイ（笹川）も多かったので自然その形でも呼ばれるようになっていたと見るべきか。

黄臼内　きうすない

浦臼町内の地名，川名（石狩川支流）。浦臼内川のすぐ東隣の川である。永田地名解は「キナ・ウシ・ナイ　kina-ush-nai。蒲川」と書いた。kina は草の総称であるが，この形の地名では shi-kina（蒲）を指していることがよくあったらしい。「蒲が・群生している・川」と訳すべきか。その川べりで蒲の穂を摘んで土産に持ち帰ったこともあった。

鶴沼　つるぬま

浦臼町内の地名，沼名。黄臼内のすぐ東の処。札沼線の鶴沼駅あり。北海道駅名の起源は「付近にある鶴沼はむかし丹頂鶴のいたところで，もとからその辺を鶴沼部落といった」と書いている。

於札内　おさつない

浦臼町内の地名，川名（石狩川支流）。札沼線於札内駅あり。鶴沼駅のすぐ北を於札内川が流れている。オ・サッ・ナイ（o-sat-nai　川尻・乾く・川）の意。これも砂利川で，乾期になると川尻に近い辺で，水が砂利の下にしみ込んでしまって，川底が乾くのでこの称で呼ばれた。道内に同名の川が多い。例えば沙流川筋の長知内もそれである。

樺戸　かばと

樺戸郡は石狩川中流西岸一帯の土地で，その名をつけて呼ばれる樺戸川は，浦臼町と新十津川町の境を流れている（石狩川支流）。永田地名解は「カパト（kapato）は水草の名。和名カハホネ，今人コウホネと云ふ。郡中オサッナイとウライウシペッの間

に河沼あり。河骨（かはほね）多し。故に名く。今人月形村をカバトと思ふは非なり」と書いた。水中に蓮根のような根茎があってそれを食用にしたのだという。

新十津川　しんとつがわ

　新十津川町は石狩川西岸で，滝川市と川を隔てて向かい合っている土地。南は樺戸川を境にして浦臼町，北は尾白利加川を境にして雨竜町である。明治22年奈良県十津川の住民600戸が大挙して移住した処で，その故郷の名に因んで新十津川村としたのであった。

　新十津川市街は徳富川の川口の処で，役場や駅のある中心街は南岸。北岸の橋本町から石狩川の橋を渡ると滝川である。この市街地の辺は昔はトックブト（徳富川の川口）と呼ばれた処であった。

徳富　とっぷ

　新十津川町の地名，川名。札沼線の駅だけでも，南下徳富，下徳富，中徳富と並んでいる。徳富はアイヌ時代にトックと書かれた地名から来た名。松浦氏諸日記にはトックのアイヌが案内役をしたことが書かれ，また永田地名解の石狩川中流部では，トックのアイヌから聞いたという解が処々に書かれている。

　永田地名解は「トゥㇰ　tuk。隆起。此川筋しばしば流を変じ，河跡は隆起して陸地をなす。故に名く。和人トツプと云ふ，誤なり」と書いた。tuk は「出る，生える」という意。また北海道駅名の起源昭和29年版は「アイヌ語トゥㇰ（小山）より出た」と訳した。

　松浦氏石狩日誌で読むとトックのコタンはトック・ブト（徳富川口）を通り越して石狩川を少し上った西岸であるが，その跡は分からなくなったらしい。松浦図には，だいぶ上って士寸川の少し北の処にトックコタンと書いてある。

総富地川　そふちがわ

　徳富川を川口から上るとすぐの処に西から入っている長い支流。松浦図でもソフチであるが意味が分からない。ソ・ウシ（滝が・ある）とも聞こえるが，滝はない由である。あるいはソッキ（sotki　寝床。獣や魚が集まる処）の転訛かもしれないが，音だけの話で資料が全く見当たらない。永田地名解流に「?」をつけて置く外ない。

士寸川　しすんがわ

　徳富川と尾白利加川の間にある石狩川支流。松浦図ではシユシユウシ，明治30年5万分図ではシュシュウンナイである。shushu-ush-i「柳・群生する・もの（川）」，あるいは shushu-un-nai「柳・ある・川」で，どっちででも呼ばれたのであろう。後の方の名のナイが略されて士寸川となったものらしい。この川が街道を横切っている処で眺めると，今でも柳がいっぱい生えている。

I 石狩地方

(3) 千歳川筋

　　　　　江別川（現在は千歳川）を少し溯ると，右股が千歳川で，左股が夕
　　　　張川であった。夕張川は現在は新水路で石狩川に直流しているので，
　　　　千歳川の名でこの水系をまとめた。旧夕張川筋，千歳郡（胆振国）
　　　　の千歳川筋もここに入れた。樽前山は胆振地方胆振東部の中に入れ
　　　　た。千歳川東岸の広島などは〈札幌の東部〉を参照されたい。

旧夕張川　きゅうゆうばりがわ

　江別川をエベツブト（江別川川口）から20キロぐらい（直線で約12キロ）上った
処に旧夕張川の川口がある。昔は大きな夕張川が千歳川（江別川）と合流していた処
だろうが，今はその面影はなく，野中の小水路のような姿である。
　その川口の処が昔の夕張太（夕張川川口）で，松浦氏夕張日誌ではユウハリフト，

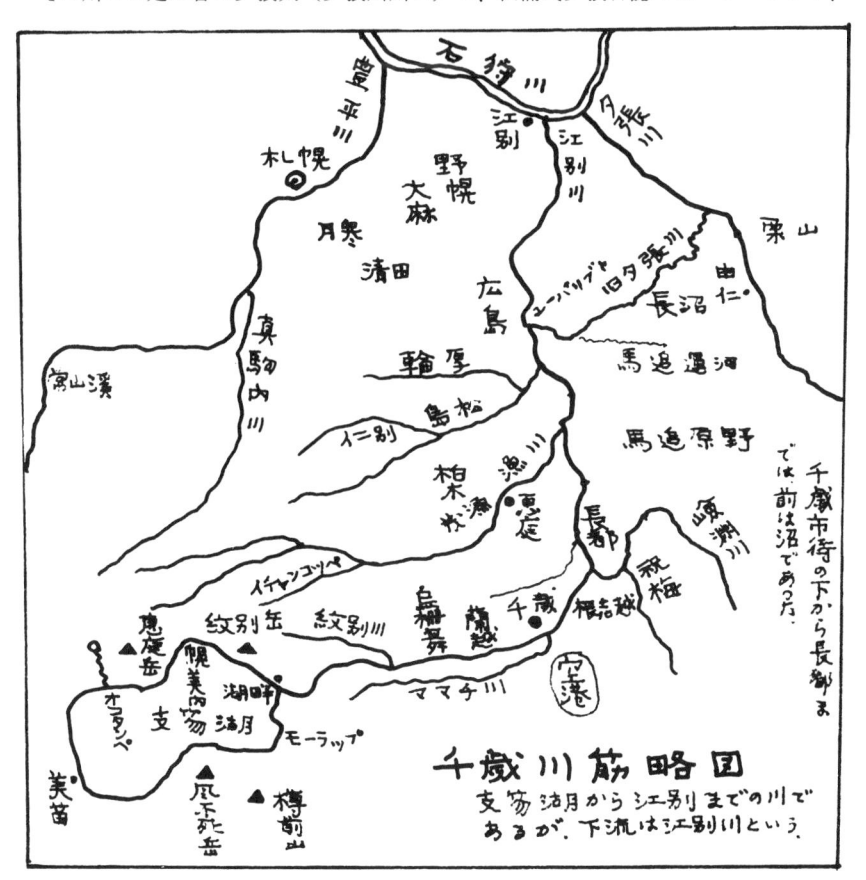

松浦図ではユウハリトウフト（注：夕張沼の口）と書かれた。夕張という名はその辺から出たらしい。

長沼　ながぬま

夕張郡内の地名，町名。長沼町は旧夕張川から馬追山までの広い平野の地名。松浦図で見ると旧夕張川筋は二つの大沼になっていて，上がタンネトウ，下がラウントウである。タンネトウは，松浦氏夕張日誌によれば「幅六，七丁。長さ一里余」とあり，正にタンネ・トー（tanne-to　長い・沼）なのであった。

ここは岩手県出身の吉川鉄之助が中心となって開拓され，明治25年に長沼村ができた。道庁では開拓者の名をとって吉川村とすることをすすめたが，彼は固辞し，タンネトーに因んで長沼村とされたのだという。

柏木　かしわぎ

恵庭市北部の地名，川名。島松と恵庭の間に柏木の市街があって，少し離れた処に柏木川（島松川の南支流）が流れている。柏木川の旧名はペケレ・ペッ（peker-pet　明るい・川）。清澄な水が流れているからの称であろう。

漁川　いざりがわ

恵庭市街の北側を流れている漁川は，千歳川の支流であるが，この辺での大川である。松浦氏西蝦夷日誌は「イザリ。名義，鮭が卵を置との義」と書いた。イチャニ（ichani。ichan の所属形。その鮭産卵場）はイジャニのようにも発音される（アイヌ語では清濁音は区別されない）ので，それが「いざり」となったのであろう。ここは昔の鮭の好漁場であった。

なお北海道駅名の起源昭和29年版は，千歳駅の項で，千歳は天産物豊かで文化の大中心地であったので「西口がイ・チャル（漁）であった」と興味ある説を出したが，地理的に考えても，またこの川筋が鮭漁場だったことから見ても賛成しかねて来たのであった。

茂漁　もいざり

恵庭市街から漁川を北に渡った辺が茂漁で，小さい茂漁川が流れている。西蝦夷日誌は「モイザリ。是イザリの枝（川）なり。小さきイザリとの儀」と書いた。ここも鮭漁で賑わった処だという。ここにも ichani（鮭産卵場）があって，その意をも含めて mo-ichan「小・漁川（漁川の支流）」と呼ばれたのであった。

イチャンコッペ川

漁川上流の南支流で恵庭岳の裏山の川。岩の小さなかけらだらけの上を水晶のように美しい水がサラサラ流れている。意味はよく分からない。イチャンコッ・ペッ（ichan kot- pet　いわな・川）のような意味ででもあったろうか。あるいはイチャン・コロ・ペ（ichan -kor-pe　産卵場・を持っている・川）のような名ででもあったろうか。

モイチャン川

イチャンコッペ川の右股（上に向かって）の川。小流であるが，いかにも鮭の上りそうな美しい水の急流。そのまま読めば mo-ichan「小さい・イチャン」だが，あるいは「小・イチャンコッペ（イチャンコッペ川の支流）」の意味だったろうか。（注：茂漁川とは別な川）

恵庭市　えにわし

東は千歳川まで，西は恵庭岳，北は広島町と札幌市，南は千歳市の間の土地である。明治39年に恵庭岳に因んで恵庭村とした時がこの名の始まりだという。漁川を中心とした処であるので，アイヌ時代はイザリ（イチャニ）と呼ばれていた土地であろう。

⇒恵庭岳（57ページ）

長都　おさつ

千歳市北部の川名，地名，沼名。昔は千歳川の中流がとてつもない大きな沼になっていて，その沼に流れ込んでいたオサッ・ナイ川の名を採ってオサッ・トー（長都川の・沼）と呼ばれ，またシコッ・ブトフ・トホ（千歳川の・その口の・その沼）ともいわれていた。そのオサッナイ（長都・川）は今でも国道36号線を横切って流れているが，長都沼の方はだんだん干拓されて姿を失って行った。長都内川は，今では千歳川の単なる支流である。

永田地名解は「オサッ。涸れ川尻。此川夏に至れば沼に注ぐ処乾涸せる故に名く。長都村」と書いた。o-sat-nai（川尻・乾く・川）の意。ずいぶん前，川尻の部落に行って聞いたら，この川は夏でも涸れませんよという。帰って松浦氏西蝦夷日誌を見ると「ヲサツ。川広けれども川口乾いて舟入難き儀なり」と，永田氏と同じことが書いてある。この辺は地名のつけられた昔とは地形が変わっているようである。

馬追　まおい

馬追は千歳川東岸長沼町内の広い水田地の名で，一部は由仁町にも入っている。明治の地図では広い馬追沼があって，その水が西南流していて長都沼に入っていた。更に古い幕末の松浦図では，この辺はむやみに広い沼で，その沼の西側がヲサツトウ（注：長都沼），北東部に入り込んだ処がマオイトウ（注：馬追沼），南東端の処がアンガリトウ（注：アンガリ沼）となっていた。

マオイはマウ・オ・イ（mau-o-i　はまなすの実・多い・処）の意だという。海岸から遠いこんな処に「はまなす」があるのかと思っていたが，由仁で聞くと今でも残っているとのことであった。土地の名のもとになったあの可憐な「はまなす」を好事家が荒らさないように，ぜひ保存して置きたいものである。

嶮淵川　けぬふちがわ

千歳市東端部の川名。今では千歳川の東支流であるが，昔は馬追沼に注いでいた川である。語義は伝わっていないが，天塩川の大支流である剣淵川と似た名である。ケ

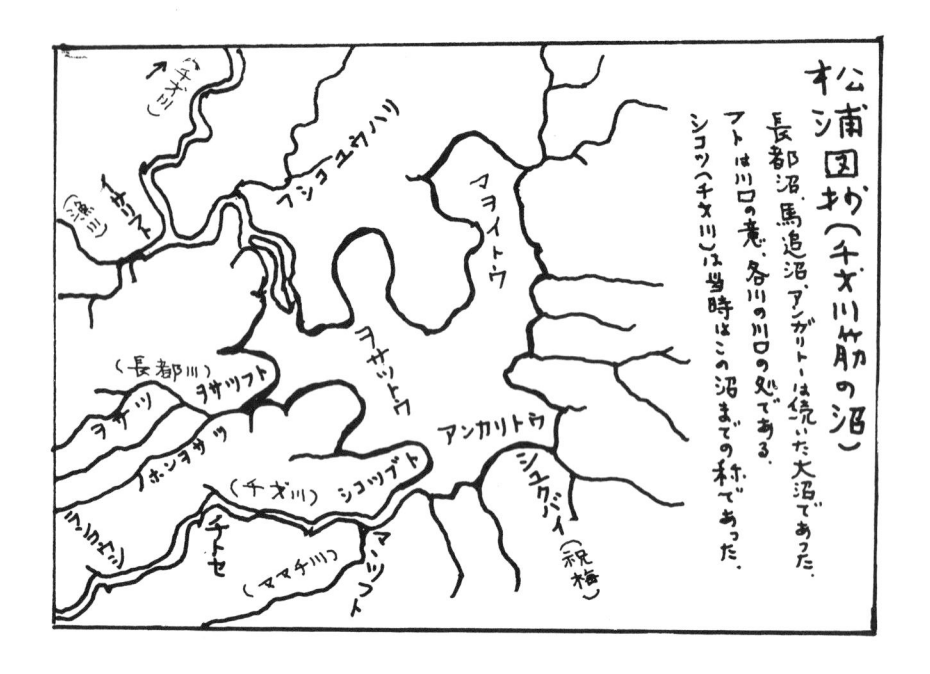

[松浦図より（千歳川筋の沼）
長都沼、馬追沼、アンガリ・トは続いた大沼であった。
トは川口の意、各川の川口の処である。
シコツ（チヌ川）は当時はこの沼までの名であった。]

ネ・ペッ（kene-pet　はんのき・川）か，あるいはケネ・プチ（kene-puchi　ケネペッ・の川口）のような名だったのではなかろうか。なお明治の地図ではケヌッチ川となっている。嶮淵という地名は今泉郷と呼ばれている。

祝梅川　しゅくばいがわ
アンガリ沼

　千歳川の東支流になっているが，昔の形ではアンガリ沼に注いでいた川である。永田地名解は「シュクパイ。生長したる蕁麻」と書いた。shukup-ai（育った・いらくさ）と読んだものだが，よく分からない。
　なおアンガリ沼は今はなくなって忘れられた沼であるが，永田地名解は「アンガリ・トー。鷲を捕る雪穴（の沼）。アイヌ雪を掘りて穴を作り，その中に潜居して鷲を捕る。其穴をアンと云ひ，作るをカラ（注：kar）と云ふ。沼の沿岸に此穴を作る故に名くと云ふ」と書いた。

根志越　ねしこし

　根志越は千歳市街の東北郊で，千歳川を鉄道線路から2〜3キロ下った辺である。ネシコ・ウシ（neshko-ush-i　胡桃の木が・群生する・処）で，二つ続く母音の一つが落とされて根志越となったのであろう。

54

千歳市　ちとせし
千歳川　ちとせがわ

　現在の千歳市は千歳川上流から，太平洋側の美々川上流までを含んだ土地であるが，千歳という名は，元来は今の千歳市街の辺の名であった。昔はシコツと呼ばれた処である。

　松浦氏郡名建議書には「此処以来シコツと申処を，シコツは文字宜しからず候に付，羽太安芸守（注：箱館奉行羽太正養）千歳と改め名づけ仰せ付けられ候」と書かれていた。箱館奉行戸川安論の時だとの説もある。シコツは死骨に通じるのでゆゆしい名だ。この辺には鶴が来るので，それに因んで千歳にしたのだという。

　シコツはシ・コッ（shi-kot　大・沢）の意。千歳川の旧名。今の市街地から少し上にかけてが大河谷の姿であり，また鮭の大産地であったのでこの称で呼ばれたのであろう。今ではその名が消えたが，水源の湖の名だけは今でもそれを残して支笏湖である。

　松浦図で見ると，千歳川は長都沼と続いているアンガリ沼に注いでいて，その注ぎ口にシコツブトと書かれていた。もちろん shikot-putu（千歳川・の口）の意。根志越という立派なアイヌ語地名も残っている処から見ると，シコブトはその少し下流の辺であったろう。

　元来シコッ（千歳川）と呼ばれたのはそこまでの称だったろう。それが後に夕張川（旧）との合流点までの名とも使われ，今では江別で石狩川に注ぐ処までが千歳川となった。

ママチ川

　千歳川の南支流の名。千歳市街から高速道路に入る時に左側に見える小川がママチ川である。だが奥の深い，水が実にきれいな川で，市街地の中で本流に入っている。

　ママチの意味はよく分からない。鮭がたくさん捕れてそれを焼魚にしたからマ・マチ（ma-machi　焼く・女）というとの説も聞いた。千歳の長見義三氏はメモチ「mem-ot-i　泉池・だらけの・もの（川）」かとも書かれた。

蘭越　らんこし

　千歳市街から千歳川を少し溯った辺の地名。ランコウシ（ranko-ush-i　桂・群生する・処）の意。桂は良材としてずいぶん伐られたというが，この辺今でも桂の木が点在している。これも二つ続く母音の一つが落とされて蘭越になっている。同名が道内処々にある。

苗別川　ないべつがわ

　千歳市街から支笏湖への道を少し上って行くと苗別橋があり，小さな苗別川が右から流れて本流に入っている。ナイとベツを並べたみたいで，時々同好者から質問される。永田地名解は「ナイブトゥ　nai-putu。沢・口。此小川は無名にして唯沢口のみナイブトゥの名あり。此沢口は鮭多し。故に此名を附したるならんと云」と書いた。

putu でも puchi でも同じ（所属形。その口），また put（抽象形。口）でも呼んだのであろう。松浦図ではナイブツである。それらの音に当て字して苗別とし，またそこの川の名としても使うようになったものらしい。

烏柵舞　うさくまい

明治29年5万分図を見ると当時はナイブツ（苗別）までが千歳村で，それから上流，支笏湖東岸までの土地が烏柵舞村であった。松浦図ではナイブツと紋別川口との間の南小流に「ヲサクマナイ」とある。これが烏柵舞の元来の場所で，夕張日誌では，そこから二百余間上ると紋別川口とある処から見ると，今鮭鱒ふ化場のある処から僅か上った南岸の小川であったろう。

永田地名解は「オサックマイ。魚乾棚ある処。中古漁夫の小屋沢山にありて鮭を乾したりと土人云ふ」と書き，そのすぐ次に「イチャン。鮭の産卵場」を並べた。鮭の好漁場だったのであろう。

オサックマイはそのままでは語法上変だ。松浦氏の書いた形の o-satkuma-nai「川尻に・物乾し棚（有る）・川」か，少していねいに「有る」を入れて o-satkuma-oma-nai，あるいは少しむりな処はあるが o-satkuma-o-i だろうか。最後の形だったら母音が続くので略されてオサックマイと呼ばれることになりそうである。

紋別川　もんべつがわ

千歳市街から支笏湖に至る間の中ほどの処で千歳川に北から入っているのが紋別川で，この間にある最も長い支流である。永田地名解は「モ・ペッ・プトゥ。静・川・の口」と書いたが，長見義三氏は千歳の支流を現す意のモ（子，小さい）ではないかと書かれた。この川筋に入っていないので何とも判断できないで来た。

支笏湖　しこつこ

支笏湖のように大きい湖は，たぶんただトー（to　湖）と呼ばれていたのであろうが，ここではシコッ・トホ（shikot-toho　千歳川の・その湖）の名が残されていた。元来のシコッ（千歳川のこと，その川筋のこと）は千歳と改名されたのであったが，その音が支笏湖の形で残っていたのであった。

なお，この湖名は更にていねいな形で，シコテㇺコトホ(shikot-emko-toho　千歳川の・水源の・その湖)，あるいはもっと荘重にシコテㇺコ・エアン・パラト（shikot-emko-e-an-para-to　千歳川の・水源・そこに・ある・広い・湖）とも称えられたという。

　　　　　　　　　　　　　　　　　　　　⇨千歳市，千歳川（55ｼﾞ）

支笏湖畔　しこつこはん

千歳から上って行って支笏湖岸に出た処。今土産物屋や旅館の並んでいる処の名。昔は千歳川の流れ出る口なので，松浦図ではベツパロ，他の資料ではペッパラ，永田地名解ではペッパロである。pet-par（川の・口）の意。

紋別岳　もんべつだけ

湖畔からすぐ右の方にある山が紋別岳で，山頂に電波中継設備があるのが見える。紋別川の川上の山の意。松浦図ではモヘツノホリとある。モペッ・ヌプリ（mopet-nupuri 紋別川の・山）の意。

恵庭岳　えにわだけ

支笏湖北岸に聳えている高い山で，札幌からでも，家並みのない場所からはその特異な山容が見える。永田地名解は「エエニワ。鋭山」と書いた。詳しく書けばエ・エン・イワ（e-en-iwa 頭が・尖っている・山）の意。急傾斜な円錐形の山であるが，特にその山頂には巨岩が聳えていて，激しく尖って見える。それでこの称がある。そのエエニワから恵庭となった。

幌美内　ほろぴない，ぽろぴない

湖畔から見ると恵庭岳の右下の処の名。今は夏になると貸ボートがたくさん置いてある。永田地名解は「ポロ・ピ・ナイ。水無しの大川」と書いたが，注釈が必要である。諸地にピナイの名があるが，そのあるものは pi-nai（石・沢）であり，またあるものは pin-nai「←pir-nai（傷・沢）。えぐれたような沢」であった。支笏湖畔に数個のピナイが残っているが，どれも急傾斜のえぐれたような沢でピンナイの姿である。だがこの幌美内の沢を上るとがれ石だらけの沢である。どっちだか分からない。永田氏は沢の姿から「水無川」としたがそれはアイヌ語の訳ではない。幌美内はそういったピナイの中で一番大きい沢で，恵庭岳の頂上の少し下から麓までを立ち割ったようにえぐっている。それでポロ（poro）をつけて呼ばれたのだった。

オコタンペ

恵庭岳の西北の裾に美しいオコタンペ湖があってその水が流れ出してオコタンペ川となり支笏湖の西北隅に注いでいる。今の行政区画便覧の字名で「奥潭」となっているのがその辺のことらしい。

永田地名解は「オコタヌンペ。下村。オ・コタン・ウン・ペの急言。アイヌ仮小屋を作りて温泉に浴し或は魚を漁す。故に村と云ふ。部落あるにあらず」と書いた。知里博士地名アイヌ語小辞典は「われわれの考える村と違って家一軒しかなくてもコタンであり，或る時期だけ仮住居するだけの場所でもコタンである」と書いた。この地名のコタンは，一応村と訳しはするが正にそれに当たるものであったろう。

o-kotan-un-pe「川尻に・村が・ある・もの（川）」で，今のオコタンペ川のことなのであったが，長いので，間の un が略されて今の称となったのであろう。なお松浦氏夕張日誌と手記本志古津日誌ではヲコタヌンベツである。

美笛　びふえ

千歳市内西南端の地名。支笏湖に美笛という部落があり，美笛川が支笏湖に入っている。永田地名解は「ピ・ブイ。水無沢の䋄胡索（えんこそ）。ブイ草は土人其の根を

食料とす」と書いたが，どうも分からない。ピに水無沢などの意味はなさそうである。
　ピは「石，小石」，永田地名解では「小さい」のにも使った。あるいは pe「水」の転かもしれない。プイの方は「えぞのりゅうきんか（やちぶき）」，「穴」，「蕾」，「ぽこんとした小山」などの意。それらの組みあった地名らしいが，今のところ見当もつけられない名である。

風不死岳　ふっぷしだけ

　支笏湖南岸の山名。北岸の恵庭岳と相対し，元来は円形だったであろうこのカルデラ湖をひょうたん形にしている山である。松浦図ではフクシノホリとあるが，フプシ・ヌプリ（hup-ush-nupuri）であったろう。一応は「椴松・群生する・山」と見られるが，湖の東岸にフゥシ・ピナイ（椴松群生するピナイ），アッウシ・ピナイ（楡群生するピナイ）などの沢がある。あるいはこの山の斜面の方にもフプシピナイがあって，その上の山だというのでフプシ・ヌプリと呼ばれたのかもしれない。

モラップ

　支笏湖東南隅の入江の浜がモラップと呼ばれて青少年の行楽地。その北側，湖畔市街との間にピシュン（浜側の）・モラプ，キムン（山側の）・モラプというたんこぶ山が対になって並んでいる。この浜側は海の方の意であろう。永田地名解は「モラプ mo-rap。翼岬。二岬あり，沼中に斗入し，あだかも両翼を張るが如し。故に名く」と書いた。
　実はこの解には閉口していた。mo は「小さい」，あるいは「静かな」という意。二つの並んだ山を小さい翼と呼んだのであろうか。あるいは入江の浜の両側を翼に見たてたのでもあろうか。
　rap には tapkop（たんこぶ山）と同じ意味もあったという（地名アイヌ語小辞典）。二つの小山の名が mo-rap（小さい・たんこぶ山）だったのだろうか。また rap は ran（下る）の複数形でもあった。そして ran は坂の意にも使われた。この浜に下る坂をモ・ラプ（小さい・坂）と呼んだのかもしれない。要するにこの地名も分からなくなった名なのであった。

(4) 夕 張 川 筋

夕張　ゆうばり

　川名，郡名，市名。夕張の「張」はアイヌ語のパル（par　口）であるが，今石狩川に注いでいる新しい夕張川の口ではない。昔千歳川（江別川）に注いでいた当時の口のことである。松浦武四郎郡名建議書は，ユウハリはイユウ・パロ（温泉の・口）の義だと書いた。永田地名解もユー・パロ。温泉・口の義とした。だが，北海道駅名の起源昭和29年版は「温泉口から出たものというが肯けない。おそらくもとイ・パル（それの・口）で，この川が，往時の文化的中心であったシコツ（千歳地方）に往来する口であったのに基くものであろう」と新説を出した。夕張山中に目ぼしい温泉がないので，温泉口説は疑問視されてきたのではあるが，松浦武四郎の紀行は繰り返し，そのことを書いている。「再航蝦夷日誌」は篠路で石狩川の中に白い，味のちがう流れを見たが，同行のアイヌは「それはユウバリの水である。ユウバリに硫黄山があり，そこに大雨が降るとその水がここにまで流れてくるのだ」と教えたという。さらに江別川を溯り，千歳川，夕張川合流点（ユウバリ・ブト。夕張川・口）の処で，「ユウバリ（川）。出水の色皆硫黄の気多く存し」と書いている。後年の「夕張日誌」の時は，同じユウバリブトの処で「此の処夕張の水は白く濁りたり」と記している。ユは温泉と訳されてきたが，何も熱い湯とは限らない。要するに鉱水のことであった。夕張山中には大硫黄山はないらしい。目ぼしい温泉場もないが，志幌加別やシューパロには小

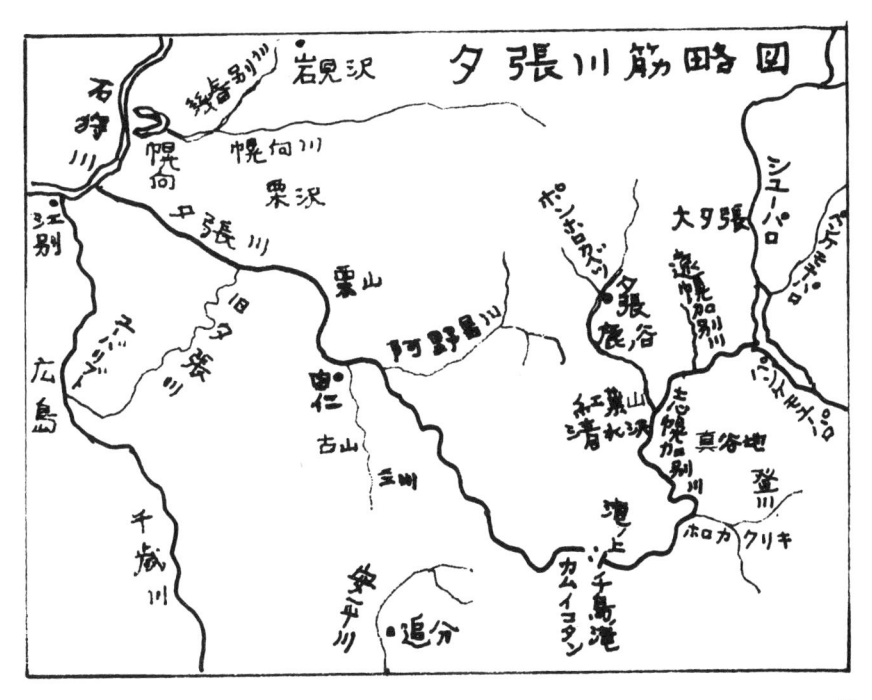

夕張川筋略図

さい鉱泉はある由。下流に下ると，支流の由仁川筋に少なくとも3カ所の鉱泉があるという。また馬追温泉の水は由仁川に流れなくとも，夕張下流の長沼には行っていたろう。それら，特に下流の鉱泉水が夕張川（旧）川口に流れていたので，松浦武四郎の記事が書かれたのではあるまいか。川口がユー・パロ（鉱水の・川口）と呼ばれ，それがひいて全川の称となり，夕張の名になったと考えられないことはなさそうである。ユのつく地名をイ（それ）で読むのが流行になったが，鉱水と読むべきものもありそうである。

栗山　くりやま
角田　かくた
雨煙別川　うえんべつがわ

　栗山町（夕張郡）は夕張川下流の土地。栗山市街は雨煙別川（ウェンペッ）が夕張川に注ぐ処なので，アイヌ時代はウェンペッと呼ばれたであろう。栗山の名は，栗が多い処なのでそれに因んだのだという。

　ここは明治21年宮城県角田の旧藩士が泉麟太郎の指導の下に入植した処で，明治33年角田村戸長役場を設立した。角田村は故郷の名に因んだものである。昭和24年栗山町と改名したが，角田の名は，今でも町の南部の字名として残っている。

　雨煙別川の旧名はウェンペッ（wen-pet　悪い・川）。道内にウェンペッ，ウェンナイの名が多いが，殆どが何で悪いのか分からなくなっている。

由仁　ゆに

　由仁（夕張郡）は栗山町の南隣の町名，川名。馬追原野の東には馬追山と呼ばれる丘陵が南北に長く続いているが，松浦図ではユウニノホリ（由仁・山）である。その裏側（東裾）を由仁川が殆ど直線に北流していて，それからまた東の丘を越えると夕張川が北流している。由仁川は由仁市街の処を過ぎてまもなく夕張川に入る。

　由仁には明治26年由仁外三村戸長役場ができた。外三村とは角田村（栗山町），登川村（夕張市）と長沼村であった。後これら三村を分村していったのであるが，由仁が当時の夕張の中心なのであった。

　永田地名解は「ユウニ。温泉ある処」と書いた。yu-un-i「温泉・ある・もの（川）」の意。由仁の林清造氏に伺うと，由仁市街の処，南の古山，その南の三川に注ぐ由仁川西支流にはどれにも温泉が湧いていたのだという。それがこのものだったろうか。

　北海道駅名の起源昭和29年版は「アイヌ語ユニから出たもので，語源はイ・ウン・ニ（蛇・いる・所）である」と書いた。温泉のある処は温かいので蛇も多かったという。だが昔からの伝承のあってユウニ説は捨てれないようである。

古山　ふるさん

　由仁町内の地名，川名。国鉄室蘭本線の古山駅のある処。仮名でも付けないと呼んで貰えない地名である。由仁川の支流フルサン川筋の名で，馬追山の東麓である。フル・サム（hur-sam　丘の・傍）から出た名であろうか。

三川　みかわ

由仁町内の地名。古山の南の処で，室蘭本線の駅あり。北海道駅名の起源は「明治24年愛知県人が来住したが，故郷が三河にあるところから，それに因んで三川と呼んだのに始まる」と書いた。

阿野呂　あのろ

栗山町内の地名，川名。由仁市街から低い丘を東に越えると夕張川に出るが，その対岸に，東から流れて来る阿野呂川が注いでいる。札幌から夕張市街への道は，この阿野呂川をまっすぐ東に溯り，突き当たった山を二股峠（現在はトンネル）で越えると夕張市街の千代田に出る。

永田地名解は「アヌ・ルル。山向ふの海岸。今アンヌロまたアヌルと云ふ」と書いた。アノロ（an-rur←ar-rur　山向こうの・海辺）とした解である。rur は海水で地名では海辺の意にも使われる。こんな内陸が海辺とは変だが，「海の方」ぐらいの意か。もしかしたらアノロ（an-or　鷲捕りの雪穴あるいは小屋・の処）ぐらいの別な意味だったかもしれない。

⇒安野呂（442 ㌻）

ルペシペ

今は殆ど忘れられているらしい名であるが，主要交通路の筋なので書き添えたい（明治29年5万分図による）。阿野呂川を上ってまっすぐ山に突き当たる沢の名。ru-pesh-pe「道・下る・もの（沢）」。峠道の沢の意。昔はそれを上がって二股峠を越えて夕張市街の鹿の谷の処に出ていた。現在は自動車時代なので，勾配の関係かその途中で右に曲がってトクシアンルルの沢に入り，それを上って新二股峠のトンネル（夕張隧道）を抜けて夕張市街の千代田に入っている。その沢の名はトㇷ゚・ウシ・アンルル「竹・群生する・阿野呂川（支流）」の意だったらしい。

滝の上　たきのうえ
千鳥の滝　ちどりのたき

夕張川本流をだいぶ上った処に，追分町の方から入って来た石勝線の滝ノ上駅がある。千鳥の滝の上の処だからその辺は「滝の上」の名で呼ばれている。夕張川はそのすぐ下で，岩磐地帯を横切っていて，千鳥の滝になって落ちていて壮観である。

松浦氏夕張日誌は「ヘンケソウ。川幅百五，六十間，高二丈ばかり。河水三筋になり落る。此滝両岸より差出たる間に落る故に吼々とてほら貝を吹如く満山に響きぬ」と書いた。すぐ下流側に panke-so（下の・滝）があったので，これは penke-so（上の・滝）と呼ばれた。滝の地形はどんどん変わるらしいのではっきりしないが，少なくともペンケソーの方は千鳥の滝であろう。

カムイコタン

千鳥の滝の下流は奇岩怪石が並んでいて，激流がその間を流れている。夕張日誌は「神所（カモイコタン）と云。またシユホロとも言」と書いた。カムイ・コタン（kamui-kotan　神の・居所）の意。旭川や空知川のカムイコタンと同じ風景である。シユホロはシュポロ（shupor　激潭）の意。大川のカムイコタンはこの言葉で呼ばれる場合がよくあった。

紅葉山　もみじやま

　夕張市内の地名。国鉄石勝線滝ノ上駅の次が紅葉山駅（現新夕張駅）である。北海道駅名の起源は「紅葉の景勝地であるためこの称がある」と書いた。鉄道はここから登川を通って十勝に開通したので，札幌一帯広間が近くなった。また自動車道路もここから登川，日高町，日勝峠，清水（十勝）と建設中である。

ホルカクルキ川

　紅葉山の対岸で夕張川に入る川が，このごろはホルカクルキ（ホロカクリキ）川と呼ばれる。明治の測量図ではただクリキで地名は久留喜とも書く。上るとすぐ左にポン・クリキ（小・クリキ川）を分かち，中流二股で，右がシー・クリキ（本流の・クリキ川），左股がホロカ・クリキ（後戻りする・クリキ川）であった。現在はそのホロカクリキの方が川の総名と使われるようになった。

　松浦図はパンケ（下の），ペンケ（上の）の二つのクリキを並流して夕張川に入れているが，どっちが今のクリキなのか分からない。あるいは今の二股の二川か？

　永田地名解は「クルキは鰻なれども，クリヒの転にして蔭の義ならん」と書いた。kurihi（kur の所属形。その蔭）の意。なんだか判然としない地名である。

登川　のぼりかわ

　登川は今ではホルカクルキ川の奥の字名になっているが，明治のころの登川村は夕張山中の総名であった。明治30年由仁にあった戸長役場から独立して登川村戸長役場を設置，大正7年夕張町と改称，昭和18年市制を施行した。登川村のできた当時から，志幌加別川筋の現夕張市街が夕張山中唯一の賑やかな中心地であったようである。

　北海道駅名の起源は，初期の薄い本の時代から，今の登川駅の処なのに「アイヌ語シホロカペツから出たもので登川と名付けた」と一貫して書いて来た。これは今の登川のことではない。登川村の中心であった志幌加別川のことで，今の夕張市街の解説である。

　明治の開村時代の地図類には，現在の登川の辺には何もかいてない。炭砿がホロカクルキに開発されてから，由緒ある「登川」を採って今の処の名としたものか。現在の登川駅ができたのは大正5年である。

楓　かえで

　夕張市内，紅葉山のすぐ北の地名。石勝線楓駅あり。北海道駅名の起源は「付近に楓が多いのでこう名づけたものである」と書いている。

志幌加別川　しほろかべつがわ

　夕張川の北支流で，この川筋が夕張市の市街地になっている。有名な川の名であるので，考えて来たことを少し詳しく述べたい。結論から先にいえば，志幌加別は，現在この川全体の名とされているが，元来の全体名はホロカペッで，シホロカベッは上流部（本町3丁目から上）の名であったらしいのであった。

　ホロカベッは支流筋に付けられる名でhorka-pet（後戻りする・川）の意。溯って行くと本流の下の方に行くような感じのする川のことであった。

　シ（shi）は「ほんとうの，主たる（英語でいえば main），大きい」で，川名につける場合は①周辺の川より遙かに大きい川の名。その用例はごく少ない。②一つの川が相当な大きさの支流を分かった後の本流上部を「シ・〜」と呼ぶ。そしてその支流の方は「ポン・〜」，「モ・〜」と呼ぶことが多い。これが川名でよく見られる形である。

　志幌加別川の場合は，夕張の本町3丁目と4丁目の境（栄橋の処）で西にポン・ホロカペッを，また上流で東にサルシ・ホロカペッを分かっている。これらはpon-horkapet（小さい・ホロカベツ川），sar-ush-horkapet（葭原が・ついている・ホロカペツ川）で，それにシ（shi）がついていないことは見られる通りである。他地の通例の川名からいえば，相当な大きさのポンホロカベツを分かった後の本流の上流部がシ・ホロカペツ（shi-horkapet　本流の・ホロカベツ）である。ホロカベツ源流の意。

　松浦図では，前後の川名から推すと，今の志幌加別は「ホリカユウハリ」でhorka-yupar「後戻りする・夕張川（支流）」の意。見られる通りシはついていない。この形で呼ぶ人も，またホロカベツで呼ぶ人もいたのであろう。この程度の差は当時はどこでもあったことである。

　栄橋の辺は明治の夕張市街発祥時代からの中心地である。シホロカベツはそれから上であっても人の口に上ることが多く，自然川全体の称となり，ホロカベツは支流の名の方にだけ昔のままに残ったのではなかろうか。

清水沢　しみずさわ

　夕張市内の地名。志幌加別川の川口付近の処で，石勝線の駅がある。北海道駅名の起源は「志幌加別川鉄橋付近に清水のわき出るところがあり，地名はこれにちなんで清水の沢と称し，駅名を清水沢としたものである」と書いた。

鹿の谷　しかのたに

　夕張市街の中の地名。炭砿関係の住宅の多い処。駅あり。北海道駅名の起源は「この地の山間にむかし鹿が群れをなして住んでいたので鹿ノ谷と名づけた」と書いている。この辺の山は鹿が多かったようで，志幌加別川口から夕張川を僅か下った辺の北支流がユクルペシペであった（現称は熊の沢）。yuk-ru-pesh-pe「鹿・路・下る・もの（沢）」の意。

遠幌加別川　えんほろかべつがわ
遠幌　えんほろ

　夕張川を志幌加別川川口から約1キロ上った処に,北から遠幌加別川が注いでいる。ウェン・ホロカ・ペッ(wen-horka-pet　悪い・後戻りする・川)の意。何で悪かったのかは全く忘れられた。この辺の土地は,今はその川名を下略して遠幌町(夕張市)と呼ばれている。

パンケモユーパロ川
ペンケモユーパロ川

　夕張川本流の水源は空知郡境の山地を西流した後,ずっと南流し,また直角に曲がって西流して志幌加別川口の方に行っている。その直角に曲がっていた処に東からパンケモユーパロ川が注ぎ,それから約1キロ上流に,これも東から来るペンケモユーパロ川が注いでいた(この二川の注ぐ辺は今シューパロ湖と呼ばれる大きな人造湖になっている。大夕張ダムともいう)。

　モユーパロは mo-yupar (小さい・夕張川)で夕張川支流を表す名。この二つのモユーパロが並流しているので,それにパンケ(川下の)とペンケ(川上の)をつけて呼んだのであった。

シューパロ

　パンケモユーパロ川を分かってからの夕張川本流をシ・ユーパロ (shi-yupar　本流の・夕張川)と呼んでいたようである。シはほんとうの,主たる、大きい等の意味であるが,川の場合は,然るべき支流を分かった後の上流の川を呼ぶ時に使われる言葉である。この場合は水源部の夕張川本流の意である。

　「シ・夕張川」なのであるが,今ではシューパロと呼ばれ,シューパロ湖のように書かれるようになった。

大夕張　おおゆうばり

　夕張川源流部に大夕張炭砿が開発され,大夕張の市街ができた。夕張山中では夕張市街に次ぐ市街地になっている。大夕張の名の由来を知らないが,シ・ユーパロ「大きい(本流の)・夕張川」の語意を知っている人がいてそれを含めてこの名をつけたのでもあろうか。

パンケホロカユーパロ川
ペンケホロカユーパロ川

　夕張川本流水源に近い部分に,この二川が西から並流して来て注いでいる。ホロカユーパロは horka-yupar「後戻りする・夕張川(支流)」の意。夕張川筋ではむやみにホロカをつけて呼ぶのでまぎらわしいが,この二川も正に後戻り川である。並流している川なのでそれにパンケ(川下の),ペンケ(川上の)をつけて並べ称したのだった。

Ⅰ　石狩地方

(5) 空 知 川 筋

空知　そらち

　空知川は石狩川中流に東から注いでいる大川で，石狩川筋第一の長流である。またそれから名を採った空知郡は，空知川筋ばかりでなく，石狩川中流東岸地帯を含めた大郡である。永田地名解は「空知郡。原名ソーラプチ(so-rapchi)。滝川と訳す。此川大瀑あり，故に名く。本郡のアイヌをパニウングルと云ふ。中川人の義」と書いた。

　この川の中流に現称空知大滝があり，何条にも分かれて落ちているので，この川を so-rapchi-pet（滝が・ごちゃごちゃ落ちている・川）と呼ばれ，和人がそれをソラチと呼び空知と当て字したのであった。　　　　　　　　　　⇒空知大滝（68ヂ）

滝川　たきかわ

　元来は空知川の川口に発達した街の名であるが，現在の滝川市は空知川以北の石狩川中流東岸一帯の土地である。明治21年空知太に駅逓所が設置され，明治23年滝川村戸長役場ができた。

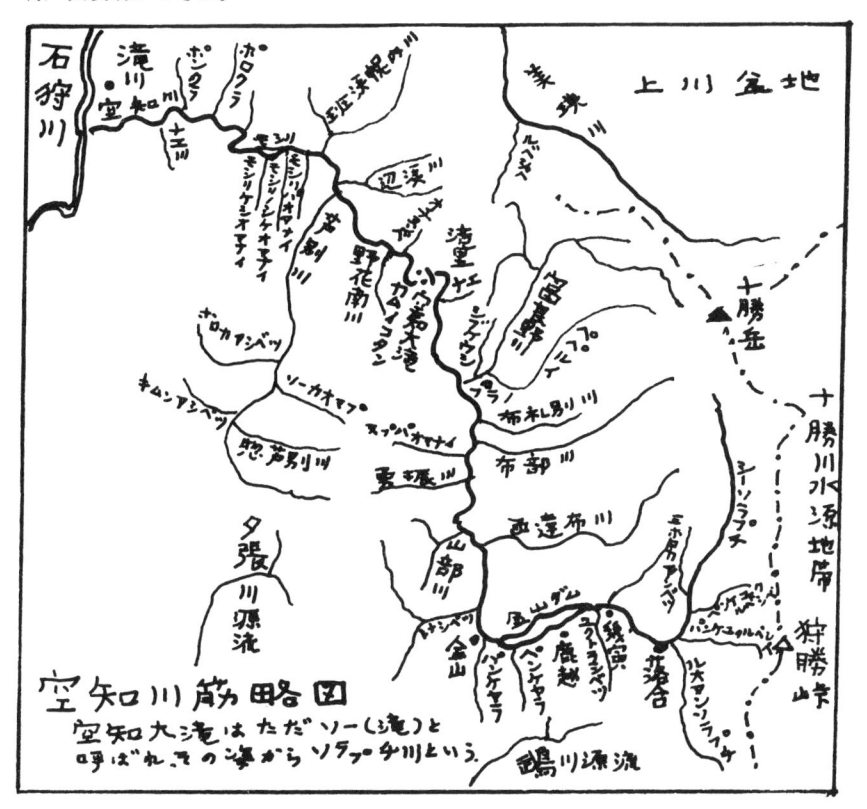

ここはアイヌ時代はソラッチ・プトゥ（so-rapchi-putu　空知川・の川口）であって，和人はそれを空知太と呼んでいたが，その空知が意訳されて「滝川」と改名されたのであった。伝えによると永田方正（地名解著者）が，道の命により石狩川筋の主要地名を和訳名にすることになり，旭川，滝川，砂川，沼貝（美唄）はそれによってできた名であるという。

滝川はごく早い時代から市街となり，石狩川中流の開拓農民はここまで来て買物をしていたのだと語られている。

ナエ川

空知川南岸，砂川市と赤平市の境の川。ナイ（nai　川），あるいはナイェ（naye　その川）の意。このように，固有名詞になりきっていないみたいな川名が諸地に散在していた。この辺だけでも，中流に別の奈江川がある。

この川を上るとすぐの処に東から来る支流がシアクシナエと呼ばれていた。空知川に近い位置を流れている処から見ると，たぶんシャ・クシ・ナエ（sha-kush-naye　浜（の方）・を通っている・ナエ川」の意だったであろう。

幌倉　ほろくら

滝川市街の東郊，空知川北岸にポンクラ川（滝川市東端）とポロクラ川（滝川市西端）がある。元来この辺はクラと呼ばれた土地らしいが，その意味がはっきりしない。

永田地名解は「ポロクラ（機弓を置く大川），ポンクラ（機弓を置く小川）」と書いた。ku-rar（弓を・置く）とでも読んだものか。　現在の東滝川駅は昭和29年までは幌倉駅であった（そこは元来はポンクラだが，ポロクラの方が大地名化したからか）。北海道駅名の起源は，初期は永田説で書かれたが，昭和25年版から「ポロクラ（大きな岩崖）から出た」と書いた。クラを岩崖と呼んだ地名を従来見たことがない。どんな典拠でこれが書かれたのであろうか。とにかく幌倉は研究問題が残っている地名である。

幌岡　ほろおか

赤平市内の地名。根室本線の幌岡信号場ができた。由緒は聞いていないが，幌倉川の土地なので，それに因んだ名であろうか。

赤平　あかびら

赤平市は滝川市の東隣の土地。従来赤平はフレ・ピラ（赤い・崖）の半訳地名だと書かれて来たが，赤平市に長い田中吉人氏の著書によれば古くからアカビラであったという。氏は明治21年の道庁版原野区画図では，今の滝川公園の沼の崖がアカビラと書かれている。また同年入植した人が，後に土地払下願いを出した時には「赤掌」と書いた等の根拠を挙げられた。

明治21年はこの辺ではやっと人が入りかかった時代で，そのころに半訳地名を使ったとは思えない。元来がアイヌ地名であったろう。あるいはワッカ・ピラ（水・崖）

ぐらいの名であったろうか。

茂尻　もしり
　炭砿地帯で茂尻駅がある。北海道駅名の起源は「モシリ・ケシ・オマ・ナイ（島の下手にある川）の上部をとったものである」と書いた。ここは空知川の中に長い島があって，それがモシリ（moshir　島）であった。空知川の南岸側には，その島のある処に，三本の支流が注いでいて次のように呼ばれていた。
　①モシリ・パ・オマ・ナイ（島の・上手・にある・川）。②モシン・ノッケ・オマ・ナイ（島の・中央・にある・川）。moshir の語尾が次に続く語の n に引きつけられて n に変わった形。③モシリ・ケシ・オマ・ナイ（島の・末端・にある・川）。

⇒尻岸馬内川（69ジー）

平岸　ひらぎし
　空知川南岸，茂尻の東隣の土地で，根室本線平岸駅あり。北海道駅名の起源は「ピラ・ケシ（崖の下手）から出た」と書いた。この辺は川崖が続いているのでどこがその pira-kesh（崖の・末端）だったのか分からない。明治30年5万分図にピラケシとあるのは，茂尻駅より下手の川曲がりの処であった。札幌の平岸と同名である。

パンケ幌内川　パンケほろないがわ
ペンケ川
　班渓幌内川と辺渓川とも書く。芦別市内，空知川北岸の二つの並んだ支流名。永田地名解は「パンケ・ポロ・ナイ（下の・大川），ペンケ・ポロ・ナイ（上の・大・川）」と書いた。旧記では簡単にパンケナイ（下の川），ペンケナイ（上の川）とも書かれた。

芦別　あしべつ
　空知川中流の市名，川名。芦別川は空知川筋の大支流であり，芦別市の市街は山中での大きい街である。永田地名解は「アシ・ペッ。立川」と書いたが，下流で見るとゆったりした川で，ash（立つ）している姿には見えない（水源部はたいていの川は急流だろうが）。北海道駅名の起源が「ハシュ・ペッ（灌木の中を流れる川）からでた」と書いた方を採りたい。ただし書き方は「アシ・ペッ（灌木の・川）」として欲しい。柴木は hash でも ash でも呼んだ。また語尾の子音をシュで書いたのは永田地名解から始まった変なくせで，アイヌ語の音ではない。この書に参加した，書き方のやかましい知里さんもここだけは見落としたものらしい。

野花南　のかなん
　芦別市の地名，川名。ノカナンやそれに類した地名が道内の処々にあるが，殆どが意味が分からなくなっていて，永田地名解もたいてい「？」をつけている。ただここについては「ノカナン。機弓の糸を置く処」と書いた。ノッカ（notka）は直訳「あご・糸」のようで，動物を捕る仕掛け弓（あまっぽ）やわなにつける「さわり糸」のこと

である。永田氏はノッカ・アンで，それがあると読んだのであろうが，あまり見ない地名の形で，まあ試案とでも見るべきであろう。音だけでいうならノカン・ナイ(nokan-nai 小さい・川)の訛りであったのかもしれない。

オチヌンベ川

野花南川より一本上の北支流の名。土地ではオチノンペのようにも呼ぶとのこと。永田地名解は「オチヌンベ。熊皮を乾す処」と書いた。チンは製革するため，皮を張り枠に張る意であるが，諸地の地名から見ると，その張り枠の意にも使っていたらしい。オ・チン・ウン・ペ「o-chin-un-pe 川尻に・張り枠・ある・者（川）」であったろう。

空知大滝　そらちおおだき

空知大滝は鉄道の駅でいえば野花南と滝里との間。道らしい道はないが，滝里から近い。ここは空知川が岩盤地帯を横切っている処で，大きな空知川が岩盤を破って数条に分かれて雪崩れ落ちている。そばの人が大声で話しても聞こえないくらいの轟音で，あっちにもこっちにも滝が落ちていた。ソラッチペッはめったにない形である。そのラプ（rap）は ran（下る）の複数形。語尾の -chi はむやみに，といった意味。so-rapchi-pet（滝が・ごちゃごちゃ落ちている・川）という形で，あの滝の姿を呼んだのであった。それが空知川となった。ただしこの大滝でも，アイヌ時代はただソー（so 滝）と呼んでいたようである。

カムイコタン

空知大滝の下流は岩場の間を激流が流れている。松浦図はそこに「カモイコタン。又シユホロと云」と書いている。夕張川の千鳥の滝の下の処と名前も地形も全く同じである。kamui-kotan（神の・居所）の意。シユホロはシュポロ（shupor　激潭）で，旭川や夕張川や雨竜川のカムイコタンの処も同じようにシュポロとも呼ばれていた。アイヌ時代の神様はこんな凄い激潭の場所に好んでおられたようである。

⇒千鳥の滝（61ﾍﾟ）

滝里　たきさと（奔茂尻　ぽんもしり）

芦別市内の地名，駅名。空知大滝の上流に当たる土地の名で，多くの地方では滝の上と呼ばれる土地であるが，ここでは滝里と名づけられた。ここは前は奔茂尻と呼ばれていた処で，駅名も当時は奔茂尻だった。ポン・モシリ（小さい・島）の意。空知川の中にある小島の称であったのがここの地名となった。

奈江川　なえがわ

根室本線滝里駅とその上流側島の下駅との中間の処で空知川対岸（東岸）に入る川の名。上流は富良野市で川口の辺は芦別市内になっているようである。これもナイ(川)，あるいはその所属形のナイェ（その川）の呼び名が残ったものであろう。ただナイと

いう名であるが，名もない細流ではない。流長11キロ余の相当な川である。

尻岸馬内川　しりきしまないがわ
島の下　しまのした

尻岸馬内川は芦別市，富良野市の境を流れている空知川南支流。明治29年5万分図ではモシリケシオマナイ。古いころの芦別側の字名も茂尻岸馬内であったが，その「モ」が落ちた形で現在は呼ばれている。モシリ・ケシ・オマ・ナイ（島の・末端・にある・川）で，本流の中に島があったのであろう。赤平にも同名あり。

この川口の辺を今「島の下」といい，富良野市側に根室本線の島の下駅がある。モシリケシを訳したものか，あるいはその地形によって和人が同じ意味の名をつくったかであったろう。

富良野　ふらの

この名は富良野川がもとであった。松浦氏十勝日誌は上川盆地から越えて来て「フウラヌイ。小川。此源ピエの硫黄山（現称十勝岳）より落る故に臭気鼻をつき，一掬を試みんとなすや土人等毒ありとて制す」と書いた。

永田地名解は「フーラ・ヌイ。臭き火焔」と書いたが，北海道駅名の起源は昭和29年版より「フラ・ヌ・イ（臭・もつ・所）の転訛」とした。この方を採りたい。hura-nu-i「臭気・を持つ・もの（川）」の意だったろうか。

富良野は元来はその富良野川筋の名であるが，明治になって，富良野川から上の空知川上流部の広大な土地を富良野村とした。だがその後何回も分村，合併が繰り返されて来て，現在は次のような4区域に落ち着いている。

上富良野町　富良野川上流
中富良野町　富良野川中流
富良野市　富良野川川口付近から空知川本流を溯り，山部（旧山部町）までの地域。
南富良野町　金山から空知川上流全部を占める広大な地域で，東は十勝，南は胆振の勇払郡，西は夕張郡に接している。

富良野市の市街は富良野川の川口の辺を占め，交通の要衝であり，空知川上流の中心である。

シブケウシ川

富良野川の川口から上るとすぐの処に北側から入っている川。明治29年5万分図ではシュブケウシと書かれている。shupki-ush-i「葭・群生する・もの（川）」のような名だったのではなかろうか。

ベベルイ川

富良野川の下流に東から注ぐ長い川で，富良野市街の北側を流れている川である。この意味は分からなくなっている。そのまま読めばペ・ペ・ルイ（pe-pe-rui　水・水・甚だしい）である。松浦氏十勝日誌は「ヘヘルイ。大石川。サッテクベベルイ（注：

支流の名)。転太石磊々」と書いた。それから見るとピ・ピ・ルイ(石・石・甚だしい,多い)であったかもしれない。

ヌツカクシ富良野川　ヌツカクシふらのがわ

富良野川のすぐ東側を長く並流して南下し,ベベルイ川の川口の少し上で富良野川に注いでいたが,今ではベベルイの川尻に入れてある。流長32キロの長い川であった。明治29年図ではヌブカクッフラヌイ川と書かれている。nupka-kush-huranui「野原を・通っている・富良野川(支流)」の意であったろう。

コルコニウシペツ川

上富良野町市街のすぐ北の処で,富良野川に注ぐ東支流の名。korkoni-ush-pet(蕗・群生する・川)の意であろう。

エホロカンベツ川
江幌　えほろ

富良野川の上流,上富良野町の市街のそばで西から入っている支流の名。コルコニウシペツ川口のすぐ北に注いでいる。明治29年5万分図ではエホロカアンペッ。つまりエ・ホロカ・アン・ペッ「e-horka-an-pet 頭(水源)が・後向き・である・川」であったろう。今は当て字されて江幌完別川と書かれる。また地名としては下略して「江幌」で呼ばれている。

現在国鉄富良野線も国道237号線(富良野国道)も江幌完別川本流の筋を通って上川盆地を越えて旭川に入っていて,この地方の交通の大動脈の川である。松浦武四郎「十勝日誌」の旅も上川から越えて来て,だいたいこの川筋を下ったようである。

エパナマエホロカンベツ川
江花　えはな

江幌完別川の川尻に近い辺に注いでいる西支流の名。これは全く後戻りしている川である。原名はエ・パナ・オマ・エホロカンペッ「e-pana-oma-ehorkanpet 頭(水源)が・下流の方・にある(に入っている)・江幌完別川(の支流)」の意。川筋の地名はこれも下略されて「江花」となっている。

トラシ江幌完別川　トラシえほろかんべつがわ

江幌完別川の西側を南流している支流の名。トゥラシ・エホロカアンペッ「turashi-ehorokanpet (道が)登っている・江幌完別川(の支流)」と読まれる。富良野でタクシーに乗り,この川筋を上って旭川に出ようといったら,そんな道は知らないという。かまわずに川を溯り北の丘陵に上り,丘の上の畠の中の道を走っていたら,小川の水が向こうむけに流れている処に出た。そこにいた人に聞いたら,ここは上川の留辺蘂だという。ルペシペはrupeshpe(峠道の沢)の意。つまりこの筋もアイヌ時代の交通路だったので,丘の両側面に当時の通路地名があったのであろう。

布礼別川　ふれべつがわ

　空知川を富良野川川口から僅か上った処に北から注ぐ川の名。フレ・ペッ（hure-pet 赤い・川）の意であろう。同名が諸地に多い。

布部　ぬのべ

　富良野市内の川名，地名。根室本線の駅名。永田地名解は「ヌモッペ　num-ot-pe （果実ある処）」と書いた。ヌㇺは果実であるが胡桃を指すことが多い。「胡桃・多い・もの（川）」の意であったろう。それが「ぬのっぺ」と訛り，布部とされたものらしい。

ヌッパオマナイ川

　布部市街の対岸で空知川に注ぐ支流の名。川口は十線で，中流は十一線の処の川である。ヌㇷ゚・パ・オマ・ナイ（nup-pa-oma-nai　野原の・上手・にある・川）の意であったろう。

勇振川　ゆうふれがわ

　富良野市南部の川。芦別岳から出て東流し，山部市街のそばで空知川に入っている。富良野市役所の調べによれば「赤い温泉の意で上流に地獄谷があり，上流にリイフレナイがある」とのことであった。yu-hure（温泉・赤い）と解したものであるが，この文を総合して見ると，フレ・ナイ（赤い川）という川があって，その一脈がユー・フレ・ナイ（温泉のある・赤川）だったのかもしれない。リイ・フレ・ナイはri-hure-nai（高い・赤・川）と読まれる。

山部　やまべ

　富良野市南部の川名，地名，駅名。山部川は富良野川の西支流で，それから出たらしい名であるが意味は忘れられた。北海道駅名の起源は「古名をヤマエといったともいうが意味は不明である。むしろヤㇺ・ペ（冷たい・水）が訛ったものでないかと思われる」と現在の形の方から考えた説を書いた。

　松浦図では「ヤマイ」で，明治29年5万分図では「ヤマエ」である。似た地名では沙流川中流にヤㇺエがあり，永田地名解は「yam-e。栗を・食ふ」と訳した。もしかしたらこれと同じ，あるいはヤマエ（yam-a-e　栗を・我ら・食べる）ぐらいの名だったかもしれない。

西達布　にしたっぷ

　富良野市南の川名，地名。西達布川は空知川の東支流で長い川である。永田地名解は「ニ・シタㇷ゚　ni-shitap。樹木・収縮する処」と書いたが，何か分からない名である。

トナシベツ川

　十梨別とも書く。南富野町内の川，金山市街より少し下流の処で，空知川に南から

入っている支流の名。永田地名解は「トゥナシベッ　tunash-pet。早・川」と書いた。北海道駅名の起源は昭和25年版までは永田説で書いて来たが，29年版で「トゥニ・ウシ・ペッ（柏樹・多い・川）」と新説を立てた。

　この川の川口で見ると，この近辺の諸川よりも急流である。永田地名解の書いた「早い・川」でいいのではなかろうか。

金山　かなやま

　南富良野町内の地名。富良野川に沿う金山市街は山中のしっとりした町である。この辺に砂金採りが多く入った処なので金山と呼ばれるようになったのだという。

　金山からパンケヤーラ川を南に上り，金山峠を越えると鵡川源流の占冠である。旭川から富良野，金山，鵡川の道は，旭川から太平洋に出る殆ど直線の最短距離である。将来は使われる交通路となるのではなかろうか。

パンケヤーラ川
ペンケヤーラ川

　金山地区に並んでいる二つの川（空知川南支流）の名。パンケ（川下の）の方は国鉄金山駅の少し上流側で，ペンケの方は細長い金山湖（人造のダム）の東端で空知川に入っている。永田地名解は「ヤーラ。破れ川」と書いた。

　ヤラ（yar）は破れる（破れている），すり切れる（すり切れている）の意。現在では何のことか分からないが，川口の辺でも水で崩れる川だったろうか。ヤラはまた樹皮の意にも使った。

　樹皮で曲げものの家具を作ったりした。それを採りに行く川であったのかもしれない。

鹿越　しかごえ

　現在は金山湖の南の処の名。根室本線の鹿越駅あり。従来ユクルベツベの訳名のように書かれて来たが，その沢はずっと東の十勝境の処なので，何だか変に思って来た。すぐ東のユクトラシベツ川（yuk-turashi-pet　鹿が・登る・川。幾寅の川）に因んでつけた名なのではなかったろうか。

幾寅　いくとら

　金山湖東端の処の地名，駅名。同名の川あり。ここには南からユクトラシベツ川が注いでいる。yuk-turashi-pet（鹿が・登る・川）の意。その名の上部を採って幾寅としたのだという。

　なお現在幾寅川といわれているのは，幾寅市街の東方にある，空知川の北支流で，ユクトラシとは別の川である。幾寅地域にある川という意味でそう呼ばれるのであろう。

I　石狩地方

落合　おちあい

　空知川もここまで上ると十勝境の山とぶつかっている。その山に沿ってずっと南流して来た空知川本流（シーソラプチ）と，鵡川境から北流して来たルウオマンソラプチ川がここで落ち合い（合流し），向きを変えてここから西流する。それで落合の名になった。

ルウオマンソラプチ川

　落合で空知川本流と合流しているこの川を上り，山を越えると鵡川本流の水源トマム川である。ルー・オマン・ソラプチ「ru-oman-sorapchi　道が・（奥の方に）行っている・空知川（の支流）」の意。アイヌ時代から交通路になっていた川筋であったからの名であろう。最近開通した札幌－帯広間の鉄道新路線も，この沢筋を通っているようである。

シーソラプチ川

　落合の合流点から上の空知川本流はシーソラプチ川といわれて来た。シー・ソラプチ「shi-sorapchi　ほんとうの（本流の）・空知川」の意。然るべき支流を分かった処から上の本流の源流を，shi をつけて呼ぶのが一般の例で，近い処では夕張川の源流をシー・ユーパロ（このごろはシューパロという）と呼ぶのと同じことであった。

パンケユㇰルペㇱペ
ペンケユㇰルペㇱペ

　明治27年道庁版20万分図でも，明治29年5万分図（陸地測量部）でも，空知川を落合の合流点から僅か上った処に入る東支流がパンケ（下の）・ユㇰルペㇱペ（今狩勝沢ともいう）で，そのすぐ上の東支流がペンケ（上の）ユㇰルペㇱペである。ユㇰルペㇱペは yuk-ru-pesh-pe「鹿・道・下る・もの（沢）」であるが，鹿が越える道だったのか，鹿のいる峠道沢だったのか。
　現在の道河川課編の河川図ではこのパンケユㇰルペㇱペは「ペイユルシエベ川」で，ペンケユㇰルペㇱペの方は「パンケヤーラ川」になっている。どうしてこの二川だけこうも食いちがったのであろうか。（前の方は意味が分からない。後の方はそれと並ぶペンケが見えなくて何か変である）

狩勝峠　かりかちとうげ

　道央と道東を結ぶ交通路の大動脈が越える処で，石狩と十勝の一字ずつを採った名。北海道中で一番有名な峠であった。今でいえば，国道38号線が落合からパンケ・ユㇰルペㇱペ（ペイユルシエベ川，狩勝沢）を登りつめて，石狩・十勝の国境の山を越えるのがこの峠である。
　現在工事中の穂別国道（日勝峠で越える）が完成すると，狩勝峠の交通量は減ることと思われるが，少なくとも今までは，道の生命線の峠なのであった。ユㇰ（鹿）の通路ではなく，人間の貴重なルペㇱペ（峠道沢）だった。ただしアイヌ時代は一般に

峠に特別な名はつけなかったようで，ただルーチㇱ（ru-chish　峠）と呼ばれていたことであろう。

エホロカアンベツ川
　空知川源流（シーソラㇷ゚チ）西支流の名。エ・ホロカ・アン・ペッ「e-horka-an-pet　頭（水源）が・後向き・である・川」の意。この川も上って行くと，本流とは逆に川下に行くような感じがする川なのでこの名で呼ばれた。

(6) 雨 竜 地 域

　　雨竜川筋，深川市内をここにまとめた。なお深川市のうち石狩川南岸は，元来は空知郡であるが，まとまりがよいのでここに入れた。

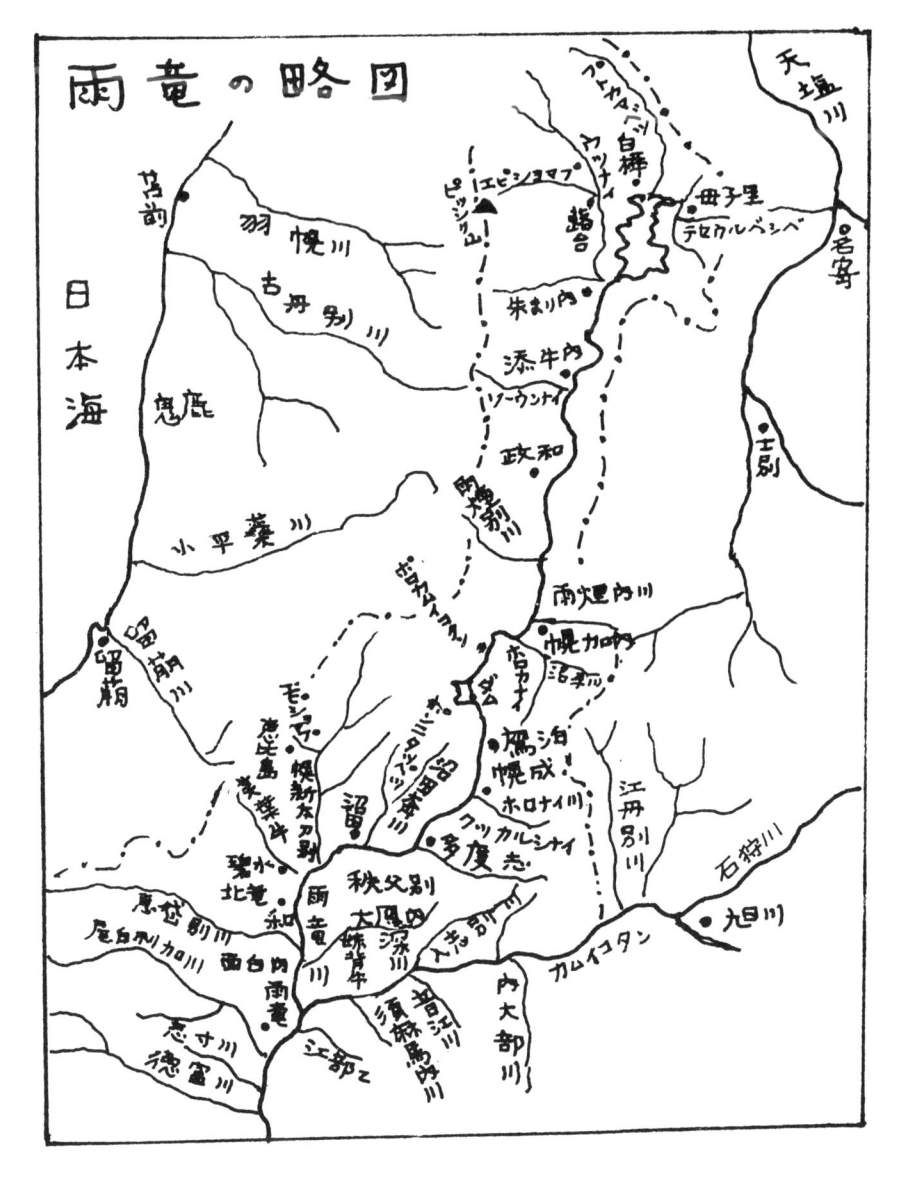

雨竜　うりゅう

　雨竜は元来は雨竜川の名から出た名であるが，その川筋を中心とする広大な地域名としても使われて来た。雨竜川は石狩川第2の支流で，北海道の中心部を北から南に160キロの長さを流れている長流であるが，アイヌ時代はその中上流部は殆ど無人の境であったという。
　この種の大地名は語義が忘れられているものが多い。松浦武四郎はその郡名建議書の中で「ウリウ。是は大古神が号け玉ひしと云伝へ，訳書相分り申さず候」と書いたのは恐らくアイヌ古老の言をそのまま記したものであろう。
　永田地名解は「原名ウリロペッ（urir-o-pet）鵜の川。此川口鵜多きを以て名く」と書いた。また北海道駅名の起源（昭和29年）は「ウリロペッ。即ちオ・リリ・オ・ペッ（そこに・波・立つ・川）から出たものと思われるが」と別の説をたてた。アイヌ時代にはフリ（伝説上の巨鳥）がいたからの名だとの説話も残されている。
　語義は分からないが，アイヌ時代はurir, uriuのような音で呼ばれていた地名であったようである。

〈雨竜川下流西岸〉
雨竜町　うりゅうちょう

　雨竜は徳川時代は人口稀薄の土地であったが，明治23年三條公爵を中心に六名の華族がその下流地帯の農業開発に当たった。下流西岸地域は蜂須賀侯が担当し，明治25年雨竜村ができた。その雨竜村は雨竜川の西岸一帯という莫大な土地であったが，後に分村して行って，現在は尾白利加川から北は恵岱別川までの地域が雨竜町である。雨竜川沿いは美田である。

尾白利加川　おしりりかがわ

　雨竜川川口のすぐ下で，石狩川に入る西支流の名。流長40キロを越す長い川で，雨竜町と新十津川町の境になっている。永田地名解は「オ　シラリカ。岩川。川に岩あり其の上を流る義」と書いた。
　川尻に行って見ると全く泥だけの処であったが，川口から4キロ余溯った新竜橋（新十津川，雨竜の境）まで行ったら，川が岩磐の上を横切り，その上を白波を立てて流れていた。これから上は岩磐の処が多いのだという。オシラリカ「o-shirar-ika　そこで（川尻）・岩を・越す（川）」の意であったろう。長い川なので，その辺もオ「川尻」でいったのか，或はオ「そこで」という意味であったのかよく分からない。

幌加尾白利加川　ほろかおしりりかがわ

　尾白利加川の南支流（流長16キロ）の名。ホロカ・オシラリカ「horka-oshirarika　後戻りする・尾白利加川（支流）」の意。上って行くと本流の川下の方に行くような感じのする川という意味であった。

群馬川　ぐんまがわ

尾白利加上流の北支流。この川筋は伊勢崎を中心とする群馬県団体の入植地であったのでこの名がある。明治の旧図ではパンケペタンと書かれている。たぶんこの川と本流の合流点がパンケ・ペタウ（川下側の・二股）と呼ばれていて，そこに入る川という意味でこの名で呼ばれたものであろう。

ペンケペタン川

群馬川口から少し上った処で本流に入る川で，流長10キロの相当な川である。この川と本流の落ち合いの処が昔はペンケ・ペタウ（penke-petau　川上側の・二股）で，そこに入る川という意味でこの名で呼ばれたのであろう。

petau はペッ・アウ（pet-au　川の・枝）の意で合流点のことであった。訛ってペタヌ，ペタンの形でも呼ばれた。諸方にあるペテウコピ（二股）と同じ地形の名である。

面白内川　おもしろないがわ

雨竜川の西支流で雨竜町内を流れている川。オモシロナイ（o-moshir-o-nai　川尻に・島が・ある・川）の意。今は島らしい姿が見えないが，昔はこの川尻の辺の面白内か，あるいは雨竜川かに島があったのであろう。川の場合は，川の中に取り残されて木などの生えている処をモシリ（moshir　島）と呼んだ。この川を溯って緩やかな丘を越えると恵岱別川で，古くからの交通路だったらしい。松浦武四郎の有名な信砂越え（石狩―日本海岸）の時もこの筋を通った。

恵岱別川　えたいべつがわ

恵岱別川は雨竜町と北竜町の間を流れる川で流長37キロであるが，恐ろしく奥の深い感じのする川である。日本海に近い暑寒別岳から流れ出して雨竜川に入っている。語義がはっきりしない。永田地名解もただ？印を付けただけである。etaye はふつう「引っぱる，引き抜く」であるが，知里博士の上川郡地名解の中では「頭がずっと奥へ行っている」と訳されている。その意味でこの長い川をエタイェ・ペッと呼んだのでもあろうか。

この川は，石狩川筋から日本海の増毛や留萌に山越えする時の通路となっていたようで，よく旧書の中に書かれている。　　　　　　　　　　⇒内大部川（91ﾍﾟ）

小豆川　しょうずがわ

小豆沢川とも書く。恵岱別川最下流の北支流で相当長い川である（北竜町）。アイヌ時代はパンケチライウッナイ（panke-chirai-ush-nai　下の・いとう魚・多い・川）と呼ばれた川である。

御料川　ごりょうがわ

小豆川と並流する恵岱別川の北支流（北竜町）の名。御料林でもあってできた名であろうか。松浦図はヘンケチライと記す。ペンケチライウッナイ（penke-chirai-ush-nai　上の・いとう魚・多い・川）だったのであろう。

桂の沢川　かつらのさわがわ

　恵岱別川中流の南支流（雨竜町）の名。桂の木でもあっての名か。アイヌ時代の名はパンケ・ポロナイ（panke-poro-nai　下の・大・沢）であったらしい。

恵岱別　えたいべつ

　現在の恵岱別部落は本流を桂の沢川口より少し溯った北岸（北竜町）にある。明治30年5万分図ではこの沢より少し下った南岸（雨竜町側）に恵岱別駅逓所を記入してあるが，土地の人の話によると，後にはそこから街道を北岸に渡った処（北竜町側）に駅逓所が移されてあったという。

鴨居沢川　かもいさわがわ

　恵岱別部落から本流を南に渡った処に鴨居沢が注いでいる（雨竜町）。アイヌ語のカムイ（神様）を思わせる名であるが，土地の人の話を聞くと鴨がたくさん居た沢だという。
　たぶんそんな意味の和名だったろうか。アイヌ時代の名はペンケ・ポロナイ（penke-poro-nai　上の・大・沢）であった。

しゅうり川

　恵岱別川の南支流（雨竜町・北竜町）で鴨居沢川の一つ上の川の名。「みやまやまざくらの木」をアイヌ語でシウリ（shiuri）といい，北海道では和人も「しゅうり」という。この言葉が他地のアイヌ語地名の中にも時々出て来ることから考えると，アイヌ時代からシウリの川だったのかもしれない。

石油沢川　せきゆざわがわ

　しゅうり川口より少し上手で恵岱別川に注ぐ北支流の名。古いころ石油の気があるとかいわれてこの名がついたらしいが，今はそんな気配も感じられない。
　松浦図ではこの辺にルルモッヘルヘシペ（注：留萌・峠道沢の意）とヌフシャルペシペ（注：信砂川・峠道沢の意）の二つの川が描かれているが，現地に入って見ると共にこの石油沢のことであったらしい。明治30年5万分図では石油沢の入口にトエルペッペと書かれている。当時はトゥイ・ルペッペ（tui-rupeshpe　崩れた・峠道・沢）と呼ばれていたのではなかろうか。
　松浦武四郎がここから日本海岸の信砂川に越えた，いわゆる信砂越えの話は名高いが，現地を調べたら，この川の左股から山越えしたものらしい。明治8年佐藤正克が留萌－札幌の往復に通った道筋は闢幽日誌附図（道立図書館）によると，留萌川上流右股のチバペリ川からこの石油沢の右股の方に越えているのであった。土地の本部長吉翁を訪ねて聞くと，大正のころ石油沢の入口から切り割りを作って，軍用道路をチバペリ川筋に通したとのことで，行って見たら，石油沢の東の丘（土堤ぐらいの高さ）

の処が切り開かれて道になったらしい（今は全く笹や雑草に埋れていた）。

　石油沢は天塩側に深く入っている川なので，古くから日本海との交通に使われた川筋なのであった。明治30年5万分図では，石油沢より少し上手の斜面を斜めに上って信砂川上流仁奈良に越える街道ができていた。最近はその道筋が改修されてよい自動車道路となり，増毛方面に短時間で出られるようになった。

北竜町　ほくりゅうちょう

　恵岱別川から北，美葉牛川までの土地である。明治32年雨竜村から分村してできた村で雨竜村北部の意。この辺の地名や橋名には雨竜の略語のように「竜」が使われている。開村当時は今日の沼田町を含む大村であった。

和　やわら

　北竜町の中心市街で交通の要衝であるが，仮名でもついていないと読めない地名である。ここの開拓者が郷里の千葉県矢原の名を採って名づけたのであるが，開拓の銘として「和」の字を当てて「やわら」と読むことにしたのだという。

碧水　へきすい

　北竜町の北境に近い市街地の名。深川から留萌に行く国道233号線（深川国道）と，石狩川の西岸地方から雨竜川上流に通じる国道275号線の十字路になっている処である。碧水は開拓者の雅号から採ったとか伝えられる。

美葉牛　びばうし

　北竜町北端部の川名，地名。アイヌ語のピパウシ「pipa-ush-i　からす貝・多い・もの（川）」の意。深川から留萌に行ってる国道233号線はこの川筋を溯り，山を越えて日本海側に入っている。

沼田町　ぬまたちょう

　北竜町北隣の町名。明治32年雨竜村から分村して北竜村ができ，大正3年その北竜町から更に分村して上北竜村が開村した。大正11年になって上北竜村が沼田村と改称され，昭和22年町制を施行して沼田町となった。開拓者沼田喜三郎の姓をとって沼田と改称したのだという。中心の沼田市街はこの辺での賑やかな町である。

幌新太刀別川　ほろにたちべつがわ

　沼田町内の雨竜川北支流。流長36キロの長い川である。ポロ・ニタッ・ペッ（poro-nitat-pet　大きい・低湿荒野の・川）の意であったろう。（永田地名解はポロニタチペとしたが，語尾の処がつじつまが合わない。慣行的にペッをペで呼んでいたものか）。

真布川　まっぷがわ

　真布川は幌新太刀別川の東支流。シルトルマップ川とも呼ばれる。それが前略され

て真布川となったのであろう。明治の地図では，この川がパンケシルトゥルマッで，一本上の現名支線沢川がシルトゥルノシケオマッとなっている。これは panke-shir-utur-oma-p「下の・山の・間の・もの（川）」，shir-utur-noshke-oma-p「山の・間の・中央の・もの（川）」と解される。たぶんもう一本上の現名右大股川がペンケ・シルトゥロマッ（上の山あい川）だったのであろう。

恵比島　えびしま

幌新太刀別西岸の地名（沼田町内）。国鉄留萌本線の恵比島駅があり，鉄道はそこから恵比須トンネルを抜けて留萌川上流に入っている。また幌新太刀別川の西側の小支流エビス川がそこを流れている。たぶんそれがアイヌ時代のエピショマッ「e-pish-oma-p 頭（水源）が・浜（の方）に・入っている・もの（川）」だったのであろう。この pish は恐らくは留萌の方の海辺を指していたのではなかろうか。諸地の支川にこのエピショマがついているのは，その水源から向こうに越えて海辺に行ける川の名で，アイヌ時代の交通路になっていたらしい処が多い。

沼田奔川　ぬまたぽんがわ

雨竜川の北支流で，沼田市街のすぐ東を流れている。昔はポンニタッペッ（pon-nitat-pet 小さい・低湿荒野の・川）で，幌新太刀別川と対照的にいわれた川名であった。それを下略してポン川と呼ばれるようになったが，他地にも同名の川があるので，区別するため沼田を冠して書かれるようになった。

〈雨竜川下流東岸〉

芽生川　めむがわ

雨竜川を川口から少し上ると芽生川が東から注いでいる。芽生川の水源は深川市の西部で，そこから妹背牛町を西流している川である。メム（mem　泉池）の川だったとしか読めないのであるが，現在はその姿が見えない。妹背牛市街の東が昔はメメトクと呼ばれていた。

mem-etok（泉池川の・水源）の意なのでその辺を歩いて見た。土地の人に聞くとその辺は昔沼のような形で下から水が湧き魚などが入っていたが，後に整地して川の形にし，周辺は水田にしたのだという。

少なくともそこはメムだったにちがいない。地形から見ると，この川筋の処々にメムがあったのではなかろうか。

大鳳川　おおほうがわ

大鳳川は芽生川の北を並流している雨竜川の東支流で，深川市街の北側を通って，妹背牛の原野を横流していて流長約18キロ，この原野地帯での最長の川である。明治30年図ではオオホナイと書かれていた。オオホ・ナイ（ooho-nai　深い・川）の意。

だがこの川筋を歩いて見るとちっとも深くないので変だなと思って来た。流域面積を調べるとこの辺のどの川よりも数倍も大きい川である。段々土地に慣れて見ると，

この辺は一帯の水田地帯で,至る処で取水されていることが分かった。開拓されなかったアイヌ時代は深い川だったのではなかろうか。

秩父別　ちっぷべつ

　雨竜川下流の川名,町名。南は妹背牛町,東は深川市,西から北は雨竜川に囲まれた土地である。この名のもとになった秩父別川は元来は秩父別町の中央を東の端から西の端まで横流していた川であった。(現在は河川工事をして川の中ほどから河道を北に切り変えて雨竜川に入れ,それを秩父別川と称している。また下に残った下半部の川は旧秩父川の名で呼ばれている)。

　この川名のアイヌ語の原形ははっきりしない。今でも古い人は「ちくし」といい,永田地名解も chi-kush-pet と書いた。その形なら「我ら・通る・川」と読むべきであろう。また松浦図や再航石狩日誌（松浦氏手記本）ではチフクシベである。それだったのならチフクシペ「chip-kush-pe 舟が・通る・もの（川）」あるいはチフクシペッだったのであろう。要するにこの湿原の中を舟で交通した時代があってこの名が出たのではなかろうか。

セヨピラ

　雨竜川の秩父別町と多度志（深川市）境の大崖の名。街道から外れているので,このごろは殆ど忘れられているらしいが,全道の処々に同名があるので例として掲げた。
　松浦武四郎の石狩日誌では雨竜川を溯って来て「セヨピラと云へるに到る。此所右の方二百間ばかり岩崩れひら（注：ひらは崖の意）に海扇（ほたて貝）,ほっき,あさり,しじみ,螺(はら)の殻多く附たり。是を取らんとするに夷人等禁めぬ」と書いた。方々の内陸の川崖に海の貝殻が出る処がある。それが目につくのでこの地名になったのであろう。
　セイ・オ・ピラ（sei-o-pira　貝殻・多くある・崖）の意で,続けて呼ぶ時にはセヨピラと発音される言葉なのであった。

多度志　たどし

　深川市内の地名。深川の市街から北行し,中山峠を越えて雨竜川に出た処に多度志の市街があり,東の山中から流れて来る多度志川が雨竜川に入っている。その多度志川筋の地方も多度志で呼ばれて来た。古く多度志村ができた時には行政上は雨竜川の源流までがその域内であったが,大正時代に中流幌加内峠までとなり,昭和45年深川市の中に編入された。それで多度志の名は広地名化し,元来は多度志でなかった北の方の地名でも,例えば深川市多度志町字鷹泊のように,今でも書かれる。
　多度志の原名はタトゥッシナイ「tat-ush-nai　樺（の木）・群生する・川」であった。川筋は自ら別天地をなしている。熊の多い処だったという。

屈狩志内川　くつかりしないがわ

　多度志川の北側を並流している川の名。土地の名はそれを下略して「屈狩」で呼ば

れている。相当な川であるが永田地名解には採録されていない。
　音のままに言葉を当てれば kut-kari-ush-nai（崖を・回って・いる・川）ということになろうか。だが松浦氏の諸資料ではどれもクウカルウシナイかクウカルウシである。それから見るとクー・カル・ウシ・ナイ（ku-kar-ush-nai　弓を・作る・いつもする・沢）だったのではなかったろうか。

　　〈雨竜川中流〉
　　　　　　　　雨竜川を上下して来た感じで，旧多度志町北部，沼田町北部，幌加内町南部（政和南ポンカムイコタンまで）をここにまとめた。

ウッカ
ウッカヤオマナイ（川）
　ウッカ（utka　川の波だつ浅瀬）は小地名の中に時々出て来る言葉なので，例としてこの地名を掲げた。多度志市街から雨竜川を溯ると国鉄深名線の宇摩という小駅がある。そこから見て雨竜川の対岸の土地の名がウッカで，ウッカヤオマナイという川（旧多度志町と沼田町の境。現名東ウツカ沢川）が流れている。utka-ya-oma-nai（波立つ浅瀬の・岸・にある川）の意。その川口に近い処に，雨竜川の吊り橋があったので，それに上って川を眺めた。その上流側は大きい雨竜川がさざ波をうねらせて流れていた。そこがウッカである。それからこの小川名や地名が出たのであろう。

幌内川　ほろないがわ
幌成　ほろなり
　雨竜川中流の東支流に幌内川がある。もちろんポロ・ナイ（poro-nai　大きい・川）の意。処がその川口のそばの市街地は幌成で呼ばれていて何だか変である。北海道駅名の起源を見ると「幌内線にも同音の駅名があるため幌成としたのである」と書かれていた。ふつうはこんな場合は雨竜幌内のようにされて来たのであるが，ここでは内を成に変えたのだった。駅名が変わると土地の名もそれに引きつけられるのが自然で，それで幌成と一般に呼ばれ，地図もそれで書かれるようになったのであった。

鷹泊　たかどまり
　雨竜川中流の地名。鷹泊市街は相当な街である。市街の少し下の対岸に巨岩があって，鷹泊岩といわれている。そこに鷹が来てとまるのでこの名がついたといわれる。なお北海道駅名の起源昭和29年版はチカプオツがその名のもとであると新説を書いた。

チカプオツ川
　鷹泊市街から1キロ余り溯った処の東支流の名。チカプ・オッ（chikap-ot　鳥が・いっぱいいる）の意。土地の古老に聞くと小鳥の宝庫みたいな処だったとのことである。松浦図でチカペと書かれた。chikap-pet（鳥・川）ぐらいの意だったろうか。

カモイルベシュベ川
幌加内峠　ほろかないとうげ

　原名はカムイ・ルペシペ（神の・峠道沢）。永田方正の悪い仮名使いの影響でッをシュという形に書かれたまま今日に残ってしまった。

　雨竜川にポロカムイコタンの激潭があって通れないので，北からの旅人は浅羽山の東の幌加内川を溯り，幌加内峠を越えてカムイルペッペの沢を下って再び雨竜川に出た。今でも国鉄深名線も国道275号線もこの筋を通っている。

　永田地名解は「カムイ・ルペシペ。神路。熊の通路」と書いているが，ここは雨竜川を上下する人の大切な通路なのであった。松浦氏石狩日誌はここをただルヘシヘと書いている。神様のいらっしゃる峠道沢か，あるいは熊（カムイ）の出る峠道沢かではなかったろうか。この辺は熊の名所だったそうで，峠の辺は山から山へ通る熊が横断していた場所だったという。

浅羽山　あさばやま

　雨竜川本流と，その東支流幌加内川との間にある小山塊の名。明治のころ浅羽靖氏の持山だったのでこの名が残ったらしい。松浦図ではその主峰をシユンクウシノホリと書いている。幌加内川の西支流にシユンクウッシホロカナイ「shunku-ush-horkanai 蝦夷松・群生する・幌加内川（支流）」があった。その上の山なので，shunkuush-nupuri 「シュンクウッ（ホロカナイ）の・山」と呼ばれたのではなかろうか。

鷹泊ダム　たかどまりダム
ポンカムイコタン

　鷹泊ダムが戦後道営多目的ダムとして完成したのは昭和28年のことであった。浅羽山西南端と西の山の間をしめ切って雨竜川の水をせき止めたものであった。行って見るとその堰堤(えんてい)と発電所のある処は，アイヌ時代のポン・カムイコタン（小・神の居所）なのであった。再航石狩日誌は松浦氏が雨竜川を溯行し「ホンカモイコタン。此処急流，大岩峨々として両岸に聳だてり。少し上りヒラ（崖）下を船を引上げ，一ヶ所の岩瀬を越し又川へ船を卸し行く」と書いた。

ニセイケショマㇷ゚
ニセイノㇱケオマㇷ゚
ニセイパロマㇷ゚

　雨竜川は浅羽山の西側が峡谷になっていて道がない。アイヌ時代にはニセイ（峡谷）と呼ばれた処らしい。そこに下流からいって次の三つの目ぼしい川が並んでいた。nisei-kesh-omap（峡谷の・末端・にあるもの），nisei-noshke-omap（峡谷の・中央・にあるもの），nisei-par-omap（峡谷の・口・にあるもの）。

　この3つの川名を並べている形は，上川の層雲峡の中の3つの川の名と全く同じである。雨竜の奥は無人の土地であったが，この辺は上川の近文の熊狩りの猟人のイウォロ（猟場）だったという。それで同じ形の川名が残ったのであろうか。

ポロカムイコタン

　松浦氏の石狩日誌を読まれた方は彼が雨竜大峡谷内の神処（カモイコタン）まで遡り，崖と急流の中を進むことができなくなって引き返した物凄い記事を覚えておられるであろう。明治の測量図で見ると，そのポロ・カムイ・コタン（大きい・神の・居所）はニセイパロマッ プとニセイノシケオマッ プの間である。道が無いので行けなかったが，現地営林署担当者に連れて行ってもらい，ニセイパロマッ プの処まで行くことができた。また下の方は鷹泊ダム満水時に発電所の船に乗せてもらってニセイノシケを遠望する処まで行った。

　景色は案に相違して奇岩怪石の谷ではないらしい。両岸諸所が崩壊地の急斜面で処々に岩があり，パイプのような中を雨竜川が一ぱいに流れている。雨竜川の水が多かった昔（朱鞠内ダムのできる前は多かった）は激流が山と山の間を波打って流れていたのであろう。旭川や空知川の奇岩の中のカムイコタンを見て来た目では違った景色に思われた。

　再航石狩日誌を見ると，ここは「またハンケシュホロと云ふよし也」と書いてある。これは上流政和のポンカムイコタンと対して，panke-shupor（下の・激潭）と呼んだということなのであった。

　旭川，空知川，夕張川のカムイコタンもどれも別称はシュポロ（shupor　激潭）なのであった。それから見ると，これらのカムイコタンの特長は岩崖などばかりでなく，大峡谷内の激流の処にあったものらしい。アイヌ時代の神々の様子がうかがわれる大切な点である。とにかく神様は人間たちの近寄れないこんな所にいらっしゃったのであった。

幌加内町　ほろかないちょう

　幌加内町は南は幌加内峠から，北は雨竜川水源までの大村であるが遅く開けた処である。だいぶ後になって雨竜川西岸は上北竜町（今の沼田町）で東岸は多度志村であって，それから独立して幌加内村戸長役場が成立したのは大正7年であった。それも3月3日多度志村の方の土地を一たん上北竜町に帰属させ，4月3日改めて東，西岸の土地をまとめて分村して幌加内戸長役場が成立した。戸長は北海道長官の任命であるので，初代戸長は札幌で長官から辞令を受け，鉄道のない時代なので天塩の和寒駅で下車し，20数キロの山道を歩いて幌加内市街地に到着したのだという。

　幌加内市街は名のもとになった幌加内川から北に約4キロ離れた雨竜川東岸の土地で国鉄幌加内駅もあり，今では雨竜山中では最も賑やかな街となった。

幌加内川　ほろかないがわ

　幌加内川の川口は，幌加内市街から雨竜川を約4キロ下った処にある。雨竜川本流は浅羽山の西を南流しているのであるが，幌加内川は浅羽山の東を北流している。幌加内川を溯ってその水源の低い幌加内峠を越え，短いカムイルベッペの沢を下ると，雨竜川の遙か下流に出る。道内にホロカ・ナイ（horka-nai　後戻りする・川）の名は多いが，こんなにひどくホロカ（後戻り）している川はない。

浅羽山の西にはポロカムイコタンの激潭があるので，雨竜川を上下する旅人はこの処では幌加内川の筋を通った。雨竜川筋は舟行がよく利用されたが，幌加内川の川口で舟から上ってこの間は荷を負って陸行し，カムイルベシベを下ってから再び丸木舟に乗って雨竜川を下ったという。

また幌加内川の筋から東側の低い山を越えると上川の江丹別川の水源に出る。近文のアイヌはこの道筋を通って雨竜の熊狩りに通ったのだと古老が話してくれた。

沼牛　ぬまうし

幌加内町の川名，地名。沼牛川は幌加内川の東支流。ヌマ・ウシ・ホロカナイが原名。北海道駅名の起源の古い版では「沼牛川と幌加内川の合流点に牛の臥した如き沼があったための名」と書いたが，昭和25年版から「ヌㇺ・ウシ・ホロカ・ナイ（果物の多い後もどりしている川）の転訛」と音に合わせて書いた。諸地の地名にヌマ（毛）の言葉も出て来るので，あるいはヌマ・ウシ・ホロカナイ「numa-ush-horkanai　毛の・多く生えている・幌加内川（支流）」と読んだ方が原音に近いのかも知れない。その沼に水草が生えていたのか，それでそれをいったものかとも考えて来た。

なお現在国鉄沼牛駅のある処は沼牛川の筋でなく，幌加内川本流沿いの場所である。あるいは沼牛という地名がそこまで伸びていたものか？

長留内　おさるない

幌加内川口の対岸（北岸）の川名，地名。長留内川は明治の測量図にオサルンナイと書いてある。オ・サル・ウン・ナイ（o-sar-un-nai　川尻に・葭原・がある・川）の意。川尻は低湿地で今でも葭が生えていて，鴨撃ちの人などが来るのだそうである。

雨煙内　うえんない

幌加内町の川名，地名。幌加内市街のすぐ南を流れている雨竜川の東支流。ウェン・ナイ（wen-nai　悪い・川）の意。道内諸地に同名があるのであるが，どう悪かったかは殆どが分からなくなっている。

雨煙別　うえんべつ

川名，地名。国鉄雨煙別駅あり。雨煙内川の川口から雨竜川を8キロ余溯った処の西岸の川名。北海道駅名の起源は「ウエン・ペッ（悪い川）からとった。雨煙別川は断がいが多く，川を伝って歩くのに困難であったため名づけられたものである」と書いた。なぜ悪いかという点はたぶん後人の推定であろう。

雨煙内と雨煙別との間は8キロ余あるのであるが，その間に目ぼしい川はない。何もない長い雨竜川筋ではまるで隣の川のような感じで，何だか変なのであった。流長は雨煙内が9.8キロ，雨煙別が12.6キロで，後の方が少し大きいという程度，共に周辺の川よりずっと大きい。もっとも，アイヌ語の地名は近距離に同名があるのは珍しくない。ここでは語尾のナイとペッが違うだけで区別していたのであろうか。

〈雨竜川上流〉
ポンカムイコタン

　雨煙別から雨竜川を約5キロ溯った処。両岸の山が迫っていて，今の5万分図にもそこにポンカムイコタンと書いてある。詳しくいえば国鉄政和温泉駅のすぐ下流で，鉄橋の下の辺の名であったらしい。現在は国道が川に沿って走っていて，通っても恐らく気がつかれないだろうが，昔はここが激潭で旅人の難所であった。ポン・カムイ・コタン（小さい・神の・居所）と呼ばれたのは，下流のポロ・カムイコタンと対称された名であろう。

　古老に聞くと，入植時代は雨竜川上流地帯に道はろくになく交通は殆ど舟に頼った。ポンカムイコタンは和人の舟は通れなかったので，そこから上は下流とは関係のない別天地だった。物資は天塩の士別から山越えして添牛内に入り，そこから舟でこの域内に運ばれたのだという。

政和　せいわ

　雨竜川上流部の一番南の地名で，山中の相当な市街地がある。当初は添牛内五線という名であったが，大正のころ名を定めようということになり小学校の校長の発議で正和とした。鉄道の駅ができる時に，他に似た名の駅があるというので政和ということに直し，それからこの地名になったのだという。

添牛内　そえうしない
ソオウンナイ川

　政和市街から約10キロ雨竜川を上ると添牛内の市街がある。そこから東行して士別峠を越えると天塩の士別市街で，開拓時代からの交通の要衝だった。また市街のすぐ南のソオウンナイ川を西に溯り霧立峠を越えるのが雨竜川上流と日本海側を結ぶ唯一のハイウェイである。つまり雨竜上流の中心である。

　ソオウンナイはソー・ウン・ナイ（so-un-nai　滝・ある・川）の意。霧立峠へ上る道の傍で，この川が滝になって落ちているからの名。今早雲内の滝という。昔は意味さえ通じれば少しぐらい形を変えても地名を呼んだ。西蝦夷日誌にシヤウシベツ（注：sho-us-pet　滝・ある・川）とあるのもこの川らしい。ソーウシナイ（so-ush-nai　滝・ある・川）とも呼ばれていて，その方から添牛内という地名になったのであろうか。

朱鞠内　しゅまりない

　添牛内市街から約8キロ雨竜川を上ると朱鞠内の市街があり，西の山からの朱鞠内川が市街の北を流れている。アイヌ時代には日本海の羽幌から山越えしてこの川筋を下ったようで（今は道もない），松浦武四郎の資料によく出て来る。

　永田地名解が「シュマリ・ナイ。狐川」と書いて，その後はこの説が踏襲されて来たが，彼は雨竜には入らず，「前田技手に地名を聞き同氏の測量地図に拠りて訳を下せり」と書いた。つまり音に合わせてアイヌ語をつけただけだった。

　松浦氏はこの川を西蝦夷日誌では「シユマウシベツ」，再航石狩日誌では「シユマサ

ンナイ」，燼心余赤では「シュマンペッ」と書いている。これらは石多い川，石流れ出る川，石ある川と解される。どれも shuma（石）がついている。それから考えると，朱鞠内は，シュマ・リ・ナイ（石・高い・川）ぐらいの呼び名が残ったのではないかと考えて来た。狐の多い土地なので，あるいはそれをシュマリ（狐）に付会して考えたことはあり得ることである。

朱鞠内湖　しゅまりないこ

雨竜川は長いパイプのような川であるが，朱鞠内の三股から上は，手の指を拡げた形に上流諸川が拡がっていて標高の高い大盆地を作っていた。その水を三股にダムを作ってせき止め，標高の低い天塩川の風連に落として発電する巧妙な計画を溝口潔夫という青年技師が着想し，藤原銀次郎さんが中心となって実行に移し，昭和18年に完成したものだという。

これで大きな朱鞠内湖が出現したのであるが，その下の雨竜川の水量は激減したのだという。ポンカムイコタンやポロカムイコタンもそれで昔の姿を失ったのではなかろうか。

ウツナイ川

明治31年5万分図で見ると，東側のプトゥカマペッ（雨竜川本流）と，西側のウツナイが三股で合流している。ウツナイは流長29.7キロで本流と匹敵するくらいの長い川である。現在はその下流部にダムができて宇津内湖と呼ばれ，朱鞠内湖の一部のような機能をしているようである。

ウツナイは北海道内各処にあるが，どうもその意味が分からない。言葉はウッ・ナイ（ut-nai　肋骨・川）であるが，それが現実にどんな地形を意味するのか，ずいぶん現地を見て来たのだがまだ腑に落ちない。後日の研究に待ちたい。多くは沼に繋っている小川であるが，このウツナイは長流である。あるいは元来はその最下流の小川の名でもあったか（54ヂ松浦図参照）。

蕗ノ台　ふきのだい

深名線の駅（ウツナイ川中流）の名。付近に蕗が繁茂していたからの名という（北海道駅名の起源）。

エピシオマップ川（雨竜川源流部）

ウツナイ川中流の西支流の名。エピショマッ「e-pish-oma-p　頭（水源）が・浜（の方）に・入っている・もの（川）」の意。この場合の「浜」は日本海の羽幌の辺を指していったものらしい。

方々の大川の支流にエピショマがついているが，いずれも本流と方角が横の方になっていて，それを溯って山越えすると海の方になる川の名である。

ピッシリ山

エビショマプ川の水源の高い山で，雨竜郡幌加内町，苫前郡羽幌町，天塩郡遠別町の境となっている。登っていないのではっきりしないが，言葉はピッ・シリ（pit-shir 石の・山）と読まれる。

プトカマベツ川

明治 31 年 5 万分図では朱鞠内の三股の処でウッナイとブトカマベツ（雨竜川本流）が合流している。今の図と照合すれば，その川の下半分が朱鞠内湖の中央部を南流していたのであった。松浦図ではその合流点から上の初めての小支流にフトカマヘツとあって気にかかるが，この図もこんな山中はだいぶ危いので，一応は明治 31 年の測量図の方を採りたい。なお現在は朱鞠内湖ができたのでブトカマベツは湖に注ぐ川として取り扱われている。

語義はブトゥ・カマ・ペッ「putu-kama-pet　その川尻に・平たい岩（がある）・川」であったろう。古老に聞くと合流点の上の辺に岩磐があったとのことであった。

白樺　しらかば

深名線の駅（朱鞠内湖北端部）の名。付近が白樺の密林だったからの名だという（北海道駅名の起源）。

モシリウンナイ川
母子里　もしり

モシリウンナイ川は雨竜川の最も奥の東支流であるが，支流というより，いくつかに分かれた水源の東端の川であった。今は朱鞠内湖ができたので，湖の北端部に東から注いでいる川である。この名はモシリ・ウン・ナイ（moshir-un-nai　島が・ある・川）で続けて呼べばモシルンナイだったであろう。川中島があったからの名らしいが，今はそんな島は見えない。

現在の地名はこれを下略して母子里と風雅な字を当てた。深名線の駅があるがモシリの名は他地にもあるので，区別するために北母子里駅とした。

冬はマイナス 40 度以下にも下がる日本中での寒い土地である。長い長い雨竜川を北に上りつめた山中である。暗い処かと思っていたが，夏に来て見たら明るい小高原であった。

テセウルペシペ川

母子里の小平野の東の山から出て西流しモシリウンナイ川に入っている川の名。テセウ・ルペッペ「teseu-rupeshpe　天塩（からの）・峠道沢」の意。これを上って山を越えると天塩国で，有利里川の水源である。その川を東に下れば名寄の市街に出る。その川の原名はウリウ・ルペッペ「uriu(urir)-rupeshpe　雨竜（からの）・峠道沢」である。つまりこの 2 つの相対する川筋を通ってアイヌ時代は名寄から雨竜川源流へと交通していたからこの名が残ったのであった。

アイヌ時代の「ル」(ru)は道と訳すが、必ずしも人工的な道路とは限らない。藪でも川の中でも通行していた処のことである。現在はこの山林を越える道路はないが、もし道路がこの筋にできたなら、母子里と名寄を直線で結ぶ近い道となるであろう。

〈石狩川沿い妹背牛，深川〉

須麻馬内　すままない，すまうまない

石狩川南岸の地名、川名。須麻馬内川は深川市と滝川市江部乙の間を流れている。永田地名解は「シュマ・オ・ナイ。石川。川上はイチャンヌプリより来る。山下に大石多し、故に名く」と書いた。松浦氏の十勝日誌はシユマウナイ、登加知留宇知之日記（自筆本）はシユマウシナイと書いた。アイヌ語地名の補助的動詞の部分はこのようにいろいろな形で呼ばれた。土地にシュマ・オマ・ナイ (shuma-oma-nai 石が・ある・川) のような呼び方が残っていて、それに須麻馬内の字が当てられたのではなかろうか。下流筋には石が見えない。永田氏のいうように、上流に石があったからの名か。

妹背牛　もせうし

妹背牛は当初は望畝有志の字を使っていたという。妹背牛町は西は雨竜川、北は秩父別町、東は深川市、南は石狩川に囲まれた水田地帯で、町内を大鳳川と芽生川が東から西に横流している。妹背牛市街は芽生川沿いで国鉄函館本線の妹背牛駅がある。

モセ・ウㇱ (mose-ush) には「いらくさ・群生する」という意と、「草刈りを・いつもする」という意があり、伝承でもないとどっちだったのか分からない。この妹背牛については永田地名解が「蕁麻(いらくさ)ある処」と書いた。

松浦図を見るとこの地区の石狩川沿いにモセウシという小川が描かれている。今の市街地のすぐ南の処である。それが妹背牛の名のもとになったのであろうか。

深川　ふかがわ

石狩川中流の深川市は雨竜を代表するような市街である。初期の深川村は北岸から北一帯の土地であったが、今は対岸（南岸）をも合わせて深川市となった。

市街の辺は前はメㇺと呼ばれていた。市街の西郊がメㇺ川の水源であったからか、また別のメㇺ (mem　湧泉池) があったからかも分からない。明治23年ごろから深川の名が出て来た。永田方正が道庁の意向を受けて、砂川、滝川、旭川等のアイヌ語意訳地名を作ったころなので、あるいはその一環として作られた名か。何という地名を訳したのかも全く忘れられている。市街のすぐ北側を大鳳川 (ooho-nai 深い・川) が流れているので、あるいはそれを訳したものか。

深川村は明治中年菊亭公爵の農場から始まったが、当時はまとまった買物をするには遠く滝川まで行かなければならなかったので、菊亭公が市街地を作り商店に貸したのがもとになって今の深川市街にまでなったのだという。

一已　いちゃん

今は深川市街東郊の小さな字名であるが，明治34年深川村から分村してできた一已村は納内（旭川市境）から多度志を含む大村であった。この辺のイチャン（ichan　鮭鱒の産卵場）の名を採って村名としたが，屯田兵を中心とする兵村なので威勢がよく，「一にして巳む」という意味を含めて一已村としたのだという。

松浦武四郎の石狩日誌などに書かれたイチャンのコタン（部落）は，石狩川南岸（音江地区）なのであった。また明治の測量図では，深川市街西端緑町の辺がイチャンである。とにかくこの辺にイチャンで残る処が多い。つまりイチャンの名はこの辺一帯の総名のようになっていて，それを使って一已村の名ができたものらしい。

音江　おとえ

深川市内の地名。深川市街から橋で石狩川を南に渡った処が音江地区で，音江市街は橋から南西に約3キロ行った処である。もとは音江法華といった。たぶん川の名から来た名であろう。現在音江市街地の中を流れている川を音江川というが，それとこの名は関係ないらしい。明治30年陸地測量部5万分図，明治41年北海道庁拓殖課編5万分図では，もう一本東の山の下を流れている小川をオトゥエポクとしている。これが名のもとらしい。

永田地名解は「オトゥイェポゥ　o-tuye-pok。川尻の潰る山下。此川は山よりにはかに流れ下りて川尻処々へ切るる故に名く」と書いたが，少々変な解である。o-tui(-ush)-nai「川尻の・切れる（・いつもする）・川」ぐらいの名であったろうか。その川尻は石狩川岸の急斜面を流れ下っていた（今は跡しかない）。そのpok-ke（下の・処）だと石狩川で何だか妙である。もしかしたらo-tuiがその山名にも使われていて，その下の処の意ででもあったか，どうも分からない名である。

入志別川　にうしべつがわ

深川市の東の方から流れて来て，深川市街の東郊で石狩川に注いでいる川の名。昔は今の市街地の中心部を東から西に流れてから石狩川に注いでいた。ニ・ウシ・ペッ（ni-ush-pet　木が・群生する・川）の意。昔の川口の辺に樹林があったのであろう。

コップ山

深川から旭川に向かうと，すぐ左手に美しい円頂山が身近に見える。土地の人はコップ山と呼ぶが，アイヌ時代の名はニウシ・タプコプ（入志別川の・たんこぶ山）であった。タプコプを前略してコップ山となったものらしい。入志別川水源の山で，この辺での目標になる山である。

納内　おさむない
オサナイケップ川

納内村は，前は石狩川北岸の上川境の村であったが昭和38年，深川市ができた時に市に編入された。国鉄納内駅あり。永田地名解は「オサナンゲプ　o-sa-nange-p。川

尻にて・葭を・刈る・処。やち川なり。サはサラの略言，葭の義」と書いた。北海道駅名の起源は昭和25年版は永田説で書いたが，同29年版では「オサルンナイ即ちオ・サル・ウン・ナイ（川尻に葭原のある川）の転訛と思われる」と新説を出した。納内に近い言葉を考えられたのであろう。今では伝承が残っていないので何ともいえない名である。川名は現在オサナイケップ川と公称されている。永田氏の書いた形から訛った名か。

納内幌内川　おさむないほろないがわ

　オサナイケップ川（納内川）の一本東の川の名。元来は幌内でポロ・ナイ（poro-nai 大きい・川）の意。同名が多いので納内をつけて他と区別して呼ばれている。

内大部川　ないだいぶがわ，ないたいべがわ

　石狩川南岸，深川市と旭川市の境の川。永田地名解は「ナイ・タ・ユベ　nai-ta-yube。川鮫。此川へ鮫入るにあらず。本川絶崖の下にて鮫を捕り，舟にて此川へ運び陸に揚ぐ故に此名あり」と書いた。ユペ（yupe）は蝶鮫で石狩川に多かった。知里博士は上川郡アイヌ語地名解でこの説を書いた後に「nai-etaye-pet（沢の・頭がずっと奥へ行っている・川）などの転訛か」と書き加えた。

(ア) 上 川 盆 地

　　　　　　　　　ここで「旭川市史」として引用したものは知里博士が旭川市史（昭和35年）のために書いた上川郡アイヌ語地名解（この調査には私も一部協力した）の略称。

上川郡（石狩）　かみかわぐん

　上川盆地は石狩川の源流の土地で、アイヌ時代はイシカリ・エゝコ（石狩川の・水源）のようにも呼ばれた処。明治から上川郡となった。松浦武四郎の郡名建議書には「上川郡。本川（石狩川）筋神所（カムイコタン）より惣て上をさして一郡に仕候。惣名を当時上川と相唱候事に御坐候」と書いてある。
　処が本郡の北隣も上川郡（天塩川上流）であり、また東隣も上川郡（十勝川上流）である。三つの上川郡がずらっと並んでいて、慣れないころは見当がつかなかった。

ペニウングルコタン

　永田地名解は上川郡（石狩国）の処で「上川郡。原名ペニウングル・コタンと云ふ。上川人の村と云ふ義なり。アイヌ古へより本郡神居村字カムイコタンより上流のアイヌをペニウングル（上流人の義）と云ひ、ここより下流をパニウングル（中川人の義）と云ひ、石狩河口をパラトウングルと云ふ」と書いた。
　神居古潭から上、つまり上川盆地の人がpeni-un-kur（川上・の・人）で、それから下の人がpani-un-kur（川下・の・人）だという。だが実際は深川、滝川辺の人のことなので、石狩川中流の人たちのことだった。永田氏はそれで「中川人」と書いた。ペニウングルとパニウングルは親近感を持っていたようで、相往来し、通婚していた人たちであった。
　なお石狩川下流の人たちは、上川盆地をいうのにイシカリ・エゝコ（石狩川の・水源）のような形でも呼んでいたようである。

〈石狩川本流筋　神居古潭－伊香牛〉
神居古潭　かむいこたん

　上川盆地は月のクレーターのように、周辺を円く山で囲まれた土地で、盆地内の水が旭川付近に集まり、西の山を破って深川市の方に流れ下っている。そこが奇岩怪石の中の激流になっていて、カムイ・コタン（kamui-kotan　神の・居所）と呼ばれ、神居古潭の字を当てられた。
　激潭は舟行できないので、川下から丸太舟で上って来た人は、今吊り橋のある下で舟から上り、荷を背負って陸行、春志内からまた舟に乗って盆地に溯行した。その間の部分が石狩川のカムイ・コタンであった。
　アイヌ時代の神様は激流とか断崖のような人間の近寄りにくい処に、好んでいらっしゃった。人間はそこを通る時は恐れ畏こんで過ぎなければならない。不謹慎な者はお咎を受けるのは当然な場所なのである。同名の処が諸地にあった。

神居　かむい

旭川市内の字名(旧村名)。神居古潭から忠別川川口の辺までの土地の名。神居古潭にちなんだ名。

義経山　よしつねやま

神居古潭入口北側の山（深川市境）で神居岩と呼ばれる巨岩が聳えている。ここはいろいろな名で呼ばれた。私と知里さんが来た時に，アイヌ古老に名を聞いたらクッネシリだとのことだった。kut-ne-shir（岩崖・になっている・山）。

ここは昔から有名な土地でいろいろな伝説が残っている。ニッネカムイ（鬼神）がカムイコタンを岩で塞(ふさ)いで，上川の人たちを溺れさせようとしたので，文化神サマイクルが来てそれを退治した伝説があり，ここはサマイクルのチャシコッ（砦跡）だとも，鬼神の城跡だともいう。この辺にはこの二神にちなんだ地名が多い。

テシ
テシヤオマナイ

カムイコタンの吊り橋から少し上った処に，巨岩が川の中に並んだ処があり，前のころは激流で物凄かった（先日行ったら何か平凡な景色になり，夫婦岩とか呼ばれていた）。永田地名解は「テシ。岩梁(やな)。川中に数十の大岩乱立して殆んど梁の如し。故に名く。土人云，鬼神岩を以て梁となし此河水を止む。神あり鬼を殺し梁を毀ち水を通流せしむと」と書いた。

この tesh（梁）の南岸にも北岸にも川が入っていて，共にテシヤオマナイと同名で呼ばれていた。tesh-ya-oma-nai「梁の・岸に・入る（ある）・川」の意。

春志内　はるしない

地名，川名。川名は今神居第4号線川と呼ばれる。アイヌ語のハル・ウシ・ナイ（食料・多い・沢）から出た。アイヌが好んで食べたアイヌ葱(ねぎ)やおおうばゆりが群生していた処の意。同名諸地に多い。

石狩川を遡行して来た旅人は，神居古潭の末の吊り橋の辺で舟を繋ぎ，そこから荷を背負ってここまで陸行し，ここに繋いである丸木舟に乗り込んで再び舟行し，近文の方に上ったのだという。

伊納（伊野）　いのう

旭川市西部の地名。名のもとになったらしい伊野川は石狩川南岸，国鉄伊納駅は，北岸にある。松浦図と同氏十勝日誌はエヌプトと書いた。「エヌ（川）の川口」の意。また同氏石狩日誌のイヌヌシナイもこの処らしい。

永田地名解は「イノ　ペッ。　イヌ・オ・ペッ。漁屋の川。今はアイヌ略してイノと云ふ。イヌヌシ，イヌンペッ等の名処々にあり，皆同じ」と書いた。

旭川市史（知里博士筆）は「アイヌは昔からイノ　inó とだけ言って，それにペッもナイもつけなかったという。語源はイルオナイ（i-ru-o-nai　熊の足跡・多い・沢）か

上川盆地田略図（エ）

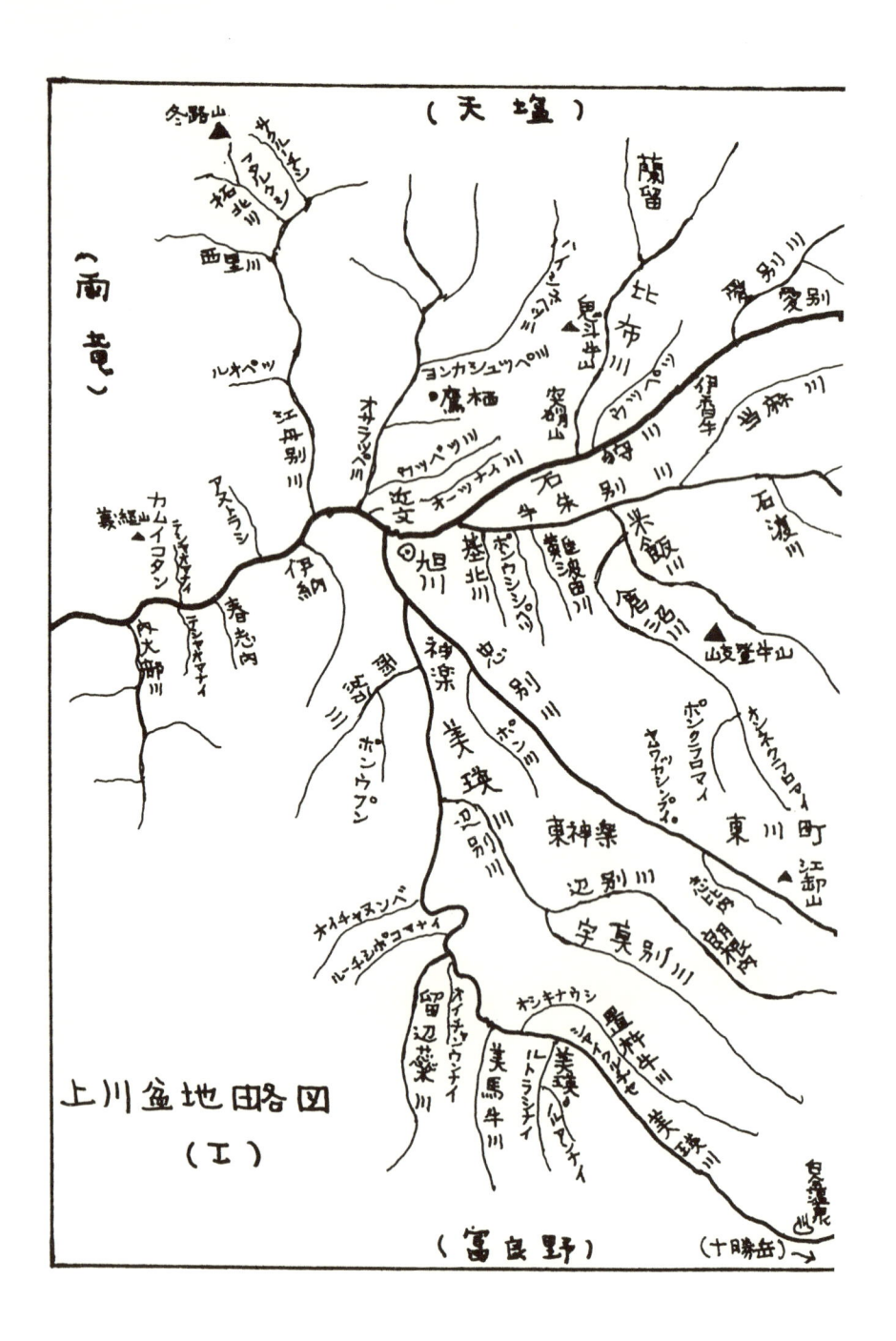

I 石狩地方

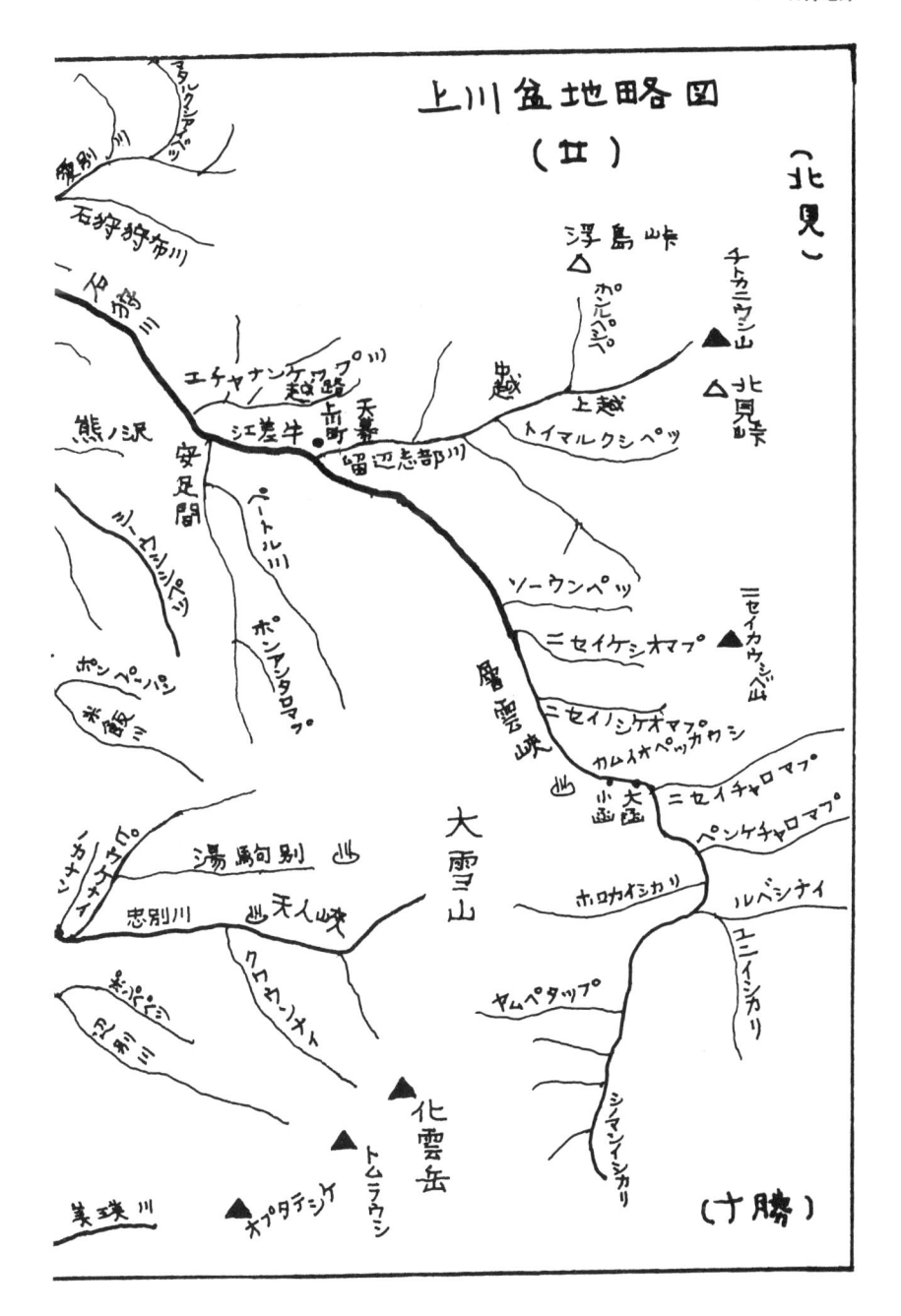

上川盆地略図
(廿)

(北見)

愛別川
ラウンクシュアンベツ
石狩狩市川
忠別川
エチャナンケアプ川
エチャナンケアプ越
熊ノ沢
江差鰭
上市町
天幕
留辺志部川
浮島峠
カンパンペ
忠越
上越
トイマルクシペッ
チトカニウシ山
北見峠

安足間
ノーセカルシペツ
ベートルシ
ポンアンタロマプ
ポンペンパン
米飯川
ソーウンペツ
ニセイケシオマプ
層雲峡
ニセイノシケオマプ
カムイオペッカウシ
小函 大函
ニセイカウシベツ山
ニセイチャロマプ
ペンケチャロマプ

ノカナン
ウブシナイ
湯駒旬別
忠別川
天人峡
クロカンノオト
大雪山
ホロカイシカリ
ヤムペタップ
ルベシナイ
ユニイシカリ
シマンイシカリ

美瑛川
オプタテシケ
トムラウシ
化雲岳

(十勝)

らイロ・ナイとなりイノ・ナイと転じ，下部を省略してイノとなったのかもしれない」とした。

前記した松浦氏のエヌ・ブト，イヌヌシナイと聞いた音から考えると，あるいは単純にイヌン（inun 狩漁期用の仮小屋）と呼んでいて，それがエヌとかイノとか訛ったらしくも思える。

江丹別　えたんべつ

旭川市西部の川名，地名。永田地名解は「エタンプ・ペッ。漂川。土人舟を覆し漂ひたる川」と書いたが，何だか後人の説話らしい解である。旭川市史の解（知里博士）が「語源はよく分からない。或はエ・タンネ・ペッ（e-tanne-pet　頭・長い・川）の義でもあろうか」とした意見を採りたい。なおすぐ近い処の近文の懇意の荒井源次郎翁と話したら「古い人は，エタンベツは和人が縮めた名だ，ほんとはエトコタンネベッと呼ぶのだといっていましたよ」と話された。この川に入ると，確かにエトコ（etok 水源）がタンネ（tanne　長い）な川である。近文のアイヌは雨竜川筋を熊狩りのイウォロ（狩り場）のようにしていて，この江丹別の川筋を通って雨竜と往復していたという。

江丹別川の源流

　　西里川　にしざとがわ
　　拓北川　たくほくがわ
　　江丹別上流川　えたんべつじょうりゅうがわ
　　江丹別峠　えたんべつとうげ

江丹別川は近文アイヌが熊狩りや川魚捕りに雨竜に入る大切な通路で，松浦図はその源流部の西側にシヤクルクシヘツ（注：shak-ru-kush-pet　夏・道・通っている・川），東側にマタルクシヘツ（注：mata-ru-kush-pet　冬・道・通っている・川）を描いている。処がその夏道の方の川がどれだか分からなくなっているので，ここでは明治からの地図で書きたい。

江丹別川の下，中流はずっと一本川であるが，源流部まで上ると小平野があって，中央と呼ばれる山中の市街地があり，そこから手の指を拡げたように枝川が左右に拡がっていて案外広い。正にエトコ・タンネ・ペッ（水源が・長い・川）であった。

①西里川　西の山から流れて来て，中央の市街のすぐ下で本流と合する。西里地区の川。明治31年5万分図はその川口近くにポンペッ（小さい・川）と書くが，も少し古い道庁版20万分図ではその川の左股の処にポンペッと書いた。その右股の方はエラマンテシペッである（注：eramante-ush-pet　狩をする・いつもする・川）。雨竜に越える江丹別峠はそれを上りつめた処である。

②拓北川　中央のすぐ上で江丹別川が二股になっていて左股がこの川。拓北地区の川である。マタルクッペッ（mata-ru-kush-pet　冬の・道・通る・川）で，その水源の雨竜境の山が冬路山。マタルの訳名らしい。

③江丹別上流川　右股の川で富原地区の川。今貯水池がある。その池に北から入っ

ている川にはサクルーチシペツと書かれている（sak-ruchish-pet　夏・峠の・川？）。

　④江丹別峠　江丹別の以上の源流と雨竜の幌加内川筋と江丹別の境になっている長い山並みの中で，西里川水源の上の処だけが低い鞍部になっていて，今雨竜に抜ける唯一の道路がそこを越え，江丹別峠と呼ばれている。だが以上の地名から見ると，アイヌ時代はいくつかの処を越えていたのだった。

　明治の末のころでも，近文アイヌは雨竜に熊狩りに来ていた。幌加内側に，その帰りにいつも泊まったお宅があると聞いたので尋ねて御老人に当時の話を聞いた。江丹別峠を越えて帰って行ったのですかと聞いたら「熊狩りの人たちはそんな遠回りはしない。あの山（冬路山）を越えてマタロクに出るのが近いといって，あの山を登って行きました。堅雪のころで楽なのです」といわれる。

　マタロクはマタルクシ（拓北川）。地図で見るとそれが最短距離だった。猟人たちはいわゆる道路がなくても，山が高くても，近い方がよかった。そこがアイヌ時代の ru（通路）だったのである。サㇰ・ル（夏・道）の方は確かめられなかったが，松浦氏の記録は，西里川の方らしい書き方である。

オサラッペ川

　江丹別川と並んで，その東側を南流している川。永田地名解は「オ・サラッペ。女神玉門を出したる処。サラは出すの義」と書いた。たぶん明治のころの土地の伝説を聞いて書いたのであろう。旭川市史の解（知里博士筆）はこれを俗解として「オサルベツ（o-sar-pet　川尻・葦原・川）」と書いた。

　ただ土地の音が昔からオサラッペな点が気にかかる。近文の古老は，脚を開いて陰所を出すことをオサラという。この川尻が開いているので，オ・サラ・ペッ（o-sara-pet　陰所を・出している・川）と呼んだのかもしれないと語った。

ヨンカシュッペ川

　オサラッペ川の東支流。松浦図ではヨウカウシペと書かれ，永田地名解では「イオンガ・ウシ・ペッ。姥百合を乾す処」と書かれた。この辺はアイヌの大切な食料源であったトゥレㇷ゚（turep　おおうばゆり）の採取地であったようである。

　おおうばゆりの根をつぶして一応澱粉を取った後を，暫らく置いて熟成させてから円板状にして乾して保存食料とした。熟成した百合根をオン・トゥレㇷ゚と呼び，熟成させることをオンカ（onka）といった。

　ここはイ・オンカ・ウシ・ペ「i-onka-ush-pe　それ（百合根）を・熟成させる・いつもする・処（川）」であったらしい。そのイとオの間に渡り音の y が入り，また二つ続く母音の一つが落ちてイヨンカッペと呼ばれたのが少し訛ったのが松浦図の形。また子音ンを永田方正がシュで書く悪い習慣が残って，現在のヨンカシュッペとなってしまった。

ハイシュベツ川

　ヨンカシュッペ川に北から入っている長い川の名。たぶんハイ・ウシ・ペッ（hai-ush-pet いらくさ・群生する・川)であったろう。同名が諸地にある。(シュは永田方正の悪い仮名使いが残ったもの)。松浦図の地形描写はこの辺ずいぶんひどいが,そこにあるハシユシベツがもしこれだったのなら hash-ush-pet (柴木・群生する・川)とも読まれる。

ウッペツ川
オーツナイ川

ウッペツ川は近文市街の西,荒山の東裾を流れて石狩川に入る川。ウッ・ペッ(肋骨・川)の意。オーツナイ川は近文市街地の中を流れて石狩川に入る小流。オオホ・ウッ・ナイ(ooho-ut-nai 深い・肋骨・川)の意。

ウッナイやウッペッの類は諸地にあるが,意味がはっきりしない。沼や大川と肋骨のような形で繋がっている川というが,具体的にはどうも見当がつかない。ここの名もアイヌ古老に聞いたこともあったが,分かりにくい名である。この川曲がりの辺に昔沼でもあったのであろうか。

近文　ちかぶみ

現在は旭川市街の西端部の街。永田地名解は「チカブニ　chikap-un-i　鳥・居る・処。此山の川に臨みたる処の山面に大岩あり。鷹常に来て此岩上に止る故に名く」と書いた。松浦図は江丹別川とオサラッペ川の間の山の名としてチカフニと書いている。近文山のことである。好い字を当てたものである。

その岩はむしろ江丹別に近い処の石狩川に臨んだ斜面で,大岩が三、四聳えている。今でも時に犬鷲などが来てとまっているという。

近文には昔からコタンがあったが,明治になって,旭川近郊のアイヌをここに集めた。それで近文アイヌの名は有名であり,今でもアイヌ文化を伝承する土地である。

鷹栖町　たかすちょう

旭川市街の西隣。オサラッペ川筋一帯の土地で,近文山はその町内である。チカブニ(鳥居る処)を意訳して町名とした。同系の名でも近文の市街は旭川市の中である。

旭川　あさひかわ,あさひがわ
忠別川　ちゅうべつがわ

旭川の市街は忠別川と石狩川の合流点に発達した。幕末のころやっと番屋ができたのであるが,松浦図を見ると忠別川の南岸の方にチクヘツブト(忠別川川口),大番屋と書かれている。松浦氏は石狩日誌の時も,十勝日誌の時も,石狩川を溯って先ずこの大番屋にたどり着き,それから改めて先の行程に入っていたのであった。

永田地名解は「チュプペッ　chup-pet。東川。チュっカ・ペッに同じ。此川の水源は東にありて日月の出る処故に名く。明治二十三年旭川村を置く」と書いた。忠別をchup-pet と解し,更にそれを意訳して「旭川」という地名を作ったのは,この著者永田方正自身であったらしい。

知里真志保博士はかねてそれに異論を唱えていたが，旭川市史の解を書くに当たって「忠別川。チウペツ（chiu-pet　波・川）は波だつ川の義。それが後に民間語源解によってチュㇷ゚ペッ（chup-pet　日・川）となり，意訳して旭川という地名が生れ，また chup（日）と chupka（東）と混合して東川などという地名も生れた」と書いた。

　爾来チウペツ（波川）説が一般に書かれるようになったが，旧記旧図にはチウペツという名が出て来ない。忠別川のことはチクベツあるいはチュクベツで書かれていたのであった。忠別川の原型はどうもチュㇰ・ペッ（chuk-pet　秋・川？）だったらしい。

　チュクペッは他地にも処々にあり，永田地名解は苫前郡ではただ「秋川」，十勝郡では「秋川。夏日水涸れ，秋大いに張る」と秋は水が多い意に解した。また夕張郡では「槐川。チュクペニ・ペッの略語にて，古へ槐皮の液汁を此川に流したるにより，今に至るも鮭漁無しと云ふ」と書いた。これはちょっと別で「チクペニ（chikupeni　えんじゅの木）の川」だという解である。

　忠別太は鮭場所であった。チュㇰ・チェプ（chuk-chep　秋の・魚→鮭）が秋になると盛んに上る川だったのでチュㇰ・ペッだったのかもしれない。

　旭川は発生的には永田方正の誤訳であったようではあるが，とにかく 1890 年からのその独特な美しい名で歴史を重ねて来て，今では北国を飾る立派な地名である。

牛朱別川　うししゅべつがわ

　旭川市街の北部で石狩川に入っている大支流の名。永田地名解は「ウシㇱ・ペッ ushish-pet。蹄川。鹿跡多き川。上川アイヌ某云ふ。イシシュペッにて雪水多く下り陸に氾濫するを以て名くと」と書いた。

永山　ながやま

　旭川市街の東端部。明治時代屯田兵が置かれたが，当時の屯田兵司令官永山武四郎の名によって地名としたのであった。

突哨山　とっしょうざん

　石狩川北岸，比布境の処に，山の方から長く突き出している丘陵の名。旭川市史の解は「tusso。樺太では海岸の絶壁にある洞窟を意味しているが，本来は絶壁そのものをさす語で tuk-so（突き出た・壁）の転訛とも考えられる」と書いた。

鬼斗牛山　きとうしやま

　永山地区から北に見える美しい三角山。比布から西側に見える。比布出身の尾沢カンシヤトク翁と歩いた時，比布ではあの山がチノミ・シリ（我ら礼拝する・山）でしたと語られた。キト・ウシ（kito-ush　ぎょうじゃにんにく・群生する）の意。キトウシといわれた土地の山であったか，キトの多い山だったからの名であろう。

比布　ぴっぷ

　川名，町名，駅名。比布町は，西は旭川市，南は当麻町，東は愛別町で，北は天塩の士別市である。旭川市史の解は「ピピペッ　pipi-pet（石のごろごろしている・川）の転訛か」と書いた。また北海道駅名の起源は昭和25年版から「ピ・オ・ㇷ゚（石の・多い・処）から出た。この付近で比布川の河床に石が多くあるからであろう」と書いた。pi-o-p「石・多い・もの（川）」からだとピッㇷ゚となりやすいようである。

蘭留　らんる

　比布川上流部の地名，駅名。ラン・ル（ran-ru　下る・道）の意らしい。天塩からの峠道が下って来る処なのでこの名がついたのであろう。

塩狩峠　しおかりとうげ

　比布川筋と，天塩川支流剣淵川筋との境の峠。天塩，石狩の一字ずつを採った名。

伊香牛　いかうし

　当麻町北部の地名。旭川から石狩川南岸を東行して来た国道39号線（北見市に至る）は伊香牛から北岸に渡る。古くからの道筋である。永田地名解は「イイカウシ。越す処」と書き，旭川市史の解（知里博士筆）も「イ・イカ・ウシ　i-ika-ush-i　それを・越え・つけている・所」と書いた。アイヌ時代からの渡河点であったからの名であろう。

〈石狩川本流筋　愛別－水源〉

愛別　あいべつ

　愛別町は愛別川を中心とする地帯で，西は比布町，東は上川町，南は当麻町に接している。名のもとになった愛別川について，旭川市史の解（知里博士筆）は「アイ・ペッ　ai-pet は矢・川と訳されるので，矢のように流れの早い川だとか，或は昔十勝アイヌの酋長がこの地方を攻撃して敗れ，矢に当って崖から川に転落し，矢を流した川であるとか，種々の伝説も生じている。もと或はアイペッ（ai-pet　イラクサ・川）だったのではなかろうか」と書いた。

石狩狩布川　いしかりかりっぷがわ

　愛別川の東支流。略して狩布川ともいう。永田地名解は「イ　シカリ　カリ。渦流。又川の奥無きを云ふと」と書いた。アイヌ古老からの聞き書きであろう。旭川市史の解（知里博士筆）は「ishkari-ekari-p。石狩川・へ・回って行く・もの」と書いた。この川を登ると，水源が石狩川本流に近くなっている。知里説を採りたい。

　国鉄愛別駅は愛別川筋でなく，石狩川南岸の処である。

マタルクシ愛別川

　愛別川の枝川が拡がっているが，その中央の川の名。元来マタ・ル・クシ・アイペッ

（冬・道・通っている・愛別川）と，サㇰ・ル・クシ・アイペッ（夏・道・通っている・愛別川）が東西に並んでいたのであるが，今は冬道川の方の名だけが残っている。（この二川とももとは上流部の名だったらしい）。

アイヌ時代からこれらの川を通じて天塩川の上流と交通があったからの名である。今は天塩川の源流から山越えしてマタルクシ愛別に出る自動車道路が使われている。

石垣山（サン）　いしがきやま

愛別川川口から石狩川を少し上ると，対岸に同じ高さの崖山が続いて特異な景色である。石垣山と呼ばれるのがそれであろう。私はアイヌ古老から，そこはサン（san　棚）と呼ぶ山だと教わった。永田地名解は「サン。平山。サンは牀なり。形似に名く」と書いた。

エチャナンケㇷ゚川

石狩川の北支流。上川町を流れ，愛別町境の辺で本流に入っている。永田地名解は「echi-nangep?」と書いているだけである。

むりに似た字を並べると，例えば e-cha-nanke-p（そこで・柴を・刈る・処）ともなりそうだが全く当て字に過ぎない。

江差牛山　えさうしやま

エチャナンケㇷ゚川と石狩川の間にある山の名。たぶんエ・サ・ウシ・イ（e-sa-ushi-i　頭を・浜に・つけている・もの）で，石狩川に山裾の突き出している姿によって呼ばれた名であろう。

安足間　あんたろま

石狩川の南支流。大雪山から流れ出して，上川町の西端に近い処を北流し，上川町と愛別町の境の辺で石狩川に入る川の名。国鉄安足間駅や市街地は愛別町の南端部である。

旭川市史の解（知里博士筆）は「アンタロマㇷ゚（antar-oma-p　淵・ある・もの）。或はアン・タオㇽ・オマ・ㇷ゚←ar-taor-oma-p（片側・高岸・ある・者）か」と書いた。

ペートル川

安足間川の東支流。旭川市史の解は「ペートゥワルペッ（pe-tuwar-pet　水・ぬるい・川）」と書いた。

上川町　かみかわちょう

大正13年愛別村から分村して上川村を称したが，エチャナンケㇷ゚，安足間から石狩川の水源までの，とてつもない広い土地である。この上川をペニウングル・コタン（川上の人の・土地）の意訳だとよく書かれるが，その意味の上川は明治の始めから

上川盆地の総称である。
　石狩川の源流の土地なので，自分たちの土地は上川の中の上川だといってこの村名（今は町名）を選んだのだろうか。
　町役場や国鉄石北線の駅のある上川市街は，少し前までは留辺志部と呼ばれていた。

留辺志部　るべしべ
越路　こしじ

　留辺志部川は上川盆地の東北端，北見境の山から出て西流し石狩川に入っている。ルペッペ「ru-pesh-pe　道が・下る・もの（沢）」の意。道内各地にある名で，だいたいが山越え道路のある沢なので，「峠道沢」あるいは「峠道」の意味で使われて来た。ここは上川盆地と北見の湧別川，渚滑川筋との通路であった。
　上川町は，留辺志部川口の今の上川市街（留辺志部）から少し西北寄りの越路（エチャナンゲップ川筋）に入植者のあったのが開発の端初で，当時の旧道はそこから留辺志部川に入っていたようである。明治の大日本地名辞書は「越路は愛別の東四里なる山駅にして，新道はルペシュベ川に沿ひ七里，北見峠に至るべし。北海志料曰く，北見新道は越路に至りて俄かにせばまり，分水嶺を越れば北見紋別郡なり」と書いた。越路の名は異説はあるが，たぶんルペッペの意訳だったのであろう。
　今は留辺志部川の川口に近い処に上川市街ができて北見峠に至る国道も国鉄石北線もここから出るし，層雲峡，石北峠を経て北見市に至る街道もここから分かれる。正に交通の要衝である。北見からこのルペッペを下って来て，ここの駅前の喫茶店でゆっくりと休んで疲れをとったこともあった。

天幕　てんまく

　留辺志部川を少し上った処の地名，駅名。北海道駅名の起源は「明治29年北海道鉄道部長が線路調査のため来た際に天幕三次郎と称する山男の掘っ建て小屋に泊り，それに因んで地名となった」と書いた。

トイマルクシペツ川

　留辺志部川の上流の南支流の名。北見境の山から出て国鉄中越駅の対岸で本流に入る。トゥイマ・ルペッペ（tuima-rupeshpe　遠い・峠道沢）と読まれる。少し遠いが山越えの峠道でもあったのだろうか。

中越　なかこし
上越　かみこし

　国鉄石北線の留辺志部川沿いの駅名。ルペッペ（越路）の中流の処が中越駅で，もう頂上の処が上越駅である。

北見峠　きたみとうげ

　留辺志部川を登りつめた処の峠名（鉄道の方は石北トンネルで抜けている）。これを

東に越えると北見国白滝村で，湧別川源流の右股である。更に行けば遠軽市街に出る。この湧別川右股の名もルペッペであった。古くからの交通路なので，上川盆地側も北見側も，その通路にしていた沢をルペッペと呼んでいたのであった。

ポンルペッペ
浮島峠　うきしまとうげ

　留辺志部川の水源は二股になっていて，右股を上れば北見峠道，左股の方がポンルペッペ川である。これを上って浮島峠を越えると北見の滝上町に入る。峠から遙か下まで下ると渚滑川の源流で，それに沿って行くと滝上町の市街である。この筋も昔からの通路であったのであろう。このポン・ルペッペは「小さい・峠道沢」でもあり，「小さい・留辺志部川（支流）」でもあったのであろう。

チトカニウシ山

　上川町と，北見の滝上町，白滝村の境になっている高山の名。チトゥカン(chi-tukan 我ら・射る)という言葉が地名に出て来るのは，狩猟等でそこを通る時に，特定の目標に矢を射って武運を占った処である。この地名の形から見るとチトゥカンニウシ（chi-tukan-ni-ush-i　我ら・射る・木・がある・処）つまり，そこを通る人たちが矢を放って運を占った大木があった処の名で，それがこの山の名となったのであろう。

ソーウンペッ

　石狩川を溯り，そろそろ層雲峡に入ろうとする辺の東支流の名。双雲別川とも書かれ，もう少し本流を上った処の温泉も双雲別温泉と呼ばれていた。ソー・ウン・ペッ（so-un-pet　滝・ある・川）としか読めないが，いわゆる瀑布はないらしい。急流で岩にせかれて白波を揚げて流下する程度の処はあると聞いている。アイヌ語のソ(so)は滝と訳すが，この程度の処もこの名でいっていたらしい。

層雲峡　そううんきょう

　石狩川上流の大峡谷の名。大正10年この地に来た大町桂月がつけた名だという。双雲別温泉などの名をもとに美しい字を当てたのであろう。アイヌ時代には特別の名はなかったようであるが，以下に出て来る地名から考えると，ただニセイ(nisei　絶壁，峡谷)と呼んでいたらしい。

ニセイケショマップ川
ニセイノシキオマップ川

　石狩川上流，ソーウンペッ川の上に，この二本の東支流が流れ込んでいて，処々に大崖が並んでいる。nisei-kesh-oma-p「峡谷の・末端・にある・もの（川）」, nisei-noshki-oma-p「峡谷の・中央・にある・もの（川）」の意。なお峡谷の口にある川は少し上流，大函の上手の処にある。

ニセイカウシペ山

ニセイノシキオマップ川の水源にある山の名。ニセイ・カ・ウシ・ペ「nisei-ka-ush-pe　峡谷・の上・にいる・もの（山）」の意。

カムイオペッカウシ

層雲峡温泉の辺から対岸（北岸）を見ると物凄い断崖が石狩川に突き出ていて，それが昔カムイオペッカウシと呼ばれた処であった。旭川市史の解は「カムイ・オペッカウシ（神の・高岸）」と書いた。オペッカウシは o-pet-ka-ushi-i（尻を・川・の上・にくっつけている・もの）の意で，山の尾根（山の尻）が川岸に高崖となって出ている処の称である。

なおここはカムイ・ルエサニ（神の・坂）とも呼ばれていたようである。

小函　こばこ
大函　おおばこ

層雲峡内を溯ると両岸が急崖になって石狩川にせまっている処が小函，更にその上流の両岸急崖の処を大函といい，名所になっている。今は北見への国道がそこに通されていて明るい景色になっているが，昔は凄い処であったろう。函は和人の言葉で川の両側が立っていて函のようになっている地形をいう。

明治31年5万分図は大函の処にシュオプニセイと書いている。測量者が案内のアイヌに聞いて書いた名であろう。シュオプ・ニセイ（shuop-nisei　函の・絶壁）の意。アイヌ語でも両側の崖が立っている地形を shuop（函）といっていたのだった。ここは峡中でも特に函の地形なのでその名で呼んだのであろう。

ニセイチャロマップ川

大函のすぐ上の処で，東から来て石狩川に入る川の名。nisei-char-oma-p「峡谷の・口・にある・もの（川）」の意。またニセイパロマペッとも書かれた。口はチャロ（char）ともパロ（par）ともいう。方言差らしいが道央のあたりでは両方が残っている場合によく出あう。

アイヌ時代にニセイ（峡谷）と呼ばれた処はこの辺から始まって，ニセイケシオマップ川（ニセイケショマプ）の辺までのことであったろう。それが今の層雲峡である。

ペンケチャロマップ川
ルペシナイ川
石北峠　せきほくとうげ

ニセイチャロマップ川のすぐ上にある石狩川東支流をペンケチャロマップ川という。並流している川なので，たぶん penke-(nisei-)charomap「上の・（ニセイ・）チャロマップ川」の意で，そのニセイが略されたものであろう。

ルペシナイ川はその一本上の，並流している川で，ユニイシカリ川と合流してから本流に入っていた（以上の二川は，現在は新設された大雪ダムの人造湖に注ぐ形となっ

た）。ルペシナイはル・ペシ・ナイ（ru-pesh-nai　道が・下っている・沢）で，ルペッペと事実上同義の名。アイヌ時代も交通路だった沢であることを示している。

　アイヌ時代はこの沢を通って北見市の方面と往来があったのであろう。今は国道39号線がまずペンケチャロマップ川を上ってから途中で山を横切ってルペシナイ川の上流に出てそれを上り，石北峠を越える。アイヌ時代と違うことは勾配を緩やかにしなければならないので，直接ルペシナイを登らないようにしたのであろう。

　石北峠を東に越えた処は北見の無加川の源流で，それを下ると現在は北見市街となっている処に至る。国道39号線は大雪国道——北見国道とも呼ばれている。石北峠は石狩・北見の峠の意であろう。

大雪山　たいせつざん

　石狩川筋一帯の上手に聳える大雪山の名はヌタクカムシュッペのような形で呼ばれて来たが，知里博士はいつも「それは違う。自分がアイヌ古老から聞いた名はヌタㇷ゚カウㇱペだ」といっておられた。それで旭川市史の解の中で「ヌタㇷ゚カウㇱペ。nutap-ka-ush-pe（川の湾曲部内の地・の上に・いつもいる・もの）の義。この山はアイヌの崇拝の対象になっていてヌタㇷ゚カムイシリ nutap-kamui-shir（川の湾曲部内の・神・山）とも称する。この両者が混合してヌタブカムシペとなり，和人はそれを甚しく訛ってヌタブカムシュッペ，或はヌタクカムウシュペなどとして頬の山などと俗解するに至った」と書いた。

　山名がヌタㇷ゚カウㇱペということはそれでよく分かるが，ヌタㇷ゚（nutap）という言葉は土地によっていろいろと意味が違っていて，どうも難しいのであった。確かに川がぐるっと回っていて，それに包まれるようになった場所をヌタㇷ゚という土地が多いが，石狩川上流の大雪山下ではそれらしい地形を見たことがないので解しかねていた。

　石狩川上流に行った時に，同行してくれた近文の尾沢カンシヤトク翁に，どこかにそのヌタㇷ゚がないでしょうかと尋ねたら，「あのヌタㇷ゚は山の上の湿原のことだと聞いています。一段高くなった山の上に広い湿原（nutap）があって，更にその上に聳えている山だから，ヌタㇷ゚・カウㇱ・ペというのだと私たちは思っていました」との答えだった。それなら地形的にはぴったりである。

　とにかく分からなくなった山名である。参考のためにこの聞き書きを書いた。これからも同好者によって検討して行ってもらいたい名である。

〈牛朱別川筋〉

基北川　きほくがわ

　牛朱別川川口から少し上った処の南支流（旭川市）。国鉄宗谷本線鉄橋のたもとに注いでいる川の名。基線道路の北側をずっと流れているのでこの名がついたらしい。永田地名解は「チトゥカヌッシナイ。射川。古夷往来毎に大石を的として矢を射る処」と書いた。chi-tukan-ush-nai（我ら・射る・いつもする・川）の意。狩猟，戦等に出る時に大岩や崖に矢を射て武運を占うのが当時の一般的習慣だった。

難波田川　なんばたがわ

　基北川川口のすぐ上にポンウシシペツ川が入っている。小・牛朱別川（支流）の意。そのすぐ上流側の南支流が難波田川（旭川市）。屯田兵の将校の名によったものとか伝えられている。明治31年5万分図ではシニウシペツである。shini-ush-pet（休む・いつもする・川）と読まれる。道南長和のそばにshini-ush-shuma という似た名があり，通りがかりの人が腰掛けて休んだ石（shuma）があった（今道路工事かで埋めてしまった）。似た名である。

米飯川　ぺーぱんがわ

　牛朱別川の南支流（旭川市，上流は東川町）。永田地名解は「ぺーパン pe-pan。飲水。ぺは水。パンは飲む義」と書いたが，旭川市の解（知里博士筆）は「ぺーパン。pe-pan-pet（水・あまい・川）の下略か」と書いた。

倉沼川　くらぬまがわ

　米飯川の西支流。永田地名解は「クラロマイ。機弓場。アマポ（仕掛け弓）を置き熊を捕る処」と書いた。倉沼はそれを下略して訛った形。旭川市史の解が「クオナイ ku-o-nai（仕掛弓・多くある・沢）」と書いたのはこれらしい。

岐登牛山　きとうしやま

　米飯川本流と倉沼川の間，旭川市と東川町の間にある山。松浦図では位置が少し西にずれているがキトウシノホリとあるのがそれであろう。キト・ウシ・ヌプリ（kito-ush-nupuri　ぎょうじゃにんにく・群生する・山）と読まれる。あるいは山下にキトウシという処があって，その上の山という意だったかもしれない。

当麻町　とうまちょう

　旭川市の東隣の町名。明治26年屯田兵二中隊400戸の移住が開拓の始まり。明治33年永山町から分村して当麻村となった。町内を流れる当麻川から出た名である。石北本線当麻駅がある。

当麻川　とうまがわ

　牛朱別川の北支流。旭川市史の解は「トーオマナイ　to-oma-nai（沼に・行く・川）。急言してトーマナイ」と書いた。

石渡川　いしわたりがわ

　当麻町内。牛朱別川の南支流の名。開拓者の名によって石渡川という由。明治の地図にはキムクシウシシペツとある。kim-kush-ushishpet「山側を・通る・牛朱別川（支流）」の意。

熊の沢　くまのさわ

当麻町内。牛朱別川の北支流。明治の地図ではエラマンテウシシペツである。eramante-ushishpet「狩をする・牛朱別川（支流）」の意。熊狩りをした沢で，和名も熊の沢となったのであろうか。

それから上をシーウシッペッ「ほんとうの（本流である）・牛朱別川」といい（今大沢と呼ぶ），源流部をシノマン・ウシッペッ「ほんとうに・奥の方に行っている・牛朱別川」といった。牛朱別川源流の意。

〈忠別川筋〉

美瑛川口　びえいがわぐち
（ピイェプトゥ）

忠別川と石狩川の合流点（忠別太）は旭川市街の西側であるが，そこから忠別川を上ると，すぐまた忠別川，美瑛川の合流点である。つまり旭川市街の西側の処で，上川盆地を代表する三つの川が合流しているのであった。いい換えるなら，上川盆地全体の水が，旭川市街の処に集まって，そこから神居古潭を通って石狩地方に流れ出ているのであった。松浦図はこの川口の処にヒエブトと記す。ピイェ・プトゥ（piye-putu 美瑛川の・川口）の意。　　　　　　　　　　　　　　　　⇒美瑛川（109 ㌻）

神楽　かぐら

旭川の中心市街から見れば，忠別川の対岸（南岸）が神楽と呼ばれた土地であるが，昔はヘッチェウシと呼ばれた処であった。旭川市史の解は「ヘッチェ・ウシ（hetche-ush-i 囃し・つけている・場所）。ヘッチェは歌舞に合せてヘイッ！　ヘイッ！と囃すこと。ここの場所でいつも歌舞したのでこういう名がついた。昔の祭場だったと思われる。意訳して神楽という地名が生れた」と書いた。

だが今の広い神楽地域のどこがこの地名の発生地だったか，全く忘れられた。人が集まってお祭りをし，お祭りにつきもののユーカラや踊りをして，皆が声を合わせて囃したのだとすれば，忠別川の崖の上の広場がその場所だったろう。今の神楽岡公園か，その付近がヘッチェウシで，それから神楽の名ができ，この辺一帯にそれが拡がったのではなかろうか。

ポン川

神楽岡公園のすぐ上で忠別川に入る支流の名。忠別川の南側をずっと並流している。明治の地図ではフシコチュッペツと書かれている。「古い・忠別川」つまり忠別川の古川の意。

なぜポン川となったかは分からない。ポン・チュッペッ（小・忠別川）ぐらいの名でも呼ばれていて，それが下略されてポン川となったのでもあろうか。

東神楽町　ひがしかぐらちょう

旭川市の東隣。忠別川の南岸の中流までの土地の名。神楽の東部という意味の名で

あろう。

志比内　しびない

東神楽町東端部の川名，地名。志比内の小市街があり，そのはずれを志比内川（忠別川南支流）が流れている。旭川市史の解は「シ・ビ・ナイ（大・石・川）」と書いたのであるが，実はよく分からない川名である。野中の小流で，川底を見ると大き目の石がごろごろしている程度の川である。昔ごろた石の中を流れていた時代でもあってこの名がついたか。

東川町　ひがしかわちょう

旭川市の東隣，忠別川の北岸一帯の土地で，東は大雪山の主峰旭岳までがその町内である。永田方正が忠別川を「チュプ・ペッ。東川。チュプカ・ペッに同じ」として旭川の名ができたが，この町名もたぶんこの説から生まれたものであろう。まずチュプ（chup 日，月）とチュプカ（chupka 東）をごっちゃにしているし，忠別川自身チュプ・ペッでなく，チュク・ペッだったようである。

忠別川の意訳だとすると誠にぐあいが悪い町名となるが，この町は忠別川の上流（東）の土地であり，上川盆地の東部の町である点では名にふさわしいようである。

ヤムワッカシンプイ

東川町の小地名であるが興味のある地名なので書き入れた。明治の5万分図にヤムワッカシンプイの名があった。シンプイは水の穴（自然の井戸）で，yam-wakka-simpui（冷たい・水の・井戸）と読まれる。基線道路1号の辺になるが，通ると付近一帯は平らな水田で，こんな処に冷たい湧水があるかしらと思った。見当を付けて行った処に，木立に囲まれた農家（東川町1号安井政光氏）があったので訪れたら，小さい池がある。冷たいですかと聞いたら，「夏でも手をつけているとしびれるくらい冷たい水です。御先祖がここに宅地をつくった時に湧水に井戸がわを組んだが，その溜まり水でこの池にしたのです」とのことだった。

アイヌ語の地名は，その位置と正確な意味が分かれば，行って見ると，その通りの処なのであった。これはほんの一例である。

江卸　えおろし

志比内の東，忠別川北岸に江卸山がある。江卸はエオルシ（e-or-ush-i 頭が・水に・ついている・もの）から来た名であろう。この山の東の続きの処が忠別川に突き出ている。元来はそこがエオルシで，その上の山なので江卸山となったのであろう。

ノカナン

江卸の東にある地名，川名。ノカナンのような地名が道内の処々にあり，どれもその意味がはっきりしない。ここについては旭川市史の解は「ノカナン。ノカン・ナイ（nokan-nai 小さい・沢）の転訛か」と書き，古い永田地名解は「ノカナン　nok-anu-

I　石狩地方

an。鳥の卵を置く処」と書いた。　　　　　　　　　　　　　　　⇒野花南（67ページ）

ピウケナイ川

ノカナン川の東の川（忠別川北支流）。永田地名解は「ピウケナイ　piuke-nai。襲ひ川。石多くして流水襲撃し怖るべき処なり」と書いた。旭岳の下から崖の間を流れて来る川で，大雨の時は激流が下る川らしい。

湧駒別（勇駒別）　ゆこまんべつ

川名，地名，温泉名。ピウケナイの東側の川で，昭和47年に行った時に，5万分図ではピウケナイとユコマンペッが並んで忠別川に入るように描かれていたので，その川口を見に行ったがそんなものがない。土地の人に聞いたらユコマンペッはピウケナイの中流に入る支流だった（後で明治の5万分図を見たらその通りになっていた）。

旭川市史の解は「ユコマンペッ yu-ko-oman-pet（温泉・に向って・行く・川）」と書いた。湧駒別温泉から大雪山の旭岳中段にケーブルカーができているが，これから見る風景は素晴らしい。音だけなら yuk-oman-pet（鹿が・奥の方に行く・川）とも聞こえる。

天人峡　てんにんきょう

忠別川の上流。石狩川本流の層雲峡は谷間が概して広いが，ここは両岸が迫り絶壁が続いている。層雲峡と同じように柱状節理の崖が多い。滝の多いことも同じ。ニセイの名は残っていないが正にニセイ（峡谷）の地形である。その中に天人峡温泉がある。

クワウンナイ川
化雲岳　かうんだけ

天人峡の処に南から忠別川に注いでいる川の名。両岸の険しく立っている中を流れているというが相当長い川である。永田地名解は「クワ・ウン・ナイ。杖川。嶮阻にして杖に依らざれば行く能はず」と書いたが，旭川市史の解は「kuwa-un-nai（狩杖・入る・沢）。狩人の入る沢の義」と書いた。

切替英雄氏がこの沢を溯られて，土地の人はカーウンナイのように呼んでいると教えられた。この川の上に化雲岳があって，何の意かと思って来たが，そのカーウンナイの上の山の意だったろうか（和人のつけた名らしいが）。音だけでいうならカー・ウン・ナイは「わな・が・ある・沢」となるが，ここは昔からクワ・ウン・ナイだったらしい。

〈美瑛川筋〉

美瑛川　びえいがわ

上川盆地の南東端十勝岳から流れて来て旭川市街のすぐ西側で忠別川と合流している大川の名。永田地名解は「ピイェ　piye。油。水源に硫黄山（注：十勝岳）ありて水

濁り脂の如し，故に名く。古へは単流して石狩川に注ぐ。今，東川（注：忠別川のこと）に合流す」と書いた。ピイェは油っこい，油ぎっているという意（地名アイヌ語小辞典）。

雨紛　うぷん

　旭川市内の川名，地名。美瑛川を少し上った処の西支流が雨紛川である。永田地名解は「ウプン　upun。雨雪飛ぶ処。ウプンの水源なる山より雨雪を吹飛すを以て名く」と書いた。ウプンは吹雪の意（地名アイヌ語小辞典）。

辺別川　べべつがわ

　美瑛川の東大支流の名。上川盆地東南境のトムラウシ山から出て美瑛川の北部を流れて美瑛川に入る。旭川市史の解は「ペペッ pe-pet（水・川）。水量豊かで流れの早い川だという」と書いた。上川の大酋長クーチンコロの家がこの川口の辺にあったという（十勝日誌）。

宇莫別　うばくべつ

　美瑛町内の川名，地名。宇莫別川は辺別川本流の南側をずっと並流し，北美瑛駅の近くで合流している。旭川市史の解は「ウ・パㇰ・ペッ　u-pak-pet（相・匹敵する・川）」と書いた。合流点で見ると，水量は辺別本流の方が多いが，流長はほぼ匹敵している川なのであった。

朗根内　ろうねない
ラウネナイ

　辺別川本流の中流の処の地名。この辺は忠別川と接近していて，忠別川筋の志比内市街とこの朗根内市街はすぐそばになっている。朗根内はそこを流れているラウネナイという小川の名から来たものらしい。旭川市史の解は「raune-nai（深い・川）」と書いたが，この種の名は分かりにくくなっている。

　諸地にラウネナイがあり，従来は深い川と訳されて来たが，行って見ると殆んどが水の深い川ではない。ラウネは「低い処である」ぐらいの意味なのではないかと思って来た。多くは両側が高い，つまり低い沢の中の小川である。だがここのラウネナイは片側が山である小川でどうもはっきりしない。とにかくこれからの方に研究していただきたい川名である。

オイチャヌンベ川

　美瑛川の西支流。老知安とも書かれた。この川が旭川市と美瑛町の境になっている。永田地名解は「オイチャヌンベ。鱒の産卵場」と書いた。o-ichan-un-pe「川尻に・鮭鱒の産卵場・ある・もの（川）」の意。この川尻はごろた石の多い中を清流が流れて下っていて正にイチャンのある地形なのであった。

Ⅰ　石狩地方

美瑛町　びえいちょう

美瑛川中上流一帯の土地で，上川盆地南端の広い町である。美瑛市街は美瑛川中流北岸で，国鉄富良野線の駅があり，国道237号線（富良野国道）が通っている。

ルーチシポコマナイ川

オイチャヌンベ川のすぐ上流側の美瑛川西支流の名。ゆっくりいえばルーチシ・ポク・オマ・ナイ（ruchish-pok-oma-nai　峠・の下・にある・川）の意。この川を上ると，山越えしてオイチャヌンベ川筋へ入る道がある。その峠下の川だったのでこの名がついたのであろう。

留辺蘂　るべしべ

空知郡富良野境を流れ，美瑛川に注ぐ川の名，地名。富良野市街から富良野川を溯り，その西側支流のトウラシ・エホロカアンベツ「（道が）上る・エホロカンベツ川」を上って低い丘陵を越えたら，いつのまにか留辺蘂川に出たので，それを下り，美瑛川に沿って旭川に行ったことがある。留辺蘂はルペシペ（峠道の沢）の意。この筋がアイヌ時代の交通路だったことを，川名が物語っているのであった。

オイチャンウンナイ川

留辺蘂川の一本上の美瑛川南支流。オイチャヌンナイ（o-ichan-un-nai　川尻に・鮭鱒産卵場・がある・川）の意。少し下流のオイチャヌンベ川と同名のような川である。

美馬牛　びばうし

オイチャンウンナイ川の一つ上の美瑛川南支流名，地名，国鉄富良野線美馬牛駅あり。ピパウシ「pipa-ush-i　からす貝・多くいる・もの（川）」の意。松浦氏十勝日誌の旅は旭川―美瑛川―美馬牛川と歩き，山越えして富良野に入った。

ルトラシナイ川

美馬牛川の一本上の美瑛川南支流の名。ル・トゥラシ・ナイ「ru-turashi-nai　道が・（川に沿って）上っている・川」の意。この川筋も昔の交通路だったに違いない。国鉄富良野線はこの川筋を上ってから美馬牛川上流に出て富良野に越えている。

置杵牛　おききねうし（オシキナウシ）

美瑛川北支流の名，地名。ルトラシナイ川口の少し下の対岸（北岸）に注ぐ相当長い川。川口は美瑛市街のすぐ西の処である。置杵牛川は明治31年5万分図でも，明治29年道庁版20万分図でもオシキナウシと書かれてあり，旭川市史の解も「オシキナウシ　o-shikina-ush-i（川尻に・ガマ・群生する・所）」と書いている。シーキナは「蒲」のことであった。

ただこの音と置杵牛の音が少し離れていることが気にかかる。もしかしたらo-

111

kene-ush-i「川尻に・はんの木群生する・もの（川）」とか，o-kikinni-ush-i「川尻に・うわみずざくら・群生する・もの（川）」ぐらいの別称があって，それが置杵牛となったのでもなかったろうか。

シャマイクルチセ

　明治31年5万分図のこの辺の図名はシヤマイクルチセ（現在は美瑛）で，独立丘が描かれてその名が書いてある。現在でいえば美瑛市街の南のはずれの処。行って見たら目立つ美しい丸山で丸山公園となっていた。「シャマイクル（文化神）のチセ（家）」の意。日高地方ではオキクルミが最高の文化神だが，この辺ではシャマイクルである。その神の居所として崇敬された処であろう。アイヌ時代の神様は，カムイコタンのような激流や神路のような断崖の外に，このような目立つ独立丘や高い山にもいらっしゃったようである。

ノルアンナイ川

　美瑛市街から美瑛川を南に渡った処にある小流の名。ノルという言葉が時々地名に出るのでその例として書いた。旭川市史の解は「noru-an-nai（熊の足跡・ある・沢）」と書いた。知里博士地名アイヌ語小辞典には「ノル no-ru。熊の足跡，熊の道。←尊い・足跡（路）」と書かれている。

白金温泉　しろがねおんせん

　美瑛川の源流に近い処。十勝岳の大泥流原の裾にあるが，清潔な温泉地で泥流原を上った処の望岳台の景観は素晴らしい。

十勝岳　とかちだけ

　美瑛町，上富良野町，新得町（十勝）の境にある大火山。山のアイヌ時代の名ははっきりしないのが多いが，松浦図にあるヒエノホリ（注：piye-nupuri。美瑛の・山）はオタツテシケ（注：オプタテシケ山）の西南にある処から見て十勝岳のことらしい。
　永田地名解に「イワウ・ヌプリ iwau-nupuri。硫黄山。ビイエ川の水源なるを以てビイエの川流濁りて脂の如し。故にビイエと名く。高橋図に西オブタテシケとあり」と書かれた処から見ると，イワウヌプリの称もあったのであろうか。

オプタテシケ山

　十勝岳からオプタテシケ，トムラウシ，化雲岳と十勝境の高山が続いている。オプタテシケは美瑛川水源の長い山で，アイヌ神謡に出て来る。また山の神々の恋争いで，投げつけられた槍がそれてはねかえったので，オプタテシケ（op-ta-teshke　槍が・そこで・はねかえった）と呼ばれるのだと伝えられる有名な山である。釧路の屈斜路湖の近くにも同名の山があり，似たような伝説が残っている。

(8) 日 本 海 岸 (石狩川以北)

　　　　　　　　　　松浦氏国郡建議書では厚田郡と浜益郡は天塩国の中に入れられていたのであったが，実施に当たっては石狩国の方に加えられた。

厚田村　あつたむら

　石狩川口から濃昼川(ごきびる)までの土地が厚田郡であり厚田村である。この村内の地名はどういうわけか原名であるアイヌ語の意味が特に分からなくなっているのであった。厚田の語義もその一つである。

聚富　しゅっぷ
シップ川

　シップ川は現在は石狩川口に入っているが，元来は石狩川口のすぐ北で海に直流していた川である。原名はシュオㇷ゚でそれが聚富という地名にもなり，シップ川ともなった。
　①松浦氏西蝦夷日誌は「シュツプ。此名儀は川上に箱の如き山ある，依て号ると」と書いた。
　②永田地名解は「シュオㇷ゚。箱(川)。川上にシキナウㇱナイあり。川の形状殆ど箱の如し。故に名く」と書いた。
　川の両岸が立っている処を和人も箱といい，アイヌ語の方でもシュオㇷ゚(箱)といった。ただこの川の上流に行ったことがないのでこの両説を判断できない。ただ原形がシュオㇷ゚だったことだけは見当がつけられるようである。

知津狩　しらつかり

　聚富の北の地名，川名(厚田村)。この川も元来は海に直流していたが，治水のため石狩川口に河道を作ったので，昔からの川筋は「旧知津狩川」と呼ばれるようになった。
　松浦氏西蝦夷日誌はシリアツカリと書いたので少し疑問が出る。それだと shir-akkari (山の・向こう) ということになる。永田地名解は「シララ・トゥカリ。岩の此方(こなた)」と書いた。文字だけでは分からないのでとにかく行って見た。
　ここは石狩の方からずっと砂浜続きの処であったのが初めて山崎が出ている処で，再航蝦夷日誌では「船懸り淵よろし」とある。岩は見えないが土地の人に聞くと，岬の先の海中には岩が処々に出ているのだという。永田説がよさそうである。彼はゆっくりした音で書いたが，shirar-tukari (岩の・手前) を続けていう時は語尾の r が t になるのでシラットゥカリとなる。それで知津狩となったのであろう。

望来　もうらい

　知津狩の北隣の川名，地名。これも分かりにくい地名である。永田地名解は「モライ。遅流(川)。モイレと同義」と書いた。moire は流れが静かで遅いということで，

石狩地方の日本海岸図

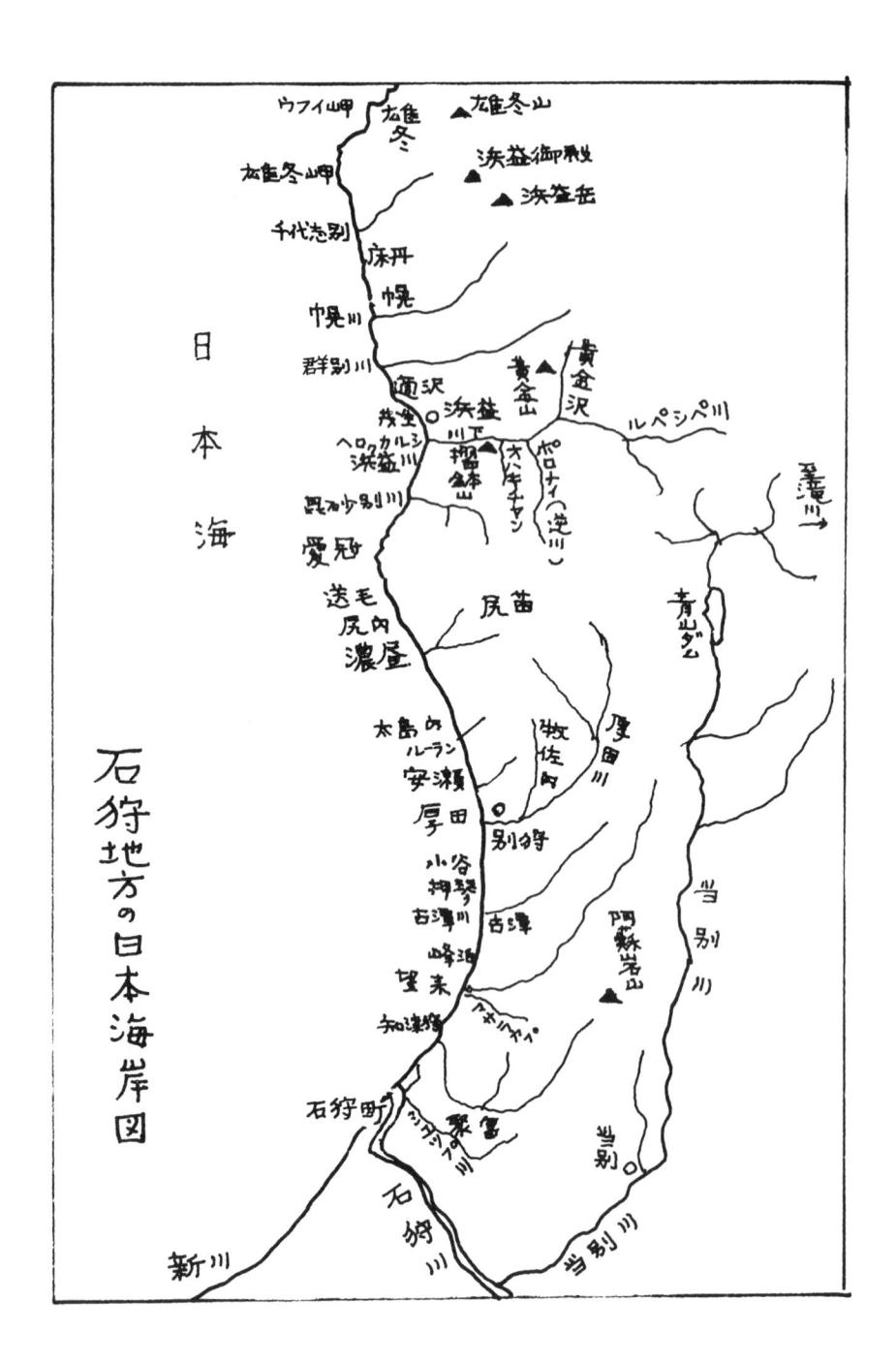

モライがそれと同じ意の語であるとアイヌから聞いたのであろうか。松浦氏西蝦夷日誌は「ムライ。モウライ。名義，風によって閉じ，また開き等する儀也」と書いた。それから見ると，ム・ナイ（mu-nai　塞がる・川）のようにも理解されていたのかもしれない。

峰泊　みねとまり

　地名，川名。松浦氏西蝦夷日誌は「ヲネトマリ。本名オネトマフ。名義，浪有時は寄木又海藻類にて川口留る故号く」と書いた。それから見ると，オネットマリ（o-net-o-tomari　川尻に・漂木・多い・泊地）ぐらいに理解されていて，その聞き書きだったのであろうか。

　永田地名解は「オンネ・トマリ。大泊。嶺泊（おんねとまり）村」と書いた。松浦氏再航蝦夷日誌でもヲンネトマリと書いているし，積丹地方からこの辺にかけてオンネ・ナイがオネナイになって残っている処から見て，元来はオンネ・ナイだったのではなかろうか。

　ただし永田氏の大泊説は少し考えたい。ここはそんな大泊地とも思えない。オンネ（onne）は元来「年をとっている」の意。何か昔からの，中心的に考えられた，ぐらいの意味か。

　オネナイのオネを尾根の意味で峰を当て字し，それが後に「みねどまり」と呼ばれるようになったのであろうか。

古潭　こたん

　地名，川名。古潭川のほとりに落ちついた小市街のある処で，昔からの住居適地だったのではなかろうか。松浦氏西蝦夷日誌は「コタンベツ。昔しより夷家此所に有し故号く」と書き，永田地名解は「コタン・ウン・ペッ。村の川。此川筋古よりアイヌの部落（コタン）なるを以てコタヌンペトと云ふ」と書いた。kotan-pet（村・川）ともkotan-un-pet（村・のある・川）とも呼ばれたようである。それが下略されて古潭となったのであろう。

押琴　おしこと

　古潭の北隣。今では淋しい処だが，幕末はここがこの地方の中心だった。松浦氏西蝦夷日誌は「ヲショロクチ。運上屋，板倉十二棟，前は船淵にして大船を容る。出稼や立並び頗る繁華の地なり。土人多し」と書いた。

　上原熊次郎地名考は「ヲショロコツ。オショロとは尻の事，コツとは窪むと申事にて，此海岸に山の崩れし跡尻の形状ある故字になすといふ。以前はアツタにて交易をなせしが，不弁（便）利なる故，今此所に移す由」と記す。文化神が尻餅をついた跡という処（oshor-kot）は道内各地に残って地名化している。

　松浦氏再航蝦夷日誌は「ヲショロクチ。本はヲフショロクチなり。物の懐のようになりたる少しの処と云儀なり。則此船淵を云り」と書いた。これは upshor（懐，女陰）の kot（凹み，処）とした解であった。　　　　　　　　　⇒忍路（492ページ）

小谷　こたに

　押琴の北隣。松浦氏西蝦夷日誌は「コタンナイ。昔し土人此沢に多く住せし故号く」と書いた。コタンナイは kotan-nai（村・川）の意。コタニ（kotan-i）なら「その村」の意。それからの名かもしれない。

別狩　べつかり

　厚田川の南岸の土地。西蝦夷日誌は「ペットカリ。川の手前と云義。是全く運上やより云ことなり」と書いた。ペッ・トゥカリ（pet-tukari　川の・手前）の意。松浦氏は，南にあった押琴の運上屋の方からみて呼んだ地名であると書いたのであった。

厚田　あつた

　川名，村名。厚田村役場は厚田川の川口北側の市街地にある。この名ははっきりしないので，従来の旧記を並べるに止めたい。

　上原熊次郎地名考は「アツタ。則あつし皮を剝ぐと訳す。夷人共此山中に往きてあつし皮を剥ぐ故此名ありといふ」と書いた。昔厚司織り等の材料としたアッ(at　おひょう楡の皮）を採るという意に解された。

　松浦氏西蝦夷日誌は「アツタ。此川（厚田川）はアルにして厚田は場所の惣名なり。アル，訳して白芷（しやく。はなうど一食用の草）が至って宜しと云儀。此草シユウキナとも云。アツタの地は少し先なる処にて，昔しはアツウルシナイといふなり。アツウルシナイ（小沢。上に沼あり）土人等昔しより楡皮をひたし置故に号く。土人の言に，アツタの名此処に始まると」と書いた。これはたぶんアッ・ウォロ・ウシ・ナイ（at-woro-ush-nai　楡皮を・水にひたす・いつもする・川）であったろう。その川は地図には載っていない。小さな川だったのであろう。

　永田地名解は「厚田。元名アーラペッ　ara-pet，蜥蜴川の義。アーラはアーラㇺ，aram の短縮語なり。上川郡のアイヌはアーラペッの古名，口碑相伝へて今に至り敢て忘れず。旧地名解に厚田は楡皮を取る義と解きたるは誤なり」と書いた。

　上原氏の場合も，松浦氏の場合も，土地のアイヌの聞き書きである。永田方正は遠い上川郡（旭川か）での話を聞いてそれを否定しているが，地名の意味はなるべくはその土地での伝承を採りたい。

安瀬　やすせ，やそすけ

　今の5万分図でも「やそすけ」と振り仮名がつけてある。「やすせ」は近年の音か。厚田市街から少し北に行った処の海岸の地名。永田地名解は「ヤ　ソシケ。差網場。土人細小なる差網にて魚を捕りしと云ふ」と書いた。ヤ（ya）は「網」だが，ソシケ（soshke）がよく分からない。ふつう「剥げている」という意に使う語だが，これで魚を捕る？　意に使ったのであろうか（魚をすくうのは，ふつうはヤシ「yash」であるが）。西蝦夷日誌も「ヤソスケ。小き網をここに懸しと云儀なり」と書いた。

濃昼　ごきびる

　地名，川名。濃昼川は厚田村，浜益村の境を流れ下っている。この辺の海岸はずっと崖続きであるが，この川口の処が二つの岩岬の下の僅かな平地で，そこに濃昼の部落があった。濃昼は両村にまたがった名である。

　古い上原熊次郎地名考は「ゴキンビル。夷語ボキンビリなり。則蔭の蔭なりといふ事」と書いた。また松浦氏西蝦夷日誌は「名義，水渦巻といへる事なり（シリカト申ロ）。またホキンビリにて即ち蔭のまた蔭といふ儀なりと。此辺岬の蔭なる故に号るか（地名解）。此所此岬とアツタ領の岬の間にて水の渦巻が故に号くとかや」と書いた。ボキン（pokin）は「下の」の意。ピリ（pir）は「渦，蔭，傷」などのことで，上記のように二通りの解がされていたのであった。

尻苗　しりなえ

　大字尻苗村は送毛や濃昼を含む広地であるが，その名のもとになった尻内は濃昼部落のすぐ北の処である。永田地名解は「シリ・ナイ。高沢。尻苗村」とだけ書いた。シリ・ナイ（shir-nai），続けて呼べばシンナイは道内処々にあって，言葉は「山の・沢」と読まれる。少しはっきりしない地名なのであった。

送毛　おくりけ

　浜益村南部の地名。急流の小川が海に注いでいる。西蝦夷日誌は「ヲクリケ。名義，ヲクリキナといへる草有るより号ると。此所少しの湿地あり。ヲクリキナは恐らくは谷地草かと思はる」と書き，永田地名解は「ウクルキナ。一名トーキナ。和名サジオモダカ。其白茎を食ふ。和人オクリケと云ふは訛なり」と書いた。

　知里博士植物篇では「タチギボゥシ　ukur-kina，またukuri-kina」と書かれ，葉柄を細かく刻んで飯や粥に炊きこんだりして食べたという。

　石狩と浜益を繋ぐ国道231号線は，この辺は海岸崖地帯を通れないので，少し内陸を通り，送毛山道という。海岸の送毛市街には国道から離れて川を下る。

愛冠　あいかっぷ

　送毛と北の毘砂別の間の海岸は崖で通れない。地形図で見るとその中の大崖の処が愛冠である。舟で行けたなら，他地のアイカブと同じように絶壁が見られるであろう。

　アイカッ（aikap）は，会話語の中では「できない」という意であるが，地名では大崖の処の名で，たいていは矢（アイ）を射った伝説が残っている。西蝦夷日誌はこの処では「昔し此処の土人此の岩の上より矢を放ち，寄手もまた下より矢を放ちしが，互に当らざりし故に号しなり。アイカブとは出来ざると云事を云也」と書いた。この場合のアイカッは「とどかない」という意だったろうか。

毘砂別　びしゃべつ

　浜益村の川名，地名。送毛山道を北に越えて海岸に出た処。毘砂別川は傾斜の大きい急流。小石の上を流れている。土地の人は，ビサンベツは昔の呼び方で，今はビシャ

ベツだという。西蝦夷日誌はビザンベツと書いた。
　永田地名解は「トミ・サン・ベッ。軍勢を出したる処。上古の土人ポイヤウンベと云ふ者，此川上に砦を構へ，兵を出し戦争せしことはユーカラにありて，今ピサンベツと云ふ」と書いた。
　諸地のユーカラの主人公の英雄ポイヤウンベ（←pon-ya-un-pe　少年・の・陸・の・者）はトミサンベツ（軍・出る・川とも，光るもの・流れ出る川とも読まれる）のチャシ（砦）で育ったと語られる。古くからそこは浜益だと伝承され，一説ではこの毘砂別川ともいわれたことを永田解は書いたのであった。
　毘砂別はピ・サン・ベッ（pi-san-pet　石が・流れ出る・川）の意。土地で聞くと，今でも大雨が降ると砂利が流れ下る川だという。

浜益　はまます

　村名，郡名，川名。浜益は元来は浜益川筋，特にその下流一帯の名であるが，浜益郡及び同村（一郡一村）は北は増毛町，南は厚田村と当別町，東の山向こうは石狩川筋の新十津川町と雨竜町になっている。役場は浜益川口から岬を北に回った茂生にある。
　浜益の語義はよく分からないが，新しい方から見た方がよさそうである。永田地名解は「原名ヘロゥカルシ。鯡場と訳す。一名マシケニ。剰余の処。義を鯡漁多きに取る。寛永三年石狩，厚田，益毛の三場所を置く。当時オコタンベッ（浜益川）の両岸に住したるアイヌをヘロゥカルシに移し益毛場所と称す。益毛はマシケニに充てたる文字なり。故に元禄郷帳はマシケとあり。今の天塩国増毛は（当時は）ポロトマリとあり。後世浜益と称するはポロトマリを増毛と称したるにより（増毛の名が北に移ってから），浜の字を附したるのみ」と書いた。
　松浦氏西蝦夷日誌は「本名マシケイにして，宜しきと云儀なれども，是同名（増毛のこと）あれば，浜の字を冠らしめて当所の地名とす(地名解)。またマシとは鷗の名，ケとはケイの略にて成るとの儀。此海湾一面に鯡の群来る時は鷗になるより号しなり。又一説には，アママシユケにて，アママは穀物，シユケは炊く義。昔し判官公此処にて飯を炊き給ひしとも云り。其地は今のハママシケベツの湾にして運上屋元の地にて，本名ヘロキカルウシにして鯡取多きの義なり」とした。
　マシケ（mashke）は多過ぎる，余るの意らしい。またmash-ke（鷗の・処）のようにも解されたようだ。なおアママ・シュケ（amam-shuke　穀物を・煮る）説は上原熊次郎地名考にも書かれたが，浜の字が付いて長くなったので，アイヌがそれを元来の地名と考えて言葉を当てたものの聞き書きだったろうか。ヘロゥカルシは，heroki-kar-ush-i（鰊を・捕る・いつもする・処）の意。

浜益川　はまますがわ

　石狩川筋との境の山から流れ出ているこの辺での大川。西蝦夷日誌は「ハママシケベツ。是当領分第一の川なる故号るなり。本名はオタコツベツと云しと。名義，砂地面の川との義。是砂地に有る故号るなり」と書いた。ota-kot-pet（砂浜の・処の・川）

の意であろう。この一帯の海岸はだいたいは磯浜か崖で,毘砂別川口に砂浜があるが,浜益川口になって大砂浜となっている。それからの名であろう。

川下　かわしも

浜益川の川口に近い土地の字名。西蝦夷日誌は「此処をカワスモ。恐らくは川下の義かとおもふ」と書いている。古くからの名であったようである。東から川を下って来て摺鉢山を過ぎると,川口の平野が山に囲まれて広く拡がっている。そこが昔のオタ・コッ（砂浜の・低地）であり,和人の呼んだ川下であったのであろう。

摺鉢山　すりばちやま

浜益川河口平野（川下）のすぐ上にある美しい三角山の名。通称丸山。この山の崖下を浜益川が流れている。久保寺逸彦博士のアイヌの文学では「マッネ・タヨルシペ。黄金山と夫婦の山といわれている」と書き,ユーカラの少年英雄ポイヤウンペの居城シヌタッカの処だったとの一説が紹介されている。matne-tai-or-ush-pe（女である・林・の処・にいる・もの）と訳すべきか。

またペッサムシペと呼ばれていたという（河崎宏太郎氏による）。pet-sam-ush-pe「川（浜益川）・の傍・にいる・もの」の意であろう。

オハキチヤン川

摺鉢山の東裾の小流の名。現在の名を明らかにしないし,道道24号を行っても気がつかない。高台を越すために,この小川は道の下を通しているのであろうか。オハク・イチャン（ohak-ichan　浅い・鮭鱒産卵場）の意であろう。「浅い」はふつうはhakでいうが,土地によってohak,あるいはaahakでいっていたようである。

逆川　さかさがわ

浜益川を摺鉢山から約2キロ上った南岸の支流。南岸側最長の支流である。この川は上流が横の方に曲がっているので,本流とは逆方向に流れるという点でこの名で呼ばれたか。アイヌ時代の名はポロ・ナイ（poro-nai　大きい・沢）で,語義通りの川である。

黄金山　こがねやま
黄金沢　こがねざわ

浜益川中流北岸に,高い美しい三角山が聳えていて黄金山という。浜益のシンボルのような山で,その山の東裾を黄金沢が南流して浜益川に注いでいる。

松浦氏西蝦夷日誌は「左り（北岸のこと）にタイルペシペといふ雷盆(すりばち)を伏たる如き山あり。和人これをコガネ（黄金）山と云」と書いた。

タイルペシペをそのままに読めばtai-rupeshpe（林の・峠道沢）となるが,久保寺逸彦博士はそのアイヌの文学の中で「黄金山（一名浜益富士）。ピンネ・タヨルシペ pinne-tai-or-ushpe（木原に聳える雄山）の義」と書き,下流南岸の摺鉢山と夫婦の山

であったといわれ、ここもユーカラの少年英雄ポイヤウンペのチャシ（居館）のあった処だとの説があると述べられた。

ユーカラのポイヤウンペ物語は、内容から見て石狩の海岸地方から発生したらしく考えられるが、その居館が浜益だとする伝説が相当古くからあったようである。

なお黄金沢、黄金山の名は、和人がその辺に金の採取に入っていた時代があって、和人のつけた名であるという。

茂生　もい，もおい

浜益の市街は二つになっているらしい。川口の砂浜沿いに並んでいる市街から北行，岬形の処を回り，崖下の岩磯地帯を通って入江の処まで行くともう一つの市街で，浜益役場がある。土地の人に聞くと，昔はモイだったが今は浜益というのだという。

永田地名解は「オタコツペッ（注・浜益川）の両岸に住したるアイヌをヘロッカルシ（注・茂生付近）に移し益毛場所と称す」と書いた。つまりマシケと呼ばれた川筋（浜益川）の人たちを茂生に連れて来て運上屋を作り，その人たちのいたマシケの名を使って益毛場所と称し，それが後に浜益毛となり，更に浜益となったのであった。運上屋は今の海岸沿いの市街の中心，小川のそばだったという。

茂生はモイ（moi　入江）の意だったらしい。それを「もーい」のように呼んで，それに茂生の字を当てた。漢字に引かれて「もおい」とも呼ばれたが，土地では昔からの音でモイといっていたので，それがまた茂生の音になったのであろう。

ヘロッカルシ

永田地名解やその他の資料は，浜益運上屋の処をヘロッカルシと書いた。heroki-kar-ush-i（鰊を・捕る・いつもする・処）の意で，同名は日本海岸の諸地にある。鰊は産卵するために岩磯地帯に押し寄せるので，どこも岩磯とか海中に岩礁のある処である。ここでも古い人に聞いたら，鰊漁をしたのは川下ではなく，それから岬を回って来た崖下の岩磯の処だったという。そこから茂生市街にかけてがヘロッカルシだったのであろう。それで漁場のそばで，舟泊まりもできる入江に運上屋を置いたのであったろう。

適沢　てきさわ

浜益市街（茂生）から海岸を北上するとずんぐりした岬の根もとを道が登って，そこを越える。その辺が適沢で，浜益の郷土資料館（昔の番屋の建物）がある。西蝦夷日誌は「テキサマ。此処少し岬に成たり」と書いた。そのテキサマから適沢になったらしい。

永田地名解は「シッテㇰ・サㇺ。海岸。直訳臂傍。和人テキサマと云ふ」と書いた。松浦図ではここがテキサマで，すぐ北の群別の北支流（山中）がシツテキシヤムなので，少し疑問の点が残る。

テキサマなら，（岬の）teksam「かたわら」と読むべきか。シッテㇰサㇺならshittek-sam「肘(ひじ)・のかたわら」の意。岬を肘と呼んだものか。（川の場合は，川曲がりに対し

陸が突出した処をシッテㇰで呼ぶ場合もあった)。

群別　くんべつ

　適沢から北に越えた処の地名，川名。元来はポン(小さい)・クンベツであったが，そのポンを省いてクンベツになったものらしい。西蝦夷日誌は「ポンクンベツ。名儀，訳して小石川の義なり」と書いたが，クンに小石の意があるのだろうか。
　永田地名解は「クン・ペッ。危川」とした。クンに危ないという意があったのだろうか。(バチラー辞典は，クンヌ，クンル，クントゥを危険なると訳している)。群別川はごろた石の上を流れる急流である。

幌　ほろ

　地名，川名。幌川は群別川の北側にある川。間に室蘭沢(マラブト・ウン・ナイ)という小沢があるのではあるが，幌川と群別川はこの辺で二つの長流であり，ごろた石の中の急流である姿も似ていて兄弟のような川で，幌川はポロ・クンベツ(大きい・クンベツ川)で，それを下略して「幌」と呼んだものらしい。
　ここでも，それを西蝦夷日誌は「大なる・小石川」と解し，永田地名解は「危き大川」と訳しているが，何とも見当がつかない。
　昔はここが海岸道路の行き止まりの処であったが，行って見ると案外に大きな市街で，小地名調査のために一，二軒の店に入って話を聞いたが，おっとりとしたいい町であった。

床丹　とこたん

　幌の北。海岸の崖の間の地名，川名。トコタンという名は道内に多いが，場所によってその意味が違っていた。一番多いのがトゥ・コタン(廃村)で，時にト・コタン(沼・村)もあったらしい。トゥ・コタン(二つ・村)と伝承される処もあった。ここはまた別の解だ。
　西蝦夷日誌は「トコタン。小川。本名トツココタン。訳て蝮蛇(まむし)の処と云儀」と書き，永田地名解は「トゥㇰコタン　tuk-kotan。出来たる処。トゥㇰは癒上(いえ)るの意にて土地の出来たるを云ふ」と書いた。どっちも説明くさい解だ。あるいはここも住人がなくなった時代があって，それでtu-kotan (なくなった・村。廃村)の名がついたのだったかもしれない。

千代志別　ちよしべつ

　床丹の北にある地名，川名。川はまた「ちよしべ川」ともいう。雄冬山から流れ下って海岸崖続きの間に海に注いでいる。前はちょっと行けない処だったが，雄冬の道路開さく中に，トンネルの中を歩いて行って見た。
　川はひどい急流で白波を立てて流れ下っていたが，川尻には然るべき部落があったのに驚いた。この名の原名は難しい。
　松浦氏再航蝦夷日誌は「チセソスヘ」と書き，松浦図は「チセショシベ」，同西蝦夷

121

日誌では「チセソソシペ。小沢。出稼（屋）近頃出来たりと。名義は家の跡ある儀」と書いた。

どう読んでいいか分からない。チセ・ソソ・ウシ・ペ「chise-soso-ush-pe　家を・崩・した・者（川）」ぐらいの形が考えられるが自信はない。

雄冬　おふゆ

浜益村と北隣の増毛町の間は，雄冬の山塊が海に突き出していて海岸は崖続き，風波が荒く，西海岸の大難所とされていた。語義について，上原熊次郎地名考は「ヲフイとは則焼くると訳す。昔時此崎へ雷落て近辺雷火にて焼しより字名になるといふ」と書き，西蝦夷日誌は「ヲフイ岬。焼けたる処」とし，永田地名解は「ウフイプ。焼けたる処」と書いた。永田氏は名詞の形にするためにか，uhui（燃える）にpを付けたが，語法上変である。ただウフイとして置くべきだろう。

沙流の鵡川境の処にウフイパッという処があり，uhuipa-p「燃える（複数形）・処」の意。土地の平賀さだも媼（故人）に聞いたら，海崖に赤い崖があるからだろうとのことだった。雄冬も海岸の崖が赤いのでついた名だったのではなかろうかと考えて来た。

だがその雄冬岬がどこだったのかは少しはっきりしない。明治30年5万分図では，浜益と増毛の境の処にウフイプ崎（この図は永田氏の地名の形で書く場合も多し），それから2キロ余南の海岸にタムパケ（浜益村内）と書き入れてある。今の5万分図では，その南の処に雄冬岬（タンパケ）と記し，境界のすぐ北側（増毛町内）に雄冬の市街地がある。だが元来の雄冬岬は，この二つのどっちでもなく，その間にある別の岬らしい。

松浦氏西蝦夷日誌の紀行では「タンパケ。此処海岸第一の岬なり。十七町廿間，ヲフイ岬。九町五間，カモイアハナエ。并てヒヤタアンナイ。過てごろた浜あり。六町十三間エナヲサキ。前に一つの島あり。ここを境目とす」と書いた。エナヲサキが番屋で，今の雄冬市街らしい。（前にトド島がある）。明治30年図はその位置にウフイプ崎と記入した。雄冬で呼ばれた地名によったのだろう。

同日誌は更に「此境昔しは十八町南なるヲフイを以て立しを，今ここを境とするは，此番屋の有るを以てなりとおもはる」とした。つまり雄冬岬は境界の処とタンパケとの中間である。

永田地名解も地名を南からの順に並べて来て「タム・パケ（岬，直訳刀・頭）。ウフイプ。カムイ・アパ（神・戸）。イナウ・シレトゥ（木幣・岬）」と書いた。イナウシレトゥが，前のエナヲサキで，つまり境界の処，つまり今の雄冬市街の南端である。日誌の記事と一致している。

以上から見ると，雄冬岬はタンパケと雄冬市街との中間で，地形的に見ても今灯台のある出崎の辺だったようである。浜益でもらった観光案内のパンフレットを見直したら，正にその位置に雄冬岬と記入してあった。その写真で見ると灯台の下の海岸の絶壁には赤い岩層が大きく，目立つように露呈している。それでuhui（燃えている）という名で呼ばれたのではなかろうか。

第II　天塩地方

(1) 日本海岸地帯

イナウシレトゥ
雄冬市街　おふゆしがい
　浜益村，増毛町の境界の増毛側に雄冬の市街や漁港があり，境界になっている岬が，西蝦夷日誌のエナヲサキ，永田地名解にいうイナウ・シレトゥ（inau-shiretu　木幣・岬）だったらしい。正確にはイナウ・ウシ・シレトゥ（inau-ush-shiretu　木幣が・立っている・岬）だったろうか。アイヌ時代には，海に突き出した岬にイナウ（けずりかけ）を立て，ヌサ（祭棚）をつくって海神に海の幸を祈った。ここもそんな場所だったのであろう。

赤岩岬　あかいわざき（ケマフレ）
　雄冬市街から約2キロ北の岬，地名はケマフレである。永田地名解は「ケマ　フーレ　kema-hure。赤・脚。岩脚赤し。故に号く」と書いた。この辺は赤い岩層の多い処だったからの名。

岩老　いわおい
　ケマフレの北の地名，川名。前のころは岩生とも書かれた。大字名が岩尾であるが，その省略形だろうか。西蝦夷日誌は「イワヲイ。上に温泉ありしと。依て号く」と書いた。この辺行って確かめていないのであるが，あるいはイワウ・オ・イ「iwau-o-i 硫黄が・ある・もの（川）」のような名だったのではなかろうか。

歩古丹　あゆみこたん
　雄冬から続く長い海岸地帯の中の最北の部落の名。乗って行ったタクシーの運転手はアユビコタンという。明治30年5万分図ではアイビコタンである。西蝦夷日誌は「アイビコタン。岩磯。鮑処との義。アイヒは本邦の古語也。夏秋共に土人ここにて鮑をとるなり」と書いた。松浦図ではアエヘカルウシ，永田地名解では「アイビ・カルシ　aibi-kar-ushi　鮑（あはび）を捕る処」と書かれた。今でも鮑の名産地だという。

カムイエト岬
　増毛町内。雄冬から続く大海岸地帯の北端の大岬の名。西蝦夷日誌は南からここまで舟で来て「カムエト。大岩岬。名儀神の岬の儀なり。余もここに木幣を立，途中の平安を祈る」と書き，雄冬を通り抜けた感慨の歌を作った。永田地名解は「kamui-etu

天塩地方の日本海岸図

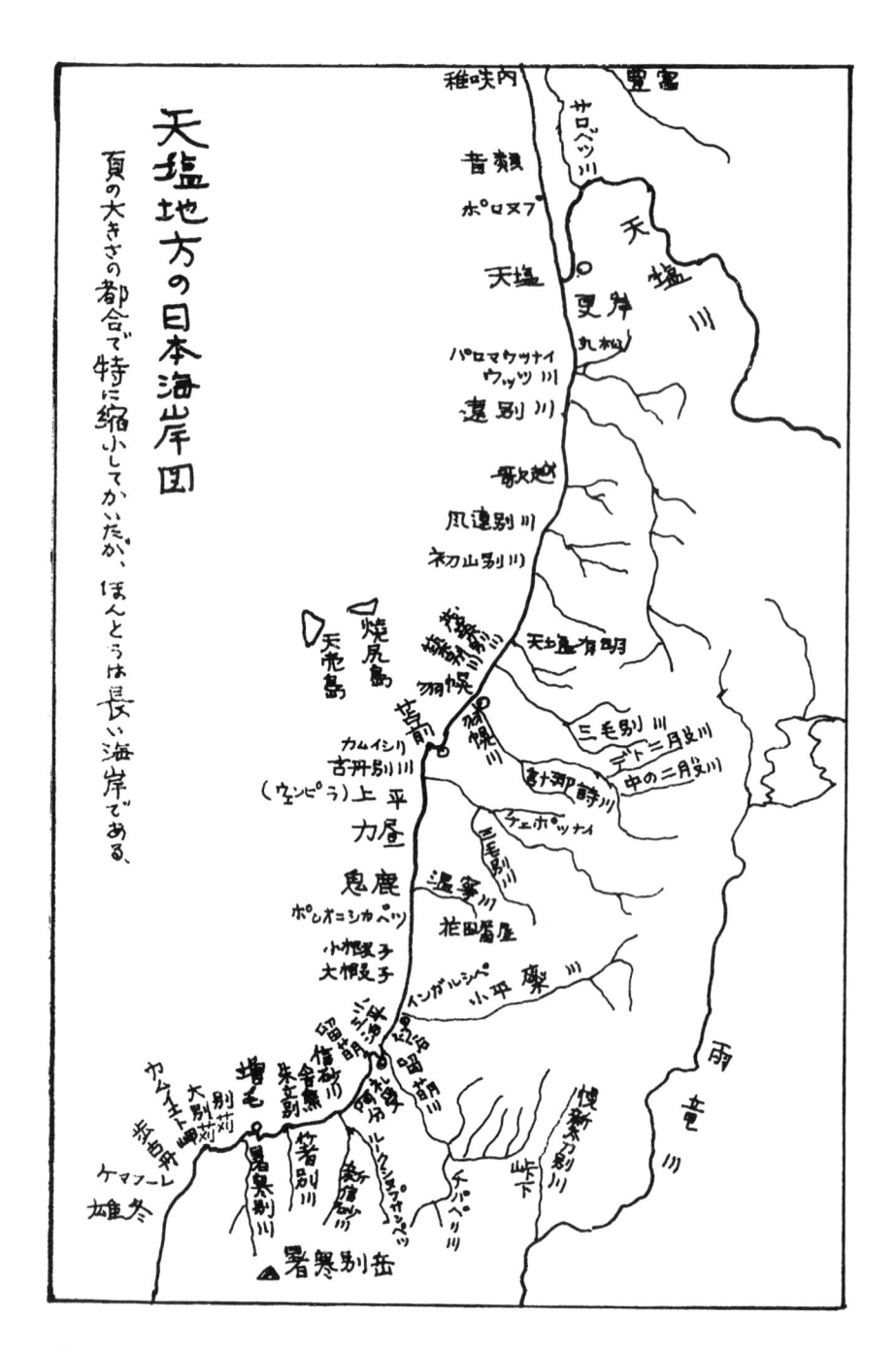

頁の大きさの都合で特に縮小してかいたが、ほんとうは長い海岸である。

- 豊富
- 稚咲内
- サロベツ川
- 音類
- ポロヌプ
- 天塩
- 天塩川
- 更岸
- 丸松
- パロマクツナイ
- ウッツ川
- 遠別川
- 歌越
- 風連別川
- 初山別川
- 天塩有明
- 焼尻島
- 天売島
- 羽幌
- 羽幌川
- 三毛別川
- デトニ股川
- 中のニ股川
- 築別川
- カムイシリ
- 古丹別川
- （ウンピラ）上平
- 力昼
- 鬼鹿
- 温寧川
- ポンオニシカベツ
- 花岡鉱屋
- 小榀子
- 大榀子
- インガルシベ
- 小平蘂川
- 幌新太刀別川
- 峠下
- チバベリ
- 雨竜川
- ヤムイン岬対
- 大別苅
- 別苅
- 増毛
- 信砂川
- 金龍
- 朱文別
- 阿分
- 留萌
- 留萌川
- ルシュマンベツ
- 礼受
- 三泊
- ケマフーレ
- 雄冬
- 岩尾
- 武蔵
- 鬼鹿別川
- 筈別川
- 朱鞠内
- 署照別岳

神・岬」と書いた。

　街道筋からは先端がちらっと遠景で見えるだけなので,近い大別苅の漁部落で頼み,漁船で見に行った。たいへんな大岩崖の岬で,やっぱり神様のいらっしゃる処だなと思った。

　北見の枝幸の北にもカムイエトゥ（北見神威岬）があり,似たような岩岬である。積丹の神威岬も同様であった。

大別苅　おおべつかり
別苅　べつかり

　増毛町内。長い海崖地帯が終わった処に大別苅と別苅の部落が並んでいる。なぜ「大」なのかと思ったが,松浦図ではホロベツカリで,そのホロ（poro　大きい）が訳された形なのだろうか。元来は共に別苅なのであろう。

　永田地名解は「ペッ・トゥカリ。崖壁の此方。崖壁の行き留りとも訳す。別刈（村）と云ふは誤る」と書いた。pesh-tukari（断崖の・手前）の意。正にその地形である。

　大別苅川が流れている。明治30年図ではペッ トゥカリナイと書かれていた。「別苅の・川」の意。

暑寒別　しょかんべつ

　山岳名,川名。暑寒別岳は日本海と石狩川筋との間にある高山で増毛町,北竜町,雨竜町,新十津川町にまたがる山。松浦図ではショカンヘツノホリ,つまりショカンペッ・ヌプリ（暑寒別の・山）であった。暑寒別川の上の山の意。

　暑寒別川は暑寒別岳から出て,増毛町市街の東郊で海に注いでいる。松浦氏西蝦夷日誌は「ショカンベツ。名儀滝有川と云義。この水源滝の下まで行詰になり,号ると」と書いた。川を溯った人に聞くと特に大滝があるわけでなく,小滝状の連続する急流だという。川名はショ・カ・アン・ペッ（滝・の上に・ある・川）と聞こえるが,滝の上の処に入っている川の意だったのかもしれない。

増毛　ましけ
野塚　のづか
ポロトマリ,ポロモイ

　増毛は町名,郡名。マシケは元来は浜益（浜益毛）の処の名であったが,そこの運上屋をここに移してから,ここが増毛といわれるようになったのだという。（語義は浜益の項を参照ありたい）。

　西蝦夷日誌は「ノツカ。岬。上には佐竹家陣屋地を開きたり。ここを廻りポロ泊（大船懸淵よろし）と言り。則此処マシケ運上屋。地形北向。ノツカ〔野塚〕とハシベツ〔箸別〕岬の間の一湾をなす。依てポロ泊の名あるなり」と書いた。

　永田地名解は「ノッカ　not-ka（岬の・上）。此岬上に佐竹の陣屋ありし時地を開く。ポロモイ　poro-moi（大・湾）。ノッカ,パシペッ（注：箸別）の二岬なる（注：の間の）大湾にして増毛の原名なり。野塚（町）」と書いた。

これを解説すれば，野塚が今の増毛市街の処で，その先端が今の野塚岬（not 岬）であった。岬の東側がポロ・トマリ（poro-tomari 大・泊場）で当時の舟着場，つまり東側の半月形のポロ・モイ（poro-moi 大きな・入江）の一部なのであった。従来増毛の原名がホロ泊と書かれ，またポロモイと書かれたのは以上のわけで，市街地の処の原名ならノッカなのであった。

なお増毛町（増毛郡）は南は浜益村，新十津川町，雨竜町，東は留萌市に囲まれた土地である。

中歌　なかうた

増毛市街の東郊，ポロモイの東岸，海岸段丘の下の浜にある土地の名。西蝦夷日誌は「中歌。本名中ヲタ。訳して中浜也」と書き，永田地名解は「オタ・ノシケ。中・浜。浜中とも。沙場の中央を云ふ」と書いた。函館市街東郊の中村も前は中ウタであり，古くはオタ・ノシケであった。オタ（ota　砂浜）は渡島や後志海岸ではよく「歌」と訛っているが，ここまで来ても同じ訛りであった。

箸別　はしべつ

増毛町ポロモイの東の川名，地名。また橋別とも書かれた。松浦氏西蝦夷日誌は「ハシベツ。此処川上に石炭有り，依て号く。炭をハシハシと言也」と書き，永田地名解は「パシ・ペッ。石炭川。川中に大なる黒石ありて炭の如し。故に名く。今此岩なしと云ふ」と書いた。これから見ると pash-pet（炭・川）だったらしい。念のため川尻の辺を見たが，永田氏の書いたように，今は黒い石は見当たらない。

古い元禄郷帳（1700年）と津軽一統志の地図（推定1670年調査）のこの辺の地名配列は似ているが，前者の「ハシヘツ」が後の方の図では「ワシ別」である。それから見ると，もしかしたら，箸別は元来ハシ・ペッ（hash-pet　柴木の・川）で，それがワシペツと訛り，またパシペツとも考えられるようになった，のだったかもしれない。

朱文別　しゅもんべつ

箸別の東の川名，地名。西蝦夷日誌は「シュフンベツ。名義桃花魚川と云儀。此魚多き故号く」と書いた。shupun-pet（うぐい・川）の意。それに朱文別の字を当てて初めは「しゅぶんべつ」のように呼んでいたのであろうか。

舎熊　しゃぐま

箸別の東の土地。国鉄駅あり。西蝦夷日誌は「シャクマ」と書き，永田地名解は「サッ・クマ。魚乾棚。山の形状に名くと云ふ」と書いた。sat, shat は同じ「乾く」の意。北海道駅名の起源はていねいな形で「アイヌ語サックマ，即ちイ・サッケ・クマ（魚・乾す・棹）から出たという」と書いた。場所がら海岸に乾場があったからの名だろうが，永田氏が山の形から出たというのも，アイヌ古老の伝承らしい。頂上が平らに伸びた山を，よくクマ・ネ・シリ（kuma-ne-shir　物乾し棚・のような・山）という。

信砂川　のぶしゃがわ
ルウクシヌプシヤ
新信砂川　しんのぶしゃがわ

　信砂川は増毛町内中部の大川。この川筋から石狩川筋に出る通路が古くから知られていた。永田地名解は「ヌッサペッ。野傍の川」と書いた。今の形で書けば nup-sam-pet（野の・傍の・川）の意らしい（sam も sham も同音）。
　この川は鉄道の鉄橋のすぐ上で二股になっていて，左（東）股の方が現在本流と扱われているが，松浦図や西蝦夷日誌ではルウクシヌプシヤ，即ち ru-kush-nupsha（道が・通っている・信砂川）と書かれていた。石狩へ越える通路のある方の信砂川の意らしい。
　右（西）股の方は同日誌で「右の方シンヌブシヤ（本川）」と書かれ，明治30年図ではシイヌプシヤ川と書かれている処から見ると，シー・ヌプシャ（shi-nupsha　ほんとうの・信砂川→信砂川本流）の意だったらしい。それに当て字されて新信砂川となった。

阿分　あふん

　信砂川口のすぐ北に続く土地が元来の阿分であるが，今は元阿分となり，約1キロ半北の海岸が現在の阿分で，鉄道の阿分駅もそこにある。阿分は何の意だかよく分からない。
　松浦氏再航蝦夷日誌は「アフセ（セは？）。アフリと訛るなり。小川有」と書いた。明治30年5万分図ではアフニ。ただし村名は阿分と書いてアブニと振り仮名してある。
　永田地名解は「アフニ。入り込みたる処」と書いた。アフニならアフン・イ（ahun-i）で「入る・処。入口」と読まれる。どこかへの入口だったろうか。また方々の土地に，アフン・ル・パル「（あの世へ）入る・路の・口。→通称地獄穴」と呼ばれる洞穴がある。あるいはその意だったのかもしれないが。

礼受　れうけ

　増毛町，留萌市の境のすぐ北（留萌）側の処の海岸の地名。永田地名解は「reuke-p レウケプ。曲りたる・処。岬出でて曲りたる処に名く」と書いた。5万分図で見るとまるで直線の海岸に見えるので行って見たら，やはり若干カーブを描いている場所だった。留萌の北の海岸にもレウケ・ウシ（曲がって・いる処）という類名があって，これも似たような処である。

〈留萌川筋〉
留萌　るもい

　川名，市名，郡名。留萌市は，小樽以北の日本海岸のだいたい中央で，最も活気のある処である。私たちは中学のころから，留萌と書いてルルモッペと読むものとだけ覚えて来たが，いつの間にか「るもい」になった。昭和初年のころからららしい。漢字に引きつけられたからだろうか。

上原熊次郎地名考は「ルルモツペ。夷語ルルモヲツペの略語。潮の静に入る所と訳す。ルルは潮（うしを），モは静，ヲツは入る，ペは所と申事にて，満潮の節此川へ潮の入る故此名ありといふ」と書き，松浦武四郎はだいたい同じことを書いた。

永田地名解は「ルルモッペ。ルルモペ（静潮水）。ルルは潮汐。モは静，ペは水なり。此川潮汐溯ること数里，水流ために遅し。故に此名あり」と書いた。従来はこの二説を受けた形で書かれて来たのであった。

北海道駅名の起源は昭和29年版から次のような新説を発表した。「留萌。この地は古くルル・パ（海・の上手）といったらしい節がある。留萌はおそらくルパのモイ（湾）だったのではなかろうか。普通に留萌の語源とされているルルモッペはこの湾にそそぐ川の名で，語源はルルモイ・ペッ，あるいはルルプンペッ（ルルパの川）の転訛と思われる。ルル・モ・ペッ（潮静川）から転じたという説があるが肯けない」。

興味ある研究であるが，ルルパモイ，ルルモイペッ，ルルプンペッという地名記録は見たことがないので，まずは古くから呼ばれて来たルルモッペに近い形で考えて置きたい。古い津軽一統志の地図（推定1670年）のヌルモンヘ，元禄郷帳のツルヲツヘ，また古い民間図の山城屋図のズルモツペも地名の位置から考えてルルモツペの訛りだったとしか考えられない。アイヌ長老たちに親しんだ上原熊次郎地名考にならってル・モ・オッ・ペ「rur-mo-ot-pe 潮汐が・静か・でいつもある・者（川）」とでも一応は読んで置きたい。

ムルクタウシ

留萌のムルクタウシは何かにつけて聞いて来た。西蝦夷日誌は西から来て留萌の岬の近くで「ムリクタウシ。往古土人が粟の糠を此処へ捨て，溜りて山になりし処と云」と書いた。今行って見ると市街地の奥の高台になっている処だった。

ムルは穀物の殻や糠，各戸のムルクタウシ（mur-kuta-ush-i 糠を・捨てる・いつもする・処）のように山になって盛り上がっている地形なのでそう呼んだのであろう。

マサリベツ川

留萌川の川口の処に東から入っている川の名。西蝦夷日誌は「マサラママ。平浜」と書いた。彼は方々のマサラカオマプ「masar-ka-oma-p 海浜草原・の上・にある・もの（川）」をこの形で書いた。永田地名解は「マサラ・オマ・イ」の形で書いた。今地名に残っているマサリベツはmasar-pet（海岸草原の・川）の形である。昔は同じ地名でも少しずつ形を変えて呼んだ。今は地形も変わったのだろうか，マサラ（海岸草原）の感じも出ない処である。

大和田　おおわだ

留萌市街から約5キロ川を溯った処の名。留萌本線駅あり。北海道駅名の起源は，大和田壮七氏の炭砿所在地なので名づけられたと書いた。

藤山　ふじやま

　大和田から4キロ川を溯った処。国鉄駅あり。北海道駅名の起源は，藤山要吉氏の農場だったので名づけられたと書いた。

十二線川　じゅうにせんがわ（ヌプリケショマッㇷ゚）
桜庭川　さくらばがわ（ヌプリパオマナイ）

　藤山近くの留萌川南岸の二つの支流。この二川の間に独立山があり，十二線川はヌプリケショマッㇷ゚「nupuri-kes-oma-p　山の・末端・にいる・者（川）」であったが，今でもノボリキショマップと呼ばれている。

　桜庭川はその山の上流側を流れていて，ヌプリパオマナイ「nupuri-pa-oma-nai　山の・上手・にいる者（川）」と呼ばれていた。この二川は対のように考えられていたのであろう。

幌糠　ほろぬか
中幌糠川　なかほろぬかがわ
林川　はやしのがわ

　幌糠は留萌川中流の地名。国鉄幌糠駅あり。中幌糠川が駅より少し上手の留萌川北支流で，ポロ・ヌㇷ゚カペッ（poro-nupkapet　大きい・野原の・川）と呼ばれていたので，それから幌糠となった。この川より下流（藤山駅の少し上手）にある林川の原名がポン・ヌㇷ゚カペッ（小さい・野原の・川）で，この二川の名が対称されていたのであった。

チパペリ川

　幌糠のすぐ南の南幌町で留萌川に注いでいる南支流。チパペルともいう。昔はこの川を溯って，石狩川支流の恵岱別川筋に出るのが，日本海と石狩川中流との通路だったようで，この川の上流から恵岱別川筋に出た処にルルモッペ・ルペシペ（留萌からの・峠道沢）の名が残っていた。明治8年佐藤正克の闢幽日記にもここを通って留萌－札幌を往復した図がある。

　相当知られている名であるのだが永田地名解には出ていない。珍しい地名でどう読んでいいのか分からないで来たのであった。

タルマップ川

　留萌川北支流。中幌糠川の上手にあって並流している川。永田地名解は「タオロマㇷ゚。高き川岸」と訳した。taor-oma-p「高岸・ある・もの（川）」のような意味だったろうか。

ポンルルモッペ川

　留萌川の一源流の名。ポン・ルルモッペ「小・留萌川（支流）」の意。

峠下　とうげした

　留萌川源流部の名。国鉄駅あり。北海道駅名の起源は「ルーチシ・ポク（峠・下）の訳である」と書いた。国鉄留萌本線も昔の留萌街道もここから山を越えて石狩川（雨竜）の恵比島に出たのであった。こういった処にはよく峠下の名がつけられた。なお現在の国道233号線は今の峠下駅から少し南の山を越えて雨竜の美葉牛に出ている。

⇒恵比島（80ぅ）

〈海　辺〉

三泊　さんとまり

　留萌市街地から少し北に行った処の海岸地名。国鉄駅あり。簡単な形だが判断に困る地名である。松浦氏西蝦夷日誌は「名義，サンチユフ泊にて，往古異国の縄からげ船が流寄りし故号くと。一本の釘をも用いずして作りしにて，よくよく辺鄙不自由の地の物か」と書いた。チユフはチㇷ゚（舟）と読んだものらしい。

　永田地名解は「シャモトマリ　sham-o-tomari（和人・いる・泊）。三泊村と称す」と書いた。北海道駅名の起源は「サン・トマリ（出し風を避ける港）から出たもので，留萌の副港をなしていたものである」と書いた。

臼谷　うしや

　留萌市から小平町に入った処の海岸地名。牛屋とも書かれた。ウシ・ヤ（ush-ya　入江の・岸）の意であったろう。

小平　おびら
小平蕊川　おびらしべがわ
インガルシ

　小平町は南は留萌市，北は苫前町の間の土地。昭和23年までは小平蕊といっていたが，同年終わりの字を省いて小平と改称した。

　小平蕊は元来は川名。永田地名解は「オ・ピラ・ウシ・ペッ　o-pira-ush-pet（川尻に・崖・ある・川）」と書いた。川尻の処にインガルシ（inkar-ush-i　眺める・いつもする・処）という山が突き出していて，その下が崖になっているのでこの名がついた。小平市街は川口の南岸である。

大椴　おおとど
小椴　ことど

　小平市街から約6キロ北の海岸が大椴で，そこから約3キロ北の海岸が小椴である。前のころまでは大椴子，小椴子であったが，このごろは終わりの「子」を省いて呼ばれる。

　上原熊次郎地名考は「トトコ。夷語トゥウトゥクなり。則山崎の増すと訳す。此辺崎の数ヶ所ある故地名となす」と書いた。解説すれば，tu-tuk（岬・出っ張っている）としたものらしい。松浦氏西蝦夷日誌はこの説を書いた外に「トトコ。上に沼あると

の儀（キムシタンネ申口）」とアイヌから別の説を聞いて書いた。北海道駅名の起源は昭和29年版から「トゥ・エトコ（山・端）を後にトトコと訛ったもの」と読んだ。

現在はその海岸の山崎の先端を切り崩して街道が直線に通してあるが，昔は小岬が並んでいた処らしい。

大椴子はポロ・トトコの半訳地名。小椴子は，ポン・トトコまたはヤウ・トトコと呼ばれたものの半訳地名。この辺では，ポンの代わりにヤウ（yau 小さい）を付けて呼ばれた小地名が多い。

鬼鹿　おにしか
港町　みなとまち
温寧川　おんねがわ
番屋の沢　ばんやのさわ

港町は小平町北部の賑やかな市街地であるが，その辺一帯は鬼鹿と呼ばれる。その語意ははっきりしない。上原熊次郎地名考は，この辺インフォーマントのアイヌのせいか説話的で，「ヲニシカ。雲の上に有ると訳す。昔時此処へ雷落ちて雲とともに上りし故此名ある由。（以下略）」と書いた。ニシ（雲）・カ（上）と読んだ説。北海道駅名の起源は「オニウシ・カ・ペッ（森林の中を流れている川）」と書いた。あるいは，オニウシ・カ（森の・上）という地名があったのでもあろうか。

港町市街の処の川がオンネ・オニウシカペッ（大・鬼鹿川）で，それを下略して温寧川となったらしい。この川はまたポロ・オニウシカペッ（大鬼鹿川）ともいった。この川名は1キロ余南（広富の処）を流れるポン・オニウシカペッ（小・鬼鹿川），現名番屋の沢川と対称された名である。有名な花田番屋はこの番屋の沢にある。

力昼　りきびる
番屋の沢川　ばんやのさわがわ

苫前町南端部の地名。国鉄駅あり。西蝦夷日誌は「リキビリ。訳て高山平（注：平は崖のこと）の義」と書いた。リ・キピル（ri-kipir　高い・崖）の意。力昼市街の南の海岸に突き出している山崖の名であったろう。市街とその山との間を流れている番屋の沢の旧名はリキビル・ナイ（力昼・川）と呼ばれていた。

国鉄力昼駅は力昼市街より約2キロ南の小平町境の処にある。

上平　うえひら

力昼と古丹別川との中間の地名。駅あり。海岸に遠くからも見える丘陵が突き出していて，街道はその海際を避けて丘陵の後を通っている。上平はその丘陵の処にあったウェンピラ（wen-pira　悪い・崖）に当てた名であった。なぜ悪いかは記録にはないが，たぶんその海際の崖下が，落石などで危険な処だったからであろう。今の街道がその崖下を避けて，丘陵の後を通してあるのも，そのためだったのではあるまいか。

なお現在の上平駅は，そこから約2キロ北の古丹別川川尻の南岸の処である。

古丹別　こたんべつ

　古丹別川は苫前町内中央部を横流する大川で，雨竜川筋と交通する街道がこの川を溯り，霧立峠を越えて雨竜の添牛内に至っている。更に添牛内からその東の山を越えれば天塩川筋の士別市街に達している。古丹別の市街は川口から約5キロ上流の内陸にあるが，苫前町内第一の大市街である。

　古丹別はコタン・ペッ（kotan-pet　村・川）の意。西蝦夷日誌の時には，川口の処にはアイヌ家屋一軒。「昔此川筋に人家有し故に号しか」と書いた。

三毛別川　さんけべつがわ
チェポッナイ川

　三毛別川は古丹別川南支流（流長44キロ）。古丹別市街の北で本流に入る。サンケ・ペッは諸地にある名。sanke-pet（浜の方に出す・川）の意だが，何を出したのかは，どこでもはっきりしない。大雨とか雪融け水の時にどっと水を出した川ではなかったろうかとも考えて来た。

　チェポッナイは北支流（流長約30キロ）。古丹別市街の処で本流に入っている長い川である。chep-ot-nai（魚・多くいる・川）の意。西蝦夷日誌は「雑喉（ざこ）多き也」と書いた。

カムイシリ

　古丹別川川口のすぐ北側に突き出している丘陵の名。今は5万分図にも書かれていない名であるが，私には印象的な景色であったので書き添えて置きたい。

　上平部落の海浜に出ると，南側にウェンピラ，北の方にはそれとよく似たカムイシリの丘が遠く見える。海側，川口側は崖で，ここでも街道や鉄道はその山裏の方を通っている。カムイシリはkamui-shir（神の・山）の意。諸地のカムイシリは普通は高い独立山であるが，ここは高さ42メートルの丘である。たぶん川の方も海側も崖で寄りつきにくい目立った山なので，神の居所として崇められていた処なのであったろう。西蝦夷日誌は「烽火場(のろしば)あり」と記す。海防時代に，遠くから見えるこの山上が利用されたのであった。

苫前　とままえ

　町名，郡名。苫前町は南は小平町，北は羽幌町の間の土地。天塩の海岸は留萌から北は殆ど直線状であるが，苫前市街の前の処は岬に抱かれた入江があり，相当古くから和人が入り，明治5年開拓使宗谷支庁の苫前出張所が置かれ，この辺一帯の中心地であった。

　上原熊次郎地名考は「トママイ。夷語トマヲマイの略語。則延胡索（注：えんごさく，えんごそ）の有る処と訳す」と書いた。今風にいえばtoma-oma-i（えんごさく・ある・処）。えんごさく草は根の豆のようなものを集めて好んで食べられた。

　西蝦夷日誌は「此地本名エンルムヲマムイと云ふ」と書いた。enrum-oma-moi「岬に・ある（入り込んでいる）・入江」の意。その通りの処で，旧市街は段丘下の浜にあ

り，古い建物が多いが，このごろは街道の通っている段丘上に新しい街ができた。

羽幌　はぼろ

　羽幌町は南は苫前町，北は初山別村，遠別町の間の土地。上原熊次郎地名考は「夷語ハブルなり。則やはらかなるといふ事。此海岸磯地格別軟なる故字になすといふ」と書いた。後の松浦武四郎西蝦夷日誌も同じで，砂が柔らかなので名になったのだとした。明治の永田地名解は「ハ・ボロ・ペッ（流出・広大の・川）」と読み，この川の水が出る時は川尻の砂浜を潰決して大いに流出するからの名と説いた。北海道駅名の起源昭和29年版は「ハプ・オロ・オ・ペッ（ウバユリの鱗茎・そこ・に多くある・川）」か，と別な案を書いた。土地の古い伝承だったらしいハブル（柔らかい）の説をもう一度考えなおしたい。川尻は今港内なので浜でない。すぐ南の浜に行ったが，砂が柔らかとも思えないが，泥っぽいのが特徴。それが濡れるとぬるぬるして柔らかいとでもいったものか。

計那詩川　けなしがわ
デト二股川　デトふたまたがわ
中の二股川　なかのふたまたがわ

　計那詩川は羽幌川下流に入る南支流。十五線沢ともいう。原名はパンケ・ケナシパオマナイ（panke=kenash-pa-oma-nai　下流側の：川沿いの林・の上手・にある・川）と呼ばれた。すぐ上流側にペンケ（上流側の）をつけた同名があり，対称されたもの。

　デト二股川は上流の東支流で，原名はオロウェンハボロ「（川の）中が・悪い・羽幌川」。川中に岩でもあって歩きにくかったからの名か。

　中の二股川は更に上の東支流で，原名はシラッチセハボロ「岩家（岩窟）の・羽幌川」。昔は以上二つの大支流の筋は，雨竜川筋の朱鞠内との通路になっていたようで旧記に書かれたが，現在は通れない。日本海側から雨竜の上流に出るハイウェイは南の古丹別川筋にしかない。

焼尻　やぎしり

　羽幌町の沖にある島名，大字名（羽幌町）。蝦夷地名解（市立函館図書館蔵。上原熊次郎より後の通詞の書らしい）に「ヤンケシリ。夷語エハンケシリの略語なるべし，エハンケとは近いと申事，シリとは地又島などと申事にて，此所テウレ遠くにあり。故に此名有」（抄）。松浦武四郎はこの本か，異名同内容の地名解を読んで旅行していたらしい。それで彼もこの説を紹介した。なおヤンケは「揚げる」という普通の地名用語であるが，その意味の伝承は聞かれない。

天売島　てうりとう

　焼尻島のすぐ先にある島名，大字名(羽幌町)。昔はテウレあるいはテウレ・シリ（シリは島）と呼んだ。松浦氏再航蝦夷日誌は「テウレ。名義魚の背腸（せわた）の事な

133

りと」と書いたがよく分からない。

　村勢一覧に「アイヌ語にして趾を意味し，その形が右の趾ににている」と書いたというが，そのわけもよく分からない。もしかしたらチェウレ（cheure　足）から出た説か。右の足首みたいな形で，親指まである姿なので，「足」説が出たのかもしれない。和人の時代になって，地図ができて見ると，なるほど右足の形である。それで「足跡」と跡をつけて解説記が書かれるようになったか。

　忘れられた地名の解は難しい。似た音ならいろいろ考えられるが，差し控えたい。

築別　ちくべつ

　羽幌町北端部の地名，字名。永田地名解にはチュㇰ・ペッ（chuk-pet　秋・川）と書かれている。旭川の忠別川もチュㇰペッだったようで，興味ある地名。秋に秋味（鮭）の多く上る川ででもあったのであろうか。

三毛別川　さんけべつがわ

　築別川の南支流の名。サンケ・ペッ（浜の方に出す・川）の意。同名諸地に多い。南の古丹別川筋に，漢字まで同じ川がある。何を下に出したのかは分からなくなっている。

茂築別　もちくべつ

　初山別村南端部の川名。羽幌町側の築別川と並流している兄弟のような川で，旧名はモ・チュㇰペッ（小・築別川）と呼ばれた。

初山別　しょさんべつ

　天塩の川名，村名。初山別村は南は羽幌町，北から東は遠別町に囲まれた土地。松浦氏西蝦夷日誌は「シュシヤンベツ。本名ソウサンベツと云よし。滝落る川との義なり」と書いた。アイヌ伝承によって記したものであろう。永田地名解は「シュサㇺ・ペッ。シュサㇺ魚（注：ししゃも）の川」と書いたが，土地の人に聞くとそんな川ではないらしい。滝も知らないと答えられ戻り，念のため明治31年5万分図や，明治30年道庁版20万分図を見たら，源流部は三つも滝になって流れ下っているし，支流筋にも滝がある。水源の処なので，川口の街では忘れられているのであろう。

　sho-e-san-pet（滝が・そこで・流れ出ている・川）のような形から初山別となったのであろうか。

風連別　ふうれんべつ

　初山別村北部の川名。西蝦夷日誌は「フウレベツ。名義，赤川と云儀。上るは茫地（やち）にて鉄漿（かね）の気有る故此名を付る也」と書いた。フーレ・ペッ（hure-pet　赤い・川）は諸地にあるが，濁音の前にンをつける東北弁のくせか，このようにフーレンベツとなっている例が処々にある。

歌越　うたこし

初山別村と遠別町との境の川名，地名（遠別町）。西蝦夷日誌は「ヲタコシベツ。名義ヲタクシベツにして，沙越る川といへり」と書いた。ota-kush-pet（砂浜を・通っている・川）の意であったろう。ここまで来てもオタ（砂浜）が歌となっているのであった。

遠別　えんべつ

川名，町名。道内にはウェン・ペッ（悪い・川）という川名が多い。この遠別は，松浦図，西蝦夷日誌ともにウエンベツと書いてあるところから見て，少なくとも当時そう解されていたであろうと考えられる。北海道駅名の起源もウェン・ペッと解した。ただし古くは少し違ってウエベツと呼ばれていたらしい点が問題なのである。上原熊次郎地名考は「ウエベツ。即ち二股の川と訳す。ヱベツとは二たロ，亦は川の二股など申す事にて，この川口二筋なる故，字になすと云ふ」（抄）と書いた。少し後の蝦夷地名解（函館図書館蔵）も同じく「ウエベツ」で，ヱベツを二たロと読んだが，「此川二筋の所，水ロ一つなり。故に此名有」と解した。永田地名解は「ウ・イェ・ペッ。相・話する・川。天塩山中の土人海浜に出で来りて此処の土人と相話するを楽しみとす。因て名く。和人ウエンベツと称するは誤りなり。元禄十三年松前島郷帳にはウイベツとあり」と書いた。後にウェンベッと呼ばれたらしいのであるが，これからみると，古くはウエベツの形の地名であったらしくみえる。ただし，それをどう読んだらよいのか，なお研究の余地がありそうである。

ウッツ川

遠別町内。遠別川の北にウッ（ウッナイ）のつく次の三つの川が並んでいた（南からの順）。ウッ（ウッナイともいう。一番長い川），パロマウッナイ（マルマウッ，モウッとも），オポクオマウッナイ。

ウッナイは元来 ut-nai（肋骨・川）の意で，全道に散在する川名であるが，現実にどんな地名を指したのかどうもはっきりしない。多くは沼に横から繋がっているような川であるが，ここでは沼も見えない。三本並んでいる形からでもいったものか。どうも見当がつかない。

丸松　まるまつ

遠別町内の地名。国鉄駅あり。前掲のパロマウッは par-oma-ut（ロ・ある・ウッナイ?）の形だったらしいが，松浦図では「モウツ（注：小さい・ウッナイ）別名マルマウッ」と書いてある。後の方はパロマウッの訛りであろうが，それから丸松となったものらしい。

更岸　さらきし

天塩町内の地名，川名。天塩町市街の南の処の名で，前のころはサラケシ・トーと呼ばれた大沼があったが，今は干拓された。松浦氏再航蝦夷日誌は「サルケシ。下り

て沼の傍に出る。此辺テシホ（注：天塩川）の元川にある由。芦葦老生り」と書いた。同氏廻浦日記も「此処往古の川口なり。今は岡に成なり」と書いた。

　明治の地図ではこの沼の下は川になって天塩川の川口に出ていたが，今は沼のあった辺から海に向かって直線の川が作られ，天塩川とは別になっている。

　更岸，つまりサラケシはサル・ケシ（sar-kesh　葭原の・末）であったか，あるいはsarki-ush-i（葭・群生する・処）のような名だったのであろう。

稚咲内　わっかさくない，わっかさかない

　豊富町内の地名，川名。天塩川口から北に向かって直線の海浜を約23キロ行った処。豊富町市街の方からは，広いサロベツ原野を西に横切り，砂丘を越えて海岸の砂浜に出た処である。上原熊次郎地名考は「ワツカシヤクナイ。水なき沢と訳す。此川水鉄気強ふして飲事ならざる故字になすと云ふ。飲水は山の際にありて是を用ふなり」と書き，松浦氏再航蝦夷日誌は「此処水なき故皆入用の水はテシホより馬にて運用し，遣ひ料の水は此上なる沼水を砂こしにして用ゆるよし也」。

　昔の駅逓のあった処は今の市街から約2キロ北で，そこが元来の稚咲内らしい。行って見ると川が流れているが，鉄錆色のやち水で，これでは飲めたものでない。ワッカ・サㇰ・ナイ（wakka-sak-nai　飲み水が・ない・川）なのであった。

(2) 天　塩　川　筋

天塩　てしお

　川名, 旧国名, 郡名, 町名。上原熊次郎地名考は「テシホ。夷語テセウなり。テシウニの略語にて梁の有ると訳す。此川伝へ処々に梁の懸けある故此名ある由」と書いた。松浦氏天塩日誌は「本名テシウンなるを何時よりかテシホを詰る也。テシは梁の事, ウシは有との意なり。此川底は平磐の地多く, 其岩筋通りて梁柵を結ひし如く, 故に号しと。又土人の言に, 梁と言ふ物は, 大古此川筋に石の立並べる処有を神達が見て始めし物とも言伝へたり」と書いた。

　また松浦氏国名建議書では「テシホは本名テシウニの略言。川上五十里許りに神が石もて作りしと云ふ一條梁様に岩之瀬御坐候。是を以て号しと申伝へ居候」と地名発生場所を具体的に書いた。

　明治の永田地名解と昭和の北海道駅名の起源は, 原名をテシ・オ・ペッ（梁・多い・川）とオで解説している。また雨竜川源流にはテセウ・ルペッペ（天塩・峠道沢）があり, テセウの形で呼ばれていたことを伝えている。

　以上のように, 存在を示す言葉が, un, o, u と変わってはいるがテシ（tesh 梁）である点は同じ。補助的な動詞は人により変わっていても通用していたものらしい。

　tesh が地名に出る場合には, 川中に梁のように岩があることを呼ぶことがよくあり, 天塩の場合もそうだったろう。松浦氏国名建議書では川上五十里ばかりの処とあり, また同氏天塩日誌本文には「テッシ。川中一條の岩並べり。あたかも梁を懸し如く, 此場所（注：天塩）の名当所より起ると」とした。

　この川筋は木材流送の関係で何回も川浚いをしたとかで, 今は殆ど岩が見えないが, 上記のテッシは中流恩根内と美深の間の処で, 水中を岩磐が横切っている。またその少し下, 恩根内大橋の処のカマテシカ（平たい岩の梁の岸）の処でも同じである。こういった梁の姿の岩があった処から天塩の名がついたものらしい。古い大地名で, この程度まで見当がつくものは珍しいのであった。　　　　　　　⇨テッシ（144ﾍﾟ）

天塩国, 天塩郡, 天塩町

　明治初年の天塩国は, 長い天塩川筋と, 日本海側は石狩国浜益郡境から, 北は稚内市境までの土地であった。天塩郡は天塩川のごく下流の地帯と付近の日本海側（遠別町, 天塩町, 幌延町, 豊富町）である。

　天塩町は天塩川下流の南側の土地で, 北は幌延町, 南は遠別町, 西（上流側）は中川町となっている。天塩町市街は天塩川口の東岸のおっとりとした町で, 石狩川口の石狩町市街を少し大ぶりにしたような風情の処である。

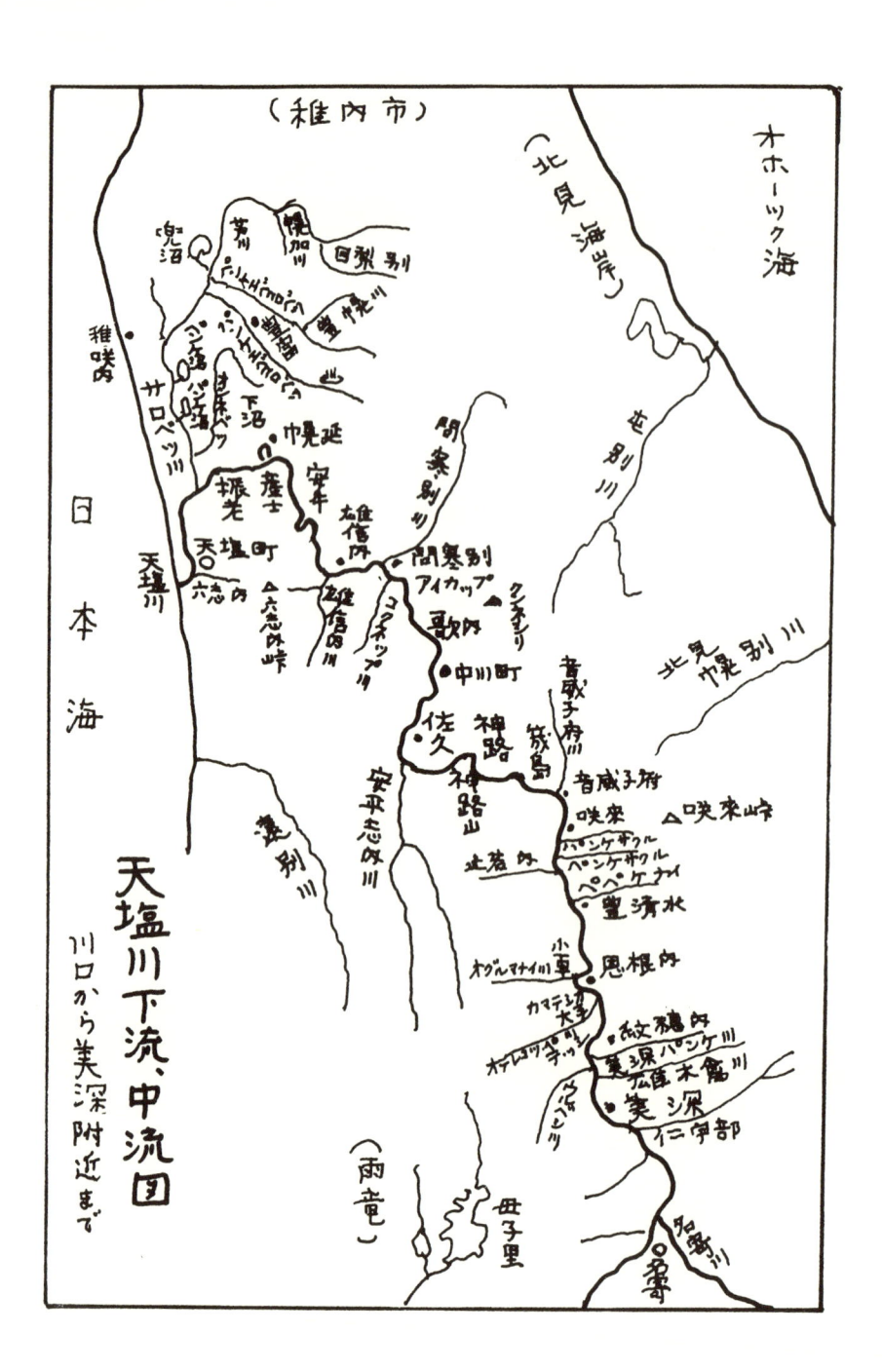

天塩川下流、中流図 川口から美深附近まで

（Ⅰ）天塩川下，中流部

六志内　ろくしない
　天塩川口に東の山から来て注いでいる川名，その川筋の地名。この川を溯って六志内峠を越えると，少し川上の雄信内に出る。天塩川の最下流は大きく屈曲しているので，この峠越えをするのが上流への近道である。六志内はル・クッ・ナイ（ru-kush-nai 道が・通っている・沢）で，語義通りの名である。

　　〈サロベツ川筋〉
サロベツ川　サロベツ原野
　天塩北部の川名。サロベツ川は天塩川の下流に注いでいる長い川で，下流は幌延町，中上流は豊富町，源流の一部は稚内市になっている。川筋は今でも広漠たる低湿原野で葭の繁る処である。サロベツはサル・オ・ペッ（sar-o-pet　葭原に・ある・川）であるが，またサロマペッ（sar-oma-pet　葭原に・ある・川）とも，あるいは単にサル・ペッとも呼ばれた。その天塩川に注ぐ処はサル・プトゥ（sar-putu　サロベツの・口）といわれた。
　北海道にサル（葭原）の付く地名が多いが，今では殆どが水田地帯であって，これだけ広く昔のサルの姿が残っている処はない。このサロベツ原野の中央を豊富から稚咲内へ東西の道路がつけてある。サルは低湿地で，ふつうでは入り込めないが，この道路を通られたならば，古い北海道の一つの姿を見られるであろう。

オンネベツ川
　サロベツ川の川口の少し上に注ぐ東支流の名。オンネ・ペッであるが，オンネ（年老いたる，主要な，大きい）の意味はここでもよく分からない。その辺の小流の中の中心的な川であるぐらいの意味だったろうか。

パンケ沼
ペンケ沼
　サロベツ川本流の東側にこの二つの大きな沼が南北に並んでいて，パンケ沼は幌延町，ペンケ沼は豊富町内。共にその水はサロベツに通じている。パンケ・トー（下流側の・沼），ペンケ・トー（上流側の・沼）の意。だだっ広い葭原の中にある広い，円形の水溜まりである。

下沼　しもぬま
　パンケ沼の東の地名，宗谷本線の駅あり。パンケ沼の訳名だという。

豊富町　とよとみちょう
　下エベコロベツ川
　上エベコロベツ川

パンケ（下の）とペンケ（上の）の二つのエベコロベツ川が、豊富町の北見境の山から流れ出し、サロベツ原野の中を並んで西に流れてサロベツ本流に注いでいる。語義はイペ・コル・ペッ「ipe-kor-pet　食物（魚）を・持つ・川」。やちの中の泥川で、乗って行った土地のタクシー運転手も余り魚はいませんがねという。

町名は昭和15年幌延町から分村して豊富村と称したのだが、エベコロベツの意訳だという。

駅のある豊富市街から下エベコロベツを溯った処に豊富温泉がある。

芦川　あしかわ

サロベツ原野の北部の地名。宗谷本線の駅あり。北海道駅名の起源は「サロマベツ（芦原にある川）の意訳」と書いた。

兜沼　かぶとぬま

サロベツ原野の北端の沼名、地名。国鉄の駅あり。北海道駅名の起源は「沼の形が兜の錣形に似ているための称」と書いた。明治の地図ではペライサルトーと書かれている。ペライ・サル・トー（釣りをする・葭原の・沼）と読まれる。今でもうぐい魚が釣れるそうである。

目梨別　めなしべつ

豊富町内。サロベツ川源流の右股の川。北見境からの川。メナシ・ペッ（menash-pet　東の・川）の意であったろうか。

〈天塩川本流筋〉

振老　ふらおい

天塩町内。天塩川をサロベツ川口から少し上った処の南岸の地名。国鉄振老駅あり。ここはフラウェニといわれた処で、語義はフラ・ウェン・イ（hura-wen-i　においが・悪い・処、あるいは川）であったようである。

幌延　ほろのべ

幌延町は天塩川下流北岸一帯の大きな町域である。幌延町市街は北流して来た天塩川が、海岸に向かって大きく左折する処の北岸。宗谷本線と羽幌線の分岐点の乗換駅あり。

幌延市街は天塩川の北支流であるパンケ・ウブシ川とペンケ・ウブシ川の間の処で、昭和の初期まではウブシと呼ばれていた。ウプ・ウシ「up(hup)-ush　とど松・群生する」の意。

幌延は昭和初期までは「ほろのぶ」と振り仮名されていて、アイヌ語のポロ・ヌプ（poro-nup　大きい・野原）から来たと書かれて来たが、元来はどこの地名だったかはっきりしない。大日本地名辞書（明治35年）は「幌延（ポロヌプ）。天塩市街の北二里の海岸にあり、天塩川屈折点に近し。今幌延村と称し天塩川下游右岸及び海浜沙

流村を本村の所管と定めらる」とした。

　天塩川が西流して来て，海浜の後で左折する辺の海岸に明治の地図はポロヌプ（松浦図もホロヌフ）と書いているが，余りに辺地の小地名である。松浦氏天塩日誌は天塩川を溯り，サロベツ川口と，今の幌延市街との中間の処で「ホロヌツフ」と書いていて，そこにもポロヌプがあったらしい。幌延の発祥地を確かめたいと思いながらまだ果たせないでいたのであった。

産士　うぶし

　天塩川北岸幌延市街と続いて，南岸天塩町側もウプシで，それが産士となり，ウブシ原野と呼ばれている。ウプ・ウシ（とど松・群生する）の意であったろう。

安牛　やすうし

　天塩川東岸幌延町内の地名，宗谷本線の駅あり。北海道駅名の起源は「ヤシ・ウシ（網を引く所）の転かしたもので，天塩川の網引き場であったためである」と書いた。ヤシ（ヤシに同じ）・ウシ・イ「yas-ush-i （網で）魚をすくう・いつもする・処」の意。

雄信内　おのぶない

　雄信内川（天塩町）は天塩川の南大支流で，元来の雄信内市街はその川口の処にある。宗谷本線の雄信内駅は，天塩川北岸幌延町内の方にある。北海道駅名の起源は「オ・ヌプ・ウン・ナイ（川尻に原野のある川）」とていねいな姿に書いているが，天塩日誌や松浦図がヲヌフナイである処から見ると，当時はウンを省いた形で o-nup-nai と呼んでいたのであろう。

問寒別　といかんべつ

　幌延町南端の川名，地名。永田地名解は「tuikanpet ?」としただけ。北海道駅名の起源はトイ・カム・ペッ（土のかぶさる川）と読んだ。これはどうも分からない地名である。

コクネップ川

　国鉄問寒別駅の対岸を少し溯った処で天塩川に注ぐ西支流の名。明治の5万分図等には出ている名であるが，松浦氏天塩日誌にはその名が書かれていない。永田地名解もこれを書いていない。珍しい形の名なので語義不明。コッ・ネ・プ「kot-ne-p　窪地・になっている・もの（川，処）」か？

アイガプ

　問寒別川口から少し天塩川を上った処には，ハンケアイガツフ，ヘンケアイガツフなどの川名があった。下と上のアイガプ川の意。そのもとになったのは，そこの川曲がりの東岸のアイガプ・ピラ（aikap-pira　アイカップの崖）であったろう。aikap は

「できない，とどかない」ということだが，地名では大崖で，昔戦争や狩猟に出た人が，大崖に矢を放って武運を祈った処である。ここの川崖もそんな処だったのであろう。この崖は幌延町と中川町の境の処である。

歌内　うたない
宇戸内川　うとないがわ
中川町北部の地名。天塩川東岸に宗谷本線歌内駅がある。北海道駅名の起源は「もとウッナイからとって宇戸内としたが昭和26年歌内と改めた」と書いた。宇戸内川は駅より川下にある天塩川東支流で，その名のもとであるウッ・ナイ（肋骨・川）は道内諸地にあるが具体的な意味ははっきりしない。

クンネシリ山
歌内駅の東にある山で，天塩河畔の山なので川筋を歩くと目立つ。天塩川に山裾が出張っている処はクンネシリ・ピタラ（ピタラは河原）で，山から天塩川に入る川はクンネシリ・ナイである。クンネ・シリ（kunne-shir 黒い・山）の意。

中川　なかがわ
中川郡は天塩川中流の意。松浦武四郎原案は安平志内川筋から名寄川筋までを一郡としたが，現在でいえば中川町，音威子府村及び美深町である。中川町はその一番下流部で明治39年中川村ができたのが始まり。中川町市街はほぼその中央で，国鉄駅あり。北海道駅名の起源は「本駅はもと誉平といい，アイヌ語ポン・ピラ（子崖）から出たものであったが昭和26年改正した」と書いた。そのpon-pira（小さい・崖）は市街の西方の川崖の名で，今は河川工事により古川となっている処である。

佐久　さく
中川町の地名，川名。宗谷本線佐久駅あり。北海道駅名の起源は「サㇰ・コタン・ナイ（夏村のある川）の上部を採ったもので，昔は漁のため夏の間は川岸で生活したのである」と書いた。駅から1キロ半北にある佐久川が昔のサㇰコタンナイ（sak-kotan-nai 夏の・村の・川）であった。

安平志内川　あぺしないがわ
天塩川の南岸の大支流の名。佐久市街の対岸の処で本流に入る。松浦氏天塩日誌は「源はウエンヘツと並び雨竜の方に至る」と書いた。この川を少し上ると西支流にルペㇱペ（峠道沢）があり，それを上って遠別川に出るのが日本海側との近路であった。また安平志内川を源流まで上って山を越えると雨竜川の水源で古くからの通路だったらしい。

語義はア・ペㇱ・ナイ（a-pesh-nai 我ら・下る・川）だったようで，古くからの通路であったからの名であろうか。

142

II 天塩地方

神路　かみじ

　国鉄駅あり。対岸（西岸）の大崖がカムイ・ルエサニ（kamui-ruesani　神様の・坂）と呼ばれていたのを意訳した名。現在国道40号線はその崖下の方を通っているが，落石を防ぐために覆道（屋根つき道）になっている。

　天塩日誌はここについて「カムイルウサン。高さ凡三百丈も有。其半腹より大岩崩落けるが，是は往昔ここえエナヲ（注：イナウ，木幣）を供えず過しかば，岩面崩て下行く船を砕きしと。神威著しきとて，土人等惣てエナヲと烟草，米等を一つまみづつ供へて上る」と書いた。

筬島　おさしま

　神路より7キロばかり上流北岸の音威子府村内の地名，駅名。北海道駅名の起源は「オサニコンナイ即ちオタニコル・ナイ（細い砂浜を通っている川）と，ピラケシマナイ即ちピラ・ケシ・オマ・ナイ（崖の端にある川）との両地名の混成形であると思われる」と書いた。前の川が下流側，後の川が上流側で，その中間に駅がある。

エアネヌプリ山

　天塩川南岸（筬島の対岸）にある山の名。国道40号線がその下を通っているし美しい形なので目立つ。処々に同名の山がある。エ・アネ・ヌプリ（頭が・細い・山）の意。この山は尖った三角山である。

音威子府　おといねっぷ

　音威子府村は，下流側は中川町，上流側は美深町の間の土地。もと常盤村と呼ばれていたが，昭和38年現在の名に改めた。音威子府市街は音威子府川の川口の東にあり，北見の浜頓別に至る国鉄天北線はここで宗谷本線と分かれる。

　北海道駅名の起源は「オ・トイネ・プ（川口のにごっている川）から出たものといわれている」と書いたが，川尻を眺めてもそう濁っているように見えないので考えさせられた。川底は泥らしいので，同じ言葉ではあるが，o-toine-p「川尻（を歩くと）・泥んこである・もの（川）」とでも読むのかなと思ったが自信はない。

咲来　さつくる
パンケサックル川

　音威子府村内の地名，川名。咲来市街の南にパンケ（下の）・サックル川とペンケ（上の）・サックル川が並流している。咲来はサッル（sak-ru　夏の・道）の意。パンケサックル川に沿って道が上り，咲来峠を越えて北見の幌別川筋に下っている（咲来北見道路）。古くからの通路だったのでサッルで呼ばれた。天塩川筋からは，海産物を入手するためだったろうか，処々に北見との通路があり，それが地名にも残っている。

止若内　やむわっかない

　天塩川西支流の名，地名。永田地名解は「ヤム・ワッカ・ナイ　yam-wakka-nai.

143

冷・水・川」と書いた。冷たい飲み水の流れている川だったのであろう。

ペペケナイ川
豊清水　とよしみず

　ペペケナイ（またペベケナイとも）は音威子府村と美深町の境の川。たぶんペ・ケン・ナイ（pe-peken-nai　水が・清澄な・川）であったろう。ペケレ（peker　清い）は後の語の n に引きつけられて peken と変わる。

　豊清水について北海道駅名の起源は「駅の付近にある清水川（注：ペペケナイ）をはさみ一方に常盤村（注：音威子府村旧名）清水，片方に美深清水という二つの部落があったが，この部落を合せて将来豊かな所となるようにという意味で豊清水と名づけた」と書いた。駅は美深側である。十勝のペケレペツが清水となり，更に十勝清水となったのと同じ形である。

小車　おぐるま
オグルマナイ川

　美深町内の川名，地名。永田地名解は「オ　クルマッ　オマイ。和女居る処」と書いた。o-kurmat-oma-i「川尻に・和人の女が・いる・もの（川）」の意。語尾の i は nai（川）でも呼ばれたのであろう。オグルマナイはその訛り。更に下略された小車となった。

恩根内　おんねない

　美深町内の地名，川名。恩根内市街は町内第二の街である。その名は天塩川対岸（西岸）のオンネナイという小川から出たものらしい。

　onne-nai の onne は「年とった，もともとの」という意から「主要な，大きい」とも使われるが，諸地のオンネナイは必ずしも大きい川でない。何かわけがあるのではあろうが訳に苦しむ川名である。

オテレコッペ川
大手　おおて

　恩根内市街から天塩川を2キロ溯った処の川名，地名。オ・テレケ・オッ・ペ「o-terke-ot-pe　川尻を・飛びはねる・いつもする・もの（川）」で，二つ続く母音の一つを省いてオテレコッペと呼ばれた。川尻を飛び越えて渡った処であろう。川尻の辺を今大手というのはそれを省いた形の名であろうか。

テッシ
カマテシカ

　今は殆ど知らなくなった地名であるが，天塩の地名発祥地かもしれないので書き添えて置きたい。恩根内市街から国道40号線を5キロ南行した処，美深市街の方からなら約8キロ北行した処に，明治31年5万分図にはテッシと書いてある。天塩日誌が天

塩の名の発祥地と書いたテッシらしい。行って見ると天塩川の古川（近年河道を直線に直して古川となった）が大きく曲がって国道のそばまで出ている辺であった。岩は見えない。土地の人らしい老人が道路工事をしていたので，ここかと思う辺を指して，岩がなかったかと聞いたら，「あすこは岩磐が川を横切っていて，ずっと浅い。渇水季になると，瀬はきつかったが，じゃぶじゃぶ歩いて向こう岸まで行けましたよ」というう。念のため，音威子府の同好高橋基氏に現場調査を話した処，調べられて，その通りだったと語られた。川浚いされる前は岩がテシ（梁）のように出ていたからの名であろう。老人と一緒に働いていた青年が，ここと同じような処が恩根大橋の処にもありますよというので行って見た。

　明治31年図にカマテシカと書かれた処だった。kama-tesh-ka「平たい岩の・梁の・上（あるいは岸か）」の意。橋から眺めると，すぐ上の処で，ここでは岩磐が川を横切っている姿がはっきり見られる。こんな形の岩が処々の川の中にあったので天塩の名が生まれたのであろう。

紋穂内　もんぽない

　天塩川東岸の川名，地名。同名の国鉄駅あり。紋穂内川は国鉄紋穂内駅から1キロ北の小川で，明治31年5万分図ではモヌッポナイと書かれている。語意はモ・ヌッ・オ・ナイ（mo-nup-o-nai　小さい・野・にある・川）であったろう。そのモヌポナイが訛って紋穂内となったものらしい。

美深パンケ川　びふかパンケがわ

　天塩川の東支流。美深市街の少し下，美深大橋の処で本流に注いでいる。原名はパンケニウプで，永田地名解はただ「？」をつけただけである。たぶん panke-ni-u-p「下流側の・木・ある・もの（川）」であったろう。ただし u という動詞だけだと，立木が多かったのか，漂木が多かったのか見当がつかない。川筋の地名の班渓は川名のパンケから来たものであろう。

ウルベシ川

　天塩川の西支流。美深市街の少し下の処で本流に注いでいる。永田地名解は「ウリリ・ルペッペ。鵜川」と奇妙なことを書いた。これは彼がこの地方に来ないで，図面の地名だけで書いたかららしい。松浦氏西蝦夷日誌は「ウリウルベシベ。是よりウリウ（雨竜）へ往古道が有りし由言伝ふ」と書いた。この川を上り山を越えると雨竜川の源流母子里に出る。

　ウリリ・ルペッペ（urir-rupeshpe　雨竜からの・峠道沢）の意（ウリンルペッペともなる）。それが略されてウルベシ川と呼ばれるようになった。

雄木禽川　おききんがわ

　天塩川の東支流。美深市街のすぐ川下で本流に注いでいる。永田地名解は「オ　キキンニ　ナイ。早咲接骨木の沢」と書いた。キキンニはエゾノウワミズザクラ，ある

145

いはナナカマドをいう。o-kikinni-nai（川尻に・キキンニがある・川）であるが，ナイを略して今の川名となった。

美深　びふか

　美深町は音威子府村と名寄市の間の土地で，美深市街は天塩川東岸の賑やかな街である。美深の原名はピウカであった。天塩川の砂利河原の処がピウカ（piuka　石原）の名で呼ばれていて，それがこの辺の名となったのではなかろうか。（永田地名解はピウカを立待と解したが，どうしてそう読んだのか見当がつかない）。

仁宇部　にうぶ

　川名，地名。仁宇部川は美深市街の上手にあり，名寄市との境になっている。旧名はペンケ（上の）・ニウブで，少し川下の美深パンケ川と対称されたものであろう。ニウブはni-u-p「木・ある・もの（川）」の意らしいが，林があったのか，漂木が多かったのか見当がつかない。川筋の地名の辺渓は旧名の上の処をとった名らしい。

（Ⅱ）天塩川上流部

智恵文　ちえぶん

　名寄市北端部の地名，川名。天塩川南（西）岸の側にチェプントーと呼ばれた沼があった。チェプ・ウン・トー（chep-un-to　魚が・入る・沼）の意。そこの川はチェプントー川と呼ばれたが今は智恵文川である。また智恵文が天塩川北部を含めたこの辺一帯の大地名となった。国鉄の駅は北岸側である。

智東　ちとう

　智恵文駅から一つおいて南にある駅が智東駅である。智恵文が大地名化して村名（旧）ともなり，それから智北，智南，智東，智西の字名ができた。その智東の駅名である。

九度山　くとさん

　智東駅の東にある目立つ独立山の名。明治31年5万分図や同30年の道庁版20万分図はクトゥヌプリと書いた。更科源蔵氏アイヌ語地名解はクッウンヌプリで，古い時

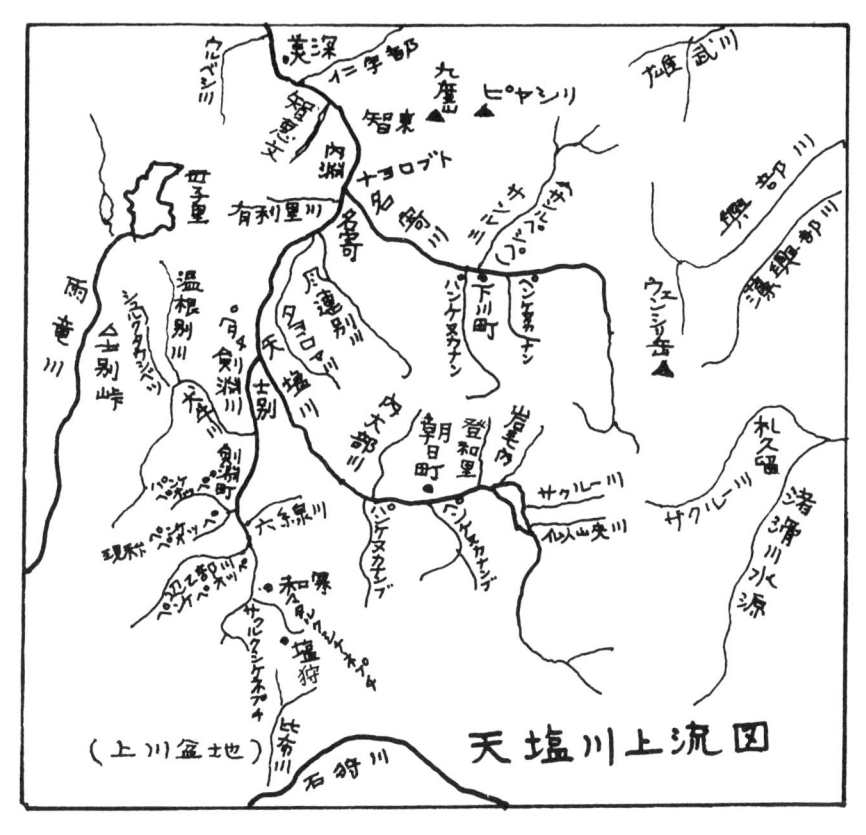

代には大事なチノミシリ（我ら・礼拝する・山）であったと書かれた。kutu-nupuri（崖・山），あるいは kut-un-nupuri（崖・がある・山）の称だったのであろう。

ピヤシリ

　九度山の東にある山で，北見との境になっている高山である。語義は分からない。あるいはピイェ・シリ「石（あるいは小石）・山」か？

　　　〈名寄川筋〉
名寄　　なよろ

　名寄市は名寄川と天塩川合流点を中心とした地帯で，北は美深町，東は下川町，南は風連町である。合流点にある名寄市街は今では天塩第一の大きな街であるが，明治31年図では，闊葉樹の印がばらばらとあるだけの何もない土地であった。
　松浦氏天塩日誌は，天塩川を合流点まで上って来て「左りナイブト（本名ナヨロフト），右シベツとて本川也。ここに宿す」と書いた。シベツは shi-pet（ほんとうの・川），つまり天塩川の本流。ナイブトは nai-putu「ナイ（川。名寄川のこと）の・口」の意。本名として書いたナヨロフトは nai-or-putu「川・の処（名寄川）の・口」で事実上は同名である。
　彼はここから名寄川を溯り，翌々々日の午過ぎに戻ってナイブトに着いたと書いた。この一連の文から見ると，名寄川はナイ，あるいはナヨロで呼ばれていたものらしい。ずいぶん大きい川なのであるが，それをただナイと呼んでいたらしいことに注意したい。

内淵　　ないぶち

　名寄川の川口の処の地名。今内淵川と呼ぶ小流があるが，それは和人が，内淵という場所の川という意で付けた名らしい。内淵という名は，松浦氏がナイフトと書いたのと同じことなので，「名寄川の・川口」と解すべきであろう。put は川口であるが，その川口と指して呼ぶ場合は，プトゥ（putu）とも，またプチ（puchi）ともいい，同じことなのであった。

下川町　　しもかわちょう
パンケヌカナン川
ペンケヌカナン川

　下川町は名寄川の中上流一帯の土地で，市街は中流の南岸にある。ここは名寄川南支流のパンケ（下の）・ヌカナン川と，ペンケ（上の）・ヌカナン川が流れている処で，そのパンケ・ヌカナンを意訳して「下川」という名にしたのだという。
　ノカナン，ヌカナンのような形の地名が処々にあるが意味が分からなくなっている。このヌカナンについても，永田地名解はただ？印をつけただけであった。

⇒野花南（67ｼﾞ）

サンル

　下川町の川名, 地名, 原野名。名のもとになったサンル川は下川町市街の対岸（北岸）で名寄川に入っている川で, 永田地名解は「サン・ルペシペ。沙留越。北見の沙留へ下る路」と書いた。それが下略されてサンルとなった。なお語義は sar-rupeshpe（沙留・峠道沢）で, sar が, 後の語の r との関係で san となったもの。ただしここを越えた処は, 北見の雄武から紋別で, 沙留より少し北である。沙留と何か特殊な関係でこう呼んだのであろうか。明治6年佐藤正克闢幽日誌はここをカムイルベシベと書いた。「神（熊のことか？）・の峠道沢」の意。

　この川の水源左股はサㇰ・ルペシペ（夏の・峠道沢）で, 現名は幌内越沢。右股の一支流はメナシㇰ・ルペシペ（東を・越える・峠道沢）であった。アイヌ時代にもこの山中の人たちが北見の海辺と往来していたことを物語っているようである。

ウェンシリ岳

　名寄川の水源で, 天塩の下川町, 北見の西興部村, 滝上町の境の高山。ウェンシリ（wen-shir　悪い・山）は諸地にあり,「断崖」のことである（続けてウェイシリのように発音される）。このウェンシリに上ったことはないが, そんな崖があった処ではなかろうか。

　〈天塩川本流筋〉

有利里川　うりりがわ

　名寄市内の川名。雨竜境から東流, 名寄市街の西北の処で天塩川に注ぐ川。松浦氏西蝦夷日誌は「ウリウルベシベ。是ウリウえ山越路これある由」と書いた。ウルベシ川と同名で, ウリリ・ルペシペ（urir-rupeshpe　雨竜・峠道沢）の意。それが下略されて有利里川となった。ペンケ（上の）ウリリルベシペという。

　この川の水源と, 雨竜の母子里にあるテセウ・ルペシペ（天塩・峠道沢）の水源とが相対していて, 古くその間に交通があったことを物語っている。いわゆる道路があったわけではない。アイヌ時代は沢を歩き山林を押し分けて通行した筋であるが, それを ru（道）という言葉で呼んでいたのである。今は通れないが, この間に道路をつけたなら, 名寄と雨竜川水源地帯との最短距離の道となる。

風連　ふうれん

　風連町は北は名寄市, 南は士別市で, 東は下川町, 西は雨竜の山である。名のもとになった風連別川は天塩川の東支流で, 町の中央を北流し, 名寄市に入ってから本流に注いでいる。永田地名解は「フーレ・ペッ　hure-pet。赤川」と書いた。同名が諸地に多い。風連市街は町の中央部で, 風連別川とタヨロマ川の間にある。

タヨロマ川
多寄　たよろ

　天塩川の東支流。風連町の中を風連別川に並んで北流し, 名寄市に入って本流に注

ぐ。永田地名解は「タヨロマ・ペッ。林川。タイ・オロ・オマ・ペッの急言。林・中・にある・川の意」と書いた。
　地名は下略されて多寄となっている。国鉄駅あり。宗谷本線はこの辺では天塩川本流筋でなく，タヨロマ川に沿って通っている。

士別　しべつ

　士別市は天塩川本流と剣淵川との合流点を中心とした土地で，西は雨竜境の山である。合流点の南，両川の間にある市街は名寄と並ぶ賑やかな街である。
　士別は名寄の処でも書いたように shi-pet（本流）の意。名寄市街で名寄川を分かってから上はシペッと呼ばれたが，士別市街の処のペタヌ（petanu　二股）でまた二流に分かれる。右股が剣淵川で，左股がシペッである。
　ふつうは合流点付近を支流の名で呼ぶが，ここは例外で，シペッ（本流）という名が残って士別と呼ばれるようになった。シ（shi）は「ほんとうの」，「大きい」という意。

パンケヌカナンプ川
ペンケヌカナンプ川

　天塩川本流（シペッ）は北見境から西流して士別市街まで来ているのが，名寄川が西流して名寄市街まで来ている姿とよく似ている。天塩本流を少し上ると南支流にパンケ（下の）とペンケ（上の）のヌカナンブ川があるのも，名寄川の南支流にパンケとペンケのヌカナンが並んでいるのと似ている。その意味は同様分からなくなっていて，永田地名解も？をつけただけである。
　パンケ・ヌカナンプ川の方は名寄市の内で，ペンケヌカナンプ川の方は朝日町になっている。アイヌ時代はこの川筋を上り，山越えして上川盆地の愛別川筋に通行していたことは，愛別川筋の地名から分かる。　　　　　⇨マタルクシ愛別川（100ﾍﾟ）

内大部　ないたいべ

　士別市東端部の川名，地名。パンケヌカナンプ川口より少し上の天塩川北支流。旭川の神居古潭の下の内大部川と同名らしい。西蝦夷日誌はナイタイベ，永田地名解は「ナイ・タ・ユペ。川・鮫」と書いた。yupe は蝶鮫のことである。ただしこのナイタイベも分からない地名の一つであった。

朝日町　あさひちょう

　士別市の東隣。天塩川本流水源までの一帯の土地で，昭和24年上士別村から分村して朝日村と称し，同37年朝日町となった。天塩川源流が東から流れて来るので，朝日の上る方の土地という意味でこの名としたものか。
　朝日町市街は町の西端，天塩川の北岸，ペンケヌカナンブ川口の対岸にあるが，こんな奥にこれだけの街があるのかと思って通った。

登和里　とわり

　登和里川は朝日町市街から約7キロ東の天塩川北支流。その辺の土地を登和里と呼ぶ。トワリはトゥワル（tuwar　水がぬるい）の意か。上川盆地のペートル川が pe-tuwar（水・ぬるい）であったのと似た形である。

岩尾内　いわおない

　登和里川からすぐ上の天塩川北支流が岩尾内川であるが，その川口から少し下に堰堤（えんてい）が作られ，天塩川源流の水をせきとめて岩尾内ダムができたので，岩尾内川の川口は水底に没した。

　永田地名解は「イワ　オ　ナイ。岩山の川」と書いた。イワはふつう「山」と訳されて来たが概ね独立山で，知里博士は霊山らしいといっていた。そんな山があったのだろうか。なお音だけならイワウ・ナイ（硫黄・川）とも聞こえる。

サクルー

　天塩川源流に東北から入る川名，地名，山名。栅留，咲留と書き，サックルと呼ぶ。サクルー川は現在は岩尾内ダムに注ぐ川になっている。

　サクルー川を溯り山を越えると北見のサクルー川（渚滑川支流）に出て，それを下ると滝上町市街である。北見側のサクルーは札久留とも書かれる。共にサク・ル（sak-ru　夏の・道）の意。ここが天塩川源流地帯と北見との交通路の筋だったのである。

　栅留山は朝日町，下川町と北見の滝上町の境の山。サクルーの水源の山なのでの称であろう。

似峡　にさま

　似峡川はサクルーの一本上流側の川。東の北見境から流れて岩尾内ダムに入っている。朝日町役場の知らせではニサマップで雲の生ずる処であるとのことであった。ニシ・サム・オマ・ㇷ゚「nish-sam-oma-p　雲の・側・にある・もの（川）」ぐらいの形からニッサマㇷ゚となり，似峡となったか。あるいは平凡にニ・サム（木の・側）とも読める。

　現在道道358号がこの川を上って北見のサクルーに通じている（昔の栅留川筋の代わり）。また道道902号が似峡から南下して上川盆地の愛別に至っていて，昔のヌカナンㇷ゚川筋の通路の代わりになっている。淋しい山中だが，けっこうトラックが通っていた。前のころは似峡にも市街地があったが今は湖底に没し，神社の山だけが湖中の島になっている。

〈剣淵川筋〉

剣淵川　けんぶちがわ

　松浦氏西蝦夷日誌は，天塩川と剣淵川の合流点まで上って来て「ヘタヌ（二股）。右の方ケネフチ（大川）と云て，赤楊（注：はんのき）多きが故号ると。当川（天塩川）第二の支流，小字多し」と書いた。永田地名解は「ケネニ・ペッ。赤楊川」と書いた

が，ふつうの用語ではこの二は余計である。北海道駅名の起源は「ケネ・ペッ・プト（赤楊川の落ち口）の転訛したものである」と書いたのが自然のようである。
　ペタウ（二股）の処で，剣淵川の方が kene(-pet)-puchi「はんのき（川）の・その川口」と呼ばれていて，それが全体の川名として使われるようになったのではあるまいか（地名ではこの pet を省くことが多い）。

チューブス川

　士別市街南辺を流れ，士別駅の西を北流して剣淵川に入っている小流。道河川課の鈴木氏が現業所では「木賊の多い処といっているが」と語られた。chutchup（とくさ），あるいは chutchup-ush-i「とくさ・群生する・もの（川）」のような川名があって，それからチューブスとなったかなと思った。

犬牛別川　いぬうしべつがわ

　剣淵川の大きな西支流。川口付近は士別市と剣淵町の境となっているが，だいたいは士別市の地域を流れている。永田地名解は「イヌン・ウシ・ペッ。漁人の仮小屋ある川」と書いた。inun は「漁のため滞在する」，「その滞在用の小屋」をいう。この川名は inun-ush-pet で「魚捕りに滞在する・いつもする・川」か，あるいは永田氏の書いた「漁用滞在小屋・のある・川」かのどっちかであろう。なおこの川名は続けてイヌヌシペッと呼ばれたであろう。

温根別　おんねべつ

　犬牛別川中流に入る北支流の名，地名。温根別川は雨竜の朱鞠内湖のすぐ南から出て南流している。その犬牛別に注ぐ川口の近くに明るい温根別の市街あり。
　オンネ・ペッ（onne-pet）の意は書きにくい。主たる・川とでも訳すべきか。ここでは大・川といってもよい川である。

シュルクタウシペッ川

　温根別川の西に並んで流れている川で，温根別市街の傍で犬牛別川に入る。シュルク・タ・ウシ・ペッ「shurku-ta-ush-pet　とりかぶとの根（矢毒に使う）を・掘る・いつもする・川」の意。シュルクはどこにもあるが，毒性の強いものの産地に採りに行ったそうで，ここはその名産地だったという。温根別の市街の雑貨屋に立ち寄り，今でも「とりかぶと」が生えていますか，と聞いたら「ええそうですよ，何でも毒の強いのと弱いのがあるそうです。宅にも鉢植えがあります」とそこの主婦が話された。

士別峠　しべつとうげ

　士別市街からまっすぐ西行すると温根別市街で，そこからシュルクタウシペッに添うて上ると士別峠で，天塩，雨竜の境。そこから西に下ると添牛内である。開拓時代には雨竜川上流は別天地で，下流とは殆ど交通せず，この道を通って士別から生活物資を入れていたという。今も国道239号線が通っていて，天塩と雨竜，更に日本海岸と

152

の主交通路である。

剣淵町　けんぶちちょう

　剣淵町は剣淵川中流の土地。東，北，西はすっぽりと士別市に囲まれ，南は和寒町で，割合に小さい地域である。北は犬牛別川の川口，南はパンケペオッペの川口で，剣淵町市街は剣淵川西岸を少し入った処。宗谷本線の駅がある。

辺乙部　ぺおっぺ
パンケ・ペオッペ川
ペンケ・ペオッペ川

　剣淵川の源流は数川に分かれているが，その中の西側の川がパンケ（下の）とペンケ（上の）のペオッペ川である。

　パンケ・ペオッペ川口は剣淵町と和寒町の境で，上るとすぐ二股に分かれ，その南股の方が町境になっている。北股の方は大きく円形に流れていて，辺乙部の原野，山林を囲み，その中を支流が縦横に流れている。またペンケ・ペオッペの方は和寒町内の川で，天塩国南西隅での長い川。辺乙部川ともいうが，剣淵川の本流の風格がある。

　ペオッペはペ・オッ・ペ「pe-ot-pe　水・多くある・もの（川）」と読まれるが，意味はよく分からない。水だらけの川とも読まれる。水量が多いというのか，小流がいっぱいあって水だらけという意なのかはっきりしない。

和寒　わっさむ
六線川　ろくせんがわ

　和寒町は剣淵川の源流地帯で，南の山を越えると上川盆地の鷹栖町，旭川市，比布町である。永田地名解は「ワッサㇺ　wat-sam＝at-sam。楡樹の・傍」と書いた。アッ・ニ（おひょうにれの木）の傍と解したのであった。

　明治31年5万分図や明治30年道庁版20万分図は剣淵川東支流（ペンケペオッペ川口の少し下の対岸に注ぐ）にワッサムと記す。現在の名でいえば「六線川」で，剣淵町と和寒町の境の川である。その北岸側つまり剣淵町側が，今でも和寒原野と呼ばれる処から見ると，ここが和寒の名の発祥地か。

　なお松浦図ではこの川らしい処にワッシヤㇺ，その一本上流側の川がホンワッシヤㇺ（注：小・和寒），本流をシイ・ワッシヤㇺ（注：和寒本流），水源の川をルウクシワッシヤㇺ（注：道が通っている和寒川）と書かれている。

　現在は，宗谷本線や国道40号線（名寄国道）の通っている川を和寒川という。松浦図の書いたシイワッシヤㇺ，つまりshi-watsam（本流の和寒川）にあたるようである。

　和寒町市街は上記六線川より遥か南，現称和寒川の西岸で宗谷本線和寒駅あり。山中としては相当の街である。

マタルクシケネプチ川
サクルクシケネプチ川

　剣淵川上流の和寒川は和寒市街の南西の処で二股に分かれ，東股がマタルクシケネプチ（mata-ru-kush-kenepuchi　冬の・道が・通っている・剣淵川）で，西股がサクルクシケネプチ（夏の道が通っている剣淵川）である。

　現在，国鉄宗谷本線も名寄国道も，前のマタルクシケネプチ川筋を通って上川盆地の比布川筋に出ている。ここが北海道の北と南を繋ぐ交通上の大動脈である。

　なお夏道と冬道が並んであった処では，現在の交通路は冬道の方の筋を選んでいる場合が多い。冬道，つまり積雪時の障害物が埋れていて最短距離を通っていたからなのであろうか。

塩狩　しおかり

　和寒町南端の峠名，地名，駅名。ここから南に下れば上川盆地比布川筋である。形はアイヌ語風に見えるが，天塩，石狩の間の峠という意味で一字ずつを採って塩狩とした和名であろう。

第Ⅲ　北　見　地　方

北見国　きたみのくに
　松浦武四郎がその国名建議書（明治2年）の中で「西テシホ境よりネモロ境シレトコ迄，併せてリイシリ，レフンシリ二島一局に仕り度く存じ奉り候。常々此辺の事北海岸と唱へ来り候事故，北の文字相用ひ，カラフト島快晴之日には見へ候に付北見等如何に御坐候哉と存じ奉り候」と書いたのが採用されて北見国の名ができたのであった。

156

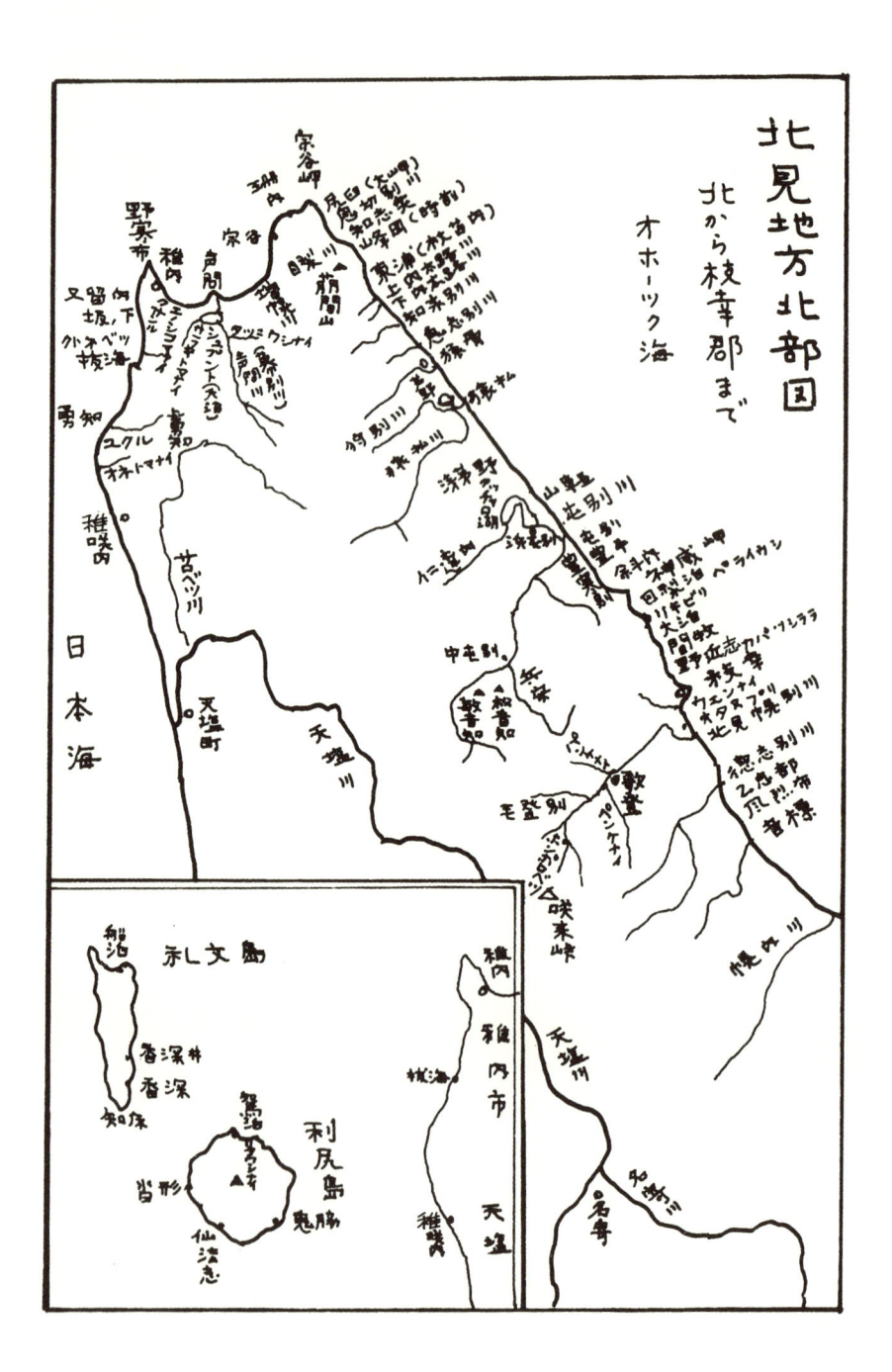

III 北見地方

(1) 北見地方北部

〈利尻，礼文〉

利尻島　りしりとう

　北海道北端，日本海中の島名。この一島で利尻郡と称し，島の西半が利尻町，東半が東利尻町である。富士山が海中に浮かんでいるような姿の円い島で，その利尻山は1719メートルの高さである。稚内から天塩町にかけての西海岸に出ると，どこでもすぐ眼の前の海中からその美しい山がほほ笑みかけて来る。

　利尻は古くはリイシリのようにも書かれた。リ・シリ（ri-shir　高い・島）の意。

鴛泊　おしどまり

　利尻島北部の舟着場の地名。東利尻町内で，役場の所在地である。箱館奉行所文書に「オシトマリの儀は四，五丁入込候淵にて深さ七尋もこれあり」と書かれた。天保5年（1834年）測量の今井八九郎図では，ちょうどそこにウシトマリと書かれてある。ウシ・トマリ（ush-tomari　入江の・泊地）の意であったのであろうか。

リヤウシナイ

　東利尻町内の地名。鴛泊市街のすぐ南東の処。リヤ・ウシ・ナイは「越年する・いつもする・川」の意。漁労などのため行っていて越年することをリヤといい，その言葉が諸方の地名として残っている。

鬼脇　おにわき

　東利尻町内の地名。幕末，明治のころはオンネワキと呼ばれた。蝦夷地名解（幕末）には「オンネ・イワキなり。オンネとは老たる，又は大きなると申義。イワキとは在すと申事。老たる者の在る所と申義」と書いてあった。イワキはiwak-i（住んでいる・処）。あるいは「大きい住地」，「もとからの住地」のような意味だったのでもあろうか。

仙法志　せんぽうし（チエフホフシ）

　利尻島南岸，利尻町内の地名。釧路東部尻羽岬の根もとの仙鳳趾と似た地名である。仙鳳趾はチェプポオチ（cheppo-ochi　小魚・多くいる処）だったらしい。

　仙法志も松浦図ではチエフホフシで同じ形に見える。それより古い今井八九郎図（天保5＝1834年）ではチセホヲチと書かれているが，たぶんチエホヲチの誤写であろう。仙鳳趾と同じ形の地名だったように思われる。（もしセがカの誤記だったのならチカッポ・オチで小鳥多き処となるが）。

沓形　くつがた

　利尻島西岸，利尻町内の地名。役場の所在地である。松浦図ではクチカンタ，明治30年の道庁版20万分図や翌年の仮製5万分図ではクツカンナイであったが，意味が分からない。後の方はクッ・カ・アン・ナイ（kut-ka-an-nai　崖・の上に・ある・川）

のように聞こえる。あるいはクッチカンナイ「kutchi-kan(kar)-nai　こくわの実・を採る・川」だったかもしれない。

前の方は，その川（ナイを省いて）の方（の処）ででもあったろうか？

礼文島　れぶんとう

利尻島の西の海中の島名。この一島で礼文郡であり，また礼文町である。アイヌ時代はレブン・シリ（repun-shir　沖の・島）と呼ばれた。利尻島の先の海にあるからであろう。

なおアイヌ語ではn音は後にs音が来るとyに転音するので，ユーカラの中などではレブイシリ（repuy-shir）となっていた。

また利尻の方はシリ（島）が残っているのに礼文の方ではそれが省かれて現称されているのは，字を当てると長くなるからだったのであろうか。

香深　かふか

礼文島南東岸の地名。礼文町役場の所在地である。香深の名は役場から約5キロ北の大字香深村字香深井から出たものらしいが，その名の意味は分からない。蝦夷地名解（幕末）には「カブカイ。カブとは波，カイは背負と申事。波を背負と訳す」と書かれたが，どうしてその訳になるのか私には分からない。カイカイなら白いくだけ波であるが，カブ（kap）はふつうは皮，カイは砕ける，折れる，背負うで，どうも地名の形になりにくい。

なお現在の香深は，漁場の移転かなにかで香深井の名がそこに移転したのでもあろうか。今の香深はトンナイと呼ばれた場所である。トンナイはト・ウン・ナイ「to-un-nai　沼・がある（に入る）・川」のような意であったろう。

知床　しれとこ

南北に細長い礼文島の最南端の処の地名。知床半島の知床と同名。シレトク（shir-etok　地面の・出っぱった先端→岬）の意。樺太でも南に伸びた半島突端に二、三の知床があった。

〈稚内市域〉

オネトマナイ川

稚内市日本海岸南端に近い処の川名，地名。上原熊次郎地名考は「ヲネトマリ。夷語ヲネトマブなり。則流木の有る所と訳す」と書き，後の永田地名解も同訳である。オ・ネッ・オマ・ㇷ゚「o-net-oma-p　川尻に・流木・ある・もの（川）」の意。語尾の-pの代わりにナイ（nai　川）を入れて呼んでも同じことで，どっちでも使われたろう。その後の方の形が現在に残った。

ユークル

オネトマナイの北の字名。永田地名解は「ユㇰ・ルー　yuk-ru（鹿の路）」と書いた。

ほど近い稚内市南端の小川にもユㇰオマナイ（yuk-oma-nai 鹿が・いる・沢）がある。稚咲内で聞いたら，この辺の海岸に近い林中には今でも鹿が棲んでいるようであった。鹿はアイヌ時代の大切な食料であった。

勇知　ゆうち

稚内市街のクサンルから裏の山を越えて日本海岸を南下すると，まず抜海，次が勇知である。勇知川が流れていて，その川口の辺が現在下勇知，浜勇知で，アイヌ時代のユーチはその辺だったであろう。現在国鉄宗谷本線の勇知駅があるのは川の中流の上勇知である。松浦氏再航蝦夷日誌ではイウチと書いた。永田地名解では「ユーチ←iochi（蛇多き処）」と書かれた。イ・オッ・イ（i-ot-i それ・多くいる・処）の意。蛇というのを憚かって「それ」といったのであろう。

なおアイヌ語では日本語と同じく ti の音がなく，その場合は chi（チ）となるのであった。　　　　　　　　　　　　　　　　　　　　　　⇒余市（486ページ）

抜海　ばっかい

抜海は稚内市の日本海岸側にある舟着場で市街地である。上原熊次郎地名考は「バッカイ。夷語バッカイベなり。則人を負ふ処と訳す。此海岸山際に大なる岩に石を負ふたる形状ある故字になす由」と書いた。バッカイ・ペ（pakkai-pe 子を背負う・もの）の意。瀬棚郡の梅花都の旧名バッカイ・シュマと同名。現在抜海市街の南のはずれにある抜海岩がその名のもとであるという。

クトネベツ

抜海市街の2～3キロ北を流れている川の名，地名。永田地名解は「クトゥネ・ペッ kutune-pet。大虎杖川。クトゥネはクッタルより大なり」と書いた。大きな「いたどり」の生えている川だという意で，たぶん土地のアイヌ伝承であったろう。ただしクトゥネという名の植物は聞いたことがない。ふつうはこの形だと kutu-ne（クトゥになっている）で，kutu（クッ。kut の所属形）は，①中空の管②地層の露出している崖である。この川は川尻しか見ていないので何ともいえないが，あるいはそんな意味でついた名であったのかもしれない。

坂の下　さかのした（ルエラニ）

稚内市街のクサンルから山を越えて日本海岸に下った処の地名。松浦図ではルエラン，明治の地図ではルエラニと書かれている。ルエラニ（ru-e-ran-i）は「坂」の意。ルエランはその略形。語義通りの処である。

又留内　またるない

坂の下のすぐ北側の土地の名。永田地名解は「マタルー。mata-ru（冬・路）。積雪の際クサンルへ越る路なり」と書いた。その道がどこであったか忘れられたが，少し北側の処に地形上交通できそうな沢もある。乗って行ったタクシーの運転手に聞いた

ら，この沢から稚内への旧道があったが今は通れないといった。土地で調べていればこのマタ・ル・ナイの位置は確認できそうである。

野寒布岬　のしゃっぷみさき

稚内市街の先にある，北海道北西端の大岬の名。上原熊次郎地名考は「ノツシヤブ。夷語ノツシヤムなり。則崎の際と訳す。ノツとは山崎の事，シヤムは際亦は側といふ事にて,此崎の際に夷村のある故字になすといふ」と書いた。ノッ・サム「not-sam(sham) 岬の・側」の意。ノッ（not）は顎で，地名では岬をいう。語尾の m が p に訛った例は処々の地名に見られる。

松浦氏再航蝦夷日誌では「ノツシヤフ。本名ノツエトと云」と書かれた。ノッ・エトゥ（not-etu）は続けて呼べばノテトゥとなり，処々の岬の名に残っている。エトゥ（etu）は鼻のことで，これも地名では岬をいう。

また松浦図では「ノツシヤフ。本名ノットサウシ」となっている。not-sa-ush-i（岬の・前に・ある・もの）ぐらいの意か。ここは山崎の前に平地が突き出ているのでこうも呼んだのであろうか。

シュルコマナイ

稚内半島の東側は，同じような小川が山から流れ下って市街地を横切っているが，その中の北側の川がシュルコマナイである。シュルク・オマ・ナイ（shurku-oma-nai とりかぶとの根・がある・川）の意。とりかぶとの根から狩猟に使う矢の毒を使ったので，この名は道内の処々にあった。

トペンナイ

シュルコマナイから南に二つ目の川。宝来2丁目，3丁目の間の川で大慶寺の横を流れている。永田地名解は「トペン・ナイ。甘・川」と書いた。

水がおいしいという意味でトペン・ナイ（topen-nai）だったのであろうが，あるいはトペ(ニ)・ウン・ナイ「tope(ni)-un-nai　いたやもみじの木・がある・川」だったのかもしれない。いたやの木は甘い樹液が採れるので，トペ・ニ（乳・の木）と呼ばれた。

稚内　わっかない
ヤムワッカナイ
フシコ・ヤムワッカナイ

稚内は，まずは稚内市街地の辺の名であり，次に稚内半島一帯の大字名となり，また現在の稚内市は北海道の北端部の日本海，宗谷海峡，オホーツク海に面した広い地域の称である。

稚内の名はヤム・ワッカ・ナイ「yam-wakka-nai　冷たい・水（飲み水）の・川」が前略された名であるという。この付近は水のよくなかった処だそうで，そこによい水の川があったので付けられた名であろう。

明治の5万分図を見るとヤムワッカナイとフシコ（古い）・ヤムワッカナイが書かれ、フシコの方には小川が書かれている。これが元来のヤムワッカナイだったのであろう。だいたい港1丁目の辺だったらしい。後に今の稚内駅の辺に中心が移ったので、もともとの処の方はフシコ（古い）を付けて呼ばれるようになったと思われる。松浦氏再航蝦夷日誌は「ヤムワツカナイ。小川有。秋味（鮭）漁場にして番屋一棟云々」と書かれた。冷たい水が流下した川なので鮭が寄ったのであろう。当時はほんとの小地名だったのであるが、後に樺太航路の起点として大発達を遂げ、現在は漁業根拠地として、また利尻、礼文への航路出発点として賑やかな街である。

クサンル

稚内市街南端部の地名、川名。日本海岸の坂の下部落の辺からルエラニ（坂）を上り、峠を越えて東に降ると稚内の湾に出る。その斜面がク・サン・ル「ku-san-ru 我・浜の方に出る（下る）・道」の意だったらしい（kuと単数を使った点に疑念はあるが）。そこの川名としても使われた。ここは日本海岸から稚内に入る要路である。

エノシコマナイ

クサンルから東にエノシコマナイ、ウェンナイと三川が並んでいる。永田地名解は「エノシコマ・ナイ。enoshk' oma nai。間川。クサンルとウェンナイの中間にある川なり」と書いた。

エ・ノシキ・オマ・ナイ（e-noshki-oma-nai 頭が・中央に・ある・川）のような意味だったのであろう。

ウェンナイ

永田地名解は「ウェン・ナイ wen-nai（悪川）。赤水にして魚上らず。故に悪川といふ」と書いた。道内にウェン・ナイ（悪い・川）の名が多いが、その大部分はなぜ悪いのかが忘れられている。ここでは、水が悪いのだというアイヌ伝承らしいものが書き残されていたのであった。

ウェンノッ

野寒布岬と宗谷岬との間にある大きな宗谷湾の南岸の中央に、声問の小岬が突き出ていてウェン・ノッ（wen-not 悪い・岬）と呼ばれていた。永田地名解はここでも「岬下に暗礁多く舟行がたし」とその悪い理由を書いている。前記ウェンナイのすぐ近くである処から見て、アイヌ伝承を書いたものであろう。

声問　こえとい

明治の5万分図では声問の岬の東根もとに声問川の川口があって、そこにコイトゥイェと書いてある。それが声問という地名の発祥地であった。永田地名解は「コイ・トゥイェ。浪越。浪のため砂場潰決する処。声問村」と書いた。同名は全道の海岸に多い。川尻の処が、砂浜の中を海岸線に並行したような形で流れている処の名で、風

波がその砂浜を破り，川がそこで海に直流するようなことがあるのでこの名で呼ばれたのであろう。稚内空港は声問市街のすぐ東南の処である。　　⇨小糸魚（381ジ）

声問川　こえといがわ

　稚内市内の一番長い川であるがアイヌ時代は，長く北流して来てシュプントー（大沼）に入り，更にそこから流れ出して海に注いでいた。永田地名解は「声問川は和人の付したる名にして，本名はトーパロ（沼口）なり」と書いた。トー・パロ（to-par 沼の・口）の意で，元来はシュプントー沼から海までの間の称であろう。

　同書はまた「シ・ペッ　shi-pet。大川。又本川とも訳す。和人声問川と称す」と書いた。シ・ペッは，本流という意味で，沼から上の本流筋の称であったろうか。

シュプントウ沼

　声問川を少し上った処にある沼の名。稚内市域での最大の沼で，俗に大沼と呼ばれる。永田地名解は「トー　to（沼）」と書いた。大沼はただトー（沼）と呼ぶのが一般の例であった。

　また続けて「シュプン・トー　shupun-to（うぐひ魚・沼）。ホニ　honi（腹）。シュプントーの一名」とも書いた。どうしてだか分からないが，処々でト・ホン（to-hon 沼・腹。honi はその腹）という言葉が使われていたようである。

サラキトマナイ

　シュプントウ（大沼）の西南の角に注いでいる川の名で，その辺の地名にもなっている。永田地名解は「サリキ・ト・オマ・ナイ。葭沼川」と書いた。サルキ・ト・オマ・ナイ「sarki-to-oma-nai 葭（葦）の・沼・にある・川」の意。大沼のその部分に葭が多く生えていてできた名か。

幕別　まくんべつ

　大沼（シュプントウ沼）の上（南東）の川名，地名。名のもとになったマクン・ペッ「後（奥の方，山の方）にある・川」の位置がはっきりしない。明治 31 年 5 万分図や，今使っている 5 万分図では，声問川の，大沼から上の部分を幕別川（マクンペッ）としているが，道庁河川課編河川図（5 万分図）では，その部分（本流）も声問川とし，その本流に，沼から 2 キロ半ぐらいの処で注いでいる東小支流の名をマクンペツ川としている。何か理由があるらしい。

　松浦氏廻浦日記に「シフントウホ（注：大沼らしい）と云沼あり。また左り（東側）の方本川（声問川の）。ハンケホシユシナイ，ヘンケホシユシナイ，マクンヘツ，此処枝川なるが，直に又本川と逢也」と書かれていることに注意したい。道内各地にマクンペッがあったが，その多くは本流から分かれた小分流で，少し行ってまた本流と合している川筋の名である。それを「山側に入っている川」という意でマクンペッと呼んでいた。廻浦日記の書いたマクンヘツも正にその形である。

　それから見ると，大沼から声問川本流を少し上った処にそんな意味のマクンペッと

III 北見地方

呼ばれる分流があったのではあるが，後にそれが沼から上の声問川本流の称となったと見るべきではなかろうか。

河川課編河川図のマクンベッは，昔の分流時代の名が残っていて，それがその付近の支流の名として使われるようになったと理解すべきか。

タツニウシナイ川

声問川上流の東大支流。タッニ・ウシ・ナイ（tatni-ush-nai 樺の木・群生する・川）の意だろう。永田地名解と明治 31 年 5 万分図はタッニナラウシナイと記す。タッ・ニナル・ウシ・ナイ（tat-ninar-ush-nai 樺の・岡・にある・川）の意か。松浦図のタツニヤラはタツニナラ（樺・岡）の誤記だったのではなかろうか。

ニナラ（ninar）は段丘上の平らになっているような処を呼んでいた言葉のようであった。

増幌　ましほろ

宗谷湾の東南隅に増幌川が注いでいて，その川筋を増幌という。永田地名解は「マシ・ポポ・イ。鷗の・躍る・処。潮入の川なり。婦女の踊をオポポと云ふ。ヘチリと云ふも同義」と書いた。土地のアイヌの伝承らしい。松浦氏廻浦日記はマシホホ，松浦図ではマシウホホとなっている。マシ・ウポポ（mash-uppo 鷗・唱舞）ともいったものらしい。鷗が鳴きながら群れ飛ぶ姿をウポポしていると呼んだのであろう。それが幌（ポロ）に訛ったものらしい。

宗谷　そうや（ウェントマリ）

宗谷は現在宗谷湾東岸中ほどの処の地名，そこの川は宗谷川。宗谷郡は北海道北端部の広い地域名であったが，その大部分が稚内市となったので，今ではオホーツク海側の猿払村だけが宗谷郡を称している。

永田地名解は，現在の宗谷の処で次のように地名を並べて書いている。

ウエン・トマリ　wen-tomari。悪・泊。

ソー・ヤ　sō-ya。岩嶼。ソーヤはサンナイの海中にある岩嶼の名にして此地の名にあらず。場所を置く時ウェントマリの名を忌みてソーヤを以て此の地の場所の名とす。宗谷村。

パラキ・オ・ナイ　paraki-o-nai。扁虱（だに）・多き・沢。今の宗谷村にある小川の名。（注：今の宗谷の地は昔この川名によってパラキナイと呼ばれていたという）。

松浦氏廻浦日記はウェントマリ，ソウヤと並べた上で「ソウヤはサンナイの方に至るにソウヤ岩と云大岩むかし有し其名にして，其を以て今は惣場所の名，並に当所の名とす。本名はヒリカトマリなるべし（注：ウェントマリの名を避けてピリカ・トマリ「pirka-tomari」つまり「よい・泊地」と呼んだものか）。其淵内暗礁多くして出入の船は至って容（れ）にくし。然れども海底一面の平暗礁なるが故に，其ヒリカトマリに入る時は如何なる風波も障ることなしと」と書いた。

これから見ると，昔サンナイ（珊内）のソーヤにあった会所をここに移したのは舟

163

着きのよい場所という意味だったらしい。会所は前の場所の名をそのまま持って移転するのが当時の例で，それからここが宗谷となったのであった。

　宗谷川（現称）は前記のようにパラキ（オ）ナイで，それがこの地の地名として使われた。なお永田地名解はパラキを扁虱としたが，上原熊次郎地名考は植物名としている。

珊内　さんない

　今の宗谷市街から海岸を約6キロ東北行した処，宗谷岬から約1キロ手前の処の海岸が珊内で，珊内川が流れている。永田地名解はここでも次の地名を並べて書いた。

　エシャ・トゥシ←eshan-tush。岬・縄。干潮の時岬脚の海に出ること五十間許。故に名く。エシャトゥシはエシャントゥッシの短縮語なり。

　ソー・ヤ so-ya。岩嶼。宗谷村は名を此処に取る。

　サン・ナイ san-nai。下る・川。

　土地の漁師に聞くと海中の弁天島，平島（どれも岩礁）から海中の岩がずっと続いて天然の防波堤となり，昔は弁財船（大型商船）も入ったのだという。それで古い時代にはまずここが北方の中心地として選ばれたのであろう。

　ソー・ヤは「磯岩の・岸」の意。正にそんな処であった。同名諸地に多い。例えば襟裳岬の東側の庶野も同じ名で，元来は磯岩の海岸であった。

　サン・ナイ（san-nai　浜の方に出る・川）も各地にある川名だが，何が出るのだかよく分からない。上にコタンがあって，人間がその沢を浜に出る川との説も聞くがそうばかりとも思えない。最近調べたところでは，雪融けとか大雨の時に，水がどっと出る川にサンナイの名のある処が多いようである。この珊内も上が手の平を開いたように拡がっているので，あるいは「水」が出る意味のサンナイだったかもしれない。

宗谷岬　そうやみさき（ノテトゥ）

　北海道最北端の岬。低い草の生えた丘が突き出していて，前に広場があり，その先の海中には一面の岩礁がある。松浦図ではノテト。永田地名解は「ノテトゥ　notetu。岬。灯台ある処」と書いた。ノッ（not　あご，岬）とエトゥ（etu　鼻，岬）を続けて呼んだ形で，処々に同名がある。

大岬　おおみさき（尻臼　しりうす）

　宗谷岬を東に回った処の字名。漁部落がある。前は尻臼と呼ばれていたが，今は大岬という。宗谷岬の処の部落なのでこのごろこの名としたものか。

　尻臼はアイヌ語から来た名に違いないが，語義が解しにくい。永田地名解も「シルウシ？。淵の名なれど意味不詳」と書いただけである。古い上原熊次郎地名考を見ると「シルシ。夷語シリシユツなり。則地の蔭と訳す」と書いてある。古くアイヌ長老と親しかった上原氏のことなので見逃し難い。宗谷岬の山下の処なのでシリ・シュッ（shir-shut　山の・根もと）と呼ばれていたのが訛ってシルシ，シリウスとなったのでもあろうか。室蘭の糸付岬の下の処がシルスで，元来はシリ・シュッだったといわ

III 北見地方

れるのと似た名であることとも考え合わせられる。

鬼切別川　おにきりべつがわ

大岬部落の南にある川の名であるが語形，語義とも不明。永田地名解はここでも「onikki-ush-pet ？」としているだけである。松浦氏廻浦日記では「ヲニツチウシヘ」，同氏再航蝦夷日誌では「ヲニキルンヘ」，松浦図では「ヲニキルシベ」といろいろな形になっているので，うっかり言葉も当てられない。あるいはオ・ニクル・ウシ・ペ「o-nikur-ush-pe　川尻に・林が・ある・もの（川）」ぐらいの名であったものか。

この川上の丸山に悪い鬼がいて娘をさらったりしたので，それを退治してその血が流れた処だとの伝説もあったようであるが，後の時代に考えられた説話か。

知志矢　ちしや

鬼切別の南の辺一帯の地名。上原熊次郎地名考は「チシヤ。高岩の岳と訳す。此海岸に高岩のありて，其岡に夷村のある故字になすなり」と書いた。

チシ・ヤは道内の処々にあった地名で，現代流に訳せばchish-ya（立岩の・岸）の意。高い独立岩のある辺の海岸のことであった。この知志矢のどこにそのチシがあったのかは分からないが，南の方から来ると海中の竜神島がきわ立って見える。少し大きいがそれをチシと呼んだのかもしれない。

なお永田地名解にはこの名がなく，その位置にキサ・ナイ（燧・沢），キサ・シュマ（燧・石）を書き，「アイヌはチサナイ，チサシュマと呼びて其意義を知らず」と書いているのが知志矢のことらしい。だが諸地に同名があることや，古い上原氏の伝承からも見て，チシ・ヤと解したい。

豊岩　とよいわ
泊内川　とまりないがわ

豊岩は知志矢の南の字名で，前のころは泊内であった。川名は今でも泊内川である。泊内はアイヌ語地名でトマリ・ナイ（tomari-nai　泊地の・川）の意。再航蝦夷日誌には「図合船懸り淵よろし」と書かれている。ちょっとした舟着場だったのであろう。

目梨川　めなしがわ

泊内川の南で時前川の北の川の現名。その川尻の処がメナシ・トマリ「menash-tomari 東風（の時の）・泊地」である処なので，和人のつけた川名だろう。アイヌ時代はセモヤンペツ（再航蝦夷日誌），セモヤンヘツ（廻浦日記）とも書かれた。永田地名解は「ヘマシペッ hemash-pet（上る川）。ヘモイと云鱒の上る川なり。一名ヘモイヤンペッと云ひ，鱒の上る川の義」と書いた。

峰岡　みねおか（時前　ときまえ）
萌間山　もいまやま

稚内市宗谷地区東岸南部の地名。前のころは時前と呼ばれていたが，今は峰岡と改

165

名。ただし川名は今でも時前川である。萌間山は時前川下流の北岸にある美しい独立丘で，特に峰岡部落の方から見ると，全くトゥキ（tuki　酒椀）を伏せたような姿である。

永田地名解は「モイワ。小山。此辺のアイヌはモイマという。元名はトゥキ・モイワなり。杯の如き小山の義」，また「トウキマイ。元名トゥキモイワなり。或は云ふ，トゥーキ・オマイにして杯を忘れ置きたる処」と書いた。

いい直せば，萌間山はその形から，トゥキ・モ・イワ「tuki-mo-iwa　酒椀（のような）・小さい・山」であって，そこを流れる川がトゥキ・オマ・イ「tuki-oma-i　酒椀・ある・もの（川）」と呼ばれ，それが地名ともなり，漢字を当てられて時前となったものらしい。

東浦　ひがしうら（杖苫内　つえとまない）

峰岡の辺から国道（238号線）を16キロぐらい南下すると下り坂となり海岸に出る。段丘下の海浜に人家が並んでいる処が東浦の部落であった。改名前の名は杖苫内で，土地の年よりたちは今でもその名で呼んでいた。古くは宗谷場所中秋味最上の処といわれた。

語義はチエトイ・オマ・ナイ（食土・ある・川）で，チエトイオマイと，語尾のナイをイ「もの（川）」にしても呼ばれたのであった。チエトイは chi-e-toi（我ら・食べる・土）で，水で粗い粒子を除き，野菜などとあえて食べた。たいていは白か黄色の粘土である。

土地で尋ねたら，部落の北の端の沢筋に白い粘土があるのだと案内してくれた。チエトイオマナイは，元来はその沢の名であったのであろう。

上内太路川　かみないふとろがわ
下内太路川　しもないふとろがわ

稚内市宗谷地区の東海岸最南の川で，兄弟のようなこの二川であるが，南の下内太路川の辺が稚内市と猿払村との境になっている。元来この二川は海浜で合流していたのであるが，今は下内太路の方が本流として扱われている。永田地名解には次のように書かれていた。

①エレクトゥッペ　咽川〔上内太路川〕
②イチャヌッペッ　鱒上る川〔下内太路川〕
③ナイ　ウトゥロ　川合の山。イチャヌペッとエレクトッペの間にある山。又ナイウトゥルシペと云ふ。

①の意はよく分からない。レクッ（rekut）は喉，レクチ（rekuchi）では「その喉」。レクチ・ウン（rekuchi-un）で「何かが喉につまってむせる」ことをいう。似た形なので川口に砂がつまって川がむせるようになるという意をいった何かの言葉だったか。なお松浦図ではエレクトヘツと書かれた。

②はイチャニウ・オッ・ペッ（ichaniu-ot-pet　鱒が・多くいる・川）ぐらいの意だったろうか。土地の人に聞くと内太路は鱒ややまべが無暗にいる川であるが，いまは種

川として，禁漁の川になっているのだという。

③はナイ・ウトゥル（nai-utur　川の・間），nai-utur-ush-pe（川の・間に・ある・処）の意。この二川の名がペッで呼ばれているのに，その間の土地をナイの間としている点が気にかかるが，地名の残った時代差の関係ででもあったのか。とにかく内太路はそれに当て字をした地名。字にひかれて「ないふとろ」となった。

なお松浦図や三航蝦夷日誌，廻浦日記等で見ると，その当時のナイウトロはそれより僅か南（今の猿払村側）の方の地名として呼ばれていたのであった。

〈宗谷郡猿払村〉

知来別　ちらいべつ

宗谷郡猿払村北辺の川名，地名，沼名。チライ・ペッ（chirai-pet　いとう魚の・川）の意。松浦図ではチライヲツと書かれた。チライ・オッ（chirai-ot　いとう魚が・多くいる）の意。川尻は今漁船のよい泊地になっている。

鬼志別　おにしべつ

猿払村北辺の川名，地名。上原熊次郎地名考は「ヲニウシベツ。ヲニシベツの略語なり。則木の繁りたる川といふ事」と書いた。オ・ニ・ウッ・ペッ（o-ni-ush-pet　川尻に・樹が・群生している・川）の意。噴火湾の森と同名なのであった（ただし現在は森林らしいものは見えない）。

後の永田地名解が単に「onush pet？」とだけ書いたのはオヌシベツという音を聞いたからか。北海道駅名の起源は「オ・ニ・ウッ・ペッ（注：上原説に同じ）の転訛したものであるというが，またオ・ヌ・ウッ・ペッ（川口・豊漁・ある・川）とも解される」と書いた。

猿骨　さるこつ

猿払村北辺の地名，川名，沼名。明治31年の5万分図で見ると，現在の猿骨川の川口に当たる海岸にシャレウコッ，そこから猿骨川を2キロ上った処の北側の沼（今の猿骨沼）にシャレウコットー（シャレウコッの・沼）と書かれている。アイヌ語ではシャもサと同音であるので，これから猿骨の名が出たものらしい。

この古い5万分図で見ると，猿骨川の川下は海岸に沿って長く南流し，逆に南から海岸に沿って北流していた猿払川の川下と合流してから海に入っていた。この二川は共にサル（sar　葭原）の川であった。それから考えると，シャレウコッはsar-e-ukot「葭原（川）が・そこで・くっついている（合流している）」と読まれるので，つまり合流点のことだったのではなかろうか。それが北側の方の川の名となり，猿骨川の名のもとになったのではなかろうか。

芦野　あしの

猿骨川下流，猿骨沼の南西の原野の中に，国鉄天北線の芦野駅があり，駅前に芦野の市街がある。北海道駅名の起源は「開駅当時はこの地一帯に芦が乱生していた平野

167

にあったので，このように名づけたものである」と書いた。つまり猿骨のサル「sar　芦（葭）原」の処だったのでこの名をつけられたのであった。

猿払　さるふつ

　川名，駅名，村名。猿払村は元来の宗谷郡の東南端の村であるが，広い稚内市ができたので，今では宗谷郡で呼ばれる唯一の村である。

　上原熊次郎地名考は「サルブト。夷語シヤルブトゥなり。則湿沢の水口と訳す」と書いた。ちょうど日高の沙流川の川口の処が佐瑠太(さるぶと)（今富川と改名）であったのと同じことなのであった。葭原の川の川口の処がサル・プッ（sar-put　葭原の・川口）と呼ばれたのが始まりであった。

　それが付近一帯の地名となって猿払となり，またその川の名としても使われたのであった。明治31年5万分図が，猿払川をサロペッと記したのはサロペッ(sar-o-pet　葭原・にある・川）と呼ばれたことからだろう。日高の沙流川も，ふつうはただサルで呼ばれたが，旧記には時にはサルベツとも書かれたのと似ている。

　国鉄猿払駅は支流狩別川筋にあり，今は駅前の市街が猿払の名で呼ばれ，元来のサル・プッ（川口）の処の市街は今は浜猿払となっている。

ポロ沼

　猿払川下流北側の湿原中の沼。昔は川が一度この沼に入り，そこから流れ出していたのであった。元来の名はポロ・トー（poro-to　大きい・沼）。その東側にあるモ・トー（mo-to　小さい・沼）と対照的に呼ばれた名であったろうか。

狩別川　かりべつがわ

　猿払川下流に西から注いでいる支流の名。松浦図では，ポロ沼に注いでいた当時の姿で描かれカレと書いてある。永田地名解は「カリ。曲り（川）。此地のアイヌはカリの語義を知らず」と書いた。湿原の中を曲がり曲がって流れていた川なので kari-pet（曲がる・川）と呼ばれていたのが狩別となったのであろうか。国鉄猿払駅は狩別の原野に作られ，その駅前の市街が今は猿払と呼ばれている。

浅茅野　あさじの

　駅名，地名。猿払川中流の湿原の中の処である。北海道駅名の起源は「開駅当時はこの地一帯に芦が乱生していた平野であったのでこのように名づけたものである」と書いている。つまり猿払川の葭原（サル）の姿からつけられた名なのであった。

　　〈枝幸郡〉
頓別　とんべつ
浜頓別　はまとんべつ

　枝幸郡の北部を流れている頓別川は流長74キロの大河で，その川口の処に，北側の大きな湖（クッチャロ湖）の水が流れ込んでいる。それでト・ウン・ペッ「to-un-pet

湖・の（に入る）・川」と呼ばれていたのが頓別川となった。

浜頓別町は頓別川の下流一帯の土地で，その中心市街は，川口から約2キロ上った処にある。行って見ると川口の字名が頓別で，その上流に浜頓別市街があるので変な気がするが，経過は次のようなものであった。

古くは海岸から知られたので，川口の処が頓別で呼ばれたが，明治中年から砂金採取で内陸にも人が入り出した。大正5年（1916年）に枝幸村から分村して頓別村ができたのだが，同10年中頓別村を分村し，昭和26年浜頓別町と改称した。広い頓別地域の中の浜側の土地という意。その浜頓別町の中心市街が今の処なので，そこが浜頓別と呼ばれたが，浜の方の古くからの土地は昔のまま頓別なのであった。

クッチャロ

浜頓別市街の北側にあるクッチャロ湖は大沼なので，アイヌ時代は当時の習慣で，特別の名はなくただトー（沼）と呼ばれていたのではなかろうか。その沼の水が川になって流れ出す口の処がトー・クッチャロ（to-kutchar 湖の・喉）と呼ばれていたので，和人がそれを採ってクッチャロ湖と呼ぶようになったものらしい。阿寒の屈斜路湖の名も，流出口の名であったクッチャロから和人が採って湖名にしたのと同じことである。

その川が約4キロ流れて頓別川の川口に注いでいるが，その川名もクッチャロ川と呼ばれている。アイヌ時代からの名か，和人がつけた名かは分からない。太いパイプのような立派な川である。

山軽　やまがる

クッチャロ湖の大沼と小沼の繋がっている処の地名。国鉄駅あり。永田地名解は「ヤマックカルー。冷水路。崖より冷水流れいづ」と書いた。ヤム・ワッカ・ルー「yam-akka (wakka)-ru 冷たい・水（のある，を汲みに行く？）・道」が訛って山軽となったものらしい。

仁達内　にたちない

クッチャロ湖の一番奥（小沼の南端）に流れ込んでいる川の名，その川筋の地名。ニタッ・ナイ（nitat-nai 低湿荒野の・川）の称から来たのであろう。

⇒仁立内（374ジ）

中頓別町　なかとんべつちょう

枝幸郡内，頓別川中，上流の地で，大正10年頓別村から分村し，昭和24年町制施行。町内に上頓別，小頓別等もあるが，中頓別の市街が中心なのでこの称を採ったのであろう。

町内の頓別川を溯り，小頓別から南に山を越えると天塩川の音威子府，東に山を越えると幌別川（北見）筋の歌登で，大切な通路になっている処である。

169

兵安　へいあん（兵知安　ぺいちゃん）

中頓別市街の処で東から頓別川に入る支流が兵知安川で，その付近が兵知安という字名であったが，字名の方は後に略されて兵安と呼ばれるようになった。

この名の由来ははっきりしないが，この川口の対岸にペンケ・イチャン（川上の・鮭鱒産卵場）という小川があり，松浦図ではそれがヘンケヘトチヤンと書かれている。ペンケ・ペッ・イチャン（penke-pet-ichan　上の・川の・鮭鱒産卵場）の意。それらから訛って兵知安となったものであろうか。

松音知　まつねしり
敏音知　ぴんねしり

頓別川上流の東側に，川下から松音知，敏音知の二つの独立山が並んでいる。マッネ・シリ（matne-shir　女である・山），ピンネ・シリ（pinne-shir　男である・山）の意。そしてそれによって字名，駅名がつけられた。

豊寒別川　とよかんべつがわ

頓別川の川口に南から入っている支流の名。明治の地図や松浦図ではトイカンベツである。現称は当てられた漢字の豊に引きつれた呼び方であろう。広い葭原の中をゆったりと流れている相当な川である。

この語義は分からない。北海道駅名の起源は昭和25年版から「トイ・カム・ペッ（土を・かぶる・川）」と書いたのであるが，相当苦心をしてこの言葉を当てたものらしい。見た範囲ではそんな姿にも見えない川であるが，然るべき言葉も思い浮かばない。天塩川筋の問寒別と共に研究問題のような川名である。

豊牛　とようし

浜頓別の南の駅名，地名。北海道駅名の起源は「トイカムペッとブイ・タ・ウシ（えぞのりゅうきんかの根・掘る・所）の間にあるので，牛が豊かになるようにという地元の要望で，豊寒別の豊とブイタウシの牛を合わせて豊牛と名づけたものである」と書いた。

また鉄道の駅名ができると，それがその辺の字名となるのは至る処で見られる現象なのであった。

斜内　しゃない

豊牛のすぐ南の駅名，地名。上原熊次郎地名考は「ショーナイ。滝の沢と訳す。此所の右に滝の沢の有る故此名ある由」と書いた。明らかにアイヌからの伝承である。ところが永田地名解になると「シ・オ・ナイポ　shi-o-naipo（糞・多き・小沢）。古ヘアイヌ村ありし処にて，此川へ糞をしたりと。斜内村と称す」と書いた。これは永田氏の時代のアイヌの説話的な解であろう。駅名の起源は「滝・川から出たものであるといわれている」と書いた。

なお永田氏はナイボと-po（指小辞）をつけた形で採録した。この地方ではよく地名

に-po という語尾をつけて呼んでいたようである。この斜内もごく小さな沢であったらしい。

神威岬　かむいざき

浜頓別町と枝幸町の境界の処。岩岬が海中に鋭く突き出していて，アイヌ時代はカムイ・エトゥ（kamui-etu　神の・岬）と呼ばれた。増毛の別苅の先にも同名のカムイエトゥがあり，同じように物凄い岩岬である。

南側の方からはよく見える。そこに北見神威岬と立て札がしてあった。積丹の神威岬（おかもい様）とまちがえないように北見をつけたものか。アイヌ時代の神様は人の寄りつけないような崖の処がお好きだったらしい。

目梨泊　めなしどまり

枝幸町内。神威岬の南の小入江の名，地名。国鉄の駅あり。メナシ・トマリ「menash-tomari　東風（の時）の・泊地」の意。東側に細長い岩岬が長く出ていて今目梨泊岬という。それが防波堤のようになっているので，東風の荒れる時には正に有難い停泊地になったことであろう。

ペライウシ

枝幸町内。殆ど忘れたらしい名であるが，釣りの地名の例として掲げた。明治31年5万分図は目梨泊岬の先端の処にペラウシと記す。永田地名解は「pera　ushi　小川ある処」と書いたが訳とは思えない。上原熊次郎地名考を見たら「ペラエウシ。釣をなす所と訳す。蝦夷共ここに集りて釣をなす故此名ある由」と書かれている。つまりペライ・ウシ（perai-ush-i　釣りをする・いつもする・処）なのであった。ペライ（釣る）という語は処々の小地名の中に出て来るのであった。

リキピリ

目梨泊から南下すると，山臼駅のすぐ南で，鉄道も国道も急斜面の下の狭い海際を通っている処があり，明治の図ではその上の山にリキピリと書いている。つまりここはリ・キピリ（ri-kipir　高い・水際の急崖）なのであった。　　　　　⇒力昼（131ジー）

大泊　おおどまり

国鉄問牧駅の北の海岸の地名。字のままだと大きい泊地と読みたくなるが，松浦図でも明治31年図でもオホトマリである。永田地名解は「オホ・トマリ　oho-tomari（水深き・泊）」と書いた。

問牧　といまき

目梨泊と枝幸市街の間の処の名。国鉄駅あり。永田地名解はただ「toimaki？」とだけ書いた。松浦氏の諸資料もいずれもトイマキ，トエマキで，その意味が考えにくい。北海道駅名の起源は「トゥイ・バケ（くずれた・出崎）から出たものである」と書い

野近志　のちかし

　問牧駅と枝幸駅との中間ぐらいの処の海岸，小さい岬が出ている。永田地名解は「ノチカシ。岬を迂回する処」と書いた。not-ika-ush（岬を・越える・いつもする）の意味に解したものか。この辺の地名は何か分かりにくい。

枝幸　えさし

　宗谷支庁内の町名，郡名。枝幸の市街は海に突き出した土地に開けたが，ここが元来の枝幸である。古く上原熊次郎地名考は「エサシ。夷語エシヤシなり。則海岸に出たる崎といふ事にて，此崎海岸へ尖く出たる故地名になすといふ」と書いた。

　後に永田地名解は「エサシは昆布なり。沖なる磯礁上に昆布ありしに因て名くとアイヌ云ふ。旧地名解にエシヤシは山の海岸へ出たる崎の義とあれども非なり」と書いたためか昆布説も相当後に残った。

　知里博士は永田説に強く反対で，北部では昆布をサシとはいうがエサシとはいわないといっておられた。この枝幸，檜山の江差，室蘭のエシャシはどれも同じように突き出した岬の処の名である。エサシ（esashi　岬）←(e-sa-ush-i　頭が・浜に・ついている・処）と解すべきようである。

カパッシララ

　松浦図は枝幸の北側にカハチシラリ，明治31年5万分図はカパシララと記す。永田地名解は「カパシララ。扁磐。カパラシララの訛り」と記す。枝幸の街の北側の護岸の処に来て見たら，沖合に白波が立っている処があり，そこの名なのであった。

　カパッシララ（kapatshirar←kapar-shirar　平たい・岩）の意。昆布が採れた処だそうだ。そんなところから枝幸が昆布の意だという説話的解が生まれたのであろうか。

ウェンナイ

　枝幸市街のすぐ南の処の小川の名。永田地名解は「ウェンナイ　wen-nai（悪・川）。鮭魚上らず水深し。故に悪川と名く」と書いた。土地のアイヌから聞いた話であろう。多くのウェンナイはなぜ悪い川なのか分からなくなっているが，これはその悪いわけの伝承が残された少ない例の一つであった。

幌別川（北見幌別川）　ほろべつがわ

　枝幸市街から約6キロ南の処にある川名。道内諸所に同名があるので，区別して北見幌別川ともいう。流長46キロの枝幸郡第一の大川で，下流は枝幸町であるが，中上流は歌登町を流れている。

　語義はポロ・ペッ（大きい・川）であった。この川筋を溯って天塩川に越える古くからの交通路がある。

徳志別　とくしべつ

　枝幸町の川名, 地名。徳志別川は幌別川の南6キロの処を流れている相当な川である。松浦図はトウシヘツ, 廻浦日記ではトホシベツと書かれた。永田地名解が「トブシベッ　top-ush-pet（竹川）。大竹多き川なり」と書いたのは当時のアイヌから聞いた伝承であろうか。

乙忠部　おっちゅうべ

　枝幸町南部に近い処の川名, 地名。語義は少々分かりにくい。松浦図はオチチウベ, 廻浦日記はヲチウンへで, うっかり言葉が当てられない。永田地名解は「オ・キトゥ・ウン・ペ。韮（あいばかま）多き川。韮極て多き処なり。オチツンペ（初版による。流通する四版はヤチツンペと誤植）と云ふは訛なり」と書いた。

　古い上原熊次郎地名考はヲチシペと採録し, 高岩あるいは峠ある処とした。それから見ると, オ・チシ・ウン・ペ（川尻に・高岩・ある・川）, オクチシ・ウン・ペ（峠の凹み・ある・処）のような形からの訛りであったかもしれない。

風烈布　ふうれっぷ

　枝幸町内の川名, 地名。風烈布川は乙忠部から南西5キロの処を流れている川。永田地名解は「フーレッ　赤き処」と書いた。フーレッ（hure-p　赤い・もの）はよく苺（いちご）や「こけもも」を呼ぶ言葉であるが, ここでは「赤い・川」の意だったのかもしれない。川尻しか見ていないが, 何となく水の赤い川だった。やち水が流れてでもいて赤いのであったろうか。

音標　おとしべ

　枝幸町の殆ど南端に近い処の川名, 地名。現在の音は噴火湾の落部と同じであるが, 元来の語義は違ったものであったらしい。松浦図や松浦氏の日誌はどれを見てもヲチシベである。永田地名解は「オ・チシ・ペッ。川尻の凹みたる川。川尻凹みたる故雨後は深くして渉る能はず」と書いた。

　音だけならオチウウシペ（o-chiu-ush-pe　川尻に・浪・ある・川）とも聞こえるが, 行って見るとそんな姿には見えない。まずは永田説に従うとすれば, 永田氏の書いた形か, あるいは o-chish-un-pe「川尻に・凹み・ある・もの（川）」ぐらいの形からオチシペ→音標と訛ったとでも見るべきか。

歌登町　うたのぼりちょう

　現在の歌登町は昭和14年枝幸村から分村してできたもので, 幌別川中上流と徳志別川上流の土地である。今の歌登市街は, 幌別川に沿って枝幸町から歌登町内に入って少し行った処であるが, 旧図を見てもその辺にはそれらしいアイヌ語地名は見えない。歌登の由来はこんなことだったのではなかろうか。

　松浦氏廻浦日記は海岸を南下して来て, ウエンナイ, モウチ, ヲタノホリ, ホロナイ（幌別のこと）と歩いた。明治31年図に, 幌別川河口から約1キロ北の海岸にオタ

ヌプリとあるのがそれである。オタ・ヌプリ（ota-nupuri　砂・山）の意。また明治31年図は南の徳志別川の北側の辺に歌登（オタヌプリ）村と書いた。現在では共に枝幸町の中で歌登町外の土地であるので変だなと思って来た。

　念のため昭和8年の行政区画便覧を開けて見たら当時の枝幸村は次の三区画である。①大字枝幸村（ウエンナイの辺から北）②大字歌登村（幌別川筋，徳志別川筋）③大字礼文村（風烈布，乙忠部，音標川筋）。

　つまり当時の歌登村というのは幌別川河口地域から徳志別までを含んだものであったので，幌別川口に近いオタヌプリを採って広い旧村名，後に大字名に使ったのであったが，昭和14年分村の際に，幌別川下流は枝幸村に編入して中，上流だけを歌登の領域とした。そのために，名のもとになったオタヌプリは歌登村の域外になった，ということになったものらしい。

　なお現在の歌登市街はペンケナイ川が幌別川に注ぐ付近なので，アイヌ時代はペンケナイで呼ばれた土地の中だったのであろうか。

パンケナイ
ペンケナイ

　幌別川を溯って歌登町に入ってすぐの処に北から注いでいるのがパンケナイ川（流長20キロ。川筋を般家内という）で，それから少し溯った処に南から入っているのがペンケナイ（流長10キロ。川筋を辺毛内という）である。歌登市街はそのペンケナイ川口の上手の処にできた街である。

　ふつう，パンケ（panke　川下の方の処），ペンケ（penke　川上の方の処）は並流する川につけるが，ここでは対岸になっている川の名になっている。この二川はこの辺での目立つ大支流であるからであろう。

毛登別　けとべつ

　歌登町内，幌別川上流の北支流（流長13キロ）の名，その川筋の地名。語義伝承を知らない。音のまま読めばケトペッ（ket-o-pet　獣皮を乾かす張り枠・が多くある・川）と聞こえる。この川筋を溯り，頓別川源流に越える交通路がある。

ポンポロベツ川

　歌登町内，幌別川源流の西支流。本流へ注ぐ対岸に本幌別の市街がある。この川名から出た字名であろう。語義はポン・ポロペッ「pon-poropet　小さい（支流の意）・幌別川」の意。この川筋を通って天塩川筋の咲来（sak-ru　夏の道）に越える。アイヌ時代からの，天塩・オホーツク海岸の重要交通路であったようである。

(2) 北見地方中部（紋別，常呂）

〈紋別郡〉

幌内　ほろない

　紋別郡最北部、雄武町の川名，地名。名のもとになった幌内川は，天塩川筋の名寄市や美深町との境になっているピヤシリ山から流れ出していて，流長45キロの大川である。

　語義はポロ・ナイ（poro-nai　大きい・川）。道内にポロナイ（幌内）と呼ばれる川は多いが，行って見ると小さい川であるのが多い。一般に，ナイは小川、沢と理解されていて，ポロナイはその中での，あるいは近くのナイと比較しての大きいナイであった。ところが雄武町のこの幌内は川下に行ってみると，語義通りの堂々たる大川である。ナイという言葉が、そもそもはただ「川」を意味していたことを物語っている川名であったのかもしれない。

音稲府　おといねっぷ

　雄武町内の川名，地名。音稲府川は幌内川の南東4キロ余の処を流れている。永田地名解は「オトイネㇷ゚。川尻濁りたる泥川」と書いた。書き直せばオ・トイネ・ㇷ゚「o-toine-p　川尻・泥んこである・もの（川）」の意。この辺の川は殆ど清流であるが，この川の川尻に行って見ると，川水も濁っているし，泥底のようである。徒渉するとぬかるんで，泥んこの川と名がついたのではあるまいか。

元稲府　もといねっぷ

　雄武町内の川名，地名。元稲府川は音稲府川の南約3キロの処を流れている。漢字だけを見ると，もとの音稲府といった感じではあるが，アイヌ語はそうでなかったらしい。永田地名解は「モ・オトイネㇷ゚。小さき泥川」と書いたが，川尻の辺で見るとそんな泥んこ川といった感じではなかった。

　この二川の間に短い別の川があるにはあるが，川らしい川とすればこの二川が並流していて，元稲府川の方が短い。つまり対称した意味でモ・オトイネㇷ゚（mo-otoinep　小さい・音稲府川）と呼んだのであろう。

ポンオコツナイ川
オコツナイ川

　雄武市街の中をポンオコツナイ川（北側）とオコツナイ川（南側）が流れ下っている。この二川は明治31年図は海岸で流れ寄り，合流して海に入っていたが，現在は別の川になっている。

　原名はオ・ウ・コッ・ナイ「川尻・互いに・くっつく（くっついている）・川」で道内に同名が多い。その二川のうち大きい方をポロ（大きい）オウコッナイあるいは単にオウコッナイ，小さい方をポン（小さい）オウコッナイと呼ぶのが通例であった。

175

北見地方中部図
紋別郡、常呂郡

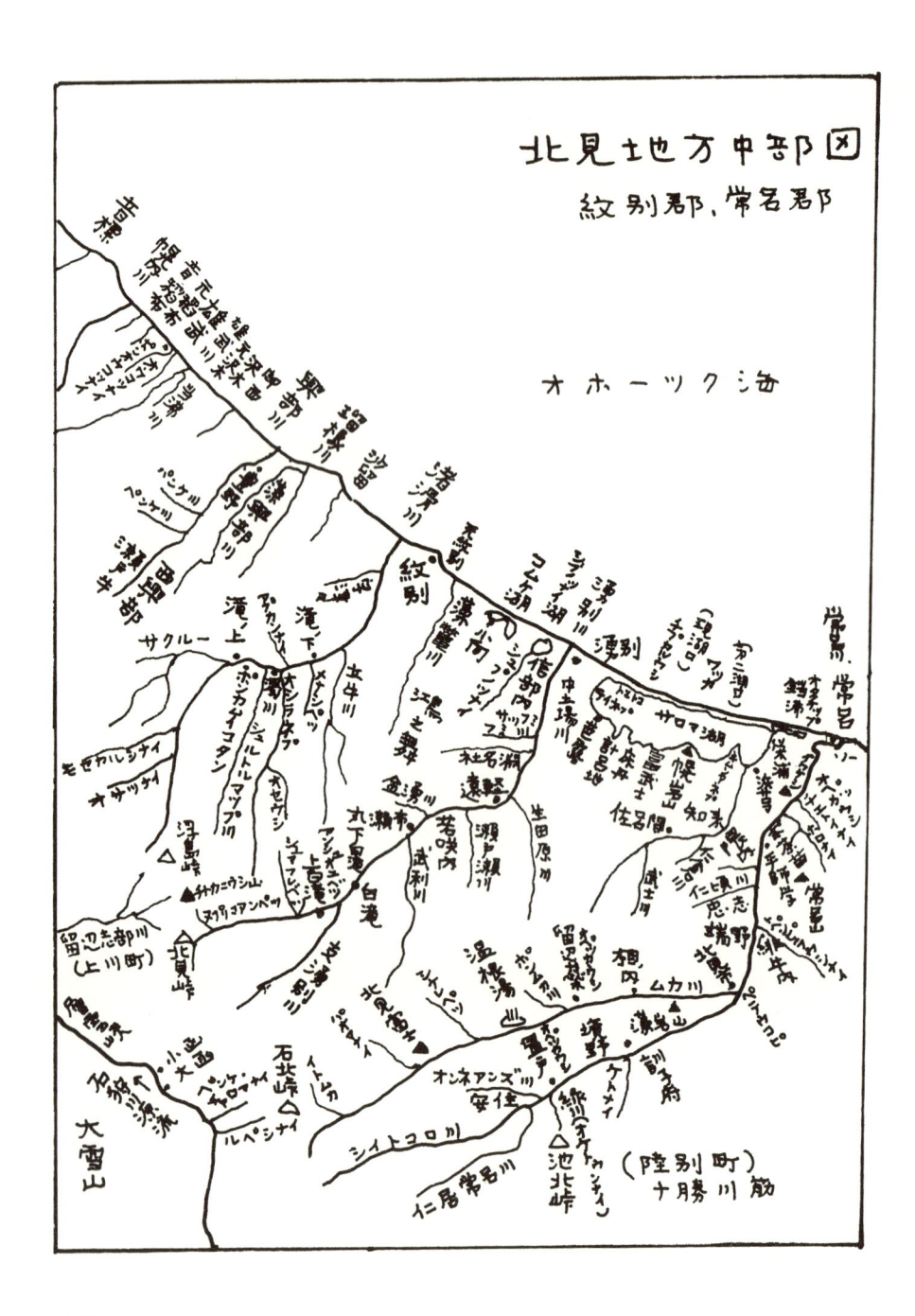

オホーツク海

(map content - hand-drawn map of the Kitami central region showing Monbetsu-gun and Tokoro-gun districts with rivers, mountains, and place names including:)

- 湧別川
- 紋別
- サクルー
- 滝ノ上
- 滝ノ下
- オシラネップ
- シュトルマップ
- サロマ湖
- コムケ湖
- シブノツナイ湖
- 常呂
- 鶴浦
- 能取
- 佐呂間
- 知来
- 仁頃川
- 恩志
- 端野
- 北見
- 留辺蘂
- 温根湯
- 相内
- ムカ川
- 置戸
- 勝山
- 訓子府
- 丸瀬布
- 白滝
- 上渚滑
- 武利
- 生田原
- 社名瀬
- 遠軽
- 瀬戸瀬
- 若咲内
- 女満別
- 興部
- パンケ川
- ペンケ川
- 上川
- サカニウシ山
- 北見峠
- 石北峠
- 大雪山
- (陸別町)
- 十勝川筋
- 仁居常呂川
- シイトコロ川
- 池北峠
- オンネアンズ川
- 安住
- ルベシナイ
- チマロマナイ
- ベンケ
- 小大函
- 留辺蘂川(上川町)

ここでも南側のオウコッナイの方が長い川なのであった。

なおオ・ウ・コッの原義は「性器・互いに・くっつく」で，犬などの交尾する意。つまり川が交尾すると考えられた川名なのであった。

雄武　おうむ

紋別郡北部の川名，町名。上原熊次郎地名解は「夷語ヲウムとて塞り有ると訳す。此川口折節塞る故地名になすといふ」と書いた。松浦氏再航蝦夷日誌はヲムとつむるなり，と書く。現代流にいえばオ・ム（o-mu　川尻・塞がる）の意。雄武川は流長22キロの川であるが，風や潮流で砂が川尻をふさぐことがあったのでこの名で呼ばれた。なお永田地名解がomu-iと書いたのは，名詞の形とするために語尾-i（もの）をつけた形なのであろう。

雄武の市街は雄武川の川口から2キロ余北のオウコッナイの処である。舟着きの関係かでそこに中心地が作られたのであろう。雄武町は幌内川の辺から，興部市街（興部町）のすぐ北の処までの土地である。

当沸川　とううつがわ

雄武川の川口に近い処に東から入っている支流の名。現在の漢字だけで見るとトー・プッ（沼・口）と読みたくなるが，永田地名解は「トーウッ to-ut　沼脇。鮭上る川なり」と書いた。松浦図はその位置らしい処に沼を描いてトウウツと書いている。沼にウッ（あばら骨）のような形で入っていた川ででもあったろうか。あるいは沼が肋骨のような形で本流と繋がってでもいたのだろうか。

元沢木　もとさわき
沢木　さわき

雄武市街から海岸を南東に10キロ弱の処が元沢木で，元沢木川が流れている。それから約1キロ半で沢木。相当な市街あり。どちらにも国鉄の駅あり。元来の沢木は元沢木の方だったようである。

永田地名解は「サラキㇷ゚　sarakip。鬼茅ある処。和人沢喜（村）と称す。浜近き処に鬼茅あり。故に名く。今サワキ，又サワケと云ふは非なり」と書いた。例によって語尾にpをつけて処と訳したが語法から見て変だ。サラキ（sarki　萱）とすればいいのではなかろうか。

北海道駅名の起源は昭和29年版から「土地のアイヌはここをサワケと言っていた。おそらくサマケ（傍の所）の転訛で，部落が山の傍の所などにあったからの証拠ではなかろうか」と新説を書いた。語義が全く忘れられた地名である。川尻の辺に行って見たら，昔は葭原だったらしい処を元沢木川がゆったり流れていた。永田説もまた捨て難い。

御西　おにし

雄武町南端の地名，川名。この語義も全く忘れられた。再航蝦夷日誌の行程はサワ

キ,ホンナイ,ヲニシウコマナイ,ルウエサンナイ,ヲニシ,フンベヲマナイとなっていて,この3番目と5番目の地名がまぎれるが,地名順から見ると後の方のヲニシが今の御西川の処らしい。なお明治31年図を見ても今の御西川の多くの支流にオニシがついていることからも見当がつく。3番目の地名は永田地名解を採れば(吟味の上)オ・ニシュッパ・オマ・ナイ(o-nishuppa-oma-nai　川尻に・木の切り株・ある・川)となる。5番目のオニシをその後略とも思いにくいので別に考えて見たい。音だけならオ・ニッ(川尻・雲)となるが,一番地名らしい形とすれば　オ・ニ・ウシ「o-ni-ush-i　川尻に・木が多くある・もの(川)」であろうか。

興部　おこっぺ
藻興部　もおこっぺ

興部町は紋別郡海岸の中央の土地。北は雄武町,東は紋別市で,西は西興部村である。興部市街は町の西端に近い。興部川の川口からすぐの処で相当の街。国鉄名寄本線も国道239号線(下川国道)もここから西に伸びて,山越えして天塩川筋の中心名寄に達している。オホーツク海岸中央部の入口のような処である。

興部川(流長53キロ)と藻興部川(流長48キロ)が,並流して町の西部を流れていて,それが興部の名の起源になった。永田地名解は「オウコッペ。川尻の合流する処。和人興部村と称す。古へはオウコッペとモオウコッペと合流したる故にオウコッペの名あり」と記す。

オ・ウ・コッペ「o-u-kot-pe　川尻が・互いに・くっつく(くっついている)・もの(川)」の意で,諸方にあるオウコッナイと同じような言葉である。

多くのオウコッナイは海浜あるいは大川端で,二川の川尻が近寄っていて,風雨等により時に合流するものであるが,この興部と藻興部の川尻は約4キロも離れているので,どうしてその名がついたのかを疑問にしていた。

10年ばかり前,興部川の川尻に行って,そのわけを調べて見た。この辺の海岸はずっと砂浜で低い砂丘が続いている。それに沿って藻興部の川尻の方に歩いて見たら,その後が昔の川跡で,処々に河跡沼が残っていた。この辺の川尻は砂で塞がるものが多く,その場合は,海岸砂丘の後を海と並行に流れて行く場合が多く,ここもそれなのであった。この大きな二川が4キロもの間を,砂丘の後を流れて合流してから海に注いだこともあってこの名が残ったのであろう。

藻興部はモ・オウコッペ「小さい(方の)・川尻互いにくっつく川」の意。藻興部川も相当な川であるが,対になっていると考えられた興部川にくらべると若干小さいという意味でモ(mo)を付けられたのであった。藻興部川の川尻は,現在は海岸を東流して,東側のルロチ川と合流して海に入っている。

宇津　うつ

興部町の川名,地名。国鉄名寄本線宇津駅あり。興部川本流に西から注いでいる宇津川が名の起こりで,永田地名解は「ウッ。脇川」と書いた。ウッ(ut　肋),あるいはウッ・ナイ(肋・川)で呼ばれる川は道内至る処にあって,沼とか大川に肋骨のよ

うな感じで繋がっていた川だったらしい。ずいぶんそれらを見て来たのだが，まだそのほんとうの意味は私には理解できないで来たのであった。

パンケ川
ペンケ川

　興部川を溯ると，町の西端部で西から入っている川がパンケ川で，班溪の字が当てられている。更に溯って西興部村に入ると，同じく西からペンケ川が入っている。

　明治31年5万分図で見ると，それぞれパンケオクッタロマナイ，ペンケオクッタロマナイであった。パンケ，ペンケは「下流の」，「上流の」の意。その後の処はオ・クッタル・オマ・ナイ（o-kuttar-oma-nai　川尻に・いたどり・ある・川）を続けて呼んだ形。

西興部　にしおこっぺ
瀬戸牛　せとうし

　西興部村は興部川と藻興部川の上流の土地で，大正14年興部村から分村してこの称を用いた。興部村の西半（山側）の地なのでこの名が考えられたのであろう。

　役場の所在地の市街の処も現在は西興部と呼ばれているが，前のころは瀬戸牛だった。名寄本線西興部駅もそのころは瀬戸牛駅であったが，昭和36年から現称に改められた。

　瀬戸牛はセッ・ウシ・ナイ（set-ush-nai　巣が・多くある・川）だったようであるが，北海道駅名の起源は「鳥の巣の多い沢」と書き，北海道地名誌（NHK北海道本部）は「チロンノブ・セッ・ウシ・ナイ（狐の檻のある川）から出たという」と書いた。（渚滑川の支流オシラネップ川の西小支流狐沢川がchronnup-set-ush-naiであった。参考までに）。

瑠橡　るろち

　興部町内の川名，旧地名。また留露千とも書かれたらしい。字が難しいので，ルロチで書きたい。西側の藻興部川は海岸を東流してルロチ川の川口まで来て合流して海に注いでいる。永田地名解は「ルロチ。潮上る川。潮上りて水塩気あり，飲むに堪へず。故に此名あり」と書いた。ルロチ（rurochi←rur-ot-i　海水が・いっぱいある・もの（川））の意。川尻がごく緩傾斜なので，満潮時に海水が入って来る川という意味でこの名がついた。

豊野　とよの
豊畑　とよはた

　ルロチ川筋の土地はもともとルロチで呼ばれ難しい漢字で書かれて来たが，後に下流地区は豊野と改名。国鉄名寄本線の駅名も豊野である。

　ルロチ川中，上流の土地は豊畑という地名になっている。

沙留　さるる

興部町東端部の川名、地名。上原熊次郎や松浦武四郎の時代はサロロ，あるいはシャロロと書かれた。松浦氏廻浦日記は「サルル川。沢目広々，荻，芦繁茂」と書き，永田地名解は「サロロ　sar'oro（茅の中なる川）。沙留村と称す。小川にして支流なし。然れども川口の砂深く渉人極めて危険なり」と書いた。行って見ると正にサロロ「sar-or　葭原・の中（の川）」といった処である。

〈紋別市域〉
渚滑　しょこつ

渚滑川は流長83キロ，遠く石狩川源流と天塩川源流の裏山から発して，滝上町の中を流れ，紋別市域に入ってその西端部を通って海に注ぐ。川口の処に渚滑市街あり。川筋に上，中，下の渚滑の地名あり。永田地名解は「ショー・コッ。滝凹（たきくぼ）。今渚滑村と称す」と書いた。

ショ・コッ（sho-kot　滝の・凹み→滝つぼ）の意。上流滝上市街の下手で本流が滝になり，そこが深くえぐれていて激流が流れているので，それが川名になったものらしい。

上原熊次郎は海岸の処で「此処よりイシカリ川上え山道ありて秋春の内往来す。夏中は草木繁りて往来なりかたし」と書いた。当時からの交通路であるが，今は国道273号線（渚滑国道）が通っていて上川町，旭川市と快適に往来できる。

　　　　　　　　　　　　　　　　　⇒ポンカムイコタン（182ジー）

宇津々　うつつ

紋別市渚滑町内の川名、地名。渚滑川を少し上った処に西から注いでいる川名から出たもので，永田地名解は「ウッ ut。脇川」と書いた。ウッ（肋骨），ウッ・ナイ（肋骨・川）は至る処にあった川名。沼や大川に肋骨のような形で繋がっていた川だというが，どうもよく分からない川名である。

立牛　たつうし

滝上町との境に近い処で，渚滑川に南から入っている川名，その川筋の地名。永田地名解は「タッ・ウシ。樺樹ある処」と書いた。樺の木はタッニ（tat-ni）であるが，この形の地名ではその二（ni　木）を省いて呼ぶことが多い。雨竜川筋の多度志と類名である。

紋別市　もんべつし

紋別市街は渚滑川口の東にある入江の処に発達した街で，オホーツク海辺では網走市街に並ぶ賑やかな処である。また紋別市域は東はシブノツ湖までの土地である。紋別の名は東にある藻鼈川から出たもののようである。同名が道内に多いので北見紋別と呼ばれることもあった。

弁天岬　べんてんみさき（オンネノッ）
弁天町　べんてんちょう（アルトゥルコタン）

　紋別は北に弁天岬が突き出して入江（港町等）を囲んでいたが、その岬の旧名はオンネ・ノッ（大・岬）と呼ばれていた。その岬の北側に当たる処（現在弁天町の中）はアルトゥル・コタン（arutor-kotan　山向こうの・村）といわれた。アルトゥルは道内の室蘭から噴火湾にかけて多い地名で、だいたいは岬山の向こう側の海岸の土地の名であるが、オホーツク海岸でも、同じ名が同じ地形に使われていたのであった。

藻別　もべつ
元紋別　もともんべつ

　紋別市街から約2キロ東に藻鱉川が流れていて、その川筋も藻別で呼ばれた。永田地名解は「モ・ペッ。静・川。流早からず、古より疫疾なし。故に名く。今人元紋別と呼ぶ。藻別村の元名」と書いた。川口の辺が遅流であるのでその名がついたのであろう。

　東北弁は濁音の前にンをつけるくせがあるので、道内にはここと同じように「もんべつ」となっている処が多い。川口の辺を特に元紋別と呼んでいたようで、今も国鉄名寄本線の元紋別駅がある。

鴻之舞　こうのまい

　藻鱉川上流の地名。前のころは大金山があって有名な処であった。ク・オマ・イ（ku-oma-i　仕掛弓・ある・処）だったようである。

コムケ湖
小向　こむかい

　元紋別の東の海岸に細長いコムケ湖があり、中央部が細くくびれていて曲がっているので、コムケ・トー（komke-to　曲がっている・沼）と呼ばれていた。その辺の土地を小向という。コムケに巧い字を当てたものである。国鉄の小向駅あり。

シブノツナイ
志文　しぶん

　シブノツナイ川は紋別市と東の湧別町の境になっている川で、川尻の海岸の処でシブノツナイ湖をつくっている。シュプノッナイ（shupun-ot-nai　うぐい魚・多くいる・川）の意。志文は川筋上流部の地名でこの川名から採った名であろう。

〈滝上町域内〉
滝下　たきのした
ヌプタンネナイ

　渚滑川を溯り滝上町内に入った処が滝下で国鉄駅あり。本流が滝になっている処の下流の意。同名が諸地にある。駅のすぐ東をヌプタンネナイ川が流れている。永田地

名解は「ヌㇷ゚・タンネ。長野。方言ヌチタンネと呼ぶ」と書いた。松浦図はヌチタンネㇷ゚。

永田地名解はヌㇷ゚・タンネ（nup-tanne　野・長い）と読んだ。松浦図のままが原名だったのならばヌチ・タンネ・ㇷ゚「nuchi-tanne-p　静かな流れ（瀞）が・長い・もの（川）」となる。

メナシベツ川

渚滑川南支流，滝下駅の対岸に川口あり。川筋の字名はメナシという。メナシ・ペッ（東・川）だったらしいが，何の東なのかはっきりしない。

アブカナイ川

アブカナイ川は渚滑川の北支流。メナシ川の対岸少し上手に注ぐ。永田地名解は「アㇷ゚カ・ウン・ナイ　牡鹿（・のいる）・川」と書いた。松浦図はアツカンナイと記す。それが原名だったのならアッ・カン・ナイ（atkannai←at-kar-nai　おひょう楡の皮・を採る・川）と聞こえる。この辺の川には原形がはっきりしないものが多い。

オシラネップ川

渚滑川の南大支流。滝上市街から始まる岩川の末端の処に入っている川。オシランネㇷ゚「o-shirar-ne-p　川尻が・岩・である・もの（川）」であったろう。シラルの語尾のrが次の語の語頭のnに引きつけられてnになるのがアイヌ語のくせなのであった。

オセウシ川

オシラネップ川の東大支流の名。永田地名解は「狼多き処。狼出で，夥しく鹿を食ひし処なりしが今や鹿尽きて狼も亦なし」と書いた。狼をウォーセ・カムイ（wōse-kamui　ウォーと吠える・神）ともいう。ウォーセ・ウシ（wose-ush-i　狼・多き・処）と読んだものであろう。

濁川　にごりがわ

滝上市街の少し下流の地名。国鉄濁川駅あり。北海道駅名の起源は「オ・ヌㇷ゚キ・オ・ㇷ゚（川口に・濁り水・のある・処）の意訳である」と書いた。

シュウトルマップ川

滝上市街の下手（西）の処で渚滑川に南から入っている支流名。相当長い川で，渚滑川本流とオシラネップ川の間の山間を流れ下っている。たぶんシルトゥロマㇷ゚「shir-utur-oma-p　山・の間・にある・もの（川）」であって，それが少しずつ訛って今の川名や地名（シリトリマップ）になったのであろう。

ポンカムイコタン

滝上市街の処で渚滑川本流とサクルー川が合流すると，すぐ滝（虹竜ノ滝という）

になって流れ落ち、それから下は深くえぐれた川となり、両岸は巨岩の続きで処々に滝があり、激流となって下っている。そこがポン・カムイコタン（pon-kamui-kotan 小・神の・居所）と呼ばれた。アイヌ時代の神様はこんな激しい処がお好きであったようである。

その滝の下の深くえぐれた処がショ・コッ（sho-kot 滝の・凹み→滝つぼ）で、それが渚滑川の名のもとになったものらしい（これから下流にはこんな滝はない）。

滝上　たきのうえ

滝上町は渚滑川上流一帯の土地（滝下を含む）で、大正7年渚滑村から分村して滝上村を称し、昭和22年町となった。滝上はポンカムイコタンの滝の上の処の意。

滝上市街が正に滝の上の処で、天塩川源流からの道と、上川盆地からの道がここで落ち合っていて交通の要衝であり、鉄道は渚滑線の終点である。滝ノ上、滝ノ下の名は各地にあり、例えば夕張川の千鳥ノ滝の上の処にも滝ノ上駅がある。それでここは北見滝ノ上という駅名になった。

サクルー

滝上市街の処で、西から来るサクルー川が渚滑川本流と合流していて、その川筋の地名はサクルーで呼ばれ、札久留の字を当てても書かれている。サクルーはサㇰ・ル（sak-ru 夏・道）の意。

サクルー川を溯って山を越えると天塩川源流の東支流で、同名のサクルー川（天塩朝日町）に出る。つまりオホーツク海側と天塩の山奥とは夏（サㇰ。雪のない時）、向かい合っているこの二つのサクルー川の筋を通って交通していたことを地名が物語っている。

現在は道道358号線がこの二地を結んでいるが、天塩側はそのサクルー川より一本上の支流似峡川（にきま）を上り、山越えして滝上町側のサクルー川に下っている。

モセカルシュナイ川

渚滑川本流を滝上市街から約10キロ上った処に入る西支流の名。割合に長い川で川筋に平らな処も見える。モセカルㇱナイ（mose-kar-ush-nai いらくさ・を刈る・いつもする・川）の意。ただしモセカルは、ただ草を刈る意にも使われたという。草刈り沢だったのかもしれない。現名の中のシュは永田方正氏の変な仮名使いが残ったもので、アイヌ語はシ（子音）なのであった。

オサツナイ川

渚滑川源流部の西支流の名。オ・サッ・ナイ（o-sat-nai 川尻・乾く・川）の意。峡谷内の小流。川尻に行った時は、砂利の上を水が普通に流れていた。多くのオサッナイは川底が砂利で、乾水期になると水がその砂利の下に吸い込まれて、表面の乾いた処が多くなるものなのであった。このオサッナイもその類なのであろう。

シーショコッ
　シ・ショコッ（shi-shokot　ほんとうの・渚滑川）、つまり渚滑川本流の源流の意。そこから山を登り、浮島峠を越えると、石狩国上川の留辺志部川支流ポン・ルベシベ（小・峠道沢）で、それに沿って下ると上川町市街、更に下れば旭川である。この筋も古くから北見―石狩の間の一つの交通路であったようである。

〈湧別川筋〉
湧別　ゆうべつ
　紋別郡内の川名、町名。湧別川は流長86キロで、有名な地名の多い川であるが、その語義は分からない。古い上原熊次郎地名考は「ユウベツ。ユウとは湯と申事。温泉の川と訳す。此川内に温泉のある故字になすと云ふ」と書いた。当時のアイヌ伝承を聞いて書いたものか。永田地名解は「ユペ　yube。鮫。湧別村の原名」と記した。ユペは蝶鮫のことである。北海道駅名の起源は昭和25年版まで永田説であったが、同29年版から「イペオチ即ちイペ・オッ・イ（魚・豊富である・所）であったと思われる」と書いた。古い上原説をもう一度振りかえって検討してみたい。（上流に瀬戸瀬、丸瀬布、白滝等温泉場あり）
　湧別市街は湧別川口の処で、湧別駅がある。湧別町は、湧別川筋は川口に近い処だけで、海岸、湖岸は、西はシブノツナイ川から、東はサロマ湖の西部地帯に及ぶ妙に細長い地域である。
　町の東部サロマ湖岸の部分は、記述の都合上、湧別川上流白滝村までを書いた次の処に置くことにした。

上湧別　かみゆうべつ
中湧別　なかゆうべつ
　湧別川筋は川口近くの処だけが湧別町で、その上流が上湧別町。更にその上流が遠軽町である。明治のころ川筋全体が湧別村であったが、明治43年下と上の二村に分かれた。その当時の上湧別町は今の遠軽、生田原、丸瀬布、白滝の各町村の土地を含んでいたが、これらを分村して行ったので、現在の処だけが上湧別町となり、下流地域なのに「上」が付いていて変な形である。下湧別村の方は後に改名して今の湧別町になった。
　町の中心の中湧別市街は屯田兵村時代の名残りで屯田市街と呼ばれる。中湧別駅は鉄道の分岐点で名寄、網走、紋別、湧別（川口）への各線が集まっていて交通の要衝になっている。

中土場川　なかとばがわ
ヌッポコマナイ川
　上湧別町内を上手から名寄本線に沿って流れている小川を中土場川という。湧別川の分流の名残りではないだろうか。材木の集積場である土場があったからの名か。
　山から中湧別の市街の方に向かって流れている小川をヌッポコマナイ川という。ヌ

184

プ・ポク・オマ・ナイ（nup-pok-oma-nai　野原の・下手・にある・川）の意。河川一覧では中土場川の支流のように扱われているが，昔は大川の分流に注いでいたものではなかろうか。

札富美　さつふみ

　中湧別市街の少し上手で湧別川に西から入っている小支流の名，その川筋の地名。永田地名解は「サッフミイ　sat-humi-i。水乾きて音無き処。ペッチャロ水声無し。故に名く。サツトミイと呼ぶ」と書いたが何のことだか分からない。前段の解だと，初めの処は sak（ない）かとも思いたくなるが，サツトミイと呼ばれたのなら，やはり sat だったらしい。

　永田解ではペッチャロ（pet-char　川・口）が乾く川だったことが見当がつく。また上手にフミ（婦美川）が並んでいる。その弟分のような川なので，その名を使ってサッ・フミ（sat-humi　乾く・婦美川）と呼ばれた，と解したい。

婦美　ふみ

　上湧別町内，札富美川の少し上流で湧別川に入る西支流の名，またその川筋の地名。川は相当長い。永田地名解は「フミ　humi。音川。ペッチャロ乾きて水声を此処に変じたり。ウミイと呼ぶ」と書いたが，これも解説がいりそうである。

　この川の現状は，いったん本流に近づいてからまた離れ，少し先に行って本流に入っている。永田氏が「ペッチャロ（川口）乾きて云々」と書いたのは，その川口が動いた歴史を聞いたことなので，地名の語義とは関係なさそうである。要するに，川口の辺で水が音をたてていた時代があって，この川がフミ（hum-i　その音）と呼ばれるようになったのであろう。

社名淵　さなふち、しゃなふち
開盛　かいせい

　社名淵川は上湧別町と遠軽町の境であるが，上流は遠軽町内。遠軽町内の地名も社名淵だが，上湧別町側は開盛と呼ばれ，名寄本線開盛駅あり。永田地名解は「サナプチ　sanapuchi　？」とだけ書いたが，北海道駅名の起源は「開盛駅。もと社名淵といったが，駅所在の部落を開盛というので，昭和9年現在のものに改められた。開盛という部落名は湧別川に架せられた橋を開盛と命名したによる。なお社名淵はアイヌ語サン・ナイ・プトゥ（下る・川・口）をとったものである」と書いた。つまり，社名淵川がサンナイという川で，その川口の処をサンナイ・プトゥ（sannai-putu）と呼んだのがもとであると解されたのであった。

　バチラー辞書には「sana-butu, sana-buchi。川口」とある。sa-na-putu（puchi）で浜の・方の・その口，と読まれそうだ。もしかしたら社名淵は，ただ「川口」の意だったのかもしれない。

生田原　いくたわら，いくたはら

　紋別郡の川名、町名。生田原川は遠軽市街の対岸（東）で湧別川に注ぐ長い支流で、その水源は常呂川筋の留辺蘂，温根湯の裏山。生田原町は大正14年遠軽町から分村，後町となった。生田原川の川筋がその町域（川口の辺だけは遠軽町）である。永田地名解は「イㇰタラ　iktara（笹）。此川筋笹極めて多し。故に名く。今イタラと云ふは訛りなり。或アイヌ云、イタラは蛇の義なりとは疑ふべし」と書いた。

遠軽　えんがる

　遠軽町は湧別川中流の土地で，北（下流）は上湧別町、西（上流）は丸瀬布町、また東支流筋の生田原町が南隣である。

　遠軽市街は町の北部，湧別川の西岸を中心に発達した賑やかな都会。名寄本線や石北線（旭川－北見）の繋がる交通の中心地。この名について永田地名解は「インガルシ。臨眺する処」と書いた。インガル・ウシ（ingar-ush-i　眺める・いつもする・処）の意。西の山からの突出部が駅のすぐそばまで、目のくらむような直立の大岩壁になって出ていて，その突端に展望所が見える。土地の人は瞰望岩（がんぼう）と呼んでいるが，そこが遠軽の名のもとになったインガルシである。広い遠軽平野の遠くからもそれと分かる岩山。アイヌ時代はそこから見張りをしたものらしい。

瀬戸瀬　せとせ

　遠軽町内。遠軽市街から湧別川を約10キロ溯った処で，南の山から注いでいる川名、付近の地名。昔からその名だったのなら，セトゥシ「set-ush-i　巣・多い・もの（川）」のような意味であろう。だが明治31年5万分図では今の瀬戸瀬川の処にセタニウシウトゥルコツとあり，その東の山がセタニウシ山である。

　セタニウシウトゥルコツだったらsetani-ushi-utur-kot「えぞのこりんごの木が・群生する処・の間・の・沢（凹地）」であったろう。セタニウシがセタウシとなり，更に瀬戸瀬と訛ったと考えたいが，だいぶ音が離れているようで全く自信がない。

若咲内　わかさくない

　瀬戸瀬駅から約2キロ西の湧別川南岸の地名，川名。乗って行った遠軽のタクシーの運転手が「この辺は水がもぐっている処です」と語った。ワッカ・サㇰ・ナイ（wakka-sak-nai　水が・無い・沢）の意だったろうか。（ワッカは特に飲料水をいうことがある。天塩の稚咲内は飲み水になる水の無い沢であった）

ニセイケショマㇷ゚
──金湧川　きんゆうがわ

　湧別川を溯り，丸瀬布町内に入った処で，北西から注いでいる川で，明治31年5万分図にニセイケショマㇷ゚と書かれている。もちろんニセイ・ケㇱ・オマ・ㇷ゚「断崖（峡谷）の・末端・にある・もの（川）」の意に違いないが，今の5万分図ではそんな激しい処とも見えない。だがアイヌ語の地名には偽（うそ）はないはずと思って，とにかく行って

見た。現場は，丸瀬布市街の処から金湧川の処までの湧別川の両岸が，恐ろしいまでの急傾斜である。今は崖の上の平地に街があり，道が通っているので何とも感じないが，川を通行していた昔の人から見たら正にニセイ（nisei　峡谷）である。地名はやっぱり現地を見なければと痛感したのであった。

丸瀬布　まるせっぷ

　湧別川上流の川名，町名。丸瀬布市街は，湧別川北岸の街で，ここまで川を溯ってこれだけの町並みがあったかと思うような処。駅からまっすぐ川に出て，橋から湧別川を見おろすと目がくらくらするような峡谷である。
　丸瀬布川は街の上手のはずれで西から湧別川に注いでいる川で，それがこの名のもとになったらしいが，永田地名解は，ただ「マウレセㇷ゚　？」と書いているだけである。私にも語義の見当がつかない。土地では小さい小川の集まってできた広い処との説があるやに聞いたが，よく分からない。
　丸瀬布町は下流（東）は遠軽町，上流（西）は白滝村で，石北線（旭川－北見）が町内を東西に走っている。

武利　むり，むりい

　武利川は湧別川の南支流。丸瀬布川口を僅か上った対岸に注いでいる相当な川である。また川筋の地名も武利で呼ばれる。永田地名解は「ムリイ　muri-i（ムリ草ある処）」と書いた。名詞の後に-i（処）と語尾がつかない。たぶんムリの語尾にアクセントがあってムリーと聞こえたのであろう。ムリ（muri, murit）は海浜に生える「おてんき草」だといわれるが，内陸の地名にもよくこの名が出て来る。植物に詳しい方に調べていただきたい。
　なお近文のシアヌレ媼にこの種地名を尋ねたらムン・リ（mun-ri　草が・高い）と思って来たがといわれた。確かに一つの意見である。

下白滝　しもしらたき

　湧別川を溯り白滝村に入った処の地名。石北線の駅あり。白滝の下流にある処なのでこの名で呼ばれた。

白滝　しらたき

　村名，駅名，滝の名。名のもとになった白滝は湧別川が滝になっている処で，白滝駅から下白滝駅に行く途中である。車窓から注意していたが激流の処しか見えない。下白滝駅前で聞いたら，道はないが，川に沿って上って行けばありますよという。たどり着いて見たら，今の姿はいわゆる瀑布ではない。湧別川が巨巌にせきとめられて二流になり，白い水煙を挙げて流れ下っている処だった。昔はあるいはもっと落差があったのかもしれない。
　白滝村は下白滝から上の湧別川筋源流部で，昭和21年遠軽町から分村した。中心になっている白滝市街や白滝駅は滝より上流で，支湧別川と本流との合流点の処にある。

支湧別川　しゅうべつがわ

　白滝市街のそばで南から合流している支湧別川の「支」は支流の意味ではない。アイヌ時代にはシ・ユーペッ「shi-yupet　ほんとうの（あるいは大きい）・湧別川」であった。今は北の川の方が本流とされているが，当時は南川の方が主流と思われていたので，この名で呼ばれたのであった。

ルペシペ

　白滝市街の処で支湧別川と本流（現在の取り扱いで）とが合流しているが，古くは今の本流の方はルペシペと書かれている。ルペシペ（rupeshpe　峠道沢）の意。これを上って北見峠を越えると上川（石狩）に下る留辺志部川の源流である。つまり北見側と石狩川のルペシペがここでも向かいあっていて，そこが古くからの通路だったことを物語っているのだった。

アンシュオユーペッ
——十勝石沢川　とかちいしざわがわ

　この辺の本流北側は黒曜石（十勝石）の産地である。アイヌ時代になっても，黒曜石が利器として使われていて，その貴重な供給地なのであった。十勝石沢川は白滝駅から本流を約1キロ半溯った処に北から入っている小川。アンシュオユーペッはアンチ・オ・ユーペッ「anchi-o-yupet　黒曜石・多い・湧別川（支流）」の意だったのではなかろうか。

シュマフレユーペッ
——八号沢川　はちごうざわかわ

　上白滝駅から1キロ余湧別川を上った処に北から入っている長い支流の名。今八号沢川という。この沢奥は黒曜石の大産地。特に赤い黒曜石が出ることもあって，このごろでも装身具用に採掘されている。シュマフレユーペッはshuma-hure-yupet「石が・赤い・湧別川（支流）」の意。アイヌ時代でも赤い黒曜石が出るというのでこの名で呼ばれたのであろう。

　この辺の湧別本流筋には矢尻やナイフに作った時代の黒曜石の残片が出る遺跡が多い由。つまり利器の製造地帯で，当時の人々は，それを求めるために，こんな山奥まで旅をして来たものらしい。

ヌプリコヤンペツ

　湧別川の一源流。ヌプリ・コ・ヤン・ペッ（nupuri-ko-yan-pet　山・に向かって・上る・川）の意。国鉄石北本線も国道333号，273号線もこの沢口から山を上り，上川の留辺志部川を下り旭川に出ていて，大切な交通路になっている。

III 北見地方

〈湧別町サロマ湖岸〉
　　　　　　サロマ湖は海岸の東西に長い湖で、海との間20数キロは細い砂丘で隔てられている。その湖岸の西3分の1が湧別町である。

チピカルウシ

　海岸砂丘の西から約3分の1の処が，今はサロマ湖の口になり，湧別，常呂両町の境になっているが，ここは昔は砂丘続きで湖口ではなかった。松浦氏登宇武津日誌は「チヒカルシ。此処海より湖中え船を引出したる処なりと」と書き，同廻浦日記はチヘカルウシと書いた。

　知里博士小辞典は「チペカリウシ　chip-e-kari-ush-i　海から山の川へ，或は一つの川から他の川へ舟をかついで越る処。チピカルシとなまる。〔舟を・そこで・まわし・つけている・処〕」と解説した。他地にも同名が多い。ここが海と湖との連絡に都合のいい場所だったらしいが，今はそこが切れて湖口になっている。

登栄床　とえとこ

　サロマ湖の今の湖口から湖内を少し西に行った処の地名。ト・エトコ（to-etok　湖の・奥）の意。現在は湖口からすぐの処で，変な名に聞こえるが，昔は湖口が湖の東北端にあったので，ここが一番奥の処としてこの名で呼ばれたのであった。

テイネイ，テイネ川

　湧別町内，サロマ湖の西端の処の名。テイネ川の川口の辺が低湿地になっているのでテイネ・イ（teine-i　濡れている・処）と呼ばれたのであろう。札幌の手稲と同じような名である。

芭露　ばろ，ばろう

　湧別町内。サロマ湖南岸西部の地名，川名。芭露川は流長22キロで，この湖では佐呂間別川に次ぐ第二の長流。川口に近い処に芭露市街があり，国鉄の駅あり。

　芭露はパロ（par　口。paro ならその口）の意か。芭露川の口がこの辺での大きい川口だったのでこの名で呼ばれ，それが川の名にも使われたのではなかろうか。釧路の白糠地区にある茶路，茶路川と似た地名。（チャロ「char」とパロは方言差で同じく口の意）

計呂地　けろち

　湧別町東端の地名，川名。その東側に円山の岬（ケロチ・ノッ。計呂地・岬）が湖中に突き出していて佐呂間町との境になっている。

　この辺の地名は分かりにくい形のものが多く，また古伝承も少ない。永田地名解は「ケロチ。鮭履を忘れたる処」と書いた。ケリ・オチ（keri-ochi　履き物・多くある処）と読んだものか。そのころのアイヌの解らしい。北海道駅名の起源は「地形から見てケレ・オチ（非常に削られたところ）の意であると思われる」と書いた。今の計呂地川の川尻の辺は広い低地の中を用水路みたいに流れているだけで，見当もつかない名

なのであった。

〈佐呂間町〉

床丹　とこたん
　サロマ湖岸西端の地名，川名。今は若里という地名になっている。永田地名解は「トゥ・コタン。廃村」と書き，北海道駅名の起源は「ト・コタン（沼・村）から出たものである。この地が佐呂間湖畔にあるからであろう」と書いた。道内の「とこたん」はトゥ・コタン（tu-kotan）であったのか，ト・コタン（to-kotan）であったのか分からないものが多い。

富武士　とっぷし
　サロマ湖南岸中央部の川名，地名。永田地名解は「トップ・ウシ。小さきうぐひ魚居る処」と書いた。松浦図ではトツホウシとなっている。あるいはトプシ「top-ush-i 竹・群生している・もの（川）」だったのかもしれない。

幌岩山　ほろいわやま
　サロマ湖南岸中央部に突き出して聳えている山の名。湖岸の至る処からその秀麗な山容が望まれる。ポロ・イワ（poro-iwa　大きい・山）の意。ただしイワは霊山だったらしい。この地方の人たちが崇敬の念をもって仰いだ山であろう。

キムアネップ崎
　幌岩山と佐呂間別川の川口の間の処で，長く湖中に突き出している岬の名。キㇺ・アネ・ㇷ゚「kim-ane-p 山（側）の・細い・もの（岬）」の意。北の対岸の岬がアネッㇷ゚と呼ばれていたので，それと対照してキㇺ（山の方）を付けて呼んだものであろう。明治31年5万分図ではキュアアネッ，松浦図ではキンマーネフと書かれた。当時の呼ばれていた音がそれらから察せられる。

サロマ湖
　湧別郡と常呂郡の間の大湖。上原熊次郎地名考は「サルマトヲ。則湿沢の有る沼と云ふ事。此沼の辺り湿沢なる故此名になす由」，また永田地名解も「サロマトー　sar-oma-to。茅ある沼。沼の周辺すべて是茅。故に名く」と書いた。
　アイヌ時代には，一般にこの種の大湖はただトー（湖）と呼び，特別の名でいわなかったのが例である。和人が来るようになり，和人の流儀にならって呼んだ名でもあったか。またその元来の意味は「サロマ・ペッ（佐呂間別川）・の湖」だったのかもしれない。松浦氏廻浦日記では「トウフツの沼」と書いている。「トー・プッ（湖の・口。その辺の地名となった）・の湖」の意。
　今でも湖畔の古老に聞くと「一般に（和人）この湖をトウとだけ呼び，サロマ湖とはいわなかった」との昔話である。それがアイヌ時代の呼び方を伝えた形なのであろう。

III 北見地方

佐呂間別川　さろまべつがわ

　サロマ湖の東南隅に注ぐ大川（道河川課の扱いではサロマ湖も佐呂間別川の川筋）。この川の川尻一帯がサル（sar　葭原）であるので，サロマペッ「sar-oma-pet　葭原・にある（に入っている）・川」と呼ばれたのであろう。

サロマプトゥ（浜佐呂間　はまさろま）

　佐呂間別川の川口の辺はサロマ・プトゥ「saroma-putu　佐呂間（川）の・川口」と呼ばれた処で，今は浜佐呂間といわれ市街地があり，国鉄の駅がある。

イワケシュコマナイ川

　佐呂間別川を川口から僅か上った処に入っている東支流の名。ひどく訛った形らしく読めなかったが，松浦氏登宇武津日誌を見たらイワケソマナイで，永田地名解もイワケシオマナイとあるのがそれであった。
　ゆっくりいえばイワ・ケシ（ケス）・オマ・ナイ「山の・末に・ある（入っている）・川」であった。この辺での高い山であるイワケシ山の裾から出ている川であって，その山名と関係がありそうなので，小流ではあるが特に書き入れた。

⇒イワケシ山（196㌻）

佐呂間町　さろまちょう

　常呂郡佐呂間町は，サロマ湖の東南岸の地域と佐呂間別川の川筋の土地で，中心である佐呂間市街は佐呂間別川中流にある。前は地名も鉄道駅名も中佐呂間であったが，近年に佐呂間と改名された。

仁倉川　にくらがわ

　佐呂間別川を川口から4キロ余上った処に注いでいる東支流。川筋の地名は仁倉。永田地名解は「ニクラ　nikur'a。樹林。ニクリアンの急言。ニクラは墓所の義なりと云ふは此処に墓所あるによって附会したるなり」と書いた。つまりニクル・アン（nikur-an　林が・ある）ということをニクラと急言した名だという。

知来　ちらい

　佐呂間市街の下で佐呂間別川に入る北支流の名，その川筋の地名。永田地名解は「チライ・オッ。いとう魚居る処。今は此魚居らずと云ふ」と書いた。チライ・オッ（chirai-ot　いとう魚・多くいる）の意。

武士川　ぶしがわ

　佐呂間別川上流の東支流の名。その川筋の地名は武士。永田地名解は「プシ・イ push-i。潰裂。此の名あれども切れたることなしと云ふ」と自信のない書き方である。プシ（push）は川口などが砂で塞がったりしたのを，水が貯って破れる場合をよくいうが，この奥の川ではどうだろうか。程近い常呂川筋にプウシ（pu-ush-i　倉・ある・

191

処）の地名がある。もしかしたらそれと同名だったのかもしれない。

常呂郡　ところぐん

　明治初年常呂郡を定めた。西は紋別郡，東は網走郡の間の土地で，現在の姿でいえば，常呂川筋に並んでいる五つの町と佐呂間町がその域内である。

常呂町　ところちょう

　現在常呂町と呼ばれる地域は，常呂川下流（隈川まで）と，サロマ湖東岸，海岸はサロマ湖湖口から能取湖の西北隅の辺までである。明治のころの地図では能取湖北岸モイワまでがその域内であったが，現在の境界ははっきりしない。モイワ山は都合上能取湖にまとめて網走市の中に書いた。

　常呂町の中心は，常呂川口の常呂市街で，そこが古くからトコロと呼ばれた場所である。なお常呂の語義については〈常呂川中下流〉の項で別記した。

　　〈海岸，サロマ湖岸〉

ワッカ

　サロマ湖と海との間は長い海の中道で，その西に近い処に湖口があり，常呂，湧別の町境である。常呂側の約15キロがワッカと呼ばれているが，大部分は砂丘。松浦氏再航蝦夷日誌ではワッカウイ，今井八九郎図（幕末）ではワッカヲエと書かれていた処から見ると，元来はワッカ・オイ（wakka-o-i　飲み水が・ある・処）であったろう。昔はこの海中道が北見海岸の東西交通路であったが，大部分が狭い砂丘地帯で飲み水が無い土地であったので，途中に飲み水のある場所がワッカオイと呼ばれ，それがワッカと略され，付近一帯の広地名にもなったものらしい。

鐺沸　とうふつ

　サロマ湖東北隅の地名。大正3年常呂外四村戸長役場から分離し，翌年鐺沸村と称した（当時は今の佐呂間町を含んだ）。古くは常呂と並んだ部落があったのであるが，今は常呂町栄浦の一部となった。

　元来はサロマ湖の湖口がそこにあってトー・プッ（to-put　湖の・口）と呼ばれていた処から出た名である。当時は秋口に時化があって湖口が塞がり，そのためにサロマ湖の水位が高まり，春先にそこを切って再び海と通じさせた処だった。昭和2年に，西の方（湧別町境）に新しく湖口ができてから，鐺沸の方の湖口（トーブッ）は開かれなくなり，今はただの砂丘地帯になっている。

　なお鐺沸の市街は，元来のトーブッ（湖口）から数百メートル南の，湖に北面している処で，ほたて貝の名産地である。市街地の辺は元来はトイルパと呼ばれた処らしい。

トイルパ

　松浦氏登宇武津日誌は東から歩いて来て，ポントー（旧湖口のすぐ南東の小沼）の

Ⅲ　北見地方

処で,「此所より,トウフト(湖口)閉る時は右の方に行て浜通りを砂路まま行,沼(湖)口開く時は是より左り,山岸の方を凡五,六丁も来りて,トイルハといへる処え来る。此処渡場になるなり。其名義しれず」と書いた。それから見ると今の鐺沸市街の処がトイルバであった。土地の古老はそこが渡し場だったころを覚えている。

同氏廻浦日記でトルバケと書いた処も,その文や絵図から見ると,このトイルハのことだったらしい。

なお常呂市街の辺にもトイルハまたはトウルバと呼ばれた処があり,実はここと同じ形の地名だったと思われる。旧来のこの語義の解がどうも腑に落ちないのであったが,推察すれば,今の鐺沸市街の辺と常呂の間は,海岸の砂浜道の外に陸路があって,それがトイル(踏み分け道)と呼ばれ,その両端の処がトイル・バ(踏み分けの道の・頭)といわれたのであろう。またトイルは音が似ているので,ト・ール(湖への・道)とも呼ばれ,この両端がトール・バともいわれたのではなかろうか。

ライトコロ川

サロマ湖は東北端の処がずっと東に入り込んでいて,そこにライトコロ川の大きな川口がある。ライトコロはライ・トコロ(死んだ・常呂川→常呂川の古川)の意。現在の常呂川は,常呂平野の東の山裾を流れているが,古い時代には西側の方に流れていてサロマ湖に注いでいたことがあったらしく,平野の中にはその川跡が処々に残っていて,下流部は今でもその辺の水を集めて流れている。

栄浦　さかえうら

サロマ湖東北隅の辺は,前は鐺沸村であったが,今は常呂町大字栄浦である。湖に西面している栄浦市街の辺は,前は蠣島と呼ばれた。この辺は名産の蠣の貝殻の島が処々にあって,それから出た名らしい。

明治30年5万分図はそこにニウシと書いているが,元来のニウシはもっと南で,ここは松浦氏登宇武津日誌の記録によればトイカウシと呼ばれた処らしい。

同誌はその語意を「トウ(湖)え下る道ある義なり」と書いたが,すんなりと読めばト・イカ・ウシ(to-ika-ush-i　湖を・越える・いつもする・処)と聞こえる。すぐ目の前が狭い湖面を隔てて対岸のアネㇷ゚の岬である。ワッカの方に行くのには,ここで渡ったのでその名がついたのではなかろうか。今そこに橋をかける工事中である。

ニウシ

明治30年5万分図が,今の栄浦市街の北部にニウシと書いているので,栄浦の旧名のように見られて来たが,昔ここを調べた松浦氏登宇武津日誌によれば,ずっと南の地名で「此辺平砂,上に赤楊(はん),柳の林有る也。十丁ばかりを過てウリウントウ」と書かれた。

ニ・ウシ(ni-ush-i　樹・群生する・処)の意。ウリルントー(岐阜川)の北10丁(約1キロ)の処に行ってみたら,なるほどその辺は樹生が少し変わっていて,湖岸近くまで林が続いている。その姿から呼ばれた名であったらしい。

193

栄浦市街の処にニウシと書かれたのは，恐らくこの名が広地名化して北の方までもその名で呼ばれ，そこで地図測量者の目に止まって書き込まれたのではなかろうか。

岐阜川　ぎふがわ（ウリルントー）

サロマ湖東岸，佐呂間町との境に近い処を岐阜川が流れている。字岐阜（岐阜県人入植地）の川の意。

明治30年5万分図ではウレルントー・ペッと書かれていた。この川を少し上った処がウリルントー（urir-un-to　鵜・のいる・沼）と呼ばれた沼で，今でも鵜がいるのだそうである。上記川名はこの沼の川の意。

オタチップ

常呂平野の北西隅，海岸の砂丘が高くなっている辺を今でもオタチップという。松浦氏の諸日誌はトーブッとトコロの間に必ずオタチフの名を書いた。オタ・チㇷ゚（ota-chip　砂の・舟）の意。砂丘の高く盛り上がった形を舟に見たてたのであろう。

明治30年5万分図はその辺に小さい円形をかいてオタチャシコツと書いている。オタ・チャシ・コッ（ota-chash-kot　砂の・砦・跡）の意。丘の形をチャシに見たてたからの名か。オタチㇷ゚と同じ処の別称らしい。

常呂市街の北側から砂丘の間の旧道を西行すると，海側に，ゆるい円頂丘が見えるのがそれであろうか。西4線道路の先の方に当たる。

常呂市街　ところしがい

北見国最長の川である常呂川の川口に発達した市街地。ごく古い時代から「つころ」の名で古記録に書かれ，幕末時代からは「ところ」と呼ばれた処で，現在は常呂町役場の所在地としてこの地方の中心地である。

豊浜　とよはま（シレト，ポントマリ）

常呂川川口の東は土地が海に張り出している処で，今は豊浜と呼ばれているが，再航蝦夷日誌では「岩岬有，シレトと云よし」と書かれ，廻浦日記でも松浦図でもシレトである。shiretu(岬)の意。明治31年図ではその岬の中央を北流する小川を描き，ノッオシマッタアンナイと記す。not-oshmak-ta-an-nai（岬の・後・に・ある・川）という意味。それから見ると，人によってはここをノッ（岬）と呼んでいたのかもしれない。

常呂川の河口は，砂で浅くなったりするので大型の舟には都合が悪かったので，豊浜地区に舟をつけることも多く，その辺がポントマリ（pon-tomari　小さい・泊地）と呼ばれていたが，今は築港設備がされて，常呂漁港となっている。

大島川　おおしまがわ（シラリカタナイ）
東浜　ひがしはま（モヤサㇺ）

豊浜の岬を東に回った処に大島川という小流がある。大島という土地の川の意だが，

旧記類ではシラリカタナイと書かれた。シラル・カ・タ・ナイ「shirar-ka-ta-nai　岩（岩礁）の・上（岸）の方（にある）・川」の意であろうが，今では殆ど川形が失われている。

　東浜の辺の海岸がゆるく入江形になっている辺は，廻浦日記ではモヤサン，再航蝦夷日誌や松浦図ではモヲロである。モイ・アサㇺ（moi-asam　入江の・奥。モヤサㇺと発音される），またモイ・オロ（入江の・中。モヨロと発音される）の意。

〈常呂川中下流〉
常呂の語義
　常呂は，古くは「山崎」と解されていたが，明治中年のころから「沼の川」と訳されるようになった。
　①沼の川説　永田地名解（明治24年）は「トコロ・ペッは川名なり。現今の常呂川は常呂川の岬端に至り海に注ぐと雖も，往昔はライトコロ（死したる沼川）の筋を流れて猿間湖（サロマ湖）に注ぎたり。ト・コロ・ペッとは沼を・持つ・川，或は沼の川と訳すべし」（要訳）と記し，ほぼ同時代の白野夏雲も「沼を・持つ」と書いた。それ以来現在に至るまで，殆どの書はこれを踏襲してこの説で書かれて来たのであった。
　②山崎説　常呂の地名解を初めて書いたのは上原熊次郎地名考（文政7＝1824年）であったろうか。この書では「トゴロ。夷語トゥゴロなり。即山崎の在るといふ事。此処崎山なる故此名有る由」と書かれた。つまり，トゴロと呼ばれているが，アイヌの伝承によればトゥ・コロ（山崎を・持つ）であるという意，と解した。爾後幕末の地名解の書や松浦武四郎の諸資料はこれを受けついで山崎説で書かれていた。

　≪私見≫　更に古い時代の文献に現れた常呂の地名は仮名書きであるが，津軽一統志図（推定寛文10＝1670年），元禄郷帳（元禄13＝1700年），新井白石蝦夷志（享保5＝1720年），蝦夷商賈聞書（1740年代），松前広長松前志（天明元＝1781年）等々どれも「ツコロ」と書かれているのであった。
　もし元来からト・コロ（沼を・持つ）なのであったなら，これだけの書がそれをツコロと書くであろうか。日本語にはトがあるのに，どれもがわざわざツに訛ったとは考えられない。元来はトゥコロ（tu-kor）だったから，当時としてはそれをツコロと書いたのではなかろうか。
　下って上原熊次郎のころになるともうそれがトコロと呼ばれるようになった。理由は分からないが，恐らくは和人が多く入って来て，トゥコロでは呼びにくいので，それをトコロに訛り，アイヌの方も和人と話すにはそれで呼ぶようになったとでも見るべきか。
　上原熊次郎が，トゴロというが，元来はトゥコロだと書いたのはそんな時代だったからではあるまいか。彼が当時アイヌ語に特に親しんでいた人であっただけに，彼の「山崎」説を再び取り上げたい。
　その後誰でもトコロと呼ぶようになり，旧音が忘れられた明治時代ともなれば，この音なら誰だってト・コロ（沼を・持つ）と理解するのが当然である。その時代の人

がそう考えたろうことも否定すべきではない。

なお上原熊次郎が書いたトゥ(tu　山崎)は,常呂川の東岸の長尾根のことであったろう。常呂川の川口がそこで海に出ていたのは,ずいぶん古い時代からのことらしい。

オペッカウシ

今は殆ど忘れられているが,常呂町にもオペッカウシがあった。松浦氏登古呂日誌の記事と,現在の地形から見ると,12号線地先東岸であったし,ペンケ(上の)オペッカウシは,明治30年5万分図によれば17号線地先東岸である。

オ・ペッ・カ・ウ・シ・イ「o-pet-ka-ushi-i　(山の)尻を・川の・上(岸)に・つけている・処」の意。山の尾根が川岸まで出張っている処の名であった。

松浦図はすぐ下にハンケヲヘカウシを書いている。幸に,松浦氏登古呂日誌は,その方をただヲヘツカウシとして詳しく記述しているので,現地に行って,その地名順,距離等を地形に合わせて調べた。今の地名でいえば,共立市街と豊川市街の中間,12号道路の突き当たりの対岸の処が,松浦氏の書いたオペッカウシ(パンケ・オペッカウシ)に当たる。下から川を溯って来た舟人は,そこで山裾が川に突き出している処に出逢う処なのであった。

チエトイナイ

常呂平野南端で常呂川に東から注いでいる小川の名(今は伊藤沢川という)。その関係で川口対岸の土地もチエトイと呼ばれていた。松浦氏登古呂日誌は「チエトイナイ。此沢目二、三丁を陸行せば崩平(崖)よりチエトイ出るなり。チエトイは食ふ土の事也」と書いた。

イワケシ山

常呂平野の南西端に聳える山で,常呂の象徴のような名山。西のサロマ湖の側から見ても目立つ山である。松浦氏登古呂日誌の文や挿画の中でもイハケシノホリと書かれている処から見ると,アイヌ時代からイワケシ・ヌプリ(山)と呼ばれていたものらしい。

だがイワケシはイワ・ケㇱ(iwa-kesh　山・の末)で,元来の山名とも思えない。よくある例で,下の川の名から採った山名であろうかと思って来た。

南麓に現在イワケシュ川があるが,旧記,旧図にその名を見ない。恐らくは後の和人が山名の方から採って呼んだ名ではあるまいか。

西側の,佐呂間別川の川口に近い処に東から入っている支流を今イワケシユコマナイと呼ぶが,登古呂日誌を読んでいたら,それがイワケソマナイと書かれている。つまりイワ・ケㇱ・オマ・ナイ「山・の末・にある(に入っている)・川」なのであった(kes, keshは同じ)。その地形を調べると,正にイワケシ山の下から流れ出している川である。永田地名解にiwa-kesh-oma-naiとあるのもそれだった。それから見ると,その川の上の山なので,その川名を採ってイワケㇱ・ヌプリ「イワケㇱ(オマナイ)川の・山」と呼ぶようになったものか(この場合川名の下略はその例が多い)。

III 北見地方

だがイワとヌプリと，山が二つ重なっていることに気がつかれるであろう。つまりこれは後の称で，元来はただイワとか，ポロ・イワぐらいに呼ばれた山であろう。イワは霊山として仰がれた山のことだったらしい。

なお明治30年5万分図はこの川の下流南岸の小山の処にイワケシ山と書き，そのすぐ上の大きなイワケシ山（現称）の処には何とも書いてない。疑問は残るが，その辺一帯の山がイワケシ山と通称されていて，測量者が，その一番前の目立つ山にその名を書き込んだのではなかろうか。　　　　　⇨イワケシユコマナイ川（191ﾍﾟ）

幌内川　ほろないがわ

幌内は諸地に多いので，区別するためにトコロ幌内川ともいう。イワケシ山の南麓の処で常呂川に注ぐ東支流の名。ポロ・ナイ（poro-nai　大きい・沢）が原名。ここまでのどの沢よりも長く，流域面積も遙かに大きいのでこの名で呼ばれたのであろう。

ポンポロナイ川（シペツコパクシポロナイ）

トコロ幌内川を上ると幌内左沢（本流）と幌内右沢の二股になっている。右沢の方は現在ポンホロナイ川と呼ぶ。ポン・ポロナイ「pon-poronai　小さい・幌内川（支流）」の意。また明治30年5万分図ではシペツコパクシポロナイと書いた。shi-pet-kopak-kush-poronai「大・川（常呂川本流）の・側を・通っている・幌内川（支流）」の意であったろう。

ウパラライルペシペ

幌内の左沢（本流）の源流部に注ぐ東支流。現在の5万分図には川名も川も書かれていないのであるが，明治30年5万分図に記載されていて，旧時代交通路を調べる上で興味のある沢なので付記した。

ウパラライ・ルペシペ（upararai-rupeshpe　卯原内・峠道沢）の意。この沢を上って山を越えると卯原内川（能取湖南岸に注ぐ）の源流に出る。この地方の人が能取湖南部や網走湖方面に出るのにはこの筋を通ったのであろうか。

常呂山　ところやま

幌内川の本流と右沢の源流の間に常呂山がある。480メートルでこの辺での一番高い山。常呂平野からだと，前の方の山々の間に僅かに見える山であるが，かえって遠くから高く望まれる山らしい。

登古呂日誌はホロナイノホリと書いた。ポロナイ・ヌプリ（poronai-nupuri　幌内の・山）の意。松浦図がホロイワと書いたのもそれらしい。ポロ・イワ（poro-iwa　大きい・山）の意。イワは霊山だったらしい。サロマ湖南岸にも同名の山がある。

太茶苗　ぶとちゃんない

旧村名。常呂川筋，幌内地区より上流側が旧太茶苗である。松浦氏登古呂日誌は「ク

197

トイチヤンナイ。本名はブトイヂャンナイと云義のよし。川口に鮭魚卵を置と云儀」と書いた。ブトゥ・イチャン・ナイ「putu-ichan-nai　川口に・鮭産卵場（ある）・川」の意。アイヌ語地名では，pがkに訛るのは処々で見られる。

　明治30年5万分図にこの川が書かれているが，今の地形に合っていない。それより少し上の通称井田の沢がそれだったらしい。ただし今は水も少なくなっていて，沢口の辺では川形を失っているという。

隈川　くまがわ

　日吉部落の傍で常呂川に注ぐ長い西支流の名。この川の原義ははっきりしない。松浦氏登古呂日誌に「クマーノツ。本名クアマノツといへるよし。此処小山の下に一すじの川有。此川をクアマナイといへると。其名義弓を置処と云儀。ノツは其川の川口崎に成りしによって号しとかや」と書いた。ク・アマ・ナイ「ku-ama-nai　（動物を捕る仕掛け）弓を・置く・川」からクマーナイとなったとの解である。

　永田地名解は「クマ　kuma（魚棚）。鮭の上る沢にして古へ魚棚多くありし処なりと云ふ」と書いた。

　前後の記事から見て，この解も土地のアイヌから聞いた説のようである。時代によって，あるいは人によって解し方が違うのは止むを得ないことであった。私としては古い方のクアマナイ説を採りたい。

ルベシベ川

　隈川を上るとすぐの処に北から入っている支流の名。現在の地図には小野木沢となっている。ルペッペ（rupeshpe　峠道の沢）の意。今の5万分図には道もかいてないが，土地の古老に聞くと，この沢を通ると，佐呂間別川筋の仁倉の沢に出るのに一番近いのだという。アイヌ時代には交通路になっていてこの名が残ったのであろう。

手師学　てしょまない，てしがく
　　──39号沢川

　旧村名，川名。明治30年5万分図は隈川から上流にかけての処に手師学村と書いて上記の振り仮名がつけてある。仮名でもなければ読める地名ではない。(oma-p, oma-iで終わる地名には，時々「学」を当て字されていたのであった)。これも読みにくいので，後には「てしがく」と呼ばれるようになった。

　常呂川東岸にテショマナイ（tesh-oma-nai　簗・がある・川）と呼ばれた川があって，それがこの旧村名の由来である。

　現在この川の名は39号沢川という名になっているが，これが旧村名のもとになったかと思われるような小川である。手師学という名は現在は使われなくなって「日吉」という字名になっている。

仁頃川　にころがわ

　端野町で常呂川に注ぐ長い西支流の名。なお中，上流は北見市の北辺を流れている。

III 北見地方

永田地名解は「ニコロ。樹木ある沢」と記す。ニ・コロ（ni-kor 樹・を持つ）の意だったろうか。あるいはニクル（nikur 林）であったかもしれない。松浦図はニョロと書いた。誤記でなかったのならばニ・オロ（ni-or 木・の処）と解される。その称でも呼ばれたものか。

忠志　ちゅうし
少牛　ちえうし，ちせうし

　仁頃川口から常呂川筋を少し溯った処の地名。松浦図はチユウシ。アイヌ住居の印あり。松浦氏登古呂日誌は「チユウシ。本名はチシユエウシなるよし。チシユエといふ草ありし処なり。是の皮をむきて干置此村は食料にするとかや」と書き，永田地名解は「チシユエウシ。チシユエ草ある処。今少牛村と称す」と書いた。明治35年図では忠志ではなく，少牛村である。大日本地名辞書（明治35年）は少牛（チセウシ）と記す。そんな音も残っていたのだろうか。
　知里博士植物篇はチスイエ chisuye（アマニュウ）と書き，鍋で煮て皮を剥いて食べ，また干して置いて冬期に備えたとある。アイヌ語は s と sh が同音なので，上記の地名はチシュイェで，chishuye-ush-i（あまにゅう草・群生する・処）という地名だったろう。

端野　たんの
野付牛　のつけうし

　端野町は常呂町と上流北見市との間の町である。常呂川の東及び南の広い土地をも含んでいるが，元来は北見平野の東北隅から始まった土地であった。端野やそのもとになった野付牛の地名由緒は込み入っているので，まず旧記若干の抜粋を掲げてから書きたい。

　　大日本地名辞書（明治35年）。野附牛（ヌプ　ケウシ）。初め，少牛の南一里，常呂川の左（西）岸開拓せられしが，耕殖の進歩に伴ひて，村の中心は南三里常呂川，ムカ川の会流点の北畔（今の北見市街）に移り，前のヌプケウシは野越と称することとなれり。即今網走，常呂に通ずる分岐点に当る。又野越の南を特に端野（はしの）といふ。

　　永田地名解（明治24年）。北から順に，ヌブケウシ。野端。古へのアイヌはヌブンゲシに住居し，其後此処へ移住し，なほヌプンゲシの名を用てヌッケウシと称すと云ふ。野付牛村と称す。ヌプ・ウン・ゲシ。野の端。

　　松浦氏登古呂日誌。北から順に，ヌツケシ。是より又野道になるが故に号るとかや。人家三軒有。行くこと凡十二、三丁，フシコヌツケシ。是より大なる原に出たり。沼有。此沼口をこへてまた原に上り，凡七、八丁過て，ヌホンケシ。此辺四方一面見はらしよし。小笹原。

　登古呂日誌はアイヌ時代の記録なので，それが当時の地名に一番近い形で書かれたろうと思われるので，まずそれから明治の地名を読んで見ることにした。

199

ヌツケシ。これから野道だという。これはヌプ・ケシ（nup-kesh 野の・末端）に違いない。常呂川沿いの道を溯って来たら，ちょうど原野の端に出た処に「野付牛古潭」と書いた遺蹟表示板が立ててあった。そこが正に明治30年図でヌプケウシとある場所だった。ヌプケシからヌプケウシ，野付牛となったのだろうか。登古呂日誌では人家三軒と書かれたコタン（部落）の場所である。

フシコヌツケシ。フシコ・ヌプケシ（hushko-nup-kesh 古い・ヌプケシ），つまりヌプケシ・コタンが元来あった処の意。ヌツケシから十二，三丁（1.3キロ）南だという。そこはまだ北見原野の端である。

ヌポンケシ。フシコヌツケシから七，八丁（900メートル）南だという。これはヌプ・ホン・ケシ（nup-hon-kesh 野の・腹の末端）の意。アイヌ時代には沼の腹，野の腹のようにいった。これがヌポンケシ→ヌプンケシのように呼ばれて行ったのであろう。永田氏はそれを nup-un-kesh と読んだが，何か元来の地名らしく思えない。明治のころそう変わって来たのだろうか。明治30年図「野越駅（遙）」と書かれたのが，だいたいその辺である。野付牛という名が今の北見市に持って行かれて，この辺を野越と呼んだのも，ヌプケシの音が残ったのであろうか。

端野市街。旧野越駅（フシコヌプケシ）から1.2キロぐらい南である。野越の南を特に端野という，と書かれた通りである。端野もまたヌプケシ（野の末端）やヌプホンケシを頭に置いて，その語意を訳した地名であろう。

トペンピラウシナイ川

端野町内の川。常呂川の東支流で，美幌から来る国鉄石北本線の南を流れ，端野大橋（北見国道の橋）のたもとで常呂川に注ぐ。明治30年5万分図では，その川下はもう少し北に伸びていて，野付牛古潭の立て札の対岸で本川に入っていた。登古呂日誌でも「トペンヘラシ。ヌツケシの向に当るよし」と書かれている。

語意不明。トペン（ニ）・ピラ・ウシ・ナイ「いたや（の木）の・崖・にある・川」ぐらいの意だったろうか。原野の端を流れている川である。川沿いに低い崖でもあったのだろうか。

緋牛内　ひうしない

端野町内，トペンピラウシナイ川沿いの土地で石北本線緋牛内駅あり。北海道駅名の起源は「シュシュ・ウシ・ナイ（柳・群生する・川）の転訛である」と書いた。（ただしその川を知らないので何とも判断できない）

北見市　きたみし

北見市は常呂川上流の本流，無加川合流点を中心とする土地である。前のころは野付牛村で，今の端野町を含む常呂川上流一帯をその地域としていたが，後に下流部と上流部を分村して現在の地域となった。

昭和17年市制施行と同時に北見市と名称を変更した。北見国の中央に位置し，商工業の中心をなしているための名であるという。

III 北見地方

野付牛は初め盆地の東北隅（今は端野町）から開発されたのであったが，後中心が常呂川，無加川の合流点に移り，そこに役場，警察分署が設けられ，野付牛市街として発展したのが現在の繁華な北見市街である。

ペテウコピ

大日本地名辞書は「野付牛の中心は（当初開拓地より）南三里，常呂川，ムカ川会流点ペテウコイの北畔に移り」と書いたが，松浦図はそこにヘテウコヒと記す。ペテウコピ（peteukopi）は，川を上に向かって見て行くアイヌ時代の流儀で「川がそこで互いに捨て去る所」，つまり，だいたい同じような大きさの川が，そこで別れて行っていると呼んだ。つまり二股，合流点のことなのであった。同名が道内諸地に多い。

〈無加川筋〉
無加川　むかがわ

石狩川源流の裏山から出て留辺蘂町内をずっと東流し，北見市に入って常呂川本流と合流している長い川の名。語義ははっきりしない。永田地名解は「ムカ　muka（水川を越す）。ムは塞る，カはイカにして越すの意。此川温泉があるがために水氷ること遅し。水氷りて流れ塞る時始めて氷上を越すを得べし。故に名くと云ふ」と書いた。土地のアイヌからの聞き書きらしいが，珍しい解である。なお松浦図ではムッカと書かれた。

藻岩山　もいわやま

無加川と，その南を並流する訓子府川との間は長い横山が東西に走っている。その東端に近い処の山のふくらみの処の名。モイワはだいたいは目立つ独立丘の名であるが，この藻岩は一番近い東相内の辺から見ると，長尾根の一部ぐらいにしか見えないので変だと思って来た。だが北見市街に近い辺を歩いていた時に眺めたら，美しい三角山に見えた。これなら他地のモイワと同じである。東の方のコタン（部落）の人たちがそれを眺めて呼んだ名だったろうか。モイワは mo-iwa（小さい・霊山）の意だったらしい。

相内　あいのない
相内川　あいないがわ

相内は無加川北岸部の地名。相内川が南流している。永田地名解は「アイノナイ ainu-o-nai」と書いた。アイヌ・居る・沢の意か。人口が少ない地帯だったので，並んでいる沢の中で，人の住んでいる沢という意味で呼ばれた名であったろうか。

留辺蘂　るべしべ

留辺蘂町は無加川中，上流一帯の土地。留辺蘂市街は町の東端部，無加川沿いの相当な街である。パナワルペシペ（現称東無加川）とペナワルペシペ（現称大久保川）の二川が北から並流して無加川に入っている。pana-wa-an-rupeshpe（下流・に・あ

201

る・峠道沢），pena-wa-an-rupeshpe（上流・に・ある・峠道沢）の意であろう。どっちを溯っても山越えすれば佐呂間別川の源流に入れる。現在は東無加川筋の方を佐呂間街道が通っている。そのルペッペから留辺蘂の地名が出た。

オペッカウシ

留辺蘂市街の川下側のはずれの処がオペッカウシと呼ばれた。山の尻が川岸に突き出た処の意。その通りの地形である。

奔無加川　ぽんむかがわ

留辺蘂市街の西のはずれで無加川に注いでいる北支流の名。ポン・ムカ「pon-muka 小さい・無加川（支流）」の意。

温根湯　おんねゆ

留辺蘂町内。留辺蘂市街から無加川に沿って約9キロ上った処に温根湯の温泉街がある。永田地名解は「オンネ・ユ。大・温泉」と書いた。オンネ（onne）は年寄った，大きい等の意。ここは無加川の川中の岩蔭から実に豊富な温泉の湧く処で，付近の小温泉に対する意味でオンネといわれたのであろう。

シケレベツ川

留辺蘂町内。温根湯から約5キロ本流を上った処に注ぐ北支流の名。永田地名解は「シケレペ・オ・ペッ。黄蘗多き川」と書いた。現代流に書けば「きはだ（の実）・多くある・川」である。

北見富士　きたみふじ

無加川源流北岸の山の名。標高1291メートルの実に美しい三角山。下流からでも上流からでも，ずいぶん遠くからその姿が望まれる。永田方正は「ユㇰ・リヤ・タナシ yuk-riya-tanashi 鹿の・越年する・高山。タナシは高山なり」と書いた。土地の人に聞くとこの辺は今でも鹿の多い処だという。この山の南麓は富士見という字名である。

なおここから35キロ北，紋別市や丸瀬布町，滝上町の境にも同名の北見富士という山がある。

ケショマツプ沢川（ヌプリケショマㇷ゚）
パオマナイ川（ヌプリパオマナイ）

いずれも無加川の北支流。北見富士の下流側にケショマツプ川があり，上流側にパオマナイ川（小川）がある。どれも上略された形で残っているが，もとは下記の名であった。

ヌプリケショマㇷ゚「nupuri-kesh-oma-p 山の・末・にある・もの（川）」，ヌプリパオマナイ「nupuri-pa-oma-nai 山の・上手・にある・川」。

形が少し違うが，北見富士の下端，上端と対照して呼んだ川名。ただし北見富士の方はタナシ（高山）で呼ばれ，川名の方ではヌプリ（山）でいわれている。地名のできた時代差ででもあろうか。

イトムカ

留辺蘂町内。無加川水源の右股の名，地名。わが国最大の水銀鉱山のあった処（今は廃山）。国道39号線（北見国道）はこの沢に沿って上り，石北峠を越え，石狩川を源流から下って旭川に達している。語義は不明。そのまま読めば i-tomka（それ・輝かす）とも，また i-tom-muka「それが・輝く・無加川（支流）」とも聞こえる。i-tom-utka（それが・輝く・早瀬）とも読める。鉱物が光って見えたものか。

左股の方はシー・ムッカ「shi-muka　ほんとうの・無加川（無加川本流の意）」と呼ばれていた。

〈常呂川本流上部〉

訓子府川　くんねっぷがわ

常呂川本流と無加川の間を並行して長く流れている川。上流は置戸町内，中流は訓子府町内，下流は北見市を流れ，川口は常呂川，無加川合流点（ペテウコピ）から，本流を約2キロ上った処である。永田地名解は「クンネㇷ゚。黒処。やや川にして水黒し」と書いた。クンネ・ㇷ゚「kunne-p　黒い・もの（川）」の意。

訓子府町　くんねっぷちょう

東（下流）は北見市，西（上流）は置戸町で，その間の常呂川本流，訓子府川中流の土地である。中心になっている訓子府市街は訓子府川筋ではなく，常呂川の北岸で，道道265線（十勝への道），国鉄池北線（北見市ー池田）が通っている。

ケトナイ川

訓子府町内の川。南から流れて来て，訓子府市街の対岸で常呂川に注ぐ長い川である。ケッ・ナイ「ket-nai　獣皮を乾かす張り枠（がある）・川」の意。

境野　さかいの

置戸町東端の市街地。池北線の境野駅から出た名。北海道駅名の起源は「駅付近にオケト原野とクンネップ原野の境界線をしている境川があり，原野の境の意味で境野と名づけたものである」と書いた。

置戸　おけと
緑川　みどりがわ（オケトゥンナイ）
池北峠　ちほくとうげ

置戸町は常呂川の源流一帯と，訓子府川水源の土地で，中心になっている置戸市街は常呂川北岸の静かな街である。南の山から流れている緑川が市街の対岸で常呂川に

注いでいるが，明治30年5万分図は，その川をオケトゥウンナイと書いている。

そのまま読めばオ・ケトゥ・ウン・ナイ（o-ketu-un-nai　川尻に・獣皮を乾かすその張り枠・がある・川）と解される。それが下略されて置戸となったものであろう。下流にあったケトナイ川（ket-nai　張り枠・川）とよく似た川名である。

国道242号線（置戸国道）と国鉄池北線はその緑川の筋を上り，池北峠を越えて利別川（十勝川支流）を下り，十勝の池田に出る。峠は広い平らな牧場地帯で，いわゆる峠の感じはしないが，そこが北見と太平洋岸を結ぶ交通上の大動脈線なのであった。

オペッカウシ

置戸市街の川下側のはずれの処がこの名で呼ばれていた。そんなに大きい川崖があるわけでもないが，やはり「山の尻を川岸につけている処」である。こんな難しい形の長い地名が札幌や十勝から北見まで散在していることは注意を要するのであった。

オンネアンズ川
安住　あずみ

明治30年5万分図では，置戸の少し上流にオンネアンジ，ポンアンジの二川が並流して常呂川に注いでいる。永田地名解はそれを「大黒曜岩，小黒曜岩」と訳しているが，もちろん大・黒曜石（川）の意である。黒曜石はアンチ（anchi, anji）と呼ばれた。アイヌ時代になっても利器として使われたが，限られた処にしかない石なので，その産地にこの名が残ったのであろう。民家の庭にも黒曜石が転がしてあったので貰って帰った。

ポンアンジ川の方は今支流扱いされていて，ポンオンネアンズ川とも呼ぶ。オンネアンジが熟用される川名となって，その支流，あるいは弟分みたいな川という意味で，それにポン（小さい）をつけて呼ぶようにもなったものらしい。

この辺の土地を安住という。アンズに安住の字を当て，それを「あずみ」と読ませるようにしたものではなかろうか。

仁居常呂川　にいところがわ

常呂川の源流は勝山市街のそばで二股に分かれていて，その右（北）股が本流で，左（南）股は仁居常呂川と呼ばれている。明治30年5万分図では，右股がシートコロ，左股がニオトコロと書かれていた。シートコロはshi-tokor（ほんとうの・常呂川→常呂川本流）の意。永田地名解は左股の方を「ニヨトコロ。樹木多き常呂川」と書いた。ニオの間に渡り音のyがついてニヨと呼ばれたのであったが，解の方は，この形だと「ニ・オ・トコロ　漂木・が多くある・常呂川」であったろう。（立木が多い場合はふつうニウッという）

(3) 北見地方東部（網走，斜里）

　　徳川時代は斜里領と書かれた地帯。ただし網走川上流は釧路アイヌの居地で釧路領のように書かれた。

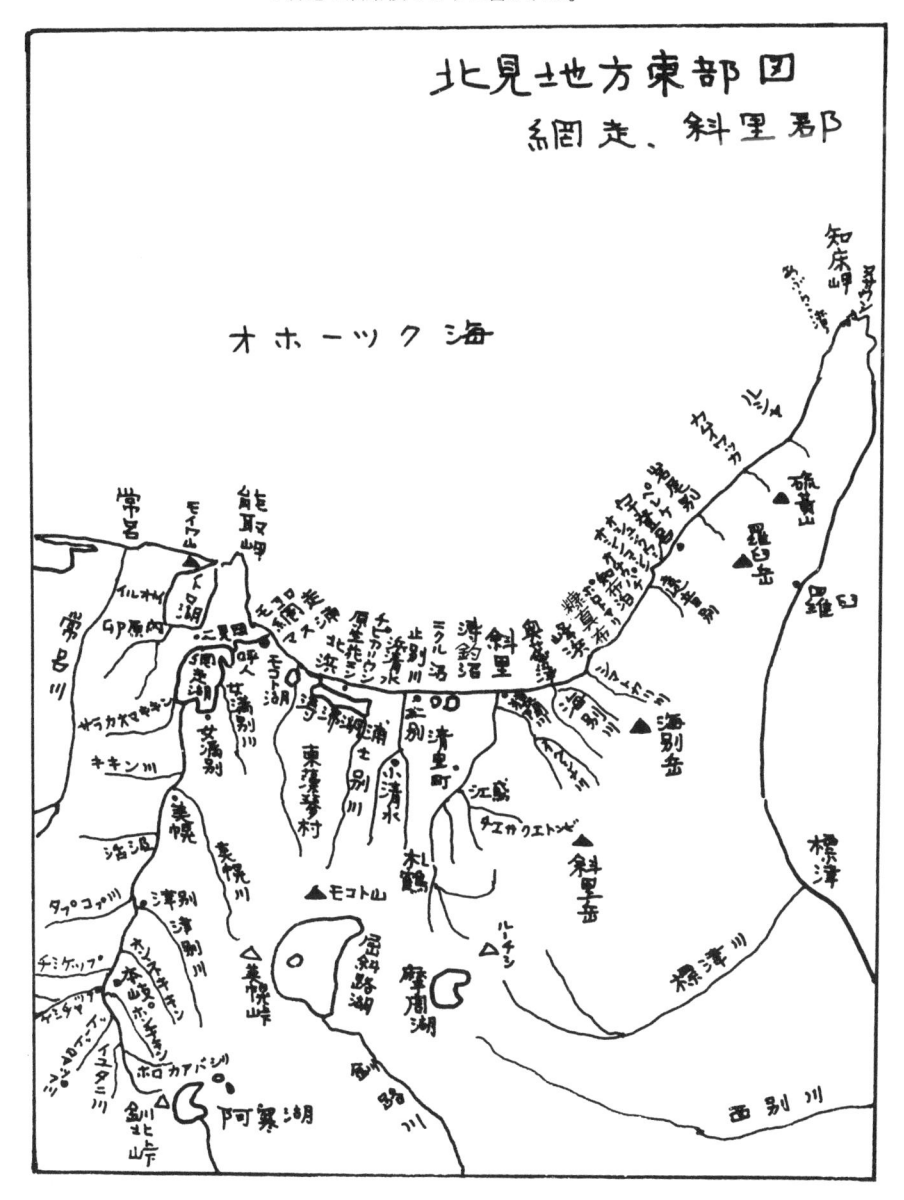

〈能取湖周辺〉

能取岬　のとろみさき

　能取湖と網走市街との中間の処，海中に突き出している大岩岬であるが，その上は広い草原である。能取はノトロ（not-or　岬・の処）の意。もとは岬の辺の土地を呼んだ名であろうが，それが岬名として使われた。松浦図は「ノトロ，本（名）シンノノトエト」と書いた。シノ・ノテトゥ（shino-notetu　ほんとうの・岬），つまり大岬という名か。明治30年5万分図はノテトゥと書いた。not（あご）もetu（鼻）も共に地名では岬であるが，それを続けてノテトゥで岬を呼ぶ処が多い。

能取　のとろ，のとり

　松浦氏廻浦日記を見ると，能取湖の湖口を東に渡った処がノトロの村であった。永田地名解もその処で「ノトゥロ・コタン。岬の内に在る村。能取村と称す」と書いた。ノッ・オロ・コタン「not-or-kotan　岬・の処（の内）の・村」の意。明治30年5万分図もそこに能取と書いた。振り仮名はノトリとなっているが，こうも呼ばれていたのであろう。なお松浦図もそこに「ウハラライ。ノトロとも云」と書いている。
　現在，湖口の東のその処は美岬という字名になっていて，能取は湖口の西側の方の字名となり，国鉄湧網線の能取駅もその方にある。地名が西に動いたものらしい。

能取湖　のとろこ

　アイヌ時代はこの種の大きい湖には特別の名がなく，ただトー（to　湖）と呼んでいた。今能取湖というのは，和人が能取の湖だという意味でつけた名前である。

能取湖の湖口

　湖の水が海に注ぐ処。松浦図はトーチャロ，網走市史はトープッと書いた。トーチャロ（to-char）もトープッ（to-put）も共に「湖の・口」の意。網走市史に書かれた菊地儀之助翁（美幌故老）の語った伝説によると「大昔ノトロ湖の口は六年に一度しか開かなかったが，時代の流れでだんだん短くなり，今では湖口が開きっぱなしになった」（網走市史）。風波で砂が湖口をふさぐので，今でもその砂を取り除くのが年中行事になっているのだという。

モイワ山

　湖の北岸，海との間の細い地帯の中にある独立丘。低い丘ではあるがこの辺で最も印象的な美しい山である。松浦図は少し訛った形でモユワノホリと書いた。もちろんモイワ（mo-iwa　小さい・山）が地名化して，それにヌプリ（nupuri　山）をつけた形であろう。この辺の人たちの崇敬した霊山であったらしい。昔は山下にモイワのコタンがあったという。

イルオナイ川

　能取湖西岸には10本ぐらいの小川が並流して海に注いでいるが，その中の北から5

本目の川の名。永田地名解は「イルオナイ i-ru-o-nai (熊路川)。直訳汝等の路の川」と書いた。彼は小樽の色内川を，これを引いてイルオナイと同名なりとしたのであった。なお知里博士は，「i は"それ"(この際は熊をさす)，ru は"足跡，路"の義」と書いた。

卯原内　うばらない

能取湖南西隅の川名，地名。駅あり。卯原内川は湖に注ぐ最大の川である。松浦氏廻浦日記や松浦図ではウハラライと記す。永田地名解は「ウ・パラ・ライ。口無し川。ウは互に，パラは川口，ライは死す。此川は三脈あれども皆川口無し。故に名く」と書いた。par(口)はパラのようにも発音されたのだった。

駅名の起源昭和25年版(知里博士はこの版から参加)は「オ・パラ・ライ(川口の死んでいる)から転訛した。能取に注ぐあたりが湿地で川口が明瞭でないところから出たものであろう」と書いた。ウをオと読んだ処が差である。

同書29年版になると「オ・パラ・ナイ(川口・広い・川)から転訛したものである」と新しい説が書かれている。パラを para(広い)と読み，ライの処をナイ(nai　川)と解したのであった。

藤山ハル媼(樺太引揚げのアイヌ。ほど近い常呂町に住んだ。故人)は「ウパラ・ナイ。煤・川」と解しておられたとのことである(服部四郎博士による)。やちの中を流れる川なので，赤いやち水が流れ，黒っぽい浮遊物が流れていたのであろう。それをウパラ(upar, upara)のようだとして解されたのであろう。

二見ケ岡　ふたみがおか

卯原内市街の東，能取湖と網走湖の間の土地の名(和名)。湧網線駅あり。北海道駅名の起源は「網走，能取の両湖を一望に見おろせるため，こう名づけたものである」と書いた。

ただし二見ケ岡駅のある処は，この地の南部，網走湖に近い場所である。

〈網走，網走川筋〉
網走　あばしり

網走の地名語義は全く忘れられた。有名地名なので後の諸説紛々，ここでは代表的なもの三つだけを抄録するに止めたい。上原熊次郎地名考は「漏る所。アパは漏る，シリは地。此所に窟ありて其口の滴りて雨漏のよふなる故此の名ある由」と書いた(文政7年)。

永田地名解の国郡の部と本文を綜合すると「元名チパシリ。吾人発見したる土地の義。後アバシリと改称すると云ふ。今の網走村は往時蒼海たり。故に網走沼(湖)の南岸なる網走川の辺をレプンシリ(沖の島)と称せり。白き岩あり，笠をかぶりて立ちたるアイヌの如し，アイヌ等之を発見してチパシリと名付木幣を立つ。我等が見付けたる岩の義。後アパシリと改称すと云ふ。此岩崩壊して今は無し。或は云ふ。此岩神チパシリ，チパシリと歌ひて舞ひたり。或は云ふ一鳥ありてチパシリ，チパシリ

と鳴きて飛ぶを以て名くと」と説いた（明治24年）。当時のアイヌからの聞き書きであったろう。

知里真志保博士は「チパはイナウサンの古語で，シリは島の意であるから，チパ・シリは幣場（のある）・島と解すべきもので，もともと網走川の海中にある帽子岩に付いた名称である。この岩は古くカムイ・ワタラ（神・岩）と云われ，漁民たるアイヌの非常に崇拝する沖の神の幣場のあった処である。チパシリが古語であるために，意味が後のアイヌに理解されなくなるに及んで，新しくチ・パ・シリ（我等が・発見した・土地）という解釈が生じ，更にチ（我等）も雅語であるから，それを同義語の口語形アに代えてア・パ・シリとするに至り，やがてその名称が岩から離れてコタンのあった海岸の土地をさすようになったものらしい」（網走市史）と書いた。

和人側の記録は，津軽一統志狄在所の名では「はヽ志り村」（推定1670年調査），元禄郷帳では「はゞしり」であり，私の手許の民間のごく古い地図（山城屋安右衛門所持）も「ハヽシリ」である。明治の永田氏はチパシリが元来の名だとする伝承を書いたが，和人記録では300年前から網走は「ハヽシリ」「ハバシリ」で，今の網走に近い形で残っていた。この点もゆっくり考えて行きたい。

モヨロ

モヨロ貝塚で有名になった地名。ただし貝塚は網走川口のすぐ西側であるが，元来のモヨロはそこから2キロ余北の，海岸がゆるく湾入している処で，明治30年図ではそこに最寄村と記す。今の明治から海岸町の辺である。モヨロ←モイ・オロ「moi-or 入江・の内（の処）」の意。永田地名解はモヨロ・コタンと書いた。知里博士はそれをmoi-or-o-kotan（湾・内・にある・村）と訳した。

網走川　あばしりがわ
　　——網走川川口（リンナイサノプトゥ）

網走市史地名解（知里博士筆）は「リンナイは網走川の古名。リル・ナイ rir-nai から転じたものでリルは潮，ナイは川，リンナイは潮の入る川の意。この川口をいったリンナイサノプトゥのサノプッはサン・オプッで，海の方の・川口の意。網走湖内のペッ・プッ（川・口）と区別して呼んだ名である」と書いた。

なお網走川のような大川でもリンナイとナイで呼ばれていたのであるが，この川でも上流部の地名の中の言葉ではペッとして現わされている。言葉の時代差のようなものが残っているのであろうか。

タンネ・ヌタㇷ゚

網走川を溯ると，網走刑務所の南の処で大きく屈曲して袋地を囲んでいて，この辺の地名は大曲である。知里博士小辞典はそこのことを「原名はタンネ・ヌタㇷ゚ tanne-nutap（長い・ヌタㇷ゚）で，ヌタㇷ゚とはそのような湾曲内の土地を云うのである」と書いた。ヌタㇷ゚という語は，土地により人により意味が違って解に苦しむことが多いが，ここ

は川曲がりの中の袋地を呼んでいた例である。

網走湖　あばしりこ

　長い網走川は途中で大きな網走湖を作っている形になっている。アイヌ時代にはこの種の大きい湖には特別の名がなく，ふつうただトー（to　湖）と呼んだ。網走湖は和人のつけた名のようである。

クッチャロ

　網走湖の水が網走川（下の）になって流れ出す処の名。明治 30 年 5 万分図にもこの名が記入されている。クッチャロ（のど口）の意。屈斜路湖やクッチャロ湖（頓別沼）と同じように，ここにもクッチャロがあった。

リヤウシ

　網走湖北西端の処の地名，そこにある小さい湖の名。リヤウシは riya-ush（越冬する・いつもする）の意。

　そこにいつも越冬するリヤウシ・コタン（越年・村）があり，そこにある湖なのでリヤウシ・トー（湖）と呼ばれたのであった。

呼人　よびと

　網走湖東岸の地名，半島名，川名。網走湖東岸の北端部から，湖の北東が細長く入り込んでいて，湖本体との間はひょろ長い出岬の形になっている。その長い入り込んだ湖の部分が元来のヨビトであって，知里小辞典は「ヨビト yopi-to 親沼から別れ出ている湖。もと i-opi-to（それを・捨て去った・沼）。そこから別れて行った沼の義である」と書いた。（網走市史地名解では e-opi-to。そこから・捨てて行く・沼と書かれた）。

　それがこの辺の地名となって呼人と書かれ，また出岬も呼人半島と呼ばれるようになった。沼奥に注ぐ呼人川はもとヨビナイと呼ばれた。網走市史では「そこから別れて奥へ入って行く沢」と逐語解的に書いてあるが，これは「ヨビ（ト）の・川」と解すべきではなかろうか。

　石北本線呼人駅は，ヨビト川を溯った処にあり，その辺が呼人市街になっている。

女満別　めまんべつ

　網走郡の川名，町名。女満別町は網走湖南岸一帯の土地で，北は網走市，南は美幌町に接し，町内中央の原野を網走川が北流して網走湖に入っている。

　女満別川が町の東端部を北流（女満別市街の東 2 キロ），湖東岸呼人半島の根もとの処で湖に入っていて，これが名のもとであった。永田地名解は「メマン・ペッ。冷（すずしき）川」と書いたが，網走市史地名解は「メマンペッ mem-an-pet（泉池・ある・川）。この川の奥の湿原に泉池があり，鮭が夥しく産卵するために入ったものだという」と書いた。知里さんが土地のアイヌ古老の話を聞いて書いたもののようである。

女満別市街　めまんべつしがい
トマップ川
オタパ
　現在の賑やかな女満別市街は，女満別川から約2キロ西の，トマップ川の川口西岸の土地で，市街は湖岸オタパの上に発展した。トマップ川は低地の小流で，網走市史地名解は「ト・オマ・ㇷ゚。沼・に入って行く・もの（川）」と書いた。このトは網走湖とは考えにくい。ふつうこの形だと川上に沼があったと読まれる。なお tomam（低湿原野），toma-o-p（えんごさくの根茎・多くある・川）のような言葉も思い出させる川名である。
　オタパは市街の北側の砂浜で貸しボートなどが並んでいる。オタ・パ（ota-pa　砂浜・の上手）の意。今は西の方が陸地化したが，昔は長い砂浜だったようで，オタパはその東端の処であった。
　女満別空港は市街の南約1キロ，トマップ川と網走川筋原野の間の丘陵上にある。

レプンシリ
ペップッ
　永田地名解が網走発生の地という伝説を書いたレプンシリは，網走湖南岸中央の湖中に張り出した部分の旧名。明治30年図で見ると，その根もと，特に東部がずっとくびれていて，殆ど島の形であった。網走市史地名解は「レプイシリ←レプン・シリ（沖に出ている・土地）」と解した。ごく古い時代なら，「沖・の・島」の意だったかもしれない。
　ペップッはレプイシリの辺にあった網走川の川口で，pet-put（川・口）の意。網走川は間に湖があったので上下二つ川口があり，これは湖の処の口，海の処のがリンナイサノプトゥなのであった。現在は新河道ができて，川口は昔より少し東になっている。
　なお同じ網走川であるが，海の処ではリンナイで，ナイで呼ばれ，溯った湖の処ではペップッとペッでこの川を呼んでいる。地名に残された時代差であるらしい。

サラカオーマキキン川
　女満別町内西端部の川名。現在は網走湖に注いでいるが，昔は下流が東に流れて網走川（旧河道）に入っていた。網走市史地名解は「サㇽ・カ・オマ・キキン（芦原・の上を・入って行く・キキン川）と訳した。すぐ上流側にあるキキン川の弟分のような川なのでこの名がついたのであろう。サㇽカはむしろ「芦原の平面」ぐらいの意で，ただサㇽというのと殆ど同義だったように思われる。
　なお同解はまたオサㇽカンナイ（o-sarki-an-nai　川尻に・芦・ある・川）という別称があったと書いた。（o-sarka-an-nai とも読める）

木禽川　ききんがわ
　美幌町内の川（川口の辺は女満別町との境）の名。網走市史地名解は「キキン kikin

Ⅲ 北見地方

（エゾウワミズザクラの果実）。この沢にこの木が多く，アイヌはそれを取って食ったのである」と書いた。

美幌　びほろ

川名，町名。美幌町は北は女満別町，南（網走川上流）は津別町，南東は釧路の屈斜路湖地方と接する。美幌市街は長い美幌川と網走川との合流点の内側にある大きな街。美幌川を溯ると美幌峠を越えて屈斜路湖に入るので，阿寒への入口になっている。

網走市史地名解は「ピポロ。ペ・ポロ（水・多い）から転訛したもので，当地は多くの清流が合流して水量が豊富であるから名づけたものだという」と書いた。

福豊川　ふくとよがわ（ヌプタヌプ）

美幌川の東支流（流長15キロ）の名。永田地名解は「ヌプタヌプ。曲り野。直訳野の此方の野」。nup-ta-nup（野の方の野）で何だか変な名前だが，明治30年5万分図はそれを川名として書いている。今福豊川という。

網走市史地名解が「フッ・トゥタヌ・プ hut-tutanu-p トド松（hup）・に接している・もの（川）。今はフタロップ川という」と書いたのがこれらしい。

網尻郡　あばしり（あみしり）ぐん

旧郡名。松浦武四郎は郡名建議書の中で，網走川上流（美幌の辺から南）を別郡として釧路国に入れ「此所土人昔より久摺（釧路）に統属する故に今又クスリに附与しをけり」と書いた。つまり網走川上流は釧路アイヌの勢力範囲であったらしい。これによって明治初年に釧路国網尻郡が置かれたが，明治14年北見国網走郡に統合された。

このように，太平洋側の釧路アイヌの勢力範囲が山を越えて網走川上流に及んでいたことが，古い時代に文化がオホーツク海側と太平洋側との間に流動する一つの系路になっていたのではないかと考えて来た。

栄森川　さかえもりがわ（カックム）
活汲　かっくみ

栄森川は美幌町南端の処で網走川に注ぐ西支流で，昔はカックムという名。これが地名となり，網走川を少し溯った東岸に活汲という小市街があり，国鉄相生線の活汲駅あり。網走市史地名解（知里博士筆）は「カックム kakkum。カックムまたはカックミは白樺の皮で作った柄杓(ひしゃく)。この辺白樺多く，昔のアイヌはここから柄杓の材を得ることが多かったので，そう名づけたのであろう。カッコ鳥多く鳴くにより名くとする説（注：永田地名解）もあるが，それだとカッコク・ハウ（カッコ鳥の・声）でなければならない」と書いた。

タッコブ川

津別町内。津別市街の対岸少し北の処で網走川に注ぐ西支流。永田地名解は「タプコプ tapkop 小山。達媚村と称す」と書いた。

211

タㇷ゚コㇷ゚はぽこんと盛り上がったような丘。タㇷ゚コㇷ゚と呼ばれた小山の処の川であったろう。

津別　つべつ

川名，町名。津別町は網走川最上流一帯の土地。津別川は南の山から北流して来て網走川に東から入っている長い川。津別市街はその合流点の北側である。網走市史地名解（知里博士筆）は「トゥ・ペッ tu-pet（二つの・川）。津別川と網走川とがここで並んでいるのを言う」と書いた。

北海道駅名の起源昭和25年版（この版から知里博士参加）は上記二川説を書いたが，昭和29年版では「トゥ・ペッ（山の走り根・〔の下の〕・川）から出たものである」と変えた。合流点より少し上の，津別川西岸の尾根を考えた説であろうか。

恩根　おんね
オンネキキン川

オンネキキン川は津別駅から約5キロ網走川を溯った処の東支流。川筋の土地には恩根木檎という字が当てられていたが，面倒な字だからであるからか，後略されて恩根ということになった。キキン（kikin）はエゾウワミズザクラの実，木はキキン・ニという。この川名の場合はそのどっちを指して呼んだか分からなくなっているが，要するにウワミズザクラ川なのであった。流長19キロ。

上流川の同じ東支流に同じキキン川があり，この川はそれより大きいので，オンネ・キキン「大きい（方の）・キキン川」と呼ばれた。

チミケップ川

オンネキキンから網走川を直線にして2キロ上った処の西支流。相当長い川だが例のない川名。永田地名解は「チミケㇷ゚。山水の崖を破りて流下する処。チミは分る意」と書いた。

上流の峡谷の姿を考えた解か。強いて読めばチミ・ケㇷ゚「chimi-ke-p　分ける・削る・もの（川）」ぐらいに解されたのだろうか。

網走市史地名解は「チヌケㇷ゚。原義未詳。今チミケップ川」とだけ書いた。

ケミチャップ川

チミケップ川の川口から僅か上った処で網走川に注ぐ西支流。相当長い川。永田地名解は「ケミチャクㇷ゚。舐る物無き処。昔し童此処に来り食物なく餓死せし処なりと云ふ」と書いた。kem-i-sak-pe（なめる・もの・無い・処）とでもこじつけたらしいが，何だか説話解くさい。網走市史地名解は「kemichap。原義未詳」とだけである。

この川口から川に沿って道道273号を10数キロ西南に行くと二又の部落がある。その左股をだらだらと上ると低い峠を越えて陸別（十勝川支流利別川筋）に出る。ここが網走から太平洋側に抜ける最も短い，また通り易い地形の交通路なのであった。陸別も十勝川筋ではあるが，網走川上流と同じように釧路アイヌの居住地だったらし

III 北見地方

く，今でも釧路国とされている。

本岐　ほんき
ポンキキン川

　ケミチャップの川口より少し上流，本岐市街の上流側のはずれで網走川に東側から入っているのがポンキキン川（流長11キロ）である。同じ東支流であるオンネ・キキンと対のような川で，この方が少し小さい川である処から，ポン・キキン「小さい（方の）・キキン川」と呼ばれた。たぶんキキン（ウワミズザクラ）があった川であろうが，このような地形の場合は，それがなくても大きい方の川名が使われた。

　川筋の地名もポンキキンで呼ばれ，前のころは醗木禽，翻木禽のような字でポンキキンと呼ばれたが，今は下略されたりして本岐となった。川口の本岐市街に国鉄本岐駅がある。

ドードロマップ川

　ドロドロマップとも呼ばれる。本岐から約7キロ上流の処で網走川に注ぐ西支流の名。永田地名解は「トゥートゥロマㇷ゚。峡川」と書いた。トゥ・ウトゥル・オマ・ㇷ゚「tu-utur-oma-p　山の走り根・の間・に入る（にある）・もの（川）」の意。この川口の処の両側に山の尾根の先が突き出している。その間にある川なのでついた名であろう。

　アイヌ語では濁音，清音の区別をしない。濁み声で呼べばドゥードゥロマㇷ゚である。今の名も昔とそう訛っているのではなかった。

イユダニ川（ユータニの沢）
伊由谷岳　いゆだにだけ

　ドードロマップ川口から約5キロ上，国鉄北見相生駅の少し下で網走川に入る西支流がイユダニ川で，その源流の上に伊由谷岳（網走郡と足寄郡の境）がある。永田地名解は「イユタニ・ヌプリ。杵山。杵の如き山なり。イユタニ・ペッ。杵・川。杵山より来る故に川に名く」と書いた。

　アイヌ時代の杵（イ・ウタ・ニ。それを・つく・木）は昔風の堅て杵で，手で持つ処が細くなっている。この山は細長い独立山で両側が高く，間が低いので，堅て杵を横に置いた姿に見たててこの名がつけられたか。

　アイヌ時代の山名は下の川の名によって呼ばれたものが多いのであるが，この場合は山名から採って下の川名がつけられたのであった。

相生　あいおい

　相生の市街はイユダニ川口の少し上，網走川の東岸の処で，国鉄相生線の終点，北見相生駅あり。北海道駅名の起源は「この地を流れるヌㇷ゚・パ・オマ・ナイ（野の上手にある川）には，かつて男女の橋があったが，道路開削にあたって，さらにその中間に木橋をかけ相生橋と名づけたため，地名も相生というようになった。駅名は他に

213

同音のものがあるので北見相生とつけたものである」と書いた。

ホロカアバシリ（ホロカマハシリ川）
　相生市街の南のはずれの処で，東から来て網走川に入っている川の名。ホロカ・アバシリ「horka-apashir　後戻りしている・網走川（支流）」の意。この辺の支流はどれも上から斜めに本流に入っているが，この川は真横から流れて来て本流に入っている。多くの土地でもこの程度の形の川がホロカをつけて呼ばれていたのであった。

ルーチシアパシリ
釧北峠　せんぼくとうげ
　網走川水源の中の西側の源流の名。ルーチシ・アパシリ「ruchish-apashir　峠の（ある）・網走川」の意。今でも網走川を溯って来た国道240号線（釧北国道）がこの沢筋を登って国境の釧北峠を越え，阿寒湖に出てから釧路に至っている。この川名で呼ばれたルーチシ（峠）は今の釧北峠なのであった。網走川筋はアイヌ時代から，北海道の南北を結んでいた交通路であったことが分かる。

〈網走市街から東行〉
鱒浦　ますうら
勇仁川　いちゃにがわ
　鱒浦は網走市街東郊の地名。国鉄釧網線の鱒浦駅あり。北海道駅名の起源は「この近郊が昔からアイヌの鱒漁の好適地として知られていたためこのように名づけたのである」と書いた。
　永田地名解は「イチャヌニ。鮭の産卵場。川の名。勇仁村と称す」と記す。書き直せば，イチャヌニ「ichan-un-i　鮭鱒の産卵場・ある・もの（川）」の意。明治時代は，それによって勇仁村と称す。今は鱒浦駅のそばを勇仁川が流れ，その西支流を鱒浦川という。つまり鱒が産卵のため集まる処なのであったらしい。

藻琴　もこと
　網走市東郊の地名，湖名，川名。廻浦日記はモコトウと書いた。元来は藻琴湖（私たちは藻琴沼と昔流にいう）から出た名であるが，その語義不明。従来の説は次の通りである。
　①永田地名解は「モコトー。小沼。此辺大沼多し。此沼は最も小なるを以て名くと云ふ」。モ（小），トー（沼）は分かるが，間のコをどう読んだのか分からない。
　②北海道駅名の起源昭和25年版（知里博士参加）は「ムㇰ・トウ（尻の塞がっている沼）の意である」。モコトの前の二字をムㇰ（muk　塞がる）と読んだ。
　③網走市史地名解（知里博士筆）は「モコㇽ・ト mokor-to（眠っている・沼）→mokotto。この沼は山に囲まれていて波が静かであるから眠っている沼と名づけた」。巧い解である。
　④北海道駅名の起源昭和29年版（知里博士参加）は「モコト即ちポ・コッ・ト（子

を持つ・沼）から出たものである」。たぶん藻琴沼の南東岸にある，ごく小さな池シュプン・ウン・トー（うぐい魚・いる・沼）に気がついて着想されたのであろう。モ（mo 小さい，静かな）をポ（po 子供）と同じように訳される知里博士独特の地名解をここに当てはめられたのであった。

以上見られるように，知里さんも三つの解を試みておられた。語法的にはどれもその通りであるが，どれが当たっているとも私にはいえない。忘れられた地名で，他に例のないものの解は，よほどいい材料が揃わないと判断が難しいのであった。

東藻琴村　ひがしもことむら

藻琴川中上流の土地が東藻琴村である。元来は網走町の中の土地だったのであるが，網走が市となった時に，なぜだかここが分離されて独立の村となった。藻琴川の上流なので，我々が見れば南藻琴と呼びたい処であるが，なぜか東藻琴村と称したのであった。

藻琴山　もことやま

この山名は釧路地方釧路川筋の処にも書いているが，重複して書けば，藻琴山という名は，藻琴川や湖の水源の山という意味で和人が呼んだ名らしい。この山は釧路の側から見れば屈斜路湖の一番奥の処（北見との境界線）にある山なので，釧路アイヌはトエトクッペ「to-etok-ush-pe　湖の・奥に・いる・者（山，神様）」と呼び，この名が一般に知られている。だが北見側からの名もありそうだと調べたら，松浦図はこの山を「トウエメクシヘ。又ウライウシノホリと云」と書いていたのであった。

この後の方が北見側の名であった。藻琴川の東側のウライウッペッの水源の山も藻琴山で，アイヌ時代は浦士別に有力なコタンがある関係もあって，当時はウライウシ・ヌプリ「urai-ush(-pet)-nupuri　浦士別（川）の・山」と呼ばれたのであろう。

那寄　なよろ

網走市東部，藻琴湖と涛沸湖の間の海岸の地名，川名。網走市史地名解は「ナヨロ。ナイ・オロ（川・の所）」と書いた。天塩川の名寄を始め諸地に多い名である。

涛沸　とうふつ
北浜　きたはま

涛沸は地名，湖名。涛沸湖は，北は湖口，南はずっと東の東南隅の浦士別が，網走市と斜里郡小清水町との境になっている。大きな涛沸湖はアイヌ時代の慣例でただトーと呼ばれていたようであるが，和人が湖口のトーブッという地名を採って今の湖名にした。

湖口はトーブッ（to-put　湖の・口），トーブトゥ（to-putu　湖の・その口），トーブチ（to-puchi　湖の・その口）のように呼ばれた。当時の慣わしでどれで呼んでも通用したであろう。それに涛沸と当て字された。湖口の西側（網走側）にトーブッのコ

タンがあったが，今は北浜という。かつての名力士北の洋の出身地である。

浦士別　うらしべつ

濤沸湖の東南隅に注ぐ川名，地名。浦士別川はこの湖水に注ぐ最大の川で，網走市，小清水町の境界，昔は聞こえた大酋長がいた処である。ウライ・ウッ・ペッ（urai-ush-pet　簗が・ある・川）で，ウラユッペッ，またウラヤッペッのように呼ばれた。

〈斜里郡〉

原生花園　げんせいかえん

濤沸湖と海とを隔てる細い長い砂丘の中ほどを近年原生花園と称し，観光客が訪れる。行って見たら，砂丘の湖側の斜面で，はまなすやその他の海岸の草花が咲いている処であった。このごろは他地でもだんだんこの名をつけた処が多いが，ここが一番有名な場所らしい。湖畔には乳牛が放牧されていたりして，都会人には楽しい珍しい風景である。

浜小清水　はまこしみず
古樋　ふるとい

小清水町の地名。濤沸湖東北隅の先の海岸に浜小清水の市街があって駅がある。浜小清水となったのは近年で，小清水の浜の処の意。前のころは古樋であって，幕末の資料ではフレトイであった。上原熊次郎地名考は「フレとは赤いと申事，トイは土の事にて，此近辺赤土なる故此名ある由」と書いた。アイヌからの説だろう。

永田地名解は「フル・トゥイェ。丘の低き処。フルは丘，トゥイェは潰裂なり。此処小丘二つありて其間の低き処は嘗て潰裂したる処なれば名く。フレトイにあらず」。また斜里町史地名解（知里博士筆）は「語源はフル・エ・トゥイ・イ（hur-e-tuy-i　丘が・そこで・きれている・所）。そこには現に赤土が覆われているのでフレトイ（赤い・土）の義に解する説もあるが非である」と書いた。

どれも後の説で，どっちが非だかは分からない。浜小清水駅の裏（浜）側が丘の切れている処だった。そこが赤土説や切れている説の発祥地なのであった。

チヵカリウシ

明治30年5万分図は濤沸湖の西北隅にこの名を記す。網走市史地名解は「チペカルシ。チッ・エ・カリ・ウシ・イ（chip-e-kari-ush-i）舟・そこで・廻す・いつも…する・所。湖から海へ舟をかついで越す所。舟越」と書いた。ここから浜小清水駅の裏の丘の切れ目を通って海へ出したのであろう。　　　⇒チピカルウシ（189ﾍﾟ）

小清水　こしみず
止別　やんべつ

小清水町は網走市の東隣。大正8年斜里村から分村して小清水村と称す（後町制施行）。だいたい止別川筋の土地である。中心となっている小清水市街は，止別川の右股

（支流）のポン・ヤンベツ川（小・止別川）の東岸である。

止別川は松浦図、松浦氏再航蝦夷日誌ではヤンベツ、同氏廻浦日記ではヤワンベツである。永田地名解は「ヤム・ペッ。冷川。川の近傍にメム（泉池）ありて冷泉湧出するを以て名く」と書いた。

北海道駅名の起源昭和29年版（知里博士参加）以降は止別駅の項で「ヤム・ペッ（冷たい・川）から出た」、浜小清水駅の項では「小清水とは、明治24年駅逓設置の際に、止別川の支流ポンヤンペッ（小さい・冷たい・川）を小清水と意訳して駅逓名としたものを、大正8年分村の際に村名としたものである」と書いた。

だが斜里町史地名解（知里博士筆）は止別を別に解して「やむべつ（止別）。従来冷い川の義に解かれていたけれども賛成できない。アイヌ語ではヤム・ワッカ（冷い・水）とは云うが、ヤム・ペッ（冷い・川）と云わないからである。もとの形はヤワンペツで廻浦日記でもそのように出ている。語源はヤ・ワ・アン・ペッ（ya-wa-an-pet 内地の方・に・ある・川）で、斜里より手前（注：網走の方から見て）にある川なのでそう名づけたのであろう」と書いた。廻浦日記のヤワンペツが元来の名なのだったら自然な解き方である。

ニクル沼

小清水町海岸東端の小沼。国鉄止別駅の東の処。明治30年5万分図では海岸砂丘上にニクル、その内側（南）にニクルトーと記す。永田地名解では「リ・ニクル。高・林。丘上樹林あるを以て名く」と書いた。斜里町史地名解は「ニクル沼。原名ニクル・オッマクン・ト（nikur-osmak-un-to ニクル・の背後・にある・沼）」とあった。つまりこの沼名が略されてニクル・トー「nikur-to ニクルの（処の）・沼」と呼ばれたのであった。ニクリ（nikur-i）なら「その林」の意。

〈斜里町・清里町〉
濤釣沼　とうつるとう

斜里町海岸東端の沼。ニクル沼と並んでいる。明治30年5万分図もトウツルトと記す。斜里町地名解はまずこの二つの沼の間の土地の名として「トウトゥル（to-utur 沼・間）」と記し、次に沼名を「オンネト。濤釣沼の原名。オンネ・ト（親の沼）。この沼とニクル沼を親子と考えて名づけたのである。単にト（沼）とも云った」と書いた。私の流儀で書けば、「大きい・沼」。大沼なのでただトーと呼んでいたが、後に二つの沼の間の地名であったトウトゥルをつけて濤釣沼と呼ぶようになったのだった。沼と書いてトウと呼ぶのはこの辺や根室で時に見る地名である。アイヌ語のトーが和人にも通用していたからであろう。

斜里　しゃり

川名、町名、郡名、地方名。元来の斜里は斜里川の下流、特にその川口の辺を呼んだ地名。幕末の舎利領は能取湖から知床岬を回って、現在の根室国側に少し入った処までだった。斜里郡は濤沸湖東岸から知床岬の辺まで、現在の斜里町は濤釣沼から知

床岬までだが，斜里川上流は清里町になっている。
　斜里町史地名解（知里博士筆）は「斜里。アイヌ語サル（sar）の訛で，葦の生えた湿原を意味し，もとこの辺一帯をさす地名であった。日高にも有名なサル（沙流）があるので，区別するため，沙流をマッネ・サル（女性のサル），斜里をピンネ・サル（男性のサル）と云うこともある。北海道南部の古い物語の中ではモシリ・パ・シャル（島の上手にあるシャル）という名称もあらわれる」と書いた。（サル，シャルは同音）

斜里川　しゃりがわ

　オホーツク海岸の大川の中で一番東の川。松浦氏廻浦日記は「シヤリ。川幅五十間ばかり，本名シベシと云也」と書いた。日高の沙流川と同じように，ただシャル（シャリ）といわれ，時にシ・ペッ（大・川）と呼ばれたのであろうか。
　永田地名解は「サルンペッ sar-un-pet（茅川）。シャリペッにあらず」とした。斜里町史地名解も「サルンペッ（シャルンペッ）。斜里川。サル・ウン・ペッ（葦原・にある・川）」と書いた。この当時この形の称で呼ばれていたのであろう。

猿間川　さろまがわ

　斜里川の最下流，川口から 2 キロ半ぐらいの処で，東から注いでいる大支流の名。松浦図では「シヤリハ」と書かれ，永田地名解ではサラ・パ（茅・頭）と書かれた。これらが昔の音を伝えたものだろうか。
　斜里町史地名解（知里博士筆）は「サル・パ・オマ・ナイ（sar-pa-oma-nai　斜里の・しも・にある・川）。或はサル・パ・ペッ（sar-pa-pet　斜里の・川しもの・川）。猿間川」とした。パはふつうは「上手」の意に使うが，知里さんがこのパ pa を「川しも」（川上をペ pe で呼ぶのに対す）と訳したのは，この川が斜里川下流に入る支流であることを示したものとされたのであろう。
　北海道駅名の起源は昭和 29 年版から，中斜里駅（前の猿間川駅）の処で「猿間川はサロマペッ即ちサル・オマ・ペッ（葦原・にある・川）から出たものである」としたのは，現在猿間川と呼ばれている音（昔からその音もあったかもしれない）によって解説したものであろうか。

幾品，以久科　いくしな

　猿間川を少し上ると，その上流はいくつかの諸川に分かれ，手の指を拡げた形であるが，その中の最も向こう側（東側）の川が幾品川である。また幾品川から海岸までの間の土地は，違う字を使って以久科と呼ばれている。
　松浦図は「イクシヘツ」と書き，永田地名解は「イクシ・ペッ。彼方の処」と記した。そのような音でも呼ばれていたのであろう。
　知里博士筆斜里町史地名解は「イクシナペッ。幾品川。エ・クシナ・ペッ（そこを・突き抜けている・川）。山の際まで突き抜けている川の義」としたが，同氏小辞典では山の処を横切っている川と解説している。
　クシ（kush）は川や山の「向こう側」，ナ（na）は「～の方」の意。この川は斜里の

218

方からは一番遠い川なので,当時の何かの目標物があって,その向こうの川の意だったのではなかろうか。岩見沢の幾春別（i-kush-un-pet）等と合わせ考えたい。

以久科原生花園　いくしなげんせいかえん

幾品川から遙か北に離れた海岸砂丘の後の処,斜里市街の東郊である。はまなすやえぞすかし百合の群生地。7月に訪れたらえぞすかし百合（アイヌ語イマキパラ　imaki-para）の花盛りで美しかった。花好きの方におすすめしたい処である。

斜里岳　しゃりだけ

猿間川諸川の上にある高峰。永田地名解は「オンネ・ヌプリ onne-nupuri。大・山。斜里川の水源なり。故に斜里岳とも称す」と書いた。オンネは元来は「年老いたる」の意。この山はこの地方で深く崇敬された山なのでこの称で呼ばれたのであろう。

清里町　きよさとちょう

斜里川本流の中,上流の土地。昭和18年斜里町及び小清水村から分村して上斜里村と称していたが,昭和30年清里町と改称した。清里は母体であった斜里と小清水の一字ずつを採った名であるという。中心になっている清里町市街（もと上斜里）に国鉄釧網線の清里駅がある。

江鳶　えとんび

清里町内の川名,地名。清里町市街の少し上の処で斜里川に入る東支流であるが,斜里町史地名解は「エトンビ。エ・トゥ・ウン・ペッ（e=tu-un-pet　頭が・山・へ入りこんでいる・川）」と書いた。同じことであるがエトゥンペ「e-tu-un-pe（pe はもの→川）」のようにも呼ばれていて,それが江鳶となったのかもしれない。

チエサクエトンビ川

江鳶川を少し上ると二股になっていて,その左（東）股の川。斜里岳から流れている川である。斜里町史地名解は「チェブサクエトゥンピ。chep-sak-etunpi（魚の・無い・江鳶川）」と書いた。

ペーメン川

清里町内,札弦市街の少し下流で斜里川に入る東支流。永田地名解は「ペー・メム（泉池）」と書き,斜里町史地名解は「ペー・ウェン・メム（pe-wen-mem　水の・悪い・湧水の池）」と書いた。後者の方の形の地名だったようである。

札弦（札鶴）　さっつる
ルーチㇱ（札鶴川源流）

サッツルは清里町内の地名,札鶴川は斜里川の西支流。本流の西側を並流していて,現在は国鉄釧網線がこの川の右（西）股を上り,山越えして釧路側の川湯,弟子屈に

下っている。古くは左（東）股を上って山越えして根室国側に出るのがよく使われた道らしい。

永田地名解は「サッ・ルー。乾・路なるべし」と書いたが読み違いであろう。古い松浦氏廻浦日記は「サツルエ。サツは夏，ルは道也」と書いた。諸地の類形地名から見ればサㇰ・ル（sak-ru　夏・道）であろう（sak の k は不破裂音で和人は聞きとりにくい）。

札鶴川東股の水源を上った処がルーチㇱ（ruchish　峠）と呼ばれ，それを下ればケネカ川（標津川の左股）を下って標津（根室国）に出る通路が松浦図に朱線で書かれている。

また上原熊次郎地名考では，当時（文政）の釧路からオホーツク海への通路は，釧路川を舟で標茶へ上り，それから陸路西別川上流，山中，シヤツル（札弦）と泊まって斜里に出る，と書かれている。

つまり前記のルーチㇱ（峠）を越えていたのであった（今は釧網線が札鶴川西股の方を通って斜里，釧路を繋いでいる）。

そんな意味で札鶴川筋は，今は余り人目につかないようであるが，アイヌ時代の昔から東北海道の大切な交通路なのであった。

奥蘂別川　おくしべつがわ
海別川　うなべつがわ

現在の形では，海岸でいえば以久科の向こう（東）に奥蘂別川があり，その川口に近く，東から海別川が注いでいて支流扱いされているが，松浦氏の諸資料や永田地名解では，海別の方が本流とされていた。

斜里町史地名解（知里博士筆）は土地の古老に聞いたか，川名が頗る詳細であるが，海別川口から上へ，サクㇱペッ（西支流），マックㇱペッ（東支流），オクシュンペッ（奥蘂別川）と並べ，海別が本流としている。

同解は「オクシュンペッ。オ・クㇱ・ウンペッ（o-kush-un-pet　川向うにある川）。一番浜側にサクㇱペッがあり，その奥にマクㇱペッがあり，更にその川の彼方にこの川が流れていたのでそう名づけた」と書いた。つまり，海側から見て向こう（オ・クㇱ）にある川と呼ばれたのだとの解らしい。

言語遊戯みたいであるが，斜里の方から見れば，斜里川を上ると一番向こう（東）の川が幾品川（i-kush-pet, e-kush-na-pet）で，更にそのすぐ向こうにある川が奥蘂別川（o-kush-un-pet）なのである。e, o という指頭辞や kush という語を少し考えてみたくなる形なのであった。

海別は，永田地名解は「ウナ・ペッ una-pet（灰・川）。古へ噴火せしとき，全川灰を以て埋めたりしが今は灰なし」と書き，斜里町史地名解も同説，「ウナ・オ・ペッ（灰の・入った・川）とも云う」と付け加えた。

峰浜　みねはま
朱円　しゅえん，しゅまとかり

III 北見地方

シマトカリ川

峰浜の市街の辺が昔はシュマトゥカリと呼ばれ、川はシュマトゥカリペッといわれた。斜里町史地名解は「シュマトゥカリペッ（suma-tukari-pet 石の・こちらの・川）。この川を境にして斜里方面は砂浜、東の方は石原なのでこの名がついた」と書いた。

この辺の海岸は斜里からずっと砂浜続きで浜伝いに歩いて来れるのであるが、この川を越えるといきなり大きなごろた石だけの岸である。地名で tukari（手前）という言葉を使うのは、この種の特殊な地形の場合である。

そのシュマトゥカリからこの辺一帯の地名ができて、明治30年5万分図では朱円村と書いて、朱円にシュマトカリと振り仮名している。円（まどか）を考えたのであろうか。だがこの字でそう読ませるのは無理であるので、早いころから「しゅえん」と音読みで呼ぶようになった。近年川口の市街の辺は峰浜と改称されたが、今でも付近は朱円という字名のままである。明治のころ、道内の処々で、学のある人たちが難しい当て字で地名をつくり、後人が閉口した一つの例であった。

川名の方は今でもシマトカリで、ほぼ旧名を残している。島戸狩川と漢字を当てても書かれた。ここが知床半島の入口である。

糠真布　ぬかまっぷ

峰浜のすぐ北の出岬の処の名。糠真布川が流れている。斜里町史地名解は「ヌㇷ゚・カ・オマ・ㇷ゚　野の・上に・ある・川」と書いた。ヌㇷ゚カ（nupka）をただ野と訳した方が実際的か。

ポロトマリ

峰浜から北の糠真布の岬を回った処の海辺の名で、前のころは幌泊、今は日ノ出と呼ばれている。上原熊次郎地名考では、峰浜（シュマトカリ）の名はなく「ポロトマリ。番屋、休所」とあり、当時は峰浜よりここが要地だったのだろうか。ポロ・トマリ（poro-tomari　大きい・泊地）の意。

知布泊　ちぷとまり

日ノ出の部落のすぐ北にある小港の処の名。チㇷ゚・トマリ（chip-tomari　舟の・泊地）の意という。

オチカパケ

知布泊から約2キロ先の岬形の処の名。オチカパケ川が流れている。永田地名解は「オチカパケ　o-chikap-ewake（鷲の栖）。チカバケはチカブエワケの短縮語」と書いた。

斜里町史地名解（知里博士筆）はそれを正確な言葉の形に解説して「オチカペエワキの訛り。オ・チカㇷ゚・エワㇰ・イ（o-chikap-ewak-i　そこに・鳥が・住んでいる・所）。通称鷲の巣」と書いた。　　　　　　　　　　⇒オツカバケ川（228ジー）

遠音別　おんねべつ

　遠音別川はこの辺では大きい川である。まあまあオンネ・ペッ（大きい・川）と解したい。ただしオンネは元来は「老いたる」の意。知里さんは地名ではポロとともに「親」と訳して来た。諸地のオンネ・ペッ（あるいはナイ）は小さな川であることも多く，近距離に並んでいる場合もある。今後更に研究をして行きたい言葉である。
　遠音別は，現在はずっと北の方までの広い地名になっているようである。

オシンコシンの滝
オシュンクウシ

　突き出した岩岬の西根もとにある美しい滝で，現在知床観光道路の途中の名所になっているが，オシンコシンという名は旧記，旧図では見ない。明治30年5万分図では，この滝の川にチャラッセナイと書いている。これはチャラセ・ナイ（charse-nai　崖をちゃらちゃらと滑り落ちる・川）の意で，道内至る処にある名であった。
　同図では，この岬の東のたもとに近い処にオシュンクウシという小川が書かれている。オ・シュンク・ウシ・イ「o-shunku-ush-i　川尻に・蝦夷松が・群生している・もの（川）」の意であろう。
　松浦氏再航蝦夷日誌では「ヲシユンクシ。番屋有，又夷人小屋も有」と書かれた。それがオシンコシンと訛り，この辺一帯の地名となって，滝の名にも使われたのであろう。

宇登呂　うとろ

　宇登呂は長い岬（宇登呂崎）の陰の砂浜の上の静かな漁村であったが，今では立派な市街となり，近代的な築港ができて，知床遊覧船の起点にもなっている。斜里町史地名解は「原名ウトゥルチクシ（uturu-chi-kush-i　その間を・我等が・通行する・所）。岩と岩との間に細道を通って部落から浜へ往来するのでこの名がある」と書いた。今でも港の浜の処々に巨巌があるのがその名残らしい。
　なお松浦氏知床日誌は「ウトルチクシ。名義，岩間を舟が越る義か」と書いた。

ペレケ

　元禄郷帳（1700年，コタン名の書）には宇登呂はなく，この辺では「べりけ」が書かれていた。上原熊次郎地名考（文政7＝1824年）は「ペレケ。番屋，泊（所），ポロトマリ江海陸とも四里程。ペレケとは割れるといふ事，此海岸に割れたる岩のあるゆへ字になすといふ」と書いた。宇登呂は幌泊（日ノ出）から約5里（20キロ）ではあるが，まあ宇登呂辺らしい。
　松浦氏知床日誌が「ヘケレ（小岬）。明しとの義」と書いたのもそれらしい。地名ではペレケ（割れている）とペケレ（明るい）とが似ているので，人により解し方がちがっていることが諸地で見られる。なおこの日誌では，宇登呂崎の方にエベルケ（注：e-perke 頭が割れている・岩）の地名がある。再航蝦夷日誌はペレケを書かず「エベレケ。夷人小屋二軒，図合船懸り淵よろし。八丁二十間にてウトルチクシ」と記す。両

者をごっちゃに書いたものか。もしかしたら、エベレケがこの名の発生した処だったのかもしれない。

斜里町史地名解は「ペレケ川。ペレケ・イ（perke-i　破れている、裂けている・所）。岩が裂けている所」と書いた。地図で見るとそのペレケ川は宇登呂崎の西側の根もとに注いでいる。

先年宇登呂に行った時に、市街の西（手前）の端に近い食堂で昼食をとり、ペレケ川を聞いたら、すぐ目の前の川ですよという。つまり今の宇登呂市街はペレケまで伸びていたのであった。

岩尾別　いわおべつ
イワウベツ川

イワウベツ川は羅臼岳の西から北の斜面の水を集めてオホーツク海に注ぐ。川筋の土地は岩尾別で呼ばれ、上流に岩尾別温泉あり。斜里町史地名解は「イワウ・ペッ（iwaw-pet　硫黄・川）」と書いた。永田地名解は「白濁の水僅に流れ」と記した。

硫黄山　いおうざん

羅臼岳の北にある高山。時々の爆発の跡が残っている異様な姿が海上からも眺められる。旧名はイワウ・ヌプリ（iwau-nupuri　硫黄・山）であった。

カムイワッカ川

硫黄山から直流して海に入っている川で、川口は滝になって落ちていて、知床の景観の一つとなっている。カムイ・ワッカ（kamui-wakka　神の・水）の意。ここの水は見たところ清澄であるが有毒成分を含んでいて、飲んで中毒死する者もいた。知里博士は、これを魔・水とも訳す。土地により恵みの水として飲まれたカムイワッカもあったし、ここのように、神様の恐ろしさを示される意味のカムイワッカもあった。

ルシャ川

硫黄山と北の知床岳の間を流れる小川の名。古い元禄郷帳にも「るうしや」と書かれた。上原熊次郎地名考は「ルシヤ。番屋、休、泊所。ルーシヤニの略語なり。道を下ると申す事」と書いた。

ルエシャニ「ru-e-shan-i　道が・そこで・浜の方に出る（下る）・処→坂」が略されてルーシャニ、ルーシャとなったものだという。この山向こうの根室海峡側にも同名のルサ（ルシャ）川があり、この二つのルシャ（坂）川の水源は半島の一番低い処で、古くからの交通路であった。

この二川とも上流が二股になり、斜里側の方はマタ・クシ・ルシャ（右股。冬・通る・ルシャ川）、シャク・クシ・ルシャ（左股。夏・通る・ルシャ川）で、根室側の方はマタ・ル（冬の道）、シャク・ル（夏の道）と呼ばれ、各々その水源が相対していて、当時の交通状況を物語っている。

知床　しれとこ

　知床は，徳川時代は松前の辺から見て，道内の最も遠い場所であった。上原熊次郎地名考が「シレトコ。嶋の果てと訳す。此崎東西蝦夷地の端なる故地名になすといふ」と書いたのも，この感じが反映された訳のようである。

　その訳し方が従来ずっと尾を引き，近年は観光ブームに乗って「地の果て」のように書かれて来たが，アイヌ語地名としてのシレトコの元来の意味は，そういった感傷的なものではなかったようである。

　シレトコはシリ・エトコ（shir-etok　地の・突出部），つまり「岬」という意。樺太に二，三ヵ所，礼文島，白老町，青森県下北半島等にも散在していた名であった。知床半島の場合は，元来はその北端，今知床岬と呼ばれる辺の小岬の名であったようである。

　松浦氏知床日誌は「ヌサウシ。第一岬。則此所をシレトコと云なり」と記し，挿絵ではそこをヲサウシと書いた。また同氏戊午志礼登古日誌は「ヲサウシ。本名はヌサウシのよし也。当所土人海神を祭る時は，必ず此処海中え第一番にさし出たる処（に）来り，神酒を呑，木幣を削り奉る故に此名有るなり」と書いた。

　地名の順，挿絵等から見て，知床岬の東寄りの部分，台地が海に突き出している辺のことだったらしい。ヲサウシはオ・サ・ウシ・イ「o-sa-ushi-i　（山が）尻を・浜に・つけている・処」つまり「岬」の意。そこが海神を祭るヌサ・ウシ（nusa-ush-i　幣場・ある・処）なのであった。

　要するに，ヌサウシの処がオサウシで，そこがシレトコであるということである。たぶんシレトコという名が広地名化したために，岬の処を別の言葉でオサウシと呼ぶようになったことを物語っているのであろう。

　シレトコは，早い時代に，付近にできたコタンの名として使われたようで，例えば元禄郷帳の「しろい所」（シレトコの訛り）は岬でなく，コタンの称である。再航蝦夷日誌の挿絵では岬の背後の台地上に蝦夷屋として描かれている。その西側の入江が海への出口で，多くの旧記ではそこがシレトコとして書かれた位置だったらしい。

　岬に近いあぶらこ湾がその入江かとも思っていたが，今年知床博物館の金森典夫氏を中心とする詳しい現地調査では一つ南になる啓吉湾がそれらしいとのことである。このシレトコは生活の場の名になったシレトコの位置である。

　シレトコは更に広く地方名化して行った。初航蝦夷日誌の時は，根室側から北上し，半島東北角のイショヤの岬（知床岬から1キロ余東）の処で「此所を則シレトコと云なり」と書いている。

　知床はモシリ・パ（国の・頭）とも呼ばれたという。国の果てではなく「頭」と考えられた呼び方である。東（北）を上位としていたらしい時代の称なのであろうか。

第Ⅳ　根室地方

西別川上流は釧路国川上郡となっているが、ここでは川筋に従って根室地方に入れた。

〈羅臼町〉
目梨　めなし

現在の目梨郡は羅臼町一町だけの郡になっているが、もともとは地方名。幕末のころは根室海峡を隔てて東に国後島を望む一帯の土地で、標津の辺までの地方をいった。メナシ七ケ番屋と称せられていた処であった。

語義少しはっきりしない。松浦氏郡名建議書は「メナシ。東の夷言にして」と書き、永田地名解は「メナシは東風なり。郡の東方一帯海に面す。故に名く」と書いた。メナシ（menash）には、東、東風の二つの意味があるので二様に説かれたのであった。道東から道南にかけて、東方上位の思想があったらしいこともあり、一応は「東（の土地）」と考えて置きたい。

昔は豪強を以て聞こえた東蝦夷の一拠点で、和人政商の搾取に対して、最後の抵抗を試みたのも彼等だった（目梨の兵乱）。

イソヤ（エシヨヤ）

目梨郡（羅臼町）の北端部の東に突き出している岬の処の名。ここはエショ、イソヤ（初航蝦夷日誌）、エシヤ（再航蝦夷日誌）、イシヤウヤ（知床日誌）、エショヤ（松浦図）、ソウヤワタラ（明治30年5万分図）のように書かれたが、イソ・ヤ（iso-ya 磯岩の・岸）だったろう（ソ、ショは同音）。

松浦氏初航蝦夷日誌は「エショ。イソヤとも云り。此処を則シレトコと云なり。此岬の上に境柱を建たり。是より北西場所舎利（斜里）領、南根室としるしたり」と書いた。つまり、この辺までが当時のシレトコで、ここが東西蝦夷地の境とされていたのだった（今はここと知床岬の間の処に斜里町、羅臼町の境界線が置かれてある）。

ペキンノ鼻

知床のイソヤ（エシヨヤ）の岬から約8キロ南の海岸の名。十年ぐらい前遊覧船でそこを通った時、ガイド嬢が「意味はよく分かりませんがペキンノ鼻と呼ばれます」とアナウンスした。中国の北京と同じなので不思議に思えるからであろう。

そこは低い草原の岬で、突端には岩が露われている。松浦氏知床日誌は「ヘケレノッ。小岬。明き岬と云義也」と書き、永田地名解は「ペレケ・ノッ。破・岬。ペケレノツは誤なり」とした。ペケレ（peker　明るい）とペレケ（perke　割れている）は音が似ているせいか、道内の方々の地名がこの両様に読まれて来たのだった。人によっ

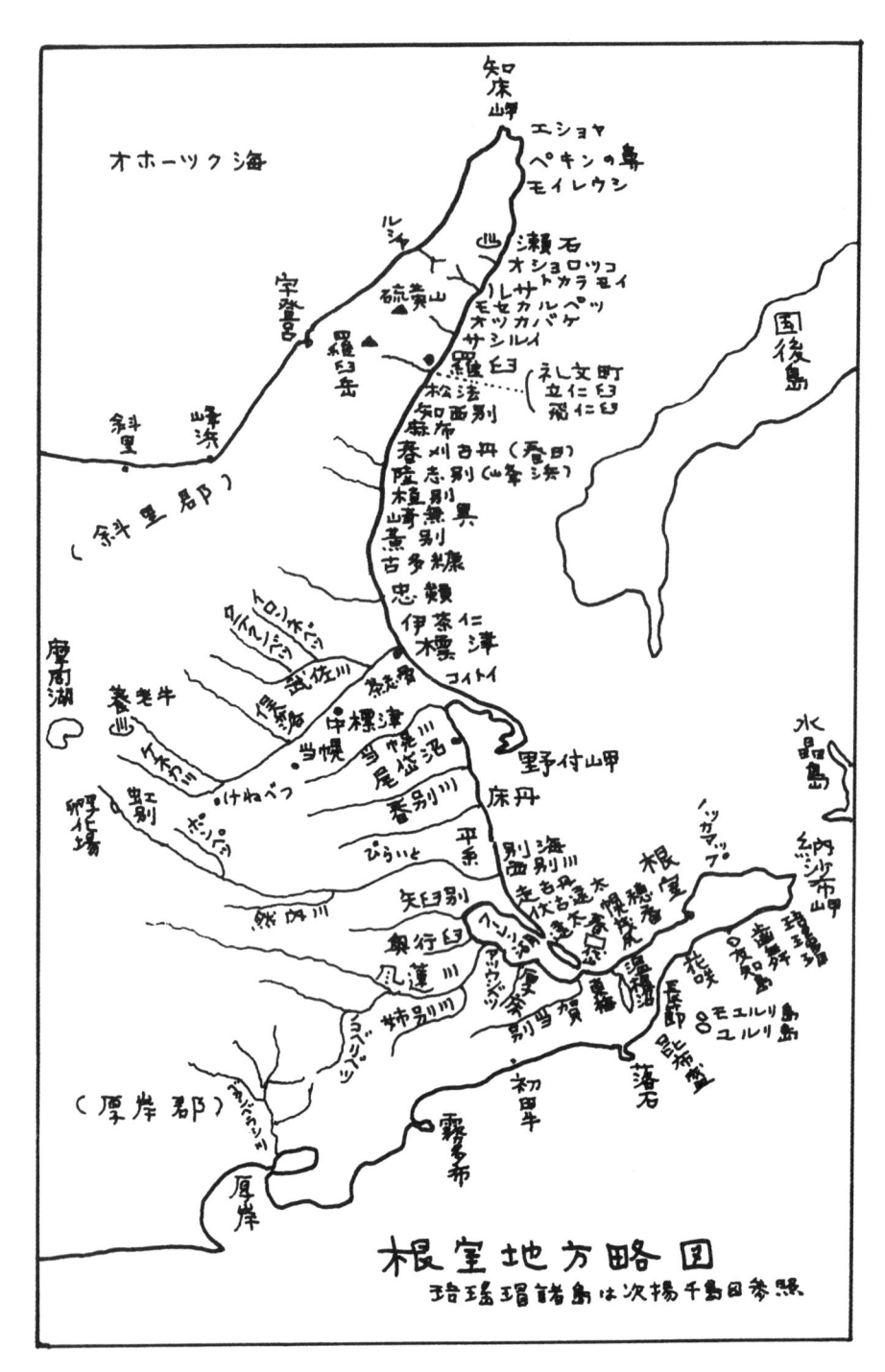

根室地方略図
※珸瑶瑁諸島は次掲千島図参照

てどっちかで呼んだのではなかろうか。

　現在の名はペケレ・ノッ（明るい，木が生えていない・岬）の方の名残りらしい。再航蝦夷日誌はヘケンノツと採録した。peker-not の r が次の音の n にひきつけられて n に転音するのはアイヌ語のくせである。それが訛って今のペキンノとなり，更に岬の意味の鼻がつけられたものらしい。　　　　　　　　　　　　⇒ペレケ（222ぅ）

モイレウシ

　ペキンノ鼻から約2キロ南，両側を大岩岬で囲まれた入江で，モイレウシ川（モイレウシナイ）が注いでいる。モエレウシとも，モイルスのようにも訛って呼ばれる。

　再航蝦夷日誌は「此処船淵あるよし，五，六百石積（の船）三，四艘もかかるよし」と書いた。永田地名解は「モイレウシ。静湾。ピリカ・トマリ（注：よい・泊地）と同じ」と書いた。モイレ・ウシ・イ（moire-ush-i　静かである・いつも〜である・処）の意か。今は魚釣りの名所で行楽地になっている。

瀬石　せせき

　羅臼市街と知床岬の中間にある海岸の地名。観光パンフレットを見ると「野趣ゆたかなセセキ温泉」として，海岸を岩で囲い，多勢で楽しそうに混浴している写真が載っている。

　セセキ（sesek-i）は「温泉」の意。内地に近い地方では，温泉のことを日本語伝来らしいユ（yu）で呼ぶが，東部の方では古い言葉らしいセセキで呼んでいたようである。

オショロコッ（オショロッコ）
トカラモイ（昆布浜　こんぶはま）

　セセキ温泉のすぐ南にオショロッコ川が流れている。知床日誌は「往古義経卿此所に鯨の流寄りしを切て蓬の串に刺し焼居られし時，其串折れて火に倒しや，公驚き給ひ，尻餅突給ひしと云故事有」と書いた。

　これは全道の海岸にあった文化神（道南ではオキクルミ，奥地ではサマイクル）の神話伝説を，義経判官に置き替えて語られたもので，オショル・コッ「oshor-kot（osor-kot）尻・跡（の凹み）」の意。ふつう海岸段丘が窪地型になっている処の名である。

　なお現在のオショロコッ川は昔のトカラモイ川で，それより一本南の沢が，元来のオショロコッ川なのであった。

　トカラモイ（トカリモイ）はトゥカラ・モイ（tukar-moi　あざらし・入江）の意。海豹類の来た処であろう。今は昆布浜という。和人はあざらしを訛ってトッカリと呼んだ。

ルサ川（ルシャ川）

　昆布浜から南西約2キロの浜にルサ川が流れている。小川ではあるが昔は要地だっ

たようで，上原熊次郎地名考はルシヤ川として採録している。アイヌ語はサ，シャは同音である。

ルサはルエサニ「ru-e-san-i 道が・そこで・浜の方に出る（下る）・処。→坂」の略だったという。この川を上り，知床半島の山の一番低い処を越えると，斜里町側のルシャ川で，この両川の筋が，根室側と斜里側の間の古くからの通路だった。

⇒ルシャ川（223ﾟ）

モセカルベツ川

ルサ川と羅臼市街との中間の処の川。たぶんモセ・カル・ペッ（mose-kar-pet いらくさを・採る・川）だったろう。モセは繊維材料とした「おおばいらくさ」であるが，ただ草刈りすることもモセカルといったらしいので，伝承でもないと，どっちだったか分からない。

オツカバケ川（オチカバケ）

モセカルベツ川の一本南の川。語義はっきりしない。松浦氏知床日誌は「ヲチカバケ。川有，両岸峩々たる高崖の所の川口に螺の如き黒岩有る故に号く」としたが，意味は研究が要りそうである。

永田地名解は「オチカバケ。南風を防ぐ岩。オチカは松前の方言にて下り淵と云ふ義なり。南向の湾にして南風（くだりかぜ）を防ぐために沖の方即ちハケに岩ありて之を囲ふ。此内にて漁すると云ふ」と書いたが，これも分かりにくい。

同じ永田地名解は斜里町峰浜の北の同名オカチバケでは「鷲の巣。チカバケはチカプエワケ（注：鳥住む処）の短縮語」とした。これの方が地名的な感じである。

⇒オチカバケ（221ﾟ）

サシルイ川

オツカバケ川の一本南の川。永田地名解は「シャシルイ。昆布多い処」と書いた。シャシ・ルイ（shashi-rui 昆布・甚だしい）の意であろう。北海道の入口の辺では昆布を日本語と同じようにコンブ（kompu, konbu）でいう（アイヌ語の方が先なのかもしれない）。奥地の方ではこのようにサシ，シャシでいった。

羅臼 らうす，らうし

知床半島の川名，町名，山名。羅臼町は北は半島北端から南は植別川までの，半島東側の土地であって，目梨郡は羅臼町だけである。古い上原熊次郎地名考は「ラウシ。腸の生ずと訳す。ラーとは腸の事。此川の源水沼なれば，鱒鮭多産にして魚の腸川一面になるゆへ此名ある由」と書き，松浦氏知床日誌は「ラウシ。昔し鹿熊等取り，必ずここにて屠りし故に其臓腑骨等有しとの義也」と書いた。

これとは別に，永田地名解は「ラウシ ra-ushi 低処」と書いた。ラ（ra）には低い所と，臓腑の二つの意味があり，永田地名解は後志国古宇郡のラウッ・ナイの処で「当地のアイヌはラウシはラウネナイ（注：低い処を流れる川）に同じ」と書いた。

この見方だと羅臼はラ・ウシ「ra-ush-i　低い処・にある・もの（川）」と訳すべきか。道内類形地名から見ると，元来は永田解の低所川だったのではなかろうか。だが狩漁が多い土地だったので後に「臓腑」で解されるようになって，それが上原氏や松浦氏に伝えられたのではなかったろうか。

羅臼岳　らうすだけ

羅臼市街の北西，斜里町との境にある山名。アイヌ時代はチャチャ・ヌプリ（chacha-nupuri　親爺・岳）と呼ばれたという。知床半島の最高峰なのでそう呼ばれたのだろうか。

礼文町　れぶんちょう

羅臼市街の南の処の名。永田地名解は「レブイ・シララ。海・岩」と書いた。ゆっくりいえばレプン・シララ（repun-shirar　沖に出ている・岩）。

続けて呼べばnが後のshに引きつけられてyのようになり，永田氏の書いた形になるのであった。

立仁臼川　たつにうすがわ
飛仁臼川　とびにうすがわ

羅臼町内。小川であるが，当て字が面白いので記載することにした。立仁臼川は羅臼川の一本南の小川，飛仁臼川はそのすぐ南の川で，語義は次の形だったらしい。

タッニ・ウシ「tatni-us(-i)　樺の木・群生する（・もの，川）」。トペニ・ウシ「topeni-us(-i)　いたや楓の木・群生する（・もの，川）」。永田地名解は，小楓のみ多しと書いた。

マチネウリリ（松法　まつのり）

ついでにもう一つの小川を書けば，飛仁臼の南約3キロに松法川が流れている。ここは永田地名解が「マチネ・ウリリ　machine-uriri（雌・鵜）。鵜の巣川上に多し。故に名く」と書いた処である。

なお松浦氏知床日誌は「マツノイ。川上に何鳥にても巣が有るの義也」と書いたが，この形と解とがうまくつながらない。同氏初航蝦夷日誌と松浦図は「マチノリ」と書いた。現在の地名「松法」はこれに漢字を当てたものらしい。

知西別　ちにしべつ，つにしべつ

知西別川は松法川のすぐ南の川。相当な川である。永田地名解は「ニ・ウシ・ベ。大なる樺ある処」と書いた。ニはただ木であるのに大なる樺と書いたのは土地の人の話を書き入れたのであろう。チが落とされている。

松浦氏知床日誌は「チニシベツ。本名チフニウシヘツ。船材多との義。昔し神が船を作給ひし故なりと」と書いた。また同氏初航蝦夷日誌は「チフニウシベツ。番屋，蔵々有。土人小屋五軒斗有。此処ネモロ（根室）領北の方第一番の番屋也」と書き，

229

ここで準備を整えて知床行を試みたのであった。
　松浦氏の記録によれば，知西別はチㇷ゚・ニ・ウㇱ・ペッ（chip-ni-ush-pet　舟の・木・ある・川）なのであった。当時の丸木舟をつくるによい木の巨木のある沢の意。また当時は羅臼よりも，ここが北の方の第一の要所であったらしい。

精神川　しょうじんがわ（オタッニオマㇷ゚）
麻布　あざぶ（於尋麻布　おたずねまっぷ）
　知西別川から約3キロ南に精神川があり，地名は麻布である。昔はこの川はオ・タッニ・オマ・ㇷ゚「o-tatni-oma-p　川尻に・樺の木が・ある・もの（川）」であった。それに難しい字を当てて於尋麻布という地名になっていた。後に前略して麻布として「まっぷ」と呼んでいたらしいが，現在は東京の地名と同じように麻布町になった。
　なお精神川の語義を聞いていないが，他地では魚のいない川を精進川という。この川は見た処ひどく白濁した水が流れているので，同じような意味でこの名が出たのではあるまいか？

春刈古丹川　しゅんかりこたんがわ
春日町　かすがちょう
　精神川から約2キロ南が昔の春刈古丹で，同名の川が流れている。松浦氏知床日誌は「シユンカルコダン。小川。油取所と云義」と書き，また永田地名解は「シュム・カル・コタン。鱒の油を搾りたる処」とした。shum-kar-kotan（油を・採る・処）の意であったろう。春日町は春刈古丹の一字を採った名か。

陸志別川　りくしべつがわ
峰浜　みねはま
　精神川（春刈古丹）から約7キロ南に陸志別川がある。永田地名解は「ルクシペッ。山越。古へ斜里郡へ山越したる路なり」と書いた。ル・クシ・ペッ（ru-kush-pet　道が・通る・川）の意。この川は上流に鉱床があるのか，川石が真っ赤であるので間違えることがない。
　なお川口の北に峰浜の市街がある。山裏になる斜里の峰浜と同名なのも面白いことだと思った。

植別　うえべつ，ウェンペッ
　羅臼町，標津町の境の川の名，地名。松浦氏初航蝦夷日誌は「ウエンベツ。此所より西部のシヤリ領ヲンネベツへ山越道有るよし也。氷雪道は一日にも越らるるなれども，夏秋は中々一日には越がたしと云り」と書いた。陸志別とともに東西への交通路だった。
　同氏知床日誌は「ウエンヘツ。川有。昔し此所に人家有りしが，疫病流行して今の所に引移りしと。依て悪川の名有るか。今は人家なし」と書いた。また永田地名解は「ウェン・ペッ。悪川。此川のほとりにアイヌ村ありしが，悪疫流行のとき今のウェ

ンベッ村に転居せり。千島資料に旧地名解を引きて云ふ。此川にて蝦夷折々溺死する故に此名あり」と記した。

古い上原熊次郎地名考は「悪しき川と申す事。昔時此川において折節夷人溺死するゆへ字(名)になしてより其義なしといふ」と書いた。

諸地にウェンベッ，ウェンナイ(悪い・川)がむやみにあるが，ほとんどが，どうして悪いかが分からないので，本書では，その聞き書きらしいものの残っている川を拾い集めた。この植別でも上原熊次郎(文政)の時には，人が溺れた，下って松浦武四郎(嘉永？)の時にはもう悪疫流行したからだ，と伝承が変わっているのだった。

上原氏の聞き書きの後段は興味がある。悪い川と呼んで，近寄らないように，あるいは注意して通るように，といった意味を含めた名であったか。もしかしたら魔除け的な意味もあったのかもしれない。とにかく全道的に，ウェン(悪い)のつく川がやたらにあることに留意したい。

〈標津町，中標津町〉
崎無異　さきむい

標津町北部の地名，川名。語義ははっきりしない。松浦図の時代からサキムイであるが，永田地名解は「サキベ・モイ。鱒・川。一説シャク・モイ。夏・湾の義。此湾夏日鱒漁を為す故に名く(道志)」と書いた。

薫別　くんべつ

崎無異川の一本南の川の名，地名。松浦図は「クンネヘツ」，松浦氏初航蝦夷日誌は「クンネベツ。此辺り，満面鉄砂有と聞り」また同氏知床日誌は「クンネヘツ。暗川と云義。メナシ第三の川也」と書いた。永田地名解は「クンネ・ベッ　kunne-pet (黒・川)。此川の魚皆黒し。故に名く」とした。

現在は薫別であるが，元来はクンネベッだったらしい。なぜクンネ(黒い，暗い)と呼んだかは上記のように説が分かれていた。

川口近くを通っただけだが，からっとした川で暗いとも思えない。釣り好きの運転手は，ここの魚が黒いなんて聞いたことがないという。川石も黒くない。あるいは砂鉄が多かったので黒い川とでもいったものか。　　　　　　　　　　⇒国縫(415ﾍﾟ)

古多糠　こたぬか

薫別のすぐ南の地名，川名。松浦武四郎の諸資料に書かれたコタヌカは古多糠川の川口，今の浜古多糠の辺のことであったようである。松浦氏知床日誌は「コタヌカ。村所と云義。此所昔し人家有しが今サキムイ(崎無異)に引取てなし」と書いた。

永田地名解は「コタノカ　kotanoka。村跡。コタン・オカケに同じ。往古アイヌ村ありしときはコタヌカと云ひたり。コタンウカの急言にて村上の義なり。コタン・ケッ即ち村端に対したる名なり」と記したが，何のことなのかよく分からない。あるいは kotanu-ka (その村の・上→処)ぐらいの意味ででもあったろうか。

忠類　ちゅうるい

古多糠川の一本南の川の名，地名。上原熊次郎地名考は「チウルイ。水勢の強きといふ事。此川瀬早き故此名ある由」と書いた。チウ・ルイ（chiu-rui　波，水流・激しい）の意。

この川口で見るとこの川は付近の諸川に比して急流であるので，この名で呼ばれたのであろう。チゥルイは道内の処々にあった川名。

伊茶仁　いちゃに

忠類の南，標津川のすぐ北の川名，地名。松浦氏知床日誌は「イジャヌ。名義は鮭が卵を置と云義也」と書き，永田地名解は「イチャニ。鮭の産卵場」と書いた。イチャニ（ichan-i　その鮭産卵場）の意。タクシーの運転手は「この川は水がきれいなので，今でも鮭が物すごく上るのです」と語った。

なお，アイヌ語は清濁音を区別しないので，イジャニでもイチャニでも同じなのであった。

標津　しべつ

シベッ川は根室海峡に注ぐ大川で，その川沿いの土地もその名で呼ばれた。標津郡はそれを中心として置かれ，北の目梨郡，南の野付郡の間の地域。標津町はもともとは標津郡と同じであったが，現在は，標津川中上流が分かれて中標津町となった。標津市街は川口の南の処で，しっとりとした落ちついた街である。

標津については上原熊次郎は「シベツとは大川といふ事。此川近辺の大川なる故此名ある由」と書き，松浦武四郎知床日誌は「シベツ。シベヲツの訛り。鮭有る義なり」と書いたが，どれも当時のアイヌからの聞き書きらしい。松浦氏の書いたシベオツ（shipe-ot　鮭・多くいる）説はこの辺が鮭場所であったことから出た解であろうが，道内の処々にあったシベツの名と合わせて考えれば，古く上原説の書いたシベッ（shi-pet　大・川）が元来の語義だったのではなかろうか。

武佐　むさ

標津川を川口から約5キロ半上った処が二股になり，左股が本流，右股が武佐川で，そこから西が中標津町であり，武佐はその中の字名。武佐の語義は，永田地名解でも，北海道駅名の起源でも不明とされている。

バチラー辞典では，モサ，モセ，ムセは同じように「いらくさ」とあり，モサ・ハイという言葉も採録されている。そのモサハイ（mosa-hai）は知里博士植物篇のモセ・ハイ（mose-hay　いらくさの・繊維）と同じ語義であろう。それから見ると，武佐は「いらくさ」の意だったのかもしれない。釧路の別保川支流にもモサ川があり，今も同じく武佐となっている。

国鉄標津線に上武佐駅がある。他にムサという同名の駅があるので「上」をつけたのだという。

232

イロンネベツ川

　武佐川下流に入る北支流（流長 15 キロ）の名。永田地名解は「イロンネ・ペッ ironne-pet（草深き川）。イロンネは厚きと云ふ詞なれども，此川岸に草深くあるを以て名く」と書いた。

クテクンベツ川

　イロンネベツ川のすぐ上にある武佐川北支流（流長 18 キロ）。永田地名解は「クテゥ・ウン・ペッ　kutek-un-pet（柵川）。柵を設けて鹿熊を取る所。クテゥは柵なり」と書いた。現称のクテクンベツは，地名としてそれを続けて呼んだ形。クテゥは仕掛け弓を置いて，そこに鹿等を導くように柵を作った処の称であった。

中標津　なかしべつ

　中標津町は標津川中，上流を中心とした土地で，昭和 21 年標津村から分村して中標津村と称し，同 25 年町制をした。中心の中標津市街は標津川中流の南岸であるが，近年急激に発展して標津市街より遙かに大きな街となり，この地方の中心となった。産業の中心が漁業から農業に移ったからであろう。近年国道 272 号線（釧標国道）が開通して，釧路から中標津間が便利となり，この辺での交通の要衝となった。

俣落　またおち

　中標津市街の西郊の地名，川名。永田地名解は「マタ・オチ。冬居川。此川メム（注：泉池）三個所ありて鮭多し。冬日も亦滞留することあり。故に名く。或アイヌはマタオウチと云は訛なり」と書いた。つまりマタ・オチ「mata-ochi←mata-ot-i　冬・ごちゃごちゃいる・もの（川，処）」と解されたのであった。

ケネカ川
計根別　けねべつ

　ケネカ川は標津川の南側の支流。その合流点を松浦図はケネカフトと記す。ケネカ・プトゥ（keneka-putu　ケネカ川・の川口）の意。つまり当時からこの川がケネカで呼ばれたものらしい。

　永田地名解は「ケネウ・オイカ。蕗鱒の・越す川。ケネウは鱒の一種にして大なり。能く陸を走り，好んで蕗を食ふ故に和人蕗鱒と呼ぶ。標津川より陸を越えて此川に入るを以てケネウオイカと云ふ」と書いたが，何か説明解くさい。

　ケネカをそのまま読めばケネ・カ（・ペッ）「kene-ka(-pet)　榛（はん）の木・の上手（の川）」のように聞こえる。地名ではそれが略されて計根別となったものか。あるいはケネ・ペッ（榛の木・川）とも呼ばれてそれが計根別となったのかもしれない。

養老牛　ようろううし，ようろーし

　中標津町内の地名，温泉名。標津川本流をずっと上った処に養老牛温泉場がある。東蝦夷日誌に「カンチウシ岳の後ろに温泉有。久摺（注：釧路）の土人は惣て是に湯

治す」とあるのがそれで，アイヌの間では古くから知られた処のようである。標津川筋も上流のこの辺は釧路アイヌの勢力圏の中だったらしい。この地名の形だと，①イウロウシ（iwor-ush-i 狩猟地・にある・川）②エオルシ（e-or-ush-i 頭が・水に・ついている・もの→山の出先が水辺に突き出ている処）③イオロウシ（i-oro-ush-i それを・水につける・いつもする・処）のような形が考えられる。

　たぶん最後の形で，虹別の辺のコタンの人たちがおひょう楡とか，いらくさとかの皮を，繊維を採るために，温泉につけてうるかした場所だったのでこの名で呼ばれたのではなかろうか。（水につけるはウォロ，ホロ，オロ woro, horo, oro 等の形で残っている）

茶志骨　ちゃしこつ

　標津市街の南にある地名，川名。茶志骨はチャシ・コッ（chash-kot 砦・跡）の意。丘陵が海の方に向かって突き出している処がある。その辺にチャシがあったのだろうか。それでその辺一帯の土地が茶志骨の名で呼ばれたのであろう。茶志骨川の下流は海岸線に沿って東流し，途中その丘陵の前を通り，野付湾の北西隅にまで行って海に注いでいる。明治30年5万分図では，その川口の処にコイトゥイェペッと書かれている。この川の下流はその名でも呼ばれていたのであろう。

コイトイ

　茶志骨川の下流が，狭い海岸砂丘の後を流れている地帯の地名。明治の5万分図ではコイトゥイェと書かれている。コイ・トゥイェ（koi-tuye 波が・破る）の意。この名は道内に多い。どこも川の下流が海岸砂丘の後を横流している処で，海波が荒い時に，その砂丘を破って川に打ち込む処から呼ばれた名である。　⇒声問（161㌻）

当幌　とうほろ

　当幌川の上流は中標津町，別海町の境で，下流は標津町，別海町の境になっている。元来は川筋の地名も当幌であったろうが，現在は上流中標津町内に国鉄標津線の当幌駅があり，その辺が当幌と呼ばれている。

　松浦氏東蝦夷日誌は「トホロ。名義は沼川と云。此川上に沼多き故に号。両岸芦荻原なり」と書き，永田地名解は，「トー・ホロ。沼・川。アイヌ云ふ，ホロは川の義」と書いた。共に当時のアイヌからの聞き書きらしい。ホロ（horo）は道東部では「川」の意だったようである。

　下流しか知らないが，そこは池のような遅流である。地図で見ると上流まで湿原の中を流れている。昔はその処々に池（ト）があって，この名で呼ばれたのであろうか。

　　　〈別海町〉　　　　西別川上流虹別（釧路国標茶町）は西別川筋としてまとめた都合上ここに入れた。

野付　のつけ

　岬名，湾名，郡名。この処，長い長い砂岬が海中に突き出して広い野付湾を抱いて

いる。その突端部を野付崎と呼び、またその辺の地名ともなった。野付郡は標津郡と根室市の間の郡であり、この郡は別海町一町である。

　上原熊次郎地名考は「ノツケ。夷語ノツケウなり。則頤（おとがい。下あご）といふ事。昔時此所へ大きなる鯨流れ寄て、その頤此崎となる故字になすといふ」と書いた。

　ノッケウ notkeu（not-keu　あごぼね）はただノッ（not　あご）というのと同じ意味に使う。地名ではノッと同じように「岬」のことを呼んだ。

尾岱沼　おだいとう

　野付湾に突き出した市街地の処がこの名の発祥地であるが、この辺一帯の地名となり、また前面の湾のことにも使っているようである。おいしいあさりが採れる。永田地名解は「オタ・エトゥ　ota-etu。沙・岬」と書いた。それが「おたいと」と訛り、それに尾岱沼と当て字された。この付近では沼と書いて「とう」と読ませている地名が他にもある。アイヌ語のトー（to　沼）がこの辺の和人の間でも日常語として使われていて、トという音に沼と当て字されたものらしい。

春別　しゅんべつ

　別海町内。尾岱沼市街から約20キロ南の川名。その付近の地名。日高の処々にある春別川はシュム・ペッ（西・川）だが、別海のこの川は地形上西川とは考えられない。松浦氏東蝦夷日誌は「名義、油川と云儀也。昔し鯨を取、油を絞りしが故に此名有と」と書いたのは土地での聞き書きであろう。土地がら鱒の油だったかもしれない。

　永田地名解はまた違った説で、「シュム・ペッ。溺死・川。エシュムの略語なりと云ふ」と書いた。これも聞き書きらしい。シュム（shum）にはいろいろな意味があるので、時代により、人により解しかたが変わっているのであろう。分からない地名である。

床丹　とこたん
ライトコタン川

　床丹は春別川口と西別川口との中ほどの処の海岸の地名。床丹川が流れていて、川筋の土地も床丹で呼ぶ。ライトコタン川は床丹川より約4キロ北の小川の名。トコタンは各地にあるが、いろいろに読めるので判断しにくい。

　古い上原熊次郎地名考は「トコタン。夷語トゥコタンなり。トゥとは山崎の事、コタンとは村または所等と申す事にて、此崎に夷家有る故此名有る由」と書いた。トゥ・コタン（tu-kotan　山崎の・村）と解したのだった。

　松浦氏東蝦夷日誌は「トコタン。名義、沼村と云儀也」と書いた。ト・コタン（to-kotan　沼・村）と解した。また「ライトコタン。是往古トコタンの川口也」と書いた。ライ・トコタン（死んだ・床丹川。床丹川の古川）と解した。

　永田地名解は「トゥ・コタン　tu-kotan（二ッ・村）。今のトゥコタンとライチコタンを呼びて二ッ村と称せしが、後一村の名となりしとアイヌ云ふ」と書き、また「ラ

イ・チ・コタン（死・枯・村）」と書いた。この方はライトコタンの別称らしい。
　道内に多くのトコタンはトゥ・コタン（tu-kotan　廃・村）であった。ここの床丹も元来はその意味だったのかもしれない。

平糸　ひらいと

　国鉄標津線の西別駅（別海）と春別駅（中春別）の間に平糸駅が開かれたのは昭和42年だった。床丹川の南の処で、土地の名の平糸によったのだという。明治30年5万分図で見ると、別海村の北が平糸村で、その名のもとになったらしいピラエトゥという名が、西別川川口の少し北の海岸の処に書かれている。
　永田地名解は「ピラ・エトゥ pira-etu（崖・鼻）。山崎の義。平糸村」と書いた。その平糸村が内陸までを含んでいて、その名が今の平糸駅付近の地名として残ったものらしい。

別海　べっかい

　別海は元来は西別川の川口の北岸の処の名。別海町は野付郡がこの一町であって、北は標津町、南は根室市、西から南は釧路国である。昭和9年役場所在地を元来の別海から、約15キロ上流の西別市街（標津線西別駅あり）に移し、近年はそこが別海と呼ばれるようになったようである。
　松浦氏東蝦夷日誌は「ベツカイ。川が折れたと云儀か」と書き、永田地名解は「ペッ・カイェ。破れ・川。又折れ川とも。別海村」と書いた。語義がはっきりしない。ペッ（川）に、カイ（折れる。折れくだける）、カイェ（折る）のどっちかがついた言葉。海岸の砂浜で、川口が曲がり、また破れるような処から呼ばれたのであろうか。

西別　にしべつ

　西別川は流長77キロ、標津川と並ぶ大川である。川水が清澄で、この川の鮭の味は北海道第一と称せられて来た。上原熊次郎地名考は「ニシベツ。夷語ヌーウシベツの略語なり。則潤沢なる川と訳す。此川鱒鮭その外雑魚潤沢なる故地名になすといふ。当場所は秋味第一の場所なり」と書いた。
　松浦氏東蝦夷日誌は「ヌウシベツの転にして、川上に湯の如き温き水噴出す。故に号る也」と別の解を書いた。永田地名解は「ヌーウシベッ。豊漁川」と書いた。ヌ・ウシ・ペッ（nu-ush-pet　豊漁・ある・川）の意。

シカルンナイ川

　西別市街（西別川中流、標津線西別駅あり。近年は別海という）から約8キロ上流で西別川に入る南大支流の名。少し珍しい川名である。シカリ・ウン・ナイ「shikari-un-nai（川あるいは川水が）回る処・がある・川」とでも読むべきか。（シカリはふつうは回るという動詞だが、ここでは名詞で「回る処←シカリ・イ」とでも解すべきか）。
　松浦氏久摺日誌は摩周湖の山に登ってから西別川源流に下り「ネモロ（根室）領境

シカルンナイに到り宿す」と書いた。シカルンナイ川の川口の辺だろうか。当時はこの辺から標津川上流にかけては釧路領で，釧路アイヌの住地であったようである。
　永田地名解が釧路国川上郡の部の西別川筋に「シカルンナイ・エトㇰ（回流川の・水源）。シカラ・ペッ（回流・川）」と書いたのはこの川のことだったらしい。

ポンベツ川

　標津線春別駅の北の処で西別川に注ぐ北支流の名。ポン・ペッ（小さい・川）の意。流長20キロもある川であるが，本流に対して小さいという意であろう。

虹別　にじべつ

　釧路国川上郡標茶町に入っているが，西別川上流の土地なのでここに記す。釧路国になっているのは，アイヌ時代にはここが釧路領であったからであろう。
　当時はここが交通の要衝で，上原熊次郎地名考に書かれた交通路では，釧路から標津への道は釧路川の標茶，ニシベツ川上，ポンベツ，ケネカと通り，斜里への道は，標茶，ニシベツ川上，山中泊，シヤツツル（札鶴川）と書かれている。この西別川上とあるのが今の虹別で，また釧路の弟子屈へも近い道があったようである。（近年釧路から中標津に国道272号線が直通したので，多くは虹別経由でなくなったようであるが）。
　虹別という名は道庁版明治30年20万分図にも出ているので古い形であるが，同年の仮製5万分図ではこの名がなく，今の虹別市街より僅か上流らしい処に西別と書かれ，その地図の題名も西別である。虹別という名はそのころから始まったのではなかろうか。
　西別川筋の交通の要衝であったので，そこが西別（上原氏は西別川上）と呼ばれていたのであったが，川下の方も西別で呼ばれていたので（初航蝦夷日誌では川口の処がニシベツ），それと区別するために違った字を当てて虹別としたのではなかろうか。乗って行ったタクシーの運転手はこの辺はよく虹の出る処ですという。そんなこともあってこの字が選ばれたのかもしれない。

虹別孵化場　にじべつふかじょう

　西別川は摩周湖の水がその水源に湧出するから清澄なのであると古くからの伝説がされて来た。松浦氏久摺日誌は摩周の山から下り「西別の水源に至る。周廻二百間余の池にて，深さ僅か一尋位。底より清水沸々と噴出し，是摩周の水の潜通する処なり。清潔にて少し温めり」と書いた。その池はヌウと呼ばれたという。松浦氏東蝦夷日誌が「ニシベツはヌウシベツの転にして川上に湯の如き温き水噴出す，故に号る也」と書いたのはこの泉池を知っているので，ヌ・ウッ・ペッ（温泉・ある・川）と解したのであろう。
　場所は虹別市街から約7キロ川を溯った処で，明治23年という古いころに，この名泉の水を利用して鮭鱒ふ化場が作られた。一見に価する場所である。

走古丹　はしりこたん，あしりこたん

　風蓮湖と海との間の細長い土地の名。松浦氏初航蝦夷日誌や松浦図ではアシリコタンと記す。永田地名解は「アシリ・コタン（新村）。根室アイヌ酋長チンペイと云ふものの威力強くありしとき，別海のアイヌを此辺に移したりと云ふ」と書いた。その時にアシリ・コタン（ashir-kotan　新しい・村）ができたのでこの称で呼ばれたものか。走古丹と書いて古くはアシリコタンと呼んでいたようである。

伏古遠太　ふしことうぶと

　走古丹の中の地名。フシコ・トー・プトゥ（hushko-to-putu　古い・湖・の口）の意。風蓮湖の昔の湖口であったからの称。

矢臼別　やうすべつ

　別海町内。風蓮湖北西隅の川名，地名。永田地名解は「オンネ・ヤ・ウシ・ペッ onne-ya-ush-pet．網曳の大川」と書いた。北側に並流するポン（小さい）ヤウシペッと対称してオンネ（大きい）をつけた呼び方である。現在ヤウシペツというのは，永田地名解が子音シをシュと書いた変なくせが残ったためである。アイヌ語ではウシもウスも同音。地名にはヤウシペッの方で残った。

奥行臼　おくゆきうす

　今下略して「奥行」という。矢臼別と風蓮川の間の地名。永田地名解は「ウコイキ・ウシ　ukoiki-ushi（争闘せし・処）。根室ポロモシリ村のアイヌ，厚岸アイヌと戦ひし処なりと云ふ」と書いた。ここを流れて風蓮川の川口に西から入っている木村川は，古くはウコイキウシ川と呼ばれていた。

〈根室市内〉

風蓮湖　ふうれんこ

　根室湾岸の大湖沼で，北半は別海町で南半（風蓮川口以南）は根室市である。永田地名解は「フーレン湖。原名はトー（to）なり。和名風蓮湖と云ふ」と書いた。風蓮川の注ぐ湖だからの称。大湖はただトーと呼んだのはアイヌ時代の一般的慣例である。ただし，松浦氏東蝦夷日誌もフウレン湖と書き，松浦氏初航蝦夷日誌引用の蝦夷地行程記ではフウレントウ（風蓮・湖）と書いた。

風蓮川　ふうれんがわ

　風蓮川は，上流は長く別海町南部を東流し，中流は別海町と釧路国厚岸郡浜中町の境を流れて浜中町内のノコベリベツ川，姉別川の水を入れ，下流は別海町と根室市の境を流れ風蓮湖に注ぐ。根室国第一の長流で，この川筋をここに纒めて記す。

　原名はフーレ・ペッ（hure-pet　赤い・川）。川筋はやちが多いので，赤いやち水が流れているという意味でこの名で呼ばれたのであろう。同名が道内に多い。

IV 根室地方

姉別川　あねべつがわ

　風蓮川の南支流。浜中町を東流し，浜中町，別海町及び根室市の境界の処で風蓮川に注いでいる。上原熊次郎地名考は「アネベツとは則細き川といふ事にて，此川幅至て狭きゆへ此名ある由」と書いた。アネ・ペッ（ane-pet　細い・川）の意。

ノコベリベツ川

　風蓮川の南支流。上流は釧路側の浜中町内を北流して風蓮川に入る相当な川である（流長 22 キロ）。語義がはっきりしない。上原熊次郎地名考は厚岸からアツウシベツへの通路を，別寒辺牛川を上り，陸路ヲラウンベツ（ノコベリベツ上流），ノコボロベツを通り風蓮川を下ると書いた。そのノコボロベツを「卵の多く□る・所」と訳し，「此沢辺に鴨の卵多くある故字になす由」と記した。

　これが今のノコベリベツ川に当る。ノコ・ポロ・ペッ（nok-poro-pet　卵・多くある・川）だったのか？　松浦氏東蝦夷日誌は「ノコベリベツ。名義は鶴の卵を破らせし故事有」と書いた。ノコ・ペレケ・ペッ（nok-perke-pet　卵・割れた・川）のようにでも読んだのであろうか？

アツウシベツ

　今は殆ど忘れられた地名であるが,旧記によく出る地名であるので参考のため記す。松浦図によるとアツウシベツは風蓮川の川口のすぐ東の風蓮湖岸。旧幕時代は，厚岸から別寒辺牛川を上ってノコベリベツ川（風蓮川支流）の源流に出て，それを下って風蓮川川口のそばのアツウシベツに出るのが根室領への内陸通路で，そこから東行して根室へ，また北行して西別川口方面へも出た。つまり東海岸での交通の要衝なのであった。

　上原熊次郎地名考は「アツウシベツはアチウシベツなり。則突合ふ川と訳す。昔時，奥地の蝦夷共蜂起して弓槍を携へ戦をなせしゆへ地名になす由。また説に，あつし革（草？）ある川と訳すといふ事あれど未詳」と書いた。松浦氏東蝦夷日誌は「楡皮多川の義」とした。

　一般地名の例から見ればアッ・ウシ・ペッ「at(ni)-ush-pet　おひょう楡（の木）が・群生する・川」であったろう。東蝦夷日誌はそこの番屋で「土地フウレン湖にのぞみ，川は家の後ろに有」と書いた。その小川がアッウシベッなのであろう。

遠太　とうぶと

　風蓮湖の口。そこが別海町と根室市の境。両岸とも遠太で，トー・プトゥ（to-putu 湖・の口）の意。

厚床　あっとこ
厚床沼川　あっとこぬまがわ

　厚床市街や根室本線厚床駅は，根室市の西端別賀川のすぐ北の処にあるが，これは広い厚床地域の西の端の処なのであった。現在の 5 万分図では,厚床駅の東々北 4 キ

ロ半ぐらいの処にアットコトウと書いてあり，20万分図では厚床沼とある辺が元来の場所か。

　道庁河川課編の河川5万分図で見ると，そのアットコトウの字の辺から北流して風蓮湖に注ぐ川が厚床沼川で，松浦図はその川口の処にアトコトと書いている。風蓮川口から，その東の半島を回った南の処の入江の奥で，初航蝦夷日誌もアトコトを記している。その東側に別の厚床川（現称）があるが，それは松浦図のホン・アトコト（小・厚床川）に当たるらしい。要するに厚床沼川が厚床の名の発生地だったように思われる。

　永田地名解はそれについて「アッ・トコ・トーペッ。楡樹生出する処」と少し分かりにくい訳をつけたが，現代流に書けば，アッ・トコ・ト（トー）「at-tok-to　おひょう楡が・伸びている（突起している）・沼」とでも解すべきか。それが松浦氏の時代にはアトコトと書かれ，今は厚床となった。今の5万分図にあるアットコトウは，殆ど原形の音で残ったものなのであろう。厚床沼川の沼の字も，この周辺の地名の例から見て，それで「トウ」と呼んでいたのであろう。永田氏は，そこの川なのでペッ（川）をつけた形で聞いたのであろう。

　そのトー（沼）がどこにあったのかは分からなくなった。この川筋はずっとやちだったらしいので，その中にでもあったか。もしかしたら川口の辺の風蓮湖の一部であったのかもしれない。

別当賀　べっとうが

　根室市内，風蓮湖の南岸東部に注ぐ川名，その付近の地名。ただし別当賀川の上流は釧路国浜中町を流れている。永田地名解は「ペトゥッカ。浅瀬」と書いた。ペッ・ウッカ（pet-utka　川の・浅瀬の上を水がうねり流れる処）の意。

春国岱　しゅんくにたい

　根室市内の地名。立派な名であるが，風蓮湖の東南端，島になっている処の名。余り人も気もない土地である。シュンク・ニタイ（shunku-nitai　蝦夷松・林）の意。巧い当て字をしたものである。

東梅　とうばい

　風蓮湖東端と温根沼（オンネトー）沼口との間の土地の名。東梅と春国岱との間は海と湖の間に水が通じている。永田地名解は「トーパイェ　to-paye（沼行き）。オンネトーの水行きてフーレン湖に注ぎたる義なり」と書いた。トー・パイェ「湖に・行く（処）」で，永田氏のいうように，水が行く意か，人が行く処だったのか，この形だけからは分からない。とにかく風蓮湖の東の入口の処の名であった。

温根沼　おんねとう

　風蓮湖のすぐ東の沼。根室半島の根もとを南北に殆どたち切るばかりの長沼で，オンネ・トー（大きい・沼）の意。

IV 根室地方

幌茂尻　ほろもしり

　温根沼の北の海岸地名。永田地名解は「ポロ・モシリ。大・村。島にあらず。昔祖父多く住居せし故に名く」と書いた。　　　　　　　⇒走古丹（238ジ）

穂香　ほにおい

　幌茂尻の北の地名。優雅な当て字をされた地名だが，永田地名解は「ポニオイ　pon-i-o-i（小蛇多き処）。ポンイオイの急言なり。ポンは小，イは汝等即ち蛇の代名詞，オは多き，イは処の義」と書いた。恐ろしいもの，貴重なものの名をいうのを憚かって，イ（i　それ）と呼んだ例は多い。

　ただし同書は野付郡別海村の部で同名の処の解として「ポニオイ。稚樹多き処。又オニオイとも云ふ。寄木多き処の義」と別の解を書いている。この前段の解は疑問あり。オはふつう地面から離れたものの多くある意に使う。ポン・ニ・オ・イ「小さい・木片（寄り木）・多い・処」とも読める。

　以上二ヵ所での解を頭に置いて調べて行きたい地名である。

根室　ねむろ，ねもろ

　元来は今の根室市街の辺の地名。後に大地名となり，旧郡名，国名となり，明治初年北海道三県時代は根室県が置かれた。和人商船が根室港まで進出できるようになったのは新しい時代であったが，漁獲が豊かなこともあり，たちまちにぎやかな処となった。昔は「ねもろ」と呼ばれていたが，後に「室」の字に引きつけられて「ねむろ」となった。語義は類例がなく全く見当がつかないので，従来の諸説を列記するに止めたい。

　上原熊次郎地名考は「ネモロ。夷語ニイモヲロの略語なるべし。則静にて樹木の有ると訳す。亦説にニノオロなるといふ事あり。即ち雲丹（うに，ニノ）の在ると訳す。此嶋（弁天島）に雲丹のあるゆへ字になすともいふ」。

　松浦氏知床日誌は「ニムイにして，往古は此処樹木多く有りしが故号しと。今訛りてネモロと云よし」と書いた。ニ・モイ（木・湾）とした説。また同氏国名建議書では「ネモロ。訳て木箕之義。其海底に神代木多く有よし。ムイは箕の事，箕之形に成たる湾の儀」と書いた。ニ・ムイ（木・箕）と解した説。

　永田地名解は「元名ニ・ム・オロ。樹木繁欝する処の義。松前記欄外に桜井家譜を引て云。慶安元年東夷樹林（ニムオロ），数無（シュム）と戦ひ，夷多く死すと。アイヌの口碑と相同じ」と書いた。彼のニムオロ説はアイヌからの聞き書きだったろうか。

　北海道駅名の起源昭和29年版は「根室駅。ネムロ・ペッ即ちメム・オロ・ペッ（湧壺・そこにある・川）から転訛したものと思われる」と書き，またその巻末国郡名の由来の処では「根室国。ニ・ム・オロ（寄木の詰まるところ）の転訛である」と書いた。

弁天島　べんてんじま

　根室港の前面に細長く横たわって波涛をさえぎっている島。松浦図では「大コクシ

241

マ」であった。永田地名解は「モシリ。島。弁天島と呼ぶ」と書いた。

ノッカマップ

根室市街から東北に当たっている北岸突出部の岬名，川名。永田地名解は「ノッカマッ。岬上なる処。いにしへ岬上にアイヌ部落ありしとき，此の谷川の鮭を取りて岬上の村即ちノッカマッへ運びたりと云ふ」と書いた。ノッ・カ・オマ・ッ（not-ka-oma-p 岬の・上に・ある・処）を略した名。

納沙布　のさっぷ

根室半島突端部の地名，岬名。上原熊次郎地名考は「ノッシヤブ。夷語ノツシヤムなり。則崎の際と訳す。此崎の際に昔時より夷村有る故此名有るよし」と書いた。つまりノッサム（シャムに同じ）not-sam（岬の・かたわら）で，元来は岬でなく，岬のそばにあったコタン（部落）の処の名だったのが，いつの間にか岬の名としても使われたのであった。

アイヌ語の語尾の子音ムもブ（m, p）も不破裂音で，唇を閉じたままであるためか，よくムがブに訛って残った。稚内の先の岬の名とされた野寒布と全く同じ形の地名なのであった。

珸瑤瑁　ごようまい

根室市内の地名，海峡名。明治の5万分図を見ると，根室半島の突端部が珸瑤瑁村で，納沙布崎の南に並んだ岬がコヨマイ崎，その西の海岸の沖に小さいコヨマイ島がある。さらにその西の入江の中にコヨマイ部落があり，小川が流れている。永田地名解は「コヨモイペッ。波中の川。コヨマペッと云ふべき筈なり」と書いたが，変である。明治の『大日本地名辞典』の書いた原名はコイ・オマ・イで，訳せば「波・ある・もの（あるいは処）」である。海中のコヨマイ島の姿から呼ばれたのであろう。いま納沙布岬と水晶島の間を珸瑤瑁海峡と呼んでいる。

歯舞　はぼまい

珸瑤瑁の西隣の土地。明治30年5万分図では歯舞村で，地名はアボマイと書かれていた。その沖の小島アボマイがこの名のもとだという。永田地名解は「アポマイ　ap-oma-i。氷島」と書いた。詳しく訳せば「流氷・ある・もの（島）」。アとハは，よくどっちでも呼ばれるので歯舞の方の音で残ったものらしい。

歯舞諸島というのは納沙布岬の先にある島々の総称で，昔歯舞村の所管であったからの名であるという。多楽島から水晶島までが根室市の中である。

水晶島　すいしょうとう

歯舞諸島の一つ。納沙布岬のすぐ先の島である。永田地名解は「シ・イショ。大・磯（島）」と書いた。蝦夷地名解（幕末）もシ・イショで，「鳥獣の多く此島に止る故に此名あり」と書いた。shi-isho（大きい・磯岩）の意か。

志発島　しぼつとう

　歯舞諸島の中，多楽島の手前の大きい島。蝦夷地名解はシベ・オチ（鮭・多くいる処）と書いた。だいたい同じであるが，永田地名解は「シポッ←シベ・オッ shipe-ot。鮭・（多く）居る（島）」とした。

多楽島　たらくとう

　歯舞諸島東部の島。永田地名解は「タラ・ウㇰ・モシリ（鱈を・取る・島）。タラは和語なり。今タラクシマと云ふ」と書いた。西鶴定嘉氏は「トラㇰ←トララ・ウㇰ。皮紐を・取る（島）」と書いた。

色丹島　しこたんとう

　歯舞諸島の中に含めて扱ったり，含めないで扱ったりされるようであるが，地形上はこの一列の島群の東端の島である。シ・コタン（shi-kotan　大きい・村）の意であったろう。

友知　ともしり

　根室市街の東南，太平洋岸の地名，島名，岬名，湾名。永田地名解は「トゥモシルシ tum-shir-ushi。湾島。直訳間の地面と云ふ義なり。二岬の間にある地面を云ふ」と書いた。どうもはっきりしない解であるが，友知湾内の土地を指したものか？

　更科源蔵氏アイヌ語地名解は「ここの沖にある島をトゥㇷ゚・モシリ（二つの島）と呼んだのが陸地の部落に移行したもの」と書いた。沖に友知島とチトモシリ島が並んでいる姿から見て興味深い見方である。

　松浦図はその二つの島の処にトモシルシ，それに向かって突き出ている友知岬にトモシリウシノツ（ノッは岬）と書いた。ただ音だけでいうならばトゥ・モシリ・ウㇱ・イ（tu-moshir-ush-i　二つの・島が・ある・処）とその辺を呼んだのかもしれない。

オンネ沼
タンネ沼

　根室市街の東南に当たる友知湾側には大小の数多くの沼が並んでいる。その一番東の大沼がオンネ沼で，根室半島の根もとの大沼と全く同じ形で温根沼とも書く。オンネ・トー（onne-to　大きい・沼）の意。

　タンネ沼はその西側に並んでいる沼の名。タンネ・トー（tanne-to　細長い・沼）で，その通りの形の沼である。

花咲　はなさき

　根室市街の南に当たる太平洋岸の漁業中心地。岬名，旧郡名。花咲がにの名は名高い。東側は大きい崖岬（花咲岬）が東風をさえぎっていて，その奥に花咲市街がある。

　上原熊次郎地名考は「此地名故事相分らず」と書いた。アイヌ語では読めないからだったろう。永田地名解は「花咲郡。元名ポロ・ノッ　poronot。大・岬の義（注：今

の花咲岬)。花咲は鼻崎(はなさき)、即ち岬の義。ポロノッの俚訳」と書いた。「岬の鼻の先」の意だったか。

西和田　にしわだ

根室本線の花咲駅より一つ手前(南)に西和田駅がある。西和田市街があり、東北側は東和田である。この辺は屯田兵が開拓した処で、当時の大隊長和田正苗の名を採って地名にしたものだという。

長節　ちょうぼし

花咲の南の海岸地名。長節湖と長節小沼が並んでいる。根室半島の根もとの処は、西から温根沼、東から長節湖がせばめていて、陸地は1キロ弱ぐらいの処があり、国道も国鉄根室本線もその狭い処を通り抜けている。

上原熊次郎地名考は「チヲブシ。おのづから破れると訳す。此沼折節自然と破れる故字になすといふ」と書いた。つまりチ・オ・プシ・イ(我ら・自ら・破る・もの→破れるもの)と解した。水量が増すと沼が自然に破れる湖沼はよくある。

永田地名解は「チェプ・ウシ。魚処。二沼あり。沼中にボラ魚多し。今人チョーブシと云ふは非なり」と書いた。その永田氏も十勝の当縁(現中川郡豊頃町)長節沼ではチオブシ説を書いている。

長節湖は、現在は川になって流れて海に注いでいる。現地で昔からの地形や旧事を調べて以上二説を検討したいと思いながらそれを果たせないでいた。⇒長節(324ジ)

昆布盛　こんぶもり

根室市内。長節の南の海岸。ここの南は落石である。永田地名解は「コムブ・モイ。昆布・湾」と書いた。昆布は北の方ではサシというが、南の土地では日本語と同じくコンブである。なお釧路国釧路町の海岸にも同音の昆布森がある。

ユルリ島
モユルリ島

昆布盛の沖にこの二島が兄弟のように並んでいる。共に上が平たい島である。上原熊次郎地名考は花咲の項にこの島を書き「ユルリとは夷語にイルリといふ。則細長いといふ事」と解したが、永田地名解は「ウリリ。鵜(島)。ユルリにあらず」とした。モ・ユルリは「小さい・ユルリ島」の意。

落石　おちいし

根室半島の入口の処の太平洋岸の地名、岬名、湾名。この処、島のような山が海中に突き出していて(その南端が落石岬)、低く細い頸部で陸地側の山と繋がっている。その部分の名がオッチシと呼ばれたのが落石の原名である。

オッチシ(ok-chish)は、知里博士小辞典では「人体について云えば"ぼんのくぼ"、地形について云えば"峠"。ok(うなじ)-chish(中くぼみ)」と書かれている。ここで

いえば突き出した山が頭首で，頸部の低い処がオㇰチㇱ（ぼんのくぼ）なのであった。他地では峠のことをふつうルー・チㇱ「道の（ある）・くぼみ」という。

初田牛川　はったうしがわ
和田牛川　わったらうしがわ

　根室市と釧路国浜中町の境を和田牛川が流れていて，そのすぐ東（根室市）側を初田牛川が並流してる。明治のころはその川口に近い処に初田牛駅（駅逓所）があった。現在の根室本線初田牛駅はこの二つの小川の水源の丘陵上である。

　永田地名解は「ハッ　タウシ。葡萄を採る処。厚岸村アイヌ村田紋助云ふ。ハッタウシは葡萄を採る処の義なりと，今此説に従ふ。根室郡穂香村アイヌ村田金平はハッタラウシにて淵の義なりと云ふ」と書いた。

　前説はハッ・タ・ウㇱ・イ「hat-ta-ush-i　葡萄を・採る・いつもする・処（川）」で，後説の方はハッタラ・ウㇱ・イ「hattar-ush-i　淵が・ついている・もの（川）」と解されたのであろうか。

　どっちが正解なのかは今となっては分からない。古い松浦図はハッタウシなので，それが原形だとするならば前説に従うべきか。

　和田牛川の方は，上原地名考ではヲワタウシ（高岩の有ると訳す），松浦図でもヲワタラウシ，永田地名解もオワタラウシ（岩処），明治30年5万分図も同名である。オ・ワタラ・ウㇱ・イ「o-watara-ush-i　川尻に・岩が・ある・もの（川）」であったろう。

　ところが現在の5万分図を見るとその和田牛川下流の地名はオワッタラウシと「ッ」が入っているし，また北海道河川一覧で見ると，和田牛川の名はワッタラウシガワでこれも「ッ」が入っている。ワッタラ（wattar）はハッタラと同じで「淵」である。そんな意味があって今の名が残ったのか，あるいは単に言葉の調子で「ッ」を入れたのかは分からない。

　和田牛川と初田牛川は僅か2キロから3キロの間隔で並流している小流であるので，この二つの似た名は混合もされそうだ。ワタラがワッタラとなると同様に，ハッタがハッタラ（淵）と読まれることもありそうなことである。

第Ⅴ 千島地方

千島諸島には行ったことがなく，地名について全く自信がないが，北海道アイヌ語地名圏内の土地であるので，従来の記録等により，ごくあらましの輪郭だけをここに入れた。

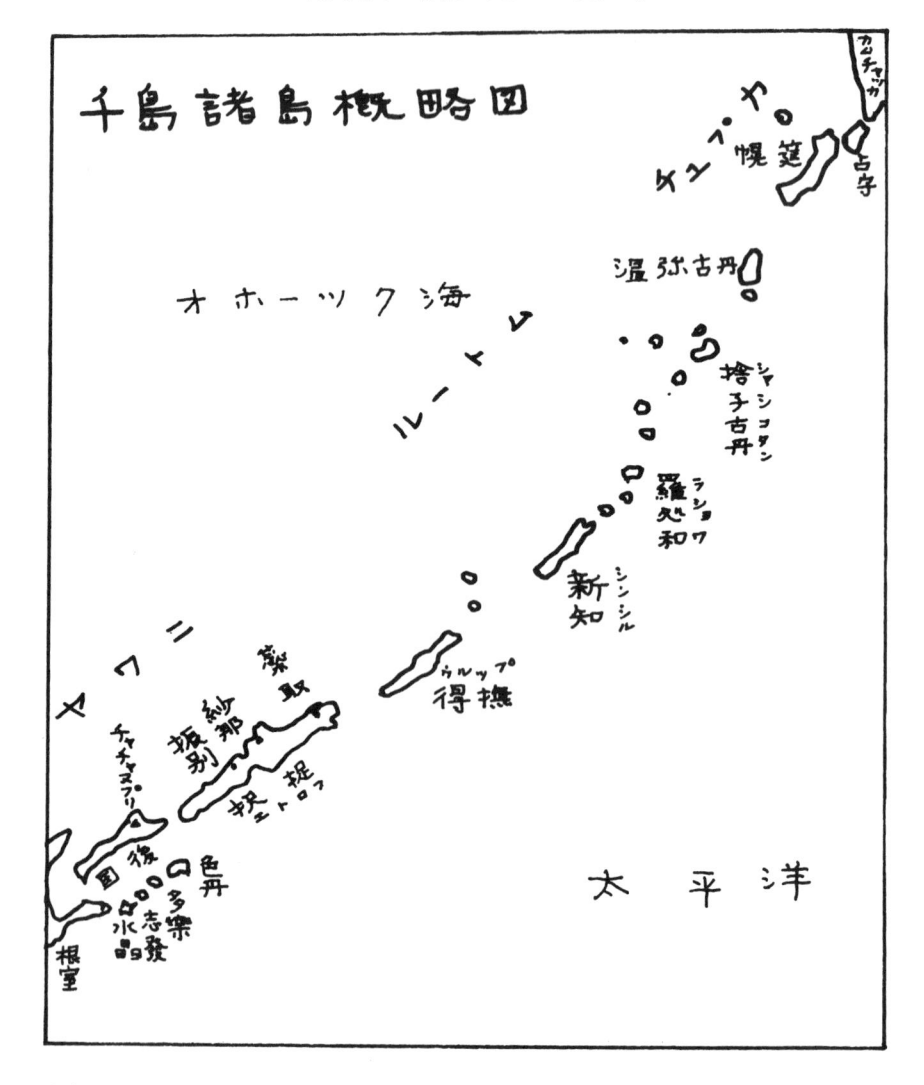

千島　ちしま

　古い時代には「蝦夷ヶ千島」という言葉があったが，それは北海道本島を含む北方の諸島の意であった。例えば有名な諏訪大明神絵詞（足利尊氏の時代）の書き出しの処は「蝦夷ヶ千島といへるは，日のもと，唐子，渡党，この三類各三百三十三島に群居せり」と書いたが，その後を読むと，明らかに北海道本島を主とした北方諸島のことである。

　北海道本島の経営が進むにつれて，千島という名は現在の千島のことになって来たらしいが，例えば元禄郷帳（松前藩が領内の地名を幕府に報告した書。元禄13＝1700年）では「クルミセ島の方」という言葉で千島諸島の名を列挙していて，訛った形ではあっても，得撫島や，国後島等らしい名が載っている。

　ただし当時は北海道本島の経営が主体であったので，ロシアの勢力が千島を南下し，安政元年（1854年）幕府は下田で日露和親条約に調印し，択捉島，得撫島の間を両国の国境線とし，樺太を両国雑居地とした。つまり日本側は僅かに南千島を保ったのであった。

　明治2年（1869年）政府は北海道を11ヵ国とし，その一つとして千島国を置き，国後島は国後郡，択捉島は択捉郡，振別郡，紗那郡，蘂取郡の4郡とした。

　明治8年日露間に樺太・久里留交換条約が調印され，日本側は樺太を放棄し，北千島の方は全島を領域とすることになったので，得撫郡，新知郡，占守郡の3郡に分かって千島国に加えた。また明治18年占守郡のアイヌを色丹島に移し，ここを色丹郡として千島国の所管内に編入した。これが千島国の経過であるが，第二次世界大戦末にソビエトの兵力に占拠され，現在では気軽に地名を調べに行けない処になった。

くるみせ島
クリル諸島

　元禄郷帳（1700年）が「くるみせ島の方」という題で千島諸島らしい名を34個列記している。昔のことだから，全部を後の名と対比しにくいが，例えば，くなしり（国後），らせうわ（羅処和），うるふ（得撫），えとろは（択捉）等なら誰でも分かる。その中ほどの処に「くるみせ」と書いてあるので，元来は一島名だったのかもしれない。

　「くるみせ」はクル・モシリ「kur-moshir　人間の（いる）・島」だったろうとの説もあるが，よく分からない。鳥居竜蔵博士千島アイノ篇（明治36年）が「千島土人（北千島アイヌ）は，カムチャッカのカムチヤダール（人）を呼ぶに，チュッカ・アン・グル若しくはクルムシェの名を以てす」と書いたことは見逃せない。

　クリル諸島の名は外国人が千島をいう呼び名である。鳥居氏千島アイノ篇は「ロシア人は彼等（千島アイヌ）をクリルチェ，他の欧米人は主としてクリスキー・アイヌを以て呼べり」と書いた。クリルの名は元禄郷帳の「くるみせ」と関係があったのかもしれない。クル（kur　人間）から来た言葉だったろうか。

チュプカ

　北千島アイヌの主たる住居地は，千島最北の幌筵島，占守島だったというが，海獣を追って北千島諸島を流動し，また獣皮等を持って南下してヤワニ（南千島，北海道本島方面）と交易をしていた。ヤワニの側のアイヌは，北の方をチュプカ（東）と呼んでいたという。

　上原熊次郎地名考は「エトロフより奥の島のものをチュブカンクルといふ。則日の方のものといふと」と書いた。今の流儀で読めばチュプカ・ウン・クル「chupka-un-kur　チュプカ（原義は東）・の・人」の意。それから見ると北千島アイヌが択捉までも来ていたと思われたものか。

　鳥居氏の千島アイノ篇は「蝦夷アイヌは千島土人をチュプカ・グルと云ふ。千島土人はカムチャッカをチュプカと云ひ，カムチヤダール（カムチャッカ人）を呼ぶにチュプカ・アン・グル（東方人）を以てし」と書いた。

　北海道本島や南千島の人たちは，北千島をチュプカと呼んだが，北千島アイヌはカムチャッカのことをチュプカといっていたのだった。その対照語であるチュプ・ポク（西）で呼ばれた地名は残っていない。東方を特に意識していたアイヌ社会の思想が，こんな処にも現れていたのだろうか。

ヤワニ

　千島は，南千島つまり国後島，択捉島までは北海道本島系アイヌ（鳥居氏は蝦夷アイヌという）の住居地で，その北の諸島は北千島アイヌ（鳥居氏は千島土人と書いた）の生活圏であったという。

　鳥居氏千島アイヌ篇は「千島土人は自らの地をルートンと称し，束察加（カムチャッカ）をチュプカと云ひ，ウルップ島以南，北海道に至る迄をヤワニと呼べり。蝦夷アイヌは千島土人より南方にあるを以て，其名称をヤムグル（南方の人）と呼べり。コサック兵の初めてカムチャッカに到れる時，土人より聞くに，クリル人は遠近の二つに分れたり。其の遠き者をアウンクルと云ふ」と書いた。

　ヤワニはヤ・ワ・アン・イ（ya-wa-an-i　内陸・の方に・ある・処）のつまった形で，北海道本島の方の土地の称。そこの住人を，ヤワウングル（ya-wa-un-kur　ヤワニ・の・人）のように呼んだもののようである。

ルートム

　鳥居氏千島アイノ篇は「千島土人は自からの地をルートンと称し，自から自身も又ルートン・モン・グル即ち西に住へる人と云へる語を以て彼等種族を現わすものとせり」と書いたが，この言葉に「西」の意はなさそうである。その地名の語形や語意は以下のようだったろう。

　これはルー・トム（ru-tom　道の・中間）の意だったらしい。北千島アイヌは，北のチュプカ（カムチャッカ）や主居住地の幌筵島，占守島から千島列島の間を流動，移住しながら狩猟をし，また交易のため南北に列島を往来して暮らしていたという。北千島はその往来する道の間なのでそう呼んだものらしい。

鳥居氏のルートンモングルは，ルートム・アングル「rutom-un-kur　ルートム・の・人」の意であったろう。

国後　くなしり

　国後島は，根室国の北は目梨郡から南の根室市までの，海を隔てた目の前に横たわっている大きな島である。明治初年国後郡が置かれたが一島一郡であった。蝦夷地名解（幕末）は「クナシリ。夷語キナシリなるべし。キナとは草の総称，シリとはモシリの略言にて島の事なり」と書いた。寛政元年（1789年）当時の場所請負人飛騨屋久兵衛（4代目）の搾取に耐えかねて国後アイヌが争乱を起こして和人を殺害し，対岸の本島側の目梨のアイヌもこれに呼応したのであったが，国後の大酋長ツキノエ等の説諭で収まり，松前藩側も飛騨屋の不正を認めて場所請負を免じた。これが蝦夷最後の争乱であったが，その前後の記事から，国後のアイヌも本島側の目梨，納沙布，厚岸等のアイヌと近い間の人たちであったことが分かる。

チャチャヌプリ

　細長い国後島の北東部の山であるが，高山なので根室側からもよく見える。チャチャ・ヌプリ（chacha-nupuri　お父さん・山）の意。尊崇されていた山で，その敬意をこめた名であったようである。

択捉　えとろふ

　国後島のすぐ東側の大島で，南千島の中。ここは，北海道本島系のアイヌの居住地で，前述のヤワニと呼ばれた土地に入っていた。明治初年この島に4郡が置かれたが，その中の択捉郡は島の西南端部である。択捉島を初めて調べた最上徳内の蝦夷草紙（寛政2＝1790年）は「大凡此島の中程に，モシリノシケといふ所にエトロフワタラといふ岩あり，あげ巻の形にて此岩にちなみて当島をエトロフと名づけし」と書いた。モシリ・ノシケは「島の・中央」，ワタラは「岩」の意。北岸中央紗那の少し西の処である。松浦武四郎の郡名建議書では「此所之人の鼻水をたらしたる形状の石有故に此名有と申候」と書いたのは，蝦夷地名解（幕末）の類から採ったものか。それにはエトロ・プ（鼻水・所）と訳しているが少々解し得ない。あるいは，エトゥ・オル・オ・プ（etu-or-o-p　鼻・水・ある・もの）ぐらいの意味ででもあったか。

　なお北海道駅名の起源昭和25年，29年版では「エト・オロ・オブ（岬のあるところ）から出た」と書いた。上記と殆ど同じ形の音であるが，この方が地名的な解である。（ただし意味が忘れられた名であり，今ではその当否をいうこともできない）

振別　ふれべつ

　振別は択捉島北岸中央よりやや西の海岸の川名，地名。振別郡はその辺から南岸にかけての土地。蝦夷地名解は「フウレベツ。フウレとは赤いと申事，ヘツとは川の事にて，此川の水赤き故に此名有」と書いた。会所の所在地。

紗那　しゃな

択捉島北岸東よりの処の地名。会所があった。紗那郡はそこから南岸にかけての東端部の土地。蝦夷地名解（幕末）は，此所和解未詳（語義不明）と書いたが，松浦武四郎郡名建議書は「シヤナはシヤンナイ之詰りにして，下る沢と申候事。此川雪解之時サシウシ岳，エツヤ岳等の水押し流れ候勢甚敷候間此の如く号るよし」と書いた。然るべきアイヌ伝承を聞き伝えたものに違いない。シャン・ナイ　shan-nai（san-naiに同じ）は，知里博士流にいえば「山から浜へ出る・川」であるが，主語がないので，何が出るのかはこの形だけでは分からない。

松浦氏が，雪解け水が勢よく押し出る川だからこの名で呼ばれるのだとの伝承を書き残してくれたことは，全道にある同形，類形の川名を読む上での貴重な資料なのであった。

蘂取　しべとろ

択捉島の北岸東部の地名で，会所のあった処。蘂取郡は，島の東北端一帯の処であった。蝦夷地名解（幕末）は「夷語シベツヲロの転訛なり。此所大川の有故に此名有る」と書いた。シ・ペッ・オロ（shi-pet-or　大きい・川・の処）の意。続けていうのでシペトロと呼ばれた。

得撫　うるっぷ

択捉島の東隣の大きい島の名，郡名。最上徳内の蝦夷草紙（寛政2年）は「ウルツプと云魚ある故にウルツプ島とも云といへり。ウルツプといふ魚は形鱒の如く，肉の色至て赤く，味わい美なり」と書いた。知里博士動物篇には，その魚を「ウルㇷ゚　urup．べにます」と書いている。島名もアイヌ語では「ウルㇷ゚ urup」であったろう。

新知　しんしる

得撫島の東北に連なる列島の中の大きい島。明治8年この辺の諸島をもって新知郡とした。また霜知とも書く。辺要分界図考，巡周蝦夷秘談ではシモシリ（吉田東伍大日本地名辞書による），またシムシリとも書かれた。

この辺の小島中の主島なのでシ・モシリ（shi-moshir　大きい，主たる・島）だったのだろうか。モシリはよくムシリと訛るのでシムシリとなる。それに新知の字が当てられ，後にその字に引きつけられて「しんしる」と呼ぶようになったものか。古い元禄郷帳に書かれた「しいもしり」はこれか。シ（shi　大きい，主たる）は，よくシーと伸ばして呼ばれる。

なお北海道駅名の起源昭和25年，29年版の中では「新知郡。シュム・シリ（西・島）の意」と書かれた。

羅処和　らしょわ

羅処和島は新知島の東北に並んでいる諸小島中の一つであるが，古くから聞こえた名らしい。元禄郷帳の「らせうわ」はこれであろう。鳥居氏千島アイヌ篇は「羅処和

島，rashua。千島土人は，北は占守島より新知島間の各島嶼に移住往来なし居れども，彼等の平常の住地（kotan-ba，コタン・バ）は占守，波羅牟石利（パラムシリ），羅処和の三島にして，他は彼等の移転往来の漁場たるに過ぎず。されば以上三島は吾人の最も注意すべきものとす」と書いた。列島の中ほどにあったこの小島が，千島アイヌの居所であったことは，当時の生活上の何か適地だったからであろう。なお土人はラスコケとも呼ぶと書かれて来た。

羅処和の語義は分からない。ルッ・オ・ア（rush-o-a　毛皮が・そこに・豊富にある）だったろうかとの説も書かれた。

捨子古丹　しゃしこたん

羅処和の東北にある島名。シヤスコタンとも書かれた。この辺から占守郡の中になっていたという。これも語義不明。シャク・コタン（shak-kotan　夏の・村）説も書かれた。あるいはシャシ・コタン（昆布・村）とも聞こえる。

温弥古丹　おんねこたん

千島列島の中の北方の島名。占守郡中央の島と書かれたが，幌筵島の南になっている相当の島である。また努舎子とも呼ばれた。温弥古丹はオンネ・コタン（onne-kotan　大きい・村）の意であったろう。また努舎子はヌシャ（ヌサに同じ）・ウシ・コタン（nusa-ush-kotan　幣場・ある・村）で，たぶん村の近くの岬の上のような処に，海神を祭るたいせつな幣場でもあって，それが島名ともなったのであろう。

幌筵　ほろむしろ

占守島と並んだ千島列島最北の島。西側にある幌筵は北千島最大の島である（長58里，幅18里と書かれた）。幌筵はポロモシリと書かれた。ポロ・モシリ（poro-moshir　大きい・島）の意。またパラムシリとも呼ばれた。パラ・モシリ（para-moshir　広い・島）の意。

この島と占守島が北千島アイヌの主居住地であったという。

占守　しむしゅ

占守島は千島列島最北の島で，カムチャッカ半島の先端と相対している。西隣の幌筵島と共に北千島アイヌの主居住地だったという。海獣や鳥が多く，北千島アイヌの生活に都合のいい場所であったらしい。鳥居氏の書によれば，またシュムチとも呼ばれたという。古い元禄郷帳の「しいもし」もこの占守だったのかもしれない（新知の処で挙げた「しいもしり」とは別の島）。

北海道駅名の起源昭和25年，29年版は占守をシー・モシリ（本島），新知の方をシュム・シリ（西島）とした。また鹿能辰雄氏は択捉島地名探索行の中で，占守をシュム・シュ（油・鍋）とした。また西鶴定嘉氏は，シュム・ウシ（南に・ある，入る）と読まれた。今のところ私には判断がつかない地名である。

占守島はまたクシユンコタンとも呼ばれたという。鳥居氏は「人の始めて出たる所

の義」とされたがどうも分からない。クシュン・コタン（向こう側の・村）と聞こえる。幌筵の方から見た称ででもなかったろうか。

モヨロポ

占守島西岸の入江（片岡湾）。明治26年郡司大尉等報效義会の人たちが来たり住んだ処。モヨロ・ポ（moyor-po　入江。ポは指小辞）で、小入江の意、入江っこと訳したらよいか。この辺には外にもペッポ（pet-po　小川）のようにポ（-po）をつけた地名が散見する。札幌の苗穂（nai-po　小川）と同じ語尾である。

コタンニー

占守島西北部のコタンニー村の名は旧記の中によく出て来る。コタンの所属形（コタン・イ　kotan-i）で、「その村」の意であったろう。どの記録にもコタンニーとのばして書かれている。道南地方だったら、ていねいにコタニヒ（kotan-ihi）と呼んだ形に当たるのかもしれない。

カムチャッカとの関係

北千島人は極北のアイヌであった。だが彼等が久里留海峡を渡って、時々カムチャッカにも行っていたらしいことは、カムチャッカ半島南端部に、アイヌ型の地名が残っていることから推察される。また逆にカムチャダール人たちが、時々北千島に現れたらしいことは、鳥居氏千島アイヌ篇に記録された島内地名の中に、次のような地名とその伝承が残っていたことからも見当がつく。

イチョルリ（占守島）。人を落としたる所。昔時カムチャダール此所に来り上陸せんとせり。北千島アイヌこれを知り、大人数にて密に傍に隠れ潜みぬ。彼等はカムチャッカ土人の上り来るや一整に打ち出たれば、敵はこれに驚き逃げ出し、岩上より海中に落ち入り死するもの其数を知らずといふ。この地名あるは全くこれがためなり。

トゥンミシ（占守島）。弓にて人を射殺せし所。昔この所にてカムチャッカ土人と激しき戦をなしたる所にして、互に血戦の結果死者の血は流れて水上一面に紅になりしと云ふ。

ウラスブツェ（幌筵島）。上より人が下る所。伝へ云ふ。昔カムチャダール大人数にルヤサムペ（地名）に船を寄せ上陸し、オビイョネ（地名）に到る。然るに千島土人は途中にてこれを見たり。自分の今小人数なるを以て敵し難しと思ひ、にはかにウラスブツェの岩下にかくれたり。カムチャダールはこれを知らずしてこの所より帰りたり。これにてこの所を上より人が下る所と云ふ。

以上の三地名は、訛っているためか、あるいは方言差のためか、私には解ができない。だがその地名の由来を並べて見ると、北千島アイヌとカムチャダールとの間は相当厳しいものであったらしい。

ペッを主用した土地だった

アイヌ語には川を意味するペッとナイがあって、北海道のどこに行っても、ペッ地

名とナイ地名とがない土地はない。かつてその分布を調べて見たが、ペッ地名が多いのは、大ざっぱにいえば、太平洋岸と根室と、その隣の斜里郡で、北の方のオホーツク海側ではナイ地名が圧倒的に多い。

　知里真志保博士がその著、小辞典で「カラフトでは、ペッは地名にはめったに現われて来ない。北千島では全然ナイが無い。この二つの内ペッは本来のアイヌ語で、ナイの方は外来らしい」と書いて研究者の間の大きな話題になった。金田一先生のお宅で、先生と共に千島の旧図を調べて見たが、南千島ではナイが僅かながらあるが、北千島まで行くと、なるほどナイが全くなく、ペッだけの世界なのであった。これは、北海道本島の南岸から東岸にペッ地名が多く残っていることと繋がっているとしか思われない。

　知里さんのいう「ペッは本来のアイヌ語で、ナイは外来語らしい」とする説（もちろん今後とも再検討はすべきであるが）によって考えると、北から入って来たナイという言葉が東、南に向かって拡散して行ったが、それでも東岸、南岸にペッが多く残っていた。更に遠く北千島まで行くと、ナイの影響が全く及んでいなくて、古来のペッ地名だけなのであった、と説明されそうである。古語辺境に残るということなのであろうか。

第VI 釧路地方

　昔は釧路アイヌの勢力圏が広かったようで，明治初年の釧路国は，それに従って，網走川上流（網尻郡），標津川と西別川の上流（根室国），利別川の上流（足寄郡）を含めたものであった。歴史的には大切な区画であるが，本書では，川筋によってまとめることとして，以上のそれぞれの地名は北見，根室，十勝の諸地方に入れた。

(1) 釧路地方東部海岸

〈浜中町〉
姉別市街　あねべつしがい
　釧路地方東端の浜中町内の地名。根室本線の駅がある。風蓮川の支流姉別川（アネ・ペッ。細い・川）から出た地名であるが，姉別市街や姉別駅のある場所はこの川筋でなく，一本南の別当賀川の水源部である。

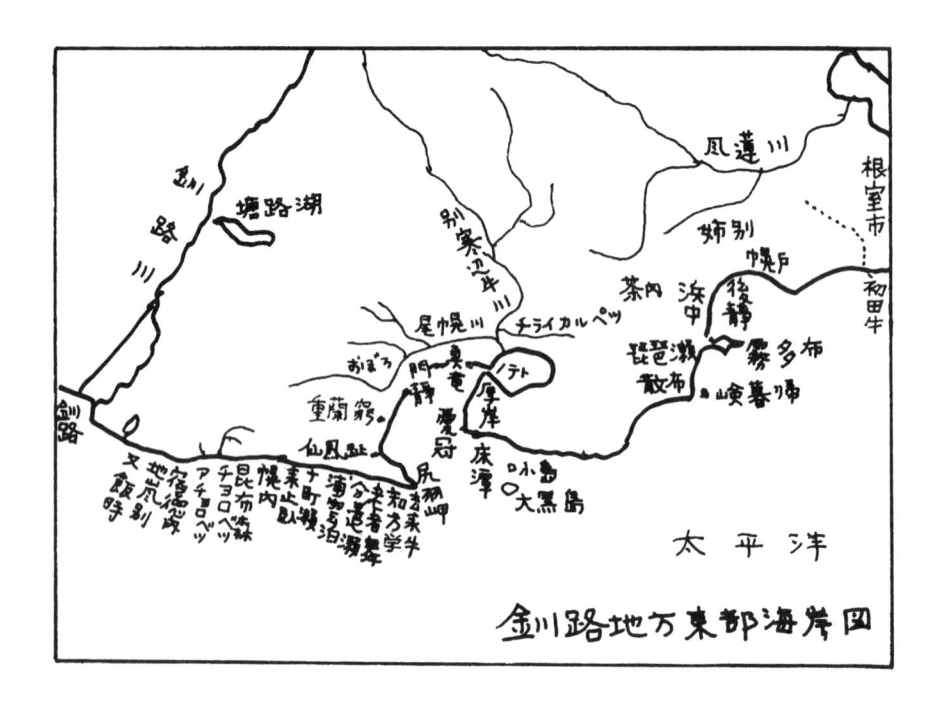

幌戸　ぽろと
奔幌戸　ぽんぽろと

浜中町大字後静村の中。浜中湾北岸の地名。幌戸はポロ・ト（poro-to　大・沼）の意。現在もそこに沼があり，その沼が東隣の奔幌戸にあった沼より大きかったので呼ばれた名。東隣の方の沼は，たぶんポン・ト（pon-to　小さい・沼）だったのであろうが，後にポロト（沼）の名の方が意味を離れた固有名詞になったために，ポン・ポロト（小さい・幌戸沼）と呼ばれるようになったのであろう。アイヌコタンで知られている白老のポロトと隣のポンポロト（元来はただポントだった）と同じことだったのであろう。

後静　しりしず

浜中町大字後静村は姉別市街から浜中市街を含む浜中湾北岸一帯の土地の名であるが，元来の後静は幌戸の西の小岬の処の名である。永田地名解は「シリ・シュッ。山根，山下とも」と書いた。山の根もと，あるいは麓の意であった。

浜中　はまなか

町名，湾名。元来の浜中は，浜中湾の西岸中央，霧多布の北の処で，永田地名解は「オタ　ノシケ。浜中」と書いた。オタ・ノシケ（ota-noshke　砂浜・の中央）の意。それを訳して浜中としたのであろう。道内には，アイヌ語時代のオタノシケが浜中となっている処が多い。浜中町は根室市と厚岸町との間の土地。また現在の浜中市街や浜中駅（根室本線）のある処は元来の浜中からずっと離れた処（浜中湾北西隅から約1キロ奥）で，大字は浜中村でなく大字後静村の中に入っている。

茶内　ちゃない

浜中町大字琵琶瀬村の内。根室本線浜中駅の一つ手前（西）に駅があり，駅前に茶内の市街がある。茶内の名は旧記類で見たことがないが，明治30年5万分図では，今の茶内市街の辺は，ノコベリ川の上流で，イチャンと書いてある。北海道駅名の起源は「イチャン・ナイ（鮭の産卵場のある・川）から出た」と書いた。

⇒ノコベリベツ川（239ﾍﾟ）

霧多布　きりたっぷ

浜中町内。浜中湾西岸南部の大字名。霧多布市街は島で，橋によって陸地と繋がっている。昔はキータッで，霧多布はその当て字。古い時代はここが和人の東の端の根拠地で，ここで根室アイヌとの取引をしていたのだという。永田地名解は「キタッ　ki-ta-p（茅を・刈る・処）。ビブウシにアイヌ村ありしとき，此島にて茅を刈りしと云ふ」と書いた。今は漁業が盛んな処で良い昆布がたくさん採れる場所だという。

琵琶瀬　びわせ

浜中町内。霧多布島と相対する陸岸の方の地，川名，大字名，湾名。永田地名解は

「ピパセイ。貝殻ある処」と書いた。正確にいえば，ピパ・セイ（pipa-sei からす貝の・貝殻）。琵琶瀬川にでもからす貝が多かったからの名か。

峻暮帰　けんぼっけ

浜中町大字琵琶瀬村の内。琵琶瀬川口の前にある島名。永田地名解は「ケネ・ポㇰ kene-pok。赤楊の下」と書いた。赤楊（はんの木）が生えていたのでついた名であろう。

散布　ちりっぷ

浜中町大字散布村は琵琶瀬の南隣の土地。散布は永田地名解によれば，アイヌ語のチウルㇷ゚（chiurup　あさり貝）から来た名だというが，はっきりしない。この大字の中の現在の字名と永田地名解とをそのまま並べると次のようになる。

　火散布〔ひちりっぷ〕シ・チュルㇷ゚（あさりの・大沼）
　藻散布〔もちりっぷ〕モ・チュルㇷ゚（あさりの・小沼）
　渡散布〔わたりちりっぷ〕ワタラ・チュルㇷ゚（岩側の・あさり）
　養老散布〔ようろうちりっぷ〕イオロ・チュルㇷ゚（海中の・あさり）

地名一般のつけ方から考えれば，大きい火散布沼の辺であさり貝が採れるかしてチウルㇷ゚という地名ができ，それが小さい火散布沼にも使われ，岩場の処や，漁場（イオロ）の処の名にも使われるようになったのではなかろうか。

〈厚岸町〉

糸魚沢　いといざわ
チライカリベツ川

糸魚沢は厚岸町東端部の地名。根室本線の糸魚沢駅あり。北海道駅名の起源は「チライ・カリ・ペッ（いとう魚・通う・川）から出たものの意訳である」と書いた。駅の南を西流しているチライカリベツは別寒辺牛川の東支流。このカリ（kari）は回って来る，ぐらいの意味だったろうか。

永田地名解は「チライ・カリ・ペッ。糸魚を捕る川」と書いた。カリ（kari）ではそう読めない。カㇽ（kar 取る）とでも読んだのであろうか。

別寒辺牛　べかんべうし

厚岸町内の川名，地名。別寒辺牛川はこの辺一帯の湿原の水を集め，厚岸湖の西北隅に注ぐ長流。上原熊次郎地名考はアッケシの項の中で「ベカンベウシとは沼菱の生ずといふ事。此川に沼菱の多くあれば地名になす由」と書いた。pekanpe-ush-i（菱・多い・処）といわれたものであろう。

永田地名解は「ペカンベ・クシ（水上を行く）。菱を取らんと欲し此処に来りしが菱は絶えて無し。徒に水上を行きしを以て名くと」と妙な書き方をした。たぶん上原地名考の形が原名で，後に菱がなくなってでもいて，この解のように，ウシをクシに読み変えて説話をつくったのではなかろうか。

尾幌　おぼろ

　厚岸町内の川名，地名，国鉄駅名。尾幌川は釧路郡釧路村との境から出て長く東流し，厚岸湖の北西隅まで行って，別寒辺牛川と共に湖に注いでいる川。この辺で一番の長流で，中途で尾幌分水を厚岸湾西岸に入れている。永田地名解は「オ・ポロ・ペッ o-poro-pet（川尻の・大なる・川）」と書いた。

　根室本線尾幌駅は厚岸湾西岸を少し入った処，尾幌分水の分かれる場所の近くで，駅前に尾幌市街があり，今はその辺一帯の土地が尾幌で呼ばれている。

厚岸　あつけし

　湾名，湖名，町名，郡名。厚岸湾の北東隅から川のようにくびれた処を東に入ると広い厚岸湖がある。元来の厚岸市街（本町）はそのくびれた処の海側の場所で，現在は厚岸大橋で陸側と繫がっている。厚岸郡は釧路国東南端の土地で，浜中町（東側）と厚岸町になっている。

　上原熊次郎地名考は「夷語アツケウシなり。則あつし革を剝ぐ処と訳す」と書いた。アッ・ケ・ウシ・イ（at-ke-ush-i　おひょう楡の皮を・剝ぐ・いつもする・処）の意。この解は今も引きつがれている。

　なお同地名考は「赤アツケシと申す沼は会所許（今の市街の処）より西北の方二里程隔ちある也。当時会所の有る所をヌシヤアシコタンといふ。則削り掛けを建る所と訳す。夷人此所に夥敷く削りかけを建て神々を祭るゆへ地名になすといふ」と書いた。地名のもとになったアツケシという沼はそこから8キロ西の処で，今の市街の処はヌサ・アシ・コタン（nusa-ash-kotan　木幣・立っている・処）だったという。昔から大切な場所であったろう。

　永田地名解は「厚岸郡。原名アッケシトー（at-kesh-to）。楡・下の・沼の義。昔楡樹多くありたるを以て楡皮を此沼に潰したり。故に名く。其後アツケウシ（at-ke-ush-i）と呼ぶ。此地名は今の厚岸（市街の処）にあらずして真竜村（陸岸の方）なる小沼の名なり」と書いた。この沼名の解はこれが自然なように思われる。

　この沼は今の白浜町の辺だったらしい。松浦氏東蝦夷日誌は「エウルトウ（沼。周三，四丁），またアツケシ沼共云」と書いた。エウルトウは　イ・ウォロ・トー「i-woro-to　それ（楡皮）を・ひたす・沼」のような形の名なのであったと解される。

　バチラー博士がアッケシ（akkesh　牡蠣(かき)）説を書いた。その名産地なので巧いことを考えたものであるが，たぶん語呂合わせであろう。

　根室本線厚岸駅のある処は，元来からの厚岸市街でなく，大橋を陸側に渡った大字真竜町である。

ノテト

　厚岸の本町側が北に向かって突き出し，真竜町と相対して厚岸湾と厚岸湖とを区切っている。そこを昔はノテトゥ（notetu　岬）と呼び，そこに会所ができたのが厚岸の街の始まりであったという。

真竜　しんりゅう

厚岸の元来の市街（本町）の対岸（陸側）の処。現在は厚岸大橋で繋がっていて，根室本線厚岸駅がある。語義がはっきりしない。永田地名解は「シンリウネンコロ shin-ri-un-enkoro(高崎)。直訳高き地額。真竜村の原名」と書いた。逐語訳をして見ると，「ほんとうに・高く・ある・鼻」とでも読んだものか？　何だかぎこちない形であるが，一応そのまま書いた。厚岸駅の西の辺に山崎が湾岸に迫っている処がある。それをエンコロ（enkor　鼻，山崎）と呼んだのであろう。

愛冠　あいかっぷ

厚岸湾の東岸は断崖になっていて，愛冠岬が突き出し，西の尻羽岬と相対している。アイカㇷ゚（aikap）という名は諸地にあった。アイカㇷ゚は会話語では「不可能，できない」という意味に使われるが，地名の場合は，どこでも物凄い断崖の名である。

床潭　とこたん

厚岸本町の市街から南に4キロ余の処で，厚岸湾口に近い海岸の地名。永田地名解は「トコタン　to-kotan（沼・村）。此はトゥコタン即ち廃村の意にあらずとアイヌ云ふ」と書いた。今トコタンで残っている地名の多くはトゥ・コタン（tu-kotan　失われた・村）であるので，ここはト・コタン（沼・村）であった伝承を特に書いたのであろう。

今の床潭部落のそばに大きな床潭沼があるのが，この地名のト（沼）だったのであろう。

大黒島　だいこくじま
小島　こじま

厚岸湾口，厚岸半島寄りに大きい大黒島と小さい小島が並んでいる。松浦図は「ホロモシリ。和，大黒島と云」と「ホンモシリ」と書いた。大黒島がポロ・モシリ（poro-moshir　大きい・島）で，小島の方がポン・モシリ（pon-moshir　小さい・島）なのであった。

永田地名解は「シュー・オマイ　shu-oma-i（鍋・ある・処）。和名大黒島。往時神の鍋あり。故に名くと云ふ」と書いた。この島を鍋を伏せた形に見たててこの名でも呼んだのであろうか。

門静　もんしず

厚岸町内。厚岸湾北西隅の処の地名，根室本線門静駅あり。松浦図はモエシユツと書いた。永田地名解は「モイ・シュッ。湾の・傍」としたが，シュッ（shut）は「根もと」の意。厚岸湾北岸のゆるい浜辺が当時モイ（moi　入江）と考えられていて，その端の処なので，モイ・シュッ（入江の・根もと）と呼ばれていたのであろう。

苫多　とまた

　厚岸湾西岸北部の処が元来の苫多で，それが中心となって西岸一帯が苫多村と呼ばれ，今は大字苫多村となっている。

　昔はトマタロといわれた。松浦氏東蝦夷日誌は「トマタロ。本名トマターヲロにて，トマ取に多しとの義。此辺今日見るに如何にも紫靆を敷たる如也」と書いた。また永田地名解は「トマ・タ・ロ。延胡索を・掘る・処」と書いた。

　トマ（toma）は「えぞえんごさく」で，アイヌ時代はその塊茎（豆）を好んで食べた。松浦氏はその群生して花が咲きつめた姿を書いたのであった。ただこの地名の語尾をオロで解した処が何かぎごちない。また永田氏はそれをロ（処）と訳したが，その言葉を知らない。トマ・タ・ル「toma-ta-ru　えんごさくを・掘り（に行く）・道」ででもあったろうか？

　〈釧路町〉

釧路町　くしろちょう
釧路郡　くしろぐん

　釧路郡は元来は今の釧路を中心とした一帯の土地であったが，大正 9 年釧路町（今の釧路市）が区制施行をした際，その北東部地区を分村して釧路村ができた。一方東部海岸地帯では仙鳳趾村，跡永賀村，昆布森村の三村が大正 8 年，合体して昆布森村をつくっていたが，昭和 30 年更に釧路村と合体して釧路村と称した（現在は町である）。この項の続きでは同町の中，太平洋岸の旧 3 ヵ村の地名を記し，釧路市の北に当る部分は，川筋をまとめる意味で，次の「釧路市，釧路川筋」の部の中で書くこととした。

重蘭窮　ちぷらんけうし

　釧路町内。厚岸湾西岸，仙鳳趾部落の北側の地名。永田地名解は「チッ・ランケ・ウシ　chip-ranke-ushi（舟を・下す・処）。山中にて舟を作り此処に舟を下す処」と書いた。今でもこの漢字でチブランケウシと読ませている難しい地名である。

仙鳳趾　せんぽうし
古番屋川　ふるばんやがわ

　大字仙鳳趾は厚岸湾西南岸から尻羽岬を回って太平洋岸までの広い土地であるが，元来の仙鳳趾は湾岸の南部で，昔は聞こえた漁場である。仙鳳寺とも善法寺とも書かれた。

　現在仙鳳趾部落のある処は，漁場の移動から今の処になったものらしく，元来はその南の方の海岸の古番屋川の処だったようである。

　松浦氏東蝦夷日誌は「センボウジ。本名チエツポフシにして魚涌立（わきたつ）と云儀か。此湾鯡，鮫，雑魚多きが故号しと。当所は小沢にして其崖の上に地を曳，屋作りす」と書いた。彼はチェプ・ポプ・ウシ・イ（chep-pop-ush-i　魚が・跳ねる・いつもする・処）と解したのだった。

古い上原熊次郎地名考は「チエツポヲチなり。則小肴の生ずと訳す。此川にいわな、やまめの多くあるゆへ地名になすといふ」と書いた。また明治の永田地名解は「チェㇷ゚・ポ・オチ（小魚居る処）。鯡多く居る処なるを以て号くとアイヌ云ふ」と書いた。この二つの解は，捕れる魚の名や，そのいる処を川としたり海とした点は違うが，地名の形はチェㇷ゚ポ・オチ←cheppo-ot-i（小魚・多くいる・処）で，松浦氏の書いた形よりも自然な地名のように思われる。

古屋川の旧名はル・トゥラシ・ペッ（ru-turashi-pet　道が・登っている・川）で，川沿いに急坂が上っていたからの名であろう。

尻羽岬　しりっぱみさき

釧路町東端，また厚岸湾の西南端。厚岸湾口の大岬で，松浦図等ではシレハと書かれた。シリ・パ（地，山の・頭）で「岬」の意。シリパの名は諸地に多いが，この岬と余市のシリパはその代表的なものである。

去来牛　さるきうし

尻羽岬から西への太平洋岸は大崖続きで，その中の小沢の口には海岸部落が点々とできている。去来牛は岬から約2キロ半の処。東蝦夷日誌は「サリキウシ。芦荻有る沢と云儀」と書いた。現代流に書けば，サルキ・ウシ（sarki-ush-i　芦・群生する・処，沢）の意。

知方学　ちっぽまない

去来牛のすぐ西の処。この辺から西の地名は誠に読みにくいものが多い。街道は高台の上を東西に通じていて，部落に降る坂道の入口に標識が立ててあるが，初めての人だったらどれもそれだけでは読めないであろう。永田地名解は「チㇷ゚・オマ・ナイ（舟川）。往時舟流れ寄りし処故に名くと云ふ」と書いた。それを続けて呼んでチッポマナイとなったのであろう。なお松浦氏東蝦夷日誌は「チホヲマナイ。本名チエフヲマナイなるよし」と書いた。その音だとチェㇷ゚・オマ・ナイ（魚・いる・沢）と聞こえる。

老者舞　おしゃまっぽ

知方学の西の部落。「おしゃまっぷ」ともいう。東蝦夷日誌はヲエチヤンマフ，明治30年5万分図はオエサマㇷ゚と書いたが，解の記録は見ない。形だけからだとオ・イチャン・オマ・ㇷ゚「川尻に・鮭鱒産卵場・あるもの（川）」とも聞こえるが，訛った形らしいので，うっかり解がつけられない。

分遣瀬　わかちゃらせ

老者舞のすぐ西の処の名で，これは分かりやすい。永田地名解は「ペチャラセ（滝）」と書き，明治30年5万分図はワッカチャラセとした。東蝦夷日誌のヘチヤラセ・エト（小岬）もこれのついた名。ペ（pe）もワッカ（wakka）も「水」で，どっちでもいっ

VI 釧路地方

たのであろう。ワッカ・チャラセ「wakka-charse 水が・ちゃらちゃら（崖を滑り落ちる）」の意（諸地にチャラセ・ナイあり）。これに分遣瀬と字を当てたのだが，他地の人がこれでワカチャラセと読めるかしら。

跡永賀 あとえが

釧路町の大字名。仙鳳趾の西側の大字である。跡永賀の部落は分遣瀬から6キロ西で，大海崖の間の小沢の口の処。東蝦夷日誌は「アトエカ。高き処より海を見越して眺ると云儀か」と書き，永田地名解は「アトゥイ・オカケ。海跡。往古海中なりしが，今沙湾に変ず。故に名く。跡永賀村」と書いた。

松浦氏は atui-ka（海の・上）かと解し，永田氏は atui-okake（海の・跡）と書いたのであった。

浦雲泊 ぽんどまり

跡永賀のすぐ西の海岸部落。街道からここに下る小道の入口に「1km 浦雲泊」と立て札が掲げてある。土地の人はこれで「ぽんどまり」と平気で読むのだから思わず微笑した。ポン・トマリ（小さい・泊地）の意で，道内諸地に同名がある。

十町瀬 とまちせ

浦雲泊の西の土地。ここまでが大字跡永賀の中である。音だけを聞けばトマ・チセ「苫（ござ）の・家」と聞こえるが，難しい伝承が残されている。東蝦夷日誌は「トマチセ。本名トイマチヌフ。名義，遠くよりトド（海獣）の声を聞と云由」と書いた。トゥイマ・チ・ヌ・ㇷ゚（tuima-chi-nu-p 遠く・我ら・聞く・処）としたものらしい。沖にトド岩がある。また永田地名解は「トマ・チエ・ヌㇷ゚。延胡索野。エンコソの食料ある原野なり」と書いた。toma-chi-e-nup（えんごさくを・我ら・食う・野）と解したのであった。

来止臥 きとうし

十町瀬の西に当たる地名。東蝦夷日誌は「キトウシ。小川。ブクシヤ多き故に号く」と書いた。キト・ウシ（kito-ush-i 行者にんにく・群生する・処）の意。

幌内 ほろない

来止臥の西側，昆布森の東の海岸の地名，川名。松浦図は「ホロナイ」。永田地名解は「ポロ・ナイ poro-nai（大・川）。小川にして魚類も亦無し」と困ったような書き方をしている。これがもし原形なのだったのなら，尻羽岬からここまで約10本並んでいる小川がナイ（小川，沢）と考えられていて，その中での最長のナイだとして呼ばれた名か。

だが明治30年5万分図は「ポロシナイ」，松浦氏初航蝦夷日誌では「ホロヲンナイ」，同氏東蝦夷日誌では「ポロヲンナイ。大穴岩有」と書かれた。また同氏廻浦日記では「ホールンナイ」と書かれていたのであった。それから見ると，あるいは，元来はポ

261

ル・ウン・ナイ（poru-un-nai　洞穴・ある・川）のような名であったらしくも見える。

昆布森　こんぶもり

　釧路町大字昆布森村は，同町大字跡永賀村と釧路市との間の土地で，入江に臨んだ昆布森の市街はこの方面での中心的な処である。上原熊次郎地名考は「コンブムイ。夷語コンブモイなり。則昆布の入輪といふ事。此所狭き入輪なれど多く昆布のある故地名になすといふ」と書いた。コンブ・モイ（kombu-moi　昆布の・入江）の意。
　この入江の東の岬を回った処に伏古という処があり（幌内の西隣），旧名はフシコ・コンブモイ（古い・コンブモイ）であった。そこが昔のコンブモイの名の発生地なのであったろうか。
　　　　　　　　　　　　　　　　　　　　　　　⇒昆布盛（244ﾍﾟ）

チョロベツ川

　昆布森市街の処で海に入る川名，地名。この川は大字跡永賀村境から，街道の北側をずっと西流して来た上で昆布森市街の方に南流，海に入っている，この辺での長流である。語義の記録を見ない。あるいはチ・オロ・ペッ「chi-oro-pet　（おひょう楡の皮を）我ら・水に漬ける・川」ででもあったろうか。

アチョロベツ

　昆布森の入江から，西のゆるい岬を回った処の川名，地名。最近の地図では城山と書いてある。永田地名解は「アッ・イオロ・ペッ　at-ioro-pet（楡皮を・漬す・川）の急言」と書いたが，どうも読みにくい。チョロベツの前にアッ（at　楡皮）をつけた形か。あるいはアチ・オロ・ペッ（achi-oro-pet　その楡皮を・水に漬す・川）のような形だったのではなかろうか。昔はここが釧路と厚岸との境だったという。

宿徳内　しゅくとくない

　アチョロベツの西隣の川名，地名。永田地名解は「シュクトゥッ・ウシ・ナイ（野葱沢）」と書いた。えぞねぎ・群生する・川の意（shukutut は shikutut ともいう）。

地嵐別　ちあらしべつ

　小地名であるが，当てた字が面白い。宿徳内川から二つ目の小川。松浦図ではチャラセヘツ。チャラセ・ペッ「charse-pet　（水が）ちゃらちゃら音たてる（滑り落ちる）・川」の意。チャラセナイの名は諸地に多いが，ここは小さな川なのにペッで呼ばれていた。

又飯時　またいとき

　釧路町西端の処の地名，川名。このままではマタ・エトゥ（冬・水源）としか聞こえないのでどうも変である。松浦氏東蝦夷日誌は「マタエトキ。名儀，マタは水也。エトキは汲んで明る（あける？）事也」と書いた。アイヌからの聞き書きらしいが，何か聞き違いがあったとしか思えない。

マタが水とは変だ。水ならワッカであろう。また,エトキにそんな語義があるだろうか。話の内容から考えると,湧き水が(たぶんその川の水源の処に)あって,それを飲料水にしていた処らしく見える。

試みにその内容に言葉を当てて見ると,ワッカ・タ・エトㇰ(wakka-ta-etok 水を・汲む・みなもと)となるだろうか。そんな意味の地名の訛りだったか,あるいはアイヌの説話であったか。とにかく難しい地名である。

(2) 釧路市，釧路川筋

　　　　　　　　　阿寒川筋は，元来は釧路川水系だったのであるが，取りまとめの都合上(3)西部地帯の方に入れた。

〈東の海辺〉
カムイパウシ
　釧路市海岸と，現在の釧路町海岸の境にある小岬の名。永田地名解は「カムイ・パ・ウシ（神頭）。熊頭に似たる大岩に名く」と書いた。kamui-pa-ush-i「熊の・頭が・ある・もの（岩）」の意。

桂恋　　かつらこい
　旧桂恋村はカムイパウシから西一帯の土地の名。桂恋という字名は，カムイパウシのすぐ西側の岬「ノテトゥ（岬）と呼ばれていた」から西にかけての処。語義はっきりしない。上原熊次郎地名考は「カチロコイ。此山辺にカチロコイと囀る小鳥のある故字になすといふ」と書き，松浦氏東蝦夷日誌も「カツラコイ。名義は，往昔カツラコイ・チリといへる鳥が多く寄りしが故に号ると。此鳥大サ鴉程なり，奇麗なるもの也と」と書いた。

興津　　おこつ
　桂恋の西にある小入江の辺の地名。永田地名解は「オウコッ（合川）」と書いた。ここは西側からオウコッナイ，東側からポン（小）・オウコッナイという小川の川口が相寄っている。合流はしていないが，大雨とか風波によって，時に浜で合流したりしたのでこの名があるのであろう。語義は，元来はオ・ウコッ・ナイ（性器・くっつく・川）。つまり性交するという言葉。川尻が浜で時にくっついて一つになる川のことをいう。

春採　　はるとり
　釧路市街の丘に東に下った処の地名，湖名。春採については松浦氏東蝦夷日誌は「ハルトル。ペンケトウ（注：ペンケ・トー。上の湖）と言。ハルは黒百合，延胡索等の喰草を云。此草多き故号しか。ウトルは沼也」と書いた。ウトルに沼の意があるかしら。せいぜい utor（側面）と解すべきか。
　永田地名解は「ハルトゥル。向ふ地。アルトゥルと同じ詞なり。シレトゥ岬の向ふの地を云ふ」と書いた。この辺でアル（一対のものの片一方。地名では山向こう，海の向こうのように使う）に h をつけて呼ぶかどうか，若干問題はあるが，地形は道南に多いアルトゥル（ar-utor　向こう側の・側面，→岬山の向こうの土地）と全く同じである。永田説を採りたい。
　春採湖は，松浦図ではハルトルトと書かれている。ハルトゥル・ト（harutor-to　春採の・湖）と呼ばれていたのであろう。

VI 釧路地方

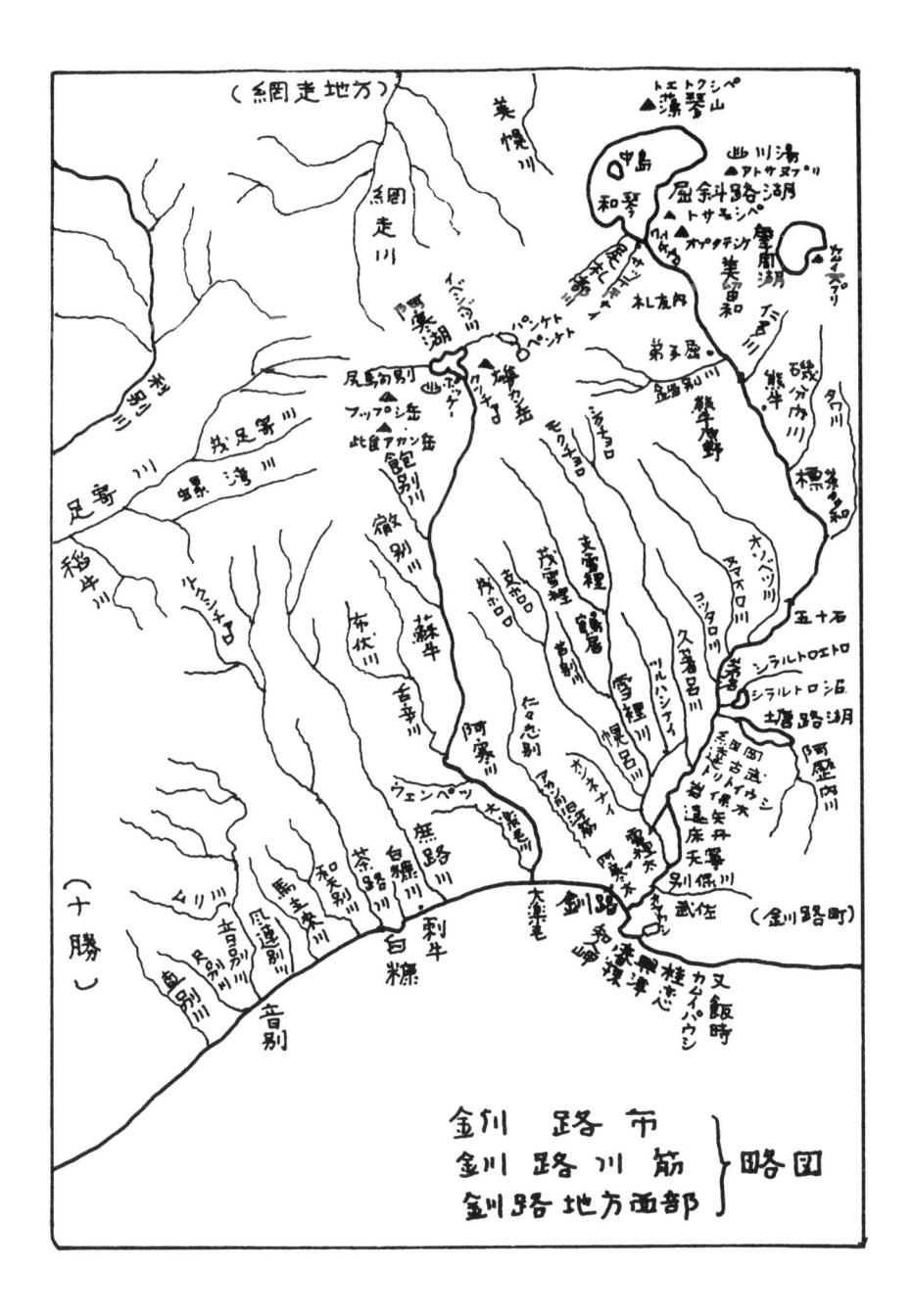

オヤコッ

　春採湖の一番奥の処に，島のような小半島が突き出していて風景をつくっている。チャシ跡だとかいう。オヤコッは道内処々にある地名で，海や大川に突き出した処の名。永田氏と知里博士は解が違う。

　永田地名解はこのオヤコッは採録しなかったが，例えば屈斜路湖のオヤコッ（現在の和琴）では「オヤ・コッ　oya-kot（外の・地面）。湖中に差出でたる岬上の地面を云ふ」と解釈している。

　知里博士小辞典では「オ・ヤ・コッ　o-ya-kot（半島）」として，その語義を「尻（が）・陸岸（に）・くっついている」と説明している。

知人岬　しりとみさき

　釧路川（旧）の東の丘陵の先端。このごろは丘上も丘の下もすっかり市街地になって，春採の方からでないと岬といった感じが出なくなったが，釧路に初めて来た時は名物の霧で，岬の信号所から霧笛が鳴り続けていた。

　松浦図ではシリエト，明治30年5万分図ではシレトゥである。シレトゥ←シリ・エトゥ（shir-etu　岬←地の・鼻）の意。

〈釧路川筋〉

釧路　くしろ

　道東の有名な市名，川名，地方名。「くしろ」は明治になってからの音で，それまではクスリ，クシュリ，クスルのように呼ばれ，漢字になっても久摺，久寿里，久須里等の字が使われたのであった。語義も大地名の例に洩れず，各人各説で議論が絶えなかったが，ここでは古い有名な説若干を掲げるに止めたい。

　〔上原熊次郎地名考〕（文政7年）　夷語クスリ。夷語クシュルなり。クシルーの略語にて越ゆる道と訳す。此所よりニシベツ上の川並にシベツ海岸，なおまた西地シャリなどへ踰越する故地名になすといふ。

　〔東蝦夷地名解〕（筆者不明。安政前後のものか。内閣文庫蔵）　チクシルウと申す略也。チクシは往来也，ルウは道の儀にて往還道と申儀に御座候。アバシリと申処往来仕候道之名に御座候。

　〔松浦武四郎国郡名建議書〕（明治2年）　クシは越る儀，ルは路にて，此処より舎利（斜里）領又は根諸（根室）領等へ常に土人往来の便利に御坐候間此名相起り候。又一説に，クスリ川上に数ヶ所之温泉御坐候薬水流れ出候より号け候とも申伝へ候。

　〔永田地名解〕（明治24年）　原名クッチャロ，咽喉の義。釧路川の水源に大湖有（注：屈斜路湖），湖口をクッチャロと云ふ。此辺アイヌの大部落なり。寛永十二年松前藩クッチャロアイヌを今の釧路に移して久寿里（クシュリ）場所と称す。久寿里はクッチャロの転訛なり。

　われわれの時代になっても，以上のクシル（kush-ru　通る・道），チクシル（chi-kush-ru　我ら・通る・道）説，クスリ（kusuri　温泉）説，クッチャロ（kutchar　の

どロ→沼水の流れ出す口）説に研究が加えられ，クシ・ペッ（通り抜ける・川。土屋祝郎氏），クシ・シル（川向こうの山。若林三郎氏）等の説が書かれている。

知里博士は，昔からクスリと呼んだことは確かだが，意味は全く分かりませんねといっておられた。ただ私としては上原氏以来古く行われたクシル説を棄て難い。

佐藤直太郎翁（故）は，釧路をクスリ・コタンと呼んだのは外部に対する称で，内部の人たちはチワシペ・コタンといったと語られた。それならばチウ・アシ・ペ「chiu-ash-pe 波・立つ・もの（川）」で，川口に波がたったからの名であろう。またクシロ・シベツとも呼ばれたという。「釧路・大・川」の意。

幣舞　ぬさまい

現在の釧路市街の中心部の橋名，旧釧路川東岸の地名。ヌサマイ←ヌサ・オマ・イ（nusa-oma-i 幣場・ある・処）の意。ヌサは，神祭りのための木幣（イナウ）を立て並べた幣場で，あの丘の上にその祭りの場所があって，たぶん海の幸を祈った処であったろう。

阿寒太　あかんぶと

旧釧路川の鉄道橋のすぐ上，西岸の旧地名。アカン・ブトゥ（阿寒川・の口）の意。阿寒川は今では大楽毛で海に直入しているが，以前は釧路湿原を屈曲しながら東流して釧路川（旧）に注いでいたのであった。それでこの名が残り，古い人たちは覚えている。

仁々志別　ににしべつ

ニニシベツは阿寒町内の地名。仁々志別川は元来は阿寒川の北支流であったが，阿寒川下流を切り替えて海に直入させたため，阿寒川の古い下流が仁々志別下流の形となり，釧路市の湿原を東流して新釧路川に注いでいる。

語義不明。土地のアイヌ古老八重九郎翁（故）はニヌムシペッ（ninum-ush-pet 胡桃・多い・川）のように昔の人は言っていたと語られた。

別保　べっぽ

別保川は旧釧路川に東から注いでいる川。下流部は釧路市と釧路町の境になっているが，中・上流は釧路町内で，中流の別保市街が町役場の所在地である。語義はペッ・ポ（川っ子），ポ（po）は指小辞である。

この川は相当な川なので少々変であるが，大きい釧路川本流と比較してこんな名で呼んだのであろうか。

武佐　むさ

釧路市内。別保川を上るとすぐの処に南から注いでいる川が武佐川で，春採湖の奥の住宅地はその名によって武佐と呼ばれている。語義は忘れられているが，モサ（mosa いらくさ）だったのではなかろうか。いらくさは多くの土地ではモセ，モシであるが，

モサとも呼ばれていたようである。根室の中標津にも同名の武佐がある。

天寧　てんねる

　旧釧路川を上り釧路町に入った辺の川東の地名。テイネ・ル（teine-ru　濡れている・道）の意だったという。湿原中の通路があって呼ばれた名であろう。

　　〈雪裡川筋〉
雪裡　せつり
雪裡太　せつりぶと

　せっちり，せっつりとも呼ぶ。雪裡川は釧路川下流に入る大きな西支流。川筋の多くは雪裡の地名。雪裡太は「雪裡川の・川口」の意。天寧の対岸の辺がその川口である。

　語義は，古老八重九郎翁によると，中流の崖に巨鳥が巣をつくっていたのでセッ・チリ（set-chir　巣・鳥）と名がついたものらしいという。永田地名解は「セッ・チリ・ウシ（巣鳥多き処）。蒼鷹（くまたか）多き処」と書いた。

鶴居村　つるいむら

　阿寒郡の内。雪裡川筋の大部分はこの村内である。昭和12年舌辛村から分村して鶴居村となった。丹頂鶴の棲息地の意。村内を歩くと，路傍の畑に何羽も歩いていたり，頭の上を羽音高く低空で飛んで行く。珍しい土地である。

幌呂川　ほろろがわ
オンネナイ川

　この二つの川は雪裡川の西支流で，元来は並流していたが，川筋が変わり，オンネナイが幌呂川の西支流の形となった。

　幌呂は故八重九郎翁によるとホロ・ル（horo-ru　川の・道）の由。この川筋は草が高く歩きにくく，川中を歩いたのでこの名があったという。ホロは道東の方言で，ペッと同じで「川」のことであったという。

　オンネ・ナイは温根内とも書く。諸地にあった名。「大きい・沢」とでも訳すべきか。必ずしも大きい川ではない。

ツルハシナイ川

　雪裡川中流の東支流。チルハシナイ，チルワツナイ等と呼ばれた。語義不明。故八重九郎翁は「昔この川はチンルアシナイと呼ばれていた。チンル（かんじき）を履いて歩いていた人がこの沢で紐（アッ）が切れて困った処なのでこの名がついたと伝えられる」と話された。そのままだとチンル・アッ・ナイ（chinru-at-nai　かんじきの・紐の・沢）ということになる。

　久著呂川は元来はこの川と合流して雪裡川に注いでいたが，現在は直線の水路を作って直接釧路川に入れてあるので，その処に書いた。

芦別川　あしべつがわ

雪裡川の西支流。アシ・ペッ（ash-pet　柴・川）の意だったろうか。八重九郎翁は「きれいな水の流れている・川」と解しておられた。アシにピリカと同じ意味があるのだといわれた。少々異例な解のように思われるが、参考のために付記した。

支雪裡川　しせつりがわ
茂雪裡川　もせつりがわ

雪裡川の上流は二股になっていて、東股の大きい方が支雪裡川でシ・セッチリ（大きい・雪裡川）、西股の方が茂雪裡川で、モ・セッチリ（小さい・雪裡川）と呼ばれていた。この辺に並んでいる諸川の二股は、どれもこのようにシ（shi）とモ（mo）を付けて呼ばれた。それに漢字の支と茂が当てられている。「支」が付いているが支流の意ではなく、本流の意なのであった。他地でも同じで、例えば支夕張は夕張川本流という意味の名なのであった。

〈釧路川本流筋〉

床丹　とこたん

天寧の北、旧釧路川東岸の地名。永田地名解は「トゥ・コタン tu-kotan（廃村）」と書いた。土地がらあるいはト・コタン（to-kotan　沼の・村）だったかもしれない。全道に多く残っているトコタンはこのどっちだったか判断できないものが多い。

遠矢　とうや

床丹の北、旧釧路川東岸の地名、川名。低湿原野の中に丘陵が突き出していて上にチャシがある。トー・ヤ（to-ya　沼の・岸）と読まれるが、現在は沼が見えない。古い時代に湿原の処に沼があったのであろうか。

岩保木　いわぽっき，いわぽき

遠矢の北の地名、山名。永田地名解は「イワ・ポキ（山下）」と記す。釧路川に突き出している岩保木山は120メートルの山ではあるが、低地の中なので、特に川下から見ると目立つ山である。

それがイワ（iwa　山、霊山）と呼ばれていて、その山下の土地がイワ・ポキ（iwa-poki　山の・その下）であった。たぶん和人が山名を呼ぶのに、山下の地名を採って岩保木山としたのであろう。

トリトイウシ
鳥通　とりとうし

松浦図はイワホキ（岩保木）の北側にトリトイウシと記し、永田地名解は「トゥリ・トゥイェ・ウシ」と書いた。turi-tuye-ush-i（舟の棹を・切る・いつもする・処）の意。舟行のよく行われた処で、棹に都合のいい木が生えていた処が地名となったものらしい。位置は少し南になっているが、国道391号線沿いの鳥通の部落の名はこれか

269

ら来たのであろう。

久著呂　くちょろ

　釧路川西岸側の川名，地名。久著呂川は鶴居村と標茶町との境を南流し，昔はツルハシ川と合流した上で雪裡川に入っていた川であるが，今では直線の水路が南に向かってつくられ，釧路川に，対岸は岩保木，達古武の間の処で直入している。

　語義はよく分からない。八重九郎翁は「この川の奥のシクチョロ（シは本流の源流の意）に，崖があって巨鳥が棲んでいて，クッコロカムイ（注：kut-kor-kamui　崖・の・神）と呼ばれていた。クチョロはそれから出た名である」といわれた。それだったらクチ・オロ（kuchi-or　その崖・の処）のような形からクチョロになったのでもあろうか。

達古武　たつこぶ

　岩保木の北の沼名，川名，地名。元来はこの辺にタㇷ゚コㇷ゚（tapkop　ぽこんと盛り上がっている小山）があって，それから出た名。沼の北側に丘陵が釧路川に向かって長く伸びていて，その先端が盛り上がっている。たぶんそれが名のもとになったタㇷ゚コㇷ゚なのであろう。ここまでが釧路町で，その小山から北は標茶町である。

細岡　ほそおか

　達古武沼の沼口の南，釧路川東岸に釧網線の細岡駅がある。北海道駅名の起源は「細い岡が連なっているから，それをとって駅名とした。なお鉄道建設の際の監督官の姓をとったという説もある」と書いた。

川上郡　かわかみぐん

　釧路川の上流地帯，標茶町及び弟子屈町の土地である。松浦武四郎郡名建議書には「是クスリ川上（釧路川上流）なる故かくの如く号け置事也。クスリ土人皆川上を唱う故かくの如く号く」と書かれている。アイヌ時代の称の和訳名だったらしい。

塘路　とうろ

　標茶町南部の湖名，地名。塘路湖は達古武沼の北にある大沼で，釧路川に注いでいる。有名な部落があり，トオロコタンといわれた。トオロはト・オロ（to-or　沼の・処）の意。アイヌ時代の貴重な食料であったペカンペ（菱の実）の名産地である。

阿歴内川　あれきないがわ

　塘路湖の東端に南から来て注いでいる相当な川の名。この川筋を上って山越えして尾幌内川の筋に出る交通路があった。旧記，旧図ではアルキナイと書かれた。

　語義は全く忘れられている。アルキ（来る），アルケ（片一方，向こう側の），ハルキ（左）等の言葉が考えられるが，何ともいえない。釧路の佐藤直太郎氏（故）は仕掛け弓を置いた沢かといわれた。(chi-) are-ku「（我ら・）置く・弓」と読まれたも

のか。
　さすがの八重九郎翁（故）も，あの意味は聞いていませんが，アルケナイとも聞いています。（以下は冗談で）湿地で雨でも降ると「歩けない」沢ですよと笑われた。上記したアㇽケの音があるのだった。

シラルトロ
シラルトロエトロ川

　シラルトロは塘路湖のすぐ北側にある湖名，地名。松浦図はシラリウトルで，明らかにシラㇽ（shirar　岩）のついた名であるが，行って見ると葦ばかりの湿原の沼である。土地の古老に聞くと湖口に近い西南端と，北の方の奥に僅かだがバラス（砂利）の処があるが，との話。どうもシラㇽ（岩）という感じでない。
　永田地名解は「シラルトロ　shirar'utoro　岩磯の間（を流る小川）」と書かれた。shirar-utur（岩の・間）のことであろうが，この沼に入っている川の名からでも出た湖名だったろうか。
　沼の一番奥に入っているシラルトロエトロ川の名も疑問がある。そこは正にシラルトロ・エトコ（etok　奥）なのであった。その「コ」を「ロ」と書き違えたことから今の名になったのではあるまいか。

茅沼　　かやぬま

　釧網線の茅沼駅がシラルトロ湖の北，釧路川の東岸にある（標茶町）。北海道駅名の起源には「駅の付近一帯はカヤが群生する沼地で，駅名はこれによったものである」と書かれた。シラルトロ湖のことを茅沼としたのではなかろうか。

コッタロ川

　釧路川の西支流（シラルトロ湖の反対側）の名。松浦武四郎久須利日誌（手筆本，未刊）は「小川有，その上に少し水の湧く処有る也。ヌンカクレの申すは，此処の名コンタル，小樽の訛りしと云。またケンルアラヌの申すに，コツタロ也と。コツは川の形也（注：kot　凹地）。其上に小さき樽程の小湧壺有と云儀と云。また昔し山土人，浜より樽へ酒を入れ来り，此処にて破りしよりなづくるとも」と書いた。

ヌマオロ川

　釧路川の西支流。沼幌とも書く。コッタロ川の一つ上の川の名である。松浦武四郎久須利日誌は「訛りてイマヲロと云。ヌマとは毛髪の事也。ヲロとは在る，または生ずると云事也。此川口，毛の如き藻有」と書いた。他地でも水藻をヌマ（毛）に例える地名あり，ヲロ（or）は「の処」ぐらいに訳すべきか。

オソベツ川

　釧路川の西支流，御卒別とも書く。ヌマオロ川の一本上の川の名。オソッペツとも書かれたが，語義不明。永田地名解は「オソッペッ。川尻の滝」と書いているが，そ

の釧路川に入る川尻の処は釧路大湿原の中で，滝があるとは考えられない。ごく訛った形で残った川名なのではなかろうか。

五十石　ごじっこく

釧網線茅沼の次の駅の名。ちょっとした部落がある。北海道駅名の起源は「明治二十年代川湯のアトサヌプリの硫黄運搬のため，釧路川を五十石船がここまで遡行したため名づけたものである」と書いた。

標茶　しべちゃ

釧路川上流の大きな市街地である。ここを中心とする標茶町は，釧路町と弟子屈町との間の土地である。標茶は古くから道東部の交通の要衝であった。上原熊次郎地名考（文政7年）によれば，釧路から根室の標津方面に出るのには釧路川を舟で標茶まで上り，そこから陸行して西別川上流の虹別に出て西別川を下った。またオホーツク海側の斜里に出るのには虹別までは同じで，そこから北に山越えして，シヤツル（→札弦）を経て斜里川を下ったのだという。

永田地名解は「シペッチヤ　shipetchiya 大川端。大川の丘陵と云ふ義なり」と書いたが，実際はシ・ペッ・チャ（shi-pet-cha　大・川・岸）と訳すべきだろう。釧路川がシペッで，その岸の意。根室や斜里から山越えして来て，ここで初めて大川端に出るのでこの称があったのではなかろうか。

多和川　たわがわ

標茶の北で釧路川に注ぐ東支流。アイヌ語らしくない形なので，日本語の「たわ」（丘陵線のたわんだ処）かと思っていたが，松浦図にそれらしい川名があるので，アイヌ語かもしれない。ただし意味がわからない。この川筋は標茶から虹別，標津に出る道道31号の通っている処で，古くからの交通路だったらしい。

磯分内　いそぶんない

標茶町の北端の川名，地名。名のもとになった磯分内川は釧路川の東支流。だいたい，北の弟子屈町との境になっている。永田地名解の中に「和俗イシヨフンナイに訛る」と書かれたが，それがだいたいの原音で，イソブンナイ←イソポ・ウン・ナイ（isopo-un-nai　兎が・いる・沢）の意。道西，道央では，兎はイセポだが，十勝，釧路等ではイソポと呼んでいたのだという。

なお松浦図や明治30年5万分図ではウソブンナイであった。その音でも呼ばれたのであろうか。

熊牛　くまうし

弟子屈町南端部の地名。松浦図では釧路川東岸で，アイヌ家屋の印がつけてあり，明治30年5万分図では西岸，ただしその対岸（東岸）にクマウシナイと書いている。後に広地名となり，弟子屈町内から標茶町北部が熊牛の名で呼ばれた。

語義はクマ・ウシ（kuma-ush-i　物乾し棚・多くある・処）。魚が多く捕れた処なので魚乾しの棚が多く並んでいた処であろう。

仁多　にた

弟子屈市街の少し南。釧路川東岸の川名，地名。永田地名解は「ニタトロマッ（やち）。安政帳ニタトロマイに作る。義同じ」と書いた。nitat-or-oma-p「低湿荒野・の処・にある・もの（川）」の意。そのニタッから仁多となったのであろう。

鐺別　とうべつ

弟子屈市街のすぐ南を流れて釧路川に西から入る川名，地名。この鐺はトー（沼）ではなかったらしい。永田地名解は「トゥ・ペッ・クシ　tu-pet-kushi（二派川）。アイヌはただトゥペッと云ふ。義同じ。今安政帳に従ふ」と書いた。川が二つに分かれ，川中島を作って流れる姿をトゥ・ペッ（二つ・川）と呼ぶのは他地にも例がある。この鐺別はそれだったか。トゥペッ・クシなら「二つの川が（を？）通る処」ぐらいの意だったろうか。

この土地出身の更科源蔵氏は「雨がふると直ちに川水が倍になるので，トゥ・ペッは倍になる川の意」と書かれた。ここのアイヌ伝承を書かれたのであろうか。

弟子屈　てしかが

弟子屈市街は釧路川最上流の賑やかな処で，屈斜路湖や摩周湖を訪れる人の必ず立ち寄る街。また弟子屈町は釧路川源流一帯の土地で，町内のどこを歩いても風光が素晴らしい。日本最高の自然の中の町だろうか。

弟子屈はテシ・カ・カ（tesh-ka-ka）。テシは元来は網み連ねたもの，ふつうは魚を捕るための簗であるが，地名に残っているテシの多くは，岩磐が川を横断して簗のような姿をしている処である。弟子屈の場合も岩磐がここで釧路川を横切っているので，そのことであろう。

次にカ（ka　上，岸）が二つ続いていて，実は読みにくい。知里博士小辞典はそれを「ヤナの・岸の・上」と訳された。カは軽い意味で添えられることがあって，例えばヌッカといってもヌッ（野）と事実上は同じことであった。この場合もテシカでそういった岩磐の処を意味するようになっていて，その岸ということをいうために，もう一つカをつけたのでもあったろうか。

美留和　びるわ

弟子屈市街の5，6キロ北の処の釧路川東岸に美留和川の川口があり，その北に美留和山，更にその北に釧網線の美留和駅がある。その一帯が美留和なのであるが，訛った形らしい。

永田地名解は「ペルア　pe-rua（泉）。清泉岩中より湧出す」と書き，北海道駅名の起源もだいたい同説。昭和29年版は「ペル・ワアン・ペッ（泉池・ある・川）から出たものであると思われる」と書いた。

273

更科源蔵氏は「駅の近くにある美留和山という小山をペルケ・ヌプリ（裂けた山）とも、ペルケ・イワ（裂けた岩山）とも呼び、その麓から流れる川をペルケ・イワ・ナイと呼んでいたのを、ペレイワナイとなり、ペルアとなり、美留和という漢字に定着されたものである」と新しい意見を書かれた（アイヌ語地名解）。

この辺の小地名には比較し、参照して行くのに必要な旧記が甚だ乏しいので、あまり訛っていない形で残っている場合でないと、その原形や語義の判断が困難なのであった。

札友内　さっともない

札友内は美留和の西隣の地名、川名。松浦図ではサツトモヲマナイと書かれ、永田地名解では「サッタモマナイ。やちの間にある川」と書かれた。語義はたぶんサル・トム・オマ・ナイ、あるいはサル・トム・オ・ナイ（葭原の・中間・にある・川）で、それを続けて呼んだ形で残ったものであろう。

明治30年5万分図は美留和川口より少し下流側にその川をかいているが、永田地名解の地名順から見ても、少し上流らしい。

八重九郎翁とこの辺（国道243号）を歩いた時に、ああこれがサットモナイだったようだ、といわれた小川は美留和川口より少し上手（52線の僅か北）だった。藪の中から潜り抜けて出て来たような小流であった。

オプタテシケヌプリ

弟子屈から屈斜路湖に近づくと原野の向こうに湖周辺の山が見え出す。先ず道路（国道243号）の正面（右）に出て来る緩い円頂の山がオプタテシケヌプリ（504メートル）である。石狩川と十勝川の水源の間にある有名なオプタテシケと同名である。オㇷ゚・タ・テㇱケ・ヌプリ（op-ta-teshke-nupuri　槍が・そこで・はねかえった・山）の意だろうか。

アイヌ古老八重九郎翁の話。「オプタテシケは女山で、トイトクシペ（藻琴山）は男山だ。女は位があるので、ためしに槍を投げたら槍がテッケ（それる）して眠っている摩周湖ヌプリに刺さって其の跡が赤い血の沼になった云々」。

屈斜路湖　くっしゃろこ
クッチャロ
クッチャロウシペ

湖が川になって流れ出す口のことを、クッチャロ（kutchar　のど口）という。この湖のクッチャロのすぐ北に昔から有力なコタン（村）があり、クッチャロの名は有名なものであったらしい。和人がその名を採って湖名にして屈斜路湖と呼ぶことにしたのであった。

湖口のすぐ南側に丸山（226メートル）という美しい小独立丘がある。アイヌ時代はクッチャロウシペ、早くいえばクッチャルシペ（kutchar-ush-pe　クッチャロに・いる・者）と呼ばれた。八重翁は、クッチャロを預かっている神様で、通る時にはイナ

274

ウ（木幣）を上げたものだったと話された。

尾札部　おさつべ

丸山の下から街道を西に約3キロ行った処で，尾札部川が道を横切って流れていて，付近の土地は尾札部である。八重さんはこの川は上流にはいつも水があるが，川尻の処は，夏になると水がなくなるのだと語られた。正にオ・サッ・ペ「川尻・乾く・者（川）」なのである。下流は砂利底で，水が少なくなると下にしみ込んでしまう川なのであった。

和琴半島　わことはんとう（オヤコッ）

和琴半島は尾札部川のすぐ西の処。湖面に浮かんだ島のような土地が，くびれた頸部で陸地と繋がっている処で，オヤコッといわれた。オヤコッは道内の処々にあった名で，永田地名解はオヤ・コッ（別・地），つまり「よその・処」と解し，知里博士はオ・ヤ・コッ（o-ya-kot　尻が・陸地に・くっついている）と訳した。

どっちの訳がいいのかまだ分からないが，ここの場合は，松浦氏久摺日誌ではヲヤコツモシリと書かれた。それだと知里さん流に，「尻が・陸地に・くっついている・島」と訳すのが自然のようである。

なお和琴半島という名は，詩人大町桂月がこの地に遊んだ時に命名したのだという。アイヌ語名に因んで佳字を当てたものらしい。

中島　なかじま

湖の西寄りの処にある円頂の島。アイヌ時代にはトー・モシリ（to-moshir　湖の・島）と呼ばれた。

トサモシベ山

この山（376メートル）は湖の東岸に張り出している唯一の山なので目立つ。松浦図ではトサムシヘと書かれた。ゆっくりいえばト・サㇺ・ウㇱ・ペ「to-sam-ush-pe　湖の・傍・にいる・者（山）」であった。

藻琴山　もことやま（トエトクㇱペ，ウライウㇱヌプリ）

屈斜路湖の北岸に藻琴山（1000メートル）が聳えている。アイヌ時代の名はトエトクㇱペで，ト・エトㇰ・ウㇱ・ペ「to-etok-ush-pe　湖の・奥・にいる・者（山）」の意。語義通りの山である。八重九郎翁は，この辺でのカムイノミ（神拝）をする時には，山々の名を称えて献酒するのであるが，いかなる場合でもトエトクㇱペが第一に称えられる最高の神山であったといわれた。

松浦図には「又ウラエウシノホリとも云」と書いてある。オホーツク海岸の人は，浦士別川（ウライウㇱペッ）の水源の山なので，「ウライウㇱ（浦士別川）の・ヌプリ（山）」と呼んだのであろう（川名で山を呼ぶ時にはペッあるいはナイを省くことが多い）。

今藻琴山というのは，浦士別川の西隣の藻琴川の水源の山でもあるので，和人が藻琴山としたものらしい。

川湯　かわゆ
湯川　ゆのかわ（セセクペツ）
　湯川は屈斜路湖北東隅に注いでいる小流であるが，屈斜路と摩周の山の間の水を集めて北流している川で，釧路川の最源流のような川である。アイヌ時代の名はセセク・ペッ（sesek-pet　温泉・川）であった。（この場合のセセクは熱いというより温泉と訳した方がいいのではなかろうか）
　川湯は湯川のほとりにできた温泉街で，その名の通りの意。釧網線川湯駅は街の南湯川の上流の処で，次の駅からは北見国斜里郡である。

アトサヌプリ
　屈斜路湖外壁の山々の一番東の山で，川湯温泉街の南。すぐ山下の処が川湯駅である。平地から聳えている硫黄山が，草や木もなく煙を上げている風景は壮観である。アイヌ時代の名はアトゥサ・ヌプリ（atusa-nupuri　裸の・山）で，草も木もない姿を呼んだもので，つまり着物のない山と考えられたのであった。

摩周湖　ましゅうこ
　摩周の山は霧の多い処で，せっかく行ってもあの神秘的な湖を見れないで帰る人が多い。摩周という美しい名も，私には霧の中の名で，何のことだか分からない。松浦氏久摺日誌にはマシウ岳と書かれた。8人の釧路アイヌと同行した時の記事で，アイヌから教わった名に違いない。松浦図ではマシウトウ（トーは湖）と書かれたが語義は伝わっていない。
　永田地名解は「マッ・ワン・トー（鷗・の・沼）」と解したが，道の西部，北部では鷗をマッともいったが，あの辺ではカピウと呼んでいたようだし，第一あんな山中に海の鷗では何だか変だ。しかし外に資料もない。神秘的な名だとして置く外なさそうである。
　釧路のアイヌ系の人たちの間では，キンタン・カムイ・ト（注：kim-ta-an-kamui-to　山・に・ある・神の・湖），あるいはカムイ・トと呼ばれていたと聞いた。ほんとにそんな感じの湖である。

カムイヌプリ
　摩周湖は元来は円形のカルデラ湖であるが，東南壁の処は，後にできた荒々しい火山が突き出して風景にアクセントをつけている。それがカムイ・ヌプリ（神の・山）と呼ばれる。ここの神様の山なのであった。大きな噴火口が見える。アイヌ伝承では，オプタテシケ・ヌプリ（屈斜路湖）から来た槍が刺さったので，神様が怒って抜け出して，国後島のチャチャヌプリの処に飛んで行ったのだという。

大楽毛　おたのしけ

　釧路市西端の地名，川名。釧路から西の白糠地域にかけては砂浜の続きで，ここはその中ほどの処なのでオタ・ノッケ（ota-noshke　砂浜の・中央）と呼ばれた。同名が道内諸地にあったのであるが，多くは浜中とか中浜とかの名に変わっている。だがここだけは巧い当て字をして原名を残した。

　大楽毛川は釧路空港の丘の北側から出て，その東裾を曲流してこの浜に入っていた川であるが，現在は阿寒川下流が南に切り替えられ，この川口で海に入れてある。従って今では阿寒川西支流の形になった。　仮名書きでオタノシケッブ川とも書く。　ota-noshke-o-p（砂浜の・中央・にある・川）ぐらいの形が残された名か。

(3) 釧路地方西部

十勝川筋の足寄郡は釧路アイヌの住居地だった関係で釧路国になっているが，本書は川筋でまとめてあるので，十勝地方利別川筋の処に入れた。

〈阿寒川筋〉

阿寒　あかん

阿寒湖は釧路国西北端部の湖。昔は山中の静寂な湖だというが，今では夏になると若い観光客で賑やかになる。阿寒川は湖から出て山峡中をずっと南流，前のころは釧路平野に出た処から向きを変えて湿原中を長く東流して釧路川（旧）に注いでいた。阿寒太（あかんぶと。阿寒川口）は今の釧路市街の北部の処である。現在は川筋が切り変えられ，そのまま南流，大楽毛の処が川口になっている。

阿寒町は阿寒川筋と仁々志別川筋（昔は阿寒川の支流）の土地。阿寒郡は阿寒町と鶴居村とを合わせた土地である。

阿寒の語義は諸説区々である。大地名はまず地名発祥地が分からなくなっているのが大部分で，従って何の意味だったか忘れられ，後人がめいめい自分なりの意見で解説をするよりしかたがないのだった。

松浦氏郡名建議書は「アカンは車の如き事。アカン山雄山雌山車の両輪の如く並び聳えるが故号よし也」と書いた。アカㇺ（akam　車輪）と解したもので，アイヌから聞いた話らしい。彼は日高の厚別川筋のアカンの処でも大岩の両肩が立っている形から「車の両輪の如し，依て此名起るか」と書いた（東蝦夷日誌）。

永田地名解は「元名ラカンペッ　rakan-pet。うぐひ魚の産卵川の義。後世アカンと云ふ」と書いた。ラカンはうぐいの産卵する穴（ほり）の意。釧路の佐藤直太郎氏（故）は，釧路川川口近くに小沼があって，幣舞橋の下手にその川口があり，そこがラカン・ブトだった。永田氏はそれと阿寒太とを混同したのではなかったろうか，といわれた。

佐藤直太郎氏は，釧路アイヌ間の伝承として「アカンには動かないという意味があり，昔の大地震の時にも雄阿寒岳が動かなかったのでアカンの称が残り，それがこの地一帯の地名となった」という説を話された。他地ではアカンに不動の意があることを聞いていないが，土地の伝承という意味でここに書いた。

なお佐藤氏は，阿寒川はアイヌの間ではチウルイと呼んだと教えて下さった。チウ・ルイ（chiu-rui　流れ・激しい）は諸地にあった川名で，山間を流れ下っていた阿寒川の姿を物語っているが，今この川上流の支川名にその名が見られる。

舌辛　したから

阿寒川を溯り山峡に入った処の西支流の名，地名，旧村名。昭和12年鶴居村を分村し，同年舌辛村を阿寒村と改称したが役場は舌辛原野である。

永田地名解は「シタ・カラ。犬の子を生みたる処」と書いたが，八重九郎翁に聞くと，「シタッ・カラ。だけかんば•を採る」という意味だといわれた。なおシタッ（shi-tat）は，ふつうは「うだいかんば」の意に使われている。

布伏内　ふっぷしない

舌辛川中流の地名，川名（北小支流）。フプシナイ（hup-ush-nai　椴松・群生する・川）の意であったろう。

徹別　てしべつ

阿寒川の西支流（舌辛川の上）の川名，地名。永田地名解は「テシ・ペッ　tesh-pet（簗・川）」と書いた。

蘇牛　そうし

徹別川を渡って少し阿寒川を溯った処が蘇牛で，蘇牛発電所がある。松浦氏久摺日誌では「テシベツを渡る。人家三軒。ここをソウシと云ふ」と書かれた処。永田地名解では「ソー・ウシ・ペッ　so-ush-pet（滝・の・川）。蘇牛村」と書かれた。

飽別　あくべつ

阿寒川の西支流の名，地名。川口に発電所がある。永田地名解は「アク・ペッ（浅川）。一説射水川の義」と書いた。ak を「浅い（hak）」とも読み，また「射る」とも解した。要するに音に合わせた想像説である。ついでに似た読み方を付け加えるならば，ア・ク・ペッ（a-ku-pet　我ら・飲む・川）とも読める（他地では，飲料水に使った川をアクナイのように呼んでいた）。

クッチャロ

松浦図では阿寒湖の湖口にクチヤロと書いてある。ここでも湖が川になって流れ出す処がクッチャロ（kutcharo　のど口）なのであったが，屈斜路湖のように，そこに有名なコタンがあったのでなかったので，今日ではこの名が殆ど忘れられた。

阿寒湖温泉　あかんこおんせん

松浦図でも，同氏久摺日誌でもヌーと書かれ，アイヌの住居があった。ヌー（nu　温泉）の意。今では大温泉街となり，またアイヌ文化の伝承地となった。

ポッケー

阿寒湖温泉街のすぐそばにポッケーと呼ばれる熱泉の噴出地がある。知里博士小辞典は「ポッケ　pokke（熱泉）。〔popke-i　煮えたぎる・所〕」と書いた。松浦氏久摺日誌では，ここでも，また屈斜路湖和琴半島の根もとの所でもポッケイ（火坑）と書いた。沸騰する姿をいった言葉。

オンネモシリ
ポンモシリ

阿寒湖湖口に近い大きい島がオンネ・モシリ（onne-moshir　大きい・島）で、今でも大島と呼ばれている。温泉街に近いポッケーのすぐ前の小島はポン・モシリ（pon-moshir　小さい・島）と呼ばれていたのであった。

尻駒別川　しりこまべつがわ

　阿寒湖の西端に西の方から入っている川の名。国道240号線はここを北行して網走に至る。またこの川を少し上った処から国道241号線は西行して十勝川筋の足寄に出ている。古くから交通の要衝だった処である。

　永田地名解は「シリコマ・ペッ　強川？」と妙なことを書いた（この書この辺では変な解が散見する）。

　松浦図ではシュルクヲマナイである（川名の終わりはナイで呼んだりペッでいったりすることが多い）。つまりシュルク・オマ・ペッ（shurku-oma-pet　とりかぶと・ある・川）から尻駒別となったものであろう。

雄阿寒岳　おあかんだけ
雌阿寒岳　めあかんだけ

　雄阿寒岳（1371メートル）は阿寒湖の東岸にある円錐形の山で、ピンネ・シリ（pinne-shir　男である・山）と呼ばれ、雌阿寒岳は湖の東南側にある活火山で、マチネ・シリ（matne-shir　女である・山）といわれ両々相対した山である。道内処々に男山・女山が相対している処があるが、どうも女山の方が高い場合が多い。

　なお有名な山であるので、前にアカン・ウン（阿寒・にある）を付けて、例えばアカンウン・ピンネシリのようにも呼んだという。

フップシ岳

　フップシ岳（1226メートル）は阿寒湖の西、尻駒別川の南の山で椴松地帯である。フプウッ・ヌプリ（hup-ush-nupri）で、たぶん「椴松・群生する・山」の意であったろう。

イベシベツ川

　雄阿寒岳を東から北に半周して湖の北端に注いでいる川。阿寒湖に入っている最長の川である。永田地名解は「イベ・ウッ・ペッ。食料・多き・川」と書いた。イペ（ipe）は食べ物であるが、魚を指している場合も多い。魚のいる川の意だったろうか。

　道河川課監修の河川一覧にはこの川の名が出ていない。この川は阿寒川の本流（の源流）という意味で名を掲げないのかと思われるが、古くからの名である。括弧してでもいいから名を残して置いてもらいたいものである。

パンケトー
ペンケトー

　イベシベツ川を上って行くとパンケ・トー（panke-to　下の・湖）があり、そこか

ら更に上るとペンケトー（penke-to　上の・湖）がある。阿寒横断道路を東行すれば今双湖台と呼ばれている処の辺から，山の樹林の中にあるこの美しい湖の姿が眺められる。

〈白糠郡〉
庶路　しょろ

白糠町東部の地名，川名。昔はショロロ，ソロロと呼ばれた処であった。

上原熊次郎地名考は「夷語ショロロとは順風と訳す。此川格別屈曲もなく川風涼風なる故地名になすといふ」と書いたが，ショロロという言葉を聞いたことがないので困った。

蝦夷地名解（函館図書館蔵）は「夷語ショロロマウエといふ言葉あり，則順風の勢と訳す」として以下は上原説をそのまま書いた。松浦氏東蝦夷日誌はこの地名解を引用して書いている。

永田地名解は「ショロロ←sho-ri-oro（瀑布高き処）。大雨の時瀑川飛ぶ」と書いたが，その ri の入れ方が何か不自然な感じである。北海道駅名の起源は前のころは永田説で書かれたが，昭和22年版から「ショ・オロ（滝の・処）」と訳して来た。源流の方に滝があるそうで，語形もこれなら自然であるが，ロが一つ略されている点が気にかかる。言葉くせで意味のないロがついたとでも解すべきか。

刺牛　さしうし，さすうし

庶路から行けば白糠市街の手前の処。サッウシ（sash-ush-i　昆布・群生する・処）の意であろう。同行の運転手は，海流の関係かこのごろは余り育たなくなったが，昆布がよく流れて来ます。それを拾って暮らしていた人もいました，と語った。昆布は道の西部では日本語と共通なコンブ（どっちがもとか分からない）であるが，道の北部，東部ではサッと呼ぶのだった。

白糠　しらぬか

白糠は釧路国西部海岸の川名，町名，郡名。古くは釧路アイヌの中でも，釧路と並んだ一派をなしていた存在であったという。

上原熊次郎地名考は「シラヌカ。夷語シラリカなり。シラリ・イカの略語にて則シラリとは潮の事，イカとは越すと申事にて，満汐川へ入る故此名あり。シラリカといふ川は会所より左の方一丁程隔てあるなり」と書いた。松浦氏東蝦夷日誌はこの解を引きついでいる。

永田地名解の本文はシラリカㇷ゚（潮・溢る・処）で同じ解だが，語尾に-p（処）がついているのは土地の音を聞いたからだろう。昔からあった音らしい。同書巻頭の国郡の処では「当地のアイヌはシラルカウなりと云ふ。シラルカウ　shirar'ukau。直訳すれば岩石縫合の義。岬端の大岩に名く」と書いた。岩石重畳の意。

土地のアイヌ古老貫塩喜蔵氏は，海中の岩に潮がさすので，シララが「またぐ」という意味で，シララ・オイカと呼び，それが白糠となったのだと語られた由である。

シララは、古くから、ついこの間まで「潮」とも訳されて来たのだが、知里博士は、この語にそんな意味はない、ただ「岩」のことである。シラリカ shirar-ika は「(潮が・)岩礁に・溢れる」という意味で、それから潮と誤った解がされるようになったのだと解明された(同氏小辞典参照)。

北海道駅名の起源は昭和29年版から「シラル・カ(平磯の岸)から出たものである」と書いて来た。shirar-ka「岩の・上(岸)」と、現在の地名に近い音で解したのだった。

現場は、今の白糠市街のすぐ東にある石炭岬(昔石炭を出した処。アイヌ語ではシレトゥ＝岬＝と呼ばれた)の辺で、古い絵図を見ると、その岬の東に川(白糠川)が流れ、アイヌのコタンがあり、また岬の先の海中に岩礁が描かれている。今行って見ると、石炭岬の処から、街を流れるオクネップ川(o-kunne-p。川尻・黒い・もの、川か?)までの海中が岩礁で、満潮時は海中に没し、白波が見える。

この辺一帯はずっと砂浜続きである。その中に岩礁があったのでこの名がついたのであろう。語義は正確にはシラリカッ「shirar-ika-p (潮が)岩を・越える・処」のような形で、その語尾の-p が略されて呼びならわされたのだろうか。シララオイカは、それに o-(そこで)という補助語をつけた形で同じ意味。シラルカウは語尾の-p と u が変わった程度の似た音。それで読めばウカウ(u-ka-u 互いに・上に・ある。重なりあう)となるので、岬の先端部の大岩だとも考えられたものらしい。アイヌ時代でも、人により時代により、この程度の考え方の差はよくあったのだった。

茶路　ちゃろ

白糠町内の川名、地名。茶路川は白糠市街のすぐ西の処で海に注いでいるが、この辺での一番大きい川口である。その川を溯ると山を越えて十勝川筋の足寄郡に出る。足寄郡が釧路国の中に入れられていたのは、そこが釧路アイヌの居住圏であったからで、白糠系統の人たちの住地だったらしい。茶路川口はそこへの主交通路の入口でもあった。

松浦氏東蝦夷日誌は「チャロ。名義、口と云義。足寄の土人等浜へ下る時は此処(茶呂川)を多く越えること也」と書いた。

大切な交通路の川の口なのでチャロ(charo そのロ)と呼ばれていたのであろう。

ルウクシチャロ川

茶路川上流左股の名。今は人の目につかない山中の川であるが、アイヌ時代交通史の上では見逃せない川らしい。同好者のために記す。十勝川筋の足寄郡(利別川中、上流)は十勝川筋ではあるが釧路アイヌの居地で、下流の十勝アイヌと抗争していたという。その人たちは釧路アイヌの白糠系だったらしい。遠い海岸の白糠と山中の足寄との交通路を知りたいと思っていたのだが、茶路川筋がその主な通路だったことは、白糠の項を参照ありたい。

ルウクシチャロは ru-kush-charo (道が・通っている・茶路川)で、その水源の山を越えると、足寄川右股の稲牛川の水源ルーチシポクスペッ川に出る。これはルーチシ・ポク・クシ・ペッ(ruchish-pok-kus-pet 峠・の下・を通っている・川)で、明

治27年20万分図には白糠・足寄間の通路が，この筋を通って記入されていた。現在のハイウエイは途中から左折して利別川筋の本別（十勝アイヌの居地，釧路アイヌからは相手方）に出るように作られたのであった。

和天別　わてんべつ

白糠市街の西側の川名，地名。和天別川は昔は茶路川の川口に注いでいたが，今は別の川になった。明治の地図では割手別とも書かれた。

松浦氏東蝦夷日誌は「ワッテとは五本の指を開きし形と云」と書き五つの支流名を書いた。永田地名解は「ウワッテ・ペッ　uwatte-pet（連枝川）。五指を開きたる形なり。此川支流多し。故に名く」と書いた。

知里博士小辞典は「uwatte　ウワッテ。多くある。〔u-at-te　お互を・群がら・せる〕」と解説している。旧記の五指云々は，言葉の意味というより，そこの地形説明なのであった。

馬主来　ぱしくる

地名，沼名，川名。馬主来川までが白糠町で，川の西は音別町である。パシクル（pash-kur）は烏で，珍しい地名。

上原熊次郎地名考（文政7年）は「パシクロ。パシクロとは鴉の事，昔時夷人漁事に沖合に出し処，霧深くかかりて方角を失ひしに，此沼の辺にて鴉の啼く声するを幸ひ，目当になし，此所へ上陸せしより字になすといふ」と書いた。その後の松浦日誌，永田地名解はどれもこの故事を記している。土地の古くからの伝承であろう。

秦檍麻呂の東蝦夷地名考（文化5年）は，上原氏考より16年ぐらい前であるが「パシクルトウ。パシは炭の名。烏蜆も亦同じ。クルは衆と訓ず。此湖中に蜆を産す故に名となせり」と全くの異説を書いていたのだった。

風連別川　ふうれんべつがわ

音別市街の東を流れている川。松浦図ではフウレベツ。永田地名解は「フーレ・ペッ　hure-pet（赤・川）」と記す。低湿原野の川。赤いやち水が流れていたからであろう。

音別　おんべつ

川名，町名。松浦図は「ヲムヘツ」と書いた。市街の西を流れている音別川から出た名である。

松浦氏東蝦夷日誌は「ヲンは木の皮を水に浸し腐らす也。是楡皮を浸せしが故に名く（地名解）。又昔川に鹿が多く住しが，其鹿も川に入て水迄皮毛の如く成しより号る共云。ヲンは毛の抜けるを云（メンカクシ申口）」と書いた。また永田地名解は「オン・ペッ　on-pet（腐・川）。此川へ上りたる魚は直に老ると云ふ」と書いた。

オン（on）は腐ると訳すべきではないらしい。ねとねとになるとでも訳すべきか。例えばおひょう楡の皮から繊維を採る時に，その内皮を温泉などに浸してうるかせ，ねとねとな姿になるのをいう。そうすることをオンカ（on-ka　オン・させる）という。

283

音別は水質の強い川だったか。
　北海道駅名の起源は「オ・ム・ペッ（川口がふさがる・川）から出た」と書いた。これは松浦図でヲムペツと書いたこととも合わせ考えられる。土地の神野一郎氏に聞くと、この川は海がしけると、砂で川口が塞がるのだといわれる。諸地に多いオムペツ（o-mu-pet　川尻が・塞がる・川）の一つらしく見える。
　元来がオムペッであったが、水質の強い川だったので、後にオンする川だと考えられて、オンペッと呼ばれるようになったのではないだろうか。

ムリ川
　音別川中流が二股になっていて、その左股がムリ川。ムリはその辺の地名である。ムリ草が生えている処から呼ばれた名であるが、そのムリ草がよく分からない。
　一般に「和名てんきそう、はまにんにく」で、海岸の砂浜に生える草と解されるが、この音別川筋のほか北見の丸瀬布や、常呂の豊川等、内陸にもムリの地名があり、判断に迷う。
　白糠の神野一郎氏は「雨降り花、山そば」のことだろうかといわれ、丸瀬布の秋葉実氏は「いらくさ」かと考えられたやに話された。前に近文の荒井シヤヌレ媼に聞いたらムン・リ（草が・高い）だろうともいわれた。
　松浦武四郎の登古呂日誌では、常呂のムリ・ウッ・ヌタプ（ムリ草・群生する・川曲がり）の処で「ムリとは敷物に織る草のよし」と書かれた。土地の古老にそんな草がありましたかと聞いたら、ここには「すげ」が密生していて、それで蓆を織ったのだが、といわれた。ほんの参考にまで。

尺別　しゃくべつ
　音別市街から西南約2キロの処の川名、地名。尺別川の川尻は海浜に沿って東北流し、音別川の川尻に入っている。上原熊次郎地名考は「シヤクベツとは則夏の川と訳す。もよりの夷人共夏中此川に来りその食を得る故に地名になすといふ」と書いた。
　松浦氏東蝦夷日誌は「シヤクベツ。名義夏川也。或は曰、夏に成哉水乾く故号くと。無（シヤク）ベツとも云。乾（サツテ）ベツとも、夏（シヤク）ベツなり共云」と書いた。
　永田地名解は「サッ・ペッ　sat-pet（涸川）。水少なくして鮭鱒上らず」と書いた。
　サッ（sak。shak でも同じ）には「夏」、「無い」の二つの語義がある。またサッ（sat, shat）は乾く、サッテ（satte）は乾かす。サッテッ（sattek）は瘠せる。水流が細くなる、である。この川の語義は全く忘れられたので、上掲のように各種の解が行われて来たのであった。

直別川　ちょくべつがわ
　釧路国白糠郡音別町の西南境の川。向こう側は十勝国浦幌町である。上原熊次郎地名考は「チウクベツ。秋の川といふ事。年々秋中に至れば、もより住居の夷人共、此川辺え来りて小魚を得、その食になす故字になすといふ」と書いた。また永田地名解

は「チュㇰ・ペッ　chuk-pet（秋・川）。夏日水涸れ，秋大いに漲る」と書いた。
　チュㇰペッ（秋・川）の名は道内処々にあるのだが，なぜ秋の川なのか意味が分からない。上掲の文が僅かにその秋の説明なのであった。
　松浦氏東蝦夷日誌は全く変わった解で，「チユクベツ。訳をクスリにてただせしに，本名チユフベツにて，昔川上え月の位の星が落ちし故号くと」と書いた。チュㇷ゚（chup 日，月）と読み，月ぐらい明るい隕石が落ちたからの名だというのであった。

第Ⅶ　十勝地方

十勝　とかち

　地方名，川名，旧国名。幕末は会所が広尾にあったために，広尾を十勝で呼んだこともあった。

　十勝はたぶん十勝川下流の辺の地名からできた名であろうが，大地名となったので例により，発祥地も語義も全く忘れられ，諸説並び行われて来たのであった。

　秦檍麻呂東蝦夷地名考（文化5年）は「トカチベツ。古名トゥカブチ也。トカブチは女の乳の名なり。其地に乳の形に似たる丘有る故に地名となれりと酋長クシヨバック語りき」と書いた。tokap-ushi（乳房・ある処）のような形が考えられたものか。

　上原熊次郎蝦夷地名考（文政7年）は「トカチ。トガブチなり。則沼の辺枯る所と訳す。トヲとは沼の事，カは上へ又は辺りなどと申す意。ブは所と申す訓，チとは枯と申事にて，此川の中程にトカブチといふ大沼あり蝦夷人共山中草深く通路あしきとて，此沼辺数年野火を付て焼枯したるゆへ地名になすよし。未祥」と書いた。ブの続き具合が少し変だが to-ka(-o)-p-chi「沼・辺り（・にある）・処・枯れる」とでも読んだのだろうか。

　松浦武四郎国名建議書は「元名トウカブ。訳て乳之儀。此川口東西二口に分れ，乳の出る如く絶せぬが故に号しと申伝へ候」と書いた。語尾のチの処が省かれている。むりに読めばトカブシ（tokap-ushi　乳が・ついている処）とでも解すべきか。

　永田地名解は「本名をシアンルル（shi-an-rur）と云ふ。遠き彼方の海浜と云ふ儀。トカチはトゥカッチ tukapchi にて幽霊の義。昔時十勝アイヌの強望を悪みし詞なりと云ふ」と書いた。シアンルルは他地の人の呼んだ名。またトカッチは十勝アイヌが誇りを以て呼んでいた名で，幽霊なんかではなさそうである。他地方のアイヌが，語呂合わせみたいに悪名にしていった言葉であろう。

　松浦氏自筆未刊の報登加智日誌の冒頭には「土人是をトウカブチと云り。何れの原名なるやをしらず」と書いてある。これが正直なところなのではなかろうか。

(1) 十勝南東部

十勝郡　とかちぐん
　十勝川東川口から浦幌川筋，南東海岸の土地。浦幌町だけの郡である。

厚内　あつない
　浦幌町内。海岸の地名，川名。根室本線の駅あり。秦檍麻呂地名考は「アブナイ。アブは鉤なり」，松浦氏東蝦夷日誌は「アブナイ。名義，鉤の事也」と書いた。現在は厚内というが，昔はアㇷ゚・ナイ（ap-nai）の音だったようである。アㇷ゚は「釣針」の意。どうして釣針川と呼んだのかは分からない。道南地方の虻田（ap-ta　釣針を・作る？）と似た地名。

オコッペ
　厚内から西に約2キロ半の処の川名，地名。北見の興部と同名で，オ・ウ・コッ・ペ「o-u-kot-pe　川尻が・互いに・くっつく・もの（川）」の意。今オコッペ沢川と呼ばれる川と，東側のポン・オコッペ川（小・オコッペ川）が，海岸の処で，くっついたり，離れたりしていたのでこの名が出たのであろう。

昆布刈石　こぶかりいし
　オコッペから西へ約4キロの海岸の地名，川名。語義はコンブ・カル・ウシ（kombu-kar-ush-i　昆布・を採る・いつもする・処）。古い秦地名考にも書かれた処。日本語と共通なコンブという言葉がこの辺まで使われていたのであった。

十勝太　とかちぶと
　十勝川は下流で二つに分かれている。その東側の川口の処の地名。トカッチ・ブトゥ（tokapchi-putu　十勝川・の川口）の意。今は東側の川を浦幌十勝川と呼び，西側の川の方が本流扱いされるが，元来はこの東側の方が本流とされていたのであった。
　十勝川は北海道一の長流（石狩川は曲流を方々で直線に切り替え，今は長さは第二の長流である），何もない葭原の中にある海のような川口は，遠い国にでも行ったような感じのする風景である。

生剛　せいごう（オペッカウシ）
　浦幌町内。十勝太から大川を約3キロ上った処の東側の字名で，東側から丘陵が大川に突き出ている処。原名はオペッカウシ「o-pet-ka-ushi-i　（山の）尻を・川の・岸に・つけている・もの」の意。同名が道内諸地にあったのであるが，ここでは，生剛という漢字を当てて，それで「おべかうし」と読ませて村名（旧）にもしていたのであったが，これでは他地の人には読めっこない。いつの間にか音読みをして「せいごう」という地名になった。
　なお生剛村は明治45年までの村名で，同年それを浦幌村と改称し，今はただ字名と

287

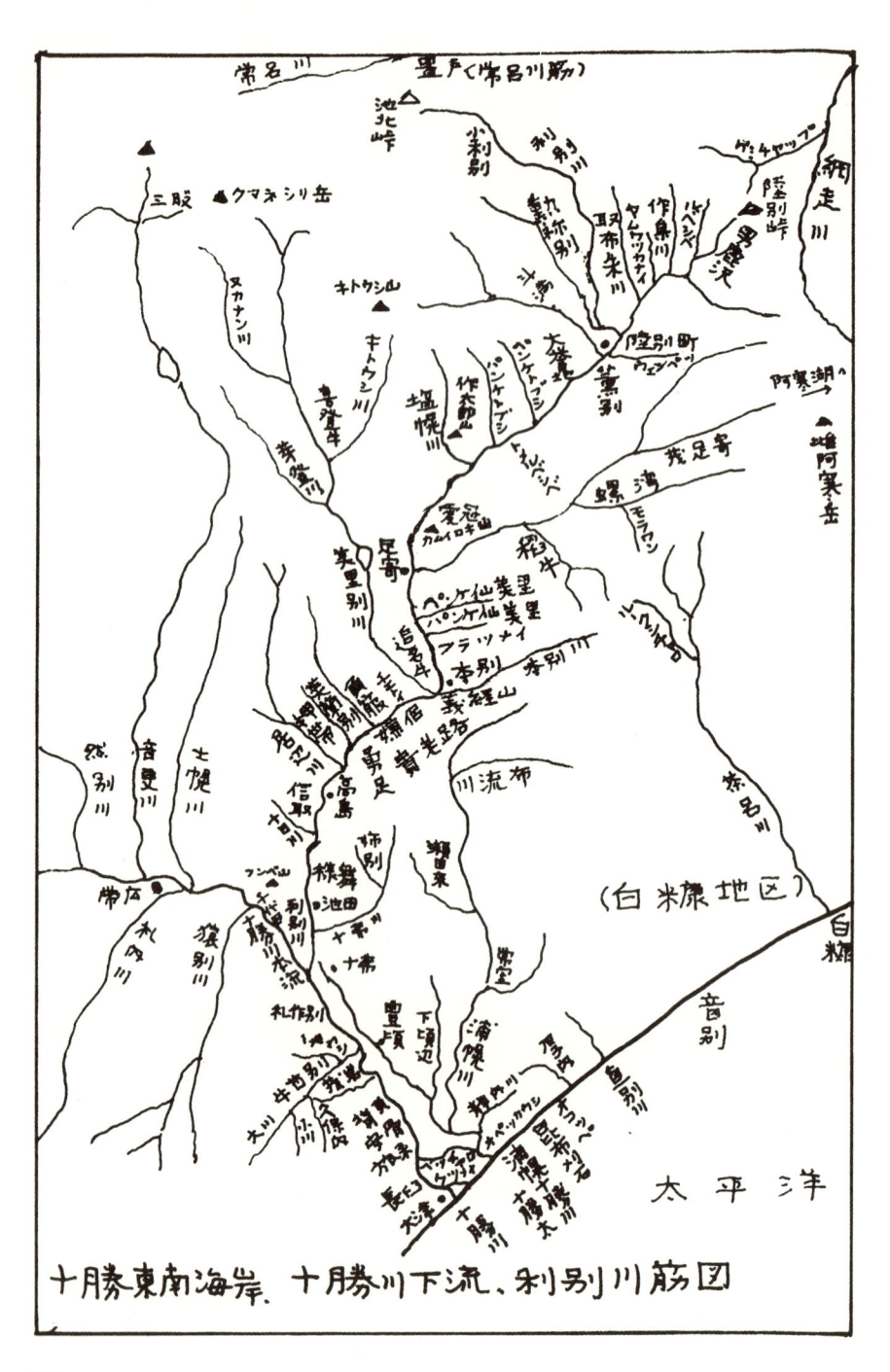

十勝東南海岸、十勝川下流、利別川筋図

して残った。

静内　しずない，しつない

オペッカウシ（生剛）の北側の川名，地名。日高の有名な静内川と区別するために，十勝静内川とも書かれている。永田地名解は「シットゥネイ　shittunei（両山の間）」と難しい解を書いた。あるいはシュッ・ナイ（shut-nai　山の裾の・川）ぐらいの名から出たものかもしれない。

〈浦幌川筋〉

浦幌　うらほろ

浦幌川は十勝川東側を南流している長い支流（87キロ）で，浦幌は川筋の地名。また町名としては十勝郡と同じ地域の土地をいう。永田地名解は「オラポロ。川芹多き・処。オラㇷ゚・オロの急言。オラㇷ゚は川芹なり。一説にウララ・ポロにして大霧の義」と書いた。

知里博士植物篇によればオラㇷ゚（orap）は「やましゃくやく」のことだという。この第一説の方は「やましゃくやく・の処」の意。第二説の方は urar-poro「霧が・多い」意。今の行政区画便覧はウライポロ（大なる網代）説で，「網代・大きい」と解したもの。

浦幌川の下流はひどく屈曲した川であったが，現在は直線的な川に切り替えられ，静内川の川口のすぐ上で大川に入っている。

常室　つねむろ

浦幌川下流に注ぐ東支流の名，川筋の地名。古い行政区画便覧や，明治の地図ではトコムオロと書かれている。トコㇺ・オロ（tokom-or　ぽこんと盛り上がったような山・の処）の意。続けて呼べばトコモロ，それに常室と当て字されたのであるが，読みにくいので「つねむろ」と呼ばれるようになった。

常室川の北支流のサットコモロは sat-tokom-or（乾く・常室川），サマッケトコモロ川は samatki-tokomor（横になっている・常室川）の意。本流に対して横になっているということだったろう。

瀬田来　せたらい

浦幌川の西支流，地名。永田地名解は「セタ・ライ。犬死したる処」と書いた。何かそんなことがあって地名となったものか。

川流布　かわりゅうふ，かわるっぷ

浦幌川上流の東支流の川名，地名。明治の地図ではカパルフプと書かれ，また「かわろっぷ」とも呼ばれた。それに川流布と当て字されたものであろう。

カパルフプならカパル・フㇷ゚（平べったい・椴松）と聞こえる（そんな椴松があったろうか？）。あるいはカパルㇷ゚「kapar-u-p　平たい岩（の処）・にある・もの（川）」

ででもあったろうか。

貴老路　きろろ

浦幌川源流部の地名。ここから山越えすればすぐ本別町市街に出る。昔から通路があってキロル（kiroru　道）と呼ばれた処であろうか。

下頃辺　したころべ

下頃部川は浦幌川と並流，南下する川で，現在は水路を作って大川に直入させてあるが，元来は浦幌川（旧）の下流に入っていた支流であった。永田地名解は「シタ・コロ・ベ。犬を産みたる処。土言犬をシタと云ふ」と書いた。もしかしたらシタッ・コロ・ベ（まかんばの木・の・川）だったかもしれない。

　　〈十勝川本流筋〉
鼈奴　べっちゃろ

浦幌町内。十勝川の川口が二流に分かれている処の地名。昔の考え方だと，十勝川本流（東川）から大津川（西川，今は本流扱い）が分流する処で，ペッ・チャロ（pet-char　川の・口）と呼ばれたのが地名となった。この辺ではペッチャロは分流点をいう。

愛牛　あいうし

ベッチャロのすぐ北の辺の地名。元来はアイウシニ・ウシ（aiushni-ush-i　せんの木・群生する・処）と呼ばれた処だという。それが略されて愛牛となった。

中川郡　なかがわぐん

豊頃，池田，本別，幕別の4町の土地。西は札内川口，北は利別川中流まで。南は十勝川（大津川）の川口から，その西の海岸地帯までで，中川郡というのも少し変なくらいの広さである。本書の地名配列では，郡としてまとめにくいので，川筋，海岸筋の順に従ってばらばらに書いた。

豊頃町　とよころちょう

十勝川，利別川の合流点の辺から南の土地で，十勝川（大津川）の川口，またそこから西南の海岸を約18キロ，湧洞沼までの土地である。海岸筋である大字当縁村は，本書記述の順序の都合上，十勝南西部の処に入れた。

大津　おおつ

十勝川は川尻に近い処のベッチャロで東西の二流に分かれる。西の方の川は大津川と呼ばれたが，現在は本流扱いをされている。大字大津村はその川筋の土地で，大津の市街は川口の西側にある。

　上原熊次郎蝦夷地名考は「ヲホツナイ。夷語ヲホウツナイなり。則，深き枝川と訳

す。此川トカチ川枝流なれば，往時は至て狭き川なれど，□年大川となるよし。拠又，ヲホウツナイ数ヶ所落合ふて大川となる故此名ありといふ」と書いた。

　永田地名解は「オオホッ・ナイ　oohot-nai（深・川）。元来十勝川の分流なるを以てナイと称すれども，今は本流よりも大なり。大津村」と書いた。

　古い上原氏は oho-utnai（深い・枝川）と訳し，永田氏は oohot-nai（深い・川）と解したのであった。共にこの大川をペッで呼ばないでナイでいっている処は興味のある点である。

ウツナイ川

　大津川（十勝川）から東に分流し，デルタの中を曲流してから，大津川川口の処で合流している川の名。古い上原地名考から見ると（大津の項参照），このデルタの中をウツナイが分流し合流して流れていたらしく，大津川自身もウツナイの一つだったという解である。

　ウツナイは全道至る処にある川名であって，知里博士小辞典は「脇川，横川。もとあばらぼね・川の義。沼などから出た細長い川が海まで行かずに途中で他の川の横腹に肋骨（ut）がくっつくように横から注いでいるようなのを云う」と書かれた。

　諸地のウツナイを見て来たが，実際は何と解していいか困る場合が多く，時々アイヌ系古老に聞いたが人により意見が違う。だいたいは低湿地の小流で，ここでは上原氏の枝川でまあまあ書いて置きたい。

　松浦武四郎登加智留宇智之日誌（手筆本）の図を見ると，この十勝川下流のウツナイ川分流点の処がウツナイチヤロ，下の合流点の処がウツナイフトと書かれている。これがこの辺での地名の使い方なので，分流する処がチャロ（char, charo　口），合流する処の方をプト（put, putu　川口）で呼んでいるのであった。ペッ・チャロもその一例である。

長臼　おさうす，おさうし

　大津川を川口から約7キロ上った処の地名。オ・サ・ウシ・イ「o-sa-ush-i（山の）尻が・浜（大川端）に・ついている・処」ぐらいの意であったろう。

旅来　たびこらい

　豊頃町内。長臼の北，十勝川分流点の辺の地名。タプコプ・ライ（tapkop-rai　たんこぶ山・死ぬ）で，何とも妙な地名である。永田地名解はこれを「戦死の・小丘。戦場なり。旅来（たびこい）と称す。松浦地図タブコイとあるによりて誤る」と書いた。松浦図が書いたタフコイは脱字だったのかもしれない。旅来はそれに当てられた字だったのであろう。

安骨　あんこつ

　旅来の北の地名。これも妙な名である。明治29年5万分図では安骨にチャシコツと振り仮名し，チャシコッナイという小流が書かれている。チャシ・コッ（chash-kot　砦・

跡)が原名で，それに安骨と漢字をつけたのだが，読みにくいので音読みになって「あんこつ」となったものらしい。

背負　せおい

安骨の北の地名，川名。明治29年5万分図ではセイオイ川である。セイ・オ・イ「sei-o-i　貝（殻）が・多くある・もの（川）」の意だったのであろう。

牛首別　うししゅべつ

背負の北の川名，地名。牛首別川の下流は元来は茂岩の丘の南を曲流していたのであるが，現在は直線の新川を作り，丘の北を通して十勝川に入れてある。

永田地名解は「ウシシ・ペッ。鹿蹄川。かつて鹿跡多し。今や無し」と書いた。もしかしたらウシッ・キナ（ushish-kina　えぞふゆのはなわらび）の生えていた川だったかもしれない。

農野牛　のやうし

豊頃町内の川名，地名。農野牛川は元来は牛首別とは別の川であったが，牛首別の新川ができて，その北支流の形になった。永田地名解は「ノヤ・ウシ　noya-ushi（蓬多き処）」と書いた。

久保川　くぼがわ

牛首別川の南支流。久保川は和名であろう。明治29年5万分図ではウペットゥンネプと書かれている。語義は分からないが，あるいはオペットゥンネプ「o-pet-tun-ne-p　川尻が・川が・二人（二つ）・になっている・もの（川）」と人間扱いして呼んだ形ででもあったろうか?

小川　おがわ

牛首別川は中流で，大川（右股。本流）と小川（左股）に分かれている。小川はもちろん和名。旧名はパナ・クッ・ウシッペッ（浜側の方を・通っている・牛首別川）であった。

茂岩　もいわ

豊頃町内の地名。新旧の牛首別川に囲まれた形の独立丘が，十勝川に突き出していて，その下に茂岩の市街があり，そこが豊頃町役場の所在地になっている。

茂岩はモ・イワ（mo-iwa　小さい・山）の意。道内諸地にモイワがあり，それらは小高い目立つ独立丘で，その辺での霊山のような処であったらしい。ここの独立丘は平べったい小山で，他地のモイワ山とは少し形が違うが，川に向かって突き出た部分は少しこんもりと高くなっていて，遠からも際立って見える。そこがこの辺でのモイワ（山）であって，それからここが茂岩という地名になったものらしく思われる。

豊頃　とよころ

　豊頃市街や豊頃駅（根室本線）は十勝川の東岸で，茂岩市街から国道38号線を東行し，十勝川の河谷を渡った処である。永田地名解は「トプヨカオロ　？　豊頃村」と書いた。北海道駅名の起源22年版は「トエ・コロから採ったもので，多くの蕗の意を有している」と書いたが納得しにくい。同書昭和25年版からは，永田地名解と同様「？」となっている。

　松浦氏十勝日誌にトヒヲカ（左小山）と書かれたものがこれらしい（ここでは左は東岸のことのようである）。語頭のトは場所がら沼のことであろうが，後が読みにくい。むりに言葉を当てる自信ももてない形なので，私も「？」のままにして置きたい。

十弗　とうふつ

　根室本線十弗駅は，豊頃駅の北隣で，駅前に十弗市街がある。この地名はすぐ北にある十弗川（池田町内）の辺から出たもののようである。

礼作別　れいさくべつ

　豊頃町内。茂岩の北隣の川名，地名。レーサクという地名は道内の処々にある。明治の測量時代には，土地のアイヌがその測量の手になり，地名もアイヌから教わって記入した。アイヌ時代はずいぶん小さい川にも名があったが，時には名のないものもあった。和人の測量者がそんな川で名を聞くとレー・サク・ペッ（re-sak-pet　名が・無い・川）とか，レー・サク・ナイ（同）と答えた。和人の方では，それを川名として記入した。それがこの名のもとだという。

　地図として印刷されると，もうそれが立派な地名になる。明治29年図ではレーサクペッであったが，それに礼作別と立派な当て字をされて今日に残った。松浦武四郎自筆日誌を見ると，処々に「無名の小川」という名が出て来る。彼はアイヌ語を知っていたので，訳した名の方を残したのであった。

(2) 利 別 川 筋（十勝北東部）

利別川筋の中川郡池田町，本別町と，足寄郡足寄町，陸別町の地名を南から順にまとめた。足寄郡は釧路アイヌの住居地だったので，釧路国となっているが，十勝川筋なのでここに入れた。

利別川　としべつがわ

利別川は十勝川第一の支流（流長150キロ）で，後志の利別川と並び称された大川であるが，語義は共に分からない。

松浦氏東蝦夷日誌は「トシベツ。訳して縄川と云儀は，昔より此川筋アショロ，リクンベツ（陸別）と云は，クスリ（釧路）領なるが故に，時々境目論起りしが，此川口に縄を張て，クスリ土人を十勝土人が通さざりしより号ると」と書いた。

永田地名解は「トゥッ・ペッ　tush-pet（蛇・川）。直訳綱川。利別川」と書いた。蛇の忌み言葉としてトゥッ（縄）と呼んだというのである。蛇がいたというのか，あるいは蛇のように曲がりくねって蛇行する川だというのかはっきりしない。後志の利別川と合わせ考えたい名である。

〈池田町〉

十弗川　とうふつがわ

池田町南端部の川名。現在は利別川の東支流になっているが，昔は利別川と十勝川の合流点が今より北にあったので，合流後の十勝川の東支流だった。昔この川口の西に沼があって，一緒になって十勝川に注いでいたので，その辺はトー・プッ（to-put　沼の・口）と呼ばれ，それに十弗と当て字された。そこの川なので十弗川である。冗談に，それを10ドル川と呼ぶ向きもある由。なお現在の十弗の市街や駅は，少し下流の豊頃町内である。

姉別川　あねべつがわ

十弗川の西支流。案外長い川である。アネ・ペッ（ane-pet　細い・川）の意であったろう。

池田　いけだ
　　セイオロサム
　　凋寒村　しぼさむむら
　　川合村　かわあいむら

池田町は利別川下流から，十勝川本流北岸に至る土地で，池田市街は利別川東岸にある賑やかな街，十勝川と利別川が昔合流していた辺である。

合流点の辺がセイオロサム（sei-or-sam　貝殻・の処・の傍）と呼ばれていたので，それによって明治32年凋寒村外十三村戸長役場を設置，同39年凋寒村となる。初めはシオレサムぐらいに呼んでいたらしいが，後にシボサムと呼び，更に音読みしてチョ

ウカン村ともいった。難しい字をつけたものである。
　大正2年川合村と改称。十勝川, 利別川の合流点の意。大正15年更にこれを池田町と改めた。明治29年に池田侯爵が開拓農場を作った処なので土地にその名が残っていたからであろう。今では十勝ワインの生産地として名高い町である。

利別　としべつ

　池田市街の対岸（西岸）の辺の地名。相当な市街があり, 根室本線の利別駅がある。この辺は利別太と呼ばれた処で, トゥㇱペッ・ブトゥ（tushpet-putu　利別川・の川口）の土地なのであった。

フンベ山

　利別太（十勝川, 利別川の昔の合流点）に向かって長く突き出している山。東からも西からも実に目立つ山で, 旧記にその名を見ないが, 昔からフンベ（hunpe　鯨）と呼ばれた処であろう。海岸地方にはよくフンベの名で呼ばれた丘があるが, 形は全く同じである。海からそう遠くない場所なので, その名ができたのであろうか。

千代田　ちよだ

　池田町西南端の地名。利別川沿いでなく, 十勝川北岸部の土地であるが, 池田町なのでここに入れた。形だけを見ると日本語地名のようであるが, この辺が全部アイヌ語地名であった当時からの名で, 明治のころは蝶多の字で書かれた。永田地名解は「チ・エ・オタ　chi-e-ota。吾人・飲食したる・砂場の義なりと云ふ。蝶多村」と書いた。エは「食べる」の意。
　今は鮭捕獲場があり, 季節になると川の砂浜で鮭祭りのような事が行われている。昔も好漁場だったのでこの名で呼ばれたのであろう。

様舞　さままい

　池田町内。池田市街から約5キロ利別川を溯った処の地名。池北線の様舞駅あり。松浦図のシヤモマイはこれであろう。シャム・オマ・イ（sham-oma-i　和人・いる・処）の意。永田地名解はこの形で「和人の死処」と書いたが, この言葉にはそんな意味はない。伝説を書いたのであろう。

十日川　とうかがわ

　様舞駅から2キロ弱上流の対岸（西岸）の川名。まるで日本語の形であるが, 松浦図にもトウカとあり, 永田地名解は「トーカ　to-ka（沼上）。沼より出る川に名く」と書いた。今の5万分図には沼が見えない。明治29年図では中下流が低湿原である。その中に沼があって, その辺をトー・カ（沼の・岸）と呼んでいたのだろうか。

高島　たかしま

　池北線の様舞の北の次の駅, 付近の地名。北海道駅名の起源は「高島嘉右衛門の農

場内に設置したのでその姓をとって高島と名づけた」と書いている。そこは昔ペッポ と呼ばれた場所で、ペッポ（pet-po）は「小川」の意。

信取　のぶとり

　高島の対岸（西岸）の字名。明治29年図が、その中のごく小さな川の処にヌプトゥル と書いているのがその原名に違いない。ヌプトゥル（nup-utur　野の・間）の意。そんな場所である。

居辺　おりべ

　池田町北端部の川名（西支流）、地名。相当な川で、松浦図はヲルベと書いたが、こうした簡単な形の名はかえって分かりにくい。永田地名解は「オル・ベ（丘・の処）」と書き、オルはウル（丘）だとしたが、知里博士は or が ur の聞きちがいだとしても、動詞につく接尾辞 -pe は名詞につかないことを指摘した（アイヌ語入門）。

　その通りであるが、形が簡単なだけに、他に資料がない限り危くて解のつけようがない。強いて永田解を生かすとすればウル・ペッ（ur-pet　丘・の川）ででもあったろうか？

〈本別町〉

押帯　おしょっぷ

　本別町南端の川名、地名。永田地名解は「シュポ shupo（箱・川）。川形に名く。押帯村」と書いた。その意味なのならオ・シュオプ（o-shuop　川尻・箱）の形から来たのであろう。他地でシュオプといえば両岸が切り立って箱の感じのする峡谷であるが、ここの川尻は平坦地で、どうにもその感じではない。もっと小さい箱形の何かがあったのだろうか。

勇足　ゆうたり

　利別川東岸の地名。池北線勇足駅あり。永田地名解は「エサン　ピタラ（差出礒）。勇足（エサンピタラ）村。川中に斗出したる礒」と書いた。もう少し詳しく書けば、エ・サン・ピタラ「e-san-pitar　頭が・前（浜の方）に出ている・川原」の意。それに勇足と字を当てて、エサンピタラと呼んだのであるが、これも他地の人には読めない。音読みをして「ゆうたり」というようになった。

　明治29年図を見ると、勇足市街から2キロ余下流で、利別川が大きく曲がっていて、その突出部にイサンペタラと書いてある。そこがこの地名の発生地なのであった。

美蘭別　びらんべつ

　勇足市街の対岸で利別川に入る川の名、川筋の地名。永田地名解にも書かれてない名。pi（小石）, pir（渦）, pira（崖）等の言葉を考えながら行ったが、おだやかな小川でどうにも見当がつかない。5万分図を見ると中流の辺に川崖が処々にかかれてある。まあビラン・ペッ←pira-un-pet（崖・ある・川）と読むのが自然ではないかと思った。

負箙　おふいびら

美蘭別川口より上流北側の土地の名。永田地名解は「オフイ・ピタラ。焼・磧」と書いた。オフイはウフイ（uhui　燃える）で，実際燃えるだけでなく，崖などの赤いことをもいう。ここは伝承された音のままだったら，ウフイ・ピラ（燃える・崖）のような形だったのかもしれない。

知恵問　ちえとい

本別大橋から少し下った処の北岸の地名。川から少し離れて長い河岸段丘が続いている。チ・エ・トイ（我ら・食べる・土。目の細かい土で，あえものに使った）のあった処であろう。

嫌侶　きろろ

本別市街東南郊（利別川南岸）の地名。永田地名解は「キロロ（勢力）。酋長の勢力弱くありし処」と書いた。キロロ（kiror）は「力」であるが，それだけでは形にならない。永田氏は土地の説話を聞いて書いたのであろう。

そこから細い丘を越えた処は浦幌川上流の貴老路で，同じ名である。この細い丘を越えて交通路があって，その両側の土地にキロル（kiro-ru　山道）の名が残ったのだと解すべきらしい。

美里別　びりべつ

利別川の西支流。利別川筋最長の支流で（73キロ），本別市街の対岸に注いでいる。中流以上は足寄町内である。永田地名解は「ピリペ。美水。ピリカアンペの略語なりとアイヌ云ふ。然れども石狩アイヌの詞を以て解すれば，渦流の水と云ふ義にして，鮭鱒の集る好漁場なり」と書いた。

実際この川の水は美しい。利別本流が濁ってもこの川の水は濁らないという。アイヌが語ったというピリカ・アン・ペ（pirka-an-pe　美しく・ある・水）の略語だという解は何か実感がある。

今の語形だけから見ればピリ・ベッ（pir-pet　渦の・川）と読める。今歩いて見ると水量が少なくて，渦なんか見られない川だが，土地の人に聞くと水力電気が取水しているので少なくなったのだという。川筋には川の屈曲部に川の削った崖が多い。水量のあった時代にそんな処が淵になり，渦があったかもしれない。まあこの2説があったとして置きたい。

芽登　めとう

美里別川中流に注ぐ西支流の名，地名。足寄町内。この川は然別湖の東裏山から流れて来る川である。メトッ（metot　奥山）から来た名であろう。

喜登牛　きとうし

美里別川の東支流，地名，山名。足寄町内。喜登牛川は芽登川口の少し上に注いで

いて，その水源が喜登牛山である。キト・ウシ（kito-ush　ぎょうじゃにんにく・群生する）の意。

ヌカナン川

美里別川上流部の西支流（足寄町内）。諸地にヌカナン，ノカナン等の地名があるが，どれも語義不明で，さすがの永田方正ももてあましているのであった。今後の研究問題である。

クマネシリ

美里別川源流の山の名（足寄町内）。諸地に同名の山がある。クマ・ネ・シリ（kuma-ne-shir　物乾し棚・のような・山）の意。ここは山中で山容を残念ながら眺めていない。

本別　ほんべつ

川名，町名。本別川は利別川の東支流でポン・ペッ（pon-pet　小さい・川）の意。相当の川ではあるが，対岸の美里別などと比較して小さい川と呼んだものか。

本別市街は利別川筋での相当な街。本別町は南は池田町，北は足寄町の間の土地であるが，昔は十勝アイヌの先端部の居地で，足寄の釧路アイヌとの間にしばしば争いがあり，いろいろな伝承が残されている。

義経山　よしつねやま

本別市街の東奥の小山（294メートル）の名。周囲絶壁の不思議な形の山。アイヌ時代はサマイクル・サン（samaikur-san　サマイクル神の・棚）という名。サマイクル神が狩の獲物をここに置いたという。和人がこの神を義経に擬したのは，各地にある例で，今は本別の名所である。

フラツナイ

本別市街の北の川名，地名。語義はフラ・アッ・ナイ（hura-at-nai　臭いが・する・川）で，今でも悪い臭いがする川だという。

追名牛　おいなうす，おいなうし

池北線仙美里駅の対岸を少し下った処の地名，川名。オイナウス川は農業講習所の辺から流れる小流。語義はオ・イナウ・ウシ（o-inau-ush　そこに・木幣が・立っている）であったろう。

川尻の南側に丘陵の先端が利別川に向かって突き出ているが，その上あたりでイナウを立てて神祭りをしたのではなかろうか。

仙美里　せんぴり
パンケセンピリ川

ペンケセンピリ川

　本別町北部の川名,地名。仙美里駅あり。センピリ（senpir　蔭）といわれて来たが,それが何の蔭なのか分からない。安田岩城氏十勝地名解は,「アイヌ等熊害などを避けし時樹蔭或は岩かげにかくれし事ありしより此名ありといふ」と書いた。また十勝アイヌがこの辺で北の釧路アイヌ勢に逢い,蔭にかくれて逃れたとかの伝承を読んだように うろ覚えしている。どれも後の説話であろうか。
　パンケ（下の）ペンケ（上の）のセンピリ川が並流して利別川に注いでいる。その北は足寄町である。

〈足寄町〉

足寄　あしょろ

　足寄町は利別川上流の土地で,東は阿寒湖の裏山から,西は士幌川源流の裏山まで,東西に長い地域で,前記した美里別川中,上流もこの内に入る。足寄郡は足寄町と,利別川源流の陸別町の土地である。昔は釧路アイヌの居所で釧路国の中になっている。
　足寄川は阿寒湖の西裏から出て長く西流して利別川に入る（60キロ）。川口はアショロ・ブト（足寄川の・川口）と呼ばれ,現在の足寄市街はその対岸（西岸）である。
　松浦武四郎郡名建議書は,足寄の名を「土人に尋候ば,大古神が名附し所にて,知らざる由相答申候」と書いた。
　永田地名解は二つの違った解を書いた。本文では「アショロ。湾。安政帳に云,アショロは大原の義」とし,国郡名の処では「足寄。元エショロペッなれども,アショロペッと云ふ。義同じ。即ち下る川の義」と記した。
　北海道駅名の起源は後説を採り,「エショロ・ペッ（沿うて下る・川）から出たもので,釧路方面から阿寒を越えてこの川に沿って十勝または北見に出たためこう名づけられた」と書いた。音だけからなら他にも読めるが,まずは永田氏が伝承を聞いたらしいこの後説の方を採りたい。

稲牛　いなうし

　足寄川の南支流の名,地名。イナウ・ウシ（inau-ush-i　木幣・ある・処）の意。この川筋にイナウを立てて神祭りをする処があってついた名であろう。この川の水源から山越えすると茶路川の水源で,白糠（釧路アイヌの一派の居地）との主交通路になっていたのであった。

螺湾　らわん

　稲牛川合流点から5,6キロ足寄川を上った処に,螺湾川が東から注いでいて,川筋の地名も螺湾である。ずいぶん珍しい地名で解しにくい。
　永田地名解は「ラニ　rani（坂）。螺湾と称す。ラニまたランと云ふ。ラワンにあらず」と書いた。明治29年5万分図はそれを受けたか,この川の川口近くにラニと記している。ラン（坂）,ラニ（その坂）なら分かり易い地名である。
　だが古い松浦図でもこの川はラワンであった。この言葉を知らないが,地名によく

299

出るラム，ラウネ，ラウッ（共に低いの意）等から考えると，ラワン（ラウ・アン？）も同様に低いの意で使われたのではあるまいかと考えて来た。ラワンペッぐらいの略か？

茂足寄　もあしょろ

　足寄川源流は二股になっていて，左股の方がシー・アショロ（本当の足寄川。本流）で，右股の方がモ・アショロ（小さい・足寄川）で茂足寄の字が当てられている。
　この茂足寄の源流から足寄峠を越えるとすぐ阿寒湖である。今は国道241号線（足寄国道）がこの茂足寄川筋を通って阿寒湖から弟子屈を繋いでいる。

⇒尻駒別川（280ジ）

カムイロキ山

　足寄市街の北にある独立山で，街道（国道242号線，陸別国道）はそのすぐ西裾を通っている。永田地名解は「カムイ・ロキ（神座）。熊の穴を掘り越年する処」と書いた。
　これはカムイ・ロㇰ・イ（kamui-rok-i　神様が・坐っていらっしゃる・処）の意。rok は a（坐る）の複数形。敬語として複数形が使われたと思われる。正確には e-rok といったのであろうか。十勝川上流にも同じカムイロキがある。そこは凄い川崖で，そこに伝説上の神鳥がいらっしゃったという。足寄のカムイロキも，ただ熊がいた処ではなく，霊場として崇敬された山であったに違いない。
　地図で見ると，のっぺりと南北に長い横山であったが，足寄市街から北上すると，いきなり美しい三角丘が目の前に現れた。横山であるが，足寄側から眺めると，霊山型の目立つ独立丘である。また通り過ぎて，池北線愛冠駅の方から眺めると，この山の北の端の最高点（370メートル）が美しい三角山に見える。ここはたぶん足寄の人等が神霊のいます処として崇敬していた山なのであろう。
　古いアイヌ時代である。そこに坐します神が，永田氏の書いたように熊だと考えられていたのかもしれない。
　だがいつも狩をしている熊（カムイ）がいるというだけならこの名で残ることはなかったであろう。山形からもそう思われるのであった。

愛冠　あいかっぷ

　カムイロキ山の辺から北にかけての地名，川名。アイカㇷ゚（aikap）は，会話語では動詞の後につけて，何々することが「できない」という意であるが，地名の場合は海岸，川岸の大崖のことである。多くは「矢を放ったが届かなかった」という昔話がそこに残っている。
　足寄の場合は，旧図を見ると，川曲がりの処にアイカㇷ゚・ピラ（ピラは崖）と書いてあり，その北に注いでいる小川は，現在でもアイカップ川である。今の国道は西の方を通っているので，道からは見えない。
　池北線愛冠駅から国道を約1キロ北行すると，右側に細い旧道の入口がある。そこ

VII 十勝地方

に入って雑木林の中をまた1キロぐらいだらだらと下ると，左は利別川岸，右は見上げる大崖である。ここが愛冠の名の発祥地なのであった。

塩幌川　しおほろがわ

愛冠から少し利別川を上った処に西から注ぐ相当な川（流長21キロ）の名。意味がはっきりしない。北海道駅名の起源昭和48年版は「シュッ・ポロ（末広がる沢）から出たといわれているが明らかでない。スオッ・ポロ（川床にえぐれた深みのある川）かとも思われる」と書いた。shut-poro（裾・大きい），suop-poro（箱・大きい）と読んだのであった。

明治29年5万分図や同27年道庁版20万分図ではシュポで，松浦図はそれらしい川にチホホロと書いている。もう一つ説を加えれば，あるいはシュプ（shup 激流，蝶鮫の産卵穴），またそれにオロ（or 処）を付けたシュポロだったのかもしれない。ただしこの川は大きな川ではない。

この辺は和人が殆ど入らなかった処なので記録が少なく，前掲の押帯とか，この塩幌とか何のことか分からなくなった地名が多い。

作太郎山　さくたろうやま

塩幌川東岸の山名。小山（382メートル）であるが目立つ山なので付記した。その山のすぐ下手側の山裾を流れて塩幌川に入っている細流の名がタプコプケソマナイ（tapkop-kes-oma-nai　たんこぶ山の・末に・ある・川）なのであった。この種川名のつけ方のくせから見れば，作太郎山はアイヌ時代にはタプコプ（たんこぶ山）と考えられていた山なのであった。

斗伏　とぶし
パンケトブシ川
ペンケトブシ川

利別川西岸にパンケ（下の），ペンケ（上の）のトブシ川が並流して注いでいる。たぶんトブシ・ナイ（top-ush-nai　竹が・群生する・川）のような川名の下略形であろう。斗伏はその川筋の地名。巧い字を当てたものである。

トメルベシベ川

利別川南支流，パンケトブシ川川口の少し上流対岸に注いでいる川。ペンケトメルペシペともいう。トゥミ・ルペシペ（tumi-rupeshpe　戦の・峠道沢）の意らしい。他地方からの軍勢が侵入して来た，あるいは逃げて行った沢で，他地にもある名である。アイヌの種族間闘争を伝承する地名が諸地に残っているのであった。

大誉地　およち

足寄町北部，利別川西岸の地名，川名。永田地名解は「オヨチ。熊害多き処。熊の人を殺すをオヨチと云ふ」と書いた。北海道駅名の起源昭和37年，48年版は，一応永

301

田説を紹介してから「オ・イ・オチ（川のそばにヘビの多い所）からとったという方が正しいようである」と書いた。

語形は後説の通りだと思われる。詳しく書けばオヨチ o-i-ochi, o-i-ot-i「川尻（そこ）に・それが・多くいる・もの（川）」と読まれる。その中のイ（それ）は，恐ろしいもの，貴重なものを直接口でいうのを憚かって「それ」といったもので，熊であったり，蛇であったり，あるいは菱の実であったりする。この場合は ot（ごちゃごちゃいる）という動詞から見て熊か蛇らしい。

現在大誉地川と呼ばれている川は昔は別の川でクンペッといわれた川である。今，大誉地といわれている土地の中の大きい川なので，和人がつけた川名。そのすぐ下流側にオンネ（大きい）・オヨチ，ポン（小さい）・オヨチという小川が二つ並んでいたのが昔の姿であった。現在下大誉地川と称されているのが，そのオンネ・オヨチなのである。

〈陸別町〉

薫別　くんべつ

陸別町南部，利別川東岸の川名，地名。池北線薫別駅あり。利別川東支流のペンケ（上の）・クンペッと，すぐ下のポン（小さい）・クンペッが流れていて，対岸（足寄町側）にもクンペッ（今は大誉地川。昔はパンケ（下の）・クンペッか？）がある。

ここも語義不明。松浦図はクンネヘツと書き，永田地名解はそれを受けてか「クンネ・ペッ　kunne-pet（黒・川）」と書いた。だが現在のこの三川が皆クンペッなので疑問が残る。更科源蔵氏がその音だったのなら仕掛け弓をする川かと書かれた（アイヌ語地名解）。

たぶんクウンペッ（ku-un-pet　弓・ある・川）と読まれたのであろう。音からはそう聞こえる。とにかくこの辺は分からない形のものが多い。

斗満　とまむ

斗満川（流長 28 キロ）は利別川の西支流で，陸別市街の少し南の処で本川に注ぐ。川筋は斗満の地名で呼ばれる。永田地名解は「トマム　tomam（やち）。赤色の水」と書いた。泥炭地（湿原）の意。赤い水という意味の語ではない。そこを赤いやち水が流れているという風景を付記しただけなのである。

陸別　りくべつ

利別川を北に溯って，北見国境の山裾まで来た処に陸別市街がある。こんな山中によくこれだけの街ができたと思うような処である。ここで網走川境の高い処から西流して来た陸別川が本流に注いでいる。陸別町は，本流の源流部と陸別川筋を含む山間の土地である。

永田地名解は「リ・クン・ペッ　ri-kun-pet（高危川）」と妙な解を書いた。永田氏は時々，クンという音に「危い」という解をつけているのであるが，そんな語意が果たしてあったのであろうか？

陸別の旧名リクンベッの語義は、リㇰ・ウン・ペッ（rik-un-pet　高い所・にある、または、に入っている・川）であったろう。太平洋側とオホーツク海側の分水線である高い山並みの間を東西に流れている川なのであった。溯って行くと網走との境の伊由谷岳の高い山列の中に入っている。

宇遠別川　うえんべつがわ
カネラン峠

　陸別市街の東南端の処で、西から来る清水川が陸別川に注ぐ。清水川を上ると二股があり、右股が宇遠別川となっているが、昔は清水川自体がウェン・ペッ（悪い・川）であった。何で悪い川だったのかは例によって分からなくなっている。

　宇遠別川沿いの街道がカネラン峠を越えて足寄川筋に入り、国道241号線に繋がって阿寒湖に達する。陸別－釧路間の通路である。峠の名は、昔陸別にいた豪雄なカネラン酋長の名を採って、近年つけられた名だという。

取布朱川　とりぷしゅがわ

　陸別川口から約5キロ上った処の北支流の名。旧名はトゥレㇷ゚シ・リクンベッ「turep-ush-rikunpet　おおうばゆり・群生する・陸別川（支流）」の意。アイヌ語の子音シ（sh）を、永田地名解が英語流にシュと書いた変な形が、明治の地図製作者に伝わり、それが公式地名となった。この場合の朱もその例である。

止若　やむわっか（ヤムワツカナイ）

　取布朱川から一本上の処の陸別川北支流がヤムワツカナイで、地名は下略した形で止若と呼ばれている。ヤㇺ・ワッカ・ナイ（yam-wakka-nai　冷たい・水の・川）の意であったろう。

作集川　さくしゅがわ

　陸別川の北支流。ヤムワッカナイの一本上の川である。旧名はサックシリクンペッ「sak-kush-rikunpet　夏・通る・陸別川（支流）」。雪の積もらない時に交通した川の意のようであるが、遠いし、山越えの処も高いので何か疑問に思っていた川名である。この集も子音シを永田流にシュと書いたために残った変な形である。

鹿山川　かやまがわ（ルベシベ川）
鹿の子峠　かのことうげ（陸別峠）

　作集川の一本上の陸別川北支流が鹿山川であるが、松浦図ではマタ・クシ・リクンベッ（冬に・通る・陸別川）とある。今の5万分図にもルペシペ川と旧名で書かれている。ルペシペ「ru-pesh-pe　道が・下っている・もの（沢）」は、慣行的に「峠道の沢」の意に使われて来た。現在も道道273号線がこの沢を上り、鹿の子峠（陸別峠）を越えて網走側に下っている。

　この間通って見た。川を少し溯り、その東支流である男鹿川の沢を上るとすぐ峠だ。

この辺の太平洋，オホーツク海岸の分水線の山は400～600メートルなのであるが，この辺だけが鞍部で峠は311メートル。ルベシベ川の入口が250メートルだから峠というほどの峠ではない。誠に越えやすい，また距離的にも近い交通路なのであった。ルベシペの名の通り，アイヌ時代の山越え路だったが，今後は十勝，網走を繋ぐ幹線交通路となって行くのではなかろうか。

勲祢別　くんねべつ
利別川本流に，陸別市街から4キロ近い処で入っている北支流の名，また川筋の地名。流長24キロの長い川である。クンネ・ペッ（kunne-pet　黒い・川）の意。黒ずんだやち川だったのであろう。

小利別　しょうとしべつ
ポントゥシペッ
利別川源流の地名，川名。池北線の駅あり。小利別は，雨竜川源流の母子里と共に冬の寒いので有名な処。小利別は利別川支流のポン・トゥシペッ「小さい・利別川（支流）」の訳名だという。そのポントゥシペッは，小利別駅から3キロ余下流の処に西から注いでいる小川の名であった。

現在小利別川と呼ばれているのは別の川で，元来の川は駅から約1キロ上流に，北から入っている小流である。

池北峠　ちほくとうげ
利別川源流から北見の常呂川筋置戸に越える峠で，池田・北見の略。図によっては北勝峠とも書く。北見国・十勝国の略であろう。長い利別川を上って来た処から，ここも鞍部になっている処を越すので，山に上った感じはない。上は広々とした高原で，いつの間にかオホーツク海岸側に入っているといった処である。

国鉄池北線（前のころは網走本線と呼んだ）も，国道242号線も利別川源流からこの峠を通り，オケトゥンナイ（緑川）を下って置戸に入って北見市，網走市と繋がっている。この道が現在太平洋側の十勝と，オホーツク海側北見の中枢部を結ぶ交通の大幹線である。ただし相当な迂回路であるので，前記した陸別峠（鹿の子峠）の線が，今後はだんだん多く使われそうな気がする。

(3) 十勝川中，上流

〈幕別町，河西郡更別村〉

幕別町　まくべつちょう

　十勝川南岸，東は利別川合流点の近くから西は札内川川口まで，南は町内諸川の源流までの土地である。明治 39 年 幕別（まくんべつ），止若（やむわっか），咾別（いかんべつ），白人（ちろっと），別奴（べっちゃろ）の 5 カ村が合して幕別村を作り，村役場を旧幕別村内の猿別市街に置いたのが始まりであったが，まもなく止若の市街が発達したので役場は止若市街に移転し，そこが町の中心と変わった。昭和 38 年になって根室本線止若駅は幕別駅と改称。同 41 年止若市街も幕別市街と改称された。長年止若の名になじんで来たので，駅名の看板が幕別と書き直されていたのを見て，戸惑いを感じたのであった。

　ここの幕別という名のもとは殆ど忘れられた。町内記事の終わりに，幕別の由来として，分かっているだけのことを書くことにした。

⇒ 幕別の由来（308 ジ）

止若　やむわっか

　旧止若村は幕別町東端の土地。明治 38 年根室本線止若駅ができてから，止若市街が急に発達し，今は町の中心となって幕別市街と改称された。名のもとは市街の東北，猿別川の下流東岸にヤムワッカピラ（yam-wakka-pira　冷たい・水の・崖）という処があって，それが下略されてこの辺の名となったのだという。永田地名解は「冷水崖下に湧出す。清冽飲むべし」と書いた。

猿別　さるべつ

　幕別町内の川名，地名。猿別川は遙か南の台地から北流し，町の東端部で十勝川に注いでいる長い川である（流長 53 キロ）。ただし，根室本線の辺までが元来の猿別川で，その下は，十勝川の一分流の古い河床であったように思われる。なお猿別川上流は河西郡更別村である。

　猿別市街は川の左岸，根室本線沿いの場所。昔は猿別川の川口の処だったろうか。明治 30 年幕別外 6 村戸長役場がここに置かれ，同 39 年幕別村となってもここに村役場があったが，後に役場や学校が止若に移されてからさびれたのだという。

　猿別はサル・ペッ（sar-pet　葭原・川）で，猿別市街の辺が葭の生える湿原であった処から出た名であろうか。

茂発谷　もはちゃ，もあちゃ，もはっちゃや

　猿別川の西支流の名，川筋の地名。永田地名解は「モアチャ　moacha（太蒲）」と書いたが，その言葉を知らないので見当がつかない。音だけなら，モ・アチャ「mo-acha　小さい・おやじ（おじさん）」とも，またモ・アハチャ（小さい・やぶ豆）のようにも聞こえるが。

十勝川 中、上流 略図

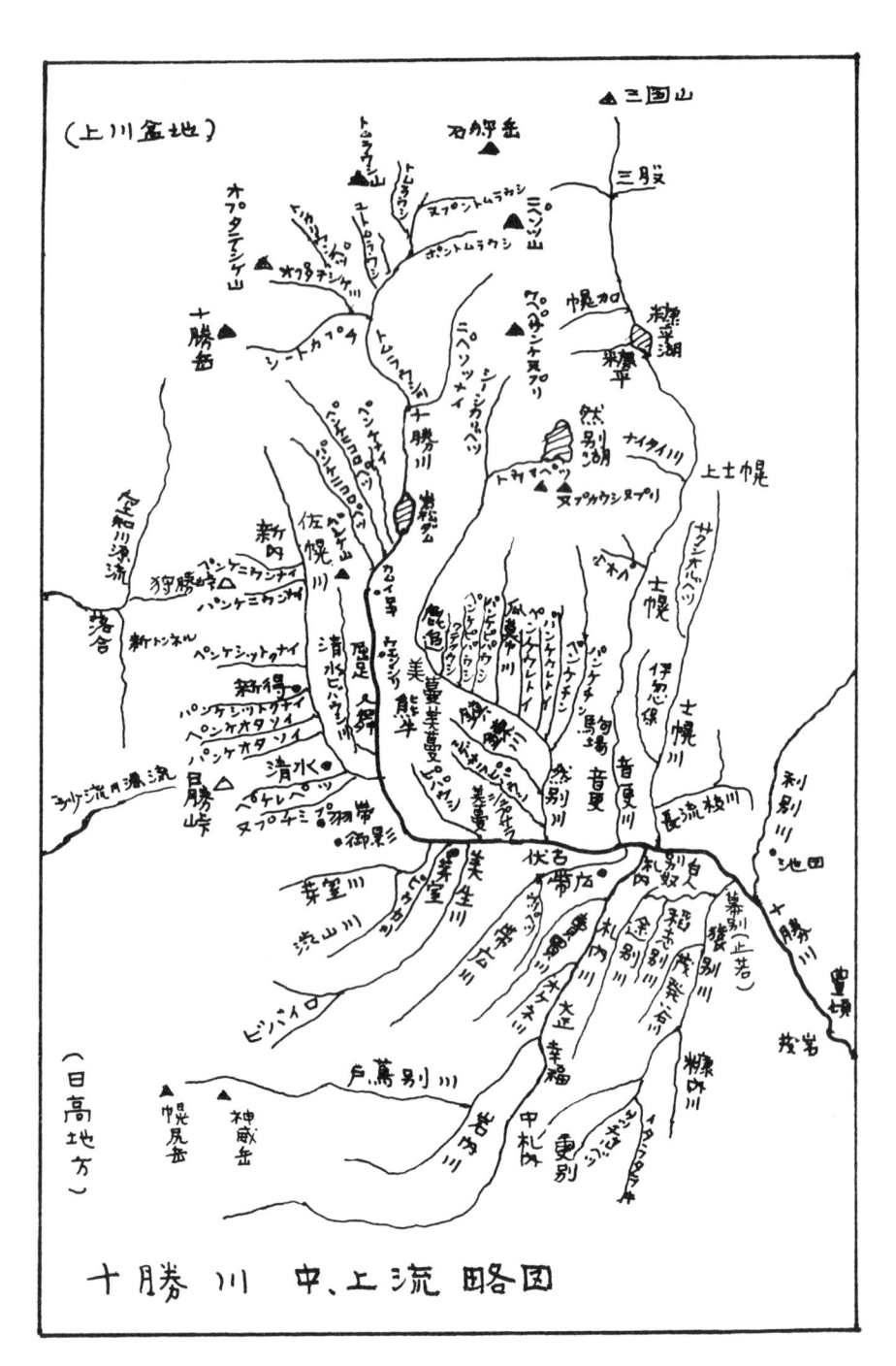

糠内　ぬかない

猿別川中流の東支流，川筋の地名。永田地名解は「ヌカンナイ　nukan-nai（小石・川）。ヌカンは細小の義。取て小石の義に用ふ。北見国宗谷郡に同名同義の川あり」と書いた。

更別　さらべつ

更別川は猿別川上流の西支流。この辺からは河西郡更別村で，更別の市街，国鉄広尾線の更別駅がある。この辺に葭原があってサル・ペッ（葭原・川）の名ができたのか，あるいは猿別川筋なので当然サル・ペッの地なのであるが，下流と区別するために更別としたのか分からない。後者の方なのではなかろうか。なおsar（葭原）はサラのようにも呼んだ。

サッチャルベツ

猿別川上流の西支流。ここも更別村の中である。永田地名解は「サッチャルペッ。茅川口。一説乾口川の義なりと云ふ？」と書いた。つまりサル・チャル・ペッ（sar-char-pet　葭原の・口の・川）という説と，サッ・チャル・ペッ（sat-char-pet　乾く・口の・川）という説である。

サッ・サルペッ「sat-sarpet　乾く・猿別川（支流）」であったのかもしれない。以上は地名として続けて発音すればどれでもサッチャルペッとなる。一応は現地を歩いて見たが，現在の地形からは何とも判断ができなかった。

イタラタラキ

更別村内，猿別川上流の東支流。明治末の安田巌城氏十勝地名解は「原称はイタラタラゲイなり。動揺する地との意にして，此地は湿地にして，其上を歩けば大地動揺するより名づく」と書いた。

知里博士小辞典には「tattarke-i　タッタルケイ。水中に岩磐などあって川波の立ちさわぐ所；たぎつせ。〔←tar-tar-ke（踊り・踊り・する）-i（所）〕と書かれている。その語頭にイ（それが）がつくと安田氏の書いた形である。

土地がぐらぐらするのか，川水が踊っているのかと，とにかく興味をもって一応は行って見たが，今ではごくふつうな野川である。処々に少しは波たつ瀬があるが大したことはない。とにかくこの辺の地名は分からないものが多いのであった。

稲志別　いなしべつ

幕別町の殆ど中央を北流し，根室本線稲志別乗降場（札内駅と幕別駅の中間）のすぐ西で旧途別川に入っている川の名，その川筋の地名。永田地名解は「イナウ・ウシ・ペッ　inau-ush-pet（木幣の川）」と書いた。川口の処の丘の先端にでも祭場があってイナウ（木幣）が立てられたのであろう。なお明治29年5万分図で見ると，現在の稲志別川はポロナイ（大・川）で，イナウウシペッはそのすぐ西にあった小流であったらしく書かれている点に疑問が残っている。

白人　ちろと

　稲志別から北に十勝川までが旧白人村であるが，この地名の発生地は十勝川に近い場所であった。松浦図では，十勝川北岸の方にシロトウと書かれたが，明治29年5万分図では南岸の方にチロトーと記入されている。永田地名解は「チロトー　chir'o-to（鳥・多き・沼）。白人（しろと）村と称するは松浦地図の誤を受けたるなり」と書いた。あるいはチロット（chir-ot-to　鳥・多くいる・沼）の形で呼ばれてもいたか。

別奴　べっちゃろ

　旧別奴村は幕別町の西端部である。明治中年までは，十勝川が今の札内川口に近い処で二流に分かれていて，その南の方の川が北の川（今の十勝川本流）と分かれていた処がペッチャロ（pet-char　川の・口）と呼ばれていたのがこの名の発祥である。明治の古いころの地図にはフシコトカチヘツチヤロと書かれていた。十勝川の古川の口の意である。

　分流点をペッ・チャロ（川口），また本川に入る処をペップッ（川口）の形で呼ぶのがこの辺での地名慣習なのであった。

幕別の由来

　少し前までは，この字を書いて「まくんべつ」と呼んでいたのだが，後に漢字に引きつけられて現称になった。この町内にあったマクンペッ「mak-un-pet　後（山の方）に・ある（入っている）・川」から出た名であろう。

　大川の分流が山側を回ってまた本流に合している場合に，その分流をこの言葉で呼んでいたようで，その上流側の分流する処をチャロ（char　口）で，下流側の合流する処をプッ（put　口）でいうのが一般の流儀であった。大川筋には方々にあった名で，すぐ下流，豊頃町に入った処にもあったが，幕別町の名のもとになったマクンペッの記憶はひどくおぼろげになっている。

　松浦氏十勝日誌は札内川口から舟で止若まで下ったが「下るや，西岸ヘツチヤロ，西岸ヘヨイ，東岸マクンコヘツ（注：マクンペツ），東岸サツテクマクンヘツ，東岸サツトカチ（注：十勝川分流），東岸ジロトウ（注：白人），トウベツ右（注：途別川），エモエントウ，ホロノコチャ，イナウシヘツ右（注：稲志別川），ホロナイ，イイカンヘツ，トウロ，サルブツ，カモキナイ，ヤムワツカヒラ」と幕別町内の旧地名が順に書かれた。ここに出ているマクンペツは町の西端部だ。

　明治の古い地図では，別奴がフシコトカチヘツチヤロ（古い十勝川口）で，その川が十勝川（現）の南を東流，その川口のすぐ下から別の川が分かれていて，その分流口にマクンヘツチヤロと書き，少し東流してまた合流する処にマクンヘツと書く。そこからまた少し東流するとイナウシフト（稲志別川口）である。

　今の図でいえば，現在の札内市街(駅)の東2キロぐらいの処に，十勝川分流のペッチャロ，途別川がそれに注ぐ口，それから分流するマクンペッのチャロ（分流口）がごちゃごちゃにあって，時代によりそれも変わって行ったらしい。

　吉田東伍博士大日本地名辞書（明治35年）の説を抄記すると「マクウンペツはトベ

ツ（注：途別川）の東に折れてイカウン川（注：イカンペッ）へ合流するものの名。イカウンは十勝（川）の分流にして南（注：南西）に溢下するものとす。サラベツ（注：猿別川）は南方より来り，イカウン川に合ひ，東北流一里許にして十勝（川）の幹流に合ふ」と書いた。

　その説を今の地形に当てはめると，マクンペッは現在根室本線のすぐ北側を曲流している旧途別川で，それが十勝川の分流であるイカ（ウ）ンペッ（現在はほんとの野川）に注いでいた処は，現在の猿別市街の数百メートル北の処だったらしい。つまり，そこがマクンペッのプッ（合流口）だったということになる。猿別が旧幕別村内の字名だったのは，それなら分かるような気がする。

　まだ疑問点は多いが，とにかく，幕別町の名のもとになったマクンペッは十勝川の分流のまた分流で，根室本線沿いの処を流れていた小流であったらしい。

途別　とべつ

　幕別町西端部の川の名。南の高台から流れて来て，古いころは十勝川の南分流に入っていたらしいが，平野に入ってから，今の根室本線の北側を曲流しながら東流し，猿別川に入っていた川が現在旧途別川と呼ばれている。なお現在は根室本線の辺から，北東東に向かって直線の水路を作って十勝川に入れてある。

　途別の語意ははっきりしない。ト・ペッ（to-pet　沼の・川）と読める（十勝日誌はトヅッと書いた）。この川筋には沼らしい沼はないようであるので，もしその名であったのなら昔の川尻の部分に河跡沼でもあっての称であろう。またトゥ・ペッ（tu-pet　二つ・川）であったのかもしれない。

札内市街　さつないしがい

　幕別町内。札内川東岸の土地を札内と称しているが，札内市街は札内川から2キロばかり東の処で，根室本線の札内駅がある。

　　〈河西郡，帯広市〉
河西郡　かさいぐん

　元来の河西郡は，今の更別村，帯広市，中札内村，芽室町の土地で，松浦武四郎郡名建議書は十勝川西方の意をもってこの郡名を書いたのであった。ただし，実際の方位からいえば，十勝川の南の土地であって，少々名に合わないのであった。

　　〈札内川筋〉
札内　さつない

　札内川は帯広市街の東側を流れる大きな十勝川南支流。また札内はその川筋の地名。中流まで帯広市の中の川であるが，上流は中札内村になっている。

　帯広市街の東の札内橋の辺では，広い砂利川原の中を流れている。その下流は今では東流して十勝川に入っているが，昔の図ではじかに北流して何条にも分かれて大川に注いでいた。渇水期になれば，乾いた砂利川原が広くなる川だったであろう。サッ・

ナイ（sat-nai 乾く・川）の意。道内にはサッ（乾く）のつく川名が多いが，その殆どは砂利川なのであった。

売買　うりかい，うりかり，うりかれえ

札内川の西支流。帯広市街の南の処で札内川に注ぐ。地名。珍しい名で語義が分からないためにいろいろな解がなされた。永田地名解は「ウウェガリッ。集場。数個所に捕りたる魚を此処に集むと云ふ。売買（うりかひ）村」と書いた。uwekari-p（集まる・処）と解したもの。

一説「日高シビチャリの敵衆六十人が掠奪団を組んで帯広の伏古に押し寄せた時に，土地のアイヌは神の加護を得て敵を沼に追い落して殺した。その中の一人が故郷に知らせようと逃げ，かんじきを逆にはいて足跡をくらましこの川を上って脱走することができた。ウレは踵（かかと），カレヒは追跡の事でそれからウレカレヒと呼ばれた」（吉田巌先生記録から）。

また一説にはこの時来た敵は石狩のアイヌだともいう。有名な伝説らしい。ウレ・カリ・ッ「ure-kari-p 足（くるぶしから下）・を回した・処」とでも読んだものか。

松浦図ではウリカベである。音だけでいうなら，ウルカ・ペッ（urka-pet 丘の・川），あるいはウリカペッ（ur-ika-pet 丘を・迂回する・川）のような形の名であったのかもしれない。

オケネ川

札内川西支流。目立たないが長い川。現在の川口は大正本町の対岸を少し下った処であるが，それは改修工事をしたためらしい。明治29年図では，現在の売買川川口より僅か上流の処に注いでいる。オ・ケネ「o-kene 川尻に・はんの木（・群生する川）」のような意であったろう。

大正　たいしょう

札内川を札内橋から10数キロ上った辺の地名（帯広市），旧村名。大正本町には市街があり，国鉄広尾線の大正駅がある。ここは前のころは幸震村といった処で，大日本地名辞書（明治35年）は「幸震（サツナイ）。サツナイ川中流の殖民地なり」と書いた。日本の古語が地震を「ない」といった処からサッナイにそんな字を当てたのだろうが，他地の人に読めっこない。後に音読みにして「こうしん」と呼ぶようになったが，更に大正村と改名した。広尾線の駅名も，前のころは幸震であったが，村名改正に合わせて昭和19年から大正駅となった。

幸福　こうふく

広尾線大正駅のすぐ南の駅が幸福である。前のころこの辺を通り，珍しい駅名なので立ち寄って見たが，野中のぽつんとした無人駅で，切符は街道に出た処に雑貨店があってそこで売っていた。何とも淋しい幸福だと思っていたが，このごろは有名になり，その名にあやかりたい青年男女が訪れるという。

幸震村内の，福井県人が入植した土地だったので，その一字ずつを採って幸福という地名にしたのだとのことである。

戸蔦別　とつたべつ

札内川の西支流。大正駅のすぐ西南の処で本川に入っている長い川。永田地名解は「トッタ・ペッ　totta-pet。箱川」と書いた。トッタはしなの木の皮や草の繊維で編み上げた大かますで，稗や粟を穂のまま入れて保存したのだという(萱野茂氏談)。安田巖城氏十勝地名解は「トッタは箱。両岸岩石等に囲まれて，あだかも函の状をなせる処あるにより名づけた」と書いた。

岩内川　いわないがわ

戸蔦別川の南側の支流。永田地名解は「イワ・ナイ　iwa-nai。山川」と書いた。イワは霊山のことだったらしい。この川は日高境の十勝幌尻岳の下から出ている川。山名はもちろんポロ・シリ（poro-shir　大・山）で，崇敬された山であろう。その山から出ている川の意。

中札内　なかさつない

札内川上流の村名。広尾線幸福駅のすぐ南の駅が中札内駅で，札内川筋の中流にあるのでこの名で呼ばれた処。この名で札内川源流までの村名としたのであった。

〈本流筋〉
帯広　おびひろ

帯広市街は帯広川の川口に近い処に発達した街で，十勝の中心部にあり，若さが感じられる賑やかな都会である。帯広市は札内川の下，中流から，帯広川までの土地である。

北海道駅名の起源昭和29年版は「帯広は，帯広川のアイヌ名オペレペレケプ（陰部・いくつにも裂けている・者）即ち（川口がいく条にも分かれている川）の上部の音をとり，それに十勝平野の広大さに因んで広の字を付けたものである」と明快な解を書いた。

少し変に思われるかもしれないが，おおらかなアイヌ時代は，娘（少女）をオペレケプ（o-perke-p　下の処が・割れている・者）の形で呼んだ。ふつうに使われ，むしろ愛情を感じさせる言葉だった。そのペレを繰りかえして，幾筋にも割れているという形でこの川を呼んだ。昔は特にそんな感じの川口だったのであろう。この名は相当後まで残り，オベリベリのような形で書かれていた。

ウツベツ川

帯広川の南支流。ウッ・ペッ（ut-pet　肋骨・川）の意であるが，ここでもどうして肋骨なのだか見当がつかない。昔河跡沼でもあって，それにあばら骨のように横から繋がってでもいたのか？　なお，全道的にはウッ・ナイの名が多く，ウッ・ペッの形

のもので目立つのはこの川と，旭川の近文のウッペッぐらいだろうか。川が大きいという意味でペッで呼んだものか？

伏古　ふしこ

帯広市街の西郊。古くからアイヌのコタンがあったようであるが，明治になって近在のアイヌをここに集めたという。私の若いころは旭川の近文と並んで，アイヌの習俗が残っている処だとされていた。

永田地名解は「フシコ・オペレペレケッ。旧流の・細小川。伏古村と称するは，一名フシコペツと云ふに拠りたるならん」と書いた（オペレペレケッの解は変だ）。

明治29年図で見ても，フシコ川は帯広市街の西にあった十勝川のフシコ・ペッ（hushko-pet　古い・川）で，十勝川の古い分流であったらしい。永田氏の書いた形は，帯広川の古川の意になるので少々疑問である。松浦図では帯広川川口の東側の方にフシコヲヘレヘレフ（アイヌ家屋の印あり）と書いてあって，上記のフシコ川とは逆な位置である。別な地名なのか，あるいは地名の移動があったのか，まだ調べてない。土地に詳しい方に教えていただきたいと思って来たのであった。

美生　びせい，びばいろ
美蔓　びまん

芽室町東端部（帯広市西郊）の川名，地名。永田地名解は2ヵ所に記事がある。①「ピパウシ　pipa-ushi（沼貝ある処）。美生村と称するは一名ビバイと云ふに拠りたるならん」。②「ビバイロペッ　piba-iro-pet（沼貝多き川）。イロはイロンネに同じ。多くあることを云ふ」。

松浦図を見ると十勝川南岸にヒパイロフトとあるのが，今の美生川川口であって，また十勝川対岸の方にもヒパウシという川を書いた。明治29年5万分図でも南岸の方，つまり今の美生川の方がビパイロである。北岸の方がビパウシで，その辺が今美蔓と呼ばれ，美蔓築堤がある。永田地名解の①はこの北岸のビパウシのことであったらしい。②はもちろん今の美生川である。

ピパ（からす貝，沼貝，川真珠貝）のある地名は一番多いのがピパ・ウシ（pipa-ushi）であるが，ピパ・オイ（pipa-o-i　からす貝・多くある・処。ビバイに訛る）もある。ピパ・イロ（pipa-iro　からす貝・多い）はここでしか見ていない。とにかくそれに当て字して美生と書き，「びばいろ」と呼んだらしいが，これでは読みにくいので，漢字音で今の「びせい」になった。

なおピパオマッ（pipa-oma-p　からす貝・ある・処）の名もあり，pipa-u（からす貝・ある）とも呼んだのかもしれない。この辺処々にある美蔓はそんな音から来たのだろうか。日高地方に多いケパウ，ゲバウも同じようにピパウシから訛ったものらしい。

芽室　めむろ

河西郡西端の川名，町名。芽室町は美生川と芽室川（上流は清水町）の川筋の土地

312

である。永田地名解は「メㇺ・オロ・ペッ　mem-oro-pet（泉池より来る川）」と書いた。地名として続けて呼ぶとメモロで，それに芽室と当て字された。メㇺは清水の湧く小池のことであった。

ピウカ川

美生川と芽室川の間の川。芽室市街の西を流れて十勝川の砂利河原の処に注ぐ。ピウカ（piuka　小石河原）の川の意だったのであろうか。

渋山　しぶさん

渋山川は芽室川の南支流で，渋山は川筋の地名。永田地名解にもこの名は書かれていないし，語義が全く分からない。芽室町役場に聞いたら，シブサラ川の転訛で「葦や萩の茂っている深い川」とのことであった。恐らくはシュㇷ゚（キ）・サラ「shup(ki)-sar　萩の・草原」と解されたのであろう。

シュオッは激潭だが，それで呼ぶほどの川にも見えない。チウ・サン（急流・流れ下る）の形も考えられるが，どうも分からなくなった名である。

〈河東郡内〉

河東郡　かとうぐん

十勝川上流は石狩川源流の山の南から出てずっと南流し，中流は清水町，芽室町の境の辺から向きを変えて東流している。河東郡は十勝川上流の東，中流の北の土地で，松浦武四郎の建議によりその名がつけられた。

この辺では町村の境が特に錯雑して入りくんでいる。本書は川筋に従って書いたので地名が町村別でなく記述された部分が多い。

士幌川　しほろがわ

河東郡東端部の川。西側の音更川と並行して南流し，札内川川口の対岸の僅か下の処に注いでいる。源流は上士幌町，中流は士幌町，下流は音更町である。語義の分からない名である。

永田地名解は「シュー・オル・ペッ。鍋川。古夷鍋を川に入れたる処故に名くと」と書いた。戦争があって，鍋を水につけたまま逃げたとの伝説によったもの。その意味でなら，シュホロペッ（shu-horo-pet　鍋を・水につけた・川）と考えられていたのであろう。

長流枝内　おさるしない

音更町内の川名，地名。長流枝内川は士幌川の川口に近い処に，東の方から入っている川であるが，永田地名解の解は簡に過ぎて分かりにくい。

要するにオサルシ・ナイ「o-sar-ush-nai　川尻に・萩原が・ある（ついている）・川」であったろう。

伊忽保　いこっぽ

士幌川の西支流，川筋の地名。松浦図では二股になっていて右股がポロ（大きい）イコツホ，左股がポン（小さい）・イコツホである。川口は中士幌で，音更市街の東方に当たる。上流は現在は耕地の水路化しているようである。

語義は永田地名解も？マークをつけているだけで分からない。ほんとの参考に似た音を書けばユコッ（yuk-o-p　鹿が・多くいる・処）のような形も考えられる。

サクシュオルベツ

士幌川の西支流。上流から士幌川と並行して南流している川で，間は低い丘陵である。川口は中士幌で音更町の北端部に近い処である。この語義についても記録を見たことがない。この川の西側は広い湿原だった処なので，士幌川本流から見てサ・クシ・シュホロペツ「前の方を・通る・士幌川（支流）」の意だったか。あるいは南北の通路になっていてサッ・クシ・シュホロペツ「夏・通る・士幌川（支流）」ででもあったろうか。

士幌町　しほろちょう

士幌川上流，音更川中流及び居辺川（利別川支流）の上流の土地で，士幌町の市街は音更川とサクシュオルベツ川の間の処にあり，国鉄士幌線の士幌駅がある。

上士幌町　かみしほろちょう

士幌川の源流，音更川上流一帯を含む広い町で，上士幌市街は町の南境を少し上った処。音更川の東岸，サクシュオルベツ川の水源に当たる場所にあり，士幌線上士幌駅がある。

音更町　おとふけちょう

士幌川下流，音更川下流，然別川筋の大部分を含む土地で，音更市街は音更川西岸，帯広市街の北約8キロの処である。

〈音更川筋〉
音更川　おとふけがわ

この川は，石狩（石狩川源流）と北見（常呂川源流）の境の山から出て南流，帯広市街のすぐ北の対岸で十勝川に入っている長流（94キロ）である。

これも語義がはっきりしない。永田地名解は「オトブケ？　オトブケは毛髪生ずるの義なれども未詳」と書いた。一応オトッ・ケ（頭髪・の処）の音を考えたもの。北海道駅名の起源昭和25年版はその語を書き「広い川原に柳が毛のように密生しているからだという」と説明したが，同29年版はその説は疑わしいとだけ書いた。

駒場　こまば

士幌線音更の次の駅が駒場で，小市街地がある。街の西に十勝種畜牧場があるので

つけられた名。近年は食牛に意を用いられている処という。音更町内。

ウオップ川

　士幌町内。上士幌駅の西北の処で音更川に入る西支流。語義は永田地名解もただ「？」をつけただけである。この川は少し上ると，殆ど同じくらいの二川が合流している。あるいはウ・オ・ッ（互いに・ある・もの）ぐらいの言葉ででもあったろうか。

ナイタイ川

　上士幌町南端部の川。上士幌市街の西北の処で音更川に注ぐ西支流。松浦図ではナイタイ。明治の20万分図，5万分図ではナイタユベと書かれた。永田地名解は「ナイタユベ。nai-ta-yube。川鮫。川鮫多し」と書いた。ナイタイベの形は，石狩川の神居古潭のすぐ下の内大部，十勝川上流の内大部等があり，どれも語義がはっきりしていない。　　　　　　　　　　　　　　　　　　　　　　⇒内大部川（91㌻）

糠平　ぬかびら

　上士幌町内。地名，川名（西支流），湖名（人造湖）。士幌線糠平駅あり。北海道駅名の起源は「ノカ・ピラ（人の姿の崖）から出たといわれる」と書いた。その崖は人造湖の中に沈んだという。ノカ・ピラ「noka-pira　形像の（ある）・崖」の意。日高の沙流川筋の額平と同じ地名。沙流川の額平は，女神の置いて行ったという箕（半月形）の形が今でも崖に残っている。

幌加　ほろか

　上士幌町内の川名，地名。士幌線幌加駅あり。駅から少し南の処に音更川の西支流である幌加川（幌加音更川）が入っている。溯ると後戻りするような形でウペペサンケ山の方に上って行く。アイヌ時代はホロカ・ナイ（horka-nai　後戻りする・川）と呼ばれてそれからこの幌加の地名がでた。

ウペペサンケ山

　十勝北西部の高山。北側は幌加川の水源，南側は然別川（鹿追町）の水源になっている。松浦武四郎はウペペサンケノホリと書いた。ノホリはヌプリ（nupuri　山）の訛り。ウペペ・サンケ（upepe-sanke　雪融け水を・出す）の意。この山の雪が融ける時に川水が大きく増水するのでこの名ができたのであろう。

三股　みつまた

　音更川の奥のどんづまりの処。士幌線の終点駅があり，十勝三股駅という（他地の同名駅と区別するため）。駅から少し下の処で，石狩岳，ニペソツ山の方から来る西の川（本流），三国山（石狩，北見，十勝の境）から来る北の川，クマネシリ山群（足寄郡境）から来る東の川が落ち合うのでこの名がつけられた。北海道駅名の起源昭和48年版によると，この駅は北海道で一番高い処にある駅（661・8メートル）だという。

シノマン・オトプケ「shinoman-otopke　ほんとうに（奥に）行っている・音更川→音更川の最上流」と呼ばれたのは三股の辺であったろう。

〈然別川筋〉
然別　しかりべつ
　帯広市街西郊伏古の対岸に川口がある十勝川の北大支流の名，川筋の地名。この川は然別沼（湖）まで考えると，大きく半円形を描いて流れていて，その中に十条近い諸支川を包んでいる。だいたいこの地方の大川はまっすぐ南流しているのに，この川だけが違った流れである。然別がシ・カリ・ペッ（shi-kari-pet　自分を・回す・川→回っている川）と呼ばれたのはその形からなのであろう。永田地名解は「奥無し川」と訳したが，この言葉にそんな意味は考えられない。

シプサラピパウシ川
　今は然別川の川口の処に注いでいて，その支流の形であるが，昔はそこより１キロ余西の処で十勝川に直入していた。流長約20キロの川で，上流は清水町から出て，下流は芽室町（十勝川の北岸部の）になっている。
　ピパウシはピパ・ウㇱ・イ「からす貝・多い・もの（川）」であるが，シプサラの語意不明。この川口から西にかけての十勝川北岸がシュㇷ゚サラと呼ばれていたので，そこのピパウシという意だったかもしれない。
　ただしそのシュㇷ゚サラの意味も分からない。あるいはシュㇷ゚キ・サラ（shupki-sar　葭の・草原）が略された形ででもあったろうか。

鎮錬川　ちんねるがわ
　然別川を川口から約３キロ上った処に，西北から流れて来て注ぐ川。下流は音更町と芽室町の境となり，上流は音更町と清水町の境となっている。
　永田地名解は「チン・レリㇰ・オマㇷ゚。獣皮を乾す彼方なる処？」と書いた。また大正初年の安田巌城氏は「原称はチンレレコマペッである」と書いた。それから見ると，チンレㇽコマㇷ゚← chin-rerke-oma-p「獣皮乾し枠の・向こうの処・にある・もの（川）」（-pはpetでも実際は同義）だったのであろうか。

パンケチン
ペンケチン
　この二川は南流して来て然別川に入る。チン（chin）は獣皮を枠に張って乾すことで，その乾し場の処の川の意であろう。パンケ（下流側），ペンケ（上流側）の対のように考えられていた川である。

パンケウレトイ
ペンケウレトイ
　然別川の北支流。ペンケチンのすぐ上流側の川である。この二川の川口の辺から，

クテクウシ川の川口の辺までは,然別川が東流していて,そこに大小十本近い川が並行して南流して入っていて,櫛の歯のような姿になっている。

永田地名解は「ウレ・トイ ure-toi（赤・土）」と訳した。川筋に赤土が多く出ているという意であろう。

瓜幕　うりまく

然別川の北支流の名,地名。ペンケウレトイ川のすぐ上流側の川である。永田地名解は「ウリマㇰ。丘後？」と書いた。この川は左右の諸川よりずっと長い川で,北側の台地の奥の方から流れ出ている。それで,ウリ・マㇰ「uri-mak　その丘（ur-i）・の後（の方からの川）」と呼ばれたのであろうか。

パンケピパウシ
ペンケピパウシ（南一線川　みなみいっせんがわ）

瓜幕川より上流側に並んでいる然別川の北支流の名。パンケ・ピパ・ウㇱ・イ（下の・からす貝・多い・もの）,ペンケ・ピパ・ウㇱ・イ（上の・〜）の意。パンケピパウシの川口の処だけが音更町で,それから上は鹿追町の中である。

永田地名解は「ペンケ・ピパ・ウㇱ。上の沼貝処。美蔓（ビバウシ）村と称す」（初版本による）と書いた。美蔓は今は「びまん」と呼ばれる。

美蔓　びまん

美蔓は芽室町,清水町,鹿追町にわたってある地名。元来は美蔓（ビバウシ）村と呼ばれた旧村名からの名残りであろう。十勝川北岸のこの地帯にはシブサラピバウシ川を初め,いくつもピバウシ（pipa-ush-i　からす貝・多くいる・もの）という川が並んでいて,それらによって付けられた村名だったろう。

大日本地名辞書（明治35年）は芽室村の処で「美蔓（ビバウシ）。ビバウと訛り,美蔓（蔓延の義に借る）とあてたるならん」と書いた。流行病などが蔓延（蔓が這う,のびる）するという言葉から借りて美蔓の字を当て,しかも初めのころは,それでビバウシと呼んだらしいが,それでは一般に読めないので,音読みで「びまん」となったものか。

現在美蔓川というのは,然別川の川口より少し西の,十勝川北岸沿いの小川の名となっている。美蔓の処の川の意であろうが,ここも明治29年図ではピバウシ川という小川が描かれていたあたりであった。

クテクウシ

ペンケピバウシ（南一線川）のすぐ上流側の然別川北支流の名。ずっと南流して来た然別川本流は,この川口の辺から向きを変えて東流する。永田地名解は「クテㇰウシ。鹿を捕る処」と書いた。クテㇰは鹿を捕るために柵を作り,鹿をそこに追い込んで,その口の処に置いた仕掛け弓で捕る施設であった。クテㇰ・ウㇱ「kutek-ush-i　鹿捕り柵・ある・もの（川,処）」と訳すべきか。鹿追はこれを訳して呼ばれた地名なの

317

であった。

鹿追　しかおい

鹿追はクテクウシの訳名で，元来はその辺の地名。鹿追の市街はクテクウシ川の流れ出した辺の西側で，然別川の東岸に近い処である。西行すれば新得市街に出る。

鹿追町は河東郡の西端で，然別川の中，上流一帯の土地である。上流部の東の境界は然別湖で，北の境界はウペペサンケ山である。

ヌプカウシヌプリ

然別湖の南側に東と西のヌプカウシの両山が並んでいて，広大な十勝平野の北西を限っている。ヌプ・カ・ウシ・ヌプリ（nup-ka-ush-nupuri　野の・上に・いる・山）の意。前の処はヌプカ（野原）と続けていったのかもしれない。南側の広い台地の野の上にいらっしゃる山という名。前掲したパンケチンから瓜幕川までの諸川はこの山裾から出て南流している川なのであった。

然別湖　しかりべつこ
トウマベツ川

然別湖は然別川の湖の意。山中の美しい湖として知られている。トウマベツはその湖から流れ出て西流して，南流する然別川本流と合流している。トー・オマ・ペッ（to-oma-pet　湖・に入って行く・川）の意。

シイシカリベツ

然別川のトウマベツ合流点から上をこの名でいう。それをまっすぐ北に上って行くとウペペサンケ・ヌプリ（山）である。シー・シカリペッ（shi-shikaripet　ほんとうの・然別川→然別川源流）の意。松浦図ではシノマンシカリヘツ「shinoman-shikaripet ほんとうに（奥に）行っている・然別川」の形で書かれていた。

〈上川郡内〉
上川郡（十勝）　かみかわぐん

河西郡芽室町の北，十勝川上流一帯の土地で，南半が清水町，北半が新得町である。この郡の山向こうが石狩の上川郡，そのまた山向こうが天塩の上川郡である。松浦氏が郡名を苦心して考えたのではあるが，上川郡と中川郡は同名があって何か不便である。

御影　みかげ（サネンコロ）

清水町南端部の地名。市街地があり，根室本線の駅がある。昔は佐念頃といわれたが，女性の身体の一部を連想されて，酒間のざれ歌に合わせて色っぽい踊りがされたのだった。御影石の産地であるので，それに因んで御影と改名されたのだという。

佐念頃はサネンコロ（san-enkor　出ている・鼻）の意。十勝川の方に向かって出っ

張っている山崎のことを呼んだ名であった。

羽帯　はおび

　御影の北に当たる地名。根室本線の羽帯駅がある。ここは明治の 20 万分図や 5 万分図ではポニオプと書かれた場所である。永田地名解は「ポニオプ。小蛇多き処。一説ポネオプにて骨槍の義。羽帯（ハネオブ）村と称す」と書いた。前説はポニオッ「pon-i-o-p　小さい・それ（蛇というのを憚かって）・多くいる・処」の意。後説の方はポネ・オッ（pone-op　骨の・槍）と解したものである。それに羽帯「はねおび」と字を当てたのであるが，略されて今の称になったのであろう。

〈佐幌川筋〉

佐幌川　さほろがわ

　佐幌川はずっと北の方から，十勝川の西を並行して南流する長い川で，大部分は新得町内であるが，清水町内で本流と合している。地名としては，新得町内のこの川の東岸部に上佐幌，下佐幌の名がある。

　語義不明。永田地名解は「サ・オロ・ペッ。下方の川」と書いたが何のことだか見当がつかない。サ（sa）は「前」で，地名では海の方，あるいは大川の方をいう。新得や清水町の山側の人たちから見れば，十勝平野とか十勝川本流の方が「前」である。それでサオロペッ（sa-or-o-pet　前の・処・にある・川）とでも呼んだのであろうか。

　この川の十勝川に注ぐ処を松浦氏はサヲロフトと書いた。サオロ・プトゥ（佐幌川の・川口）の意。

小林川　こばやしがわ（ヌプチミプ）

　佐幌川を川口から少し上った処に，西から注いでいる川の名。この旧名とその意味はヌプ・チミ・プ「nup-chimi-p　野を・左右にかきわける・もの（川）」であった。この川を少し上ると緩傾斜の台地である。そこにこの地名でいう野原があったのだろう。

清水　しみず
ペケレペッ川

　清水の市街は佐幌川の西岸を少し入った処で，近年の自動車交通路は日高の沙流川を上り，日勝峠を越えて清水の市街に出る。根室本線の駅は，他地同名と区別するため十勝清水駅という。

　市街の南のはずれにペケレペッ川が西の山から流れて来ていて佐幌川に注ぐ。語義は（ペ・）ペケレ・ペッ「(pe)peker-pet（水が・）清澄な・川」できれいな水が流れている。清水はその訳名だという。

　清水町は上川郡の南半の土地で，佐幌川下流，十勝川本流，然別川の南支流の水源部までを含む土地である。前のころは人舞村と称していたが，昭和 2 年に清水村と改称して今日に至った。

イワシマクシュベツ川

　清水市街の北にある佐幌川西支流。永田地名解は「イワ・シュマ・ケㇱ・ペッ。岩下川」と書いたが何か腑に落ちない。松浦武四郎の登加智留宇智之日誌(自筆未刊本)では「イワヲシュマクシヘツ。此山に硫黄有るよし。イワヲシュマは硫黄の有る岩なり」と書いた。同行あるいは土地のアイヌの話らしい。

　イワウ・シュマ・クシ・ペッ (iwau-shuma-kush-pet　硫黄の・岩を・通っている・川)だったのであろう。このクシはまたケシでも書かれた。ケㇱ(kesh　末)であったのかもしれない。

パンケオタソイ川
ペンケオタソイ川

　新得町内。新得市街の南にパンケ(下流側)，ペンケ(上流側)の二流が並んでいて佐幌川に西から注いでいる。読みにくい地名なので日高の萱野茂氏に相談したら，オタスイなら沙流川筋の額平川にもある。ぼろぼろな砂岩にシュイ(スイ。穴)があってその名がついたと語られた。オタソイは，あるいはオタ・スイ (ota-sui　砂・穴)だったのかもしれない。

新得　しんとく
パンケシントク川
ペンケシントク川

　西から狩勝峠を越えて十勝に越えた処が新得の市街である。街の北側に，狩勝峠の方から山続きになっている新得山が突き出して佐幌川に出張っている。その南裾を流れて佐幌川に入っている川がパンケ・シットㇰ，山の北裾の川がペンケ・シットㇰであった(今そのツガンになった)。

　シットㇰ (shittok) は元来は「肘」の意。川曲がりや山の突出部をいう。この場合は新得山の突出部をいったのではなかろうか。そのシットㇰが新得という地名のもとである。新得町は佐幌川，十勝川本流の水源までを含んだ広い土地である。

新内　にいない
パンケニウンナイ
ペンケニウンナイ

　新得市街の北7〜8キロの処。新狩勝トンネルができる前の根室本線は，狩勝峠を新内に下り，それから新得に行った。新内部落の南側に上記の二川が流れていて佐幌川に注いでいる。ニ・ウン・ナイ (ni-un-nai　樹が・ある・川)の意。それが新内の地名になった。

　　〈十勝川本流上流筋〉
清水ビバウシ川

　新得町の新内の東の辺から，十勝川の西側を並行して南流，清水市街の西を過ぎ，

羽帯の東北の処で十勝川に入っている相当な川。その間，佐幌川，清水ピパウシ川，十勝川の三川が並んで長く南流する姿は珍しい。

ピパ・ウシ（からす貝・多くいる川）の意であるが，同名がこの辺に多いので，近年は下流の町名である清水をつけて呼ばれる。

美蔓　びまん

清水町内。サオロプト（佐幌川口）から東北に少し行った処で，芽室町，鹿追町との境の辺の地名。然別のシブサラ・ピパウシ川も，芽室市街対岸（北岸）のピパウシ川も，共にここから流れ出している川で，この土地の名は元来はピパウシであったのが訛って美蔓となったものらしい。

人舞　ひとまい，ひとまっぷ

清水町内。新得市街から東東南に当たる処，十勝川西岸の地名，川名。明治29年図で見ると地名はニトマップで，川名はニトマイとなっている。アイヌ語の地名では，-p も -i も共に動詞について名詞の形をつくる語尾で，同じ地名を，どっちをつけてでも呼ぶことが多い。永田地名解は「ニトゥオマプ　nitu-oma-p。寄木川。人舞（ヒトマフ）村」と書いた。正確に書けば「寄木・ある・もの（川）」の意。

熊牛　くまうし

清水町内。美蔓の西側，十勝川の東岸部の地名。新得市街から東に行った辺に上熊牛川（東支流）がある。それからついた地名であろう。クマウシ（kuma-ush-i　物乾し・多くある・処，川）の意。クマは先が二股になった棒を二本立てて，上に物乾し竿を渡し，魚などを懸けて乾したもののことであった。

屈足　くったり

新得市街から東行すると屈足市街に至る。十勝川上流の木材を扱う街だという。街の東側にクッタラウシ川（十勝川西小支流）がある。永田地名解は「クッタラ・ウシ。虎杖（いたどり）・ある処。屈足（クッタル）村」と書いた。kuttar-ush-i「いたどり・群生する・もの（川，処）」の意。今でもいたどりの多い処である。

ウェンシリ

屈足市街から約2キロ北の処，十勝川東岸の大崖の名。この禿げ崖はこの地方を歩いていると遠くから見えて方向の見当をつけれる。ウェン・シリ（wen-shir　悪い・山→断崖）で，地名として続けて呼ぶ時にはウェイシリのように発音される。

カムイロキ

ウェンシリから十勝川を約3キロ溯ると，これも東岸に大崖があって，そこの名である。永田地名解は，「カムイ・ロキ。神座。熊の越年する処」と書いた。詳しくいえば kamui-rok-i（神様が・お坐りになっている・処）の意。松浦氏登加智留宇智之日

321

誌（自筆未刊本）は「カムイロキは此川（十勝川）の東岸，断崖峨々たる壁岩の色灰白なる大岩の半腹に穴有。昔より神霊有るによって号しとかや，木幣を奉り云々」と書いた。同氏十勝日誌でも「其洞口往古より到りし者無き故此方より木幣を建て是を拝す」としるした。十勝川筋の霊地だったらしい。

パンケニコロ川
ペンケニコロ川

カムイロキから十勝川を少し上ると，西側にパンケ（下流側の），ペンケ（上流側の）の二川が並んでいる。どっちも相当な川である。ニ・コロ・ペッ（ni-kor-pet 木を・持つ・川）の意であろう。

パンケ山（モイワ）

パンケニコロ川の南（下）側にある独立山の名。パンケニコロの山なのでパンケ山というのであろう。旧名はモイワ（mo-iwa 小さい・山）。モイワというが541メートルで，その美しい円頂山の姿は，この辺を歩くと遠くから目立って見える。神様のいらっしゃる山だったのではなかろうか。

ペンケナイ川

ペンケニコロ川の一つ上の川。ペンケ・ナイ（上の・川）の意。パンケ（下の）ナイがあったはずであるが,地形上それに当たる川が見当たらない。川名の移動でもあったものか。これから溯ると岩松湖（人造湖）があり，それから上は十勝川の源流である。

ニペソツ川
ニペソツ山

ニペソツ川は十勝川をだいぶ上った処の東支流。松浦氏登加智留宇智之日誌はニペショチと書いた。語義未詳。音はニペソッ（ni-pes-ot 木が・下る・いつもする）と聞こえる。流木がよくある川の意ででもあったか。あるいはニペッ・ソソ・オッ・ナイ（nipes-soso-ot-nai しなの木の皮を・剝ぐ・いつもする・川）のような形から来たのかもしれない。

ニペソツ山はこの川の水源の高山である。ニペソツ川の山の意であろう。

トムラウシ

十勝川源流に北から入っている川名，山名。松浦氏の十勝日誌でも，登加智留宇智之日誌でも，トンラウシなのであるが，語義は書かれていない。トンラはめったに聞かない語。バチラー辞典では「川底にある一種の水草」と書かれていた。新得町役場では，トムラウシはミズゴケのある川，あるいは湯花のある川といわれた。自信はないが，トンラ・ウシ「tonra-ush-i トンラ（一種の水草）・が生えている・もの（川）」という意ででもあったろうか。

この川は手の指を拡げた形に分かれている。トムラウシ温泉のある川はユー・トンラウシ（yu-tonraushi　温泉の・トムラウシ川）と呼ばれた。ニペソツ山から流れ下っているのはポン（小さい）・トンラウシである。

トムラウシ山はこの川の上にある山なので，トムラウシ川の山という名であろう。

トノカリウシュベツ川

十勝川のいよいよ水源の支流名。登加智留宇智之日誌は「ヘタヌ。此処より川二つになれるよし。右の方トウヌカルシ。左りの方ジイトカフチ」と書いた。ペタヌ（petanu）は「川の二股」の意。その北股のトーヌカルシがこの川の原名。「ヌ」が「ノ」に訛ったものらしい。

松浦氏知床日誌の中にトヌカルウシ（岬）があって「誰も此所にて日和を見て行く故に号くと」と書かれている。十勝川源流のこの川名もト・ヌカルシ・ペッ（to-nukarush-pet　天気を・見る・いつもする・川）と読める。雲のかかり具合などで日和見をした川だったのではなかろうか。

オプタテシケ川

トノカリウシュベツ川の西支流で，石狩境のオプタテシケ山の南下の川の名。今その名で呼ばれるが，旧記の中で見たことがない。また山名で川の名とすることはめったにない。和人がオプタテシケ山の川という意味でつけた名なのではなかろうか。

⇨オプタテシケ山（112ページ）

シートカッチ

シー・トカッチ（shi-tokapchi　ほんとうの・十勝川）で，十勝川本川の最源流の意。トノカリウシュベツ川を分かった上の川の称であった。この川を西に登りつめた処が十勝岳で，山向こうは上川盆地や空知の富良野川の水源である。

(4) 十勝南西部

十勝川川口から南の海岸地方で、中川郡の豊頃町南部と広尾郡の大樹町、忠類村及び広尾町の土地。東から西に向かっての順に書いた。

長節　ちょうぶし

豊頃町内の沼名、川名、地名。十勝川川口の大津市街から海岸を約5キロ余南西行した処である。これから南に海岸湖沼が続いている。上原熊次郎地名考（文政7年）は「チヲブシ。自ら破れると訳す。此沼折節破れる故字になすといふ」と書いた。チ・オ・プシ・イ「自ら・そこ（川尻）を・破る・もの（沼）」、つまり「破れる沼」の意。沼尻が砂で塞がれるか、沼の水位が高くなると、自然にブシッと沼尻が破れて流れ出す沼なのでそう呼ばれた。

湧洞　ゆうどう

長節沼から約10キロ南西の海岸の沼の名、川名。上原熊次郎地名考は「ユウトヲとは温泉の沼と訳す。此沼に温泉のある故地名になすといふ」と書き、松浦氏東蝦夷日誌は「此沼に神霊ありて時々温み、また冷になる（トラノ申口）」と書いた。アイヌ語では清、濁音は同じ音として使われた。ユー・トー（yu-to　温泉・沼）の意。時々ぬるい水が出たのであろうか。

生花苗　おいかまなえ
生花　せいか

生花苗は湧洞沼から約5キロ西南の海岸の沼の名、川名、地名。地名は近年一字略して、音読みにして生花という。この辺に並んでいる海岸湖沼は、どれも砂で口が塞がり、時化の時は波がそれを越えて打ち込み、沼水の水位が高くなると水圧でまた口が破れるのであった。

上原熊次郎地名考は「ヲイカマイ。ヲイカヲマイの略称なり。則越へて入ると訳す。此沼へ高波越して入る故地名になすといふ」と書いた。オイカ・オマ・イ「oika-oma-i（海波が）越え・入る・もの（沼）」の意。

沼の東側に川が繋がっているので、オイカマ・ナイ（オイカマイの・川）と呼ばれ、それが一般的に呼ばれるようになって、それに生花苗と当て字されたのであろう。

キモントウ沼

生花苗川を上ると、上流に小さな沼があってキモントウ沼と呼ばれている。キムン・トー（kim-un-to　山・の・沼）の意。キㇺ（kim）は山と訳すが、ヌプリ（山）とは違う。ピㇲ（pish　浜）に対する言葉で、山菜を採りに行ったり、柴刈りに行ったりする意味での「山」であった。

VII 十勝地方

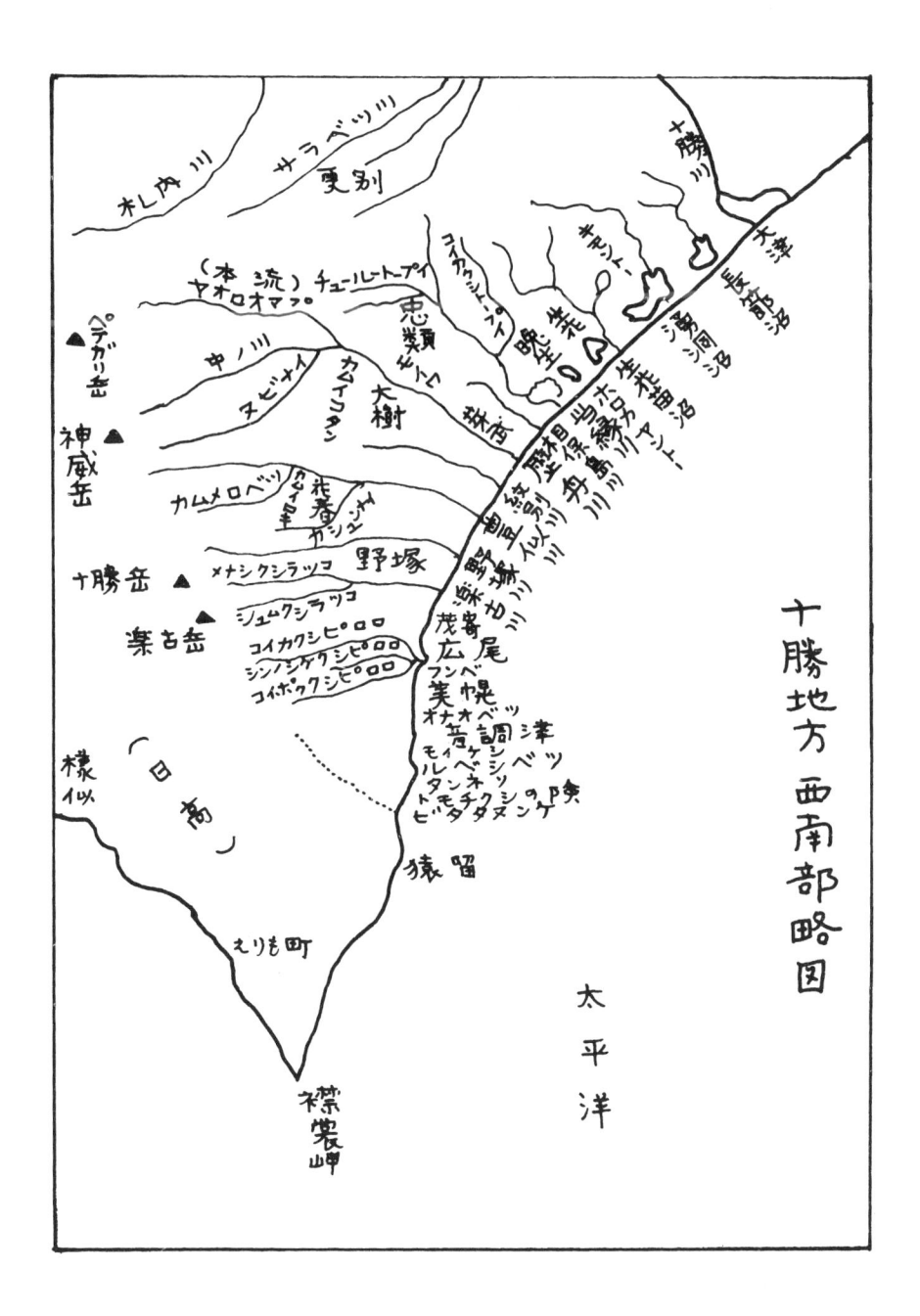

十勝地方 西南部略図

ホロカヤントウ

 生花苗沼から1キロたらず西南の海岸の沼の名。細い砂浜を隔てて海である。ここも沼の水位が上ると，砂浜の一部が切れて海と繋がる。 語義はホロカ・ヤン・トー（horka-yan-to　後戻りして・揚がる・沼）。言葉が簡単で，何が揚がるのかはっきりしない。

 番所の老人に聞いたら，砂浜の処が切れると海水が入って来て600メートルぐらい奥まで海の波が及ぶという。海水が逆に上るという意味であろう。あるいは切れていない時に水位が上って，沼が奥まで揚がるという意味であったのかもしれない。沼尻の少し高い処から眺めると，低い細い砂浜の西側に海と沼がある景色は何ともいえない。近くに行かれる方に，ここまで足をのばして観光されるようにおすすめしたい。

晩生　ばんせい

 大樹町内，ホロカヤントーの北の辺の地名。十勝の開拓に苦闘した依田勉三等の晩生社の牧場があった処といい，それを記念するために地名とされた。

当縁　とうべり

 ホロカヤントウから西南約2キロの処に当縁川があり，その川筋に当縁の地名あり。松浦図はその川口に大きな海岸の沼をかいているが，明治29年5万分図では，もう湿原化していた。その沼がこの名のもとのようである。

 古くはトーブイであったが，それに当縁という字を当てられ，読みにくいからか，だいぶ前から「とうべり」になった。上原地名考は「トヲブイとは沼の穴と訳す。沼の内に夷人クリモントといふて大なる穴のあるゆへ地名になすといふ」と書いた。トー・ブイ（to-pui　沼・穴）という解である。

 松浦氏東蝦夷日誌は「トウブイ。沼口と云儀。またフイ（えんごさく）此沼に多きが故とも云り」と書いた。形は同じくトー・ブイで「沼の・りゅうきんか，えんごさく」とも読めるのであった。永田地名解は「沼穴。旧説に云ふ，大雨一過，沼口破裂してその跡凹みて穴の如し，故に名く」とも書いた。

 なおどうして当縁という字が使われたか不思議である。もしかしたらトー・プチ（沼の・その口）という形でも呼ばれていて，それに当縁と当てたのでもなかろうかとも考えた。ほんとの推測である。

 当縁川は北側に並んでいた沼の川と違って，この辺での長流の一つである。

コイカクシトウブイ川

 昔と今では，この川名が遙かにずれているので書いて置きたい。当縁川は川口から約10キロ上った処で二股に分かれていて，その左股が本流であるが，右（東）股の方は明治29年5万分図ではコイカクシュトーブイ川（koika-kush-topui　東を・通っている・当縁川）であったが，現在の道河川課監修の5万分図では「当縁川支流」の名である。

 本流をずっと溯ると広尾線忠類駅の東の処でまた二股になっている。その右（北）

VII 十勝地方

股は,明治29年図ではシロカカリトープイと書かれていたのであるが,現在の前記河川関係5万分図では,それがコイカクシュトープイ川である。地形上はそう呼ばれても不思議ではない川なので,あるいはそう呼ばれていたのかもしれない。ただ新旧の地図で,同じ川名がまるでちがった処にあることは,何かの際に間違えそうで,注意が必要である。

忠類　ちゅうるい

広尾郡内北部の村名,川名。広尾線の上更別（猿別川上流）駅の次（南）が忠類駅である。忠類村は当縁川中,上流の土地で,忠類市街や駅はこの川の上流の処にある。忠類は市街の近くにあるチウ・ルイ・トープイ「chiu-rui-topui　流れ・激しい・当縁川（支流）」の下略された名であった。この辺の川名や川の地形が旧図と繋がらなくて自信が持てないのであるが,この川は本流の北支流で,現在セオトーブイ川と呼ばれている川だったように見える。

現在は市街や駅のすぐ西側を流れている川を上忠類川（支流は下忠類川）と呼んでいるが,旧図ではその方がセイオトーブイ「sei-o-topui　貝・多い・当縁川（支流）」となっている。この辺は後の方に調べていただきたい処である。

アイボシマ

相保島とも書く。大樹町内の川名,地名。アイボシマ川は当縁川の南側を流れて海に入る。永田地名解は「アエポシマㇷ゚。食物入り来る処。往時飢饉に困しみたることありしが,図らずも魚入り来り饑餓を免れたり。故に名くと」と書いた。aep-oshma-p（食物・入った・処）の意。上原地名考がアエポシマムと書いたのは,pがmに訛って呼ばれていたからであろう。

松浦氏東蝦夷日誌は「アエブシュマム。弓勢（ゆんぜい）を試みし箭（や）モンベツの方より此処まで飛来りてここに留りし故に号ると」書いた。たぶんai-oshma-p（矢・入った・処）と解したのであろうが,説話か。

歴舟　れきふね

大樹町内の地名,川名。歴舟川はこの辺での長河である。永田地名解は「ペ・ルㇷ゚ネ・イ。大水川（水・大きい・もの）。此川南風吹く時晴雨を論ぜず,にはかに大水流下す。故に和人ヒカタトマリと云ふ。ヒカタは南風なり。歴舟川と称す」と書いた。今でも,風が吹くと,山の木の葉の水がバラバラと落ちたりして水量が急増する不思議な川だという。ペルㇷ゚ネに歴舟と字を当て「へるふね」と呼んでいたが,読みにくいので,いつのまにか,それで「れきふね」というようになった。

なおこの川はベロツナイともいう。土地の人は「ひかた川」という。ひかた（西南風）が吹くと増水するので,古くその名で呼ばれたのが伝わったのではなかろうか。

芽武　めむ

北にあるモイワ山の北麓から流れ出すメム川は,ずっと歴舟川の東側を流れ,歴舟

327

川の川口の処で合流している。芽武はそれから来た地名。メㇺは泉の湧く小池のことで，またそこから流れ出す川の名としても呼ばれたものだった。

大樹　たいき

広尾郡内の町名。広尾町は，海岸は生花苗から紋別川までの長い土地で，南から忠類村を包むような形になっている。大樹市街は歴舟川の中流で，広尾線の大樹駅あり。古くから帯広－広尾間の街道の休み場，宿泊場になっていた処である。永田地名解は「タイキ・ウシ。蚤・多き処」と書いた。宿泊の旅人が蚤で困ったからの名か。今は明るい街である。

モイワ山

大樹町北部。地名としても使われ「榛和」とも書く。モイワ山は広尾線の大樹駅，忠類駅の中ほど，東側に見える独立丘。ごくゆるい円頂丘であるが，付近の原野からは目立つ処である。モ・イワ（小さい・山）の意。たぶんこの辺の人の霊地であったろう。

神威古潭　かむいこたん

大樹市街から歴舟川の南側の道を約7キロ溯った処で，川が直角に曲がった地点である。カムイ・コタン（kamui-kotan　神の・居所）の意。旭川の神居古潭のような凄い処ではないが，この処は川の両岸が岩崖になっている。昔舟行していたアイヌ時代の人は，それを舟から見上げて，神様のいらっしゃる処と感じてこの名で呼んでいたのであろう。

歴舟中ノ川　れきふねなかのがわ
ヌビナイ川

歴舟川には，神威古潭のすぐ上に大きな（歴舟）中ノ川が南から注いでいる。川口のすぐ上が二股になっていて，右（北）股が本流，左（南）股がヌビナイとされているが，古い図はヌビナイの方を本流としているものもあった。

中ノ川（右股）の旧名はルウトゥロマㇷ゚「ru-utur-oma-p　道の・間に・ある・もの（川）」と呼ばれた。川の両側に道があったのであろうか。

ヌビナイの語義がはっきりしない。ヌピ・ナイ（nupi-nai　その野原の・川）だったのであろうか。

紋別　もんべつ

大樹町，広尾町の境の川の名，広尾町側に紋別の地名がある。松浦氏東蝦夷日誌は「モンベツ。遅流の義なり（川番ウサメウチ申口）」と書いた。諸地方にある同名の川と同じようにモ・ペッ（mo-pet　静かな・川）であったろう。東北地方の方言のくせのためか，多くの土地でモンベツという形になって残っている。

豊似　とよに

広尾町内の川名，地名。豊似川は紋別川の南西側を流れる相当な川。豊似市街はその中流にあって，広尾線の豊似駅がある。松浦氏東蝦夷日誌は「トヨイ。トイヲイの略。食土有る儀か（地名解）。又泥水ばかり出る川故とも言り」と書いた。

トヨイ←トイ・オ・イ「toi-o-i　土・ある・もの（処，川）」の意。地名ではチェ・トイ（食べる・土）を略してトイということが多い。松浦記の前の方はその解，後の方はただの土として解した説。

豊似という当て字が気にかかる。あるいはトユニ（toi-un-i　土・ある・処）の形でも呼んでいて，それから「似」の字が当てられたのかもしれない。

カシュンナイ川
花春　かしゅん

カシュンナイは豊似市街から豊似川を約4キロ上った処の南支流の名。カシュンナイ←カッ・ウン・ナイ（kash-un-nai　狩漁，旅行などのための仮小屋・ある・川）の意。川筋の土地もカシュンナイと呼ばれたはずであるが，現在は下略して花春という。巧い地名のつけ方である。

カムメロベツ川
カムイロキ

カムメロベツ川はカシュンナイの一本上の豊似川南支流。相当な川だが，地名の形は昔から見ると変わって来ている。明治29年5万分図はカムイエオロペッであった。カムイ・エ・オロ・ペッ（神が・頭を・水につけている・川）と読まれる。霊山が川に突き出している意だったろうか。現称はこれから訛ったものではなかろうか。

永田地名解は「カムイ・オ・ロㇰ・ペ　kamui-o-rok-be。熊の居る処」であった。だがこの形は詳しく訳すならば「神が・そこに・坐っていらっしゃる（敬語）・処」であって，ただ狩猟する熊（カムイ）の居場所というより丁寧なようである。

松浦図や松浦氏東蝦夷日誌ではカモロキであった。十勝川上流の霊地もカモイロキである。カムイ・ロキ「kamui-rok-i　神が・坐っていらっしゃる・処」（補助語のオあるいはエが略された形）で，内容は永田地名解の地名と同じことなのであった。

川を少し上った処は小さいながら峡谷で，その上にのしかかるような山がある。たぶんこの山が霊山だったのであって，十勝川のカムイロキや日高の沙流川のカムイエロシキヒ（神様が立っていらっしゃる処。大崖である）と同じように，土地の人々に畏敬された場所だったのであろう。十勝川のカムイロキの神は熊，沙流のカムイエロシキヒでは巨鳥がおられたのだと考えられた。ここは熊だとされていたのであろうか。

⇨カムイエロシキヒ（362ﾍﾟ）

野塚　のづか

広尾町内の川名，地名。野塚川は豊似川の南側を流れている川。中流に野塚市街と広尾線野塚駅がある。永田地名解は「ヌㇷ゚カ・ペッ　nupka-pet。野・川。ノツカペと

いふは非なり」と書いた。

楽古　らっこ

　広尾町内の地名，川名，山名（日高境）。松浦氏東蝦夷日誌は「ラッコ。昔，ここへ猟虎が流れよりしが故に号く（地名解）。また奥の方の山焼来り，此所に留りしに依るとも言伝ふ」と書いたが，後の方は，ここにあった事件に結びつけた後人の解であろう。猟虎伝承は上原熊次郎の聞き書きから伝わったもののようで，まずはその説を採って置きたい。ここまでラッコが南下したかは問題である。珍しい海獣が流れついたので，これが話に聞くラッコだろうといって，この名になったのかも知れない。川名はラッコ・ペッ（rakko-pet　楽古の・川）と呼ばれていた。

メナシクシ・ラッコペツ
シュムクシ・ラッコペツ

　楽古川を川口から約8キロ上った処が二股になっていて，右（北）股がメナシ・クシ・ラッコペッ「東（北）側を・通る・楽古川」と呼ばれていたが，今は本流として，その名が使われていないようである。
　左（南）股の方がシュム・クシ・ラッコペッ「西（北）側を・通る・楽古川」であったが，今は札楽古川といわれる。明治の地図ではこの山の処にオムシヤ・ヌプリと書かれたが，今の地図では，十勝岳の北の双子岳の方がオムシヤヌプリになっている。

十勝岳　とかちだけ
楽古岳　らっこだけ

　楽古川本流（メナシクシラッコ）の水源の山が十勝岳で，その向こう側の斜面は日高の浦河郡の幌別川である。ポロ・シリ（大きい・山）と呼ばれたのがこの山らしい（図により違うが）。同名の山が沙流側筋にもあり神山である。
　楽古岳は札楽古川（シュムクシラッコ）の水源で，十勝岳と並んで日高山脈の高山である。

茂寄　もより

　広尾町内の地名，旧村名。広尾の出岬があるので，その北がゆるい入江の形になっている。その部分がモヨロ「モイ・オロ　moi-or。入江の・処（内部）」と呼ばれ，それが茂寄村となり，その辺一帯の称となっていた。網走の，貝塚で有名になったモヨロと同名である。

広尾　ひろお，びろお

　郡名，町名，川名。広尾郡は大樹町，忠類村と広尾町の土地。広尾町は十勝国の南西端で，南から西は日高国である。名のもとになった広尾は崖の岬の処で，古いころの十勝会所はその崖下にあった。後に余り土地が狭いので，崖上の広い平らな処に移し，今の市街はその平坦地に発達した。広尾川は市街の南を流れて海に注ぐ。

今は「ひろお」だが，前のころは「びろお」と呼び，会所のころは「とかち」とも呼んだ。その音が尾篭（びろう。汚い）と聞こえるのを嫌ったからだとも書かれた。その語意にはいくつかの説がある。

①蔭の処説　上原熊次郎地名考「ビロロなり，即蔭と訳す。山の蔭なる故地名になすといふ」と書いた。ピロロ（pir-or　蔭・の処）と解したもの。その16年前の秦檍麻呂地名考も同説，松浦武四郎も一説としてそれを書いた。これが古い時代の説らしい。

②小石の処説　松浦氏東蝦夷日誌は「ヒヲロにて小石の多きに取る也」と書いた。ピ・オロ（pi-or　石・の処）との解である。

③砥石川説　永田地名解は蔭説の後の処に「今世のアイヌはピルイ・ペッ　pirui-pet（砥石・の川）にしてピロヲにはあらずと弁解せり」と書いた。広尾川の川口に近い北岸に青味を帯びた石崖があるのがそれだろうといわれている。

④崖の処説　永田地名解は本文の処で「一説ピラオロにて崖壁ある処の義，即ちピルイの崖壁を云ふと。亦通ず」と書いた。pira-or（崖・の処）と解した。北海道駅名の起源は昭和25年版からこの説で書かれた。

以上のどの説も現地の地形によった解で何とも言えないが，広尾（ピロロ）が元来の会所のあった処の名だったとするなら，古い時代にいわれた「蔭の処」説は捨て難い。

コイカクシ・ピロロ川
コイポックシ・ピロロ川

広尾川は川口のすぐ上で二股になっていて，川上に向かって右股がコイカ・クシ・ピロロ，左股がコイポク・クシ・ピロロである。一般にはコイカは「東」，コイポクは「西」として理解されている。それで読むとこの二川の名は「東を・通る・広尾川」，「西を・通る・広尾川」となる。

処が現在の川名では，前の方が「西広尾川」で，後の方が「東広尾川」で全く反対の名になっている。前のころ，広尾の街で地名の話をさせられて，これに閉口したことがあり，それが動機でコイカ，コイポクの研究を続けて，解説は私の著作集「アイヌ語地名の研究」第一巻の中に長々と書いた。

例えばコイカは，だいたいは東であるが，実は北のことも南のこともあって，訳しにくい。実際的にいえば根室，釧路に近い方の川がコイカで，反対がコイポクである。つまり右股がコイカで，左股がコイポクなのであった。興味のある方は上記の書で見ていただきたい。

フンベ

広尾市街から日高に向けて海岸断崖の下を南下する街道は，建設費が高かったというので黄金道路と通称される。広尾川から1キロ行った処がフンベと呼ばれる処でフンベの滝がある。永田地名解は「フンベ・オマ・ナイ。鯨川。往時鯨入りしことあり。故に名くと云ふ」と書いた。言葉は hunbe-oma-nai（鯨が・入った・川）であるが，

鯨がそこの小川に入り込んだわけはない。海岸に寄り鯨でも寄った処の川の意であろう。あるいは鯨形の地形でもあったためかとも思ったが、そんな処は一応は見当たらなかった。

美幌　びほろ

広尾川から黄金道路を3キロ余南下した処の小平地に美幌の市街があり、美幌川が流れている。上原熊次郎地名考は「ビボロとは小石の有るといふ事、ビーとは小石の事、ボとは小さいといふ事、ロとはヲロの略語」と書いた。pi-po-or「石・（ボは指称辞）の処」と読まれたもの。

永田地名解は「ビ・ポロ　pi-poro（大岩）。此辺大岩石極めて多く」と書いた。文政の先輩は小石、明治の学究は大岩と解した。言葉としてはどっちでも読める。

この辺は岩崖続きで大岩ならどこにでもあるのであるが、ここは、川尻やその付近が石ころだらけの土地なので、先ずは上原解の方を採りたい。

オナオベツ

美幌のすぐ南の処の名。この辺崖続きの下の土地で、小さな急流の沢がある。そんな処から出た名らしいが語義は分からない。松浦氏東蝦夷日誌に「エナヲベツ（小川）。寛政度藤展、最上此処より新道を切初しが故に、ここにて木幣（注：イナウ）を作り神に手向し故此名有と」とあるのがここらしいが、他の資料ではどれもオナオである。

永田地名解は「オ・ナウケ・オッ・ペ。蔓掛（つるかけ）。往時山道の入口なる滝の傍に、葡萄蔓を懸け、これを攀援して上下せし処なりと。アイヌ云ふ。オナウコッペは、オナウケオッペの急言。オは山腰、ナウケは掛ける、オッペは在る処の義」と書いた。

ナウケという語を知らないが、木のまたを利用して作り、物を引っかける道具をナウケ・プという処から見ると、永田氏の書いたような意味があったのであろうか。

音調津　おしらべつ

美幌から約3キロ南に音調津の市街があり、音調津川（相当な川）が流れていて、漁港がある。上原熊次郎はヲシランベツと当時の音を書いたが、古いころなのでシラルを潮としたのは止むを得ないことだった。

永田地名解は「オシラルンベ。磯多き処」と書いた。今の音調津の音は、たぶんオシラルンペッ（o-shirar-un-pet　川尻に・岩・がある・川）あるいは un を省いたオシラル・ペッの形から残った名であろう。行ったら、海に岩が見えないのでおやと思ったが、聞いて見ると漁港のテトラポッドが積んであるのは岩礁の上だし、それから南は海難があって恐れられていた大岩礁だとのことであった。

モイケシ

音調津の南、長さ1キロ半ぐらいの海岸がゆるい弧を描いている処の地名。明治の地図では、その入江の南端の処に小流をかいて、そこにモイケシと記入してある。そ

こがこの地名の起こった場所であろう。永田地名解は「湾端」と書いた。モイ・ケㇱ（moi-kesh　入江の・末端）の意。

ルベシベツ

モイケシから小岬を回った処の名。それから南は恐るべき大海崖が，日高境のビタタヌンケまで続いている。ルベシベツ川はその崖の後の山中を南から流れて来て，ルベシベツで海に注いでいる。

上原熊次郎地名考は「ルベシベツ。ルーベシベの略語，道なりに通る処と訳す」と書いた。道内に多いルベシベと同じ地名で，ル・ペㇱ・ペッ（道が・下る・川）で，慣用的に峠道の川のことなのであった。

東蝦夷日誌は「昔し是よりビタタヌンケヘ雪道有しと云り」と書いた。それでこの名がついた。ただし和人の通れる道でないので，昔は海崖の山腹を上下してたいへんな思いで通り，大難所とされていた。寛政年間近藤重蔵がここに来て発奮し，通辞や土地のアイヌと共にルベシ川沿いに道を作ったのは有名な話である。川沿いに少し上って見たら，今でも川崖の処に古い桟道が残っていた。

タンネソ

ルベシベツ，ビタタヌンケ間の大崖続きのちょうど中ほどの処の地名。タンネ・ソ（tanne-so　長い・磯岩）の意。海岸に波かぶり岩が並んでいる処の称である。

トモチクシ

海崖の途中，ビタタヌンケに近い処で，今黄金道路のトンネルのある辺の名。とんでもない大崖の場所である。松浦氏東蝦夷日誌は「トムチクシ。此処中々廻るべき様無を，岩角に爪先をかけ，大岩に上り，岬を廻り，上の方にて後え廻り，後さがりにて下る也」と書いた。今自動車で知らない中に通る処であるが，昔は太平洋岸東西交通の恐るべき大難所であった。トㅺ・チ・クシ「tom-chi-kush-i　（崖の）中腹を・我ら・通る・処」のような意であったろうか。

ビタタヌンケ

十勝南端の地名。ビタタヌンケ川が広尾郡と日高幌泉郡えりも町の境である。例を見ない地名で見当がつけれないので，参考として昔からの説を羅列して置くに止めたい。

秦檍麻呂地名考は「ヒタタヌンゲ。ヒタタは濡るる，ヌンゲは撰る也。蝦夷此処にて物をぬらし撰びたるより名となれるか」と書いた。

上原熊次郎地名考は「波の砕けると訳す。ビタタは解く，ヌンケとは波の絶間なし，亦は撰むともいふ事にて，此海岸波のうね（り）甲乙なく絶へず寄る故地名になすといふ」と書いたが，どうもわけが分からない。

松浦氏東蝦夷日誌は「1，ビタタは解く，ヌンケは撰む事故也（地名解）。2，またビタタヌンケは少きより上り盛りしを言よし。3，又此崖危き処を土人等ここを割開きし

333

に依て号ると（惣乙名ハエヘク申口）」と書いた。終わりのは，pi-tata（石を・切る）とでも解したものか。

　永田地名解は「ピ・タタ・ヌンケㇷ゚（宝物を与へたる処）。ピは解く，タタは切る，ヌンケㇷ゚は択ぶ処の義。往昔十勝アイヌ来攻，大に破らる。荷物を解き切りて，宝物を択み，之を与へ降を乞ひし処なりと云ふ」と書いた。

　土屋茂氏によると，土地のアイヌ古老や一般の人たちはビタランケと呼んでいた由。ピタル・ランケ（小石川原・を下す），あるいはピッ・ランケ（小石・を下す）と聞こえる。ピタタヌンケㇷ゚の簡略化された形であったか，あるいは元来からその称があったものか。難しい地名である。

第VIII　日　高　地　方

日高（国名）　ひだか
　北海道南岸の中央部，胆振と十勝の間の地方を，明治初年に一国として日高国の名をつけたのは松浦武四郎の国名建議書によったものであった。彼は国史に現れた日高見というのは蝦夷の土地であったとして，その名を太平洋岸のうららかなこの地方の国名に採り入れることを考え，「土地南向きにして靄（もや）等も早く相晴れ，天日を早くより仰ぎおり候こと故，日高の名いかがと存じ奉り候。土人も至て相悦候事に御坐候」と自画自賛したが，確かにいい名で，あの地方の明るい土地がらが出ている。

(1) 日高東部

幌泉郡（えりも町）から静内郡までの地名をここに入れた。日高東部は言語，習俗，地名等の上でも，西日高と若干ちがっていた土地である。

日高東部略図

猿留　さるる

　日高の東端部えりも町の川名，地名。今目黒と呼ぶ辺。十勝境のビタタヌンケから南に約4キロ下った処。断崖続きの海岸の中で，この川口の辺はやや広い平地になっている。永田地名解は「サロルン・ウシ。鶴多き処」と記す。松浦氏同じ。だが古い上原熊次郎地名考は「サロロ。夷語シヤロロなり。則シヤリヲロの略語にて湿沢の在るといふ事」と書いた。
　北見紋別郡の沙留と同じ形である。上原説により，一応サロロ（sar-or　葭原・の処）と解したい。

庶野　しょや

　えりも町内。猿留と襟裳岬の中間に庶野の部落があり，国道236号線（黄金道路）は山越えして西海岸の歌別に出ている。アイヌ語ではシャ行とサ行は同音で，庶野は宗谷と同じ地名であった。ショ・ヤ（磯岩の・岸）の意。ただし現在はその磯谷は海岸や築港工事の下に埋め立てられ，僅かにその付近に名残りが見られるだけである。

百人浜　ひゃくにんはま

　えりも町内。庶野から南にかけての砂浜地帯の名。一般に，文化3年南部藩の御用船が大時化で難破してここで乗組員が死んだことから来た名であるとされているが，上原熊次郎地名考（文政7年）には「エリモの長夷ニコウといふもの，寛文の頃シヤムシヤイノ（注：シャクシャイン）と同意にして，この辺に居る金掘の和人を多く殺害せしゆへ地名になす由。又説にニコウ，シヤムシヤイノに組せし金掘を数十人，九郎次なる土殺害せしゆへ此名ありともいふ。両様未詳」と書かれてある。また松浦氏東蝦夷日誌には「昔し一夜の時化に大船多く打上，水夫百余人死せしを埋めしとも，又往古幌泉土人十勝土人と戦て其死骸を埋めしとも言り」とある。和名であるが，いろいろな説があるのであった。

苫別　とまべつ

　百人浜の南端の辺の地名，川名。たぶんトマム・ペッ（tomam-pet　低湿原野の・川）から来た名であろう。

小越　おごし

　襟裳岬の東側の蔭の処にある土地の名。このごろは「えりも岬」と呼ばれているようである。永田地名解は「オクシ。通行家。小越村と称す」と書いた。言葉はオ・クシ・イ（o-kush-i　そこを・通る・処）であった。

襟裳　えりも

　日高東部の，南に向かって太平洋に突き出している土地の名，岬名，町名。元来は襟裳岬の名で，エンルム（enrum　岬）と呼ばれた音から出たもののようである。室蘭の絵鞆がエンルムであったのと同じである。なお襟裳岬は特に目立つ岬なのでオンネ・

エンルム（大・岬）と呼ばれた。

なおエルㇺ（erum　鼠）と音が近いので，諸地のエンルㇺは鼠とも理解され，鼠伝説が残されている処が多い。上原熊次郎地名考は「エリモ。夷語エルムなり。則鼠といふ事。此崎岩の内に鼠の□□あるゆへ地名になすといふ」と書いた。今でも岬の先の海中の岩を鼠になぞらえている。松浦氏東蝦夷日誌もこのエリモを鼠と解している。

この辺は前のころは幌泉町であったが昭和45年えりも町と改名された。名勝地襟裳岬が町内にあるからその名に改めたのであろう。

油駒　あぶらこま（シリポㇰ）

松浦武四郎東蝦夷日誌は「シリボク。昆布小屋多し。和人アブラコ淵と云。是内地のあいなめの事也。此魚多き故号く。夷言是をシリボクと云。アブラコは松前，箱館の方言也」と記す。永田地名解も同じ解で，ただしシリポㇰを魚名（あぶらこ）と書いた。

ここは襟裳岬の高台から海岸に降った処の入江で，シリ・ポㇰ（shir-pok　山の・下）と呼びたい場所である。元来は地形から出た地名だったのではなかろうか。今となっては判断のできないことではあるが。

東洋　とうよう（ヤンゲペッ）

油駒の西隣。この辺での賑やかな海岸部落である。旧名はヤンゲ・ペッで，永田地名解は「yange-pet　揚げ・川。諸物を海より川に運び，陸揚げする処」と書いた。

歌露　うたろ

東洋から少し北に行った処の海岸。オタ・オロ（ota-or　砂浜の・処）ぐらいから来た名であろうか。あるいはオタ・ル（砂浜の・道）か。

歌別　うたべつ

静内，様似から来た国道236号線は，ここから襟裳岬の上の丘を越え，東海岸に出て十勝の広尾に行っている。上原熊次郎地名考や永田地名解は「オタ・ペッ　ota-pet。砂・川」と書いた。この辺では珍しい，少し広い砂利浜の中を流れているのがその歌別川なのであった。

幌泉　ほろいずみ
えりも町

幌泉は郡名，旧町名。昭和45年から町名を「えりも」町と改めた。襟裳岬があるからであろう。松浦武四郎東蝦夷日誌は「過てエンルン，大岬。本名ポロエンルンと言也。ホロイヅミは則此訛りのよし」と書いた。つまり，幌泉の原名がポロ・エンルム（大きい・岬）であったことを物語っているのだが，それより少し前の上原熊次郎地名考は「ポロイヅミ。夷語ポネンルムの略語にて小さき砂崎という事」と書いた。つまり，ポン・エンルム（小さい・岬）だとの解である。

338

この地の名は「元禄郷帳」の昔でもホロイズミなので，松浦武四郎のポロエンルム説を採りたいが，ここはそんなに大岬ではない。上原熊次郎の伝えたポネンルムの名でも呼ばれたものか。

アベヤキ

えりも市街から海岸を2キロ余ぐらい北に行った処の川名。文化年間の秦氏地名考にも，安政のころの地名解にも書かれたので昔は然るべき土地か。アベ・ヤキ（火・蟬）で赤い蟬の意。それがここにいたのだという。

笛舞　ふえまい

えりも町西北部の地名。永田地名解は「ブイ・オマ・ㇷ゚（ブイ草・ある・処）」と書き，松浦氏東蝦夷日誌は「フユマフ。小沢。此沢に流泉花（フユ）有り，故に号くと」と書いた。ブイは「えぞのりゅうきんか草」で根を食べた。ブイにはまた「穴」という意もあった。

近浦　ちかうら

笛舞のすぐ北の処の名。前のころは近寄(ちかよせ)だったが，近年この称に変わった。永田地名解は「チカイエㇷ゚　chi-kaye-p。曲処。近呼村」と書いた。川が折れ曲がった形でもあってついた名か。

ニカンペツ

えりも町，様似町の境の川の名。古くから各種の説がある。秦檍麻呂地名考「ニカンペツ。ニカルペツなり。木を刈る川と訳す」。上原熊次郎地名考は「夷語ニカウンペツの略語なり。則木の実の生ずる川と云ふこと。此処は山に葡萄，こくわ，しころと云ふ木の実多く産する故地名になすといふ」。松浦氏東蝦夷日誌は「名義ニカウシベツと云，菓（果物）の有川と云儀。又ニーカンペツにて，川尻迄樹木有が故とも云り」。また永田地名解は「楡皮を取る川。昔はニカブウンペツと云ひし由」と書いた。果物川説は，詳しく書けばnikaop-un-pet（木の実・ある・川）と解されていたのではなかろうか。

誓内　ちかふない，ちかない

様似町東端部の旧字名。字の形で目立っていた地名であるが，現在の旭がそれに当たる。永田地名解は「チカㇷ゚・ナイ。鳥・沢。鵜の産卵する処」と書いた。

幌満　ほろまん

様似町内の大川の名，地名。旧来多くの解が書かれた。秦檍麻呂はポロ・オマン・ペッ（大・入・河）と書いた。上原熊次郎はポルマペツ，つまりポル・ヲマ（窟・有る）川説。松浦武四郎もまず同説を書き「水源は洞中より流れ出るが故号し」と書いた後に「又此川口ニ二つの高山の間に有故とも云り又水勢急なるが故とも云。いずれが

339

是ならん」と続けた。明治の永田地名解は「ポロ・シュマ・ペッ（大・石・川）。ポロマンペッと云うは非なり」と書いた。これでは判断にも困るが，洞穴説を採り，ポロマンペッ←ポル・オマン・ペッ「poru-oman-pet（川を上り）洞穴に・行っている・川」と一応は読んでおきたい。

日高耶馬溪　ひだかやばけい
コトニ
コムケペシ
テレケウシ

　幌満川口から西は海に南面する大崖続きで，しばらく行くと岬形の処を回り西面の磯になる。奇岩怪石が多く日高耶馬溪といわれる。その中に札幌の琴似と同じようにコトニと呼ばれる小沢がある。コッ・ネ・イ（kot-ne-i　凹に・なっている・処）の意らしい。コムケ・ペッ（komke-pesh）は「曲がっている・崖」で岬形の処の崖のことであろう。テレケウシはその辺の名でテレケ・ウシ「terke-ush-i（岩から岩へ）跳ねる・いつもする・処）の意。永田地名解は「往時大難所なりしことは寛政年間諸子の日誌に詳なり」と書いた。今は快適な自動車道路が通っている。

冬島　ふゆしま
　様似町内の地名。様似の東の岩磯の処に冬島の部落がある。その海辺の大岩にアーチ型の穴があって，昔はそこを通ったなどという。その岩をプョシュマ←プイ・オ・シュマ（pui-o-shuma　穴・ある・岩）と呼んだのが冬島の起源である。他地にも同じ姿の岩のある処にプョシュマあるいはプョシラル（同義）の地名がよくある。

門別　もんべつ
　様似市街東郊の川の名。モ・ペッ（静かな・川）の意。東蝦夷日誌は「その名義，他処に多ければしるさず」と書いた。その辺の字名は現在平宇（ひらう）と呼ばれている。

アポイ岳
　様似市街の背景になっている目立つ山。この辺の海岸を歩くとその秀麗な姿が遠くからでも眺められる。高山植物の多いことでも知られている。語義は忘れられた。いろいろな言葉を当てられるが自信はない。アペ・オ・イ（ape-o-i　火・ある・処）の略かといわれる。

様似　さまに
　川名，郡名，町名。様似は早くから名のあった処で，今の市街は様似川東岸の静かな街である。秦檍麻呂地名考は「名義未詳。一に曰く，シヤマニといへる女夷ありしより地名となれりと」と書き，上原熊次郎地名考も「故事相分らず」と書いた。意味が全く忘れられた地名らしい。
　次の時代の松浦氏東蝦夷日誌は「㈠河獺（かわうそ）の大なるが上りしといふ義。

㈡又本名シャンマニにしてシャンは高山，マニはオマニにして在る。高山有処と云義か。㈢一説，女が此処より彼方に游ぎしと云故事もあるよし」と書いた。何かぴんと来ない。
　永田地名解は「原名エサマニ（esaman-i）獺処の義。またエサマン・ペッとも云ふ。獺・川の義」と書き，爾来エサマンペツ説が書かれるようになった。語頭のエが気にかかるのであった。
　音だけでいえば，サマニ「saman-i　横になっている・もの（川）」と聞こえる。この川の川尻が海に向かって横に流れている姿を呼んだのかとも考えた。

メナシシャマニ
シュムシャマニ
　様似川は中流のペテウコピ（二股）で大きく二股になっている。その右（南）股は東蝦夷日誌ではメナシシヤマニで，メナシ・シャマニ（東の・様似川）の意。現在はメナシエサマンベツ川と呼ばれる。
　左（北）股は東蝦夷日誌ではシュンシヤマニでシュム・シャマニ（西の・様似川）の意。松浦図の方ではシュンベツ（shum-pet　西の・川）と記す。日高に多いシュンベツ川の一つである。「河川一覧」に名が載っていないのは，これが本流とされたからであろうか。

エンルム
　様似川の川口東岸の処から島のような岬が海中に伸びていて，そこがエンルムと呼ばれていた。エンルム（enrum　岬）の意。このエンルムはこの辺の海岸の遠くから見える。昔はこの根もとの処に会所を置き，様似川筋のアイヌをここに集めて様似場所と称した。つまりこのエンルムの処がこの地方の中心なのであった。

キリシタンナイ
　様似町内。エンルムの西，古寺等澍院の岡の西側の小流の名，地名。蝦夷地名解（安政ごろの本らしい。函館図書館蔵）は「昔時吉利支丹の和人此沢に住居致す故に此名有」と書き，松浦氏東蝦夷日誌は「キリシタン。本名キリイカシと云ふ。また切支丹宗の昔有しともいふ。是より満潮の時は山道あり」と書いた。
　キリイカウシは kir-ika-ush-i（キリが・越え・ている・処）と聞こえる。キリは処によっては「山」，あるいはキロル（kir-o-ru　足・入る・道→踏み分け道）の略かもしれない。等澍院の前の浜が満潮で通れない時の山道があったという処からついた名か。
　音が若干似ている処から，後にキリシタンと呼ぶようになったのではなかろうか。

フンベエト
　エンルム岬の西側に並んで突き出している岩山の岬の名。フンベ・エトゥ（hunbe-etu　鯨・岬）の意。東蝦夷日誌は「フンベ岳の鼻の義」と書き，永田地名解は「フンベ・

341

オタとも云。鯨砂の義。往時砂にて鯨を作り其蔭に兵を伏し，敵を襲撃せし処なりとアイヌ云」と書いた。

　諸地の海岸にフンベの名のある処は，岬とか海辺の山を鯨に見たてた名である処が多い。ここも，元来はこの岬山を鯨に見たてた名で，永田氏の書いたのは，その名から，後にできた説話だったのではなかろうか。

海辺　うんべ

　フンベエト岬の根もと東側の地名，川名。松浦氏東蝦夷日誌は「フンベエトの岬の上を越えてフンベ。本名オタフンベ也」と書き，永田地名解と同じ話を書いた。

　母音の前にh音をつけたり，つけなかったりする。フンベもウンベも同じで，岬の形か，あるいは砂で作ったものだったか，とにかくここはそのウンベ（鯨）と呼ばれた処なのであった。

鵜苫　うとま

　様似町西境の川の名，地名。上原熊次郎地名考に「ウトマンベツ。夷語ウトゥマンベツなり。則抱き合ふ川と訳す。此ウトマンベツ山とポルベツ（幌別）山と並び合ふてある故地名になすといふ」とあり，永田地名解は「ウトゥムアンペッ。合川。幌別の古川と合流するを以て名く」と書いた。この両川の間には今でも古川跡が残っている。utumam-pet（抱きあう・川）の意で，時に合流していたことをいっているのであった。

　　〈日高幌別川筋〉
幌別川　ほろべつがわ

　同名諸地に多いので日高幌別川と呼ぶ。上原熊次郎地名考は「ポロベツ。夷語ポルペツなり。窟の川と訳す。此川上に大いなる窟のある故地名になすといふ」と書き，松浦氏東蝦夷日誌も「ホロベツとは大川なり。また本名ホルベツにして源神岳（カモイノボリ。注：神威岳）の麓の岩崖より湧き出る故号しとも。ホルは洞なり」と書いた。

　ポル・ペッ（poru-pet　洞穴・川）説とポロ・ペッ（poro-pet　大きい・川）説があったのだった。この川は流長は36キロであるが，長い諸流が集まっている堂々たる大川で，川筋を歩いていると，ポロ・ペッとしか思えない。ポルペツというのは，後のアイヌの間で考えられた解だったのではなかろうか。

ケバウ

　幌別川の川口から3キロ半ぐらい上った処に注いでいる西支流の名。本流の西側の河岸段丘上の広い平坦地と山との間を長く南流している。永田地名解は「ピバウ　pibau。沼貝。ケバウと云ふは訛謬なり」と書いた。

　からす貝の多い川は，ピパ・ウシという地名が一番多いが，ここの場合のように，ピパ・ウ（からす貝・ある）の形で残っているものが案外あったようである。また地

名ではpがkに訛ることが多いので，特に日高ではケバウとも呼ばれていたことが永田地名解にも現れているのであった。

西舎　にしちゃ

ケバウ川と本流との間の広い平地の地名。現在は馬の牧場として名高い。意味がはっきりしないが，土地のアイヌ系古老の話で，ニ・チャ（ni-cha　木を・伐る）の訛った形だとも聞いた。

メナㇱウンペッ
シュㇺペッ

幌別川は中流で二股になっていて次の形で呼ばれていた。

（右股）メナシウンペッ（menash-un-pet　東・の・川）。十勝境のポロシリ（十勝岳）や楽古岳の西斜面の水を集めて西流する川。

（左股）シュㇺペッ（shum-pet　西・川）。南流する川。春別川とも書かれる。現在は本流扱いされて，地図上にこの川名が書かれないものもある。

東日高の大川は，中流が二股になっているものが多く，その場合はこのようにメナㇱ（東），シュㇺ（西）で両方の川を呼ぶのが例であった。上流に行くと，コイカ（東），コイポㇰ（西）で呼ぶことの方が多い。

ニオペッ

メナㇱウンペッ中流に北から注いでいる相当な川。ニ・オ・ペッ「ni-o-pet　木（流木をいうらしい）・多くある・川」の意。仁王別とも書かれる。

コイカクㇱニオペッ
コイポクㇱニオペッ

数年前に行った時，ニオペッ沿いに自動車道路を作っていた最中だったので，その道を通って川のどんづまりに近い処まで行けた。そこから低い川まで下ったら，そこがコイカクㇱ・ニオペッ（koika-kush-ni-o-pet　東を・通る・仁王別川）と，コイポクㇱ・ニオペッ（koi-pok-kush-niopet　西を・通る・仁王別川）の合流点だった。ここまで来ると，両川とも山中の小渓流である。（明治図はコイボクウシの形だが，これは当時の読み誤りらしい）

ここの上は日高山脈の野塚岳，双子山（オムシャヌプリ）である。この道路は，今ごろは山を抜けて広尾郡の野塚川に出ているはず。黄金道路を回らなくて広尾地方に出れる交通路として使われて行くであろう。

シマン川

旧図はシュマンと書いた。メナㇱウンペッとシュㇺペッの間の川で，それらの合流点で落ち合っている。つまり三川合流の形である。上流を見ていないので，語義が分からないが，形だけでいうならシュマン←シュマ・ウン「shuma-un (-pet)　石・があ

る（・川）」と聞こえる。

ルテンベツ川

　幌別川本流（シュムペッ川）の西支流。明治の図ではルーチシアンベツであった。ルーチシ・アン・ペッ（ruchish-an-pet　峠・ある・川）であったろう。どこに峠があったか分からないが，上流は元浦川の源流と相対しているので，その方面への通路があったのであろう。

　川を北に溯ると，源流は，この川もコイカ・クシ（東を・通る）と，コイボク・クシ（西を・通る）のルーチシアンペッに分かれている。これがこの地方の川名のつけ方であった。

〈海岸部〉
月寒　つきさむ

　浦河町内。幌別川川口と浦河市街の中ほどの処の地名，川名。札幌の月寒と同じように，前のころは「つきさっぷ」だったが，今は「つきさむ」と呼ぶようになった。

　松浦氏東蝦夷日誌はモ・チキシヤブ（小・月寒川。月寒川のそばの小流）の処で「木をあやつりて火を出したる処といふ義。また赤楊皮（あかだも）の義也」と書き，永田地名解は「チキサッ。木片をもみて火を取りし処」と書いた。

　チキサニ（赤だも，春楡，札幌ではエルム）はチ・キサ・ニ（我ら・こする・木）で，その木片をもんで火をつくった木であった。上記の解はチ・キサッブ「我ら・（発火のために）こすった・もの」と読んだもの。土地のアイヌ古老浦川タレ媼に聞くと，月寒は昔は赤だもの木の多い処でチキサニ・カルシ（赤だもに生える茸）をとりに行って食べたのだという。チキサニと関係のあった地名なのではなかろうか。語尾の-p（もの）は，あるいは木（ni）を指したのだったかもしれない。

乳呑　ちのみ

　浦河市街の東のはずれの辺の地名，川名。明治29年5万分図では，そこにチノミシリと書く。それから来た名。チ・ノミ・シリ（chi-nomi-shir　我ら・礼拝する・山）の意。諸地で，山や断崖の処が神の居所としてこの名で呼ばれ，崇敬されている場合が多いが，従来浦河のこの辺を通ってもそれらしい地形が見当たらないので変だと思っていた。

　土地のアイヌ系古老浦川タレ媼に聞いたら，乳呑川の東岸の山が海に突き出している処だった（国道235号線を通すため，その尾根の根もとが切通しになって，独立丘の形になっている）。

　ここでパセ・オンカミ（重い・礼拝）をする時は，元浦川の荻伏から様似までのコタンの長老が丘上に集まり，めいめいのイナウ（木幣）を立ててお祭りをした処だという。ここの場合のチノミシリは，礼拝の対象になる山ではなく，「礼拝の場所であった」山なのであった。

344

ウロコベツ川

浦河市街の東を流れる川（乳呑川の一本西）。東蝦夷日誌は「ウロベツにて，草を刈り干すなり」と書いたが，どうも分からない。永田地名解は「ウルッコ・ペッ（ウルッコ魚の・川）」と書いた。ここにコタンがあり，この川水がよかったのでそれを飲んでいたという。

浦河　うらかわ

郡名，町名。現在の浦河市街のある処は元来の浦川ではない。浦川の会所をここに移し，その名を持って来たのであった。この地について松浦氏東蝦夷日誌は「ホンナイブト。小沢口の儀。ホンナイノツ。小岬。此処即ち会所。ウラカワと云う。昔（会所が）ウラカワに有しを此処へ移せし故なり」と書いた。今の国鉄浦河駅とトンネルの間にある沢がそのポン・ナイ（小・沢）で，トンネルの山の突出部が，ポンナイ・ノッ（ポンナイ・岬）であった。つまり今の浦河市街の処はポンナイという土地で，舟着き場のよい処なので会所がここに移されたものらしい。この浦河の名のもとになった元浦川は，今の浦河市街の中心から，20キロぐらいも西の，大川である。

向別　むこうべつ

浦河町内の地名，川名。向別はムコベツ，モコチ，ムクチなどの形で呼ばれた。その語意を上原熊次郎は「モクチ。静かな窪」と訳した。現代流に書けば「モ・コチ。静かな・その窪地（沢）」である。松浦武四郎は，その説を書くとともに「静かに寝らるる義也」とも書いた。モコル・ペッ（眠る・川）とでも読んだのだろうか。永田地名解はムコッチ←ムㇰ・オチ「羊乳草（ツルニンジン）・ある処」と解した。どれだったのか解しようもない。まずは古いモ・コチ説で考えてきた。それが慣用地名化して後，そこの川をモコッ・ペッ（モコチ・川）と呼び，向別となったとでも理解すべきか。

井寒台　いかんたい

向別の西は，丘陵地が海に迫っていて，国鉄日高線も，古い道も，その後を迂回して通っている。永田地名解は「イカンラニ。迂回して通る阪」と書いた。ikanrani←i-kar-rani（それを・まわる・坂）のような意味であったろう。

絵笛　えぶえ

井寒台の西側を流れる川の名。地名。永田地名解は「エブイ。蕗台。此処蕗台多し。故に名くと云ふ」と書いた。土地の浦川タレ媼は，ここはつわぶきが一ぱいあって，根を乾して貯蔵食としたという。

エブイはまた，ぽこんと盛り上がったような山のことにも使われたので，注意を要する。

〈元浦川筋〉

元浦川　もとうらかわ

　元来の浦川。ここにあった会所がポンナイプトゥに移り，名前もそこに持って行き，そこを浦河と称するようになってから，ここが元浦川といわれるようになった。上原熊次郎地名考は「ウラカワ。夷語ヲラカなり。則腸と申事にて，昔時此処山海の漁猟ありて，魚獣の腸多く□有る故地名になすといふ。未詳」と書き，松浦氏東蝦夷日誌は「本名ウラカにして雲靄立上る処なり。土人は禽獣の腸の事とも云へり」と書いた。また永田地名解は「ウララ・ペッ。霧・川。一説ヲラリペツにて沙深き川の義」と書いた。一番古い秦憶麻呂地名考は「ヲラカの訛語なるべし。鹿腸の名也と云。名義未詳」と書いている。この説が古くから伝えられたものらしい。

元浦川市街　もとうらかわしがい

　川口から少し上った西岸の処。昔の名でいえばトゥック・ミンダラ（できた・庭。新しくできた土地）やキナ・チャ・ウシ（草を・刈る・処）と呼ばれた場所であったようである。

姉茶　あねちゃ

　川口から7，8キロ溯った処の西岸，姉茶橋の上の辺の地名。姉茶川が流れている。東蝦夷日誌はアネサラと書く。永田地名解は「アネ・サラ。細茅。姉茶（アネサ）村と称す」と書いた。浦川媼は細い萱が生えていた処だという。音だけでいえば「細い・葭原」とも聞こえる。

ケバウ川

　姉茶のすぐ上の処（今は下野深）で街道のそばを流れている川。明治29年図ではピパウと書かれた。永田地名解は『ピパウ。沼貝。松浦地図その他ケパウに誤る』と書いた。その松浦図を見ると「ケハウシ」と書かれていたのであった。東日高の地方では，ケバウのような形で残っているのであるが，元の形はピパ・ウ（からす貝・多い），あるいはピパ・ウシであったらしい。地名ではpがkに訛る場合が多いので，それがケバウになったものらしい。

ポロイワ山

　ケバウ川口より上，西岸に，この辺では大きな独立山が聳えていてポロイワ山と呼ばれる。ポロ・イワ（大きい・山）の意。イワは目立つ山で，霊山とされていた処らしい。

野深　のぶか

　ポロイワ山の付近は西岸を中心として野深と呼ばれている。西岸の河岸段丘上の平坦地がヌッカ（nupka　野原）と呼ばれていて，それから出た地名。地形の同じような幌別川や静内川の西岸にもヌッカがあったが，ここが大字名として残った。

野深の市街地はツケナイ橋を西に上った処でアイヌ系古老浦川タレさんの出身地という。そば屋が一軒あり，土地のそばをゆっくり味わった。

ヒトツ

今の野深市街から川岸にかけての地名。川がかぎ型に曲がった処である。珍しい名なので特に載せた。松浦図では「シトチ」である。永田地名解は「シットキ。岬。直訳臂（ひじ）」と書いた。シットㇰ「shittok (-i)」は「ひじ」で，川の曲がりかどをいう。それから来たものらしい。それがシトチとなり，「ヒトツ」となったものであろう。

モイワ

諸地にモイワ（mo-iwa 小さい・山。霊地らしい）があるが，殆どが独立丘である（札幌の円山もモイワだった）。野深で，東岸にモイワがあると聞いたが，背景の山とまぎれてよく分からないので，ツケナイ橋を渡って近くまで見に行った。そばで見ると小山ではあるが見事な円頂独立丘である。南のポロ・イワ（大・山）と，北のモ・イワが，間の平地の両側に相対していたのであった。

イマニッ

元浦川をずっと溯って行くと，西岸を上っていた道路が神威橋を渡って東岸に移る。渡って崖角を一つ曲がった処の川側にひょろ高い巨巌が立っていて，浦川タレ媼が，これがイマニッだと教えてくれた。これも，アイヌの伝承に興味のある方のために載せた。

北海道の海岸地方の方々に残る伝説である。創世文化神が，海岸で鯨の肉をイ・マ・ニッ（i-ma-nit それを・焼く・串）に刺し，火で焼いていたら，たき火がパチンとはね，神様が驚いて尻餅をついた跡がオソル・コッ（尻・跡）として残り，焼き串の破片が飛んで岩になったのだという。元浦川ではそれがこんな山中まで飛んで来ていたのだった。

⇒蓬莱（350ページ）

ショロカンベツ川

神威橋から本流を約4キロ上った処に注いでいる東支流の名。明治29年5万分図にはシホロカアンベツと書いてある。永田地名解は「シ・オロカン・ペッ。逆流の大川。ショロカンペッと聞こゆれども，シー・ホロカ・ウン・ペッに同じ」と書いた。shi-horkan-pet（大きい・後戻りしている・川）と解したもので，地形的にはその通りの川。明治29年図はそれを受けて書いたものか。

ただし，古い松浦図は現在と同じようにショロカンヘツであった。現在の川名は土地の音が残ったものらしい。東蝦夷日誌は「ショロカンペツ。右（東）の方，大滝也」と書いた。入って調べていないが，もし滝があったのなら，ショ・オロ・カ・アン・ペッ（滝・の処・の上に・ある・川）の形だったのかもしれない。

ペテウコピ
ソエマㇷ゚
シュオマナイ川（ニシュオマナイ）

　元浦川をショロカンペッ川口から少し上った処がペテウコピ（peteukopi　二股）であり，明治29年図では，元浦川源流はソエマㇷ゚川とニシュオマナイ川に分かれている。

　ソエマㇷ゚は右（東）股の川の名。今ソエマツ沢の名があるのはその訛りであろう。また現在は本流扱いされているためか，この名が地図に書かれなくなって来た。ソ・エ・オマㇷ゚「so-e-oma-p　滝・そこに・ある・者（川）」と聞こえる。中流まで上って見たが滝が見えない。明治26年版道20万分図では水源部の処々に滝の印がつけてあるが，語意はなお検討の要がある。

　シュオマナイ川と左（北）股の方をいうのは，明治29年図のニシュオマナイの前略されたものか。この川名も検討が必要である。松浦武四郎の時代はこの川の方が本流扱いだったらしい。東蝦夷日誌は「左股（本川）に上る。ニセウマナイ（左川。注：上に向かって）」と書き，水源部は「シノマン（最源流の）・シセウマナイ」である。シセウマナイはニセウマナイの誤記か。

　永田地名解は「ニシュー・オマ・ナイ　nishu-oma-nai。臼沢。五葉松多し。此材を用て臼を作るにより此名あり」と書いた。浦川タレ媼は「ニセウ・オマ・ナイ（どんぐり・ある・川）である。それを狩に行く時持って行った」と語られた。この川奥は断崖，峡谷になっているようである。あるいはニセイ・オマ・ナイ（断崖・ある・川）からニセオマナイのように変わったのかもしれない。

神威岳　　かむいだけ

　浦河郡元浦川の水源であり，十勝の広尾郡歴舟川の水源でもある山。カムイ・シリ（kamui-shir　神の・山），あるいはカムイ・ヌプリ　kamui-nupuri（同）と呼ばれ，深く畏敬された山であった。東蝦夷日誌の長い記事を略記すれば，山上に神社あり，形家の如く中は洞であるが，此の処に到りしものはなし，近頃は谷一つを隔てて是を拝し皆帰ることなりと。また此山中に忌言葉ありて海の品も海の名も呼ばざる習わしなりという。またここに黒毛の鹿有り，土人是を海の使わしめと云えり，のように書かれた。

　〈海岸部〉
荻伏　　おぎふし

　浦河町海岸西端の地名，川名。明治29年図では元浦川の西海岸に東からポロ（大きい）・オニウシとポン（小さい）・オニウシの二川が海に入っている。現在前者が浜荻伏川，後者が無名川の称である。そのポンオニウシ（無名川）が浦河町と三石町の境である。

　上原熊次郎地名考は「オニウシ。木の生ずと訳す。此処ミツイシ，ウラカワの境なりとて，双方夷人其往還の節，境界に流木など建しより地名になすといふ」と書き，永田地名解もこの説を書いた。

これはオ・ニ・ウッ・イ（o-ni-ush-i）で「そこに・木が・立っている・処」と読んだものであった。ただし，一般の土地ではこの形なら「川尻に・木が・生えている・もの（川）」であった。ここも，もともとはその意であったのが，後に今のように解されたのかもしれない。

荻伏市街は元浦川の川口に近い西岸の支流フーレ・ペッ（赤い・川）の流れていた辺の土地である。

毛舞　けりまい

三石町東端部の川の名，地名。松浦氏東蝦夷日誌は「ケリマプ。名義ケリヲマフにて，魚皮沓（ケリ）有る義。往古此処に城有，合戦に負けて籠城し，糧尽，ケリ迄喰たると云より号しと云。又ケロマプと云。ケロは松前方言ムイと云貝なり。マプは在る也」と書き，永田地名解も「ケリマプ。土人飢餓に堪へず，鮭皮履きて焼き食ひし処なりと云ふ」と書いた。北海道駅名の起源（昭和29年）は「ケニ・オマ・プ（ヒルガオの根・ある・所）の意である」と解した。

以上のようにkeri-oma-p（履物・ある・処），kero-oma-p（ひざらがい・ある・処），keni-oma-p（ひるがお・ある・処）の三説が書かれて来たのであった。

本桐　ほんぎり

三石町の字名。日高本線本桐駅あり。北海道駅名の起源（昭和29年）は「ポン・ケリマプ（子なる・ケリマプ川）の下略形の転訛」と書いた。東蝦夷日誌はこの川を上ること「少にて二股。右ホンケリマフ，左ホロケリマフ」と書いたのがそれらしい。ケリマプ川下流の支流であろうが，松浦図にも，明治の図にもそれが見えない。別称で書かれているのであろうか。まだ確認できないで来た。

三石　みついし

日高の町名，郡名，川名。古い秦檍麻呂地名考は「ミトゥシにて水をいるる器の名なり。樺皮を以て是を製す」と書き，上原熊次郎地名考は「ニトゥシなり。樺皮の桶と訳す。ミツイシ川の内にニトゥシに似たる岩山のある故地名になすといふ」と書いた。これはnitushでもmitushでも呼ばれて桶の名とする説。

松浦氏東蝦夷日誌は，ミトシ説を書いた後に「和人，此沖に三ツの大暗礁ある故とも云り」と付け加えた。永田地名解はニトシ説を非なりとして「元名エマニッ・ウシと呼ぶ大岩ありて川中に立てり。魚焼串の義」と書いた。創世文化神が鯨肉を焼いた串がとびはねて岩となったという伝説の岩の名 i-ma-nit-ush-i「それ（肉）を・焼く・串が・ある・処」だとする説。たぶん前略して，ニトゥシという言葉から三ツ石になったとしたものであろう。

蓬莱　ほうらい，蓬栄　ほうえい
イマニッ

　蓬莱は三石川下流東，西岸の地名。東岸側の地名に蓬栄があり，同名の駅がある。三石川を国道から2キロ余上った東岸の，道路の左側の川岸に見上げるような巨巌が聳えていて，祠が祭ってあり，蓬莱岩と呼ぶ。それから以上の地名が出たのだという。この岩をアイヌ時代はイマニッと呼んだ。アイヌの創世文化神オキクルミが海岸で鯨肉を焼いていたら，たき火でその蓬の串がパチンとはねた。それが飛んで来てこの岩となったのだという。イマニッはイ・マ・ニッ（それ・を焼く・串）の意。イナウを立てて祭られて来た処だという。今はこの地方での名所である。

布辻　ぶし

　三石町と静内町の境の川の名，地名。アイヌ語のブシは擬音語。噴出するようなことの意。上原熊次郎地名考は「ブシ。アイヌ語ヲブシの略語なるべし。則破れるといふ事。此川常に塞がって時化の節水口開く故此名あるべし」と書き，松浦氏東蝦夷日誌は「ブッシ。名義，南風の時に口塞げども直ちに破るの義なり」と書いた。この川口は今でもひどく屈曲して昔の面影を残している。砂で川口が塞がりやすかった川で，川尻に貯った水がそこを破って噴出するのが目立ったので川名となった。push-i「（川水が）破って噴き出す・もの（川）」の意であったろう。

姨布　うばふ，おばふ

　三石町内。ケリマイの西の地名，川名。前のころは「おばふ」と呼んでいた。珍しい地名で語義が分からない。永田地名解は「オマㇷ゚　omap。愛敬。オマㇷ゚は愛するの意。又礼を為すを云ふ。静内と三石の土人面会し礼を為したる処なりと云ふ。一説オハㇷ゚にて空処の義。国後騒動の時此辺の土人山中に逃げ一村居人なきに至る故名くと，またオハク・ナイ（浅・川）の義なり（抄）」と書いた。この流儀で似た言葉も当てることもしたくなるが，語呂合わせをしても危い形である。

東別　とうべつ

　布辻川中流を現在東別という。その形だけからはすぐトー・ペッ（沼・川）と考えたくなるが，沼らしい処がなく，現地の古い人たちはトイペツという。明治の旧図を見ると，今国鉄日高東別駅のある処から700メートルぐらい下の支流にトイペッがあり，どうもそれがこの地名のもとらしい。永田地名解を見ると「トイ・ペッ。食土川。遠別村の原名にして静内郡に属す」とある。永田氏はこのトイがchi-e-toi（我ら・食べる・土）であると聞いてこの解をしたものらしい。そのトイに「遠」を当てて呼んでいたが，昭和になって「東」に改められたとかいう。

春立　はるたち

　静内町東部海岸の地名，川名。永田地名解は「ハルタウシナイ。食料多き沢。此沢にセタトマとて和名ツルボ多くあり，土人採りて食す。又黒百合も多くありしが今は

すべて無し」と書いた。ハル・タ・ウㇱ・ナイ「haru-ta-ush-nai 食料を・採る（掘る）・いつもする・沢」の意。

宇瀬内　うせない

東静内市街と静内市街の中間の処の地名，川名。語意がはっきりしない。松浦氏東蝦夷日誌は「ウセナイ。名義顕わるる義。此処岬なる故に号しなり」と書き，野作東部日記（松浦氏と同時代）は「宇瀬は出と云夷語にて此処出岬なる故にしか云」と書いた。

永田地名解は全く別で「ウセイ・ナイ。湯・川。ウセナイにて出沢なりと云ふは非なり」とした。とにかく今の処は何とも分からない地名である。

元静内　もとしずない

春立市街のはずれから小岬を東に回った処の小さな入江。小流が流れ込んでいて，今の5万分図には名前も書いてないが，ここが元来の静内で昔は会所のあった処。今の静内市街から10余キロ東の処である。上原熊次郎は「シツナイ。シュツネなり。シュツナイの略語なるべし。シュツは曾祖母の事，ナイは沢の事にて昔時和の婦人此沢に住居せしゆへ地名になすといふ。蝦夷の先祖此婦人なりといふ」と書いた。シュツは shi-hutchi（大・祖母）の意であろう。永田地名解は「元名シ・フッチ・ナイ。大祖母（の沢）の義。アイヌの始祖居りし沢なりと云ひ，又フッチ・ナイとも云ふ。然れども其実はシュトゥナイ（shutu-nai）にて葡萄沢の義なり」と書いた。また北海道駅名の起源（昭和29年版）は「シュッ・ナイ（麓・川）」とした。岬山の下の処なので，それに合わせて shut-nai と読んで解を考えられたものであろう。

昔貴婦人が流れついて，土地の犬がその婦人に奉仕したが，その間から子供が生まれて拡がって，後のアイヌになったという有名な伝説の場所である。

これと全く同じ伝承が，沙流川口のプンチシの処にもあった。東蝦夷日誌は「秦氏蝦夷島奇観のシツナイはフツナイの誤りか，フンチシナイをフツナイと結びたるかと思はる也」と書いた。そのプンチシは，富川駅から東に岬を回ってすぐの処。プイ・ウン・チセ（pui-un-chise　穴・の・家→岩窟）であると松浦氏は書いた。永田地名解も似た記述をしている。

東静内（捫別）　ひがししずない（もんべつ）

春立の西隣の大字名。捫別川が流れていて前は土地もその名で呼ばれていたが，道内諸地に同音の地名があるので東静内と改名した。静内町の東部であるという意であろう。捫別はモ・ペッ（mo-pet　静かな・川）の意であったろう。

アザミ川

捫別川の川尻の処に東から注いでいる川の名。松浦氏東蝦夷日誌はアンサミと書いた。永田地名解は「アサミ。薊。和名なり」と書いたが，前にアイヌ古老から，アンジャミ（あざみ）をアイヌ語として聞いたことがある。和語伝来だったかもしれない

351

が，アイヌ語として呼ばれた地名であろう。なお土地のアイヌ旧家佐々木家から出た岡本頼子さんはアジャンミ（私の住む村）と聞いていると語られた。

浦和　うらわ
有良川　うらがわ

　東静内市街の西の処が浦和という地名。有良川が流れている。この川の旧名ウララから来た名のようである。永田地名解は「ウララ。霧。此辺霧多し。故に名く。一説にウラは連続の義。昔蝦夷の家連続せしにより名く」と書いた。

〈静内川筋〉　東日高の大川は地形が妙に似ていて，人里には同じようにケバウ，ヌッカ（今は多く牧場地），台地の下にはメナ川がある。また上流の河川の川分かれには，メナシ，シュム，あるいはコイカ，コイボクで川名がつけられている。静内川筋の地名はその典型的な姿であった。

静内　しずない
染退　しびちゃり
ホマリモイ

　静内は，東西に長い日高のちょうどまんなかの処の町名，郡名，川名である。今静内というが，それは西10キロの昔の静内（元静内）にあった会所をここに移して静内場所と称してからのことで，元来はシビチャリ（シベチャリ）と呼ばれた処である。静内の語義は元静内の項を参照ありたい。シビチャリの語意も，古くから説が多かった。

　秦檍麻呂地名考は「シブチャリベツ。古名シベチャンと云。シベは鮭，チャレは晒の意。鮭魚卵を生み終れば，疲痩して偏身白くなる形をシベチャレと云」と書いた。

　上原熊次郎地名考は「シビチャリ。夷語シュブシャルなり。則芳の湿沢と訳す。此沢辺平原にして芳の湿沢なるゆへ地名になすといふ」と書いた。シュブ・サル（shup-sar　葭の・草原）と解したのであった。

　松浦氏東蝦夷日誌は「シビチャリブト（注：ブトは川口）。本名シベイチャンとて鮭が卵置処の義」と書いた。シベ・イチャン（shipe-ichan　鮭の・産卵場）としたものである。永田地名解も同説で書いた。古い秦地名考と同じような形で，その音が覚えられていたのか。なお語尾は所属形で，イチャニ（ichan-i　その産卵場）でも呼ばれて，それでシベチャリと転訛したとも見られる。

　ホマリモイが，シビチャリの旧名だという。東蝦夷日誌は，ホマリモイの時代に「連年不漁にて土人難渋し神に祈りしかばシベイチャンの名を附よし霊夢を蒙りしに，其後大漁なりと云伝ふ」と書き，野作東部日記（安政）も「元名はホマリモイと云しが，往昔疫病等行はれてより改しとや」と書いた。永田地名解は「ホマラ。見えぬ（湾）」と記す。川口の辺が靄でも多かったのでホマル・モイ（homar-moi　薄ぼんやりしている・入江）と呼ばれていたのであろう。

VIII 日高地方

メナシュンクㇽとシュムンクㇽの土地

　幌泉郡（えりも町）から西の沙流郡までを一国としたのは松浦武四郎の案で，日高は彼がその国名として作った新しい名なのであった。元来はシビチャリ（今の静内川）から東がメナシュンクㇽ（menash-un-kur　東・の・人）の土地で，そこから西がシュムンクㇽ（shum-un-kur　西・の・人）の土地であった。両者は別派の人たちであったようで，今でも東の古老に聞くと，シュムンクㇽは言葉使いがまるで違う人たちだと違和感を以て語る。習俗も差があったようだし，地名の上でも細かく調べて行くと差が見られる。

　中世松前藩をゆるがした兵乱の巨頭シャクシャインはメナシュンクㇽ側の大酋長で，彼のチャシ（砦・居館）といわれるものが，静内川東岸の処々に残っている。今彼の銅像がたっている処もその一つである。

下方　げばう

　現在は公式名ではなくなったかと思われるが，静内川の川口近くの西岸一帯が下方村と呼ばれ，それが上，中，下と分かれていた。今の静内市街の辺は昔風にいえば下下方村であった。

　下方は（日高）幌別や元浦川のゲバウと同じくピパ・ウ（からす貝・ある）川の名が転訛したもので，地名ではp→kの訛りは道内諸地で見られる。静内川のピパウ（ピパウシ）川は，現在は大川口から2キロ溯った処に入っている北支流で，明治29年図で見ると，静内川西岸の平坦な段丘の後，山下をずっと大川に並行して流れていた。元浦川のピパウと全く同じ形であった。

　現在，日高メナ川と呼ばれている川の本流が昔のピパウ（げばう）川である。

目名　めな

　日高幌別川でも，元浦川でも，西岸段丘の下，大川沿いにメナ川があるが，ごく小さい川なので書かなかった。静内川筋では大字名の目名になっている。静内川西岸の街道を上って行くと目名の部落があり，道路の左側に小流が流れている。今は日高メナ川（実はゲバウ川）の支流となっているが，これが昔からのメナ川の下流である。昔はもう少し上で大川に直入していたのであるが，今はゲバウ川に繋げられ，名前もゲバウをメナ川と変えた（目名を流れているからであろう）が，元来のメナは支流扱いとなった。

　メナの語意も分からなくなった。永田地名解は処により枝川，小流，またここでは「溜り水」と訳した。知里博士は，メㇺ・ナイ（mem-nai　湧泉池・の・川）のつまった形じゃないかしらと話しておられた。この地方のメナはだいたいその形である。この目名川も，明治29年図では，段丘下の小池から出ていたのであった。

ルベシベ沢川

　目名から少し上り，橋を渡って東岸豊畑に入った処の川。旧図にルペッペ（峠道の沢）と書かれている。その沢沿いの道を上り，丘陵を越えたらモンベツ川（東静内の

353

川）の上流に出た。ここが昔からの交通路だったのでこの名で呼ばれたのであろう。

ヌプカ

　静内川の西岸は，ここでも段丘上に広い平坦地になっていて，農林省種畜牧場があることは元浦川と同じ姿である。松浦図ではここがヌフカである。元浦川の野深と同じように，この段丘上がヌッカ（nupka　野原）なのであった。なお参考のため，ヌプ・カは（野原・の表面）なのであるが，慣用上はヌッと同じように野原をいっていたのであった。日本の古語「野おも」，つまり野の表面が，野原をいうのと似ている。

農屋　のや

　静内川中流，西側の地名。松浦図ではノヤシヤリと書いている。ノヤ・サル（noya-sar　よもぎ・くさむら），つまりよもぎの生い繁った原の意であったろう。よもぎはアイヌ時代には魔を払う植物として大切にされたためか，処々にノヤのつく地名がある。

ペテウコピ
メナシペッ
シュムペッ（シュンベツ川）

　静内川は農屋部落の少し上がペテウコピ（二股）で，右（東）股がメナシ・ペッ（menash-pet　東・川），左（北）股がシュム・ペッ（shum-pet　西・川）であった。東日高では，大川中流の二股ではメナシとシュムで両川の名とするのが例である。
　シュムペッは，今は「シュンベツ川」と呼ばれ春別川の字でよく書かれる。東日高では時々見られる形である。メナシペッの方は現在は「本流」とされていて，その名が出て来ないこともある。この方には上るとすぐの処にダムが作られていて，静内調整池（人造湖）と呼ばれている。

タプコプ

　静内川のペテウコピ（二股）には松浦図でも，明治29年図でもタプコプが書かれていて，位置的に目立つので，川に下ってよく見物した。この二川合流点は広い小石川原になっていて，その川原（流れの北側）にこのタプコプ（tapkop　たんこぶ山）があった。美しい円頂丘で，川原の中でそこだけ木が繁っていて，祠が祭ってある。ずいぶんたくさんのタプコプを見て来たが，これだけ見事なのは珍しい。こんな山中まで行かれる方があったら一見をおすすめしたい。

イドンナップ

　静内町から新冠町にまたがる山中の地名，川名，山名。静内川の左股シュンペッの源流の左股がイドンナップ川で，その水源の山がイドンナップ岳である。イドゥンナッ（itunnap）は蟻のことで，蟻が多かったので，その地をイドゥンナッと呼んだのが，これらの名の起こりであるという。

354

パンケベツ沢川

本流（メナシベツ）を溯った処に注ぐ北支流。その少し上に，小さいがペンケ・ペッ（上流側の・川）が並流しており，それと対称してパンケ・ペッ（下流側の・川）と呼ばれた。

コイカクシシビチャリ
コイポクシシビチャリ

静内川源流（メナシベツ）をパンケベツ川口から上ると二股になり，右（東）股がコイカ・クッ・シビチャリ（東・を通っている・染退川），左（北）股がコイポㇰ・クッ・シビチャリ（西・を通る・染退川）である。

東日高では，川の二股があると，その両川にコイカ(koika 東)，コイポク(koi-pok 西)をつけて呼ぶことも多い。大川筋では，中流の大きい二股にはメナシ，シュㇺ（東，西）をつけ，源流筋ではコイカ，コイポクで呼ぶことがまあまあ多かった。詳しくは私の著作集「アイヌ語地名の研究」1巻を参照して戴きたい。

道庁河川課監修北海道河川一覧には，コイポㇰㇰシシビチャリの方が出ていない。それが本流であるとして旧名を省かれたのであろう。

ペテガリ

静内川源流の川名，山名。ペテガリという名はペッ・エ・カリ「pet-e-kari-i 川が・そこで・回っている・もの（川）」と聞こえる。現在の5万分図では，コイカクシシビチャリの東に上っている川に「ペテガリ沢川」と書いてあり，その下流の辺がひどく曲流しているので，それを呼んだ川名であったろうか。

ペテガリ岳は，その水源の山。ペテガリ川の山の意であろう。ただ気にかかるのは，明治29年図では，コイカクシシビチャリ川の一番下の北支流，河川一覧ではシビチャリ川となっている沢に，ペテカリペッと書いてある。これだとペテガリ岳とだいぶ離れるので，何か変だなと考えて来た。どなたかにこの点は検討していただきたいものである。

ペツピリカイ

コイカクシシビチャリ川の源流の南股の川名，山名。ペッ・ピリカ・イ「pet-pirka-i 川が・良い・もの（川）」と聞こえる。水がよかったのか，歩きいい川だったのか，とにかくいい（ピリカ）川だったのであろう。ペツピリガイ山はその川の上にある山なので呼ばれた山名であろう。

(2) 日高西部

シュムンクルの地方

　日高は静内川までがメナシュンクル（東の人）の土地で，そのすぐ隣の新冠川から西がシュムンクル（西の人）の土地であった。シュムンクルは太平洋岸諸種族の中では，若干独自の生活文化を持っていた人たちであったらしい。沙流文化で代表されるようでサルンクル（sar-un-kur　沙流地方の・人）といわれることもある。

　その西限は，胆振国東部にまで及んでいたようで，上原熊次郎地名考は「シラヲイ（白老）辺までの蝦夷をシュムンクルと云ふ」と書いた。私の地名調査の結果では，新冠から胆振の鵡川，あるいは勇払の辺までが一つの型があるので，古い時代は，その辺が西限だったかと考えて来た。

浦利川　うらりがわ

　新冠町内，海岸部東端の小川。永田地名解は「オラリ。砂ぬかるむ処」と書いた。また松浦氏東蝦夷日誌は「オラリ。本名ウラエベツ也。柵を架け，魚を取義」とした。つまりウライ（urai　やな）としたものであった。

新冠　にいかっぷ

　日高中部の川名，町名，郡名。松浦氏東蝦夷日誌は「ニイカップ。ビボクと云しを，文化六年呼び声のよろしからざるに依てニイカップと改む。名義ニイカップは楡，梢川の義なり。此川木皮多き故号けしなり。ビボクも此会所元の名にあらず。此川の名なり」と書いた。永田地名解は「ビボクは雅音にあらずとして新冠と改む。此地のアイヌ楡皮（ニカブ）の衣を服す。其色茶褐を帯び他の地のアツトシ（注：厚司）と色を異にす。故に名くと云ふ」と書いた。ビボクを卑僕とでも考えたのであろうか。

　ニカㇷ゚はni-kap（木の・皮）の意。ビボㇰはpi-pok（岩の・下）の意。川尻西岸に，現在判館館と称する山があって，大岩が突き出している。それからついた名であろうか。

泊津　はくつ

　新冠川下流の地名，川名。明治29年5万分図ではハックツ（ポロハックッとも）とポンハックッの小流が並んでいて新冠川の東岸に注ぎ，泊津村と書いてある。永田地名解はhatkut「葡萄こくわ（？）」と書いた。ハッ（山葡萄），クチ（こくわ）と並べたものだったろうか。

姉去　あねさる

　泊津の上流側の地名。永田地名解は，元浦川の姉茶と同じく，「アネ・サラ。細茅。姉去村」と書き，松浦氏東蝦夷日誌は「アネイサラ。細長き沼有て芦生たり」と景色を書いた。アネ・サラ（ane-sar　細い・葭原）のことであったろう。

VIII 日高地方

日高西部略図
鵡川（胆振）

鵡川は沙流川と対になっていて、人文的にも沙流川筋に近く、むしろ日高西部の内といいたい処である。

万揃川　まんそろえがわ
万世　ばんせい

　新冠川東岸,姉去の北の処に,東支流の万揃川が流れている。昔は万揃(まんそろえ)村とその辺が呼ばれた。現在の字名を万世と呼ぶのは,それに因んだ称であろう。

　この川は松浦図ではマウニショロと書かれ,永田地名解は「マウニ・ウシ・オロ・コタン。はまなす・多き・中に在る・村」と書いた。それが万揃になった経過は少々難しい。まあ一つの案を書けば,マウニショロの「ニ」は略されても呼ばれたろう。マウ・ウシ(はまなす・多い・処)という場所の名ができていたとすれば,それにオロ(の中,の処)がついてマウウシオロ→マウショロと略されて万揃になったとでも考えられないだろうか。

プイラルベツ川

　新冠川上流の北支流。新冠・沙流の境の高山幌尻岳から直下している川。永田地名解も,明治の測量図もプイラルイペッと記す。puira-rui-pet(激流・はげしい・川)の意。

節婦　せっぷ

　新冠市街のすぐ西にある字名。ポロ・セッ(大きい・節婦川),ポン・セッ(小さい・節婦川)が流れている。永田地名解は「セッ　sep(広き処)」と書いた。今見るとこの二川とも小川でセッ(広い)という言葉が変である。ただ沢は割合に広いので,古くはそこを広く流れていたのでもあろうか。

大狩部　おおかりべ

　新冠町内の字名。小川が流れている。語意ははっきりしない。オ・カリ・ペ「o-kari-pe　川尻が・回っている・もの(川)」ぐらいの意味だったろうか。

海馬岩　とどいわ

　大狩部の少し沖にある岩礁。海馬が上って休むのでこの名で呼ばれる。魚を食べ,網を荒らしたりするので,自衛隊の大砲で砲撃してもらったりして有名になった。北方の海岸には,ここばかりでなくトド岩,トド島の名が処々に残っている。トドは日本語であるが,アイヌ語から訛って伝来したものらしい。

厚別　あつべつ

　厚別川は新冠郡新冠町と沙流郡門別町の境の川である。「あつべつ」のような地名が道内の処々にあるが,言葉が簡単なためか,どこに行っても語義がはっきりしない。その一例としてこの川の解を昔からの順に並べて見た。

　秦檍麻呂地名考は「アツペは鼠弩の名なり。赤アブペツといふ。アブは鉤なり。この川の屈曲鉤に似たるままに名付たりといへり」と書いた。次の上原熊次郎地名考は「アツベツとは群れる川と訳す。此川尻は別て鷗の群れて居る故地名になすといふ。

未詳」とした。

　松浦氏東蝦夷日誌は「アツは群る義。又楡多き故とも云。またモモガと云獣ある故とも云」と書いた。永田地名解は「アッ・ペッ。釣川。魚を捕る川の義なり。厚別（アツペツ）と云ふは誤なり」とした。

　まとめていうと，アㇰペ（akpe　わな），アㇷ゚（ap　釣り針），アッ（at　ごちゃごちゃいる），アッ（at　おひょう楡の皮），アッ（at　ももんがー）と各種の解が書かれていた。見当がつけにくい。

比宇川　びうがわ
リビラ川

　厚別川中流の東支流が比宇川で，その上流側の東支流がリビラ川であって，この二川が目ぼしい支流である。行って見ていないが，比宇川は明治29年図ではビウカであった。ビウカ（piuka　小石川原）の意か。リビラはリ・ピラ（ri-pira　高い・崖）と聞こえる。他地のリビラを見に行って，特別の高崖とも思わなかったことがある。土地の人が川崖か何かの高い方を呼んだ名か。

厚賀　あつが

　門別町内の鉄道駅名，地名。大正13年に日高線の駅が厚別と賀張の間の処にできて，公平なように，この二地名から一字ずつを採って厚賀駅と命名された。駅前に市街ができてそこが厚賀という地名となり，元来の厚別の処が厚賀町と呼ばれる市街となった。今は分かっていることだが，古くなったら，厚賀というアイヌ語があったと思われるようになるかもしれない。

賀張　がばり

　門別町内の地名，川名，山名。厚別の西隣の土地である。上原熊次郎地名考は「カバリとは平磯と訳す。カバルは薄きと申ことにて，此海岸平磯なる故地名になすといふ」と書いた。永田地名解は少し形を変えて「カパルシ　kapar-ush-i。暗礁。海岸に近き海底にカパラ・シララ（注：kapar-shirar　平べったい・岩）多し。故に名く」と書いた。

　沙流川筋で，賀張の神を重き神として祭っている家のあることを聞いた。ここの土地から移った人たちなのであろう。

清畠　きよはた（慶能舞　けのまい）

　賀張のすぐ西隣の地名。慶能舞川が流れていて，前は慶能舞で呼ばれていたが，今は清畠と改名された。松浦氏東蝦夷日誌は「ケノマイ。ケンオマイの略。ケンは土人食糧草なり。是其形象を聞くに黄花慈姑（くわい）なり。オマイは有る義」と書いた。知里博士植物篇によればケン（ken）は「ひるがおの根」。慶能舞はken-oma-i「ひるがおの根・ある・もの（川）」だったらしい。

豊郷　とよさと（波恵　はえ）

門別町内の字名，清畠の西隣である。昔名高い波恵も豊郷と改名されたが，今でも波恵川が流れている。松浦氏東蝦夷日誌は「ハイ。本名アイにていらくさ多き義」と書いた。つまり繊維材料（hai）を採る「いらくさ」の多い処だったという。波恵の人はシュムンクル（西の人）の一族で，ハユンクル（hai-un-kur　波恵・の・人）と呼ばれた。その波恵の酋長オニビシと，メナシュンクルであるシビチャリのカモクタインやシャクシャインとの争いが，有名なシャクシャインの乱の発端なのであった。松浦氏によれば「此処昔しは土人多けれども今皆シビチャリに移ると」とのことである。兵乱がシャクシャイン方の敗北に終わってから後のことであろうか。

⇨静内（352ﾍﾟ）

門別　もんべつ

日高沙流郡の川名，町名。沙流の会所は，昔は沙流川の川口にあったが，文化2年（1805年），岬を一つ東に回った門別川口に移され，従って幕末のころは門別が沙流地方の中心であった。今でも沙流川下流地帯は門別町の中である。上原熊次郎地名考は「モンベツ。夷語モベツなり。静なる川と訳す」と解いた。諸地の「もんべつ」と同じようにモ・ペッ（mo-pet　静かな・川）であったようである。

幾千世　いくちせ

門別川中流の地名。ユク・チセ（yuk-chise　鹿の・家）の意だったという。鹿の多い処だったからの名であろう。

〈沙流川筋〉　沙流川筋は有名なサルンクル（sar-un-kur　沙流・の・人）の本拠地で，アイヌ文化の研究も先ずここから始まったともいえようか。下流は門別川筋と共に門別町，中流は紫雲古津，平取（今の市街），二風谷，幌去など古くから聞こえた土地が並んでいて平取町となり，上流一帯は日高町である。

沙流　さる

日高最西部の川名，地方名。上原熊次郎地名考は「サル。夷語シヤルなり。則湿沢といふ事」と書いた。沙流川の下流は，今の水田地帯であるが，昔は大きなサル（sar 葭原。shar でも同じ）だったからの名。道内では沙流と斜里（北見）が聞こえたサルであったので，斜里をピンネ・サル（男のサル），沙流をマッネ・サル（女のサル）と対照されていたという。沙流の雅名はシシリムカであったというが，それをどう読んでよいか，難しい言葉である。

富仁家　とんにか

門別市街から富川市街に行く道の途中の東斜面，海側の処の名。永田地名解は「tom-ni-karap　トンニカラプ（楢樹を取る処）。富仁家村」と書いたが，不正確な解。

取る処ならカルペ（kar-pe）となるので少々困る。松浦氏左留日誌は「トンニカ村。欅柏のみなり。依て号く。トンニカはコムニカの誤り也」と書いた。

正確にいえばトゥン・ニ・カル「tun-ni-kar 柏・の木・を採る（処）」か，あるいはトゥン・ニ・カ「tun-ni-ka 柏の・木（の林）・の上（の処）」かであったろう。なお左留日誌の終わりの句はトンニはコムニの誤りとしたが，実際は共に柏の木で，土地の平賀さだも媼（故）に尋ねたら，トゥンニは「大きい柏の木」だとのことであった。また楢の木の方は，この辺ではペロニと呼んでいたようである。

富川　とみかわ（佐瑠太　さるぶと）

門別町内。沙流川の川口の地名。前のころは佐留太で，サル・ブトゥ（sar-putu 沙流川・の口）の意。いつの間にか富川に変わっていた。沙流川の出口なので，西岸に賑やかな市街ができたが，古くは東岸からできた処。今も本町の名で残っている。

エソロカン沢

沙流川下流の西支流の名。西側の山から南流，平取街道の東の低地に出てから再び南流し，富川の橋のたもとで大川に注いでいる。松浦氏左留日誌は「エソロカン。鉄掃等有る処と云」と書き，永田地名解は「エショロカニ。まゆみ。方言えきまき，又いぬまき」と書いた。アイヌ語の正確な，土地の古老平賀さだも媼は「エソロカン・ニで，エソロカニではない。和人の言葉では花クスベリ（注：花グスベリ？）で，一尺前後の小さな木。馬の傷を洗うのに使ったが，毒の木である」と語られた。知里博士植物篇では「エソロカン・ニ　esorokan-ni。みつばうつぎ」と書かれた。とにかくその木の生えていた沢だったからの名。

平賀　ぴらか

富川のすぐ北が平賀である。今は西岸が主体であるが，昔は東岸の大崖の上の大部落で，松浦氏の左留日誌は「人家二十四軒，一條の市町の如く立並びぬ」と書いた。当時の村名はピラ・カ・ウン・コタン（崖の・上・にある・村）で，その崖はコタンエレコロピラ（kotan-e-re-kor-pira 村が・それで・名・を持っている・崖）と呼ばれた。

明治になり，水田耕作が導入され，西岸の葭原が農地化し出したころは，崖上のコタンから斜面を下り，川岸に置いた丸木舟で田畠に通っていたのだそうであるが，次第に西岸に移住したのだという。

シラウ沢

門別町と平取町の境の川。沙流川の東支流である。松浦氏左留日誌は「シラウ。其名義は虻多しと云儀のよし也」と書いた。この沢にはからす貝（ピパ）の貝殻の丈夫なものがいて，穂摘み用によく遠くから採りに来たのだったという。それをイ・チャ・ピパ（それを・摘む・からす貝）と呼んだそうである。

荷菜摘　になつみ

平取町の南端の処の地名。「になちみ」のように呼ぶ。元来は川上のペナコリの南の辺の地名であったが，その部落の人たちが諸地を遍歴し，ここに落ちついたが，旧地の名をそのままここに残したという。語意ははっきりしない。いろいろに読めるが，ninar-chimi-p「高台を・分けて流れ下る。もの（川）」のように聞こえる。

紫雲古津　しうんこつ

平取町南辺の地名。金田一京助先生にユーカラを伝えた大伝承者ワカルパのいた処として知られている。紫雲古津部落は今は沙流川西岸の平地であるが，幕末までは東岸の崖の上の処に大コタン（部落）を作っていたのだという。

この名は人によりシュムンコッ，シューウンコッ，スンコッのように呼び方が違っていたし，その語義も人によって違っていた。松浦武四郎左留日誌は「いかなるわけにや土人も解らずと云。西（シュム）の地面と云。或土人はむかし鱒が多く取れし時に此処にて油（シュム）を取りしによって此名有とも云り」と書いた。永田地名解は「シュー・ウン・コッ　shu-un-kot（鍋・の・沢）」とした。紫雲古津出身の人たちが鍋沢という姓であるのは，この三番目の解から出たのだった。

あるいは部落の西側の沙流川の崖にあった窪地を shum-un-kot（西・の・窪）と呼んでいて，それがこの名の起こりだったのかもしれない。

ユックチカウシ

ヨーロッパの旧石器時代のクロマニオン人たちは野馬を追って崖から落として狩りしたというが，アイヌ時代は同じ猟法で鹿を捕っていた。その崖が平取街道の紫雲古津市街の処から西側に見える。その崖の名はユックチカウシ(yuk-kut-ika-ush-i　鹿が・岩崖を・こぼれる・いつもする・処）と呼ばれたが，もう土地の人も訛った形でやっと覚えているだろうか。コタンの人たちがその崖に鹿を追い込んで追い落とすと，鹿は脚を折ったりして動けなくなる。下で待っている男たちがそれを捕えたのだという。全く忘れられそうである。文化史のためにも，標識でも建てて置きたい処である。

去場　さるば

紫雲古津のすぐ北の処の地名。広い水田地帯の上流側に部落がある。サル・パ（sar-pa　葭原・の・上手）の意。その通りの場所である。

カムイエロシキヒ

去場の部落から見て沙流川対岸の大崖の処の名。カムイ・エ・ロシキ・ヒ（神が・そこに・立っておられる・処）の意。十勝川上流のカムイロキ（神様が坐っておられる処）と全く同じような崖である。

元来はフリと呼ばれる伝説上の巨鳥がいたのだというが，どこかに飛び去り，留守番役の狐がいて，何か異変が起こる前には，騒いでコタンの人に知らせたという。名前はカムイエロシキヒの外に次のようにも聞いた。

チ・ノミ・シリ（我ら・拝む・山）。サルバ・レルケ（去場の・向こう側の処）。チカポイ　chikap-o-i（鳥・いる・処）。

　この辺の人たちが祭りをする時には献酒をした土地の神様なので，いろいろな形で呼んだのであろう。

荷菜　にな

　平取市街のすぐ南の土地の名。松浦氏はその語義知れずと書いたが，永田地名解は「ニナー。ヒラメ魚。方言てっくい。古くこの辺にててっくいを漁したるを以て名くと云ふ。薪を負ふを＝ナと云ひ同語の如くなれども発音は異る」と書いた。時の古老から聞いた話なのであろう。

平取　びらとり

　平取町は沙流川中流一帯の町名。平取市街は沙流川中流西岸の街。明治，大正のころは，アイヌ文化やアイヌ語を学ぶためにここに通ったというが，今は全く和人型の賑やかな処である。

　対岸は崖続きで，その崖を分けてパンケ・ピラ・ウトゥル・ナイ（下流側の・崖の・間の・川）とペンケ・ピラ・ウトゥル・ナイ（上流側の・～）が大川に注いでいる。松浦氏左留日誌は「昔しは此二川の間に人家有りしが，当時は皆西岸に引き移りたると，然るによって畑は多分に東岸に有る也」と書いた。平取は東岸時代の名で，略してピラ・ウトゥル（pira-utur）と呼んだものを，更に続く母音の一つを省いてピラトゥルというようになったものらしい。

　永田地名解が，それを「ピラウトゥリ　pira-uturu-i（両崖の間の処）」と書いたために，語法的に変なiをつけて書かれるようになったが，これはおかしい。例えば平賀出身でアイヌ語に詳しかった故老の平賀さだも嫗の音は何度聞いても pirat'ur である。例えば「平取に」という時には piratut-ta といわれる。語尾が r なので，次の言葉の語頭の t に引かれて t に転音している。語法上からもこの語尾に i があったとは思えない。和人が，語尾が r では発音しにくいので，便宜上ビラトリと呼んでいたのを，永田氏がアイヌ語の形かと思われたためだったのではなかろうか。

アベツ川

　平取市街の対岸で沙流川に注ぐ川名。この形の名は解しにくい。永田地名解は「ア」を「坐る」と訳した。松浦氏左留日誌は「アアベツ。其名義はアツベツのよしか今転したりと。昔楡皮多しによって号るとかや」と書いた。

　以上の二説は，ア・ペッ「a-pet（何かが）坐る（坐っている）・川」，またアッ・ペッ「at-pet　おひょう楡（の木）の・川」のように理解できるが，まだ説が出て来そうな名である。　　　　　　　　　　　　　　　　　　　⇒厚別（358ジ）

小平　こびら

　平取市街から大橋を渡った東岸の地名。松浦氏左留日誌はクヲヒラ，土地の人がコー

ビラのようにいうのはその略音であろう。小平という字が当てられて，今では「こびら」となった。ク・オ・ピラ（ku-o-pira 弓・ある・崖）の意。動物を捕るための仕掛け弓が置かれた崖である。土地の萱野茂さんに聞くと，コービラの崖は，橋を作る時に壊されてしまったとのことである。

二風谷　にぶたに

平取市街から約4キロ溯った処の名。現在アイヌ時代の文化が伝承されている貴重な土地である。松浦武四郎時代からニブタニであるが，語義がはっきりしない。松浦氏左留日誌は「其名義，昔し此処に細工の上手の土人有りて，木太刀を作って，其柄に金物を三ツ附て奉りしかと云。其事にて号るとかや」と書いた。つまりニㇷ゚・タ・イ（nip-ta-i 柄を・作った・処）とでも読まれたのであろうか。さすがの永田地名解も閉口して？の印をつけただけなのであった。

この土地の出身者は二風谷から採って二谷の姓である。前のころはアイヌ時代の故事に詳しい二谷国松さんがおられ，兄に接するような思いで話に耳を傾けたのであった。

ピパウシ

昔のニブタニ部落からオサチナイの沢を隔てた上流側の処であったが，今では二風谷の中になっている。仲よしの，アイヌ文化伝承者萱野茂氏の居所で，萱野さんが苦心してアイヌ民具の散逸を防いで集めたものが，郷土資料館となって保存されている。一つ一つの来歴がはっきり分かっている貴重なコレクションなのであった。

語義はピパ・ウシ「pipa-ush-i からす貝・多い・もの（沢）」で，ここの人たちはそれを訳した貝沢姓である。萱野さんも元来は貝沢であったが，親戚の萱野（上流幌去の人の姓）の名を継いだのであった。

カンカン

人の目につかない小沢の名であるが，地名に時々出て来る言葉なので，例として載せた。語義はカンカン（kankan　腸）。ピパウシのすぐ上手の処なので萱野さんに案内してもらったら，ぐにゃぐにゃと曲がり曲がった沢で，語義通りである。永田地名解は意訳して「曲折」と書いた。

ペナコリ

二風谷の北にある土地の名。ヘナコレともいう。アイヌ文化研究者の話によく出て来る地名であるが，その語義がよく分からない。松浦氏左留日誌は「其名義は昔しより此村は男女とも児供の育ちがよいによって此名有りと」と書いた。土地の人の話によったのであるが言葉としてどう読んだのだろうか。土地の萱野茂さんが，ペナ・コ・リ（上流・に向かって・高い）とも読めそうだがと言っておられたやに覚えている。それなら言葉にあった名であろう。

ペテウコピ
額平　ぬかびら

　ペナコリ（ペナコレ）から少し上った処が，ペテウコピ（二股）になっていて，沙流川本流と額平川が落ち合っている。額平の語義はノカ・ピラ「noka-pira　形像（のある）・崖」の意。この姿も萱野さんに案内してもらって教わった。合流点東岸上手に崖があって，その上の部分に半円形の形像が見える。文化神オキクルミの妹が天に上る時に忘れていった箕だという。それでムイ・ノカ（箕・の形像）と呼ばれているとの事。アイヌ時代の箕（mui）は，だいたい半円形であった。
　額平川は遙か東の方から流れて来る長流である。

荷負　におい

　額平川を入って少し上った処の地名。永田地名解は「ニ・オ・イ。樹木多き処」と書いたが，知里博士は，立木の多いのはニ・ウシ（樹木・群生する）で，ニ・オは「地面から離れた木，木片がごちゃごちゃある」と解すべきだとされていた。事実，道内に多いニ・オ・モイの類は漂木の多い入江のような地形である。この荷負もニオイ「ni-o-i　漂木の・ごちゃごちゃある・もの（川，処）」だったのではなかろうか。

貫気別　ぬっきべつ，ぬきべつ

　額平川の南大支流の名，地名。貫気別川の方が本流名とされた時代もあった。松浦氏東蝦夷日誌は「ヌッケベツ。名義，ヌッケは濁の義也」と書いた。現代流に書けば，ヌプキ・ペッ（nupki-pet　濁り水・川）であった。なお胆振の豊浦町にも同名の川がある。

芽生　めむ

　額平川本流の中流の地名。メム（mem　湧泉池）が地名となったものであろう。

総主別川　そうしゅべつがわ

　額平川の南支流の名。ここは現地を知らないがソ・ウッ・ペッ（so-ush-pet　滝が・ある・川）であったろうか。

宿主別　しゅくしゅべつ

　額平川中流に注ぐ支流の名（総主別川のすぐ上）。まっすぐ東から西に流れている川である。松浦氏左留日誌は「シュクシベツ。名義は水明くして天気のよき如く何を落してもよく見ゆると云義也。シュクシは天気のよき儀」と書いた（川名ショクシとあるがシュクシの誤記）。現代流に書けばシュクシ・ペッ（shukush-pet　天気・川）。萱野茂さんは日当たりのよい川だといわれた。シュクシは日光，天気の意。なお現在名の語尾の「しゅ」は，永田方正が子音シをシュで書いた誤った形が残ったものであった。
　永田地名解が「シキ・ウシ・ナイ　shiki-ush-nai。鬼茅・ある・沢」と書いたのはこれだったろうか。北海道地名誌は「シュクッ・ウシ・ペッ　蝦夷葱・の多い・沢の

意味」と書いた。shukutut-ush-pet の意に解されたのであろうか。

幌尻岳　ほろしりだけ

　額平川源流の上にある山。向こう側の斜面は新冠町である。ポロ・シリ（poro-shir 大きい・山）の意。神様のいらっしゃる山として崇敬され、伝承が残されている名山である。

長知内　おさちない

　沙流川本流筋。国道237号線（日高国道）が平取から北上して沙流川の橋を渡った対岸が長知内で、長知内川の口は、橋より少し下にある。長知内はアイヌ語オ・サッ・ナイ（o-sat-nai　川尻が・乾く・川）の意。この川は乾期になると流水がなくなって川底が乾くのでその名があった。この川の水源から山を越えて鵡川の累標に出る道筋が昔の沙流・鵡川間の交通路で、松浦図にも朱線でそれが書かれてあったが、今は廃道になった。なおオサッナイは道内に多い名で、沙流川口の富川にも、またこの平取町でも二風谷の処に同名の川がある。

幌去　ほろさる
幌毛志　ほろけし

　幌去は昔聞こえたコタンで、昭和初期までは長知内村の北は沙流川水源まで幌去村であったが、今では消えた名である。現在は、国鉄富内線が沙流川に出た処が幌毛志であるが、有名な昔のポロサルのコタンはその上の辺にあったようである。
　松浦氏東蝦夷日誌は「此村昔し十勝より来りし者と、津軽の宇鉄より来りし者の子孫なりと。此地すべての元地にて、ここの言は何処にて通ざる処なしと」と書き、左留日誌はこの村の酋長の家を「場所第一番の大家にて、十間四方も有、行器凡六、七十、太刀五百振も懸たり」と書いたが、その跡は今全くない。
　幌去はポロ・サル（poro-sar　大きい・葭原）で、幌毛志は分からない。ポロサル・ケシ（幌去の・末端）の略された形ででもあったろうか。幌去からは意訳して萱野の姓が出た。萱野茂氏は、二風谷ピパウシの貝沢家であるが、その萱野姓を継いだのであった。

振内　ふれない

　振内は幌毛志の上流側の隣の土地の名、川名。今では振内の市街がこの辺での一中心地である。市街の後を流れている振内川はフレ・ナイ（hure-nai　赤い・川）で、鉱物質からや水かで赤い川だったのであろう。同名が道内の処々にある。

仁世宇　にせう

　仁世宇は振内の上流側になっている地名で、仁世宇川が南流して沙流川に入っている。松浦氏左留日誌に「ムセウ。名義も本名はムエセウにして此川鱒多きが故に、ホロサルより皆取りに来り、其処にて皆煮ては食ひしよりして号しとかや」とあるが、

言葉としてどう読んだのだろうか。永田地名解は「ニセウ。橡実（どんぐり）。此辺橡実最も多し。故に名く。土人拾収して食料に充つ。松浦，高橋二氏の地図ムセウに作る。土人も亦ムセウと云ふものあり。並に誤る」と書いた。まずは永田説によりたい。

岩知志　いわちし
岩内川　いわないがわ

　岩知志は仁世宇より奥の字名。岩内川が東から沙流川に入っている。松浦氏左留日誌は「イワチシ。右（東）のかた高山二つ有，其中の切し処よりして落来るによって号るとかや」と書いた。チシは「中凹み」の意。この書き方から見ると，岩知志はイワ・チシ（iwa-chish　山の・中凹み）だったのではなかろうか。また岩内川はイワ・ナイ（iwa-nai　山の・川）か。イワはふつう山と訳されるが，ある種の霊山を指して呼んだ言葉であったらしい。

日高町　ひだかちょう（右左府　うしゃっぷ）

　日高町は沙流川の源流一帯の土地。前のころは右左府村と呼ばれていた。それが，日高村と恐ろしく大きな名に改められたのは昭和18年だった。当時はささやかだった右左府（今の日高町）市街地の東側にペンケ（上の）・ウシャプ，西側にパンケ（下の）・ウシャプと，似た二つの川が並んで流れ下っている。ウシャプはウ・シャプ（u-sap　互いに・流れ出る）の意か（萱野茂氏による）。シャプはサプと同じで，サン（浜の方に出る，流れ下る）の複数形。

千呂露　ちろろ

　日高町内の地名，川名。日高町市街から少し上った処の南支流の名。意味の分からなくなった名である。音のまま読めばチロロ←チッ・オロ（鳥の・処）ぐらいにしかならない。松浦氏左留日誌は「其名義ヲモシロイと云儀なり。訳は，此辺え行く時はいつにても，獣も鳥も魚も多くいて面白きよりして名づけしものなり」と書いた。あるいはチ・ロンヌ（われら・たくさん殺す）かとも考えたが，平取の萱野茂は，キロロ（爽快）の訛りではないかと，松浦武四郎の解にぴったりの試案を出された。山名にはチロロ岳（標高1880メートル）が使われている。この地名は難しいので，字名はこのごろは千栄（ちさか）と呼ばれている。

パンケヌーシ
ペンケヌーシ

　日高町内の川名，地名。沙流川源流に近い処にこの二川が並んで東から注いでいる。パンケ（panke），ペンケ（penke）はもちろん「下流の」，「上流の」の意。ヌーシは，ヌー・ウシ（nu-ush　豊漁・ある）の意。むやみに魚が捕れた川であったという。

ウェンザル

　ペンケヌーシより一本上の川。地名。旧図にウエイサルとも書かれた。アイヌ語の

367

流義ではそう発音したろう。ただし意味ははっきりしない。音だけで読めばウェン・サル（悪い・葭原，あるいは叢）であるが，川尻を見ただけではそんな感じの幅の広い沢でないので疑問にして来た名であった。川筋の叢でけがでもしたとか悪いことがあって，そんな名で呼ばれるようになったものか。

日勝峠　にっしょうとうげ

　沙流川の源流から十勝に越える道筋は古いアイヌ時代からの交通路であったが，近年ハイウェイとして次第に整備され，現在は国道274号線が日高町から日勝峠を越えて十勝の清水町に通じている。日勝峠は日高，十勝の一字ずつを採った名らしい。道南，道央と道東を結ぶ最短距離の通路として，これから盛んに利用される峠であろう。

第IX　胆振地方

胆振　いぶり

　道南部の旧国名。明治初年に松浦武四郎が選んだ名であった。日本書紀の斉明天皇の時代に，阿倍臣が北征して，胆振鋤（いぶりさへ）で蝦夷を招いて大宴会をしたことが書かれているが，その場所がどこだったかについては旧来説が分かれている。古いころ新井白石は，北海道のイブツ（勇払）であろうかと書いた（蝦夷誌。享保5＝1720年）。

　松浦武四郎が北海道の国名，郡名を考えて建議書（明治2年）を出した時に，まず噴火湾の山越内から，沙流境まで一国としたいとしたのであるが，細長い土地なので，どう国名をつけてよいか困った。あげくにイブツに似た名を，上記日本書紀から考えついて胆振の名を選び，「古典に右の文字も見当り候間如何と存じ奉り候」と建議した。

　いやはや乱暴な話である。勇払の音と胆振鋤の音が似ているというだけで胆振としたのであったが，その名が使われ出して百年たって見ると，もう立派な地名である。

(1) 胆振東部

千歳郡は勇払川筋の美々だけをここに入れ，中北部の石狩川筋は石狩地方の中に載せた。

〈鵡川筋〉
鵡川　むかわ

胆振東端の川名，町名。語意ははっきりしない。昔から説が多いのであった。

▷上原熊次郎地名考は「ムカなり。則水の湧くといふこと。此水上平原にして所々に水の湧き出で源水となる故地名となすといふ」と書いた。

▷松浦武四郎東蝦夷日誌は誤字らしいものがあり，意味が不明だったが，上原考とほとんど同説であったらしい。

▷永田地名解は「ムカフ←ムㇰ・アフ（つるにんじんある処）」と書いた。

▷バチラー『地名考』は「ムカ・ペッ（上げ潮で運ばれた砂で口を）止められる川」と書いた。

▷北海道駅名の起源は「ムッカ・ペッ（塞がる川）。鵡川が上げ潮のため砂で川口が塞がれるからである」と記した。

ムカは水がにじみ出る意。ムッカは塞がる意。このどっちで読んでよいのかわからないが，古い上原熊次郎の聞き書きも軽視できない。鵡川と沙流川は並流する似た川であるが，鵡川のアイヌ古老は沙流川が男でシシリ・ムカ（古名），鵡川は女なのでポン・ムカと呼ばれたのだという。こんなところにムカ解読の鍵があるかもしれない。鵡川の年よりが，鵡川と沙流のアイヌ系の人は顔が似ていると話していた。近い部族だったのであろう。

汐見　しおみ（チン）

鵡川市街から鵡川を東に渡った処。昔はチン（鯵）といわれ，この辺でのアイヌのコタンであり，今でもアイヌ系の人々の多い処である。知里博士と共に，ここの二人の長老に案内してもらってこの辺を歩いこともあった。永田地名解は「チン。獣皮を乾す処」と書いた。昔はそこの柏の木の原に部落があって，トゥンニ・カ・ウン・コタン（柏の木・の上手・の・村）と呼ばれた。東の方から来て汐見を流れ鵡川の川口近くに入る川がチンで呼ばれた川で，そのすぐ南にある小流は，ライ・チン「死んだ（涸れた）・チン」と支流風な名で呼ばれていた。

宮戸　みやと（イモㇰペ）

汐見のすぐ北の字名。前はイモㇰペ（井目戸）と呼んでいた。永田地名解は「イモㇰペ。陥の餌を置く処」と書いた。イモㇰペ（imokpe）は，餌，みみずの意。

豊城　とよしろ（ケナシオロ）

西流して来た鵡川が曲がって南流に移る辺の西岸の地名。旧名はケナシオロであっ

たが今は豊城となった。国鉄富内線の豊城駅がある。永田地名解は「ケナシ　オロ　コタン。林村。林の・中にある・村の義。山口県人開墾し，川東に移住し同じ村名を附したり」と書いた。ケナシ（kenash）は，ふつう川ばたの林をいう。

カーナイ

　豊城の上流側が下叶，上叶と呼ばれていた。豊城駅から東1700メートルぐらいの処にある小川がそのカーナイで下叶，土地の古老の話ではその上流モイベツ川筋の辺が上叶であったらしい。

　永田地名解は「カーナイ　ka-nai　糸・川。此辺鶴多く居りしころ，鶴を取る糸を仕掛け置きたる処なり」と書いた。カー（ka）は，元来は糸であるが，わなの意にも使った。この場合はわな川の意。

春日　かすが（モイベツ）

　富内線春日駅がある。もとは萌別と呼んでいたが，日当たりのいい土地なので春日と改められた。汐見と並んでアイヌの筋の人々の多い，暖かそうな部落である。部落の東をモイベツ川が流れている。永田地名解は「モイ・ペッ　遅流川。直訳静処（モイ）の川。此処より下は，漸く川深く流れ遅し」と書いた。モイは大川の曲がったりした処で，水がゆったり流れている処のことである。永田氏の解は鵡川本流のことなのか，そこに流れ込んでいる小流のことなのか分からないが，その小流の方はモイでいうような姿ではない。「モイ・ペッ（本流の）モイ・（に流れ入っている）川」とでも読むべきか。

生田　いくた（ユㇰペッ）

　今生田で呼ばれている字名は旧称生鼈の後らしい。生鼈は北岸側の支流ユㇰペッ（鹿・川）から出た名である。汐見の古老はこの沢をユコッペッ（yuk-ot-pet　鹿が・多くいる・川）と呼んでいた。今バロー沢と呼ばれる川の旧名である。

旭岡　あさひおか

　富内線旭岡駅がある。大川に向かって南に大きく張り出した岡の先端で，川らしい川もない処。従ってアイヌ語の地名も残っていなかったが，日を受ける処であるとし旭岡と名がつけられた。

　ここから鵡川を渡り山を越えて平取に出る自動車道路ができて，苫小牧や札幌に出る者にとっては，富川を回るよりも大きく距離が短縮された。

栄　さかえ（似湾　にわん）

　富内線栄駅がある。村の発展を期して「栄」と改名されたのであるが，私たち昔人には旧名の似湾でないと感じが出ない。だがその似湾の意味もはっきりしなかった。永田地名解は「ニ・アン・ペッ。樹木・ある川」と書き，北海道駅名の起源もそれによった。だが一般的に使われた地名の形ではない。仁湾川が流れている。アイヌ語の

正確な平賀さだも媼は，あの沢は素性のいい木（良材）ばかり生えていた処だ。だが木の繁っている川をニウッペッとはいうが，ニワンペッとはいわないと話された。強いていえば，正確な語法でニ・エアン・ペッ（木・そこに・ある・川）とでもいった名があって，それがニワンと訛ったとでも考えるべきか。松浦氏東蝦夷日誌は「ニワン。名義，イワンの訛にて六ツと云也。水源六ツに分かれし故に号しと」と書いた。とにかく分からない地名である。

和泉　いずみ（累標　るべしべ）

富内線豊田駅から鵡川を渡った対岸が和泉で，従来の累標である。昔の累標村は大きく，今の豊田もその中であった。ルベシベ川が東の山から流れている。ルベシベはル・ペシ・ペ「道・それに沿って下る・もの（川）」の意で，峠道の沢の名である。この川を登って山越えして沙流の長知内に出るのが昔の鵡川間の交通路であったが，今は富内線や，それに並行する街道が使われ，ここは廃道になった。

豊田　とよた（キナウシ）

富内線豊田駅があり，この辺での市街地である。ペナキナウス川の川口であり，昔はたぶんキナウシと呼ばれた土地であろう。永田地名解は「キナ・ウシ。蒲・多き処」と書いた。

ペナは「上の」の意。キナは草の総称であるが，地名では蒲（シーキナ shi-kina）のことに使った場合が多かったようである。

穂別　ほべつ（カイクマ）

鵡川中流の町名，川名。この川筋第一の大支流である。永田地名解は「ポ・ペッ　小川」と書き，北海道駅名の起源（昭和29年）は「穂別とはポン・ペッ（子なる・川）から転訛したものである」と書いた。アイヌ語のポ（po）は子供の意。地名では語尾につけて指小辞のように使う場合が多い。ナイ・ポ，ペッ・ポの形は多いが，前につけてポ・ペッとした形はあまりない。また穂別は大川で，決して小川ではない。研究を要する地名である。

平賀さだも媼は「私たちは穂別とはいわない。カイクマ，あるいはカイクマナイと呼んでいた。雑木の多い川筋である。このカイクマは兎ではない」と語られた。カイクマは兎，薪の意である。

サヌシュベ川

穂別川上流西側の相当大きい支流であるが，この名の意味もはっきりしない。永田地名解は「サヌシペ　san-ush-pe　低き川。宗谷にサンナイあり。同義」と書いたが，このサンには低いという意味はなさそうである。サンは「浜の方に出る」であるが，川の場合にはラン（下る）とだいたい同じように訳されて来た。ただ何がサンしたのかが書いていない。クスリ・サンベツは処々にある川名。これはクスリ・（エ・）サン・ペッ「温泉が・（そこで・）流れ下る・川」で，主語がはっきりしているが，方々

にあるサンナイやこのサヌシペッの場合は，主語がない。たぶん「人」か「水」だろうと思うのではあるが。

平賀さだも媼は「奥に小沢が一ぱいある。それが一つになって下って来るのだからサヌシペッというのだ」と語られた。つまり水が流れ下ると解されたのである。とにかくまだ研究して行きたい地名である。

富内　とみうち（辺富内　へとない）

富内線の富内駅があり，相当な市街であるが地名の由緒は分からない。北海道駅名の起源（昭和48年）は「もと辺富内といい，ケトナイ，すなわちケッ・オ・ナイ（獣皮をかわかす張りわくの・多くある・沢）の意であったが，昭和18年買収（北海道鉱業鉄道より）の際その下部をとって富内と改めた」と書いた。だがその辺富内は，明治の諸図を見ても，村名として書かれているだけである。

永田地名解は穂別川筋の初めに「ペトムナイ　petom-nai。川股の沢。鵡川上流は大なる二股あり，その股に流れ入る沢なればこの名あり，辺富内村」とあるが，位置が分からない。東蝦夷日誌は穂別の方から上流に向かってハツタルセ，ニナツミ，ヘトントナイ（北小川），ウツカウシ（北川）と並べている。前後の川は分かるので，それから見ると，そのヘトンナイは，穂別駅から直線で3・8キロ，富内駅から4・8キロの処だったらしい。駅名の起源流に読めば ket-un-nai（張り枠・ある・沢）か。

赤岩　あかいわ（赤岩青巌峡）

占冠中央の市街から4キロ余下流の処が赤岩と呼ばれる処で，地図には赤岩青巌峡となっている。両岸が急傾斜の中を鵡川が流れていて，上流からいえば，ニセイ・パ・オマ・ナイ（峡谷の・上手に・ある・川），ニセイ・ノッケ・オマ・ナイ（ノッケは中央），ニセイ・ケシ・オマ・ナイ（ケシは末端）が流れ入っている。つまりその間が，アイヌ時代にもニセイ（断崖，峡谷）だったのである。激流が流れているが，川の中に美しい赤岩が点在していて正に奇勝である。

双珠別　そうしゅべつ

双珠別川は占冠村中央の市街の処で鵡川本流に合流している。ソー・ウシ・ペッ（滝が・ついている・川）と読まれるが，5万分図には滝の印がない。川尻の処で見ると，ただゆったりと流れる大川である。土地の人の話を聞きたいので，中央市街のとある家を訪れたら，玄関に滝の写真が懸けてあって，双珠別の滝だという。そこまで行けなかったので帰ってから道庁河川課編の5万分河川図を開いて見ると，川筋の支流がこの川に入る処に滝が多く，一番滝から五番滝までずらっと並んでいた。知里博士なら so-ush-pet（滝が・たくさんある・川）と訳されるであろう。

占冠　しむかっぷ

鵡川源流一帯の村名。勇払郡の中なのであるが，山一歩越えた富良野の金山が近いので富良野村役場の所管であった。その後独立した占冠村であるが，今でも上川支庁

373

管内である。占冠の意味については，従来「シュムカプで，川岸にやちだもの多いのを指す」，「シモカプで，甚だ静かで平和な上流の場所」等の解が書かれたが，アイヌ語地名の形としてはどうも考えられない。地名の通常の形ならば，双珠別川を分かった処から上の本流がシ・ムカプ（sih-mukap　本流の・鵡川→鵡川源流）である。その音に占冠と当て字をしたのではなかろうか。なお今の占冠市街は支流パンケシュルの川口の処である。昔だったらその支流名で呼ばれた土地であろう。

パンケシュル川
ペンケシュル川
　パンケシュル川は空知境の山から南流して占冠市街の処で鵡川本流に入っていて，そのすぐ上にペンケシュル川が並んで南流している。パンケ，ペンケはいうまでもなく下の，上のであるが，シュルに相当する言葉が見当たらない。平賀さだも媼は「ほんとうはシウリという処だ。シウリの木が専門に生えていた山だ」と語られた。シウリ（siuri）は日本語でも「しゆうり」で，「みやまいぬざくら」ともいう。檜や銚の柄や弓などに使った。パンケシュル川を上りつめて金山峠のトンネルを抜けると空知川の金山市街に出る。長閑な武陵桃原から普通の街に戻ったような気がするのであった。

トマム
　明治の地図には，今の占冠村中央市街の処でソーウシペッとトマム川が分かれているように書いた。つまりトマムを鵡川源流の名としたのであったが，トマムは占冠市街から本流を7，8キロ上った辺の地名だったようである。その辺では南からポン（小さい）トマム，北からホロカ（後戻りする）・トマムという小流が鵡川本流に注いでいて，そこがトマムという土地だったらしい。その辺が下トマム，本流水源の辺が上トマム，中間が中トマムと呼ばれる。アイヌ語トマム（tomam）は湿地，沼沢地の意。

〈海辺〉
入鹿別　いるしかべつ
　鵡川の一本西の川。イルシカ・ペッ（irushka-pet　怒る・川）の意。誰が何を怒ったのかが忘れ去られていて，いろんな説明がされるようになった。永田地名解は「沙原の長川にて行人怒るを以て名く」と書いた。更科源蔵氏アイヌ語地名解は「この川口はときどき波のはこぶ砂のためにふさがり，ある時急に水が砂を破って流れ出して人をおぼれさせた。村の長老たちが川の神に抗議したところ，腹をたてた川の神はここから海に流れ出ることを止めて，浜沿いに浜厚真の方に流れて行って海にそそぐようになったのでイルシカ（立腹）した川と名付けたという」との話を記述された。

二宮　にのみや（仁立内　にたちない）
　鵡川の豊城の西の土地だが，そこの仁立内川は西流して入鹿別川に入っている。ニタッ・ナイ（nitat-nai　湿原の・川）の意。昔の湿原は今水田になっている。二宮と改名された。

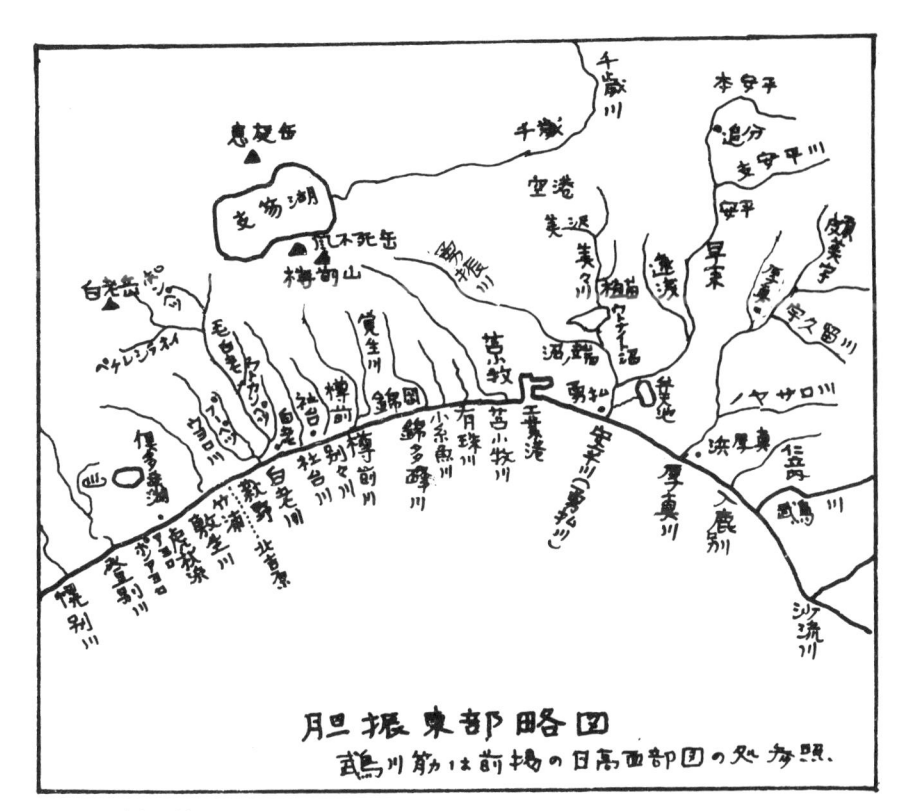

胆振東部略図
　鵡川筋は前掲の日高西部図の処参照。

〈厚真川筋〉

厚真　あつま

　鵡川と勇払の間の川，町名。古い秦氏地名考は「アツマベツ。アツマは集る語なり」と書き，上原熊次郎地名考は「アツマ。夷語アツマなり。アツとはももがと申獣の事，マーとは游ぐまた焼くと申事にて，昔時ももが此川を游ぎ渡りしを夷人見しより地名になすと云ふ」とした。松浦武四郎もこの説を書いた。at はももんがあ（むささびの類）で ma は泳ぐである。永田地名解は「アトマㇷ゚。at-oma-p 楡（おひょう）・ある・処」と解した。古く原形が忘れた地名である。むりに解をつけるのは難しい。

　現在の厚真町市街は川口から 15 キロぐらい遡った処である。川口の辺を浜厚真と呼ばれているが，そこはアツマ・プトゥフ（厚真川の・その川口）の処で，古い紀行文でアツマと書かれたのは，その辺のことであったろう。

ノヤサロベツ川

　厚真川筋。川口から 4, 5 キロ上った処の東支流の名。東蝦夷日誌はノヤシャリベツと書いた。ノヤ・サㇽ・ペッ「noya-sar-pet 蓬の・くさむら・の川」の意であったろう。

宇久留川　うくるがわ

厚真町市街の東で，南から厚真川に入る支流の名。松浦武四郎東蝦夷日誌には「ウクルペツ。本名ヲクルベツにして，土人の食料ヲクリキナと云草ある故号し也」と書かれた。アイヌ語でも，日本語東北弁でもウとオは訛り易いが，この草はウクル・キナだったらしい（キナは草）。知里博士植物篇では「タチギボゥシ。ukúr-kina（葉）」と書かれ，アイヌ時代に，その葉柄や葉が食料となり，また濁酒の材料にも使われたと注記されている。

頗美宇川　はびうがわ

厚真町市街から厚真川を約5キロ溯った処に北から入っている支流の名。松浦氏東蝦夷日誌は「カビウ。川幅七，八間。鷗（カビウ。かもめ）の事也。鷗は海辺に住める者なるに，昔しここに来り，巣を作り雛を持しや，其時海嘯（つなみ）にて海辺皆荒たりと。依て其鷗は神の御使者なりとて，今に其処を尊敬し，必ず此処に来たればエナヲ（注：イナウ）を供えけるとて多く立たり」と書いた。

　　　〈勇払川筋〉　　　中央は石狩低地帯を南流する美々川，東側は夕張境から来る安平川，西からは支笏湖の山の東南斜面から来る勇振川（勇払川）の三川が勇払市街の北で合流して，海に注いでいる。千歳郡の南部を含む。

勇払　ゆうふつ

勇払は，津軽一統志では「いふつ」（1670年），元禄島絵図でも「いぶつ」（1700年）であるが，どういうわけか幕末から明治にかけて「ユウフツ」となり，ユー・プッ「温泉（川）の・口」と解されるようになった。秦檍麻呂は此の源キムンゲッブ・トゥという湖の水がぬるいからと書き，此川の枝流所々に温泉ある故と書き，永田地名解は川上に温泉あり，ユー・ペッ・プトゥ（温泉・川・口）というべきが略されたのだと書いた。現在然るべき温泉が見えないのに，どうしてそう呼ばれたかは分からない。研究問題である。

　ほど近い鵡川の古老たちに聞いて見たら，はっきりイブッ（i-put　それの・口），あるいはイプトゥ（i-putu　それの・その口）で，古い文献の音と全く同じであるが，そのイ（それ）が何を指しているのか分からなくなっている。古くから勇払―千歳―石狩の交通路があったので，それを指しているのか。また勇払の人たちは，丘を越えた千歳川筋の鮭漁の権益？を持っていたので，豊富な千歳の漁場を指したものか。あるいは丘の手前のウトナイや美々川筋一帯のことをいったものか。何か傍証でもないと判断ができない。

　今は苫小牧がこの地方の中心であるが，徳川時代は勇払に会所があり，石狩との交通の終点でもあり，この辺の有力な中心地なのであった。

弁天池　べんてんいけ

勇払市街のすぐ北，勇払川東岸にある弁天池は，この辺が大沼沢地だったころの名

残りらしいが、鵡川のアイヌ古老は、こんな地名伝承を語ってくれた。「ここは昔は蛇の大した巣だったが、だいぶ前に竜がいたのを見たものがいたので弁天社をつくった。そうしたら蛇がいなくなった。イプトゥンポロトと呼ばれたのだ」。これは iput-un-poro-to(勇払・の・大きい・沼)の意。

安平川　あびらがわ

安平川は、前のころは勇払川の支流扱いであったが、このごろは勇払川の本流と扱われ、地図では海への出口の処に安平川と書かれるようになった。この水系では安平川が一番長いからであろう。海から少し上ると、勇払川と安平川に分かれる。松浦図ではそこにアヒラフト(安平川の・川口)となっている。当時は安平川の方が支流なのであった。

永田地名解は「アラ・ピラ・ペッ。一面・崖の・川。アラピラまたアピラという。義同じ」と書いた。低い丘陵と低平地を流れる川で、崖川という感じがしない。ここでいうピラ(pira)は、流れに削られた川べりの小崖のことだったろうか。アル・ピラ(ar-pira　片側・崖)のような意味であったのではなかろうか。

遠浅　とあさ

勇払郡早来町内の地名、川名、駅名。明治29年5万分図では、安平川中流の西支流が細長い沼でトアサと書かれていた。その沼の奥の処が、今の遠浅駅(室蘭本線)や市街で、その上流が遠浅川である。

北海道駅名の起源は「ト・アサム(沼の・奥)又はト・サム(沼・の端)の転訛であろう」と書いた。たぶんト・アサム(to-asam)だったのであろう。

早来　はやきた

室蘭本線早来駅は遠浅駅のすぐ北で、安平川の傍である。明治26年5万分図の時代でも、そこから東に山越えして厚真町に至る道が描かれている処から見ると、これは古くからの交通路だったのであろう。

行政区画便覧や北海道駅名の起源に、サク・ルベシベ(夏越える沢道)の上部を採って早来の字を当てたのが始まりだと書かれている。

もしかしたら、ただサク・ル(sak-ru　夏・道)とも呼ばれていてそう当て字されたのかもしれない。

支安平　しあびら
本安平　ほんあびら

国鉄安平駅の北で安平川が二股になっていて、その東股の方が支安平川で、北股の方は追分町市街の先に本安平という地名が残っている。明治29年5万分図では、そこにホナピラと書かれている。たぶん原形はポナピラ(ポン・アピラ　pon-apira)で「小さい・安平川(安平川支流)」であり、支安平はシ・アピラ(shi-apira)で「大きい・安平川(安平川本流)」の意であったろう。ただしこの図では川口に近い二股(勇払川

と安平川）の処でも，安平川の側にシアビラと書いていて何か変である。そのまま読めば勇払川水系がアビラで，この二股から上がシ・アビラ（安平川本流）という呼び方だったことになる。小さいことだが研究問題が残されているようである。

追分　おいわけ

　これは純日本語地名。安平川の一つの源流であるポナビラ（ポン・アビラ川）沿いの土地であるが，岩見沢に出る街道と夕張川筋に出る街道の追分（分岐点）である。国鉄室蘭本線と夕張線（現石勝線）の分かれる処でもある。今後とも道内東西交通の要衝となる処である。

石狩低地帯　いしかりていちたい

　石狩川の南支流である江別川（上は千歳川）は昔は長都沼，馬追沼等が続く低地川であった。そこから千歳の飛行場のある低い丘陵（海抜20数メートル）を越えると勇払川筋の美々川の水源で，それを下って勇払に出る。これが古くからの日本海から太平洋に出る交通路であった。
　古くはこの二川を舟行し，間の丘陵を歩いたようであるが，幕末には豊平，月寒から今の千歳市街に至る陸路も開かれ，そこから現在の飛行場の中を通って美々川水源に降り，後は舟でも下れるし，陸路は美々川東岸を勇払に下った。つまり美々川が勇払川筋での大切な交通路なのであった。
　北海道を二つに分けているようなこの石狩低地帯は，ある時は東西の文化の境になったこともあったらしいし，多くの場合は日本海と太平洋の文化上の通路でもあったようで，北海道の研究上大きな問題が残されている処である。

沼の端　ぬまのはた

　ウトナイ沼から海の方にかけての字名。室蘭本線沼ノ端駅あり（苫小牧のすぐ隣の駅）。北海道駅名の起源は「北方にウトナイ沼があり，その沼のかたわらにあるので，この地を沼ノ端と称した」と書いている。
　私が昭和初年に北海道にはじめて来た時には，室蘭本線の沼ノ端で下車し，そこで小さな客車の北海道鉄道に乗り換え，今の千歳線を通って札幌に出た。このごろ札幌から快速の直通列車で室蘭にまっすぐ行けることを考えると，夢のような昔だった。

ユウブブト
ウツナイフト

　沼ノ端駅の東々北2キロの処で，北から来る美々川―ウトナイ沼の水と，西から来る勇払川本流の水とが合流している。松浦図ではそこの北側にウツナイフト，南側にユウブブトと書いている。つまり両方の川の川口と並べて書いてあるのであった。
　ウツナイフトの方はウトナイト沼の処で触れたい。ユウブブトは勇払川・川口の意らしいが，勇振の川口と読むべきかもしれない。

勇振川　ゆうぶりがわ

　松浦氏西蝦夷日誌の時代は前掲合流点の処に橋があったようで「橋の上二股。右ビビ（美々）川すじ，左ユウブツ（勇払）川すじ。源はタルマイ（樽前）岳よりす」と書かれた。支笏湖のモーラップの裏から出ている勇払川の本川のことである。

　同時代の野作東部日記では「湯淵川（勇払川）。水源五里備々（美々）と云所の山間より出。此川上二里程，西の方に由布振（ゆふぶり）川有て此川に落合なり。此川上往昔温泉有，湯の如くなる水なる故ユウと訛り云る也」と書いた。この後の方が勇払川本川である。

　松浦図のユウブはそれに当たる。永田地名解はユーブ（yūp　勇払川）と書き，合流点の処をユーブ・プトゥ（温泉川口）と記した。明治29年5万分図は，合流点から上の川を「勇振川」と書き，その後の地図に時々この字が出て来るのであったが，今は勇払川で書かれる。

　ユーブ，ユーブリの前の処はユ（yu　温泉）であろうが，その後が何と読んでよいか分からない川名なのであった。

ウトナイト沼

　ウツナイフトから北に溯った処の沼。札幌から苫小牧への道では，汽車で行っても国道を行っても，この大沼が見えるのが何か楽しみである。

　語意はウッ・ナイ・ト（ut-nai-to　肋骨・川・の沼）であるが，現在残っている記録では，この沼の繋がっているウッナイ川の名がないので長い間疑問の地名であった。

　苫小牧の扇谷昌康氏は，この沼から出て前掲の合流点に至るまでの6～700メートルの間の川がウッナイだったのではないかと書かれた。多くのウッナイは殆どが小川なので，私には気のつかなかったことであった。ウツナイフト（utnai-putu）を，私は「ウトナイ（ト。沼）の・口」と読んで来たが，扇谷先生の考え方ならば，平明に「ウッナイ川の・口」と解される。

　北海道の古図は，美々川筋にひょうたん形の大きな沼を描き，後には，上下に分かれた二つの大沼をかくのが例であった。石狩低地帯の交通路にあたっているので，よほど目についた沼なのであろう。ウトナイト沼はその残骸らしい。

　明治29年5万分図は，ここにキムンケトウ（ウッナイトー）と書いた。扇谷先生はそれをキュケ・トー（山の沼）とし，旧図の二つの沼の上の方のものと解され，また旧記のヒシエントウをピシュン・トー（浜の方の・沼）として，弁天池を含めた下の大沼が存在したかと興深い意見を書かれた。

植苗　うえなえ

　ウトナイト沼の北一帯の土地の名。美々川の中流に東から入っているウェン・ナイ（悪い・川）から出た名らしい。ウェンナイは道内至る処にあった川名であるが，何で悪かったかは殆どが分からなくなっている。徳川時代に，そこに炭焼小屋があり，勇払から千歳方面への陸路の人の休み場になっていたという。そんな処からこの名が付近一帯の地名になったのであろう。

379

美々　びび

　千歳市内の地名,川名。千歳飛行場の台地から苫小牧側に下りた湿原の処が美々である。美々川はその低湿な葦原を曲流してからウトナイト沼に注いでいる。永田地名解は「ペッ・ペッ。川・川。支流多く且屈曲により名く」と書いた。あるいはペ・ペ（水・水）などであったのかもしれない。

　現在国道36号線はこの川の西岸を通っているが，幕末のころの通路は川の東岸であったようである。

美沢　みさわ

　千歳飛行場の南の沢。滑走路を南に延長するため，美沢川筋の考古学上の発掘が行われ，大遺跡が出て来たので有名になった地名。国道36号線を千歳の台地から美々川の谷地に坂を降ると小流を渡る（注意して見ていないと分からないが）。そこが美沢川の最下流の処で，更に少し行った処が美々川源流の二股である。どういうわけか，東股がパンケ・ビビ（下の・美々川），西股がペンケ・ビビ（上の美々川）。このペンケビビが美沢川の原名である。松浦氏西蝦夷日誌は，今の飛行場の方から来て「右に下ればビベンコ（またペンケビビとも云）。名義，冷水の上に湧出る儀。此処に四尋も深き水の壺あり。番屋あり。千歳（からの）荷物此処より小舟に積なり」と書いた。ビベンコの解は変だ。音のままだと，ビビ・エㇺコ（bibi-emko　美々川の・水源）と聞こえる。ただしエㇺコには「半分」という意味もあるので，二股の片一方の意だったのかもしれない。

〈海　辺〉

苫小牧　とまこまい

　今まで，苫小牧について何度か書いて来たのではあるが，後で考えると何とも自信がない。改めて自信のないままの姿で書くことにした。まず永田地名解（明治24年）は次のように記述したのであった。

「トー・マコマ・ナイ（沼の・後にある・川）。マコマ・ナイ（後の・川）。村の後背にある川。土人云，今は苫小牧と称すれども，実はマコマナイにしてトマコマイにあらず」。

　この二つの名は，語尾がナイで書かれているが，それを「イ-i（もの）」で呼んでも同じことで，今残っているトマコマイ，マコマイのことなのであった。永田地名解の読み方が少々変なので，一般の川名の流儀で読み直した。

　マコマイ（mak-oma-i）は「後に・ある・もの（川）」と解され，ここでは「村の」後と読まれた。あるいはその意味だったのかもしれないが，他地方にいくつかあるマコマナイは，どうも「山の方・に入っている・川」だったようで，これもそう解したくなる。樽前山の方にずっと入り込んでいる川の意だったのではなかろうか。

　旧図から見ると，現在の苫小牧川の旧名がそのマコマイであった。現在王子製紙の工場の西を南下し，樽前神社の少し下で，国道36号線を横切り，海岸線の北側を少し東流して海に入っているが，明治29年図では更に東流し，今の工業港の入口の更に先

の石油タンク地帯まで行って海に入っていた。

　アイヌ時代は川の名で，川筋の土地を呼んだので，今の苫小牧の市街地は元来はマコマイと総称されていたのであろう。永田地名解の時代の苫小牧がどこを指したのかは分からないが，アイヌが，そこはほんとはマコマイ（ナイ）だといったのはそのことなのであった。

　トマコマイはアイヌ語地名の通例の呼び方ならば，マコマイ川の支流，または並流する小川の名で，ト・マコマイ「to-makomai　沼の（ある）・マコマイ川」の意で，またその川筋の処の地名としても使われる。旧記を見るとトマコマイはマコマイのすぐ西の名である。つまり西側の支流か小川の名であったらしい。

　土地の古老に聞くと，昔は今の国道の北側は，樽前神社の辺からずっと西にかけて，湿地と沼が並んでいた。ある時代にはその水が海に直入していた処もあり，また神社のそばで苫小牧川に入ってもいたが，今は全部埋まったという。松浦氏東蝦夷日誌に「トウマコマイ。上に沼有。依て号く」と書かれたのはその姿であろう。それで，それが付近の地名となったのだろうか。

　明治4年（1871年）に室蘭・札幌間の新道が開かれ，従来勇払を回っていた道路を通らないで，樽前神社の南の処から原野を横断する街道ができて，従来の道との追分けの処が，トマコマイの称で交通の要衝となり（元町の辺），それが次第に東に発展して今の苫小牧となり，マコマイの名はその中に埋没し，マコマイ（川）も，苫小牧川と呼ばれるようになったのであった。

有珠川　うすがわ

　苫小牧川のすぐ西側の川。現在は直流して海に入れてあるが，明治29年5万分図では，その川尻は街道の北側をずっと東流し，樽前神社の側で苫小牧川に入って，マーパオマナイ（ウスノ沢）と書いてあった。そんなに古くない時代に，苫小牧川のすぐ手前で海に直入する水路もあったらしい。ただしそんな川跡は今埋まっている。

　有珠の沢，またウシの沢と呼ばれたがその意味が分からない。川口の辺に入江（ウス，ウシ）があったのなら分かるが，今は直線の砂浜である。マーパオマナイも分からない。マ・パ・オマ・ナイ（淵の・上手・にある・川）と聞こえるが，あの辺にそんな淵があったろうか。ヌプ・パ・オマ・ナイ（原の・上手・にある・川）が誤記されて伝わったとするならば地形上は合うが，これは憶測に過ぎない。

小糸魚　こいとい，糸井　いとい

　苫小牧市街西端部の地名。小糸魚川が流れている。コイトイは道内諸地の海岸にあった地名で，行って見ると，川尻が砂浜を海に並行して流れていた処や，海と湖との間に砂浜が横たわっている処などの地名である。旧記では多く「波越」のように書かれて来たが，言葉の意味はコイ・トゥイェ（koi-tuye　波が・崩す）であった。つまり，時化の時に波が砂丘を崩し，海波が川や沼に打ち込んだ場所の名である。

　苫小牧の小糸魚は他地の人には読みにくい。昭和31年に駅名をつける時に，読みやすいように糸井としたのだという。今は小糸井と糸井という形の地名で残った。

381

錦岡　にしきおか

 苫小牧市糸井の西で,新しく錦岡と改名されたが,前のころは錦多峰(にしたっぷ)で,今でも錦多峰川が流れている。永田地名解は「ニシタッㇷ゚。樹木収縮する処。空知川上に同名同義の地名あり。然るに此地のアイヌ某はイシタキなりと云ふは非なり」と書いた。例の少ない地名でよく分からない。音だけならニ・ウㇱ・タㇷ゚(木・多い・山)とも聞こえるが。

覚生　おぼう,おぽっぷ

 錦多峰川と樽前の間の川名,地名。野作東部日記は「大鵜(オホウ)。名義未詳」と書き,松浦氏東蝦夷日誌は「ヲボウ。槍拾う所の義。往古川中より鎗が出たりと言伝ふ」と書いた。
 意味はともかく,古くはオボウの音だったようである。永田地名解は「オボㇷ゚　op-op(川尻に水湧き出る処)。此川はタロマイ川と合流せし処,噴火の時水湧き上り,破裂して別流となりしと土人云ひ伝ふ」と書いた。これは明治中年のアイヌの説であろう。もう意味の忘れられた地名である。

樽前　たるまえ

 判読の困難な地名である。秦檍麻呂の解が知っている中で一番古いが「タルは垂る,マエは燃る。山焼けて土砂崩るる故よりして名付く」とあり,何とも変だ。次が上原熊次郎地名考で「夷語ヲタルマイの略語なるべし。ヲタは砂,ルーは解ける又は道,マイはヲマイ略語にて入る又は在る。昔時此嶺焼て土砂降りてより以来,川を砂の流るるゆへ此名になすべしといふ。未詳」と自信のなさそうな書き方である。だが以後,蝦夷地名解(書名),松浦武四郎,野作東部日記等はこれと同じことを書いた。孫引きの説らしい。
 永田地名解は「タオロマイ(taor-oma-i　高岸川)。根室国標津にては川岸の高処をタオルと云ふ。タオロマッの地名あり」と別な解を書いた。樽前川を溯ると,両岸が目のくらむような切り立った崖で,水がその底を流れている。
 その地形から taor-oma-i「高岸・ある・もの(川)」と呼ばれ,それからタロマイとなり,樽前となったものか。
 白老のアイヌ長老(故)は「タラ・オマ・イ(背負い縄・ある・処)じゃよ」と話してくれた。

樽前山　たるまえさん

 何度も爆発して周辺に火山灰を降らせ,今も噴煙を挙げているこの山は印象的である。東蝦夷日誌は「谷文晁名山図絵に玳瑁陟(たいまいのぼり)とする是也」と書いた。アイヌ時代には,その下の川名,地名で山岳の名を呼んだことが多い。これはタルマイ・ヌプリ(樽前の・山)の訛りであったろう。
 旧記にオフイノボリの名も書かれた。これはウフイ・ヌプリ(uhui-nupuri　燃える・山)の意。苫小牧の扇谷昌康氏から,古老たちがパリルシベと呼んでいたことを教わっ

た。パーリル・ウシ・ペ（parir-ush-pe　湯気が・たっている・者）と解される。白煙の挙がっている姿が目に浮かぶ名であった。

別々川　べつべつがわ

苫小牧市，白老町の境の川。永田地名解は「ペッペッ（pet-pet　川・川）。此川は西又は東へ曲流して，ほとんど別水かと疑はしむ。故に川々と名く」と書いた。古くは中，下流がやちだったので，そんな姿で曲流していたものか。

社台　しゃだい

白老町内の地名，川名。永田地名解は「シャ・タイ・ペッ。前・林・川。蝦夷紀行にシヤタイペツの流あり，夷村あり」と書いた。シャ（サ）は前のことであるが，地名では，浜の方を指す。「sha-tai-pet　浜側の・林の・川」と訳した方がわかりよい。

ポロト

白老町内の地名，湖沼名。白老の観光施設としてポロトにアイヌのコタンが作られ，名所となった。その沼は二つ沼が並んでいて，ポロト（poro-to　大・沼），ポン・ト（pon-to　小・沼）と対照して呼ばれていた。この形の沼名は北海道各地に多い。

白老　しらおい

町名，川名。永田地名解は「シララ・オ・イ。潮汐多き処。此川潮多く上るを以て名く。一説シラウ・オ・イ。虻・多き・処。虻の出る他より早し。故に名く」と書いた。秦地名考や上原地名考はこの前説と同様にシラリヲイで説いたが，これは間違いらしい（永田氏やバチラー博士の時代までshirarには岩，潮の二つの語義があるとされて来たが，知里博士は潮の意はないとした）。

松浦武四郎東蝦夷日誌は「シラウは虻の事也。此地に多きが故号し也」と後説と同じことを書いた。白老に初めて観光施設を作った宮本エカシマトク老（故）に聞いたら虻が多いからじゃよと語った。この後説の方を採りたい。

ウトカンベツ川

白老川の支流。白老川の東側を南流し，鉄道のすぐ北の処で本流に入っている（下流川筋は若干変わった）。永田地名解は「ウトゥカンペッ。相射川。戦争の時川を隔て互に矢を放ちたる川」と書いた。u-tukan-pet（互いに・射った・川）の意。

毛白老　もしらおい

白老川中流の東支流。モ・シラウオイ（小さい・白老川）の意。

ポンペツ

毛白老川口より少し北に松浦図はヘテウコヒと記す。ペテウコピ（二股）の意。ポン・ペッ（小さい・川）と本流の合流点。ポンペッの右股がイシカリ・シラウオイ。

永田地名解はイシカリを回流すると訳した。「石狩（の方に入る）」か？

ペケレシラウオイ

ペテウコピより上の本流の名。ペケレ・シラウオイ（peker-shirauoi 清澄な・白老川）の意だろう。松浦氏の資料にヘケシラヲイとあるのは初めの言葉の語尾 r を引き落としたところから来たものであろう。永田地名解は「白・川」と解し，温泉水のために白いとしたが，この川はきれいな水だし，ペケレを白濁とするのも変である。その川に西から注ぐ支流はフーレ・シラウオイ（赤い・白老川）で，鉱床から出ているので，今でも川中が赤い。それと対照して，本流のこの部分をペケレ（清澄な）と呼ばれたかとの意見も聞いた。

ブウベツ川

白老川の西隣の川。長く伸びている二つの丘陵の間の中を南流し，川口は東から来た白老川，西から来たウヨロ川と三川が一つになって海に入っている。この川も，原形や意味がはっきりしない。野作東部日記（安政3年）は「夫宇別（ふうべつ）。原野の溜り水の如く流れ，いとぬるし。回り流るる水色濁りて赤し。フウは倉を云夷語。昔年夷人戦有し時，此処に倉を造て食糧を篭し処故云ふ」と書き，殆ど同時代の松浦氏東蝦夷日誌は「フウベツ。名義，フウレベツにて赤川の義也。渋にて赤き故号く」と書いた。永田地名解は「ブーペ。庫山。庫の如き山に名く」としたが，語尾のペは形にならない。

要するに，一説はフーレ・ペッ（hure-pet 赤い・川）で，もう一つの説はブー・ペッ（pu-pet 倉・川）である。川の西側の丘の先端はアイヌの倉の屋根の形で，ブー・サパ（pu-sapa 倉の・頭）と呼ばれていた。それでブー・ペッと呼ばれたのではなかろうか。

ウヨロ川

他に例を見ないし，何のことだか分からない。野作東部日記（安政年間）は「宇余呂（ウヨロ）。ウヨロは岩より出る水を云。此小川の上に大なる岩有て此岩より水流れいづるなり」と書いた。土地のアイヌから聞いた話であろう。永田地名解は「オヨロ（oyoro 凹み）」と書いた。

萩野　はぎの（知床　しれとこ）

前のころは土地の名も国鉄の駅名も知床だったが，このごろは萩野になった。知床はシレトコ（shir-etok 地面の・突き出した先端）で，一般には海中に突き出た岬であるが，ここは直線の砂浜の処である。元来は一帯の低湿原（やち）の中に，低い丘陵が長く伸びて来たその先端の場所である。そんな処からこの名がついたか。明治初年明治天皇の北海道巡幸の際，ここの萩を悦ばれたので，それに因んで萩野と改名したのだという。

IX　胆振地方

北吉原　きたよしわら

　萩野駅のすぐ西の国鉄駅名。大昭和製紙がここに工場をつくり，本社工場が静岡県吉原にあるのに因んで北吉原と呼び，この辺の字名も北吉原となった。明治のころは入植者の出身地に因む名がよくできたのであるが，これはその昭和版である。

竹浦　たけうら（敷生　しきう）

　白老町内の地名。室蘭本線竹浦駅は，敷生駅であった。古くはこの辺一帯を敷生村と呼んでいたのであって，シキ・ウ（鬼茅・多い）の意。敷生コタンがあった。語呂が悪いとかで今の竹浦にされた。敷生川のすぐ奥の支流にトピウ（トピ・ウ。竹・多い）という処があり，竹の名産地であったので，それをとって竹浦と改名したのであろう。

虎杖浜　こじょうはま

　白老町西端部の地名。元来はクッタルシ（kuttar-ush-i　いたどり・群生する・処）の名で，クッタラシのようにも呼ばれていた。いたどりの漢字は虎杖である。ここに鉄道が敷けた時に，訳名を使って虎杖浜駅としたので，地名もそれによって虎杖浜となったとか聞いている。

倶多楽湖　くったらこ

　白老町内の湖沼名。登別温泉の裏，虎杖浜からいえばその上の処の山中に美しい小カルデラ湖があって倶多楽湖と呼ぶ。クッタルシ・トーと呼ばれたもので，たぶん「虎杖浜の・湖」の意であろう。虎杖浜は土地ではクッタラシのように呼んでいた。その音に倶多楽の字を当てたものらしい。噴火当時は高いクッタラ火山であったのが火口を中心に陥没した円い，深い湖で，外縁を円く山が囲んでいる。その山の虎杖浜よりの処をクッタルシ・ヌプリといい，その辺を昔は窟太郎山（くったろう）と呼んでいたようである。

アヨロ

　白老町と登別を隔てる丘陵の東裾を流れる川がアヨロ川で，その川口にアヨロ・コタン（部落）があった。現在は虎杖浜の地内になっているのだろう。上原熊次郎地名考は「アイロ。夷語アヨロ也。アイヲロの略語にて，矢を上るといふ事。奥地の夷人往返の節，此崎へ矢を放ちて神を祭る故此名ありといふ（抄）」と書いた。松浦武四郎東蝦夷日誌はアイ・ヲロ（矢を・納む）と訳し，上原氏の書いたのと同じ故事を付記した。知里博士と私で作った「幌別町のアイヌ語地名」の中で，博士は「アヨロコタン（アイ・オロ・オ・コタン〔矢・そこ・に群在する・部落〕）の下略形か。ここからは今も石鏃が出るという」と書いた。簡単過ぎた形なので，かえって分かりにくくなっている地名である。

ポンアヨロ

　川名，地名。アヨロ川のすぐ西を並流する川なのでポン・アヨロ（小さい・アヨロ

385

川）と呼ばれたのであろう。登別温泉に行く途中のゴルフ場の上がポンアヨロ川の水源で，丘陵上を流れてから海に入る。川口は断崖続きの中の小入江で，昔はそこにポンアヨロのコタンがあった。今は築港されて虎杖浜港のような名になっている。周辺にカムイ・エカシ（神のような・長老）のチャシや神話，伝説の故地があって興味深い土地である。

オソルコチ
イマニッ
　白老町内。余り人目に触れない処であるが，広く道内の海岸にある伝説の典形的な場所であるので載せた。ポンアヨロ（虎杖浜漁港）のすぐ東側の高台がカムイ・エカシ（神の如き・長老）のチャシ（砦）で，その向こう側に，海から長方形に入り込んでいる窪地（長さ約60メートル）がオソルコチ，その前（斜め左）の海中の岩がイマニッと呼ばれた処。
　昔巨大な神様（創世神，処によってはオキクルミ，奥地ではサマイクル）が鯨の肉を蓬の串（イ・マ・ニッ　i-ma-nit。それを・焼く・串）に刺して焼いていたら，パチンと串が折れ，神様が驚いて尻餅をついた。その跡をオソル・コチ（osor-kochi　尻の・その跡）と呼び，焼串は岩になって残った。ここのお尻の跡は正に見事な凹みである。

(2) 胆振中部（登別，室蘭）

登別　のぼりべつ

　川名，町名。登別温泉で名高くなったこの名の原形はヌプル・ペッ（nupur-pet　水の色の濃い・川）であった。従来このヌプルをただ濁っていると訳され，バチラー博士は muddy と書いて来たのだが，少し違っていたようだ。ヌプルは元来「巫力のある」意。それでどぎつい感じが出，水の場合は色のついたのをいった。幕末の蝦夷地名解では「ヌプルとは強いと申す事」と書かれ，少し遅れたころの野作東部日記では「水色の濃しと云ふ夷語なり」と述べられ，最近では知里博士も同じ説を書かれた。今では登別川の下流で見ると，殆ど目立たないが，幕末の諸紀行では，ここを通って「川水白く流れ」，「川水黄色にして甚だ濁る」と書かれている。当時は温泉水がひどく流れていて目立ったのであろう。

伏古別　ふしこべつ

　川名，地名。伏古別川は登別駅前平地の北側を西の端から東に流れ，白老町境の処で海に入っている。川口には近年立派な漁港設備ができて出入りする舟が多い。フシコ・ペッ（hushko-pet　古い・川）の意。今は登別川と離れた小川であるが，昔は登別川の下流がその川筋を流れた時代があったといわれ，登別川の古川の意でこの名で呼ばれて来たのであった。

フンベ山（フンベサパ）

　登別駅のプラットホームの前（海側）にある独立丘の名。アイヌ時代はフンベ・サパ（hunpe-sapa　鯨の・頭）と呼ばれ，正にそんな形の山であった。和人はそれをフンベ山といった。その川と海に面した先端部は神祭りをした処だったというが，今は軟石の採掘で，すっかり山容が崩されてしまった。

ハシナウシの丘

　登別川の川口近くに西側から出張っている尾根の先の処がハシナウシと呼ばれていた。ハッ・イナウ・ウシ・イ（hash-inau-ush-i　柴の・木幣の・ある・処）の意。狩漁神を祭る枝つきのイナウを建てた処。海を見遙かす先端部で，海の幸を祈る場所であった。昔は登別川の川口はよく動いたが，フンベ山の方に近くなると，鯨が食べてしまうので漁獲が少なく，ハシナウシの方に寄れば魚がよく捕れたのだという。

　知里真志保博士は，ここから少し上った処の川曲がりの畔で育った。彼が若くして死んだことを悼み，土地の人たちがハシナウシの丘に彼の碑を建てた。海の見える丘に住みたいといっていたことが思い出されたからであった。駅からそう遠くない処である。

札内原野　さつないげんや

　登別川中流の西側一帯は広い緩傾斜の土地で，札内原野と呼ばれていた。一面の火

胆振中部（登別市・室蘭市）略図

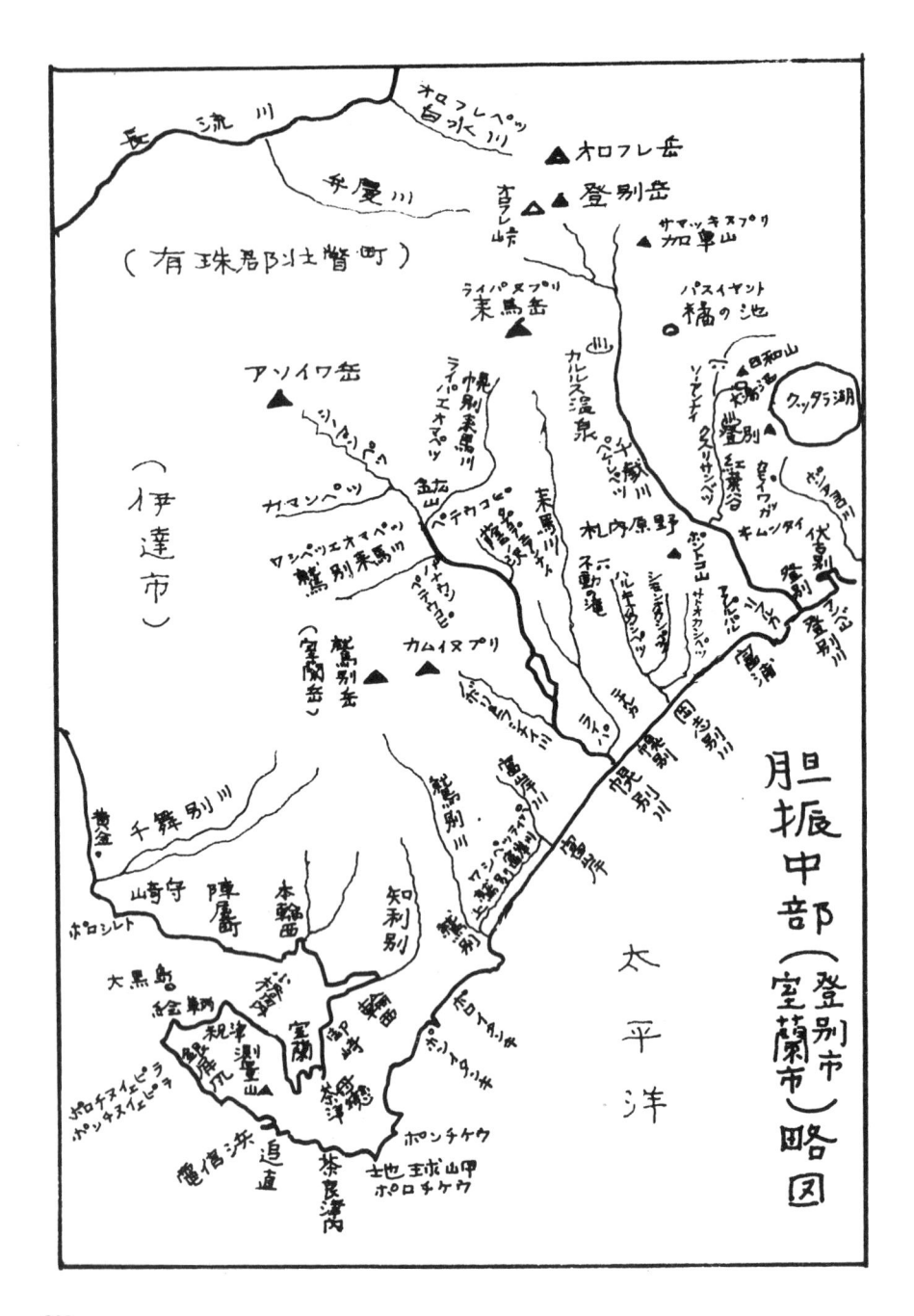

長流川
オロフレペッ／白水川
オロフレ岳
弁慶川
オフレ峠
登別岳
サマッキスプリ
加車山
（有珠郡壮瞥町）
ライパヌプリ
来馬岳
パスイヤント
橘の池
アソイワ岳
幌別来馬川
カルス温泉
日和山
ライベオマペッ
クッタラ湖
千歳川
登別
（伊達市）
カマンペッ
ペテカコビ
来馬川
ソーアンテイ
ポンアヨロ川
ワンペッエオマペッ
鷲別来馬川
パルキオカシンペッ
札内原野
キムンタイ
伏別
ポンピロ山
サマオカシンペッ
鷲別岳
カムイヌプリ
不動滝
（室蘭岳）
登別
黄金
千舞別川
ホロシレト
崎守
障屠
本輪
知利別
太
平
洋
大黒島
絵鞆
室蘭
祝津
測量山
茶津
ポロチヌイェピラ
ポンヌイェピラ
億倍浜
追直
ポンチケウ
茶良津内
地主成山甲
ポロチケウ

山灰地なので雨が降っても吸い込まれて水のない処であったが，近年は水道ができたという。

札内はサッ・ナイ（sat-nai　乾いている・沢）の意。他地のサッナイやオ・サッ・ナイ（川尻・乾く・川）は，平常は水が流れていて乾期に乾く川なのであるが，この札内の川は平常から水がなく，ただ沢形だけがあり，雨が降るとそこを水が流れるだけである。

そのサッナイの沢尻は，登別駅前平地の西端，登別川が平地に入って来る処にあって，サッナイ・プトゥ（sat-nai-putu　札内の・口）と呼ばれているが，平常はからからの乾いた沢である。

ぽんとこ山

札内原野の中に，ぽこんと高くなった小山があり，温泉道路の方からでもよく見える。ポン・トゥセ・イ（pon-tokse-i　小さい・突出している・もの）で，正にその通りの小山。今ぽんとこ山という。昔はこの辺熊が多いと警戒したのだったが，今もうそんなこともないだろうか。

キムンタイ

登別駅前平地の西隅から，川に沿って上ると次第に谷がせまる。その辺からカモイワッカの間の山地をキムンタイと総称し，紀文台と書いた。キムン・タイ「kimun-tai（nitai）山の方の・林」の意。

ペテウコピ

登別川の中流は峡谷になっていて，その中にペテウコピ（peteukopi　二股）があり，左股が千歳川（本流），右股がクスリサンベツ川（登別温泉の川）である。それが合流点の上で滝になって流れ落ちていて，ペテウコピ・ウン・ソー（二股・の・滝）とも，クスリサンベツ・ウン・ソーとも呼ばれる。ひどい峡谷の中なので，年よりの私はまだ見ていないが，若い方が苦心して写した写真を見ると，切り立った崖をえぐってＳ字型に流れている滝である。

クスリサンベツ

登別川の二股から上の，右股の名。語法にやかましい知里博士は，クスリ・エ・サンベッ（kusuri-e-san-pet　薬湯・そこを通って・出て来る・川）と書かれるが，松浦武四郎の昔から，補助語のe（そこを）を落としてクスリサンベツと呼ばれて来た。

今はこの川の水源までをこの名で呼ぶが，アイヌ時代は，地獄谷の温泉噴出孔の処がクスリサンベツの源と考えられていたようである。

道南地方などでは，温泉のことを和語伝来のクスリ（薬），あるいはユ（湯）でいうが，奥地に行くとセセㇰ（sesek）で呼んでいるのであった。

かもいわっか

今この名を余り使わなくなったが中登別の一部。登別温泉道路のちょうど途中に店があり，登別ゴルフリンクの入口になっている処の地名。温泉道路は，これまでは実は一本北のポンアヨロ川の筋を登って行ったのであるが，そこに清冽な湧水があって旅人に蘇生の思いをさせたので，カムイ・ワッカ（kamui-wakka　神様の・水）と呼ばれていたが，それを和人が「かもいわっか」といって来た。今でもその泉が残っている。温泉道はそこからクスリサンベツの紅葉谷に入って溯っている。

紅葉谷　もみじだに

登別温泉の唄などでこの名を聞かれるかもしれない。温泉に着く前に山側が崖の道を上り下りする場所がそれで，アイヌ時代の名はクスリサンベッ・ニセイ（クスリサンベッ川の・峡谷）であった。道が山の中腹を行っているせいか，それほどの処とも思っていなかったが，中登別の辺にできた紅葉大橋の上から見下ろしたら目のくらむような深い急傾斜の底を川が流れていて，正に nisei（峡谷）なのであった。

登別温泉　のぼりべつおんせん

登別温泉はパンケ・ユ（panke-yu　下の・温泉）と呼ばれた。今カルルス温泉と呼ばれる処が，昔は上の湯といわれたのに対する名であったらしい。各種の温泉が豊富にある処であるが飲料水に乏しい処であった。浴場に行くと真湯と書いてある処があったが，普通の風呂のことである。その方が貴重な処だった。ここにはア・ク・ナイ（我ら・飲む・川）という処が二カ所あった。そこの水が飲める水であったからの名である。

地獄谷　じごくだに

地獄谷はクッタラ火山の外壁にできた爆裂口の跡らしい。その大きな窪地の中のあっちやこっちから湧く豊富な温泉が，あの数多い街の湯槽から溢れている。ここはポイユあるいはポンユと呼ばれた。ポイユ（←pon-yu　小さい・温泉）の意。すぐ上の大湯沼にくらべて小さいということらしい。

地獄谷の温泉は元来は川になって流れ出し，今の温泉街の裏を通っていた（今上部は暗渠）。それがそもそものクスリサンベツ（温泉が出て来る川）で，街の下手で，北から来るソーアンナイ（その方が長いから今は本流扱いされているであろう）と合流して紅葉谷に流れ下っている。旧記ではその川の水で，熱い地獄谷の方の水をうめて入湯していたという。

四方嶺　しほうれい

登別温泉街の東側に聳える山（熊牧場の山）の頂上を四方嶺という。この辺では一番高い処なので四方の眺望ができるという意だろう。この山のアイヌ時代の名はポロ・ヌプリ（poro-nupuri　大きい・山）であった。その南側（海側）の円っこい，少し低い山がポン・ヌプリ（小さい・山）と呼ばれたのと対照された山名であろう。

大湯沼　おおゆぬま

地獄谷のすぐ奥にある大湯沼も爆裂口の跡であろう。周壁が急傾斜でその中の沼から湯気が揚がっている。ここはポロユ（poro-yu　大きい・温泉）と呼ばれた。地獄谷と対照した名であろう。今でも硫黄が沈積し続けている沼である。その鉛色の水が流れ出してソーアンナイ川に流れ込んでいる。その川名はユー・エ・サン・ペッ（yu-e-san-pet　温泉が・そこを・出て来る・川）といわれた。

日和山　ひよりやま

大湯沼北岸の小さい山だが，今でも噴煙を盛んに揚げている活火山で，その禿げた急斜面が鉛色の沼に落ちている姿は一つの景観である。その裾からは温泉がぶくぶく吹き出している。日和山という名は，漁民が海上からその煙を見て日和見（天候予測）をしたからとか聞いている。

アイヌ時代の名はプルプルケ・ヌプリ（ぶるぶるしている・山）で，またポロユ・エトコ（大湯沼の・奥）ともいった。

ソーアンナイ
勝鬨の滝　かちどきのたき

登別温泉街からオロフレ峠への道を上ると，街はずれで道がひどくU字型に曲がった処が大湯沼からの灰色の水と，ソーアンナイの美しい水の合流点。左側のソーアンナイ川の沢に入って行くと勝鬨の滝で，紅葉のころは特にいい沢である。

その滝があるのでソー・アン・ナイ（so-an-nai　滝が・ある・川）と呼ばれた（詳しくいえばソー・エ・アン・ナイ）。この川の水がいいのでアクナイ（a-ku-nai　我ら・飲む・川）とも呼ばれ，今は登別温泉街の水道として取水されている。またカシュンナイ（kash-un-nai　仮小屋・ある・川）ともいわれていたという。

千歳川　ちとせがわ（ペケレペッ）

登別川のペテウコピ（二股）の左股の方を千歳川という。右股のクスリサンベツ川より長いので本流とされ，その名がだんだん消えるかもしれない。アイヌ時代はクスリサンベツ川の濃濁した水に対し，この川の水がきれいなのでペケレ・ペッ（peker-pet　清澄な・川）の名で呼ばれていた。

カルルス温泉

千歳川（登別川本流）の中流にある温泉場の名。欧州の有名な温泉場であるカルルスバードの名に因みつけた名でアイヌ語ではない。アイヌ時代の名はペンケ・ユ（penke-yu　上の・温泉）で，登別温泉より上にあるという意味で呼ばれたのだという。

登別岳　のぼりべつだけ

登別川本流（千歳川）を登りつめると，大山壁に突き当たる。上にはごつごつした岩が並んでいる。そこが登別岳で登別の山の意。アイヌ時代はそこをヌプルペッエト

コ (nupur-pet-etoko 登別川の・その水源) と呼んでいた。エトコは一番先の処の意で，川の場合には水源，水源の山のことをいった。

オロフレ岳，オロフレ峠

　登別や幌別から見ると，幌別岳はぎざぎざして平らに見える山で，その向こうにピラミッド型の高い山が見える。冬が来るとその三角の山が一番早く白くなる。それがオロフレ岳で，地図で見ると幌別岳の尾根続きである。あるいは両方を含めて幌別岳だったのかもしれない。オロフレ岳の名はその背後にあるオロフレベツ川の名を採ったもので，和人の呼んだ名か。

　オロフレ峠は登別岳の岩山の左（西）側がやや低くなって鞍部になっている処の現称（もちろんヌプルペッエトコの一部だろう）。現在自動車の通る観光道路（道道 5 号線）が登別岳の山壁を斜めに登り，そこを越えて長流川筋，洞爺湖へと通じている。オロフレ岳とは少し離れているが，あるいは登別岳をオロフレ岳の一部と見てか，オロフレ峠と呼ぶ。紅葉のきれいな峠である。⇒白水川（407 ㌻）

リフルカ（蘭法華高台）

　登別地区と幌別地区の間に，長尾根が海に突き出していて，そこがリ・フル・カ（ri-hur-ka　高い・丘・の上）と呼ばれていた。幌別側の蘭法華（富浦）から登る急斜面の七折道が険しかったので，旧記の中では街道の難所のように書かれた処であるが，現在では，その根もとを緩傾斜で越える立派な道ができて知らないうちに通れるようになった。

アフンルパル

　道内諸地にアフン・ル・パル「ahun-ru-par （地下の世界に）入る・道の・口」と呼ばれる処があり，和人はそれを意訳して地獄穴といっていた。たいていは崖の処にある横穴で，地下の世界に行って故人に逢った伝説を伴うものが多い。

　知里博士の厳父高吉翁が，リフルカにアフンルパルがあり，悪いことがあるといけないといって子供たちは近づけない処だったといわれ，知里さんや私を案内して下さった。ところが意外にも巨大な摺鉢形の竪穴で，小径が螺旋型に底まで下っていた。見たことも聞いたこともないアフンルパルであった。

　私が測量して見取図を作り，知里さんが文を書いて学界に報告したのであるが，残念ながら土の構造で，今では半ば埋って行ったらしい。知里さんはアイヌ時代の宗教的行事の場所ではなかろうかといわれる。今ではその時に作った見取図が唯一の記録になってしまった。

富浦　とみうら（蘭法華　らんぽっけ）

　登別川の川下から，すぐ西側のリ・フルカ（高い・丘）と呼ばれた丘陵を越えた処が富浦である。リフルカの富浦側は崖のような斜面でそこに電光形の急坂がついて，幕末の記録では難所とされていた（今でも鉄道のトンネルのすぐ山側にその道が残っ

ている)。それでそこをランポッケ(ran-pok-ke 坂・の下・の処),あるいは終わりの処を省いてランポッと呼ばれていた。日本地名流にいえば坂本である。それに漢字を当てて蘭法華という地名になっていたが,近年富浦と改名された。富み栄えるようにとの願望からの名であろう。

サトオカシベツ川

岡志別川の東側を並流して海に注いでいた小流であるが,現在は岡志別川に入れられている。土地ではサトカチペのようにも呼ばれていた。上流部が札内原野の火山灰地で,平常水が流れていないので,サトカㇱペッ(←sat-okashpet 乾いている・岡志別川)といわれたものらしい。

下流部でも平常僅かの水が流れているだけであるが,上流部で土建工事で表土を剝いだためか,先日(昭和58年)の集中豪雨で鉄砲水が多量の土砂を流し,下流部は大損害を受けた。地名の語義を知っていて管理されていたならばな,と嘆じたのであった。

岡志別川　おかしべつがわ
　　　シモン・オカㇱペッ
　　　シンノㇱケ・オカㇱペッ
　　　ハルキ・オカㇱペッ

幌別原野中央の川。永田地名解が「ウカッチウペッ。槍戦川」と書いたのは土地の伝説に,この川を間にして槍で戦ったというのを採り,ウ・カッチウ・ペッ(互いに・槍を投げた・川)と解したのであった。

土地ではオカチペとも呼んだ。他地の同名,類名から考えるならば,オ・カㇱ・ペッ「o-kash-pet　川尻に・仮小屋(ある)・川」と解すべきであろう。漁期に仮小屋を作った川なのではなかろうか。

この川は中流三本に分かれ,東側がシモン・オカㇱペッ(右の・岡志別川),中央がシンノㇱケ・オカㇱ・ペッ(まん中の・岡志別川),西側がハルキ・オカㇱペッ(左の・岡志別川)と呼ばれた。アイヌ時代は,川は山の方に向かって見ていたので,この左右もその流儀であって,和人流の右岸,左岸の見方とは逆であったことがよく分かる川名なのであった。

千歳　ちとせ

アイヌ時代の流儀で,オカㇱペッ付近一帯の地名はオカㇱペッであったが,早いころに千歳と改名された。お目出たい名ではあるが,ほど近い登別川の本流は千歳川であるし,少し離れて,空港のある処も千歳市である。何かの時に若干戸迷う。地名を直す時にはなるべく特長のあるものにしたい。できたら旧地名を思い出させてくれる形を工夫していただきたいものである。

なおこの場合は,川名はオカシベツで残っている。川名や橋名に昔の地名が残っていることが多いので,歩いていてそれを見ると心温まる思いをするのであった。

不動の滝　ふどうのたき

　岡志別川本流（ハルキ・オカッペッ）水源の滝の名。不動尊が祭られ，行者の行場だったので「お不動さんの滝」と呼ばれた。水源は大崖で，その中腹から流れ出している滝である。
　札内原野の厚い火山灰層の下に，軟岩層が海に向かってゆるく傾斜していて降水を受けとめている。その地下水が大崖の中腹から噴出している滝。厚い火山灰層で濾過された水なので水質絶佳である。

ニナルカ

　忘れられかかっていた小地名であるが，諸地にある同形，類形地名の例としてここに掲げた。岡志別川の西側にある高台で，中学校，競技場のグラウンド，工場社宅等のある広い処がニナルカと呼ばれた土地である。＝ナル（ninar）は段丘などの一段高くなった平らな広い処の称で，処々の地名に出て来る。＝ナル・カ（ninarの・上）も同じように使う。ただし＝ナル（nina-ru）という別の語がある。これは「たき木を取りに行く・道」で，形がまぎらわしいので注意して見て行く必要がある。
　このごろは，この幌別＝ナルカも千歳町4丁目何番地のようなことに定められてしまい，旧い名がだんだん使われなくなった。美しいアイヌ語地名が消えて行くのは淋しいことである。

〈幌別川筋〉
幌別　ほろべつ

　現在の形でいえば，登別市の幌別であるが，原名はホロ・ペッ（poro-pet　大きい・川）である。事実この辺での大川である。明治の初め，松浦武四郎の献言により，幌別郡を作り，鷲別村，幌別村，登別村がその範囲であったが，後三村を合併して幌別村と呼んだ（後町制施行）。近年それを登別町と改名。昭和45年登別市となり，幌別郡を廃止した。現在では幌別川という名はそのままであるが，公式の地名は，海岸より僅かな土地に残されているだけである。なお昔は幌別川をカネ・サッ・ペッという雅名でも呼んだ。「金属の・響く・川」の意。砂金か何かの金属が流れ下っていたことをいったものか。

来馬　らいば

　登別市内の地名，川名。幌別川の川口の処に，来馬川が東から入っていて，その辺はライバの名で呼ばれていた。今登別市の市役所のある一帯の中心街は来馬であった。永田地名解が，それについて「ライ・パ（死者を発見する所）」と変な訳をしたので，不祥の名のように思われて来たが，本当の意味は「ライ・パ（流れが）死んでいる・川口」の意。川の辺が遅流になり，淀んでいるような姿をいったものであった。諸地に同名が多い。現在は名のもとになった川口の辺は中央町，新川町となり，来馬は関係のない上流の町名になった。

来馬岳　らいばだけ

　幌別の平野部から山側の正面にある大きな山。来馬川の水源の山なので来馬岳で，昔はライバ・ヌプリ（来馬の・山）と呼ばれた。幌別岳と尾根続きで，その間の鞍部が今オロフレ峠と呼ばれている処である。

カムイヌプリ

　幌別から山側を見て，左側に大きく聳えている山の名。今の人は鷲別岳と呼んでいるが，アイヌ古老たちは「あの山は幌別岳だよ」と教えてくれた。鷲別岳は鷲別川水源の山であるが，カムイヌプリとは尾根続きになっているのであった。また地図によると，幌別川水源の山に幌別岳と書いてあるが，それとは別の山である。カムイ・ヌプリは「神の・山」の意。幌別の人たちから，神のいます山として崇敬されていた山であろう。

のぼりとらしない川

　幌別川支流。カムイヌプリ（幌別での通称鷲別岳）の正面の処に大きな沢が見える。そこを流れているのがこの川である。アイヌ語はヌプリ・トゥラシ・ナイ「nupuri-turashi-nai（我われが）山に・登る・沢」の意。その沢沿いに山に登ったからの名。

蔭の沢　かげのさわ（タㇷ゚コㇷ゚エアンナイ）

　幌別川を溯りだんだん山地になった処で，街道は第二の橋（通称）で川を渡り左に曲がる。そこに北から注いでいる川が蔭の沢で，大きな山の突出の蔭から出て来る川の意であろう。永田地名解は，それを「タㇷ゚コㇷ゚・アン・ナイ。小円丘の・下にある・川」と書き，明治の地図も同様タㇷ゚コㇷ゚アンナイである。そこの山の出崎がこんもりと盛り上がっているので，それをタㇷ゚コㇷ゚（tapkop　たんこぶ山）と呼んだのであった。

　アイヌ語の語法にやかましい知里博士はアン（an　有る）の前には，「そこに」のような意味のエ（e），あるいはタ（ta）がつかなければならない。和人には分からない補助語なので，それを落としてしまうと嘆いておられた。幌別川筋は，アイヌ系の古老の板久孫吉翁が案内役をして下さった。この川の名をいう時は必ずタㇷ゚コㇷ゚イヤンナイと発音される。

　それを知里さんに話したらニコニコして「ほうら昔の音だったでしょう。タㇷ゚コㇷ゚・エ・アンナイの音がはっきり残っていたのでしたね」と喜ばれた。

鷲別来馬川　わしべつらいばがわ（ワシペッエオマペッ）

　幌別川を溯り，そろそろ山地川になる処に西から入っている川の名。その上流に温泉があり川又温泉といっていた。アイヌ時代の名はワシペッ・エ・オマ・ペッ「鷲別（の方）に・頭（水源）が・入っている・川」の意。またクスリ・エ・サン・ペッ「温泉が・そこを・流れ出て来る・川」ともいったらしい。

　現在鷲別来馬川と公称される。鷲別の処は上記の旧名でも分かるが，ずっと離れて

いる来馬をこれにどうして付けたのだろうか。

鉱山　こうざん
ペテウコピ
幌別来馬川　ほろべつらいばがわ（ライパエオマペッ）

　幌別川を更に溯ると鉱山という部落につき当たる。前のころそこに硫黄の精錬場があったために鉱山町という字名が残った。そこが幌別川のペテウコピ(peteukopi　二股）で，川が大きく二股に分かれる。左（西）股が本流で，右（東）股が幌別来馬川。そのアイヌ時代の名はライパ・エ・オマ・ペッ「来馬（の方に）・頭（水源）が・入っている・川」で，またエ・コイカ・オマ・ペッ「頭（水源）が・東・に入っている・川」であった。

　現在の幌別来馬川は，その前の方の名から取った名らしいが，来馬の側の幌別川の意を充分現していないので，何か形が変である。

カマンベツ川

　幌別川本流をペテウコピから少し上った処に，西から入っている支流の名。カマンペッ（←kama-un-pet　岩磐・ある・川）の意。岩磐が川を横切っていて，三階滝という名の滝がそこに懸かっている。アイヌ語の地名では母音が二つ続くと，その中の一つが省かれた形で呼ばれることが多い。それでカマンペッとなっているのであった。

シノマンペッ　（胆振幌別川）

　幌別川本流の，だいたい二股から上の辺をシノマン・ペッと呼んだ。シノマンペッ「←shino-oman-pet　本当に・（山の方に）行っている・川」の意。シノマンは諸方の大川の源流部を呼ぶのによく使われた言葉である。

アソイワ岳

　松浦氏東蝦夷日誌は「シノマンヘッテ（注：シノマンペッのこと），此源アソイワ岳より来る也」と書いた。旧幕時代の絵図にもこの山がよく描かれているが，どうもどの山なのか分からない。明治の諸図もはっきりしない。

　イワ(iwa)は「山」と訳されて来たが，知里博士は「もとは祖先の祭場のある神聖な山をさしたらしい」（地名アイヌ語小辞典）と書かれた。どのイワも目立つ独立山である。アソイワで，誰でも見えるのは石狩川河口の北にある美しい阿蘇岩山であろうか。語義ははっきりしないがアㇱ・オ・イワ（as-o-iwa　柴・多い・山）か。ハソイワとも書かれた。

　幌別の郷土史研究家の宮武紳一氏が，幌別川上流で写された山の写真を見せられて，この山じゃないかといわれ，山容は正にそれにふさわしい。私もまねしてシノマンペッを溯ったら，真っすぐなその川の正面の山だった。どんづまりまで行き，折よく巡見中の営林署の方たちに逢って聞くと，付近にはこれに匹敵する山がないといわれる。つまりシノマンペッの突き当たりの山がアソイワかと思えた。

IX 胆振地方

富岸　とんけし

　幌別川の西にカムイヌプリ（通称鷲別岳）の裾の長尾根（ルー・クシ・シトゥ。道が・通っている・尾根）があり，その向こう一帯が富岸であった。アイヌ時代のコタン（部落）があった処で，だいたいが低湿地だった。昔そこに沼があって，そのトー・ケシ（沼の・末端）にコタンがあったのでついた名であろう。ただトンケシと呼ばれて来たので少々読みにくい。

　知里博士は to-um-kesi（沼・尻・の末）と書いたり，また to-hon-kesi（沼・の腹・の末）とも書いた。現在は若山町，新生町等の地名ができて，富岸町はその奥の方だけの地名になっている。

　富岸川は鉄道工事で，今は海に直流させてあるが，元来は今の鉄道の北側をずっと西に流れ（現在の上富岸鷲別川の筋），鷲別川に入っていたのであった。

鷲別　わしべつ

　川名，地名。秦檍麻呂地名考が「ワシベツ。未考。鷲の名をカパチリと称す」とだけ書いたのが尾を引いて，鷲の川説が後まで書かれたがこれは変だ。上原熊次郎地名考は「ワシベツ。夷語はハシベツなり。小柴の川と訳す。此川尻へ，崖に流木の寄る故地名になすといふ。未詳」と書いたが，あの川口の地形から考え得る解で，たぶんアイヌ古老からの聞き書きであろう。永田地名解も「ハシ・ペッ。柴川」とした。バチラー博士はこのハシのことを chiwash（海岸の大波）と解した。知里博士も「ワシ・ペッ。チワシペッ（chiw-as-pet。波・立つ・川）の上略形か」と書いた。

　他の地方に，一つの川がアシュシペツ（ash-ush-pet 柴・群生する・川）ともアシベツともワシベツとも呼ばれた川がある。それと同名だったのだろうと思って来た。ただし柴が群生する川だったか，上原考のように，折れた柴の漂着する川だったかは分からない。（山田秀三「登別・室蘭のアイヌ地名を尋ねて」参照）。

上鷲別富岸川　かみわしべつとんけしがわ

　富岸の方から鉄道の北をずっと西流してきて鷲別川の川尻に入る川。松浦氏東蝦夷日誌ではライバと記した。私が幌別のアイヌ古老から聞いたのはワシペッ・ライバであった。近い処の幌別の来馬と同名なので，それを区別するためにそう呼んだのであろう。海岸線と並行する遅流の川口である点は幌別の来馬と全く同じである。ライバ（よどんだような・川口）という意味の地名から出た川名であろう。

室蘭　むろらん

　都市名，旧郡名。明治の半ばごろまでは，室蘭と書いても，それをモロランと呼んでいたのだが，字に引かれて，いつか「むろらん」になってしまった。明治初年までは室蘭湾口北岸のモルラン（崎守町）がこの地方の海からの入口のようになっていたのであるが，明治4年（1871年）函館－札幌間の新幹線通路が開設されることになり，湾奥のトッカリモイに築港して，噴火湾の森から蒸気船で交通することとなった。その新港を新室蘭港と称したのだが，それが発展して後の室蘭になった。その結果，崎

397

守町の方は旧室蘭，さらに元室蘭と呼ばれるようになった。
　室蘭の語意には，諸説があるが，たぶんモ・ルラン（mo-ruran　小さい・坂）から来たものであろう。正確にいえばモ・ルエラニ（mo-ruerani　小さい・坂）である。崎守町に入る坂の名から出た名らしい。

イタンキ

　室蘭市内の海岸名。鷲別岬（ワシペッ・ノッ）から西側の，砂浜地帯の称。間にイタンキ岬，通称鯨岩があって，東側の浜がポロ（大）・イタンキ，西側がポン（小）・イタンキと呼ばれた。地名伝説は，あるアイヌが海中の岩を寄り鯨と思い，その漂着を待っていたが，薪を使い果たし，所持するイタンキ（椀）も焼いたのだが遂に餓死したので，そこをイタンキと呼ぶのだという。ポロイタンキの沖にその伝説の小岩が今もある。だが実際は，鷲別岬とイタンキ岬に囲まれた海岸が椀のように円く見えるので，イタンキと呼ばれたのであろう。それがポロ・イタンキで，その西に並ぶ浜を並称してポン・イタンキと呼んだのであろう。

地球岬　ちきゅうみさき

　室蘭半島の南東端，灯台のある大崖岬の名。旧図にホロチケウエ，ホンチケウエと大小の岬が書かれているが，そのホロ（poro　大きい）の方のチケウエである。永田地名解は「チケウェ。秘する処」と書いているが，どうしてそんな意味になるのか分からない。知里博士は「チケㇷ゚ chi-ke-p（自分を・削った・者。→削れたもの。つまり断崖絶壁）が元来の形で，それが chikew と訛り，それを三人称の形にしてチケウェ（その断崖）と呼んだのか」と書かれた。とにかく訛った地名らしい。

茶良津内　ちゃらつない

　地球岬から西の方に回った外洋側の地名。永田地名解は「チャララシ・ナイ。高さ一丈余の小瀑なり」と書いた。諸地に多いチャラセ・ナイ（charse-nai　チャラチャラと岩を滑り下っている・川）なのである。その場所は海藻研究所のある入江の東の端で，地球岬の裏から来た川がそこに小さい滝になっている処から出た名。従って茶良津内浜というのは，この入江のことなのであった。近年の地図を見ると，それから一つ西に回った入江（プトゥフレナイ）の方にこの名が書かれてあった。広地名となって，元来の場所から離れた処の方に書かれたのであろう。

追直　おいなうし，おいなおし

　室蘭市街の外洋側の漁港の処の名。また老名牛とも書いた。少し前までは広い砂浜であった。津軽一統志の寛文10年（1670年）の調査は，室蘭半島では「ゑとも崎家五，六軒，をいなおし家五軒」とだけある。つまり半島の中では，記録に現れた一番古いアイヌのコタン（部落）の所在地である。
　蝦夷地名解（幕末の書）は「ヲイナヲシ。ヲイナウシの略言。削り掛（イナウ）を捧る所。又説に歌（ヲイナ）を謡うと訳す（抄）」と書いた。松浦氏はこの書を読んで

歩いたようで，東蝦夷日誌には同じくこの二説を書いたが，永田地名解は oina　ushi（女の歌を歌ひし処）と書き，イナウ説ではないと云，と注記した。知里博士は o-inaw-us-i（そこに・幣・群立する・所）と後説の方で書いた。地名の形からいえばイナウ説の方が自然であるが，とにかく土地の人たちにはこの二説があったらしい。

電信浜　でんしんはま（セタワキ）

室蘭市街南側，外洋に面した入江。海岸の崖下に，相当な砂浜があったが，近年は潮に流されてか狭い砂浜になった。古く海底電信ケーブルをここから敷設したからの名という。幕末の蝦夷地名解は「セタワキ。夷言セタイワキの略言。犬の居る処」と書いた。また松浦氏東蝦夷日誌は「セタイワキ。沙浜。昆布小屋有」と書いた。今セタワキはこの入江の西側の岩岬の処のようにもいわれるが，元来は電信浜の辺の名だったらしい。

永田地名解は「セタ・ウォーキ。犬の暮吠」と書いたが，地名説話によったものであろう。知里博士は「原名セタワキ。語源 seta-ewak-i（犬・住む・所）。昔ここに野犬がたくさん住んでいたので名づけたという」と書いた。

測量山　そくりょうざん

室蘭市街の背後にある山で，室蘭半島の中では標高の高い処。アンテナが林立している。明治初年の測量時代に地形を見るのに使われたからの名だとかいう。松浦氏東蝦夷日誌は「ホシケサンベ。名義雲より下りし義也。一説に，沖へ漁に行帰る時に此山を見始る故，針（磁尺の）を立たる如しと云山也（地名考）」と書いた。知里博士は現代流に「ホシケサンベ。語源 hoski-san-pe（先に・出て来る・者）。沖から舟で帰ってくると最初に見えてくる山。測量山」と書いた。

銀屏風　ぎんびょうぶ

室蘭半島の先端を回って外洋側に出た処の西向きの大崖の処の名。見上げる白亜の大海崖に一面のアブストラクト風の天然の彫刻のようなものがあって，天下の絶景の一つである。アイヌ時代の名はチヌイェピラ（chi-nuye-pira　我ら・彫んだ・崖。—つまり，彫刻されてある崖）で，海から見て左側がポン（小さい）・チヌイェピラ，右側がポロ（大きい）・チヌイェピラと呼ばれた。

海上からでないとこの壮観が眺められないが，ここからイタンキまで海上から見た断崖，絶壁の景観は何ともいえない。東京付近だったら観光船が運航されて名所となる処なのであろう。

大黒島　だいこくじま

室蘭湾の入口にある島名。この島はただモシリ（島）と呼ばれていた。また絵鞆岬の外側にある，小さい恵比須島（戎島）をポン・モシリ（小・島）と呼び，大黒島の方を対照的にポロ・モシリともいった。恵比須島は，松浦武四郎の資料では弁天島となっている。

絵鞆　えとも

室蘭市内の地名。絵鞆は元来は室蘭（絵鞆）半島の先端部の称。その岬をエンルム（岬）の称で呼ぶところから出た名であった。永田地名解には「エンルム・エトゥプ。岬。即ち江鞆岬なり」と書かれ，またそれが今の地図にも出ているが，少々変な形である。たぶん，エンルムがこの地帯の名になって後に，その岬の処がエンルム・エトゥフ（絵鞆の・その岬）と呼ばれるようになったから出た名であろう。

ここでも鼠（エルム）が多かったからエンルムというのだとの説話的解が残されていた。

アイヌのいた絵鞆の部落は岬の少し西のシュッキと呼ばれた小入江の処であった。シュッキは特別の葭だと説明されて来たが，ふつうの形のシュフキ（葭）の訛ったものだったのではなかろうか。崖続きの海岸の中で，ここだけは小川の流れる入江の小沢である。

祝津　しゅくづ，しゅくづし

絵鞆の東，半島が湾内に突き出している部分の西側。先端に岩岬あり。小樽にも同名がある。蝦夷地名解（幕末）は「シクツウル。夷言野蒜の事也」と書き，松浦氏東蝦夷日誌は「シクシシ。岩岬。山蒜（のびる）多き故号く」。また永田地名解は「シクトゥッ　葱。今は無し」と書いた。えぞねぎは shikutut あるいは shikutur といわれた。shikutut-ush-i（えぞねぎ・群生する・処）の略された形か。

知里博士は「むしろ si-kut-us-i（全くの・岩崖・群在する・処）から訛って行ったのではなかろうか」と試案を出された。ただし小樽の同名の処も昔から野蒜と考えられて来た。土地の伝承は残して置きたい。

祝津の山　しゅくづのやま

祝津の上に聳えている目立つ独立山だが，測量山（ホシケサンペ）より低い。その山について東蝦夷日誌は「ヨシサンベ。此山（漁船から，ホシケサベに次で）第二番に見ゆる故号るとあり。二峰聳えたり」と書いた。知里博士は現代の言葉で「イヨシサンペ。i-osi-san-pe（それを・追って・出て来る・者）。沖から帰って来るとホシケサンペの次にすぐ見えてくる山。この山はアイヌが沖で目印（いわゆる山あて）にしたところからついた名である」と解説した。

小橋内　おはしない

室蘭市街と祝津の間の土地。ポン（小）・オハシナイ，ポロ（大）・オハシナイ（現称小橋内川）の二川が並流している。永田地名解は「オハ・ウシ・ナイ（空・の・沢）。疱瘡流行の際土人或は逃走し，或は死して土人居る者なく空虚となりしを以て名く」と書いたが，知里博士は室蘭市のアイヌ語地名の中で「1, オ・ハシ・ウン・ナイ（沢口に・灌木・ある・沢）→オハシナイ。2, オ・ハシイナウ・ウシ・イ（そこに？・柴幣・ある・所）か」と書いた。最後の説は少し考え過ぎのように見える。知里さんの前の方の説，つまり，o-hash-nai「川尻に・灌木（のある）・川」と一応は解しておく

べきか。

トッカリモイ（新室蘭港）

　明治5年函館－札幌間の新交通路を作った時に，白鳥淵（室蘭湾）奥のトッカリモイに築港して，森から蒸汽船でそこと連絡した。それで湾口北岸の昔の港であった室蘭の名を移して，そこを新室蘭港と称したのが近代室蘭の発祥である。そのトッカリモイは，今の国鉄室蘭駅から約1.5キロ北の小さな入江で，そこに桟橋を作ったのが当時の新室蘭港である。ここの呼び方は幕末から明治中年までの資料では，トツカリモイ，トウカルモエ，トカリムイ等で，解は野作東部日記が「トカリは水豹を云ふ」。東蝦夷日誌も「トツカルモエ。水豹湾の義也」であった。アザラシのアイヌ語はtukarだが，和人は多くトッカリと呼んだ。

　ところが明治24年の永田地名解が「トキカラモイ　toki-kara-moi（チカ魚・を捕る・湾）と新説を出し，影響力の大きな書だったので，今ではトキカラモイと名が変わった。知里博士は，解は永田説を踏襲したが，地名はトッカリモイと少々昧な書き方をしたのだった。

幕西　まくにし

　室蘭市街西よりの部分の名。永田地名解は「マㇰ・ル・ウシ。後路。昔後背則ち外洋に行く小路ありし故に名く。今の土人マクヌーシと呼ぶは転訛なり」と書き，知里博士は「マクン・ニウシ（後方の・森林）」と読んだ。

　その後東蝦夷日誌，初航蝦夷日誌，野作東部日記等を読みくらべると，どれも幕西の海岸が，外洋側に入る道の入口であるとしている。当時今の室蘭市街地は湿地帯なので，幕西の岸に上陸し，そこから山際を歩いて電信浜なり追直に出たものらしい。永田説によって，マクン・ル・ウシ（makun-ru-ush-i　奥に入る・道が・ついている・処）と考えていいのではなかろうか。

トープッ

　室蘭市街内の殆ど忘れられた地名。仏坂を降って室蘭市街に入った低い処。海岸通りと小公園，大町への道の分かれる三叉路の辺の旧名。追直のすぐ手前，学校の処にあった蛸池（たこぬま）の旧名がポン・ト（小さい・沼）で，その水が湿地（今の市街）を流れ下って海に注ぐ処なのでトー・プッ（沼の・口）と呼ばれていたのであった。

茶津　ちゃつ

　日本製鋼所の辺の地名。元来はそこと室蘭市街地の間に突き出している丘の先がチャシ（砦）と呼ばれていた処から出た地名。この辺ではチャシ（砦，柵囲い）を和人はチャッと訛って呼んでいたところから来た音であった。ここはウェン・チャシ（悪い・砦）とも呼ばれていた。

母恋　ぽこい

室蘭市街から仏坂を越えた手前（北）の沢の処の名。国鉄母恋駅あり。永田地名解は「ポコイ（pok-o-i　蔭の処）」と解したが，知里博士は pok を pok-sey（ほっき貝）と読んで，「pok-o-i（ほっき貝・群生する・所）」と訳した。

御崎　みさき

日鋼室蘭製作所の北側の町名。国鉄御崎駅あり。御崎はアイヌ語エサシ（岬）を意訳したとも書かれて来たが，室蘭のエサシはずっと離れた陣屋町のトンネルのある岬であるので，それをここの町名に持って来たとは思われない。日鋼の工場と，新日鉄の工場の間が大きな岬になっているので，それによって付けられた日本語の地名なのではなかろうか。

輪西　わにし

室蘭市内の地名。今輪西といえば室蘭湾奥南岸よりの繁華な輪西市街の辺を考えるだろうが，元来の輪西は北岸の本輪西の地で，そこが地名発生地である。今国道を走ると，本輪西の処で道が半円を描いているのに気が付くであろう。それが昔の入江の海岸線であった。ワヌシのような形で呼ばれていた土地である。語源については①ワ・ネ・ウㇱ・イ「（入江が）輪・になって・いる・処」説②マ・ネ・ウㇱ・イ「淵・になって・いる・処」説③ハル・ウㇱ・イ「食料・群在する・処」などであるが，はっきりしない。

知利別　ちりべつ

東室蘭駅のプラットホームからすぐ目の前に見える円っこい小山（水道施設がある）がピシュン・モイワ（浜側の・モイワ山）で，その左（西）側の沢が知利別である。チリ・ペッ（chir-pet　鳥の・川）の意。永田地名解は「以前は数万の鴨群集して満川為に黒しと云ふ程なりし。其他白鳥，雁，鶴，鷲も多かりしが近年更に無しと云ふ」と書いた。

本輪西川　もとわにしがわ
　コイカクㇱワヌシ
　コイポㇰクㇱワヌシ

本輪西の処で街道が半円を描いて通っているが，そこが昔の入江の海岸線で，その辺が元来の輪西である。北から突き出した丘がその奥の土地を東と西に分けていて，東の沢がポロ・ワヌシ（大・輪西），西の沢がポン・ワヌシ（小・輪西）と呼ばれていた。その二つの沢の川が，現在道路の北側で合流し，本輪西川と呼ばれているが，明治の地図では別々の川で，二川は流れ寄りながらこの入江の奥で海に入っていた。

東の川はコイカ・クㇱ・ワヌシ（東を・通っている・輪西川）で現在名はコイカクシ川。西側の川はコイポㇰ・クㇱ・ワヌシ（西を・通っている・輪西川）と呼ばれた（現在は本流扱いである）。永田地名解は前の方のコイカを南と訳し，後の方のクㇱを

ウシで書いた。コイカは土地により方角がちがうが、ここは東でよさそうである。ウシはよくあった訛りである。

陣屋町　じんやまち

　室蘭湾北岸の地名。国鉄の陣屋町駅あり。幕末南部藩がこの辺の沿岸警備を命ぜられて、その陣屋（その跡あり）を築いた処なのでこの名がある。陣屋跡の辺がポロ・ペケレ・オタ（大きい・明るい・砂浜）、岬を隔てた西側がポン・ペケレ・オタ（小さい・明るい・砂浜）と呼ばれ、それが訛って「べぎりうだ」といわれていた。海水浴で賑わった砂浜だったが、今は埋め立てられて石油タンク等が林立し、昔の地名の姿はない。

白鳥の澗　はくちょうのま

　松浦武四郎初航蝦夷日誌には「ヱトモ。是より先を惣じてヱトモの澗、または白鳥の澗とも云也」と書かれた。つまり室蘭湾の旧名である。同氏東蝦夷日誌では「ホンヘケレヲタ。是より内をハクチヤウマ（今白鳥の澗と云）と云」と書いた。湾内の奥の名としての書き方である。湾内は奥に行くほど浅くなっていた（埋め立て前）ので、そこを中心に白鳥が遊んでいたのであろう。なお後の書の木版本以後では白鳥の「沼」となっているが、不思議に思われたので手筆本を精査したところ「澗」の崩し字がいかにも沼と見えるのだった。だがそれと他の個所の沼と比較するとはっきり違った字で沼ではない。松浦氏の崩し字が独特なので、時々この種の印刷違いが発見される。だがそれがもとで白鳥沼と後の人にも書かれるらしい。それは誤りのようである。

崎守町　さきもりちょう（元室蘭）

　室蘭湾口北岸の入江の処が元来の室蘭（明治のころはこの字でモロランと呼んだ）であった。永田地名解には①モ・ルエラン・ホトゥイェ・ウシ「小坂を下り・（舟を）呼ぶ・処」の説、②モル・イェ・ラン（鬢・膿・下る）の説、③モ・ル・ラン・ナイ（小路を下る川）の説が書かれているが、知里博士の書いた「モロラン←mo-ruerani（小さな・坂）」説を採りたい。坂（ru-e-ran-i　道・そこを・下る・処）は地名ではよくラニ、ラン、ルラン等に略されているのだった。丘の中の小さい沢の入江なので、ここに入るには坂を下らなければならなかった。

　徳川時代はモロラン、新室蘭港ができてからは旧室蘭、次に元室蘭、更に崎守町と名が変わった。崎守という名は、幕末ここの砲台を守った人たちが神社を祭り、崎守の社としたのが始まりらしい。ある人はその武人たちが中古九州を守った防人(さきもり)になぞらえ社名をそう呼んだのかともいっていた。

(3) 胆 振 西 部（有珠，虻田，山越）

千舞別川　ちまいべつがわ

　室蘭市，伊達市の境の川。永田地名解は「チバイベッ。チバイ鳥の川。其啼声に因て名く」と書いたが，松浦氏東蝦夷日誌も一説として「又チマイ，チマイと鳴鳥が出たる故とも云（ニシハタ申口）」と書いた。分かりにくくなった地名なので，土人のアイヌの間にそんな説話が伝えられていたのであろう。

　古くからの説は，秦檍麻呂「チは自らなりマヱは燃るをいへる語。自燃川」，上原地名考「チマエベツ。チマ・イベ・ベツ。自ら・食物を・焼く・川。蝦夷人の漁場にて鰈其外の雑魚を銘々に焼き貯へて飯糧になしたる故地名になすといふ」，松浦氏東蝦夷日誌「チ・マ・エ・ベツ。自ら・焼・食する・川の義」等であった。チマまでは読めるが後が分かりにくい地名である。知里博士は「chi-ma-ipe-ot-i。焼乾鮭・多くある・所」と読み方を考えた。上原熊次郎の説は古いが引きつけられる。知里さんも知っていたらまずそれを引いたろう。

黄金　こがね（オコンブシベ）

　千舞別川のすぐ北に今の名で気仙川が流れていて，その旧名がオコンブシベであった。それに漢字を当てて，長い間黄金蘂（おこんぶしべ）という地名になって来たのだが，近年前の二字を採って黄金と改称された。とにかく二字だけでも残してくれたので，昔と繋がっていて有難い。

　オコンブシベについて永田地名解は「昆布場。川尻の海中に岩あり，昆布生ず。故に名く」と書いた。o-kompu-ush-pe（川尻に・昆布・群生する・者）の意である。昆布を北海道の北の方ではサシ(sash)と呼んだが，南の方ではコンブ(kompu, kombu)といっていた。どっちから伝来したのか分からないが，とにかく日本語と共通な語である。

稀府　まれっぷ

　黄金のすぐ北の地名。東蝦夷日誌は「イマリマリフ。鮭場なり。名義，游ぐ形云り。又川上にアイノチセと云窟有。依て号ると」と書いたが，どう読んだのか分からない。永田地名解は「エマウリ　オマレブ。苺ある処。イマリマレブ又イマリマリブと土人云ふ」と書いた。検討のいる地名である。明治の5万分図は今の谷藤川（たにふじ）にイマリマリブ川と書いている。

伊達　だて

　市名。宮城県亘理藩主伊達邦成（くにしげ）が明治初年，一族，家臣と共に移住し，開発に成功した土地である。初めのころは有珠郡もんべつの地であるが西紋鼈（にしもんべつ）と呼んだ。諸地に多い「もんべつ」と区別するためであろうか。紋鼈は東西の二村があり，その西紋鼈村が本拠地なのであった。後に伊達紋鼈と呼ばれるようになったが，更に下の二字を省いて単に伊達となった。

IX 胆振地方

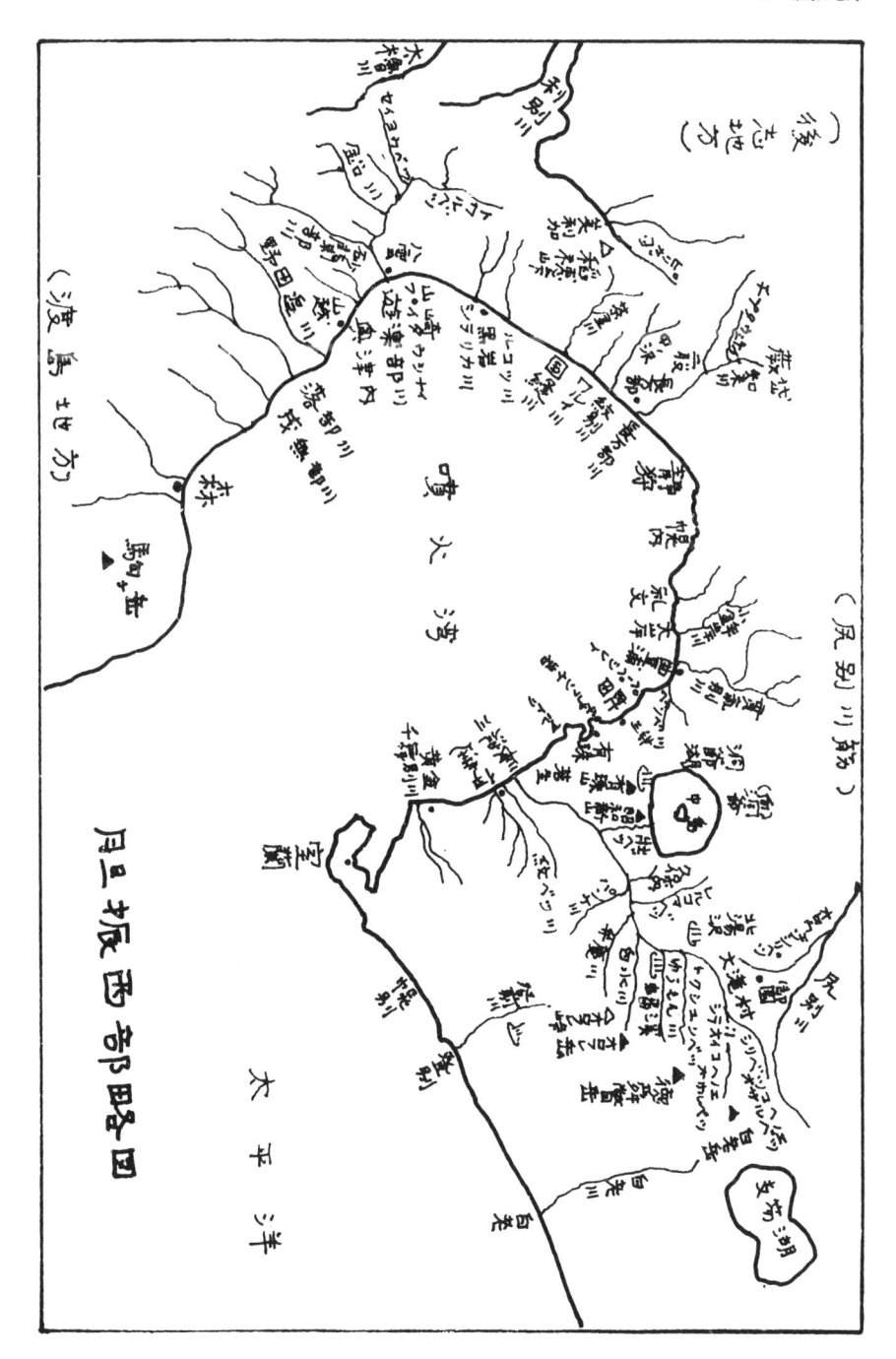

紋別川　もんべつがわ

　紋別は他の同名の川と同様，モ・ペッ（静かな・川）だったろうか。ここは三川が浜で合流している珍しい景色であった。明治29年5万分図では，それらに西からシュムンケモペッ（西の方の紋別川），シンノシケクスモペッ（中央・を通る・紋別川），メナシユンゲモペッ（東の方の紋別川）と書いている。土地の古老から，中の川の東支流をサムチセ（チャミチセ）川と聞いていた。サム・チセ（和人の・家）の意らしい。

　現在は西の川が気門別川で別川となり，その支流が支門気川となった。支門気は昔のシュムンケの名残りで，気門別の方が昔の支流名キムン・ペッ（山奥の・川）からの名らしい。今ただ紋別川と呼ぶのが昔のシンノシケ・クシ・モペッ。今サミチセ川というのがメナシユンゲモペッらしい。松浦氏初航蝦夷日誌では，紋別川から東に行った処の小石浜がサンミチセとなっている。

〈長流川筋〉

長流　おさる（長和　ながわ）

　川名，地名。胆振では鵡川に次ぐ第二の大川である。永田地名解は「オサレ・ペッ。急流川。直訳投げる川」と土地の人の話を聞いたらしい解を書いたが，恐らく後人の説であろう。私が付近の古老から聞いた音はオサールペッだった。オ・サル・ペッ「o-sar-pet　川尻に・葭原（がある）・川」であろう。駅名の起源29年版は，文章のように o-sar-un-pet（オサルンペッ）と， un（ある）を入れて語源の意味を書いた。

　それで長流と当て字して川名，地名として使われて来たが「お猿」と聞こえるのが困るらしくて，近年長和と改名された。

壮瞥　そうべつ

　川名，町名。洞爺湖の水は南東隅から流れ出して途中で滝となり，さらに流れて長流川に入っていた。それで，その川がソー・ペッ（so-pet　滝・川）と呼ばれ，壮瞥と当て字された。

　その滝はポロ・ソー（poro-so　大・滝）と呼ばれて有名なものであったが，今は水が水力発電に回されているので，わずかに滝跡の崖だけが残っている。壮瞥川は長流川の下流に注いでいる。ここは横綱北の湖の出身地である。

昭和新山　しょうわしんざん

　昭和新山は洞爺湖外壁の山であるが，長流川下流から見ると壮瞥川のすぐ上，広い平地に接して噴煙を挙げている姿は，今となれば一つの景観である。小さい山ではあるが，昭和18年に突然隆起して新たにできた活火山なので昭和新山と名づけられた。

久保内　くぼない

　川名，地名。国鉄胆振線久保内駅あり。久保内川が北から長流川に入っている。永田地名解は「クオナイ　ku-o-nai。機弓（あまっぽ）川」と書いた。地名に出て来る

ku（弓）はたいていは動物を捕るための仕掛け弓のことであった。

パンケ川
弁景川　べんけいがわ
　久保内駅から街道を少し上り，長流川の対岸（南岸）を眺めると，兄弟のように似た川の川口が見える。アイヌ時代はパンケ川の方をパンケ・ペッ（下の・川），弁景川の方をペンケ・ペッ（上の・川）と呼んでいた。弁景川筋を溯り，オロフレ峠を越えて登別に行く自動車道路ができていて，近年は観光客がよく通るようになった。

レルコマベツ川
駒別　こまべつ
　パンケ川川口の対岸（北岸）にレルコマベツ川が北から長流川本流に注いでいて，その川筋の地名は駒別である。永田地名解は「レレコマペッ。信宿川。水路険悪なるを以て三日も宿泊することあり。故に『三日宿』の名あり」と書いた。そんな意味の地名は他に見たことがない。私にはレルコマペッ「←rerke-oma-pet（川の）向こう側に・ある（入っている）・川」と聞こえる（母音が二つ続くと，地名ではよくその一つを落として呼ぶ。ここでは e が省かれた形）。つまりパンケ川の方の人たちが呼んだ名だったのではなかろうか。駒別はレルコマペッの前略された名であろう。

白水川　しろみずがわ（オロフレペッ）
　オロフレ岳の西麓から流れて，国鉄蟠渓駅の少し下で長流川に注いでいる川。アイヌ時代はオロフレペッで，その上にあるのでオロフレ岳である（和人の名か？）。永田地名解は「オロ　フーレ　ペッ。水中赤き川。水石共に赤し」と書いた。「オロ」は「その中」の意。言葉はその通りであるのだが，現在その川尻で見ると，ちっとも赤くない。むしろ白っぽい水で，今の白水川の方が当たっているのであった。

蟠渓　ばんけい
　地名。国鉄蟠渓駅あり。その少し上流側に蟠渓温泉がある。永田地名解は「パンケ・ユー panke-yu。下の湯。温泉あり」と書いた。少し上流にある北湯沢温泉の penke-yu と対称した形で「下流側の・温泉」と呼んだのであろう。

優園川　ゆうえんがわ
　白水川の一つ北の川で，その間に伸びている丘の先が長流川に臨んでいる処に蟠渓温泉がある。この川の名は永田地名解によれば「ユーエンゴロクシペッ。温泉の上（かみ）川を流る川」と書かれたが，訳が少し変だ。yu-enkor-kush-pet「温泉の・（山の）鼻・を通る・川」である。地名では山の突出した処をよくエンコロ（enkor　鼻）で呼んだ。エトゥ（etu　鼻）と同じ。この yu（温泉）は蟠渓温泉のことであろう。その川名を前略して，この辺の土地を優園と呼んでいたのであり，それが今の川名にも使われ，優園川となっているのであった。

北湯沢　きたゆざわ

　蟠渓から少し上流の地名，駅名。長流川西岸に温泉場あり。永田地名解は「ペンケ・ユー。上の・湯。温泉あり」と書いた。蟠渓がパンケ・ユ（下の・温泉）であったのに対して呼んだ名であろう。

　鉄道ができた時に，温泉があるので湯沢とするつもりであったが，山形県の湯沢とまぎれるので北湯沢と駅名をつけたのがもとで，今では字名も北湯沢温泉町となったのだという。

徳舜瞥　とくしゅんべつ

　川名，山名，旧村名。北湯沢温泉場の少し下で東から長流川に入る川が徳舜瞥川である。永田地名解は「トクシッ・ウッ・ペッ。鯇・多き・川。春日今尚多しと云」と書いたが，今の地名はトゥクシシュンペッ（tukushish-un-pet　あめます・いる・川）の形から伝わって徳舜瞥となったのであろう。

優徳　ゆうとく

　大滝村内の地名，駅名。アイヌ語ではない。徳舜瞥の徳をとってこの地名にしたのだという。

大滝　おおたき

　長流川上流一帯を占める村名。もと徳舜瞥といっていたが，昭和25年大滝村と改名した。

　村内三階滝川（現称）の下流に三階滝という大滝があるのに因んだ名だという。国鉄の駅ももとは徳舜瞥であったが「新大滝駅」と改称した。「新」は奥羽本線の同名駅とまぎれないために付けたのだという。

三階滝川　さんがいたきがわ

　国鉄新大滝駅のすぐ上の処で，長流川の水源は大きな二股になっている。その右（東）股が三階滝川で，その下流部に三階滝という大滝があるので付けられた名。アイヌ時代には次のように恐ろしく長い名があった。

　シラウオイコヘノエオサルペッ（shirauoi-ko-henoye-osarpet　白老・に向かって・曲がっている・長流川）で，その水源から山を越えると白老川の水源なのであった。現在はこの川の南支流がコノヘオサレペツ川と呼ばれる。僅かに旧名を訛って残した名であるらしい。

シリペッコヘノエオサルペッ

　前記二股の処の左（西）股の旧称で，これも shirpet-ko-henoye-osarpet（尻別川・に向かって・曲がっている・長流川）の意。現在はただ本流であるとしてこの名は使われないが，語義通り，尻別川の水源と対していて，現在は国道も鉄道もこの沢を上って尻別川筋に越え，倶知安方面に行っている。古くから交通路になっていた処であろ

う。

〈海岸沿い〉

若生　わっかおい

長和（長流）から有珠に行く街道は広い台地を越える。その台地に上った辺が伊達市若生町で，永田地名解は「ワㇰカオイ。水処。清水の湧く処なり」と書いた。wakka-o-i（水・ある・処）の意。今どうなっているか，昭和30年通った時には，僅かに低い沢形の処が道路を横切っていて，そこに幅40センチぐらいの小溝が流れていた。

付近の農家で聞くと少し山側で水が湧いて流れているが，僅か下ると地中に消えている。この辺の農家は飲み水も風呂の水もここから汲む外ないのだとのこと。手ですくって飲んだら実にうまかった。正にワッカオイであった。

アルトリ

伊達市内の地名。海岸名，岬名。アルトリの名は北海道内の方々にあった。原型はアルトル（アル・ウトル。ar-utor　向こう側の・側面）という意。アルは「対になっているものの片一方」をいうことであるが，地名では，事実上，山とか海の向こう側を指していた。道南地方では特にアルトリの名が多く，ほとんど岬山の向こう側の浜を呼んでいる。有珠の場合は，集落の南側の裏山を越えた向こう側の海岸がアルトリの浜である。その裏山の海に突き出した部分を，その浜の名を採って和人がアルトリ岬と呼んでいる。

有珠　うす

伊達市西端の地名，湾名，郡名。上原熊次郎地名考では「ウス。夷語ウショロなり。則入江と云ふ事」と書かれた。つまり両様にいわれたのだろうか。ウㇲ（us，あるいはウㇱ）は入江，湾の意。ウショロ（ush-or　入江・の内）でも同じように使われた。奥の深い波静かな入江であり，昔からアイヌの大コタンがあった。北海道有数の古寺である善光寺があり，会所があって，この辺の中心地であった。鎌倉にでも行ったような，しっとりした処である。

有珠山　うすざん

洞爺湖外壁の火山であるが，有珠の上に聳えているので有珠山と呼ばれる。近年大爆発を起こして有名になったが，周辺に火山灰が深く積もり，湖面の風下になった部分は軽石が一面に浮かんで真っ白になった。

松浦氏作発呂留宇知之日誌にはウスノホリと書かれた。ウㇲ・ヌプリ（有珠の・山）の意であろう。永田地名解には「イェ・ケレ・ウセ・グル。軽石を削り出す神。有珠の噴火山の名なり」と書かれた。イェ（ye）は元来は膿のことであるが，火山を地面のおできと考えたのか，熔岩や軽石のこともそれでいった。

チャランケ岩

　有珠湾口を出て，海岸を虻田の方に回った磯浜に，人が二人相対した形の岩があり，寄り鯨を有珠がとるか虻田がとるかを両方の代表が談判したのが岩になったとの伝承がある。チャランケは談判のことで，北海道では和人も使う言葉である。上原熊次郎地名考は「ウゴシヨンコウシ。夷語ウゴシヨンコヱウシなり。則口達すると云ふ事。ウゴとは互にと云ふ事，シヨンゴとは口上と申す事。ヱウシとはヱウステの略語にて告る又は示すと申事なり。此処に夷人の形状なる岩向合ひて演説成したる体ある故地名になすといふ」と書き，永田地名解は「ウコシヨンゴイヱウシ。雙方の使者議論せし処」と書いた。永田氏の書いた形を今風に読めば u-ko-shonko-ye-ush-i（互いに・対して・口上を・話・した・処）となるだろうか。

アプタペッ

　長い虻田の浜の東端にあった川の旧名。虻田の名はそこから出た。古くは会所があった。永田地名解は「アㇷ゚タペッ ap-ta-pet。鉤・を作る・川の義。アイヌ口碑に云，往時は大川にして鉤を作り魚を釣りしが臼岳（有珠山）噴火の時埋没して今は小川となり魚上らずと。蓋し文政五年の噴火を云ふならん。虻田の会所此時噴火の害をこうむり，後フレナイに移したれども，旧名を称して虻田会所と云ふ」と書いた。釣針はこだけで作ったわけではないだろうが，昭和29年の北海道駅名の起源は「樺太アイヌ語ではウバユリの根をハッと称する。此地のアイヌは古く樺太と同系と考えられる節があるので，ハㇷ゚・タ・ウシ（いつもそこでウバユリの球根を掘った所）ではなかろうか」と書いた。音に合わせて考えられた研究的一案である。とにかく，古く秦檍麻呂，次いで上原熊次郎の時代からずっと釣針説が土地のアイヌの解だったらしい。

トコタン

　虻田市街の東郊の土地はトコタンと呼ばれていた。永田地名解は「トゥコタン。tu-kotan。廃・村。此村は，噴火の後廃村となり，今は土人の部落なり」と書いた。和人部落がなくなったのか，あるいはアイヌのコタンが tu（滅びる）したのかは分からないが，とにかく，昔村があった処である。明治29年5万分図では，虻田の浜の東端，つまり古い会所跡の辺にトコタンと書いてあるので，永田氏の書いたのが合っているか。なお洞爺湖温泉へ上る道の近くにオコタヌンペ「o-kotan-un-pe　川尻に・コタンが・ある・者（川）」という川があった。その川尻にコタンがあった時代もあるらしい。とにかくこの浜の処々にコタンがあったようだ。そのどれかの「村跡」という地名である。

虻田　あぶた

　町名，旧駅名。虻田町は虻田の浜から洞爺湖の南の部分までを含む。虻田の市街地はもとフレナイであったが，会所が東のアㇷ゚タペッからここに移転しても前通りにアブタ場所と称していたので，それがここの地名となった。ここの駅名も虻田だったが，昭和36年洞爺と改名した。駅に行ったら洞爺と書き直されていて啞然としたのだった。

赤川　あかがわ

虻田市街の裏山から南流し，市街の東のはずれを流れて海に入っている川の名。アイヌ時代の名はフレ・ナイ（hure-nai　赤い・川）であった。ただし今の下流部分は後の河川工事によるもので，昔の川筋は鉄道の北側を西に流れ，発電所放水路の口の処が旧川口だったという。上流に鉄鉱床があったため，鉄分で赤い水が流れていたが，後そこの採鉱が進んでからは赤い色でなくなったのだそうである。なお漢字を当てて触内，あるいは振内とも書かれた。それがこの辺の地名であったが，会所がここに移ってから虻田となった。

洞爺湖　とうやこ

ここは，他の大きな湖沼と同じように，ただトー（湖）と呼ばれていたようである。キムン・トー（山奥の・湖）とも書かれたが，何か特別の場合の称だろう。和人はただトーでは区別しにくいので，古い資料では臼沼とも書いた。有珠の上の湖という意だろう。いつか洞爺湖と呼ばれるようになったが，トー・ヤは「湖の・岸」の意。普通名詞みたいなもので，湖岸ならどこでもトーヤであろう。

松浦氏後方羊蹄日誌の付図を見ると，南岸にも，北岸にもトウヤと書いてある。挿絵では東岸がメナシ・トーヤ（東湖畔）である。それを採って和人が洞爺湖と呼ぶようになった。他の土地の湖も，和人はただトーでは困るので屈斜路湖はクッチャロ（湖口），支笏湖はシコッ（千歳川のこと），涛沸湖はトーブッ（湖口）というように，何かを採ってその湖の名にしたのであった。

中島　なかじま

洞爺湖のまん中に浮かんでいる島。洞爺のカルデラができて後に，中央の旧火口の処から再び噴火してできた山である。一番大きな円錐形の島がトー・ノッケ・モシリ（湖の・中央の・島），お堂のあるのがカムイ・チセ・モシリ（神様の・家の・島）で，円空が観音像を作って納めた堂のある処なのでその名ができたらしい。その東がトプ・モシリ（竹・島）で，そのそばの小島がポン・モシリ（小さい・島）と呼ばれていた。美しい風景である。

洞爺村　とうやむら
洞爺湖温泉　とうやこおんせん
洞爺駅　とうやえき

洞爺村は洞爺湖の北岸の土地である（東南岸は壮瞥町，南西岸は虻田町）。洞爺村の中心は湖岸の洞爺町市街で，私たちは向洞爺と呼んでいた。虻田あるいは壮瞥の方から見た称であったろう。松浦図はこの虻田町市街の処にだけトウヤと書き，そこにアイヌのコタンの印を付けている。当時はここにだけ家があったのでそう書いたのであろう。伊達の森美典氏から，ここがトー・クッタといわれたことを教わった。湖の・向こうに（ある処）の意か。南岸側から見た称であろう。

洞爺湖温泉は新しくできたもので，年寄りたちから，湖の南岸に噴火があった後に

来たら温泉が出ていたと聞いた。明治末のころだったろうか。松浦氏後方羊蹄日誌の旅は，まず虻田から出てトウフルカ（湖坂→湖の・丘と読みたい）を越えてトウヤ（湖傍→湖畔と読みたい）に下った。温泉街の西側の辺になる。つまり，温泉街の辺もトーヤなのであった。

　国鉄の虻田駅に人を迎えに来たら，看板が「洞爺駅」と変わっていたので面喰らった。昭和36年から改名したのだという。洞爺湖の入口なのでその名を使ったのであろうか。

ペーペシレトゥ
アルトル
　豊浦市街の南の岬の名。白井柳治郎先生（虻田の名高い教育者。故）と通りかかって余りに美しいので急坂を浜に降った。軍艦のように鋭く尖った岬の東側の急崖は真っ白で，そこをレタツトイ（retar-toi　白い土）と呼ぶ。粒子の細かい純白の粘土崖である。その浜の辺をアルトル（ar-utor　山向こうの処）という。豊浦側から見ての称なのであろう。この辺の至る処にあった名である。ペーペシレトゥ「pepe-shiretu　弁辺（豊浦の旧名）の岬」とその岬を呼んだ。

豊浦　とようら（弁辺　べんべ）
　豊浦町市街は急坂の下の海岸にあり，弁辺川（小川）は急斜面を流れ下っている。この川が二股になり，ポロ・ベンベ（北股），ポン・ベンベ（南股）となっているので，永田地名解は「ペペ。二川合流する処」と書いたが研究を要する。この川筋泉が多く，あっちやこっちに，ちょろちょろと流れていたという。上原熊次郎地名考は「ベンベ。ペーウンペの略語なり。此処冷水の所々に湧き出るゆへ地名になすといふ」と書いた。その意味でペーペと呼ぶ人もあったらしい。土地のアイヌ古老伊貸松蔵さんに聞いたら，老人はペーペナイと呼んでいたとのことであった。つまり pe-un-pe（水・ある・処），pe-pe-nai（水・水・川）か，または pe-pe（水・水）から来た名だったらしい。「ベベ」は北海道方言で女陰をいうので，それを避けて豊浦と改名したものらしい。

貫気別　ぬっきべつ
　豊浦町内の地名，川名。ヌㇷ゚キ・ペッ（濁水の・川）の意。やち水の流れる川だったので，その称があったのであろう。東蝦夷日誌ではフレ・ベツ（赤河）と書かれた。赤濁している川の意。

大岸　おおぎし
——小鉾岸川　おふきしがわ
　豊浦市街から少し西の小入江の処の地名。小鉾岸，負岸とも書かれた。川名は今でも小鉾岸川である。語義について説が多いので少し詳しく書きたい。
　秦檍麻呂東蝦夷地名考（文化5＝1808年）は「ヲツプケシ。ヲツプは銛なり，ケシは足の訓。此処の海浜の形ヲツプの足に似たる故に名とせり」と書き，銛の画を描い

て、銛の石突きにU字型の器具がつけてあることを示した。
　上原熊次郎地名考（文政7＝1824年）は「ヲブケシ。夷語ヲブケシペなり。ヲブとは銛の事、ケシとは末と申事、ペは所と申す訓にて此所東西に崎ありて、此形蝦夷人の漁事に用ゆる銛の末にあるもののやうなる入江なれば地名になすといふ」と書いた。秦氏と同説であるが、説明の言葉の方の語尾にぺが付けられているのは語法上変だ。op-kesh-un-pe（銛の・末端・にある・もの）ぐらいの言葉が略されて使われたものか。
　松浦氏東蝦夷日誌は「オブケシ。昔し括槍（オッ）の石突（ケシ）を神が拾ひ給ひしと云故事有て号ると也」と書いた。また永田地名解（明治24年）は「オッケシペ・シレトゥ。槍端岬。槍の石突に似たる岩ある岬」と書いた。永田氏のペも語法上変である。
　北海道駅名の起源は昭和25年版から「オッ・ケ・ウシ・ペッ（いつも槍を削った川）であったが、それを和人がオフケシと訛った」と新説を出した。従来op-keshと考えられてきた言葉をop-ke-ush（槍を・削る・いつもする）と読み直したのだった。
　だが、秦氏から永田氏まで、アイヌ語時代の説はどれもオッケシ（銛の末端）であって、ただなぜそう呼んだのかの説明が時代によって違うだけなのであった。いずれも当時の土地のアイヌからの話によったものであろう。私にはあの入江をオッケシに見たてた古い秦氏や上原氏の説が捨て難く思われるのであった。

礼文華　れぶんげ

　豊浦町内の地名。旧名はレブンゲッ、略して礼文華、後にはまた略して礼文という。大岸のすぐ西の岬の名から出た名らしい。これも各説区々、目ぼしいものを古くから並べて見ると次のようである。①上原熊次郎地名考は「レブンケプ。崩れたる崎と云ふ事。レブンとは沖へ出る、ケプとは崩れ亦は剝ぐと申事」。②松浦氏東蝦夷日誌は「何を流しても此岸え寄らずして沖え這ひ出す義也」。③永田地名解は「沖へ流れ出る所。アイヌ言ふ、何物にても海に落すときは、皆沖へ流れ出る故に名づくと」。④北海道駅名の起源は「沖へ突きでている・所の意である」。手に負えないが、古い上原熊次郎にひかれる。他地でも断崖をケ（削る）でいうことがある。レブン・ケ・ッ「沖の（沖の方へ）・削る・もの（断崖）」といった意味だったのではなかろうか。

静狩　しずかり

　長万部町内の地名。長万部から砂浜伝いに北行すると、礼文の山塊に突き当たり、海岸の通行ができなくなる。そこがシッ・トゥカリ（shir-tukari　山の・手前）で、続けて呼ぶとシットゥカリ（shittukari）と発音され、それに静狩と当て字された。

長万部　おしゃまんべ

　町名、川名。秦檍麻呂の地名考（文化5＝1808年）がここの地名伝承を書いた始めらしい。抄録すると「古名ウアシ・シャマンベ（雪・ひらめ）。昔神がこの海で大ひらめを釣り、神として山上に祭らせた。春雪解けの時に、この山にひらめの形の雪が残る時が漁期だと教えられた」と書かれてある。ウアシとはウパシ（雪）のことである。

413

上原熊次郎も同説、ただしシャマンベは鰈と訳した。永田方正も同説。これは土地の長い伝承だった。北海道駅名の起源昭和29年版は「オ・シャマㇺ・ペッ（川尻が・横になっている・川）」であると音に当てて新説を書いた。川尻が海と並行している川なので、その解が考えられたのであろうか。

二股　ふたまた

地名。鉄道駅名。長万部川中流の地名であるが、松浦図でも二股であって、古くからの名である。長万部川本流と知来川の合流点なのでついた名。アイヌ語では二股をペテウコピあるいはペタウ（pet-au　川・枝）で呼び、少し訛ってペタヌともいう。今本流を少し上った処にペタヌ川があるが、そこはペタヌの地形ではない。二股の処がペタヌと呼ばれていて、その名残りが上流の支川につけられたものか。二股は今は双葉と呼ばれている。

知来川　ちらいがわ

長万部川の二股の右（北）股の川の名。松浦図ではチライヲッと書かれた。「chirai-ot　いとう魚・たくさんいる」の意。永田地名解がチライオチと書いたのは、それに語尾 i（処）をつけた形である。どちらででも呼んだろう。

チプタウシナイ川

知来川を少し上った処に西から長万部川に入る支流。この名は諸地にあった。チㇷ゚・タ・ウㇱ・ナイ（chip-ta-ush-nai　舟を・掘る・いつもする・沢）の意。舟を作るに適した木の巨木があって、そこで丸木舟を作った沢の名であった。

蕨岱　わらびたい

知来川を溯り後志国に入る境の処の地名。国鉄の駅あり。永田地名解は「ワルンベ・フル。蕨・阪。今蕨台といふ」と書いた。蕨のことを、アイヌ語でもワランビ、ワルンベのように呼んだ。日本語伝来の言葉だったか？

紋別　もんべつ

長万部市街の南約4キロの処の川の名。モ・ペッ（静かな・川）の意であるが、松浦氏東蝦夷日誌は「如何なる悪病流行するとも此村え入らざる故号くと」と書き、永田地名解も「モペッ。静寧の処。古より争闘なく又悪病流行のときも此村は安静なるにより名く」と書いた。ここではモ（mo）を流れが静かという意味でなく、環境がおだやかだという意味だと伝承されたらしい。日高のモコチ（向別）のモも似た伝承であった。
　　　　　　　　　　　　　　　　　　　　　　⇒向別（345ぺ）

中ノ沢駅　なかのさわえき

北海道駅名の起源昭和25年版に「もと紋別といっていたが、同じ土地（名？）が他にも多いので、南に和類川、北に紋別川があり、駅がその中間の沢のところであるか

ら，大正三年に中の沢と改名したものである」と書かれている。現在の地図を見ると，駅のすぐ北に中の沢川，すぐ南に中ノ川が流れている。紋別川とワルイ川の間の川の意であろう。

ワルイ川

紋別川の南3.5キロの処にある川の名。和類川とも書かれた。永田地名解は「ワルイ。悪い。和人の名けたるものなり。土人云ふ。此川は魚上らず。又材木を流す能はず。無用の川なれば和人悪と名くと。蝦夷紀行はポロワリウ川，ポンワリウ川に作る」と書いた。現在でもすぐ南を並流する川はポンワルイ川である。ポンはもちろんアイヌ語で小さいという意。和名であったにしても，アイヌ時代から呼ばれていた名である。

国縫　くんぬい

長万部町内の地名，川名。訓縫とも書く。「元禄郷帳」の昔からクンヌイで珍しい地名である。古い上原熊次郎地名考は，クン・ヌイ（黒き・野火）と書いた。ヌイは焰の意。永田地名解は「クンネ・ナイ。暗・川。往古フリカムイ（伝説上の巨鳥）飛び来り天色ために暗し。故に名くと。クンヌイと云ふは非なりと土人云ふ」と書いた。クンネ・ナイの名は説明上いった言葉かも知れないが，それをふつうに読めば「黒い・川」である。鉱物のある土地なので黒い水でも流れているかと思ったが奇麗な水だし，黒い石でもあるかと思ったが，見たところそうでもなかった。案外わからない地名である。いちばん古い秦檍麻呂の地名考には，酋長シユワニの説として「クンネ（黒）なり。海浜砂鉄ありて黒きより地名となれり」と書いてあった。あるいはこれがもとなのかもしれない。

なおこの川筋を上り稲穂峠を越えると利別川上流に出る。日本海側との古くからの交通路だった処である。　　　　　　　　　　　　　⇒薫別（231㌻）

茶屋川　ちゃやがわ

国鉄瀬棚線の駅名。国縫川中流の処である。北海道駅名の起源は「昭和初年利別川と訓縫川上流に砂金採取者が入り込んだ際に，腰掛茶屋があり，付近の橋を茶屋川橋といったのを駅名に採った」と書かれてある。今駅のある処は，昔カリンパ・ウシ・ナイ（桜・群生する・川）といわれた川の川口近くで，当時はその名で呼ばれた土地であろう。今千島川と書かれている川である。なお現在茶屋川と呼ばれている川は，駅より約2キロ上流で，アイヌ時代の名はク・オマ・ナイ（仕掛け弓・ある・川）であったようである。

ルコツ川

長万部・八雲境の川の名。永田地名解は「ルコッチ。足跡。大熊の山へ上りし足跡ありたるにより名くと。又云，セタナイ（瀬棚）へ山越えする跡あるに名くと」と書いた。ルは足跡，道の意。ru-kot（道・沢。kochiならその沢）だったのではなかろう

か。この川上にルコツ岳あり。川名によって付けられた名であろう。

黒岩　くろいわ

　八雲町内の地名，駅名。八雲－国縫間の国鉄黒岩駅のすぐそばの海岸の海中に巨岩があり，上に碑のようなものが立っているのが見える。長い砂浜の中にあるので目立つが，アイヌ時代は神霊のいます処として，謹んで通った処。クンネ・シュマ（kunne-shuma　黒い・岩）あるいはクンネ・シララ（kunne-shirar　同）と呼ばれた。現在の黒岩はそれを訳した地名。

シラリカ川

　函館本線黒岩駅から1キロ半ぐらい南で海に注いでいる小川であるが，従来その解に困っていたことを同好の方のために書いて置きたい。
　上原熊次郎地名考は「シラリイカの略。則ち潮のさすと訳す」と書き，以後松浦武四郎も，永田地名解もこのシラル（シラリ，シララ）を「潮」と訳した。バチラー辞典も「潮」と書いている。
　ところが知里博士に至って，シラル（shirar）は「岩」で，潮の意はないとされた。満潮のことをシラリカというのはシラル・イカ「岩礁が・溢れる」の意。干潮をシラル・ハというのは「岩礁が・空になる」意だとされた（地名アイヌ語小辞典）。その言葉からシラルを潮と誤られたのだろうとの意見で，どうもそうらしく思われる。従来説の否定であった。
　知里説によっていうならば，このシラリカ川もシラル・イカ「（満潮時に潮が）岩を・越す」と訳したくなる。
　しかし，この川口の辺は一帯の砂浜で岩礁らしいものが見えない。困って近辺の漁家を訪れて聞いて見たら，このあたりには岩はないようだ。昆布刈りをしている時に，川口の近くの海に，ストーブぐらいの岩が干満によって見え隠れしているのを見ただけだ，とのことだった。そんな小岩で，この名がついたのだろうかと首をかしげて戻った。
　先日釧路の白糠中学校の松本成美先生が見えた時に，同型の地名なのでここの話が出た。先生は，八雲のこのシラリカ川の川口近い海中は岩磐になっているようだといわれる。
　とにかく上原氏から永田方正に至るまでの諸家がシラルを岩としなかったのは，見たところ岩がなかったからだろうか。シラル（岩）という言葉を確認するためにも，もう一度現地を調べ直して見たいと思いながら果たせないで来たのであった。

山崎　やまざき

　地名，川名，駅名。北海道駅名の起源は「付近の国道に沿う山麓は岬に似ているので，付近の住民がこれを山崎と呼びならわしていたため，駅名もそれをとった」と書いた。山崎駅の処は，昔フイトシナイブトと書かれた処である。
　山崎川が駅の北，山の出っ張りの裾を流れている。明治の地図では，その川をフレ

ムコ川と書いているが意味が分からない。むりに知っている言葉を当てるとフレ・ムㇰ（赤い・つるにんじん）とでもなろうか。ただしそんな植物があるだろうか。

プイタウシナイ川

東蝦夷日誌や松浦図にフイトシナイと書かれたのは，前後の地名から見ても，明らかにプイタウシナイのことである。現在この川は山崎駅の南3キロ余の処で海に直流しているが，明治の5万分図，20万分図では，その川尻は海岸に沿って北流し，今の山崎駅の辺で海に入っていた。東蝦夷日誌でも「フイトシナイプト（putu. その川口)。是より左平山に成る故山崎と云」とその地形を書いている。

意味は pui-ta-ush-nai「えぞりゅうきんか（の根）を・掘る・いつもする・沢」であった。このブイ草の根は好んで食料にしたもので，この類の地名が道内各地に多い。

〈遊楽部川筋〉

八雲　やくも

町名。昔ユー・ラㇷ゚と呼ばれた処であるが，ここに農場を作った徳川慶勝侯が，古歌「八雲立つ出雲八重垣妻ごみに」に因み，明治14年（1881年）に八雲と命名したと伝えられている。

遊楽部　ゆうらっぷ

八雲町，熊石町と北檜山町にまたがる地名。川，山名。八雲町を流れる遊楽部川の名から出た。ユー・ラㇷ゚（yu-rap　温泉が・下る）が原名である。ラㇷ゚は地名によく出るラン（下る）の複数形であった。

砂蘭部　さらんべ

川名，地名，山名。遊楽部川の川尻に近い処で南から入る支流の名から出た。松浦氏東蝦夷日誌は「サラベ。名義終りの義也。此川第一川下に有る故也」と書き，永田地名解は「サラ・ウン・ペッ。尾川。ユーラブ川の支流の内にて一番川下にあるを以て此名あり」と書いた。サランペ「sara-un-pe 尾・にある・者（川）」と理解すべきか。もしかしたらサルンペ「sar-un-pe 葭原・にある・者（川）」の転訛であったかもしれない。

鉛川　なまりがわ（パンケルペシペ）

遊楽部川南支流で，砂蘭部川のすぐ上の川である。パンケ・ルペㇱペ（下の・峠道川）の意。この川筋を溯り，山越えして日本海岸熊石町に出る道が通っている。東蝦夷日誌は「今は鉛川と云り。安永年間鉛を掘り其の後廃坑と成りし由。今度また吉岡某開坑し今は盛に出るよし」と書いた。鉛川はそのころからの名である。なおこの川と並流してペンケ（上の）・ルペㇱペ（川）がある。

417

トワルベツ川
　遊楽部川の長い北支流の名。東蝦夷日誌は「トワルベツ。此源に温泉有故号く」と書き，永田地名解は「トゥワルベツ。生温川。源を太櫓山に発し，熱泉湧出するが故なり」と書いた。トゥワル (tuwar) は「なまぬるい」意。処々の川名にこの名が残っている。

セイヨウベツ川
　遊楽部川上流の支流名。山中から遊楽部川本流の北をずっと並流し，トワルベツ川川口の少し上で本流に注ぐ。東蝦夷日誌は「セヨベツプト (putu。その川口)。此川上に貝石多き故に号く。余も少し拾得たり」と書き，永田地名解も同じことを記す。セヨペッ (sei-o-pet 貝殻・多くある・川) の意。

奥津内　おくつない
　八雲町内の地名，川名。八雲市街のすぐ南の処。原名はオウコッナイで永田地名解は「合流川」と訳した。詳しくいえば「オ・ウ・コッ・ナイ　性器・互いに・くっつく・川」の意。オウコッは動物の交尾をいう言葉であった。現地にはオウコッナイ (現称奥津内川) とポン・オウコッナイ (小・奥津内川) が並んで流れていて，砂浜の中で相接近して海に入っている。風雨の時，両川の川尻が砂浜で時に合流するので，この称で呼ばれた。同名の川は諸地に多い。

山越　やまこし
　郡名，旧川名。昔からヤムクシナイと呼ばれたが，ヤム・クシ・ナイでは「栗・通る・川」で，どうにも形をなさない。室蘭市本輪西にも同名があるが，知里博士と二人でどう読んだらいいのかと閉口したのであった。永田地名解は「ヤムクシは栗の刺殻 (いが) の義」と書いたが，そんな言葉を知らない。また一説として「栗を拾うために渡ると訳す」とも書いたが，地名の形ではそう読めない。
　松浦氏東蝦夷日誌は「本名ヤムウシナイにて栗多沢の義。其地今のサカヤ川也」とした。ヤムウシナイならその通りであるが，昔からのヤムクシナイに合わない。
　上原熊次郎地名考は「栗の有る沢を通路する故地名になすといふ」と記した。つまり「栗の木 (ヤムニ) を・通る・川」と読んだらしい。何とかつじつまがあうようであるが。
　松浦氏は山越内はサカヤ川であると書いた。現在の山越駅のすぐ西にある現称酒屋川のことらしい。

野田追　のだおい
　八雲町内の地名，川名。川の東は野田追，西は野田生と書く。永田地名解は「ヌプ・タイ (野・林)。今ノタオイと云ふは非なり」と書いた。野田追の音と少し離れた解に見えるが，永田方正は明治15年 (1882年) ごろ八雲にいて，アイヌと接触の深かった人なので，まずはこの説に従いたい。

落部　おとしべ

　川名，地名。森町の中であったが，昭和32年八雲町に編入された。元禄郷帳(1700年)では「おとしつへ」と書かれた。落部の「とし」は上原熊次郎の時代からテㇱ(tesh 簗)と考えられて来た。永田地名解は「オ・テㇱ・ペッ(川尻・簗・川)」と書き，北海道駅名の起源は少していねいな形にして「オ・テㇱ・ウン・ペッ(川尻に・簗・のある・川)」と解説した。その形なら語尾の処を-pe (者・処)にしてオ・テㇱ・ウン・ぺと読んでもよさそうである。だがもう原形が忘れられてしまった地名である。

第X　渡　島　地　方

渡島　おしま
　旧国名，支庁名。明治の初め，松浦武四郎は北海道の国郡名の案を考え建議書を提出したが，その中で，古く斉明天皇紀以来の歴史に現れる「渡島(わたりしま)」は北海道の入口の辺を指しているとして，それを国名とすること，また南部津軽の人たちは，この地を「おしま」と呼んでいるので，渡島と書いて「おしま」と読むことにしたい，と書いた。それが今日に残ったものであろう。ただし，「おしま」は「御島」の意であったらしい。

(1) 渡島東部 (茅部, 亀田, 上磯)

徳川時代, 松前から東の土地を東蝦夷と称した。太平洋岸アイヌの地方の意らしい。同じ渡島国でも東部三郡, 特に函館平野以東は, 細かく地名を調べると, 日本海側西蝦夷とは何か違ったものが感じられるのであった。

茂無部　もなしべ

函館本線石倉駅のすぐ西側を流れる川の名, 地名。永田地名解は「ムナウッペ。草の生長する処」と書いたが, ムナに草の意があったのだろうか。ムヌッペ「mun-ush-pe 草（雑草）・群生する・者（川）」のような意だったのではなかろうか。

濁川　にごりがわ

森町内の地名, 川名。濁川は落部より少し南にある川。原名はユー・ウン・ペッ（yu-un-pet 温泉・の・川）と呼ばれた。この川を溯ると小盆地があり, そこの方々に温泉がある。それが流れるのでユーウンペッであり, 濁川でもあった。

茅部　かやべ

郡名。茅部は古くから大地名であり, 松浦武四郎はそれをもって郡名とすることを建議したのであるが, そのもとになったのは, ほとんど忘れられた崖の名であるという。上原熊次郎は「カヤベ。帆形の処と訳す」と書いた。海岸の岩や崖が舟の帆形だと, よくカヤ（帆）を地名にしたものである。カヤ・ウン・ペ（kaya-un-pe 帆・の・処）から茅部になったとの見方は自然である。永田地名解はわずか形が違うが「カヤ・ウン・ペッ。帆崖。茅部郡の元名。往時帆状の禿崖あり, 故に名くと云ふ。今其の帆状を見ず」と書いた。地名の順序から見ると姥谷と石倉の間である。安政の「野作東部日記」には, その間の本萱部村に, 本萱部岬ありと書かれた。たぶんそこがこのカヤ（ウン）べと呼ばれた崖のあった処であろう。国鉄石谷駅のそばに今でも本茅部（森町）の名は残っている。茅部郡の端の所であった。

茅部郡は森町から恵山までの長い海岸地方であるが, その南半は自ら一地帯をなしている。古く尾札部村ができ, 臼尻村と熊泊村が明治39年合併してできた臼尻村と昭和34年合併して南茅部町となった。茅部郡の南半地帯という意味でその名を選んだのであろう。

鷲の木　わしのき

国鉄桂川駅の処の地名, 川名。森市街のすぐ西の処である。昔はここから室蘭に舟で通行したことが書かれている。上原熊次郎地名考は「此所に鷲の止る樹木あるゆへ, 則和人地名になすと云ふ」と書いた。

421

渡島東部略図

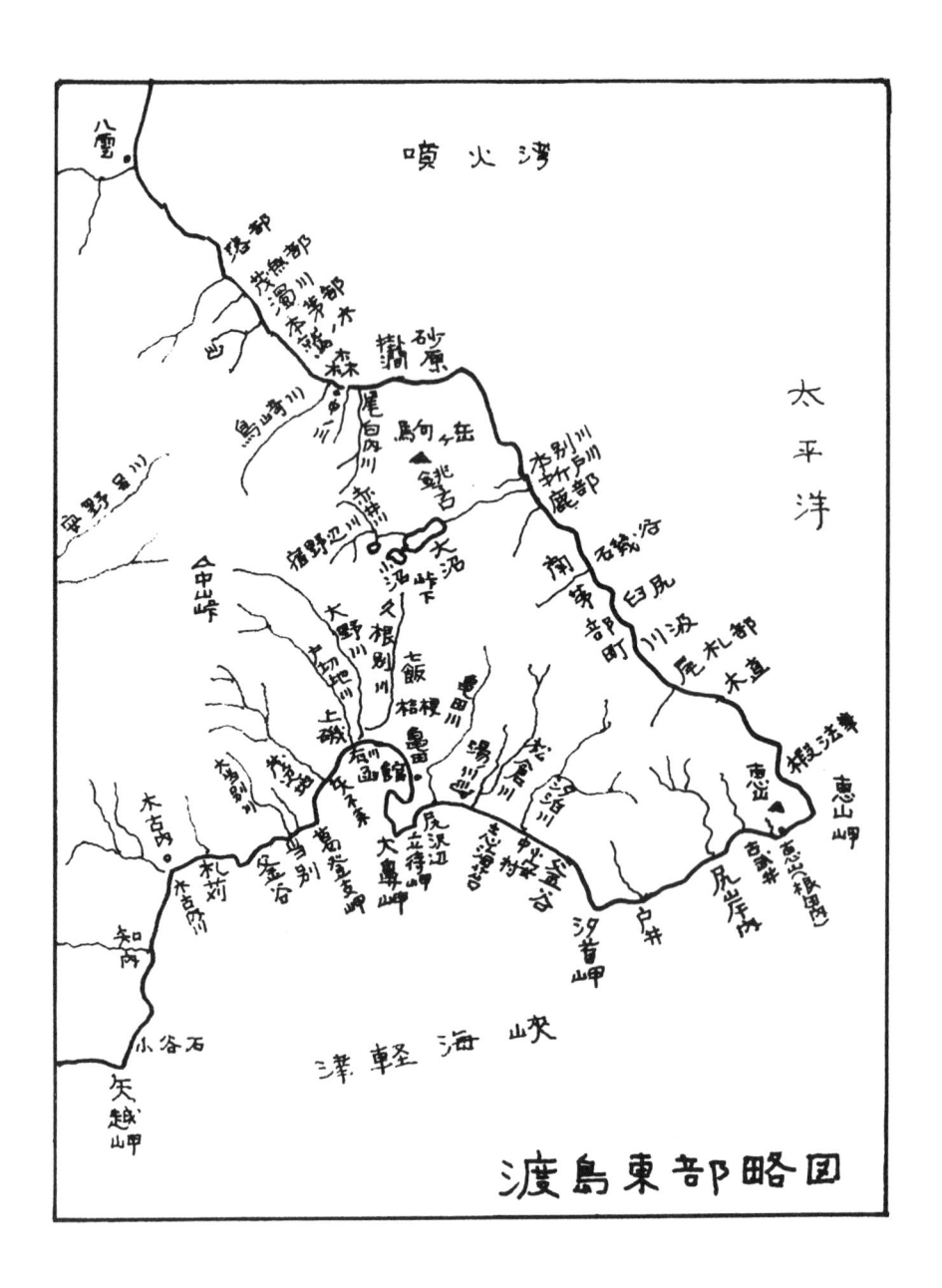

森　もり

鳥崎川　とりさきがわ

　森町は噴火湾南岸の要衝。森は古くからあった和名で，上原熊次郎地名考（文政7年）も「森。夷語オニウシと云ふ。樹木の繁ると訳す」と書いた。昔の時代に，アイヌ語を訳して地名にしたものらしい。

　森市街の西に鳥崎川が流れている。文化初年の屏風絵にその川口が描かれ，「ヲニウシベツ。一名鳥崎川」と記す。そこにコタン（部落）がかかれて「モリ」とあり，背後が森林になっている。

　つまり鳥崎川がオニウシ・ペッ（o-ni-ush-pet　木・群生する・川）で，それが下略され，あるいは pet の代わりに -i（者）を付けるかしてオニウシと呼ばれ，それが訳されて「森」となっていたのであった。

中の川　なかのかわ

　森市街の中を森川が流れているが小川である。市街の東のはずれの川を中の川という。この辺での大川である鳥崎川と尾白内川の間の川という意であろう。永田地名解は「オニケｼペッ　o-ni-kesh-pet。森端川」と書いた。「川尻・の木（森）の・末端の・川」とでもいう意味だったろうか。

尾白内　おしろない，おしらない

　森町内の川名，地名。森市街の東にあるこの辺での大川の名。函館本線の前からの線路は，この川筋を下って来て噴火湾岸に出る。オ・シラル・ナイ（ていねいにいえばオシラルンナイ）であるが，このシラル（shirar）は従来「潮」とも訳されて来た。それで上原地名考以来永田地名解まで，これを潮の入る川と考えられて来た。

　知里博士の説のように，シラルが「岩」の意だけで，潮の意はないとすると，この川は o-shirar-nai（川尻・岩・川）と訳する外ない。とにかくこの川尻に行って見たが，岩の姿が見えない。土地の人に聞いて見たら「そういえば，川尻の海中の，腰のつかるくらいの深さの処に，ちょっとした岩があり，海藻が生えていましたよ」という。少々頼りないが，それがこのシラル（岩）だったのだろうか。shirar という言葉と共になお考えたい地名である。

駒ヶ岳　こまがたけ

　噴火湾の入口の駒ヶ岳は，何回も大爆発で熔岩を流し，軽石や火山灰等を吹き上げた山である。駒ヶ岳の名については神馬が現れたという伝説も聞くが，恐らくは馬に似た山容であるという意味の名であろう。

　カヤベ・ヌプリ（茅部の・山）と呼ばれたというが，吉田巌氏資料には，明治43年の礼文華と虻田のアイヌ談として「佐原岳（駒ヶ岳）をエパロヌプリという」と書かれた（森美典氏による）。

　エパロヌプリの語意は不明。音はイェ・パロ・ヌプリ（ye-par-nupuri　火山灰の・口の・山），エ・パロ・ヌプリ（e-par-o-nupuri　頭に・口・がある・山。村崎恭子氏

423

試案)、あるいはエ・パラ・ヌプリ（e-para-mupuri　頭が・広い・山）等々に聞こえるが自信はない。大爆発前の山容を呼んだ名であったろう。

掛澗　かかりま

函館本線が駒ケ岳の海側をも回るようになって、尾白内と砂原の間に掛澗という駅ができた。これは和人の地名で「舟がかりする・入江」の意味なのであったろう。

砂原　さわら

駒ケ岳の北の裾の町名。噴火湾に突き出している処である。この辺の多くの地名と同様、地名の意味がまるで分からなくなっている。上原熊次郎地名考は「シャラ。顕ると訳す。高山にて所々よりよく顕れ見ゆるゆえ此名あるか。未詳」と自信のなさそうな書き方である。永田地名解は「サラキ。鬼茅（おにがや）。天明八年蝦夷管窺及寛政十一年蝦夷紀行並にサラキとあるに従ふ。弘前蝦夷誌にサラとあり。云ふ、サラは尾なり。駒ケ岳噴火の此沙尾を為す」と二つの説を紹介したに止まっている。要するに相談相手になるアイヌ古老もいなかったのではなかろうか。

もしかしたらただサラ（sar　葭原）だったかもしれない。砂地なので日本語で砂原と書かれていたのがもとだったのかもしれない。分からない地名である。

本別　ほんべつ

川名、地名。大沼（大沼公園の）の東の海岸、折戸のすぐ北の土地が本別で、本別川という小流がそこで海に注いでいる。その川がアイヌ語ポン・ペッ（pon-pet　小さい・川）であった。すぐ南にあるポロ・ペッ（折戸川らしい）に対する川名であったようである。

折戸　おりと

大沼（大沼公園の）の水が川になって東流しているのが折戸川で、それが海に注ぐ辺の土地が折戸で呼ばれている。折戸は処々にある地名。従来アイヌ語かとも書かれたが、これは日本語地名であろう。だいたいが丘から海岸に出て来る通路の処にある地名なので「降り・処」ではなかろうかと思って来た。

日本の上代語では折るは「をる」、降るは「おる」で、音が違うのであるが、東北から北海道の地名では、その「を」と「お」が現代語のように同音、あるいは近い音として使われていたように見える。興味ある問題であるが長くなるのでここでは省略したい。

ポロペツ（茅部郡）の位置

永田地名解は茅部郡の処で「ポロペッ。大川。鹿部川の原名」と書き、ポンペッ（本別川）と並記している。現在鹿部川と呼ばれている川は、鹿部市街の処を流れている小川であるが、本別川と現称鹿部川の間に大きな折戸川があって、どうも変である。松浦図で見ると、折戸川の川口の辺に「シカヘツ」と書いてあり、その外には折戸川

424

の川名と思われるものは書いてない。永田地名解が書いた鹿部川というのは,この「シカヘツ」で,つまり折戸川のことだったのではなかろうか。ポロペツ(大きい川)が折戸川だったとすれば,地名並記の理由も分かるし,地形の上でポロペツと呼んだわけも分かるのであった。

鹿部　しかべ

町名。大沼から流れ出る折戸川が噴火湾に注ぐ処から少し南に鹿部の市街がある。たぶんその筋が噴火湾から上陸して奥に入る通路だったであろう。永田地名解がシケペ(背負う処)と書いたのは,地形上はわかるが,語法上シケ(物を背負う)にペは付かないので,従来その解には困っていた。上原熊次郎を読むと「シカベ。シカウンベなり。負う所と訳す。シカウンとは物を負う事」と納得できる解である。ただし後に山を負っているからだと書かれたのだが,恐らくは舟から上陸し,荷をここで背負って内陸に入った処なのでこの名がついたのであろう。

銚子口　ちょうしぐち

大沼の沼尻の辺の地名。国鉄銚子口駅あり。銚子口は日本語地名。方々の湖や沼が川になって流れ出す口の処に銚子口とか,銚子の滝とかの地名が残っている。お銚子の口の処に見たてた名だったのであろう。

大沼・小沼　おおぬま・こぬま

行政区画としては上磯郡七飯町であるが,川筋としては茅部郡の折戸川の流域である。アイヌ時代の名はポロ・ト(poro-to　大きい・沼)とポン・ト(pon-to　小さい・沼)であった。大小の沼が並んでいると,このように対照的に呼ぶ例は各地で見られる。国鉄大沼駅はもと大沼公園駅であったが,大正9年大沼駅と改め,隣にあった大沼駅を軍川駅と改めた。

軍川　いくさがわ

地名,川名,駅名。軍川は大沼の西南隅に注ぐ小川。軍川駅は小沼の方の東岸にある。北海道駅名の起源は「当駅はもと大沼と呼ばれたが大正九年軍川とした。安政五年相馬藩がこの地方を開拓した際,当時ここに住んでいたイクサップ(渡し守の義)にちなんだ名であるという」と書いた。i-kusa-p(それを・越させる・者,処)という意。

宿野辺　しゅくのべ

大沼の西隅北部に,この沼に流れ込む川の一番大きい川口があり,それを溯るとすぐ二股になる。右(北)股が赤井川,左(南)股が宿野辺川で,左股の方が現在は折戸川の本流として扱われていて,中流に蓴菜沼(じゅんさい)がある。蓴菜がある沼の意だったろうか。宿野辺はシュプノッペ「shupun-ot-pe　うぐい魚・多くいる・者(川)」の意であろう。

赤井川　あかいがわ

　川名，地名，駅名。赤井川は駒ヶ岳西南麓の低地の中を南流し，宿野辺川と合して大沼に入る。フレ・ペッ（赤い・川）だったという。やち水か鉱物質の水が流れているので赤い川なのであったろう。

臼尻　うすじり

　南茅部町内海岸の字名。旧村名。臼尻の処は弁天岬が突き出していて入江を作り，南茅部での良港である。地図にはその岬の先に弁天島と書いてあるので島だったのだろうか。旧来の解ははなはだ不一致である。永田地名解は「ウセ・シリ。斗出の地」とあるが，ウセにそんな意味があるのだろうか。蝦夷地名解（幕末）は「ウスシリ。風の島」と訳しているがこれも分からない。古い上原地名考は「ウスジリ。ウセイ・シリなり。ただの島と訳す」。使うことがない島だからだという。これは意味がわかるが，ちょっと例がない。ウㇱ・シリ（入江の・島）だったかもしれない。

磯谷　いそや

　南茅部町岩戸，双見の間で海に入る川の名，地名。イソ・ヤ（iso-ya　磯岩の・岸）の意であったろう。同名が諸地に多い。

川汲　かっくみ

　南茅部町内の地名，川名。永田地名解は「カックニ。カッコ鳥居る所」と書いた。kakkok-un-i という言葉と考えたのであろう。日高の新冠郡では「カックミ。←カッコ・フミ。カッコ鳥の声」と訳し，北見網走郡では「カックム。カクコ鳥多く鳴くにより名く」と書いている。ただし柄杓をカックムというので，もしかしたらそれからきた地名であったかもしれない。　　　　　　　　　　　　　⇒活汲（211ｼﾞ）

尾札部　おさつべ

　南茅部町内の地名，川名，旧村名。良質の昆布で名高い尾札部は，上原熊次郎の昔から，乾く川と解されてきた。オ・サッ・ペ「川尻・乾く・もの（川）」と読まれる。土地で聞くと尾札部川の水はいつでも流れているという。ただし川下は砂利川である。乾水期に，水がしみ込んで，乾いた処が広がるというので，この称があったのであろうか。

木直　きなおし

　南茅部町内の地名，川名，漁港名。永田地名解は「キナウシ。蒲ある処。和人キナオシと訛る」と書いた。kina-ush-i（蒲・群生する・者，処）の意。キナは草の総称のような言葉であるが，地名ではよく蒲（シ・キナ）を指していっていたようである。

椴法華　とどほっけ

　村名。椴法華は恵山岬の少し西で，恵山の山裾が高い岬になって突き出している処

の西側にある。永田地名解は「トゥ・ポケ。岬蔭」と記しているが，正確に書けばトゥ・ポㇰ・ケ「tu-pok-ke 山の走り根の・下の・処」であったろう。

恵山　えさん

渡島半島の東南の突出した先が恵山岬，その上の山が恵山，その南麓が恵山という地名（旧名根田内）である。永田地名解は岬名と山名を分けて次のように二つの解を並べて書いた。

　　エサン　　esan。岬
　　ィェ　サン　ye-san。噴火（山）。ィェは浮石又は膿汁なり。サンは下る。火を噴き浮石等を飛ばしたるにより名く。和人恵山と云ふ。

古い秦檍麻呂蝦夷島奇観ではこの恵山岳と岬を描いて「ヱシャニノボリ。訛語してヱサンと云」，また岬の処には「ヱサン崎」と書いた。地名屋流に見ると，ヱシャニ（e-san-i）は「頭が・浜の方に出ている・処→岬」か，あるいはエサンを名詞として「その岬」と呼んだかで，つまり恵山岬のことである。

ヱシャニノボリは「esani-nupuri　恵山岬の（上の）・山」と解すべきではなかろうか。永田氏が山の処でィェ（軽石）としたのは後世のアイヌの説を聞いて書いたものらしいが，恵山岬の山と解した方が自然なようである。

根田内　ねだない

函館から海岸を東行する道路の行き止まりの処が根田内で，それから先は断崖の続きである。わざわざ行ったら，ここは恵山ですといわれて面喰らった。いつの間にか改名されていたのである。永田地名解は「ネトゥ・ナイ。寄木・川。根田内村」と書いた。他地方の類形名から見て net-o-nai（漂木・ごちゃごちゃある・川）かとも考えた。

古武井　こぶい

古い地名だが意味が分からない。戸井のムイ島との関係で考える説も古くあったが，遠すぎる。元来の位置は，谷元旦蝦夷紀行に「石浜を過，ヲタ浜のタツツケに出，此処砂浜也，コフイ川を渡り浜中に入間あり，ホントマリという。又入間ありヤマセトマリと云」とある処から察せられる。ヤマセトマリ（山背泊）は根田内（恵山）部落の西のはずれの処で，コフイ川は今の古武井川（相当な川）であろう。この一帯砂浜である。永田地名解はこの辺を「オタ・シュッ。沙傍。和人オタハマと云」と書いた。元来の古武井はその辺のことであったろう。この辺，モイ（入江）がムイと呼ばれることが多い。もしかしたらそのムイに武井と当て字されたのかもしれない。

尻岸内　しりきしない

町名。上原熊次郎地名考は「シリキ・シラリ。模様の岩と訳す。此地に模様の岩あるゆへ此名あるといふ」と書いた。永田地名解は，この解のほかに一説としてシリ・ケㇲ・ナイ（山・下・川）という別の解も付け加えている。

427

戸井　とい

町名。永田地名解は「チエトイ・ペッ。食土ある処。一名トヨイペッと云ふ。土川の義。戸井村の原名」と書いた。トイと地名にある場合の多くは、チ・エ・トイ（われら・食べる・土）の略である。蝦夷地名解（幕末）では「戸井。トヨイの略言」と書かれた。トヨイは toi-o-i「（食べる）土が・ある・処」を続けて呼んだ形である。

汐首　しおくび

戸井町内の地名。岬名。津軽海峡に突出して，下北半島の大間崎と相対している大岬の名。永田地名解によればシッ・ポヶ（山・下）という地名から訛って汐首になったという。

釜谷　かまや

汐首崎のすぐ手前（西）の処の名。永田地名解は「平磐の丘」と訳した。昔の人は地名に出て来るヤ（ya）を何でも丘と訳したが，誤りが多い。kama-ya（平たい岩・の岸）の意。部落の前の海は岩磐がずっと出っ張っていて，一面低い岩だらけである。それを呼んだ名であった。

小安　おやす

釜谷の西隣の地名。永田地名解は「オヤ　ウシ。川尻の漁場。小安村の原名」と書いた。小安川という小川が流れている処である。

　o-ya-ush-i「川尻に（あるいはそこに）・網が・ある・者（川），あるいは処」であったろう。

中村　なかむら（オタノシケ）

函館市の殆ど東端の海岸の長い砂浜の中の地名。永田地名解は「オタ・ノシケ」と書いた。砂浜の・中央という意。私が地名調査を始めたころの地図では「中歌」であった。この地方ではオタ（砂浜）がウタ，歌と訛っているのが多い。つまり半訳地名になっていた（他の地方では，オタノシケの処が「浜中」と全訳地名になっている場所が多い）。その中歌がいつの間にか「中村」とあり来たりの地名に変貌していたのだった。

石崎　いしざき

中村のすぐ手前（西）に，ちょっとした岬形の処があって，その辺を石崎という。永田地名解は「シララ・エトゥ。岩・岬。石崎村」と書いた（shirar-etu）。これは全訳地名である。

志海苔　しのり

湯の川温泉の少し先，函館空港の南の海岸の地名。ごく古い時代から知られた名であった。永田地名解は「ウカウ　シラリ。重岩。此名二ツに分れてウカウを宇賀の浦

と呼び，シラリを志苔（しのり）と呼び，志苔の名行はれて村名となり，ウカウは宇賀の昆布と称する名中古に著し．今知る者稀れなるは惜しむべし」と書いた．ukau-shirar（互いに重なりあう・岩）の意．たぶんシラリ（shirar　岩）という地名があって「しのり」と訛ったのであろう．

湯の川温泉　ゆのかわおんせん
松倉川　まつくらがわ
　松倉川は川口近くで湯の川，寺の沢川を合わせて海に入る．その川口近い辺に湯の川温泉街ができた．湯の川は和名であろうが，永田地名解は「ユ・ペッ．湯の・川．湯の川村の原名．往時は生温の湯なりしが，明治十九年以来熱湯湧出し温泉場を設くる数個所，頗る繁盛の地となりたり」と書いた．

尻沢辺　しりさわべ
　函館山の東南の裾の津軽海峡に面した処の名．上原熊次郎地名考は「夷語シリシヤンペなり．則出崎と訳す．比処出崎なる故地名になすと云ふ」と書いた．つまり shir-san-pe「山（地）が・浜の方に出ている・処」の意に解したのであった．永田地名解は「シリ　サラ　ベ．大やち．和人サラを沢と訛る．サラは茅又は湿沢の地を云ふ．旧地名解にシリサンペにて函館の尾崎を云ふとあり．二説並に行はる」と書いた．上原熊次郎説の方を採りたい．

立待岬　たちまちみさき
　函館山の南東角の処の名．石川啄木の歌とか墓所とかで訪れる人が多い．永田地名解は「ピ　ウシ．pi-ushi．立待（たちまち）．和人立待と云ふ．岩磯の上に立ち魚の来るを待ち漁槍を以て魚を突て捕る処を云ふ」と書いた．ピウシにそんな意味があるだろうか．
　これだけの形なら pi-ush-i（石が・ある・処）としか読めない．諸地に「魚を待っていて突いて捕る岩」のような地名が残っている．ここも，そんな意味の「岩がある処」だったので，永田氏は訳でなく説明を書いたのではなかろうか．

大鼻岬　おおはなざき，おはなざき
　函館山の南に突出した処．尾鼻岬ともいう．青函連絡船で往来していたころ，船がこの大岩岬に取りついて，その西側に入ると北海道に着いたぞといつも思った．アイヌ時代はシレトゥ（shiretu　岬）と呼ばれていたのだという．

函館　はこだて（ウスケシ）
　函館は明治2年からの名で，それ以前は箱館であった．元来の箱館は，函館山の北斜面で入江（今の港）に面した土地の称であった．室町時代に河野加賀守がここに築いた館が，箱のように見えるので箱館と呼ばれるようになったという．
　上原熊次郎地名考は「夷語ウションケシなり．ウショロケシの略語にて則湾の端と

訳す」と書いた。ウショロ・ケシ（ushor-kesh　入江・の末端）の意。オロ（or　内）をつけないでウ（あるいはウシ）でも同じ意味である。旧記に宇須岸，臼岸で書かれたのはus-keshの形であった。永田地名解もウショロケシで書いたが，一説としてハク・チャシ（浅い・砦）の解を付記した。古図を見ると，細い砂浜で陸側の亀田と続いていたのであった。

亀田　かめだ

　函館市内の地名，川名。寛永の図を見ると，現在の函館駅と五稜郭駅との中間の辺，今の亀田八幡宮の処に亀田村と書き，部落が描かれている。上原地名考によると，箱館より先に開けたりという。後に箱館と一帯になって発展して行って今日の函館市街となった。永田地名解はこの辺はもとシコッといったが，その音が死骨に近いといって，幕末に亀田と改めたと書いている。胆振のシコッが千歳（市）と改名されたのと似ている。シコッはshi-kot（大きい・沢）のような意。つまり今の亀田川の原名で，またその川筋の名であったろう。

　亀田川の川尻は，昔は亀田八幡宮の前を流れて湾内に注いでいたが，後に新川を作り，湾外宇賀浦町の方に流した。

桔梗　ききょう

　地名，駅名。函館から出て五稜郭駅の次の駅名である。北海道駅名の起源に「昔この付近一帯に桔梗が多く桔梗野と呼んでいたもので，明治四年これに因んで桔梗村と名づけた。駅名もこれを採った」と書かれた。

七飯　ななえ

　町名，駅名。意味ははっきりしない。上原熊次郎地名考は「七重（なない）。夷語ナアナイなり。則多く渓間有と云ふ事。ナアとは幾等もと申事。此辺渓間の多く在故地名になすと云ふ」と書き，永田地名解は「ヌ・アン・ナイ。豊沢。急言してナンナイと云ふ。和人ナナイと云ふは訛なり。この地名は今の七重浜なる石川の末流に附したる名なり」と書いた。どっちも何か判然としない。

　なお昔は七重と書いたが，後に飯田村と合村して両方の字を採って七飯にした。七重浜というのは函館港入口の辺の海岸で，七飯市街はずっと奥になり，国鉄の駅もそこにある。永田地名解の記事末尾の処を説明すれば，亀田と桔梗の間の土地が石川で，そこを流れていた石川が七重浜で海に注いでいた。その川尻の辺がヌアンナイだという事なのであった。上原地名考には「亀田村より十八町にして七重川橋あり」と書いてある。

峠下　とうげした（ランポヶ）

　北行する函館本線も国道5号線も，平野の北奥から山を越えて小沼（大沼公園の）地区に入る。その山の手前が峠下で，旧記によく書かれた地名である。永田地名解は「ラン・ポヶran-pok（阪・下）。峠下村の処を云ふ。此地名蝦夷紀行に見ゆ」と書い

430

た。登別市内の富浦の原名と同じ名なのであった。

上磯　かみいそ

函館、亀田地方と松前郡との間にある郡名、町名。その名の由来は分からなくなっている。郡名を建議した松浦武四郎もその由緒は書かなかったし、永田地名解も、ただ古くからの汎称だと書いただけである。アイヌ語だとする意見もあって、カムイ・ソ（神・滝）説、カムイ・ソ（美しき岩）説、カマ・シ（波かぶり岩）説も書かれて来たが、たぶん和名であろう。箱館、亀田辺の人が、上の方（この辺では西の方、あるいは松前の方）の磯という意味で呼んでいた名だったのではなかろうか。

久根別　くねべつ

久根別川は函館平野の一番奥の峠下の辺から出て南流する川で、大野川と川口近くで合流していた。（下流は現称久根別古川）。永田地名解は「クンネ・ペッ　kunne-pet（黒・川）。和人クネペッと云ふ」と書いた。黒い水の川かと思ってその川尻に行ったが、私には黒く見えない。ただひどい泥水の川であった。後に見た上原熊次郎地名考には「クネベツ。夷語クンネベツなり。則濁川と訳す。クンネは黒い、又濁るの訓にて、此川水常に濁り流るる故地名になすと云ふ」と書かれ、松浦氏初航蝦夷日誌には「クンベツ。クンは黒く濁れる形ち也」とあった。ひどい泥水も kunne（黒い）で呼んだものらしい。なお当時は大野川と合流してから下の方も久根別川とされていたようである。

大野　おおの

七飯町と上磯町との間の町名、駅名（渡島大野）、川名。大野の名は古く元禄郷帳（元禄13＝1700年）にも出ている。大きい野原という意味の和名であろう。大野川はこの辺での長い川であるが東の久根別川、西の戸切地川と集まった形で海に注ぐ形になっている。大野町の中心である本町の市街は川口から約8キロ上の処である。なお大野川の名は、古い時代はもしかしたら有川だったかもしれない。

戸切地　へきりち

上磯町内の地名。川名。戸切地川の川口は、久根別川、大野川の川尻のすぐ西の処である。戸切地は古い時代からペケレ・ペッ（peker-pet　清澄な・川）と理解されてきた。濁川である久根別と対照された名なのであろう。清冽な水を好む鮭は、濁り水の久根別（大野川）の方には上らないで戸切地川の方にだけ上ったという。初航蝦夷日誌の当時も戸切地村は人家百軒一条の町をなすとあり、これが今日の上磯町市街となったもののようである。

有川　ありかわ

有川は元禄郷帳に「へけれち村、ある川村、大野村」とあり、古くからの地名であった。松浦氏初航蝦夷日誌は、弘化3年（1846年）松前から東行して来て「有川村。戸

切地村より並びなり（引用の蝦夷地里程考では，戸切地村より三丁）。人家百軒斗り。大橋。村の中程に有。此川原は大野，並峠の下辺より来る也（今の大野川，久根別川をいう）。橋長五十七間。当嶋第一の大橋也。故に此名有。川向ふも少し人家在。村端に追分（分岐点）有。此処より左り（約8キロで）大野有。右は箱館道也」と書いたので当時の状態が分かる。

上原地名考は戸切地の項で「此村内東の方の枝流を有川といふは和語なるべし。即戸切地川の枝川なり」と書いたのであるが，戸切地川にはそれほどの支流がない。元禄13年松前志摩守嶋絵図ではへけれち川と並んで大川を描き，上流に大野村，下流にある川村を記す。つまり今の大野川が有川だったようなかき方である。

永田地名解は上磯郡の終わりが戸切地川で，亀田郡の始めに「アルㇱペッ。食料多き川。和名有川」と書いた。つまり aru-ush-pet「食料（おおうばゆり，アイヌ葱等）・群生する川」と解したのであった。その典拠が書いてないので適否は判断できないが，古い資料は「ある川」だったので，考え得ることであろうか。

矢不来　やふらい

函館湾の西端に近い処で，海岸に山が迫った土地。昔は「やぎない」のように呼んだ場所であった。矢不来川という小川が流れている。今は何もない処であるが，元禄郷帳の昔から「やげ内村」と書かれた。古くは然るべき部落があった場所であろう。

永田地名解は「ヤンゲ　ナイ（陸揚場）」と書いた。この川口の辺に舟を着けて，漁獲物とか積荷を揚げた処なのでこの名がついたのであろう。舟（丸木舟）そのものも yange（陸揚げ）した処があるが，その場合はたいていチポヤンゲ（chip-o-yange　舟を・そこで・揚げる）のような形の名が多い。

この地名を，昔の人たちは東北弁で「矢が，来（け）ない」という言葉に当てて，矢不来と書いたのだろうが，それでは読みにくいので，後に「やふらい」と音読みにして呼ぶようになったものらしい。

茂辺地　もへじ

上磯町内の地名，川名。古く茂別館が築かれて聞こえた土地であるが，後に茂辺地と書かれるようになった。先年までは茂別村大字茂辺地であった。今の標準語で仮名を付けたので別な形になったが，昔の東北弁では，どっちで書いても同じ音なのである。

永田地名解は「モ・ペチ（静かな・川）」と書き，爾来その解が踏襲されて来た。通りかかって川を見ると，川下の方は砂浜でせき止められて水が貯まり，川幅が広がり，ほんとうの遅流であるが，街道の橋から上は相当の流れで何か変だなと思った。上原熊次郎地名考を見たら「茂辺地。夷語ムー・ベツなり。塞る・川と訳す。此川渇水または仕化（しけ）の節，水口塞る故地名になすと云ふ」と書かれている。この方が地形の上からは合っているようである。道内に多いモペッ（もんべつ）の中には，この形のものが混じっていたかもしれない。

432

葛登支　かっとうし

地名，岬名。船で函館に入ると，右に函館山，左に葛登支岬が相対して函館湾を包んでいて印象の深い岬である。永田地名解は「アッ・ウシ（楡樹・ある処）。今カットシに誤る。昔し此山中に楡多し。故に名く。今は岬名となりたり。アツをカツと訛る例は多し」と書いた。

当別　とうべつ

上磯町内の地名。字名，駅名（渡島当別）。上原熊次郎地名考は「トヲ・ウン・ベツなり。沼の有る川」と書いている。その沼は早く消えたらしい。永田地名解は「トー・ペッ。沼・川。古地図には上方に沼を画けり」と記した。

釜谷　かまや

木古内町東端部の地名。永田地名解は「カマ・ヤ・ペッ。扁磐川。寛政十一年谷元旦蝦夷紀行に，釜岩村に板流（いたながれ）川と云ふあり。水底に大岩あり板の如しとある是れなり。（和人が釜岩村と名けたる釜の如き岩あるに附したる名にしてアイヌ語のカマとは別なり）」と書いた。どの川だか分からないが，釜谷駅の少し東にある大釜谷川だったろうか。北海道駅名の起源（昭和29年）は「オ・カマ・ヤ・ウン・ペッ（川口に・扁磐・のある・川）から出たものである」と書いた。

札苅　さつかり

木古内町の東部，海岸の地名。元禄郷帳では「しやつかり村」と書かれた。上原熊次郎地名考には「夷語シラットゥカリなり。磯の端と訳す。此所海崖磯ありて，それより喜子内，知内迄の内磯なきゆへ地名になすといふ」と書かれた。今の流儀に書き直せば，原名はシラットゥカリ（shirattukari←shirar-tukari　岩の・手前）で，知内，木古内の方から来て，ここで磯岩地帯にぶつかるので，この名がついた。たぶんシラットゥカリ→シャッツカリ→札苅と転訛したのであろう。

木古内　きこない

上磯郡西部の町名，川名。古い津軽一統志では「ちこない」と書かれたが，元禄郷帳では今と同じく「きこない」である。古い時代に訛っていたらしく判断がつけにくい。上原熊次郎は「喜古内。リコナイなり。登る沢と訳す。リコとは高く登ると申事。此沢辺自然に高く上る故に地名になすといふ。此処より西在江指（江差）井上の国え山道あり」と書いた。また永田地名解は「リロナイ　rir-o-nai。潮・入り・川」と書き，北海道駅名の起源もこの説を採り，満潮の時に川に潮が逆流するのでこう名づけられたとした。

知内　しりうち

上磯郡西端の町名，川名，駅名は渡島知内。ここから西へは海岸沿いに行けないので，鉄道も街道も知内川を溯り，山越えして松前郡に入っている。上原地名考は「夷

語シリヲチなり，地を越すと訳す。シリとは地の事，ヲチとは越すと申事にて，此沢辺所々え踰越する故此名あるべし」と書いた。地形上は面白い解であるが，オチに越すという意味があったろうか。その点が分からないので何ともいえない。

　永田地名解は「チリ・オチ。鳥・居る処。此川の近傍鷹の名所なるを似て此名あり。休明光記に鷹取のことを記載せり」と書いた。今風に書けば chir-ochi←chir-ot-i（鳥・群居する・処）であるが，この形だとチロチと呼ばれるであろう。そんな形の旧記が見つけられたら，この解でいいのであるが，とにかくこの解が従来使われて来た。

小谷石　こだにいし

　知内町南西端の海岸の地名。上原熊次郎地名考は「コタヌウシ」と書いた。kotanu-ush-i（その部落・ある・処）の意か。ここは矢越岬のすぐ手前で，もう行き止まりの処である。人が入って住むようになったころについた名であろうか。

(2) 渡島西部（松前，檜山，爾志）

徳川時代，松前から北の日本海岸からオホーツク海岸を西蝦夷と呼んだ。細かく調べて行くと，地名の上でも東蝦夷と西蝦夷には若干の違いが感じられる。渡島国は一国であっても，東三郡は太平洋岸で，西三郡が日本海，オホーツク海型の特徴を持った土地なのであった。

矢越　やごし

知内町と福島町にまたがる地名。岬名。津軽海峡内の最も目立つ岩岬であった。その前後の海岸は崖続きなので通行できない。海岸を離れて山越えをして，また向こう側の海岸に出なければならなかった。それでヤクシ（ya-kush-i　内陸を・通る・処）と呼ばれ，それが矢越になった。現在でも，街道，鉄道ともに，知内から内陸を上り，迂回して福島に出ている。

福島　ふくしま

旧郡名，町名。駅名は渡島福島駅。明治2年（1869年）北海道建郡の時に福島郡を置いたが，間もなく西隣の津軽郡と合体して松前郡となった。

福島の処は，ごく古くは折加内と書かれた。永田地名解は「ホロカナイ。却流川。汐入りて河水却流す。故に名く。或は云ふ，此川四十八瀬ありて順逆して流る故に此名ありと」と書いた。川が曲がっていて，溯ると下の方向になる感じの処があって，ホルカ・ナイ（後戻りする・川）と呼ばれたものか。

寛永元年月崎神社の神託により福島と改名したのだという。ホロカが「愚か」と聞こえるのを忌んだからででもあったろうか。

白符　しらふ

福島町内の地名，川名。永田地名解は「チロプ　chir-o-p（鳥・多き・処）。白符（しろふ）村の原名」と書いた。

吉岡　よしおか

福島町内の地名，川名。駅名は渡島吉岡。青函トンネルの入口，横綱千代の富士の出身地。永田地名解は「オムナイ。川尻塞る川。旧記に穏内（おおむない）とあり。後人吉岡と改む」と書いた。o-mu-nai（川尻・塞がる・川）は，風や潮流で砂が川口を塞いでしまう川。吉岡川は水量もあまりない川で，砂浜で海に入っている。語義通りの川であったろう。

礼髭　れひげ

吉岡市街から約2キロ南の海岸地名。永田地名解は「レプンケプ。海となる処。礼髭村と称す」と書いた。噴火湾北岸の礼文華と同名で，解が難しいが，レプンケプ

渡島西部略図

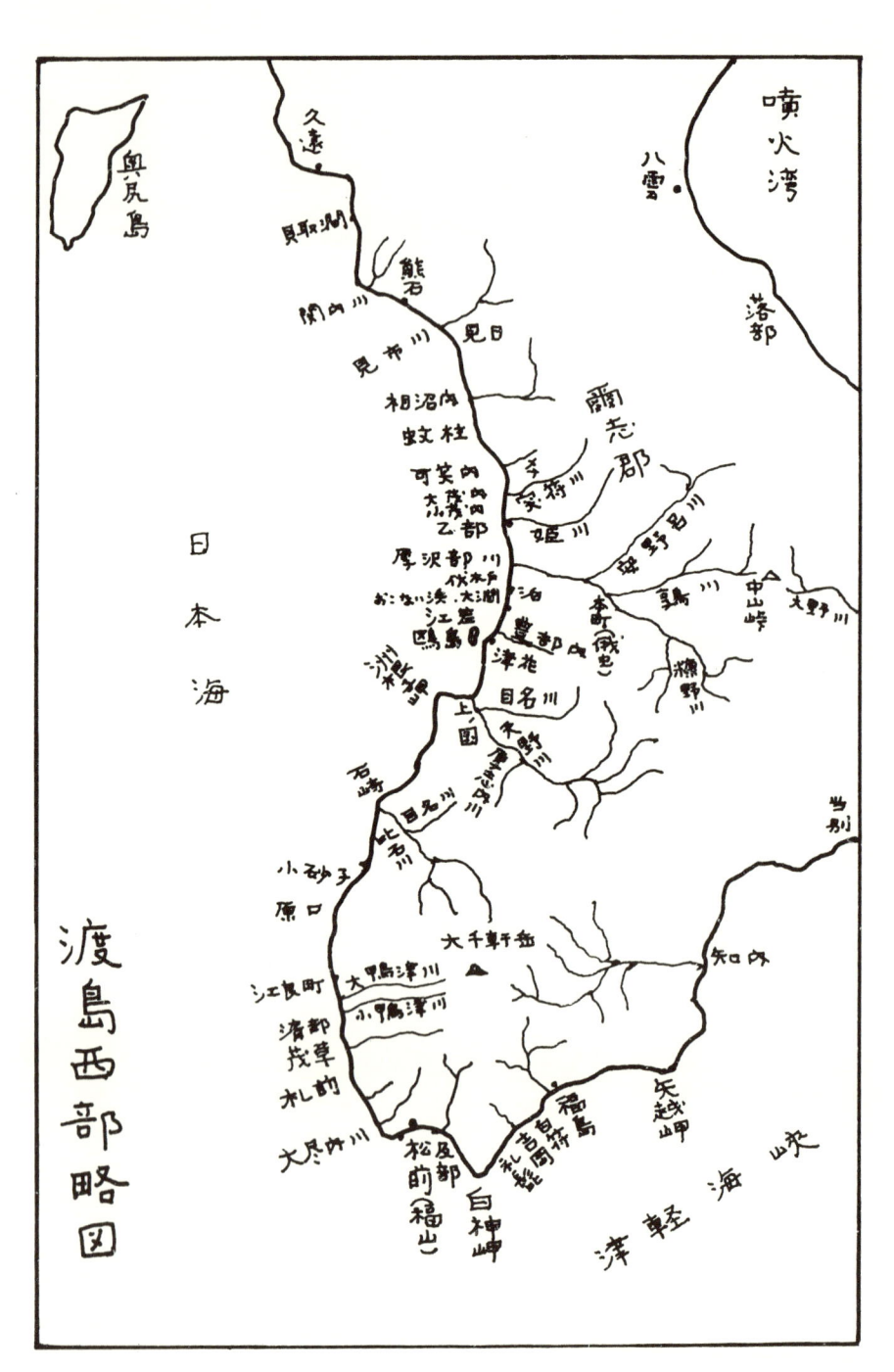

噴火湾
奥尻島
久遠
八雲
貝取澗
熊石
落部
関内川
見日
見ヤ川
相沼内
爾志郡
蚊柱
可笑内
大茂内
乙部
突符川
姫川
厚沢部川
伏木戸
泊
遊楽部川
おとない浜 大潤
江差
本町（鴎島）
鴎島
豊部内
鷲川
中山峠
天野川
日本海
津花
目名川
八軒川
櫛野川
上ノ国
石崎
三本杉川
目名川
当別
七重川
大千軒岳
知内
小砂子
原口
江良町
大甲島津川
渡部
小鴨津川
茂草
札苅
矢越岬
大尽別川
福島
津軽海峡
及部
礼髭白符
松前（福山）
白神岬

「repun-ke-p (崖を) 海の方に・削る・もの」と読みたい。海に臨んだ断崖の処の名であったろう。

白神 しらかみ

松前町内の地名。岬名。津軽海峡の西の入口にある大岬で,古来聞こえた名である。完全な日本語の形であるが,古くからの名であるので,もしかしたらアイヌ語から来たものかもしれない。シラル・カムイ(岩・神)説もあったようだが,地名に普通な形ならばシラッカリ(←シッ・アッカリ 山の・向こう),あるいはシラットゥカリ(←シラル・トゥカリ 岩の・手前)の地名があって,それが訛って白神となったのかもしれない。

この付近では,福島と矢越岬間の白ツカリや,木古内の東の札苅の原名はこの二つの解のどっちかだった。同名が近くにあることは,よくあることであった。

及部 およべ

松前町内の地名,川名。上原熊次郎地名考は「及部。ヲユウンベなり。温泉の有る処と訳す。此川の伝へに温泉の有る故に号くと云ふ」と書き,永田地名解も「オ・ユ・ウン・ペ o-yu-un-pe 川尻に・温泉・ある・川。現今は温泉見えずと雖も,往時は必ず温泉ありしならん」と書いた。現地で聞いて見たが温泉はないので変な気がした。もしかしたらオヨッペ「o-i-ot-pe 川尻に・それが・多くいる・もの(川)」(この i は蛇,熊,魚等を指す)のような形だったのかもしれない。

松前 まつまえ

郡名,町名。上原熊次郎地名考は「夷語マトマイと申候へ共,ヲマツナイなり。則ち婦人の在す沢と訳す」と書いた。永田地名解は「原名をマトマイといふ。マツ・オマ・イにて婦人・居る・処の義。今の大松前町是なり。弘前蝦夷志に松前は古帳的前とあり」と記した。元来が川の名でマトマ・イ(mat-oma-i)あるいはマトマ・ナイ(nai 川)と呼ばれていた処であったのが松前になったようである。

津軽 つがる

旧郡名。旧書に,松前の辺を「津軽津」と書かれたのは,津軽から来た人たちのいる処の意だろう。明治初年,松浦武四郎の郡名建議書では,松前地方を津軽郡とする案を書き「此名は昔津軽地之渡海之地にしも之有り」と付記した。結局津軽郡と福島郡の二つができたのであるが,明治14年(1881年)この二郡を合わせて松前郡にしたのであった。津軽は元来青森県西半部の名称で,元来はアイヌ語であると思われるが,その意味はわからなくなった。従来説が多い。トゥカル(海豹)のような,簡単な語だったのかもしれない。ツッカ(東)と解されたこともあったか。

大千軒岳 だいせんげんだけ

松前郡,檜山郡の境の高山。徳川時代に金を採った処。最盛期に多数の鉱夫が入り

込んだので千軒という地名が生まれ，それが山名ともなったと伝えられる。浅間神社があったからともいう。鉱夫として入っていたキリシタンの殉教地としても聞こえている。

尽内　つくしない

松前から弁天を回って西海岸に出ると，大尽内川，小尽内川が並流している。元来の尽内はたぶん前者であろう。上原熊次郎地名考は「津久志内。チクシナイなり。おのづから通路の沢の事にて，此沢の水上より及部其外清部又は江良町などの川々え通路なすゆへ地名になすといふ」と書いた。チクシは chi-kush（我ら・通る）で「通行する」意。

札前　さつまえ

松前町西海岸南部の地名。上原熊次郎地名考は「夷語シャツナイなり。則ち乾きたる沢と訳す。此川水の常に少き故此名あるか」と書いた。アイヌ語のサ行，シャ行音は同音である。サッ・ナイ（sat-nai　乾く・川）の意であったろう。

茂草　もぐさ

松前町内西海岸の地名，川名。上原熊次郎地名考は「夷語モムチヤなり。則小柴の流れと訳す。モムとは流れるといふ事，チヤは小柴の事にて，此川出水の節小柴の海岸へ流れ寄る故此名ありといふ」と書いた。mom-cha（流れる・小枝）と解されたのであった。

清部　きよべ

松前町内西海岸の地名。永田地名解は「キオペ（ki-o-pe　菅茅の類多き処）」と書いた。ki は稈茎の草の総称。ただし，それに動詞の o（多くある）はふつう付けないし，また o の後に -pe は付けない。永田氏ほどの人の解としては理解できないのであったが，古い上原地名考（文政年間）を読んだら「夷語キイウンペなり。則茅芳等の有る処と訳す」とあった。つまり ki-un-pe「茅葭等・ある・もの（川）」の形で，呼ぶ時には渡り音がつくのでキュンペとなる。この語法にあった昔の解を見て安心したのであった。

江良町　えらまち

今は「町」を省いて江良というが，この「町」は日本語ではなく，アイヌ語の音だったらしい。元禄郷帳も「ゑら町村」と書いている。上原地名考も，伝承は聞かなかったらしく，困ったような妙な解である。永田地名解は「エラマンデ・ウシ。漁人の小屋ある処」と書いた。エラマンテ（イラマンテ）は狩をする，漁をするの意。狩漁の場所だったのでついた名か。

原口　はらぐち

松前町西岸北部の地名。上原熊次郎地名考は「バラコツなり。即広き渓間と訳す。此沢辺広き渓間なれば此名ありといふ」と書いた。コッは多くは凹地をいうが，河谷という意味にも使われた。パラ・コッ（para-kot　広い・谷地）の意であったろう。

檜山　ひやま

郡名，支庁名。檜山郡は松浦武四郎の建議によるものであり，それには「此辺惣じて檜山にして檜山弾正と申し候者領し，江差湊運上の取り方も檜材運上（税）より起り，松前，函館の取り立てより其規則違ひ居候間，往古檜山の之有りし辺へ，此郡名を存じ置きたく候」と書かれた。なおこの辺で檜というのは「ヒバ」（アスナロ）のことで松前藩の財源となっていたという。

小砂子　ちいさご

檜山郡海岸南端の地名。古い津軽一統志にも「ちいさこ」とあり。和名のような形であるが，上原熊次郎地名考には「夷語チシエムコなり。則高岩の水上といふ事。チシとは高岩，エムコとは水上と申事にて，此沢辺亦は海岸にも高岩の所々にある故此名あるか。未詳」と書かれた。chish-emko（立岩の・水源）と解されたのであろう。

石崎　いしざき（比石　ぴついし）

檜山都南部海岸の地名，川名。松浦図にもアイヌ語らしい川名は書かれていない。上原地名考も「和語なるべし。此川尻は石の崎なる故和人石崎と号たるべし」と書いた。吉田東伍大日本地名辞書（明治 35 年）によれば当時はこの川名は比石川であった。たぶんピツウシ「pit-ush-i　石・多い・もの，処」，あるいは pit-ush-nai であったろう。石崎の名はそんな地形から出たものか。

洲根子　すねこ

檜山郡海岸中部，上ノ国の入江を囲む大きな岬である。近年の地図にはただ「大岬」と書かれるようになった。上原地名考には「志根子。夷語シネンゴなり。シネエムコの略語にて則一ツの水上みと訳す。シネとはシネプの略にて一ツといふ事，ヱムコとは水上みと申事にて此辺数ヶ所の沢水上み一ツなる故此名ありといふ」と書いた。シネ・エムコ（shine-emko　一つの水源）。永田地名解はこれを誤りとして「シレンコロ。岬。シリエンコロの急言にして直訳すれば山額なり」とした。それが地名の原形なのであったのならば，shir-enkor（山の・鼻→岬）と解すべきであろう。

上ノ国　かみのくに

檜山支庁内の町名。足利時代津軽安東氏に二派があって，上ノ国，下ノ国と称した。秋田野代の檜山館にいた上ノ国安東氏が北海道に渡って開いたのが北海道の上ノ国だという。下ノ国氏は松前から津軽海峡にかけて拠点を作った。日本海側を上蝦夷，津軽海峡から太平洋側を下蝦夷というのはここから始まったのだとも書かれている。上

ノ国は，初期開拓者の名前が残された地名であったようである。

天ノ川（天野川）　あまのかわ

上ノ国で海に入るこの辺での大川で，函館から来た鉄道は知内川を溯り，山越えしてこの川筋を下って日本海側に出ている。早く和人の土地となったためか，アイヌ語の原名が伝わっていない。

目名川　めながわ

天ノ川の川口に近い処に北から入っている支流。上の国目名沢川と呼ぶようになったのは付近に目名が多いからであろう。南の石崎川，北の厚沢部川，突符川にも目名川があるのであった。

目名の語義がはっきりしない。永田地名解は処により，枝川，小川，水たまりのように訳がちがっている。知里博士はメㇺ・ナイ（mem-nai　泉池・川）のつまった形なのではないかとの考えを持っておられた。私の見た範囲では確かにその姿のものが多かったが，未調査のメナも多いので，まだそうだと断定する処までは行っていない。今後の研究に待ちたい。

厚志内川　あつしないがわ

天ノ川の中流に南から注いでいる川の名。アトゥㇱ・ナイ（at-ush-nai　おひょう楡・群生する・川）であったろう。

江差　えさし

檜山支庁内の町名。江差を「昆布」とする説と「岬」とする説が従来行われたが，知里真志保博士は，北海道南部では，昆布をサシとはいわないとして昆布説を否定し，またエサシを「エ・サ・ウㇱ・イ（e-sa-ush-i　頭を・浜に・つけている・者）。つまり岬」と分析して説明した。古い上原熊次郎も，ただ出崎と書いていた。北見の枝幸もこの江差も同地形である。従来檜山江差，北見枝幸と呼んで区別されていた。

津花　つばな

江差は岬の突端の津花と，その先にある鷗島で港を囲んでいる。津花という地名は他に道内，津軽半島にもあって，いずれも岬の処の名である。和名かアイヌ語名か分からないが，アイヌ語だったらトゥパナ（tu-pana　尾根の・海の方）のような名ででもあったろうか。

鷗島　かもめじま

江差の津花岬の先には有名な鷗島があって天然の防波堤の役割をして来た。現在は津花岬の外洋側の根もとの砂浜の部分が茂尻と呼ばれているが，アイヌ時代には鷗島がモシリ（moshir　島）と呼ばれ，その名がそれに近い陸岸部の名としても使われ，それが残ったのであろう。他地でも，下北半島の弁天島に面した陸岸部がムシリ（モ

X　渡島地方

シリの転訛）であるのと同じことであるらしい。

豊部内　とよべない

江差市街の北部を流れる川の名，地名。永田地名解は「トペニ・ナイ。楓溪。豊部内の原名。楓樹多きを以て名く」と書いた。トペニは to-pe-ni（乳・汁・の木。いたやの木）。いたやの幹に傷をつけて，乳汁のような樹液を採り，飲んだり調理用に使った。地名では ni（木）を省くことが多い。あるいは to-pe-nai と呼ばれていて，それから豊部内となったのかもしれない。

おこない浜（大澗　おおま）

元禄郷帳はとよべ内村（豊部内）ととまり（泊）村の間に「おこない村」と記す。松浦図も同じ位置に「ヲコナイハマ」を書いた。これはオウコッナイ（o-u-kot-nai　川尻・互いに・くっつく・川）に違いない。豊部内川を渡り，地形を見ながら北上すると，正にその地形の場所があった。南北に並んだ沢の川口が砂浜の処で，互いに近寄った形に海に入っている。風雨の際に，時に合流したであろう地形がこの地名の特徴である。現在の地名は大澗であるが，老漁師を探して話を聞いたら「今大澗なんかいうが，昔はおこないの浜といった鰊場だよ。浜は今より広く，雨でも降ると二つの川がほんの僅かな間になっていた」という。元禄郷帳以来の地名が忘れられかかっていたのを何とか見ることができた。

泊　とまり

江差市街と厚沢部川との中間にある入江の処の地名，川名。古い元禄郷帳にも「とまり村」とある。トマリは日本語からアイヌ語に入った言葉で「泊地」の意味で諸方の地名に残っているが，ここは北海道の入口に近い辺であるので，和人もアイヌも共通してトマリと呼んでいた処であろうか。

伏木戸　ふしきど

厚沢部川の川口より少し南に下った処の地名。永田地名解は「プシプトゥ。破口。伏木戸村の原名。アツサブ川破裂して川口となること屡これあり。故に名くと云ふ」と書いた。プシは擬音語で，ぷすと破れることをいう。厚沢部川の古川は，今でも海浜に沿って，ずっと伏木戸の近くまで残っている。昔は風雨の際に川口が砂で塞がると，今の古川を流れ下り，伏木戸の辺で砂浜を破り，そこで海に注ぐこともあったので，push-putu（プシと破る・川口）と呼ばれ，地名として残ったのであろう。

厚沢部　あっさぶ

檜山支庁の町名。上原熊次郎地名考は「厚沢部（アツサブ）。夷語ハチャムなり。則紅粉ひわといふ小鳥に似たる鳥の事にて此沢内におびただしくある故此名ありといふ」と書いた。永田地名解は「ハチャムベツ。桜鳥・川。アツサブと云ふは訛りなり」と書いた。同じことらしい。つまり札幌の発寒とこの厚沢部が同じくハッチャムで，同

441

名であったらしい。なおこの地方は俄虫村を中心にできた処で，後にそれが厚沢部町となったのであった。

俄虫　がむし

厚沢部川を約8キロ溯った処の旧地名。今本町という。明治19年ここに俄虫戸長役場が置かれ爾後厚沢部村（後町制施行）の中心である。永田地名解は「カムイ・ウシ。熊多き処。俄虫村の原名」と書いた。熊の場合，ウシで呼んだろうか疑義はあるが，他に資料がない。

安野呂　あのろ

厚沢部町の地名，川名。安野呂川は厚沢部川の大支流で，本町のそばで本流に合している。この川筋を溯り山越えして噴火湾の落部に出るのが古い時代の交通路であった。永田地名解は「アンルル。山向うの海岸。安野呂の原名」と書いた。anrur←ar-rur（山の向こう側の・海）の意。元来は噴火湾側の人が，山を越えた日本海側の土地を指した名であったろう。

爾志　にし

檜山支庁内の郡名。郡内にそれらしいアイヌ語の地名はない。松浦武四郎の郡名建議書を見ると，「乙部より熊石，是を西在八ヵ村と申候。西郡に致し置候方に存候」と書き，ただ字を飾って爾志としたものらしい。つまり和名の「西」なのであった。永田地名解のころには，それがもう忘れられていたのだろうか，アイヌ語のヌーウシ（豊漁場）であると書かれている。

乙部　おとべ
姫川　ひめかわ

爾志郡の乙部は姫川の川口の近くの街で，町名にもなっている。永田地名解は「オトヘ　otope。川尻に沼ある川」と書いたが，語尾の -pe は，語法上名詞にはつかないので変だと思っていたら，古い上原熊次郎地名考では「乙部。ヲトヲウンベなり」と書かれていた。o-to-un-pe「川尻に・沼が・ある・もの（川）」の意。諸地にある乙部，音部も恐らくこの形だったのであろう。つまりこれが姫川のアイヌ語名なのであった。

乙部に行ったが沼がない。土地の人に聞くと昔は沼であったが，新川を通して整地し，現在は水田にしているのだという。

突符川　とっぷがわ

乙部のすぐ北の処を，永田地名解は次のように書いた。

　　ポン・モ・ナイ（小さい・静かな・川）。元禄郷帳に小モナイとある是れなり。今小茂内（こもない）村と称す。

　　オンネ・モ・ナイ（大きい・静かな・川）。元禄郷帳に大モナイとある是れなり。今突符村に属す。

トゥㇰ tuk（土地隆起する処）。トゥㇰは隆起の義。川流変化する毎に旧流の地隆起するを云ふ。今突符村と云ふは誤る。

現在突符川と呼んでいるのは，このオンネモナイ（大茂内川，松浦図ではヲモナイ）のことである。突符の川なのでそう呼ぶようになったのであろう。

可笑内川　おかしないがわ

突符の北，三ツ石の穴渕岬の南根もとに注ぐ川の名。永田地名解は「オ・カシ・ナイ。丸小屋ある沢」と書いた。カㇱ（kash）は「仮小屋」で狩漁や旅行の時に泊るために仮設した。ここはたぶん漁業用の小屋であろう。o-kash-nai「川尻に・仮小屋（がある）・川」の意。

蚊柱　かばしら

乙部町北端部海岸の旧地名。元禄郷帳には「かはしら村」とあり，上原熊次郎地名考は「蚊柱。夷語カバリシラなり。則平磯と訳す」と書き，永田地名解は「カパラ・シララ。暗礁」と書いた。kapasshirar←kapar-shirar（平たい・岩）の意。海辺の平たい岩礁をいう。明治の地図には大字名として書かれているが，元来は今の豊浜の辺の岩礁地帯の名であったろうか。小樽市の外洋側にも同地名がある。

相沼内　あいぬまない

熊石町内の川名，地名では略して相沼という。アイヌ・オマ・ナイ（アイヌがいる・沢）の急言で，アイノマナイと呼んだ。アイヌは「人」と読むのか，アイヌと読むのか分からないが，この相沼内については，上原熊次郎は「蝦夷の住む沢といふ事。此所長夷の子孫私領の節，正月二日松前に罷出，領主え年賀し候事古例なる由」と書いている。それだと和人が相当入り込んで来た後での地名ということになる。あるいは昔人の少ない時代に，そこは人（アイヌ）がいる沢だという意味だったのかもしれない。

見日　けんにち
見市川　けんいちがわ

熊石町内の地名，川名。見日も見市も字だけの違いであったろう。元禄郷帳では「けんいち村」であった。永田地名解は「ケネニ・ウシ。赤楊多き処。和人見日と訛る」と書いたが少し変だ。ふつうケネニと使わない。たぶん，ケネウシ「kene-ush-i はんの木・群生する・者（川）」であったろう。蝦夷地名解（幕末）も「ケンニチ。ケネウシなり」と書いた。

平田内　ひらたない

見日のすぐ西の地名，川名。永田地名解は「ピラ・タ・サン・ナイ。崖・の方へ・流る・川。此川口に白岩あり，屛立す。故に名く」と書いた。

443

熊石　くまいし

檜山支庁内の町名。クマウシ←kuma-ush-i（物乾し・多くある・処）の意。和人はその音から雲石という石の名から来たという説をつくった。アイヌ時代には物干し棹に魚を懸けて干したので，クマウシの地名のある処はたいてい好漁場である。諸地にある熊牛も同名である。

関内　せきない

熊石町西端の地名，川名。永田地名解は「シュプキ・ナイ　shupki-nai（茅沢）。関内村」と書いた。シュプキは葭の類のことであった。

奥尻　おくしり

島名，郡名，町名。松浦武四郎の郡名建議書に「ヲクシリはイクシリの転語。イクはイクシタ（向こう側）の略。シリはモシリ（島）の略にて，此の向島の儀。今に土人はイクシリと呼ぶもの有也。此島クトウ（久遠），熊石等より向うに当る島故此名有にや」と書かれた。幕末の地名解書にも同じことが書かれてある。なお永田地名解は，イクシュン・シリ（向島）と書いた。同じことであった。

第XI 後志地方

渡島半島の久遠郡から日本海側小樽市まで。尻別川上流ニセコ，真狩，倶知安，京極，喜茂別，留寿都の各町村は胆振国虻田郡であるが，尻別川をまとめる意味で，この章に入れた。

後志　しりべし

　旧国名，支庁名。斉明天皇の時代に，阿倍臣が水軍を率いて北征した際，二人の蝦夷が後方羊蹄（「しりべし」と読む）に政所を置きたいといったので，そこに郡領を置いて帰ったが，その後方羊蹄がどこであるかについて古来説が多かった。明治初年，松浦武四郎は渡島国と札幌郡の間の土地を一国とする案をつくったのであるが，その中央を流れる大河の尻別が似た音であるところから，旧史の後方羊蹄にちなんで後志と国名を定めるべきことを建議し，それによって後志の名ができた。なお，後志川の地を「日本書紀」の後方羊蹄と考えたのは新井白石の「蝦夷志」（享保5＝1720年）のころから出たものらしい。

(1) 後志南部（久遠，瀬棚，島牧，寿都）

貝取澗　かいとりま

　久遠郡大成町南部の地名，川名。日本語風の名であるが，永田地名解は「カイェ・ウトゥル。折岩・の間。岩壁の折れたる間の義。今貝取澗村と称す」と書いた。カイは折れる，折れくだける。カイェ（kaye）は折るの意。それでくだけ波をいうが，永

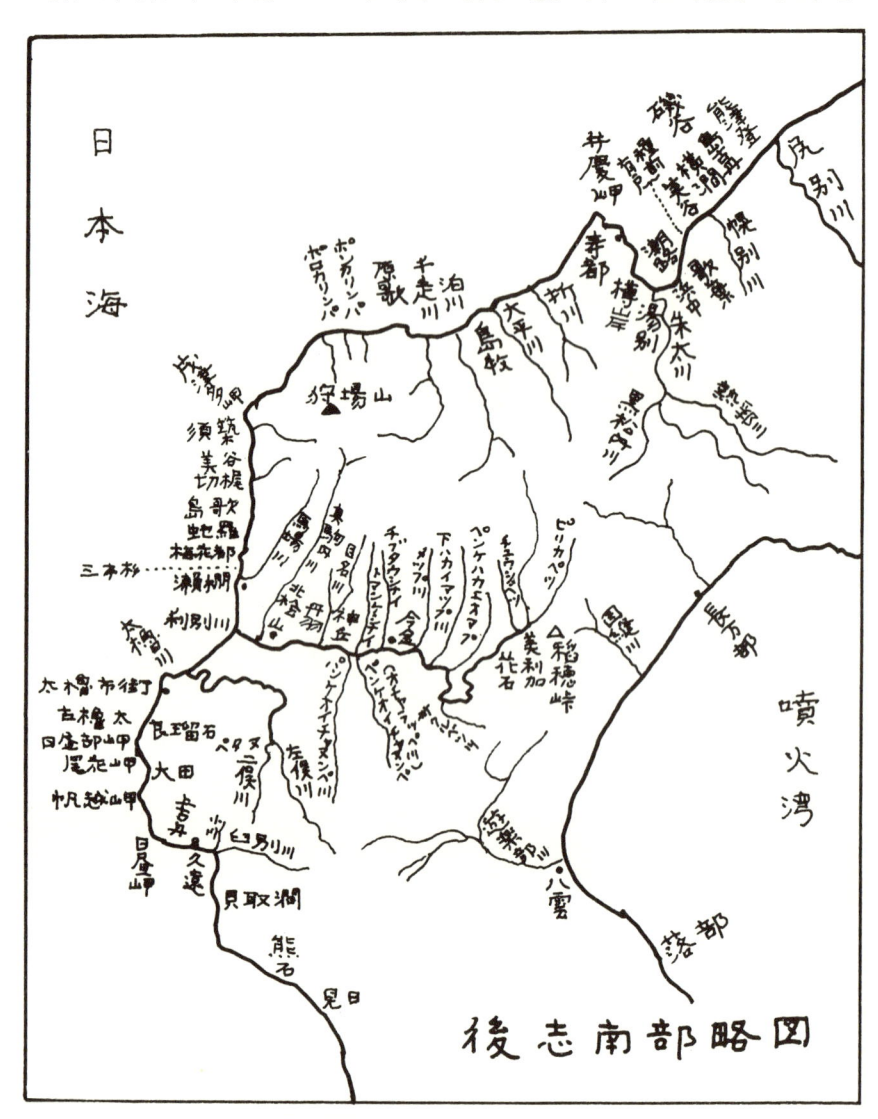

田氏はここで岩壁が折れていると書いた。土地の伝承によるか。

臼別川　うすべつがわ

　久遠郡大成町内の川名。松浦氏西蝦夷日誌は「ウスベツ。名義，往昔土人等多く有し故号く。ウシ・ベツ（多・川）と云義也（クワンレギ申ロ）」と書いたが，永田地名解は「ウシ・ペッ。湾川。アイヌ云，モイペッと同義」とした。us（ush）は，多いとも，入江ともなるので，アイヌとしても二通りの解を話したものらしい。前説の方は，何が多いのか語がないし，人が多いという意味でウシをそう使うだろうか？　茅沼にも臼別川があり，どっちも入江に注いでいる。まずは us-pet（入江・川）説を採りたい。

　この臼別川を少し溯ると二股になっていて，右股が本流であるが昔はメナシペッ（東・川）と呼ばれた（西蝦夷日誌）。左股はシュムペッ（西・川）であったが，今は太櫓越川という。水源の山を越すと太櫓川筋に入る。この道は今でも太櫓，瀬棚更に噴火湾と久遠郡を結ぶ唯一の交通路である。

小川　おがわ

　大成町内の川名。臼別川のすぐ西隣を流れている兄弟のような川である。小川というがこの辺では臼別川とこの川が長流なのである。旧名はモ・ウㇱペッ（小さい・ウスペツ川），つまりこの入江の二つの川の，小さい方の川の意。今の小川もそんな意味で呼ばれたのであろうか。

久遠　くどう
本陣川　ほんじんがわ

　久遠は大成町の中心地で，郡名にもなった。この辺の運上屋はもと臼別にあったのが後に今の久遠に移されたのだという。松浦氏再航蝦夷日誌は「此処本名はテレケウシナイにて」と書いた。terke-ush-nai（飛びはねる・いつもする・川）の意。跳ね越えて横切っていった川のことで，今市街地を流れている本陣川の原名。本陣川は運上屋本陣の処の川の意であろう。

　久遠については諸説あり。上原熊次郎地名考は「夷語クントゥなり。弓を置く崎といふ事」と書いた。ku-un-tu（仕掛け弓・ある・山崎）の意。市街の東側の稲穂岬のことである。再航蝦夷日誌はこの岬を「本名クント（？）エトと云よし。クンは黒し，エトは岬也。黒サキと云こと也」と書いた。同じ松浦氏は西蝦夷日誌では「グウンヅウにて弓形崎の義也（地名解）」と当時の地名書の説を紹介している。弓形に入り込んだ処のある岬だとして，弓・の・山崎と読んだものらしい。また永田地名解は「クンルー（kun-ru）危・路の義。岬端崩壊して通路危険なるに名く。アイヌが発音するや殆どグンヅーと聞ゆるを以て和人誤聞してクドウと呼ぶ」と書いた。

　なお稲穂岬はアイヌがイナウ（木幣）を立てた処なので，それを見て和人がつけた名であろう。海に突き出した岬の上で海神を祭ったのが当時の一般の風習であった。再航蝦夷日誌は「岬え松一株を立て小石を積み上げヱナウを供へ戎様（えびすさま）を祭るよし」とそのころの姿を書いている。

上古丹川　うえこたんがわ

久遠の街から西の小歌岬を回った処が上古丹であるが，今は上浦(かみうら)となっているようである。上古丹川が流れている。

松浦氏再航蝦夷日誌は「ウエコタン。魚類少き由にてウエンコタンと云也。悪所と云こと也」と書いた。永田地名解は「ウェン・コタン。悪村。此処のアイヌ痘瘡，疫疾に罹り多く死し残余のアイヌ逃避す。故に此名あり」と記す。wen-kotan（悪い・村）であるが，どう悪いかについては，このように伝承が分かれているのであった。

日昼岬　にっちゅうざき

上古丹の浜の西側の小岬の名。永田地名解は「ニシュ・ショ・エトゥ　nishu-sho-etu　臼崎岩」と記す。言葉通りにいえば臼（の形の）岩の崎。西蝦夷日誌はニシュエト，つまり臼崎と書いた。少し北にある日昼部岬とは，字が似ているが，もとになったアイヌ語は違っていたのであった。

帆越　ほごし

大成町内の地名，岬名。久遠から行くと，太田のすぐ手前に岩岬が突き出していて帆越岬という。松浦武四郎西蝦夷日誌は「舟がここを通る時，帆を少し下げて太田山（権現）を拝むから，帆卸しの転か」と書いた。しかし，ここにはポロ・ポクシとポンポクシの地名が並んでいる。そのポクシが帆越となり，岬の名となったものらしい。ポクシはポㇰ・ウㇱ・イ「pok-ush-i　（崖の）下・にある・処」の意であろう。元来は岬の突き出した下にあった土地の名であったようである。

太田　おおた

帆越の岩岬を北に回ると，それから先1.7キロぐらいが砂浜，それから先の海岸はずっと山が海に迫った急傾斜で道がない。浜の南端に太田神社の浜宮，僅か行くと山上の太田神社への登り口，浜の行き止まりの処が太田の小漁村で，砥歌川が海に注いでいる。

上原地名考は「ヲータ。按ずるにヲタなるべし。此海岸砂浜なる故此名あるか」と書き，永田地名解は「トア・オタ　toa-ota。彼方の・浜。太田村に小沢あり，トワオタと云ふはトアオタの訛りなり」と記す。今の砥歌川の名は，このトアオタの川だから出たのであろう。続けて「モ・オタ。小・浜。太田村の原名。和人オホタと云ふはモオタの訛なり」と書いた。このモオタの位置がはっきりしないが，浜の北端が「彼方の浜」なら，それより南の浜の処であろう。太田というと日本語風であるが，田なんかあった処ではない。約1.7キロの砂浜の土地が太田である。オタ（ota　砂浜）から来た名であろう。

尾花　おばな

大成町と北檜山町にまたがる地名。岬名。尾花岬について，西蝦夷日誌は「ヲンパノブ岬，和人尾鼻岬と云」と書き，松浦図もヲンハノフと記している。だがその語意

は見当がつかない。訛った形なのだろうか。

日昼部岬　にっちゅうべざき

　瀬棚郡北檜山町南端に近い海岸地名。土地の名と川の名は今「日中部」と書く。太田からここまでの海岸は山が突出していて道がない。松浦武四郎のころからニッチウベ（砂浜）と書かれた。永田地名解は「ネトゥンベ netunbe。ネッ・ウン・ベの急言。寄木・ある・処。今日昼部と云ふ」と書いた。風や潮流の関係で漂木（net）の寄って来る入江だったのであろう。

良瑠石　らるいし

　北檜山町内の地名，川名。ただし川名はこのごろ省略して良瑠川という。太櫓市街から少し南に下った処の海岸地名である。永田地名解は「ラルシ。泳処。アイヌ云，往時アイヌ此海に泳いで鮑等を捕りしにより名く。今良瑠石村と称す」と書いた。rar-ush-i（泳ぐ・いつもする・処）から来た名であったらしい。

古櫓太　ごろた

　良瑠石と太櫓市街との間にあるゆるい入江の処の名。松浦氏再航蝦夷日誌は「シュマムイ。大岩石有る也」と書いたが，永田地名解は「シュマ・モイ。石・湾。丸石の多き所にて方言ごろたと云ふ。今古櫓太村と称す」と書いた。シュマ（shuma）はただ「石」のことである。ここに行って見たら別に大岩石がある処ではない。浜は砂浜でなくごろた石の浜であった。永田説を採りたい。北見の峰浜の旧名シュマ・トゥカリ（石の・手前）を調べに行った時にも，そのシュマは砂浜に対する「ごろた石浜」を指していたのだった。同じような地名の呼び方である。

太櫓　ふとろ

　川名，地名，旧郡名（郡は明治30年廃止）。名のもとになった太櫓川筋は漁業も盛んであり，また檜（実はヒバ）の森林地帯で和人の林業者も多く入り込んだ処という。太櫓の名について上原熊次郎地名考は「フトロ。夷語ピトロ也。小石の有るといふ事。此処鯡網などの足になす小石，又は□の碇石になす石等多く有る故字名になすといふ」と書いた。永田地名解も「ピトロペッ。石川の義」とした。pit-or-pet（石・の処の・川）の意。ただし下流筋は全くの泥川で，網の重りに使うような pit（小石）は中流以上でないと見当たらないようであった。

　なお太櫓場所と呼ばれた地帯の運上屋はこの川筋でなく，川口より南の海岸にあったので，そこが太櫓と呼ばれるようになった。

太櫓川の上流

　太櫓川は中流若松部落の少し南の処で二股に分かれていて，左（東）股の方は左俣川（ひだりまた）と呼ばれていたが，現在は本流とされている。この川を遡ると遊楽部川筋に越え八雲に出る通路がある。右（西）股の方は二俣川と呼ばれ，その上流久遠越の沢から越

えると臼別川に出て久遠に至る。

　この地方の明治初年の旧図を見ると，二股の処がベタヌ。左俣川がホンベツ，二俣川がシイベツとなっている。ベタヌは petanu（二股）の意。pet-au（川・枝）の転語。ホンベツは pon-pet（小さい・川），この方が今の本流で長いのだが見た目は小さい。シイベツは shi-pet（本当の，大きい・川）。合流点近くで眺めると，この二俣川の方が大きく見える。アイヌ時代だから，見た姿でそう呼んだのであろう。

太櫓市街地（キリキリ）

　太櫓の市街は，太櫓の名のもとであった川から離れた処である。川口から岬を二つ回った処の海岸が太櫓の街である。つまりそこが太櫓場所の運上屋の所在地なのであった。その土地はアイヌ時代にはキリキリといわれた海浜で，永田地名解は「キリキリ。声沙。沙上を歩めばキリキリと音あるに名く」と書いた。

　その浜に出て見ると，砂は石英質の角ばった白小片ばかりで，握るとジャリと音がする。それがこの地名の出たもとであった。岩手県三陸の吉里吉里の浜も，たぶんこんな処だったのであろう。

〈利別川筋〉

利別川　としべつがわ

　後志利別川ともいう。十勝の利別川と区別するためである。噴火湾岸に近い処から日本海までの一面の土地を流れる大川である。川名の意味は全く忘れられた。松浦氏西蝦夷日誌では「西地にての説はツウシベツにて，ツウは山崎の義。此川山崎が両方より出で来る故に名くと」とある。tu-ush-pet（山崎が・ある・川）の意。

　同氏東蝦夷日誌では「トシベツ。縄川の義，其わけは此川フトロ（太櫓），セタナイ（瀬棚）入組み領なる故，セタ内土人等川口に縄を張置き，もし太櫓土人がさわる時は償を取しと。依て名づけしなり」と書いた。トゥッ・ペッ（tush-pet　縄・川）と考えられていたらしい。

　永田地名解では「トゥッ・ペッ（tush-pet　蛇・川）」と解した。tush は蛇をいうにも使われた。この川は曲屈，蛇行していた川で，昔は川下の辺で特にそれがひどかった。蛇がいたのかもしれないが，あるいはその蛇行している姿からこの名が出たのかもしれない。　　　　　　　　　　　　　　　⇒十勝利別川（294ページ）

真駒内　まこまない

　利別川の川口を少し溯った処に北から注ぐ支流名。島牧郡境の山から出てくる川で，この辺での長流である。永田地名解は「マコマナイ。後にある川」と書いたが，どうも意味が分からない。マコマナイ（mak-oma-nai　山奥に・入っている・川）のような意味なのではないかと考えて来た。　　　　　　　　　⇒真駒内（33ページ）

北檜山　きたひやま

　檜山支庁管内の町名。昭和30年東瀬棚町と太櫓村が合併した時に北檜山町と名乗っ

た。松前藩時代は，この辺が檜（実はヒバまたはアスナロという）の森林があり，南の檜山郡と続いた処で，藩の財政を大きく賄った地方であった。それでこの名をつけたのだという。

北檜山の市街地は，それまでは東瀬棚と呼んでいた処。町名改正とともに今の名に変えたのであろう。瀬棚郡，久遠郡一帯での繁華な街で，瀬棚線の西からの乗客もここで大部分が下車するという。

アイヌ時代は，真駒内川の川口に近い処なのでマコマナイと呼ばれた土地であろう。

丹羽　にわ

地名，駅名。北海道駅名の起源は「明治35年会津若松の人丹羽五郎が多くの農民を率いて移住し開拓に努めたところであるから，その名を採って地名にした」と書いた。

目名川　めながわ

利別目名川ともいう。諸地に多い目名と区別するための名。永田地名解は「メナ。支川」と書いた。メナの意味ははっきりしない。永田氏も土地のアイヌの意見を聞いて，場所により違った解をつけている。知里博士は mem-nai（泉池・川）の転訛かと興味ある試案を出したが，歩いて見ると泉池のある川も，ない川もあり，メナの意味についての判断がまだつかないで来た。

神丘　かみおか

目名川と今金町市街の間の地名。国鉄の駅あり。北海道駅名の起源は「イマヌエルと名づけられるキリスト教徒の集団部落があり，神のいる丘の意味から神丘と名づけられ，駅名も神丘となった」と書いた。

パンケオイチャヌンペ川
オチャラッペ川

利別川の南支流で，この二川は並流している。パンケオイチャヌンペは panke-o-ichan-un-pe「下の・川尻に・鮭鱒産卵場が・ある・もの（川）」の意。

オチャラッペ川は明治の図ではペンケ（上の）・オイチャヌンペと書かれていて，上記の川と対にして呼ばれていた川であった。オチャラッペも産卵場の川の意味の少し訛った形らしく，オイチャヌンペの別称だったのではなかろうか。

トマンケシナイ川

今金市街のすぐ下手を流れている利別川北支流。低平地の中の川で泥水が流れている。トマム・ケシ・ナイ（tomam-kesh-nai　低湿原野・の末端の・川）であったろう。

今金　いまがね

檜山支庁内，利別川中，上流を含む町名。この地方の開拓功労者であった今村藤次郎，金森石郎の苗字を一字ずつ採って地名にしたのだという。今金の市街はチプタウ

シナイの川口近くにできた処で，昔はその川名で呼ばれていた土地であろう。

チブタウシナイ川

今金市街の西端を流れている川の名。チㇷ゚・タ・ウㇱ・ナイ「chip-ta-ush-nai　舟を・作る（掘る）・いつもする・川」の意。その川筋に丸木舟を作るに適した巨木が多く，それで舟を作っていた川なのであろう。道内に同名が多い。

種川　たねかわ（メップ川）

国鉄種川駅の少し下で利別川に入る北支流。永田地名解は「メッㇷ゚・ナイ。寒き川。今ミツブと云ふ。太櫓アイヌの鮭漁場」と書いたが，知里博士はメッㇷ゚はメㇺ（mem 湧泉のある池）の転訛であろうと解されていた。

下ハカイマップ川
上ハカイマップ川

並行する利別川北支流。下ハカイマップ川は国鉄種川駅のすぐ東を流れている。永田地名解は「パンケ・ハカエ・オマㇷ゚。下の納屋。ハカエとは鮭を二ツ割りにしたるものを蔵る納屋の義（久遠郡役所の報知による）。ペンケ・ハカエ・オマㇷ゚。上の納屋」と書いた。他地に類例のない地名である。

サックルベッ川

利別川が大きく曲がって南に入り込んだ処の南支流（奥沢の辺）。永田地名解は「サッ・ルペシペ。乾路。乾涸の川を下るにより名く」と書いた。だが他地に多いサㇰ・ルペシぺ（sak-rupeshpe　夏の・峠道の沢），あるいはsak-ru-pet（夏・道・川）だったようである。この沢を上って山越えすると遊楽部川筋で，そっち側にも同じくサクルペシべがあった。ここが噴火湾岸の八雲の辺との交通路の沢だったらしい。

花石　はないし

利別川上流の地名。同名の国鉄駅あり。北海道駅名の起源は「この地方にはメノウが多く産出するので，その石の美しさを花にたとえて花石といったのにはじまる」と書いた。その付近の利別川の橋は瑪瑙橋という。

珍古辺川が花石部落のすぐ南を流れて，明治の地図ではチンコイペと書かれている。チョイペ（自分の食物）のような言葉もあるが，この川名は何の意味だったかよく分からない。

ピリカベツ川

利別川源流部の東支流の名。その辺の土地を美利河といい，同名の駅あり。永田地名解は「ピリカ・ペッ。美川。瑪瑙石あり，水も清冽，故に名く」と書いた。アイヌ時代の名であるから，メノウのことは考えなかったろう。川に行って見ると何ともきれいな水が流れている。それでpirka-pet（いい・川）と呼んだものか。

チュウシベツ川

利別川の西支流。ピリカベツ川口のすぐ上で本流に入る。永田地名解が「シノマン・チウ・ウシ・ペッ。急流川の水上」と書いたのがそれであろう。チウ・ウシ・ペッ（chiu-ush-pet 波・ある・川）の意。

川口の辺で眺めても特に急流とまでは感じられなかったが、処々川の中の石でせかれて白波が立っている。本流やピリカペッが静かな川なので、それと比較した意味でこの名で呼ばれたのであろう。

〈海 辺〉

瀬棚　せたな（馬場川　ばばがわ）

瀬棚は檜山支庁内の郡名、町名。昔はセタナイと呼ばれた。元禄郷帳の時代からの名。上原熊次郎地名考は「セタナイとは則犬の沢と訳す。此故事未分（わからない）といふ」と書き、松浦武四郎郡名建議書は瀬棚と郡名を定め「セタナイは犬沢と云義。往古神の召遣ひ玉し大なる犬が山より下り来りて此海に入り、岩と成しと。其岩今に犬の形にして残るなり。口牌如何にも信じがたけれ共誌し置もの也」と書いた。

馬場川が今の瀬棚市街の北を流れているが、それが以上に書かれたセタナイである。松浦図ではセタルヘシナイと記す。seta-ru-pesh-nai（犬の・道が・下っている・川）の意。永田地名解は「原名セタルペシベナイ（seta-rupeshbe-nai）犬路川の義。中古より略してセタナイ（seta-nai）と呼ぶ。犬・沢の義」と書いた。

前述の岩は今でも市街地前面の海中の岩礁の中に残っているが、昔はセタエワキと呼ばれた。seta-ewak-i（犬・住む・処）の意。馬場川筋に山犬が住んでいたので、セタ・ナイの名が残ったのだろうか。

馬場川（セタナイ）に近く運上屋があってこの地方の中心であった。その辺がエンルンと呼ばれていたがエンルㇺ（enrum　岬）の意。

三本杉　さんぼんすぎ

瀬棚市街の北側の地名。海中に頭の尖った巨巌が三つ並んで立っていて奇観である。それからついた地名。永田地名解はその旧名を「エウコチシ（雙岩。根底連結せり）。ヤッチシ（孤岩）」と書いた。なるほど沖側の二本は下が続いている。エ・ウコッ・チㇱ（e-ukot-chish　そこで・互いにくっついている・立岩）とでも読むべきか。陸側の一本はヤ・タ・チㇱ（ya-ta-chish　陸の方の・立岩）とでも解すべきか。共に前の部分に自信がないが、この三本ともにチㇱ（立岩）と呼ばれていたのであった。典型的な chish の姿である。

梅花都　ばいかつ

三本杉から少し北に行った処の小漁村の名。松浦氏西蝦夷日誌は「ハイカツシ。大岩。物を背負し如き岩。依て号く」と書き、永田地名解は「バッカイ・シュマ。負石（せおひいし）」と書いた。旧図を見ると高い立石が二本並べて描かれ、ハイカツと書かれている。行って見ると浜に巨岩があり、それにくっついた細長い岩があった。バッ

453

カイ・ウシ（pakkai-ush　子を背負う・いつもする）ぐらいの名から来たのではなかろうか。　　　　　　　　　　　　　　　　　　　　　⇒抜海（159ページ）

虻羅　あぶら
　梅花都から少し北の入江の処の漁村の名であるが，元禄郷帳にも「あふら」と書かれている。アイヌ語名なのか和名なのか分からない。永田地名解は「ピリカ・モイ。良湾。波浪静穏にして油の如し。故に和人油と呼び遂に虻羅村と称す」と書いた。

島歌　しまうた
　漁村の名，川名。永田地名解は「シュマ・オタ。石・沙。今島歌村と云ふ」と書いた。岩のある砂浜と読んだものか。せまい砂浜の先の海中に千畳敷のような岩のある処である。松浦氏再航蝦夷日誌ではシモウタと書いた。下の方のウタ（この辺オタを歌で呼ぶ）だったかもしれない。
　島歌川は少し南の白岩（地名）で海に入っている。そこは、永田地名解にレタリと書かれた処。retar-i（白い・処）とでも読むべきか。この辺の山崖は一面に鮮やかな白岩で印象的な景色である。

切梶川　きりかじがわ
　島歌の北にある相当な川の名。松浦氏西蝦夷日誌は「キリカツチ。大立岩岬。名義,大舟の腰当が上りしとの義也」と書いた。土地の人の話だろうが意味がよく分からない。永田地名解は「キリカッチ　kirikatchi。鮭の産卵場。イチャンと同義」と記した。

美谷　びや
　切梶の北の小漁村の名。今北島歌の中。西蝦夷日誌は「ビヤ。本名フヨフフヨフの由。小石浜。半腹に穴の有大岩有。是を以て名くると」と書いた。pui-o（穴が・ある）の意か。ここは丸い石の浜である。ビヤはたぶん pi-ya（石の・岸）の意。磯谷にも同名の土地があり，そこも「ごろた石」の浜だったらしい。

須築　すつき
　瀬棚町の海岸の北の行き止まりの地名，川名。今北島歌の中に入れられている。これから先は茂津多岬の大岩壁で浜道がない。ごく古い津軽一統志の中にも「すつき。小川有」と書かれた。
　松浦氏西蝦夷日誌では「シツキ。本名シュフキ。訳して蘆荻也。ヒカタ泊。スツキベツ急流滝川也」と書かれた。
　須築川がその入江の奥に注いでいて，その源名はシュブキ・ベツ（スッキペッ shupki-pet　葭・川），それが須築の名のもとである。南側の弁天岬に囲まれた入江がピカタ・トマリ「pikata-tomari　西南風（の時の）・泊地」と呼ばれていた。今立派な防波堤ができているが，その先から見た茂津多の山岬の風景は何とも壮観である。

454

XI　後志地方

茂津多　もつた

　瀬棚町と島牧村の間の大岬の名，地名。持田とも書かれた。徳川時代，日本海方面の三大難所の一つとして航海者に恐れられた処。茂津多はアイヌ語から来たものらしいが，その意味の伝承がない。舟底を削る時に使う小型の手斧の一種をモッタというが，それと関係がありそうにも思えない。この崖続きの間の処々に小さな浜があるようである。そのどこかがモ・オタ（mo-ota　小さい・砂浜）といわれていて，それがモツタと訛ったのでもあったろうか。

狩場　かりば

　瀬棚町，島牧村境の高山の名，地名。狩場山はカリンパ・ウシ・ヌプリ（桜・群生する・山）と呼ばれた。桜の木はカリンパ・ニ（桜皮の木）というのであるが，この形の地名の場合には，その＝(ni　木)を省略することが普通である。その北麓島牧村の側にはポロ・カリンパ「大・桜（川）」，ポン・カリンパ「小・桜（川）」が並んで海に入っている。松浦氏はポロカリンパに来て「かり場山　今さかりなり桜花」と感激の歌を詠んだ。

島牧　しままき
泊川　とまりがわ

　島牧は郡名，村名。泊は島牧村の主邑，泊川はそのそばを流れる川名である。島牧は前は島古牧であったが，略されて島牧となった。松浦氏西蝦夷日誌は「島古巻。運上屋。本名シユマクヲマキ也。シは至る（注：至って），マクは岡，ヲマキはオマンの略語にて，此浜深く地中に入る故此名有（地名解）。またシユマコマキにて岩の焼たるとも云。シユマヲマイにて岩有とも云。云々」。永田地名解は「シュマ・コ・マキ。岩石の後背と云ふ義」と書いた。いずれにせよ近くにあった shuma（岩石）に因んだ名らしい。

　泊はトマリ（泊地）で，「舟淵よき故トマリと云」と書かれた。泊川は，永田地名解によればポロ・ペッ（大・川）で，東隣にあったポン・ペッ（小さい・川）に対した名であろう。またシ・ペッ（大・川）とも呼ばれたという。

大平川　おおびらがわ

　永田地名解は「ピラコアンペッ。崖川」と書き，またすぐに「オピラシュマ。川尻の崖石」と書いた。

　前者は pira-ko-an-pet「崖・に（に向かって）・ある・川」の意。あるいはオ・ピラ・ウシ・ペッ（川尻に・崖・ある・川）のような形でも呼ばれていて，それから大平の名が出たものか。

折川　おりかわ

　大平川の東にある川の名。永田地名解は「オ・リカン・ペッ。柔川。オは川尻，リカンは柔。此川尻深くして流れ強からず。故に名く。和俗折川と云ふは非なり」と書

いた。

原歌　はらうた

島牧村西部の海岸地名。永田地名解は「パラ・オタ。平浜。原歌村と称す」と書いた。現代流にいえば para-ota（広い・砂浜）。オタは北海道西南部では「うた」に訛り、「歌」の字を当てられることが多い。

千走　ちわせ

島牧村内の川名，地名。永田地名解は「チワシ・ペッ。早川」と書いた。このチワシはチウ・アシ（chiu-ash 波・立つ）を続けて発音した形で，道内処々の地名に出てくる言葉である。

弁慶　べんけい

寿都町内の地名。岬名。松浦武四郎東西蝦夷山川地理取調図にはヘニケウと書いてある。上原熊次郎地名考は「弁慶崎。ベニッケウなり。則背首と訳す。此崎獣の背首の形状なる故地名になすといふ」。この言葉は知里真志保博士によればペニッケウ（熊の頸椎，背骨の上方）となっている。永田地名解は「ペレケ・イ。破れたる・処」と書き，すぐ次に「ポロ・エトゥ。大・岬。和俗弁慶岬と云ふ」と記した。

寿都　すっつ
朱太川　しゅぶとがわ

弁慶岬と東の磯谷の間に寿都湾が深く入り込んでいて，湾奥に朱太川が注いでいる。現在の寿都郡は朱太川筋と磯谷海岸（昔は磯谷郡）を含み，寿都町はその海岸部分で，寿都市街は，朱太川より離れた弁慶岬の東岸である。

上原熊次郎地名考は「スッツ。シュブトゥなり。則茅の崎と訳す。最初此処（朱太川口）にて夷人交易をなせしが諸事不弁理（不便）なる故イワサキ（今の寿都市街）に運上屋を移すといへども，スッツを場所名目になすなり」と書いた。また永田地名解は「寿都はシュブキにあてたる文字にして原名はシュブキ・ペッといふ川名なり。今朱太川或は寿都川と称す。往時アイヌ此川筋に住居したりしが，場所をテレケウシ，和名岩崎に開くに及び，シュブキペッのアイヌを此処に移し，アイヌ出所の地名を用てシュブキ場所と称す。後に訛りてスッツと呼ぶ」と書いた。

シュブキ（スブキ。アイヌ語ではシャ行，サ行は同音）は「葭」の意。朱太川の川口の低湿原野が葭原だったのでシュブキ・ペッと呼ばれた。他地方でも，シュブキはよくシュッキの形で地名に残っている。それから寿都に訛ったのであろう。また川口の辺がシュブキ・プトゥ（朱太川の・川口。ペッはよく略される）と呼ばれ，それから朱太の名が出たのではなかろうか。

今の寿都市街は，弁慶岬から少し南に下った東面の海岸の岩崎で，アイヌ語の旧名はシュマテレケウシ（shuma-terke-ush-i 岩を・飛び跳ねる・いつもする・処。岩を飛びはねて越える処）。その南に六條淵（ロクジョウ・マ。大型商船の・入江）があり，

XI 後志地方

舟着きがよいので，そこに運上屋が移って来たのであろう。

樽岸　たるきし

寿都町内の地名。旧村名。朱太川川口の西側の土地の名。松浦武四郎西蝦夷日誌には「タラエクシナイ，またライキシと云」とあるが，その意味が分からない。永田地名解は「タロ・ケシ。高所の・下」と書いた。taor-kesh（川岸の高所の・末端）の訛りか（taor はタロと訛りがちである）。地形はそんな処である。

湯別　ゆべつ

朱太川を僅か上ると西岸の処が湯別（字樽岸町湯別）で，湯別温泉があり，湯の沢川が流れている。アイヌ時代は，それがユ・ペッ（yu-pet　温泉・川）と呼ばれた川で，それが湯別となったのであろう。

黒松内　くろまつない

後志支庁内の町名。朱太川の右股の川名から出た名である。クルマッ・ナイ（和人女性の・沢）と解された。北海道内の地名に時々クルマッが出て来る。昔は和人の女があまり入らなかったので，それが目立って，こんな地名になっていたのであろうか。

熱郛　ねっぷ

黒松内町内の地名。川名，旧村名。朱太川の左股の川名から出た名。永田地名解はメプ（寒き処）と書いたが，そんな形は考えられない。「ネプ（漂木。ネッに同じ）」と解すべきではなかろうか。松浦武四郎東西蝦夷山川地理取調図もネツフと書いている。なお北海道駅名の起源はクンネ・ネッ・ペッ（黒き・漂木の・川）から出たもので，その一部をとったものであると書いた。

浜中　はまなか（オタノシケ）

寿都湾の南岸湾奥は長い砂浜で，浜中という。アイヌ時代にオタノシケ（ota-noshke 砂浜の・中央）と呼ばれた地名の処である。オタノシケの名は道内方々にあったが，今は浜中となっている処が多い。　　　　　　　　　　　　　⇒大楽毛（277ﾍﾟ）

歌棄　うたすつ

寿都町内の地名，旧郡名。昔は寿都湾の東岸から朱太川の東側の地域が歌棄郡であったが今寿都町の中に入った。元来の歌棄は，寿都湾奥の東端の辺だったようである。
　永田地名解は「オタ・シュッ。沙傍の義」と訳し，知里博士小辞典は「ota-sut。砂浜の・根もと。砂浜を上り草原になる辺りを言う＝ota-sam」と書いたが，このスッの語義がはっきりしない。オタスッという地名は後志の海岸に数カ所あるのであるが，どこも長い砂浜が，これから岩磯地帯になろうとするあたりの狭い浜である。実際上は砂浜の端の処についた名なのであった。
　ここのオタスッ（歌棄）は，元来は寿都湾奥の北面する長い砂浜の東の端の処の地

457

名であったが、運上屋が少し北の有戸に移り、そこが歌棄と呼ばれるように変わり、また歌棄がこの辺一帯の惣地名にも使われるようになったのであった。

潮路　おしょろ

寿都湾奥の東角の処の地名，川名。西蝦夷日誌の紀行を抄記すると，「ヲタシユツ（注：オタスッ）。ホロナイ（小川），シユツシナイ（小川）。今是をヲタシユツナイと云り。浜形此辺より西向。ウショロ（注：潮路）。湾よき故に号く」と書かれた。

このホロナイは poro-nai（大きい・川）で今の潮路川らしい。またヲタシユツナイは ota-shut-nai（歌棄の・川）で今のウタスッ川であろう。この二川は現在合流して湾の角の処に入っている。

紀行文の通りここから浜が西向きになっている。そこがウショロ（潮路）であった。ウショロ（ushor）でもオショロ（oshor）でも「入江」という意。正に地形通りの名。現在歌棄の市街になっている処が，この潮路なのだった。現在の5万分図の表題「歌棄」の処は，少し前までは「潮路」なのだった。

有戸　ありと

明治の旧図では，潮路地区の北が有戸地区で，その境が稲穂岬となっている。西蝦夷日誌を抄記すると「ウショロ，エナヲシユマ（岩岬），アリウトル。…シレエト（小岬），トマリ」と書き，続いて「ウタスツ運上屋。当所地名シリエトにして岩岬の義。又トマリとは舟淵よき故号く」と書いた。

アリウトルはアルトㇽ（ar-utor　反対側の・側面）の意。道南に多い地名で，殆ど岬の向こう側の土地の名である。それが今の有戸となった。今は稲穂岬（イナウ・シュマ。木幣をたてた岩）はそうはっきりした地形ではなくなったが，昔ウタスッ，ウショロの人たちが，その小岬の向こう側という意味でアルトルと呼んだのであろう。

現在，この稲穂岬からトマリ（弁財泊）までを有戸と呼ぶ。運上屋は有戸の厳島神社のそばにあった。追分節で「せめて歌棄，磯谷まで」と歌われた歌棄は，この有戸を中心にした場所なのであった。

種前　たねまえ

有戸の弁財泊の北側にワシリ（ハシリ）と呼ばれる小岩岬が出ていて，トンネルで北に通じている。その北側が種前で，永田地名解がタンネ・モイ（tanne-moi　長・磯）と書いた処である。moiは「入江」のことであるが，ここはそう入り込んでいない。ゆるく曲がった岩磯地帯なので，永田氏はそれを知っていて「磯」と書いたのであろうか。

美谷　びや

寿都湾入口の東角の処の地名。ゆるい角であるが美谷岬といい，弁慶岬と相対している。歌棄の北端なので歌棄町美谷と書く。土地の人たちは多く「びーや」のように呼ぶ。

永田地名解は「ピヤ。石岡」と書いたが、ここでも（ya）の訳が不適当であった。瀬棚郡の美谷と同じ地形で、ピ・ヤ（ごろた石の・岸）と訳したい。ここの海岸は護岸で昔の姿が失われているが、浜を見るとごろた石の処が多い。土地の人に聞くと「この部落ほど玉石のごろごろしている処はない。昔はひどい道路だった」という。ピ・ヤは砂浜に対して、石のごろごろした海岸をいった言葉だったようである。

幌別川　ぽろべつがわ

寿都町磯谷地区西端に近い処の川名。土地の人は半濁音で「ぽろべつ」と呼んでいた。西蝦夷日誌は西から来て「鮫コイキ泊。小湾。鮫取泊の義也。一名ホロペツと云。橋有今是を以て境（歌棄と磯谷の）とす」と書いた。サメ・コイキ・トマリは「鮫を・捕る・泊地」の意。今鮫取淵という。幌別川はそこに注いでいる。ポロ・ペッ（poro-pet 大きい・川）の意。両岸のたっている狭い川で、他地の幌別とは姿がちがうが、地図で見ると歌棄、磯谷の海岸地区での長い川なのであった。

磯谷　いそや
横澗　よこま

ここにいう磯谷は、現在寿都町内の地区名になっているが、元来は横澗の辺を呼んだ地名でイソ・ヤ（iso-ya　岩磯の・岸）の意。

それがこの付近の海岸一帯の総名として使われていたが、明治初年磯谷郡を作って、この海岸ばかりでなく尻別川下、中流（ニセコアンヌプリ西側、昆布川西岸）を含む広い地域の名とした。ところが現在は、海岸地域の元来の磯谷は寿都町の中に入れ、その地区名として磯谷町の名が使われている。郡名の方は、海岸を離れた尻別川下、中流の方に残った姿である。

横澗は徳川時代は磯谷運上屋の所在地で、海面は岩礁が一ぱいであり、アイヌ語のイソヤにふさわしい土地。松浦氏西蝦夷日誌は「エソヤ（磯谷）。按ずるに是当所の元地かと思はる」と書いた。今でもこの海岸の最も賑やかな市街地である。追分節に「せめて歌棄、磯谷まで」と歌われたのはこの辺のことであった。

ルウベツナイ川

寿都町磯谷地区内の横澗市街、島古丹部落の間にある川名。土地の人はルウブツナイのように呼び、地図ではルウペツナイで、解しにくい川名だと思っていた。永田地名解の「ルペシペ・ナイ。路沢。往時此路よりシリベツヘ山越えしたりといふ」がそれらしい。改めて西蝦夷日誌を見たら、その道順から見て「ルペシナイ。昔は是よりシリベツえ越えたりと」とあるのが正しくこの川だった。ru-pesh-nai（路が・下っている・沢）からルウペツナイ、ルウブツナイと訛ったものであった。

島古丹　しまこたん

寿都町磯谷地区の地名。西蝦夷日誌は「シュマヲコタン。人家。岩有村の義。番屋、蔵二」と書いた。shuma-o-kotan（石が・ごちゃごちゃある・村）の意。今は海岸道

459

路が護岸の上を走っていてその姿が見えない。

大黒ケ沢　だいこくがさわ

　島古丹の小川の名。西蝦夷日誌に「ホロナイ。小川。今大黒が沢と云。観音堂有。是をシルベツ（尻別）の観音と云。円空臼が岳（有珠山）の行終りてここに来り，三体を彫て一体をここに納め，一体は雷電に納めしが云々」，また「行者其時川口の窟に納置れしが，文化の初の頃に渡場（尻別川河口）の上に移したりと，其年より鮭漁大に薄く成しが故，土人等みくじを取て天保の頃今の処に移せしと云」と書かれたのが今の処である。

　なおこの沢をホロナイといった。小川なのであるがporo-nai（大きい・沢）の称である。その東隣の川が本内川（pon-nai。小さい・川）であって，この二川が対照されての称であったろう。

能津登　のつと

　寿都町磯谷地区の尻別川河口に接する辺の地名。永田地名解は「ノット　notto。岬。能登村」と書いた。元来のアイヌ語ではnotto の音があったとは思えないが，永田氏はこの西海岸の北端部のノットでも同じように書いている。アイヌ語のノッ（not　岬）を和人が発音しいいようにノットと呼び，もしかしたら土地のアイヌもそれによって呼んでいたのを永田氏がそのまま採録したとでも見るべきか。

(2) 尻別川筋

尻別川の上流は胆振国の有珠郡，虻田郡を流れているが，その部分もここに入れ川下から源流までを記す。

尻別川　しりべつがわ

　尻別川は北海道三番目の大河で，水源は支笏湖の西斜面。後方羊蹄山(しりべし)をぐるっと回ってから長く西行して日本海に注ぐ。西北海道の屋根を横流している川である。尻別の意味は分からなくなったものらしい。河口地帯のアイヌは，中流以上のことを殆ど知らなかったという。古い上原地名考は「シリベツ。至て高き川と訳す。シとは至て，又は甚だなどと申意。リーとは高い，ベツは川の事にて，此川水上シリベツ嶺の麓なる故此名ありといふ」と書いた。シ・リ・ペッ（shi-ri-pet　至って・高い・川）と訳した。後段の水源がシリベツ山だからの名だというのとは直接繋がらないようだ。上原氏としては少々はっきりしない文である。

　永田地名解は「シリ　ペッ　shiri-pet。至高川。アブタ（虻田）土人云ふ。シリペッの山は小なれども，其の水源は高処より来る故にシリペッと云ふ。至高川の義なりと」と書いた。上原氏の前段の処と同じで，シ・リ・ペッ（至って・高い・川）と解したものらしい。

　もしかしたら，長く山中を流れて来る川なのでシリ・ペッ（shir-pet　山の・川）だったのではないかとも考えて来た。

　後方羊蹄山から流れるからシリペッだという考え方もされて来たが，アイヌ地名の流儀からすると，川の名から採ってその上の山の名を呼ぶ方がふつうである。シリベツ川の上の山なのでシリベツ山と呼んで来たのを，和人が日本書紀にある後方羊蹄と音が似ているので，それに結びつけたのではなかろうか。

港町　みなとまち

　尻別川の川口東岸の小市街地の名。たいていの大川は，その川口に然るべき街があるが，尻別川の川口はこの小市街があるだけである。ただし古く飛驒屋久兵衛が元文，寛保のころ尻別川筋を伐採した当時は繁昌した処であったことを松浦氏の西蝦夷日誌や廻浦日記が，昔語りとして書いている。

パンケ目国内川　パンケめくんないがわ
ペンケ目国内川　ペンケめくんないがわ

　尻別川を少し上ると，東岸にこの二川が並んでいる。永田地名解は「パンケ・メクン・ナイ（下の暗川），ペンケ・メクン・ナイ（上の暗川）。メクンは暗きの義」と書いたが，メクンという言葉を他で見たことがないので判断がつかない。松浦図と西蝦夷日誌では，ハンケメクシ，ヘンケメクシである。これから見るとmek-unあるいはmek-ushだったらしいが，そのメク（mek）の意味が分からないし，今までのところ似た言葉を当てる自信もない。後人の研究に待ちたい。

後志北部
尻別川筋　略図

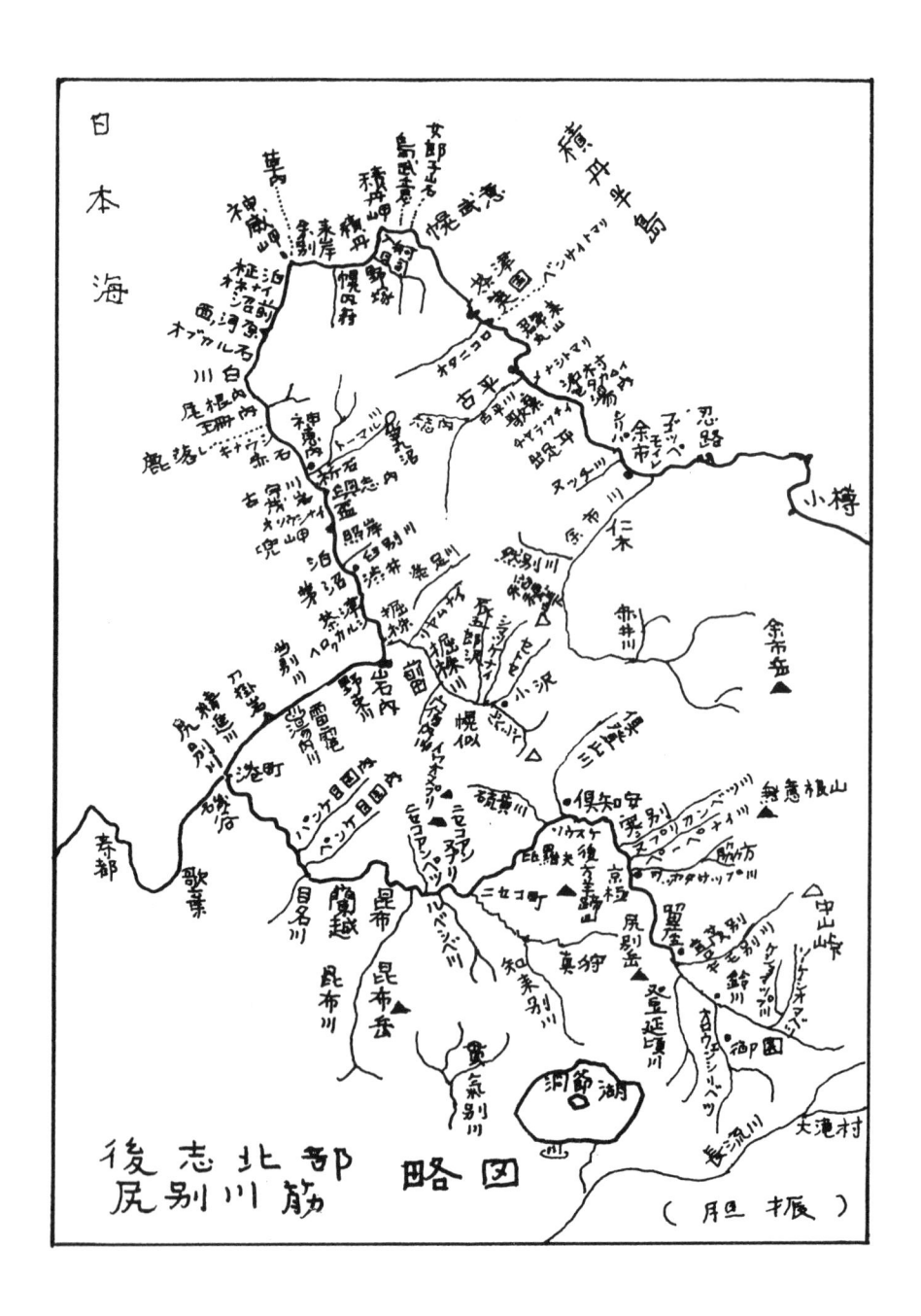

（胆振）

目名川　めながわ

ペンケ目国内川の川口から僅か上に，南から目名川が尻別川に注いでいる。諸地の目名と同じように，ここでも意味がはっきりしない。永田地名解は，尻別川筋ではメナは「細川」と訳している。永田氏は，尻別川筋は虻田のアイヌから聞いて訳をしたのだと書いている。

松浦氏西蝦夷日誌はこの目名の処で「メナ。其義解せず。同名処々に有。何れも平地にて水深く屈曲遅流の処也。恐は是を云か」と書いた。ただし必ずしも深い川ばかりではない。支流説，細流説，水溜り説，泉池川説等があるが，これも後人の研究に待ちたい。

蘭越　らんこし

後志支庁管内の町名。アイヌ時代のランコ・ウシ・イ（ranko-ush-i　桂・群生する・処）から来た名。同名が千歳市内等にもある。

昆布　こんぶ

蘭越町，ニセコ町と胆振支庁豊浦町にまたがる地名。川名，山名。山中に昆布はおかしい。永田地名解は昆布川の上にある昆布岳について「コンポ・ヌプリ。昆布の・山。往古海嘯の時此山上に昆布多くありたるに名くと」と地名説話らしいことを書いた。北海道駅名の起源は「トコンポ・ヌプリ（小さなコブ山）から出たものである」と説明した。何か判然としない地名である。

なお，昆布川の源流から山を越えて，噴火湾の大岸、豊浦に出る道がある。古くからの交通路であったろう。

ニセコアンベツ川

昆布市街から少し上（東）の処で，尻別川に注いでいる川の名。ニセコアンヌプリ山から蘭越町と倶知安町の境を南流している川である。下流の人は「湯の川」という名で呼んでいる。上流に昆布温泉等があるからであろう。

知里博士アイヌ語入門では「ニセイ・コ・アン・ヌプリ。絶壁・に向って・いる・川」と書かれた。昆布温泉に行って見ると，その辺では両岸が急傾斜の深い下を流れている川なのであった。地形から見て「峡谷・に・ある・川」と読みたいような気がしたのであった。

ニセコアンヌプリ山

蘭越町と倶知安町の境にある高山。余り長いので略してニセコと呼び，人によってはコアンヌプリともいうようである。ニセイコアンペッ川の上にある山なのでニセイコアン・ヌプリと川名によって呼ばれたものであろう（この場合，ペッ「川」は省くことが多い）。

ルベシベ川

　昆布市街とニセコ市街の中間の処で，南から尻別川に入っている川の名。ルベシベはru-pesh-pe「道が・下っている・もの（川）→峠道の沢」の意。この川の源流から山を越え，噴火湾側の貫気別川を下って豊浦に出る道がある。古くからの交通路だったのでこの名がついたのであろう。

ニセコ町

　後志支庁管内であるが，胆振国虻田郡である。ニセコ駅あり。元来は狩太町，狩太駅であったが，昭和39年ニセコ町と改名，昭和43年ニセコ駅となった。
　古くは真狩村の中であったが明治34年，分村して狩太村となる。従来真狩別太という地名の二字を採って狩太としたのだとされて来たが，真狩別川の川口なら，アイヌ時代は，普通はpet（川）を省いてマッカリ・プトゥ（makkari-putu）で呼ばれていたであろう。それが前略されて狩太となったのかもしれない。
　それが酒間の戯れ歌に使われて「一に狩太，二にべべつ」のように唄われて来た。そんなこともあって，目の前の名山の名を採ってニセコ町と改名したのであろうか。

真狩　まっかり

　後志支庁管内，胆振国虻田郡の村名，川名。真狩川について永田地名解は「マッカリㇷ゚。山後を回る処。又マッカリㇷ゚ベッ。山後を回る川とも」と書いた。この川は，上流の方に行っても屈曲が多いので，マㇰ・カリ・ペッ「mak-kari-pet 奥（山）の方を（で）・回っている・川」と呼ばれたのではなかろうか。真狩村は，昔はこの川筋全体を含んでいたが，後に今のニセコ町を分かち，今は真狩川中流以上の地域の村である。

後方羊蹄山　こうほうようていざん，しりべしやま

　真狩村，ニセコ町，倶知安町，京極町の境の山。富士山に似た円錐形の高山なので蝦夷富士と呼ばれ，尻別川筋はもちろん，洞爺湖や中山峠等の諸方からその美しい山容が見られる。尻別川がその東，北，西をぐるっと回って流れている。
　尻別川の山なのでシリベツ山と呼ばれ，斉明天皇紀の後方羊蹄と結びつけられてシリベシ山となり，引いて後志国の名のもとになったのではなかろうか。略して羊蹄山とも呼ぶ。
　マッカリヌプリと呼ばれたのは，真狩川の上の山という意味だったからだろうか。東南に並んでいる尻別岳も全く形の似た円錐山なので，それをピンネ・シリ（男・山）と呼び，後方羊蹄山の方をマッネ・シリ（女・山）とも呼んだ。

比羅夫　ひらふ

　倶知安町内の地名，国鉄駅名。斉明天皇の時代に阿倍比羅夫が水軍を率いて北征し，後方羊蹄に政所を置いたという故事に因んでこの名がつけられたという。ここまで阿倍比羅夫が来たとは考えられないが歴史好きの後人がつけた名であろう。

硫黄川　いおうがわ

　倶知安市街の南約2キロの処で，北から尻別川に入る川の名。硫黄山から流れて来る川で，硫黄分を含んだ水が流れて来るのでこの名がついた。

　アイヌ時代の名はイワウ・ペッ（iwau-pet 硫黄・川）であった。今でもそんな色の水が流れている。

イワオヌプリ岳

　ニセコアンヌプリの山頂から西々北の処の山で，硫黄川の水源である。硫黄山ともいう。アイヌ語はイワウ・ヌプリ（硫黄・山）である。

倶知安　くっちゃん
倶登山川　くとさんがわ

　倶知安は倶登山川が尻別川に注ぐ川口の処であるので，アイヌ語地名の慣例から見て，この地名は，この川名から出たものであったろう。kut-san を続けて呼べばクッチャンとなるので，つまり同じ言葉だったようである。

　そこまでは分かるが，それが何の意味だったのかははっきりしない。有名な倶知安の名なので，くどくなるが，その分からないという訳を少し詳しく書いて置きたい。

　永田地名解はこの辺の地名は虻田（倶知安は虻田郡だった）のアイヌから聞いて書いているのであるが，「クトゥサニ　kutu-sani。？。泥土の濁川なりといふ」と書いた。意味は分からないのだが，倶登山川の原形だけは書き伝えてくれたのだった。

　バチラー博士は「クチャウンナイ　kucha-un-nai。猟人の小屋・の・谷」と書いて，その解が後の人に伝わり諸書に書かれて来た。音の当て方は巧いが，クトサン川の音とは離れたものなので賛成できない。

　この名の始めの処は kut あるいは kutu（その kut）だったらしいが，kut にはいろいろな意味があり，①中空の管，筒②帯→帯状に地層の現れている断崖のような形で地名に使われていることが多い。

　①知里さんは一案として，川が円筒のような地形の処を流れ出していて kut-san と呼ばれたのではなかろうかとも考えていた。ただしその地形に見えない。

　①松浦氏の丁巳日誌には「クッシヤニ。訳して魚を取る具の事を云也。我が勢（伊勢）にて此具をかごし（籠簀）と云なり」と書いた。この道具を知らないが，言葉からいうと籠で筒形に作り，そこに魚が shan(san・流れ下る）する仕掛けのものだったろうか。あの倶登山川に簗のようなものでも仕掛けてあって名になったのだろうか。

　②北海道駅名の起源は昭和29年版から「倶知安駅。倶知安峠のところにあるクッチャムンペッ，すなわちクッ・サム・ウン・ペッ（岩崖・の傍・にある・川）が語源と思われる」と書いた。その川名を残念ながら知らないが，倶登山川（クツシヤニ）のことをいったのであろうか。

　②倶登山川の下流には岩崖は見当たらない。この地出身の山田文明氏（道教育庁）は「私の若いころ倶登山川の川尻に近い西岸に崖があって，岩燕がたくさんいまし

た」といわれた。行って見ると，川水が昔ぶつかって崩していた土崖があった処である。kut はふつうは岩崖であるが，土崖でもそう呼んだのかもしれない。それでクッシャニ「kut-shan-i 崖（の処）を・流れ出る・もの（川）」と呼ばれ，語尾のiは下略されるのでクッシャン（クッ・サン）→クッチャンとなり，倶登山，倶知安となったものか。これはほんとうの一試案である。

ソウスケ川——西蝦夷日誌の足跡をたどって——

　尻別川上流にソウヅケという鮭の名漁場があるという話はあるが，松浦武四郎が尻別川口に来て聞いても，どこのことだか要領を得ない。当時中流にブイラ（puira　激流）があって舟が上れない。従って上流は幻の世界だった。西蝦夷日誌は丸木舟二隻をもって溯行したが，話の通りにブイラから上れずに失敗し，岩内に行って，それが岩内アイヌの漁場であること，そこへの道が外部に秘せられていることを知った。彼は岩内アイヌが渋るのを説得して案内を頼み，難路を山越えして尻別川上流に出て遂にソウヅケを見ることができた。その行路がこの日誌の磯谷領，岩内領の処に長文で書かれている。

　それによると，とにかく山越えしてクッシヤニに下り，クッシヤニブトから丸木舟で尻別川を渡るとソウヅケの川で，三町上って漁屋に着いた，とある。つまり今の倶知安市街地から尻別川を渡った処がソウヅケなのであった。現在の状態でいえば，倶知安市街から国道5号線を南行，倶知安橋を渡った対岸にそこがあるはずである。

　橋を渡って初めて横切ったのがソウスケ川である。これが昔のソウヅケに違いない。小川であるがそれを300メートルぐらい上って旧家の小林家の老人を訪れて聞いた。まずこの川の水は実に澄んでいて冷たい。倶知安はやち水で一帯に水が悪いが，ここから水道を引いたのでよい水が使えるようになったとのこと，正に鮭の漁場の第一条件がある川であった。

　鮭はよく捕れたが，今は比羅夫に堰堤ができて上らなくなった。ただし岩魚ならうんといますよ，とのことであった。

　永田地名解が「ソッキ。床。鮭床の義」と書いたのはここのことに違いない。sotki は寝床のことで，熊でも魚でもの集まる処をいう。そのソッキがソウツケ→ソウスケと訛って来たものらしい。

六郷駅　ろくごうえき

　国鉄胆振線の駅名。倶知安市街の東郊。北海道駅名の起源は「倶知安町六号線にあるので，号を郷に当て六郷と名づけた」と書いている。詳しくいえば，基線・西六号の処にできた駅である。

ヌプリ寒別川　ヌプリかんべつがわ

　倶知安市街の東6キロの処で尻別川に北から入っている川の名。永田地名解は「ヌプリ・ガン・ペッ。山・腹の・川。山の高処の次の川。又云，ガンはポクと同じ」と書いた。虻田アイヌからの聞き書きらしいが，どうも分からない。ガンにポク（pok　下

のような意味があったのだろうか。

　北海道駅名の起源は「ヌプリカンペッ，即ちヌプリ・カ・ウン・ペッ（山・の上・に入って行く・川）」と書いた。理解できる形である。

寒別　かんべつ

　倶知安町東端部の地名，国鉄駅名。ヌプリ寒別川の川口付近の名。川名の下部だけを採って名にしたものだという。

ペーペナイ川

　京極町の西端部を南流する尻別川支流の名。永田地名解は「ペーペ・ナイ　pepe-nai。合流多き川」と書いた。言葉の形は pe-pe-nai（水・水・川）である。道南豊浦町の旧名弁辺は，一説にペーペナイだといい，小流がむやみにあった川であると考えられていた。同じような川だったのではなかろうか。　　　　　　　⇒豊浦（412ぅ゙）

ワッカタサップ

　京極町内の地名。川名。ワッカタサップ川は京極市街の北側を流れて尻別川に入る。永田地名解は「ワッカ・タ・サップ。wakka-ta-sap（水を・汲みに・下る処）。土人云，水瀬強く下る処なりと」と書いたが，語義必ずしもはっきりしない。サップはサン（出る。下る）の複数形。書かれた伝承に合わせれば「水が・そこで・ごちゃごちゃ流れ出る」の意だったのかもしれない。

脇方　わきかた

　ワッカタサップ川上流の地名。倶知安鉱山（鉄）の所在地。川名の上部を採ってつけた名であるという。

京極　きょうごく

　後志支庁内の町名。開拓功労者京極高徳の姓によって名づけられた。市街地はワッカタサップ川の土地であるので，古くはその名で呼ばれていたであろう。

留産　るさん

　尻別川を溯り，京極町から喜茂別町に入った処の地名，駅名。永田地名解は「ルオサニ。路の下り口」と書いた。詳しくいえばル・オ・サン・イ「ru-o-san-i　道が・そこで・浜の方（大川端の方）へ出る・処」で，坂のことである。

　松浦図で見ると尻別川の南岸の方に「ルウサン」と書いてある。ルオサニを略して呼んだ言葉であって，そこから留産の地名が出たのであった。南の方から来た旧道が，尻別岳の西裾の台地を越えてそこに下っていたからその名があったものらしい。鉄道の駅は北岸にあるのであるが，南岸の方がもとであったようである。

喜茂別　きもべつ

　尻別川上流の川名，町名。喜茂別川は尻別川の北支流で，キモペッ（キュ・オ・ペッ kim-o-pet　山奥・にある・川）の意。永田地名解にはキモーペッと採録されている。話を聞いた虻田アイヌの音を書いたものであろう。

　喜茂別は現在交通の要衝で，喜茂別を溯れば中山峠を経て札幌に出る。尻別川本流を上れば山を越えて噴火湾の伊達市方面で，下れば倶知安である。また対岸の登延頃川を入って南行すれば洞爺湖，虻田への道である。

尻別岳　しりべつだけ

　喜茂別町の目の前に聳える美しい円錐形の山で，山頂は喜茂別町，倶知安町，留寿都村の境である。松浦図ではピンネシリと書かれている。ピンネ・シリ（男・山）の意。同じ形である後方羊蹄山の方がマッネ・シリ（女・山）なのであった。

　元来は後方羊蹄山の方がシリベツ山だったのであろうが，どんな経過であろうか，今ではこのピンネシリの方が尻別岳と呼ばれるようになったのであった。

登延頃川　のぼりえんころがわ

　喜茂別町，留寿都村を流れる川で，喜茂別市街の少し上の処で尻別川に入っている。永田地名解は「ヌプリ・エンゴロ・クシ・ペッ。山前を流る川」と書いた。きちんと訳すれば「nupuri-enkor-kush-pet（山の・鼻を・通る・川）」である。地名ではエンコロ（鼻）で，山崎のことをいうことが多い。この川と尻別川の合流点の処に，尻別岳の山裾が突き出していて，その山崎の下を流れているのでこの名がつけられたのであろう。

留寿都　るすつ

　洞爺湖と喜茂別町の間の高原の村名。尻別岳の南麓で，真狩川と貫気別川（豊浦の）がこの辺から流れ出ている。この地名の由来は松浦日誌にも永田地名解にも見えないので，少し詳しく私見を書きたい。

　明治24年20万分図，明治29年5万分図では，ここをルスツと書いている。留寿都の形と合わせ考えると，アイヌ語時代の原名はルスッ（ru-sut　道の・根もと）と見るのがまずは自然である。

　ル（ru）は道のことであるが，地名に使われるのは意識された交通路で，たいていは山越え道なのであった。その意味で留寿都とアイヌ時代の交通路の関係を当たって見ることにした。

　現在我々は洞爺湖から北上して留寿都に行き，尻別岳の東麓を通って喜茂別に出るのが普通であるが，この快適な観光道路は明治の地図にはない。そのころは尻別岳の西側の裾の高台を越えて尻別川筋に出るのが道筋なのであった。

　松浦図には幕末当時のアイヌの交通路が朱線で描いてある。留寿都の地名は書いてないが，その隣のソリヲイ（sori-o-i　橇・に・乗る・処）は書いてあり，地形の上でも留寿都の位置が分かる。当時のル（道）は留寿都からピンネシリ（尻別山）の西側

の方を越え，ルウサンの処で尻別川に出ていたのであった。

　つまりこの台地越えの道が尻別川に下る処がルウサン（ルーサン←ルオサニ。留産）で，南に下った処がル・スッ（道の・ふもと），要するに峠道の下の処である。それが明治の地図ではルソツと書かれ，また留寿都となって今に残ったものらしい。この山越え道の北側の根もとが留産で，南側の根もと（坂道の下）が留寿都であったことが，地名の上でもアイヌ時代の交通路の姿を物語っているようである。

鈴川　すずかわ

　喜茂別町の地名。駅あり。尻別川源流，本流とオロウェン尻別川の合流点の処に鈴川市街がある。北海道駅名の起源は「ここはもと上尻別といったが，鉄道架設のとき付近の原野一帯に鈴蘭があるのと，当地方を開拓した鈴木与助氏の頭字鈴と，ここを流れる尻別川の川を採り鈴川と命名したが，東海道本線の鈴川と区別するため北を冠して北鈴川と名づけた」と書いた。

オロウェン尻別川
御園　みその

　尻別川源流は鈴川で本流とオロウェン尻別川の二股になっていて，国鉄胆振線の方はオロウェン尻別川筋を通っている。オロ・ウェン・シリペッ「oro-wen-shirpet　その中が・悪い・尻別川（の支流）」の意であるが，何で悪かったかは分からない。川の中が歩きにくいのでもあったろうか。

　御園はこの川の上流の地名，駅名。前のころは川名を下略して御路園（御老円とも）と呼んでいたが，いつの間にか中の路を省いて御園とし，読み方も「みその」となった。

ソーケシオマベツ川

　尻別川の水源に近い北支流で，この川が虻田，有珠両郡の境になっている。永田地名解は「ソー・ケㇱ・オマ・ペッ　so-kesh-oma-pet（滝の・下・にある・川）」と書いた。

ケショマップ川

　ソーケシオマペツの語尾のペッの代わりにㇷ゚（-p　もの）をつけても同じ意である。その so-kesh-oma-p を続けてソーケショマㇷ゚と呼ばれていたのを，和人が前略してケショマップというようになったものらしい。ただし今ではソーケシオマベツ川の西支流の名とされている。

(3) 後 志 北 部

精進川　しょうじんがわ

　尻別川河口のすぐ北にある川の名。アイヌ時代の名はオタ・ノシケ・オマ・ナイ（砂浜の・中央・にある・川）と呼ばれた。そのすぐ北側を雷電川が流れているが，西蝦夷日誌はカモンナイと書いた。永田地名解はそれをカムイ・ウン・ナイ（神・の・沢）と記した。あるいは熊のいる沢であったか。昔はそこから雷電山中に登って岩内方面に行ったのだという。

雷電　らいでん

　尻別川下流の土地と岩内との間の山の名。昔は山野嶮悪，沿海断岩にして，山は堅雪の時ならで越し難く，海は風安く波穏やかな日ならで舟し難くと書かれた難所であったという。雷電山という名がどうしてできたかは分からなくなっていたらしい。上原熊次郎地名考（文政 7 年）は「ライデン。夷語ライテムなり。則ち焼てうなると訳す。昔時此崎え雷落て山の焼崩れし時，震動なしたる故此名ありといふ。又説に義経此所にて弁慶に別れし時来年といふて名残をせし故地名ライデンとなるともいふ。未詳」と書いた。松浦氏西蝦夷日誌はこの山中の小川の処で「ラエンベツ。小川。和人ライデンと訛り今雷電の字を用ゆ」と誌した。永田地名解は「ライ・ニ。枯・木。往時枯樹林あり。故に名く」と書いた。一応そのまま並べて置くしかできない。

刀掛岩　かたなかけいわ

　雷電の中央，蘭越町と岩内町の境の処に岩岬が海中に突き出している。西蝦夷日誌は「エトクウシホロシレパ。磯谷（尻別川河口の辺）より望むに第一岬とす。和人是を弁慶（シヤマイグル）の刀掛といへり」と書いた。永田地名解はこの長い岬の名を今呼ぶものなし。シレパ（岬）の一名であるとした。

　この岬の突端の岩に，刀掛のような割れ目があるので刀掛岩の名ができたものか。とにかく奇勝の岬である。

湯内川　ゆうないがわ

　雷電峠の北側を流れ，刀掛岩の処で海に入る川。ユ・ナイ（温泉・川）の意。上流に雷電朝日温泉があり，現在は川口の海岸にその湯を引いた観光ホテルができている。

当別川　とうべつがわ

　雷電の東の端の川の名。旧記，旧図の中ではニペシナイと書かれた川である。永田地名解は「ニペシ・ナイ。しな皮を取る沢。ニペシは木の名。方言しなのき。今此木なし」と書いた。nipesh-nai（しなの木・川）の意であろう。現在の当別川という名にいつなったのであろうか。トー（沼）があるようでもないので疑問の川名なのであった。

野束　のづか

　岩内市街西郊の地名，川名。松浦氏西蝦夷日誌は「ノブカペツ。名義，野川なり。両方平野，川筋ポンヌプカ（右），フウレポンヌプカ（同），カワルシヌプカ（同），トウヲシコマペツ（左），この辺谷地（やち）通，源は岩内岳也」と書いた。（左右は上流に向かっての意）

　つまり野束の意味は nupka-pet（野原の・川）であった。（ただ野束だけを見れば not-ka「岬の・上」と読みたくなるのではあるが，支流の名から見ても野川らしい）。支流名は pon-nupka（小さい・野束川），hure-ponnupka（赤い・小野束川），kapar-ush-nupka（平磐・のある・野束川），to-oshmak-oma-pet（沼の・後に・ある・川）と読まれる。

岩内　いわない

　地名のもとになったイワナイという川の名は，松浦図にはあるが，早い時代に地図から消えている。現在運上屋川と呼ばれている川は，松浦図のイワナイと同様，東にポンイワナイと呼ばれる支流がついているので，それが昔の岩内川なのであろうか（運上屋川の下流は，今野束川に入っているが，古い図では直接海に注いでいた）。

　岩内と呼ばれる川は，どこでも意味がはっきりしない。上原地名考は「夷語イワウナイなり。硫黄の沢と訳す」と書き，松浦氏西蝦夷日誌も「名義はイワヲナイにて硫黄沢なり」とした。永田地名解は「イヤウ・ナイ。熊肉を乾す・沢。一説にイェ・オ・ナイ。軽石・多き・川（上流二里ばかりの処に軽石多く川中に満つ）。旧地名解にイワウナイ（硫黄・川）という。何れが是なるを知らず」とした。北海道駅名の起源は，更に「イワ・ナイ（山・川）の意にも解せられる」と一説をつけ加えた。

〈堀株川筋〉

堀株　ほりかっぷ，ほりかぶ

　地名（泊村），川名（共和町）。堀株川はこの辺での大川で，岩内地方から余市地方に出るにも，倶知安地方に出るにもこの川筋を溯った。堀株川は新しい名で，昔はシリブカ，シルムカのような名で呼ばれた。

　西蝦夷日誌は岩内から浜通りを来て「シリブカ。川幅四十間，船あり，本名シルンカと云り。越て沙浜，ホリカブ。稲荷社，前に島あり，弁天社有，橋を架て風景よろし」と書いた。

　永田地名解はその名を「シルムカペッ。山陰の上（かみ）より来る川」と書いた。shir-um-ka-pet「山の・後部・の上（からの）・川」とでも呼んだのだろうか。ずいぶん難しい解である。古い元禄郷帳にも「しりぶか」と書かれた処であった。

　上記西蝦夷日誌によれば堀株は元来は川の東岸の砂浜の処の名である。行って見ると河跡湖のようなものが，ぐにゃぐにゃに曲がって残っている。古くは川口から上って行くと，川上が海の方に向かっていたりしていた場所である。それで，「horka-p　後戻りする・もの（川）」と呼ばれ，川口北岸のこの場所の地名となり，また後に川の総名にも使われて堀株川となったのであろう。

共和町　きょうわちょう

　岩内町東隣の町名。堀株川筋には元来は多くの村名があり，合併，分離が続けられて来たが，昭和30年前田村，小沢村及び発足村を廃して共和村を作り，昭和46年町制施行，堀株川筋が完全に一体となった。共和は美名であるが，地理的にいえば堀株町と呼びたい土地である。

発足　はったり

　堀株川の下流の北側の地名，川名。ハッタル(hattar　淵)があってそれが地名となったものであろう。永田地名解は「カムイ・ハッタラ。神淵。アイヌ云ふ，往昔鮭魚此淵に群集し，熊来りて之を食ふ。故に名く。今埋りてやちとなりて鮭上らず。即今発足村と云ふ」と書いた。

梨野舞納　りやむない

　堀株川下流の字名，川名。リヤムナイ川は堀株川の北支流である。永田地名解は「リヤム・ナイ。越年川。秋より来春に至るまで越年して鮭を漁することを得。故に名く」と書いた。
　リヤ(riya)は越年する，越冬する意であるが，riyamともいうかを知らない。何か後に語があったのかもしれない。

宿内川　そこないがわ

　宿内は堀株川南岸の地名，川名。ソコツナイあるいはソツコナイともいう。永田地名解は「ソーコロナイ。滝の川。今ソツコナイといふ」と書いた。つまりソ・コル・ナイ(so-kor-nai　滝・の・川)は続けて呼べばソコンナイとなる。それが訛っていろいろな形で呼ばれたのであろう。

前田　まえだ

　国鉄岩内線の終点岩内より一つ手前の駅名，付近一帯の字名。北海道駅名の起源は「明治十六年旧金沢藩主前田利嗣が藩士をここに移して開拓を計ったが，明治十八年分村する時に，藩主の姓前田を採って村名とした」と書いた。その前田村はこの付近一帯から堀株川奥までに及んだ時代もあったが，昭和30年小沢村，発足村と合して今の共和町となった。

幌似　ほろに

　共和町内の大字名。堀株川中流の南北岸にわたる地名。町役場が南側の南幌似にあり，国鉄幌似駅は北岸側にある。北海道駅名の起源は，まだ薄い初版(?)時代から「ポロナイ(大川)の転訛で，堀株川は当駅付近に至って川幅増大するので此の称があったのであろう」と書き，その後もずっとポロナイ説である。
　この種の大川の中流をポロ・ナイと呼ぶことは殆ど例がない。あるいはこの辺にポロナイの川名がなかったかと旧記を探し，また現地を訪れて見たが見つからない。何

か別の形の名から訛ったものらしいが手掛りがなかった。現地に同行した兼平睦夫さんが，その後小字名を調べて，駅や役場に近い御手作場の辺が，昔はホロイザンニ，ホロイサンニと呼ばれたことを知らせて下さった。もちろんポロ・イチャニ（大きい・鮭鱒産卵場）の意。とにかく幌似の中心部の地名であった。それが簡単に省略されて幌似となったのかもしれない。

辰五郎川　たつごろうがわ

共和町大字小沢の川名。旧図では滝五郎川とも書かれた。北の余市町境から南流して堀株川に注ぐ。並流する上の方の川がペンケ・サマッキナイなので，この川の名はパンケ・サマッキ・ナイ（panke-samatki-nai　下の・横になっている・川）であったろう。本流に対して斜めについているのでなく，まるで横から入る形になっているからであろう。

シマツケナイ川

共和町内の川名。辰五郎川の東隣を流れて，小沢市街のところで堀株川に注いでいる。島付内とも書く。アイヌ時代の名はペンケ・サマッキ・ナイ（penke-samatki-nai 上の・横になっている・川）であった。松浦氏西蝦夷日誌は，この川の方にはペンケをつけないでただシヤマツケナイと書き「笹小屋，今年より和人住して木賃泊りをなす」と誌す。シマツケナイ川を上って稲穂峠を越える道が古くから岩内－余市間の交通路で，もうそろそろ和人もそこを通るので，中継地点として笹小屋が作られたことが書かれている。現在は函館・札幌を結ぶ幹線の国道5号線がこの沢を上り，稲穂峠をトンネルで抜けて余市川筋に出ている。

小沢　こざわ

共和町内の地名，駅名。旧小沢村は今の共和町の東半部，堀株川上流一帯の地で，小沢の市街地はシマツケナイ川の川口のそばである。昭和29年版北海道行政区画便覧は「小沢村名の由来はサマツケナイ（横向きの沢の義）が語源で，小さき沢多きの意である」と書き，北海道駅名の起源は「サヶ・ルペシペ（夏越える沢道）で，安政三年村垣淡路守廻浦の際，それを夏小沢と解し，小沢と名づけたのである」と書いた。この辺ではシマツケナイの水源の余市方面に山越えする沢にサクルペシペの名が残っている。とにかくそんなあたりから出た名なのであろうか。

セトセ川

シマツケナイ川の一本上の川。倶知安から来た国鉄函館本線はこの川筋を上って，稲穂トンネルを抜けて余市川筋に出る。西蝦夷日誌は「セツシ。小川。此処に破家三軒有。故を問に，去年浜（岩内方面のこと）に痘瘡の有し時，ここへ逃来り居しとかや」と書いた。永田地名解は「セッ・ウシ。床多き処。疱瘡流行の際，アイヌ此処に難を避け仮小屋を作りし処なりと云ふ。セッは巣の義なれどもアイヌの寝台を赤セッといふ」。

松浦氏が来た時もここはセツシだった。その前年の小屋で地名ができたとは思われない。永田氏はアイヌから，その疱瘡避難の話を地名に結びつけた説話を聞いて書いたのではあるまいか。

地名にセッが出て来るのは鷹の巣をいっていたことが多いようである。このセトセもセトゥシ「set-ush-i （鷹の）巣が・多くある・もの（川）」だったのではないかと考えて来たのであった。

ルペシペ

明治29年5万分図は，堀株川源流の，今国道5号線の通っている沢にルペシペ川と書いている。永田地名解はそれについて「ルペㇱペ。路。此路は尻別川と岩内川の分水嶺なり。一名イナウ峠とも云ふ」と書いた。この場合ルペシペは「峠道の沢」と訳した方がよい。この当時は倶知安に越えるこの峠も稲穂峠と呼ばれていた（和名）。今国道5号線が越えている倶知安峠より少し北の処である。

　　〈海　辺〉

ヘロカルウス

堀株川川口から北行すると岩磯地帯で，そこにこの名が残っている。永田地名解は「ヘロㇰカルシ　herok' kar-ushi （鯡場）」と書いた。「heroki（鯡）を・捕る・いつもする処」の意。同名が海岸地方に多い。どこも磯岩のある海岸である。

茶津　ちゃつ

ヘロカルウスのすぐ北の岬の辺の名。永田地名解は「チャシ・コッ。砦柵。岩岬上なる野原なり」と書いた。道南地方の和人はチャシを「ちゃつ」のように会話語の中でいった。チャシ・コッとよくいうが，そのコッ（kot）の意味がはっきりしない。チャシ跡ぐらいに考えるべきか。

茶津を流れている茶津川は昔はチャシ・ナイ（チャシの・川）と呼ばれた。また岬の南側の根もとの海岸に洞窟遺跡がある。

渋井　しぶい

茶津のすぐ北の地名，川名。永田地名解は「シンプイ。井泉。湾内に湧泉ありて井戸となしたる処」と書いた。知里博士はシンプイを「sum（水?）pui（穴）」かと書いた。湧水の穴，自然の井戸と訳された。土地の人に古くからの井戸があると教わって渋井川を少し上ったら，路の右側の崖下に湧水があって石で周囲を固めて井戸形にしてあった。近くのお婆さんは，とても冷たい水だったという。これが渋井の名のもとになったシンプイであったろうか。

茅沼　かやぬま

泊村の中。松浦図や西蝦夷日誌ではカヤノマである。日本語の茅の渕ぐらいの名らしいが，松浦氏の前の紀行の再航蝦夷日誌では「カヤトマリ，夷人カヤノマベツと云」

とあり，もしかしたらアイヌ語だったかもしれない。（カヤ「帆」というアイヌ語もあり，帆の形の岩や崖の処の地名に使われることも時々ある）。早いころから炭鉱で開けた処である。

臼別　うすべつ

茅沼市街の北のはずれにある小川の名，地名。永田地名解は「ウシ・ペッ。湾・川。アイヌ云ふ，モイペッに同じ」と書いた。アイヌ語ではウㇱもウシも同じ。入江の意に使われる。またモイペッも moi-pet（入江の・川）である。

泊　とまり

泊村は共和町の北，神恵内村の南の地域で，泊の市街はその南端の海岸にあり，茅沼の臼別から有戸岬を回って行った入江の処である。モヘル川（泊川）が流れている。

この入江の名は，アイヌ時代はモイレ・トマリで，永田地名解は「モイレ・トマリ。緩潮の泊」と書いたが，moire-tomar（静かな・泊地）と訳したい。有戸岬の蔭の静かな入江である。この辺には何々トマリという名が並んでいる処なので，泊の名はそれを採ったのであろうが，まずは中心のモイレトマリを考えての名であろう。

モヘル川（泊市街を流れている）の意味は分からない。ここの名のモイレが訛ったのでもあろうか。

照岸　てるぎし

泊市街から約2キロ半ぐらい北の海岸地名。永田地名解は「テレケ・ウシ。飛び越える処。一名メノコパシリ」と書いた。海岸の岩をはね越えて通った処であろう。走「はしり」あるいは「わしり」は道南に多い地名。和名か？　海際の崖下を波の間に通るような処についた名である。

兜岬　かぶとざき

照岸と茂岩の間にある大岩岬の名。西蝦夷日誌は「カムイシレハ。神崎の義也。又兜ともいう。其形兜に似たる故号く。昔又金の兜を岩内の乙名（酋長）隠し置，其在所を子孫に伝えず死亡せし故号くとも云り。何れが是か」と書いた。今はその岬の中腹に大きな立岩があるのを兜と呼んでいる。この岬の旧名はカムイ・シリパ（kamui-shirpa 神の・岬）だった。この岬のような，海中に突出している大岩岬には，アイヌ時代には神様の岬と名がつけられた処が多い。交通の難所で，神様のいらっしゃる場所として恐れられていた処であろう。

盃　さかづき

兜岬から北1キロ半の処の海岸の地名。永田地名解は「サカツキ　sakatuki。鉱石」と記す。この辺に和人の鉱山屋が入って採鉱した場所であろう。鉱夫の使った「さかつき（鉱石）」という言葉がアイヌに伝わり，それが地名に残ったものらしい。

オソウシナイ

　西蝦夷日誌や永田地名解から見ると，興志内のすぐ南側にオソウシナイがあった。これは諸地方にあった地名で，オ・ソ・ウシ・ナイ（川尻に・滝が・ある・川）である。今何の気もなしにそこを通ると変哲もない家並みであるが，諸資料から考えて，これらしい小川の処で家並みの後に入って見たら，背後の崖の処で正にその川が滝になって懸かっていた。後で道庁河川課編の河川図と照合して見ると，その小川の名は「滝の下川」と呼ばれているのであった。アイヌ語地名は，その原形と元来の位置さえ分かったなら，語義通りの処なのである。最近行ったら家が改築されていて，街道からでもその滝が見えるようになっていた。

興志内　おきしない

　盃と茂岩の間の地名。松浦氏西蝦夷日誌ではヲキウシナイ，同氏再航蝦夷日誌と松浦図ではヲキシナイと書かれた。永田地名解は「オ・キ・ウシ・ナイ。川尻に・茅・多き・川。興志内と称するは，松浦地図ヲキシナイの誤りて伝へたりと云ふ」と記した。地名では，母音が二つ続くと，その一つを落として呼ぶことは普通のことなのであった。「おきしない」となったのは誤りではない。永田地名解の中にだって方々にその形が書かれているのであった。

茂岩　もいわ

　地名，川名。永田地名解は「モ・イワ。小さき岩山。海中の大岩に名く」と書いた。モイワは mo-iwa（小さい・山）という意。全道各地にあるが，どれも三角山または円頂山，あるいは見る方角でそう見える小山で，どうも土地の霊山だったらしい処である。ここの場合，海中の岩だというこの記事に不審を持ちながら来て見た。見ると鋭角のピラミッドのような巨岩が海中に聳えていた。形は典形的なモイワである。こういう海中のモイワもあったかと眺めた。

祈石　いのりいし

　茂岩の北，古宇川口の南の地名，川名。土地の人は「いぬるいし」，「いぬるし」のように呼ぶが，行政区画便覧や公式の川名では「いのりいし」である。当て字の普通の読み方に引きつけられてそうなったのであろう。永田地名解は「イヌン・ウシ。inun-ushi　漁猟の仮小屋・ある処」と書いた。inun は漁のために滞在する，またその滞在するための小屋をいう。この地名はイヌンウシ，また連声してイヌヌシであったが n→r の転訛で今の名になった。　　　　　　　　⇒犬牛別川（152 ㌻）

尾根内　おねない

　古宇川口の南の海岸地名，川名。永田地名解は「オンネ・ナイ。音川。アイヌ云，小川なれども水流岩石に激して水声高し，故に名くと。然れども声をオンネと云ふ疑はし」と書いた。たぶん音を「おん」，「ね」という日本語がアイヌに伝わっていて，それで解して永田氏に話したのであろう。各地にあるオンネ・ナイ（大・沢）であっ

たに違いない。この名の川は必ずしも大沢とは見えないが，何かの意味でonne(本当の，主たる，大きい)と考えられた沢らしい。この辺の海岸ではnを落としてオネナイで残っている処が多い。

古宇　ふるう

　古宇は地名，郡名，川名。津軽一統志や元禄郷帳の古い時代から「ふるう」で書かれて来たが，何の意味なのか分からなくなった地名である。神恵内の辺のコタンの名らしい。

　上原熊次郎地名考は「夷語フリなり。昔時フリといふ大鳥此所に住しより此名ありといふ」と書き，西蝦夷日誌は「フルウペツ。名義，往古フルと云大なる鳥，是より山に飛上りしと云(地名解)。又一説，運上屋の傍の大穴岩の下に流込み水，色赤く成て出る故号くともいへり」と記した。

　永田地名解も「古宇郡。フレナイなり。赤川の義。大岩洞の中を貫流して水色ために赤濁飲むに堪へず。故にポロペツの水を汲み飲料に供す。一説にフリナイなり。フリは往古蝦夷島に居りし大鳥の名。其翼垂天の雲の如く地上ために暗し，云々」と両説を書いた。

　フリ(フウリュウ，フリ・カムイとも)がいたという伝説は道内諸地に残っていて，例えば雨竜という地名もそれだともいわれて来た。だが地名の由来としては何だか説話めいている。

　赤川説の方にも困った。古宇川の水は特に赤いとは見えない。土地の古老に聞くと昔は川の水を飲んだという。今でも鮭の孵化放流をしているのだというから水が悪いとはいえない。昔の運上屋跡のそばに観音洞窟（古代人住居趾）があるが，行って見て，そこに古宇川が流れこみ，赤くなって出ていたとは思われなかった。

　フル(フリ，巨鳥)伝説の方なら別だが，フレ(赤い)から古宇になったという説は今のところどうにも腑に落ちない。もう少し調べて見たい地名なのであった。

神恵内　かもえない

　村名。古宇川の川口の西側に神恵内の市街があって，この地方の主邑である。神威内とも書いたという。形としてはカムイ・ナイ(神の・川)であるが，そのカムイは場所がら，熊(カムイ)をいったのかもしれない。とにかくこの辺は昔はフルウであるが今は神恵内と呼ぶ。ただしどの川のことか忘れられている。

　神恵内市街の処の沢といえば，北から「長屋の沢」という小沢が下っている。この沢の名かなと考えながらも確かめれずに帰った。その時に同行の兼平睦夫さんが，後でこの沢の小字名を調べられた。上からカモイ沢，カモイ川，茶屋町となっているという。運上屋のすぐそばの沢で，入口の辺が茶屋町であって，当時では中心的な処だったろう。たぶんこの沢の名がカムイ・ナイであって，それがこの処の名として神恵内となり，大地名化したので，その名の発祥地の方は一般的には忘れられたのであろうか。

トウマル川

　古宇川を溯ると二股になっていて，左股が本流，右股がトウマル川で，水源に当丸沼という小沼がある。また水源の当丸山を越えると六志内川（古平川支流）の水源で，この山越え道が古くから積丹半島を横断する交通路だったらしい。今は自動車道路が通っていて，箱根山中にでも入ったような気がする処である。

　永田地名解は，トンマル（tonmaru　沼より下る川）と書いているが，何だか変な解である。トー・オマ・ル（to-oma-ru　沼・に入る・道）だったのではなかろうか。

赤石　あかいし

　神恵内市街から海岸を約3キロ西北行した処の地名。松浦氏再航蝦夷日誌は「夷人ども元フウレシュマ又はフレチシ等云しが，今は皆アカイシと呼也」，また西蝦夷日誌は「フウレシュマ。大岩。和人赤岩と云。赤き穴有岩有」と書いた。hure-shuma（赤い・石），hure-chish（赤い・立岩）の意であろう。海岸の処にあった煉瓦色の岩で，割れ目があり，後にそこにトンネルを作って通ったが，現在は道路工事で除かれ，道ばたにその根っこの部分が残っているだけであった。

キナウシ

　地名，川名，岬名。西蝦夷日誌は「カモイシレハ。岬。廻りヒリカキナウシ」と書いた。永田地名解は「ピリカ・キナ・ウシ。美なる蒲ある処。夷婦刈て薦を織る」とした。pirka-kina-ush-i「良い・蒲（shi-kina）が・群生する・処」の意。そのピリカを省いて今はキナウシとしたものらしい。

　この川は高い岩崖の間を下っているので，川尻の処に僅かな平地があるだけである。蒲が生えていたというのはその処だったろうか。

　キナウシ岬は高い岩崖の岬。上記した文から見ると，そこも kamui-shirpa（神の・岬）と呼ばれていたのであった。

鹿落し　しかおとし

　神恵内村で仕事をしておられた兼平睦夫さんから，キナウシに鹿落しという処があることを教わり，その現場を見たくなった。2万何千年前のヨーロッパでは，クロマニョン人が動物を追って崖から落として捕っていたというが，アイヌ社会でもそれが伝わったのか，部落中の人が出て勢子となり，鹿を崖から追い落とし，動けなくなったのを捕っていたのだった。

　とにかく案内してもらって行ったが，キナウシ岬のすぐ北側に突き出している，まるで直立しているみたいな高崖だった。70メートルぐらいの高さだろうか。前のころはその下に鹿の角などが落ちていたという。沙流川の紫雲古津ではユックチカウン（鹿が崖をこぼれる処），瀬棚の利別川上流ではユコシルシ（鹿・いざり）と呼んだが，ここのアイヌ語の名は残っていなかった。だがアイヌ時代の狩りの遺跡として忘れられないようにしたい。

　なお西蝦夷日誌は，ここから約4キロ北の海岸の処（オネナイ川のすぐ南）で「モ

ロフネ。崖。此浜に鹿の骨多く，あだかも寄木の如くあり。是は冬分山に住難く浜え出来たり，雪にそり過ぎて落死するを，熊はそれを夜々出来りて喰よし」と書いた。この辺の大崖では，人間が追わなくても鹿が落ちる処があったらしい。

　永田地名解はその松浦解の処を「ノロラン。鹿の下る処。十年前は冬雪の際山中の鹿寒を避けこの絶崖に出で墜落死する者甚だ多く」と書いた。

　　　　　　　　　　　　　　　　　　　　　⇨ユックチカウシ（362ｼ゙）

珊内　さんない

　地名，川名。西蝦夷日誌は「サネナイ。本名サンナイ」と書いた。道内にサン・ナイ（浜の方に出る・川)，サンケ・ナイ（浜の方に出す・川）が多いが，何が出るのか，また何を出すのか，読みにくい川名である。釧路の鶴居村のサンゲナイを，土地のアイヌ古老八重九郎翁（故）に聞いたら，平常水が多くないが，雪融けや大雨の時にどっと水が出る。ワッカ・サンゲ・ナイ（水を・出す・川）だと教えられた。

　この珊内の地形を見ると，川口から約2.5キロは一本川であるが，そこから上は5本の川が半円形に開いていて，降水面積がえらく広い。大雨だとその水が一度に下の一本川に集まって急に水量が増える川だったのではないかと思い，行って聞いた。「この川は奥が深くて急斜面が多く，横の方からも水が集まっていて，大雨だと鉄砲水が出る。雨がやんだのに急に水量が増えたりする」とのことだった。

　少なくともこのサンナイは，水が・出る（流れ出す）川と解してよいのではないかと思った。

オネナイ

　川白のすぐ南の川名，地名。松浦図はオンネナイ。永田地名解はここでも「オンネ・ナイ。音川。アイヌ云，音声ある川の義。此川滝となりて崖下に落つ。故に名くと。然れどもオンネナイは老川即ち大川の意なれども，暫くアイヌの説に従ふ」と書いた。音川説は尾根内の処でも書いたようにアイヌの説話だったのであろう。

　だがこの川は大崖のしわのようなひどい急傾斜の小川で，大川という感じとほど遠い。周辺の沢の中での大沢という意だったろうか。なお，松浦図も永田地名解も，前掲赤石の北の辺に別のオンネナイを書いたが，今はもうその名も忘れられたらしい小川である。

川白　かわしら

　珊内から約3キロ北の海岸の地名。相当な部落である。永田地名解は「カパラ・シララ。薄磯」と少々分かりにくい訳を書いた。これは道内処々にあった地名で，カパル・シラル（kapar-shirar　平べったい・岩）の意であるが，続けて呼ぶ場合は，rが次のsに引きつけられてtになり，カパッシラル（kapatshirar）と発音される。その音が後に伝えられ，川白とか蚊柱とかの地名になっているのであった。

　川白の海岸には平らな岩が広くついていて，いわゆる千畳敷の処であった。現在相当大きな漁港岸壁ができているが，その平たい岩を土台にして埋め立てて作ったのだ

という。元来はずいぶん広い平岩地帯だったらしい。こんなに大きいカパッシラルは初めてであった。

なお，西蝦夷日誌はここを「カハルシ」と書いた。これはカパルシ（kapar-ush-i　平岩・ある・処）の意。こうも呼ばれたものらしい。

オブカル石

川白より約3キロ北の処の地名。永田地名解は「オブカルシ。槍を作る処。往時権力猛き酋長ありてアイヌ等の槍長さ三尋以上を用ゆるを禁じたる処なりと云ふ」と書いた。op-kar-ush-i「槍を・つくる（採る）・いつもする・処」の意。南から道はここで行き止まりになっている。ここから北は舟で交通するのだという。

西河原　さいのかわら

オブカル石の北の地名。松浦図は「ヲツチシ。和，西院川原とも」と書き，西蝦夷日誌は「西院川原（さいのかわら）といふ。舟を寄するに小石を積置けり」と記す。地蔵尊あり，賽ノ河原の意であろう。永田地名解は「カムイ・ミンダラ。神・庭。神の遊びし処。和人サイの河原と呼び，小石を積みしが，今は積石あるを見ず」と書いた。アイヌ時代からの神話の霊地だったのであろうが，今は地蔵尊の信仰が広くあって，祭りの日には遙か遠くからも舟で来る人が多いという。今も積み石が多い。

沼前　のなまい

西河原の北3キロの地。ここから積丹町になる。永田地名解は「ノナマイ。海栗多き処」と書いた。nona-oma-i（うに・ある・処）の意。古い津軽一統志の地名調べにも「乃な満い」とここの名が書きあげられている。舟着きのよい処で昔からコタンのあった処であろう。

尾根内　おねない

沼前から北1キロの処の川名，地名。松浦図や西蝦夷日誌にヲンネナイと書かれた処で，もちろんオンネ・ナイ（大・沢）の意。周辺の沢の中での大沢だという意であろう。

積丹半島の西海岸には妙にオンネナイが多く，①神恵内市街の南②赤石・大森の間（これは殆ど忘れられた）③川白の南④沼前の北と並んでいた。全道に散在し，しかもその意味がはっきりしないオンネナイを研究する上での一つの材料となるのではなかろうか。

柾泊　まさどまり

尾根内と神威岬の中間の処の海岸地名。永田地名解は「マタ・トマリ。冬・泊（泊地）。和人マサドマリに誤る。元名はシュンク・トマリと云。蝦夷松・泊の義」と書いた。

XI　後志地方

神威岬　かむいみさき

積丹町内の地名，岬名。岬の先の海中には岩礁が多く，また風波の荒れる処で，昔は大難所であった。海中に人の形の巨岩があって，それがカムイ（神）と呼ばれていた。アイヌ時代の舟は，このおカムイ様に捧げ物をして通過していたという。また舟に女が乗っていれば海が荒れると信じられ，女通さぬ処とされていた。

草内　くさない

神威岬の東側の根もとの小漁村の名。永田地名解は「クチャ・ナイ。丸小屋の・沢」と書いた。クチャ（kucha）は木を円錐形にたばねて作ったテント風の小屋。狩漁などの時の仮泊用に使われた。

余別　よべつ

積丹町内の大字名，旧村名。余別は神威岬から少し東に行った処にある市街地の名であるが，西蝦夷日誌はレホナイと記す。永田地名解には「レポナイ。三支の川。今余別村と称す」とある。レッ・オ・ナイ（三つ・ある・川）の意らしい。余別はあるいはその別称だったか。イ・オ・ペッ（それ・多くいる・川）と聞こえるが，あるいは他の言葉の訛りであったのかもしれない。由緒の分からなくなった名である。

来岸　らいきし

余別の東隣の入江の処の名。山に囲まれたよい泊地で，積丹の運上屋の出張所が置かれ，古い神威神社があり，社殿の壁に寛永年間に書かれた楽書きが残っている。永田地名解は「シシャモ・ライケ・ウシ。日本人を・殺した・処。今来岸村と云ふは誤る」と書いた。

幌内府　ほろないふ，ほろないぷ

来岸の東隣の地名，川名。松浦図はホロナイ，西蝦夷日誌や永田地名解はポロナイと書いた。ポロ・ナイ（大きい・沢）だったのであろうが，それにどうしてプ（府）がついたのか分からない。

野塚　のづか

神威岬から続いて来た北向きの海岸はここで終わり，それからは西向きになる。再航蝦夷日誌の中ではノツカと出ている。永田地名解は「ノッカ　not-ka（岬・上）。野塚村の原名なり。今の野塚村は原野にあるを以てヌッカ（注：野原）村と云ふべき如くなれども然らず。従来岬に命じたる名なり」と書いた。今の市街地の西側に突き出ている丘陵の先の上をいった言葉だったろうか。（同じ野塚でも十勝広尾町の野塚の方は，nup-ka と解されていた）

積丹　しゃこたん

川名，半島名，岬名，郡名，町名。野塚市街のすぐ東側を流れている積丹川の川口

481

の辺が積丹の名のもとになったシャゥ・コタンで，積丹川の名はシャクコタン・ペッと呼ばれていた。松浦氏西蝦夷日誌はそれを「シヤコダンベツ。名義，夏所の訳。此場所惣じて岩磯にして，夏場所の漁事よろしき故号しものなり」と書いた。

　また永田地名解は「シャゥ・コタン。夏場所。春日鯡漁最も盛んにして，又夏日に至れば常に天気晴朗，海波穏にして鮑，海鼠等の漁獲多し。故に名くと云ふ」とした。アイヌ時代には冬と夏で居所を変えることも少なくなかった。ここが shak(sak)-kotan（夏の・村）だったからの名である。

　徳川時代に，ここから約1キロ北の日司に運上屋ができて，この名を採って，この辺一帯を積丹場所と称した。そのために，他の地方でもそうであったが，運上屋の所在地である日司がシャコタンと呼ばれるようになった。

　先年までは，半島の北部が積丹郡で入舸村と余別村があり，東南部は美国郡美国町であったが，昭和31年これらをまとめて積丹町というようになった。

日司　ひづか

　積丹川の川口から約1キロ北の入江の処の地名。徳川時代に積丹場所の運上屋が置かれてからここが積丹と呼ばれるようになった。西蝦夷日誌は「シヤコタン場所。運上や一棟，板倉十二棟。当時はクツタラシにて，シヤコタンと云は場所の惣名なり」と書いた。

　クツタラシは，クッタル・ウシ・イ（kuttar-ush-i　いたどり・群生する・処）の意。小樽の運上屋が置かれた場所も，白老町の虎杖浜も皆同名で，クッタルシなのであった。

入舸　いりか

　日司の北，積丹岬の根もとの入り込んだ入江の処の名。やさしくいえば入舟という意味を難しい字を使ったものらしい。昔の漁業根拠地で，今は積丹観光客が賑わっている。永田地名解は「ニト・トマリ。弁財澗。今入舸村と称す」と書いたが，これは訳ではない。ニトトマリは，たぶん net-o-tomari（寄木・多くある・泊地）ぐらいの意味で弁財船（大型船）が入るのでそう書いたのであろう。昔の大網元斉藤家の家が保存されている。

積丹岬　しゃこたんみさき

　積丹半島の突端は，西の神威岬と東の積丹岬の二つである。西蝦夷日誌は「シレパ。岬。廻りて外海となる。波浪愈々強し，岩ますます怪く」と書いた。アイヌ時代の名はただシレパ（岬）と呼ばれたのであった。元来シリ・パ「shir-pa　山の（突き出している）・頭」で，岬の意に使われる言葉であるが，この地方ではシレパで残っている処が多い。

島武意　しまむい

　積丹岬から東1キロの処の入江。岩礁の多い海岸で，鯡場所であった。いつ作られ

たか岩山にトンネルを作って入舸と連絡していた。上原熊次郎地名考は「シマムイ。夷語シュマモイなり。即石の入江と訳す」と書いた。シュマ・モイ（shuma-moi　石の・入江）の意。岩が多い入江である。

　明治になって永田地名解はシュマ・ムイ（石湾）と書いた。アイヌ語のmoi（入江）は，和人の訛りぐせがアイヌにも感染したようで，muiの形で残っている場合が多い。永田氏はそれをアイヌ語としてそのままの形で書いたが，古い上原氏は，アイヌ語はモイだと訳したのであった。

女郎子岩　じょろこいわ

　島武意から東約2キロの海岸の海中の岩の名であるが名高い。西蝦夷日誌は「シケオショロシュマ。大岩。和人これを女郎岩と云。其姿あだかも人の如し」と書き，永田地名解は「シケオショラウシ　shike-oshora-ushi（負て・棄てたる・処）。往古神あり，大岩を負て，此処に棄てたる処なりという」と書いた。もちろん説話であろうが，その中のオショラの音が「お女郎」となって残ったものか。

幌武意　ほろむい

　入舸から東へ約2キロ半ぐらい行った処の地名。市街地から僅かで大きな入江の崖上に出れる。西蝦夷日誌は「ホロムイ。出稼多し。大湾の義。番屋二棟，板くら有」と書いた。ポロ・モイ（poro-moi　大きな・入江）の意。ここでもモイがムイとなって残っていたのであった。

茶津　ちゃつ

　美国市街の岬裏の地名，川名。美国港の北側の黄金岬（観音岬，弁天岬とも）を回ると北向きの海岸が茶津で，茶津川あり。ここが昔から漁場であった。西蝦夷日誌は「チャシナイ。小川。城跡の沢の義」と書いた。ここでもチャシ（砦）が「ちゃつ」となっている。

ベンサイトマリ

　現在の美国港の処の旧名。再航蝦夷日誌は「ベンサイトマリ。此処前にしま（注：宝島。旧名大黒島）有。其間なるが故に船淵よろし。湾底小石まじり沙也。然し深きが故に至ってよきよし」と書いた。

　弁財船（大型商船）のゆっくり入る泊地で，そこから茶津等の漁獲物が移出されたものらしい。

美国　びくに

　旧郡名，旧町名。美国町は現在は積丹町内の大字名（役場所在地）である。上原熊次郎地名考「ビクニ。夷語ビイウニの略語なる哉。小石の有る処と訳す。此浜辺小石なる故此名ある哉。未詳」と書き，永田地名解は「ポクニ　pok-uni　蔭処の義」とした。早く開けたこの辺はアイヌ語の原形が分からない処が多い。美国川は松浦図にヒ

クニヘツとあり。ピクニ・ペッ（美国の・川）と呼ばれていたのであろう。

オタニコロ

　美国川を東に渡った海浜。昔は運上屋のあった処。現在は美国市街のはずれのようになっていて，山がそろそろ浜に迫っているあたりである。オタニコロはオタ・ニコル「ota-nikor　崖と海にはさまれた狭い砂浜」（知里氏地名アイヌ語小辞典）で，ここはその通りの地形である。

古平　ふるびら

　郡名，町名。訛って残った地名らしく，意味が分からなくなった。上原熊次郎は「フルビラ。夷語クルピラなり。則模様ある岩山といふ事。扨クルとは模様赤は形などと申意。ピラとは崩けたる岩山の事にて，此海岸に雲形の有る岩山ある故地になす由」と書いた。
　松浦氏西蝦夷日誌は「フルビラ。訳て小さき山の崩と云義のよし。さする時にはこの丸山岬あたりの地名か。土人の言にフウレビラにて赤崩平の義也と。さすれば古平川の南の崩岸を指して言といへり」と誌した。hur-pira（丘の・崖），あるいはhure-pira（赤い・崖）と読んだものらしい。永田地名解は後のフーレ・ビラ説の方を書いた。

群来　くき（ヘロカルシ）

　古平市街から丸山岬を北に回って行った処の海岸の名。松浦図ではヘロカルシと書き，永田地名解は「ヘロㇰ・カルシ。鰊場。往時より鰊の群来る処なり，今群来村と称す」と書いた。heroki-kar-ush-i（鰊を・取る・いつもする・処）をつめて呼んだ形で，同名諸地に多い。

丸山　まるやま

　海に突き出している円頂岳で，古平港はその南側の入江で，市街もそこに発達した。永田地名解は「カムイ・シレパ。神岬。和人丸山と呼ぶ」と書いた。西蝦夷日誌は「トマリサンより舟にて廻ればカムイノカマイ（岩磯），アツホウシ，カムエシリハ（大岩）。此処丸山崎の鼻にして奇石怪岩畳々として神霊著しき由にて，木幣（イナウ）を立たり」と書いた。トマリサンはtomari-asam（泊地の奥）で丸山岬の北側の根もとの入江。カムイノカマイはkamui-noka-oma-i（神の・形が・ある・処）だろう。上原地名考が古平の名のもとと書いたのはここか。カムエシリハはkamui-shirpa（神の・岬）の意。今丸山岬と呼ぶ処のことであろう。

入船町　いりふねちょう

　永田地名解は「ポㇰ・サㇺ　pok-sam（陰の・傍）。入船町と称す」と書いた。丸山の下・のそばという意味であったろう。

港町　みなとまち

永田地名解は「カムイ・ミンダラ。神・庭。熊居る処を云ふ。和人訛りて耳垂（みみだれ）或は垂比見（たれひみ）と云ひしが今は湊町と称す」と書いたが，他地の例では，カムイ・ミンタラ（kamui-mintar）は必ずしも熊の居場所ではなかった。神様が来て遊ばれる広場で，神聖な場所だったらしい。

浜町　はままち

古平の中心地。永田地名解が「オタネコロ。沙浜。今の浜中村」と書いたのはここだろうか。このオタネコロは，西蝦夷日誌ではヲタニコロと書かれている。美国の場合と同じく，ota-nikor（岡と海にはさまれた狭い砂浜）なのであったろう。

古平川　ふるびらがわ

古平市街の東の処で海に入る川で，この辺での大川である。西蝦夷日誌は「ホロペッ。川幅十二，三間。是則フルビラ川也」と書いた。ポロ・ペッ（poro-pet　大きい・川）の意であろう。この川筋は積丹半島西岸との交通路である。

六志内　ろくしない

古平川中流に西から入る支流名，地名。永田地名解は「ルオクシナイ。路を流る川。オは乗る義」と書いたが，これはル・クシ・ナイ（ru-kush-nai　道が・通っている・川）と訳すべきであろう。天塩川川口の処の支流にも同名がある。現在も，古平から古平川を上り，六志内川筋を溯って山越えし，神恵内に出るのが積丹半島を横断する大切な交通路になっている。

メナシトマリ

古平川口の東にある処の名。永田地名解は「メナシ・トマリ。東風泊。今の沢井村と称す」と書いた。menash-tomari「東風（が吹いた時の）・泊地」の意。東側に法華澗の岬があって東風をさえぎるからの名か。今の沢江町はそれから来た名であろうか。

歌棄　うたすつ

沢江町から東にトンネルを潜った先が歌棄である。永田地名解はここでも「オタ・シュッ。沙傍。歌棄村と称す」と書いている。オタ・スッ（ota-sut）は処々にある名であるが，その sut（根もと）の実際の意味がはっきりしない。私の知っている範囲では，たいてい砂浜からそろそろ岩磯地帯にかかる辺の地名であって，地形をいうならば「砂浜の・端」の場所である。

沖町　おきちょう

古平町の東端の大字名，川名。ここは沖村で地名として呼ばれて来たせいか，今沖町と変わっても，どうも沖村と呼びたくなる。川名の方は昔のまま沖村川である。松浦図や西蝦夷日誌ではラルマキである。永田地名解は「ラルマニ。水松。方言おんこ

と云ふ。此地のアイヌはラルマキに訛る。元禄郷帳はザルマキに訛る。今沖村と云ふはおんこより転じたる辞なり」と書いた。おんこの木はrarmaniで，ララマニとも呼ばれる。

セタカムイ岩
沖村川の川口の辺から東の岬を見ると，その先端にひょろ長い岩が立っていて，それがこの名で呼ばれて来た。犬が首を上げて遠吠えする姿に見たてたのであろう。神に従っていた犬だとの伝説があるという。seta-kamui（犬・神）の意。西蝦夷日誌は「セタカモイ。大岩。カモイエトとも云」と書いた。カムイエトゥ（kamui-etu　神・岬）の意。この辺を歩くと目印になる岩である。

チャラツナイ
チャラツナイ岬のトンネルを東に抜けると，道路の右（南）側の岩崖に，高い処から小滝が岩を伝って落ちている。それがチャラツナイで，古平町と余市町との境とされている。チャラセ・ナイ（charse-nai　ちゃらちゃら音をさせる・川）の意。岩を伝わって落ちる小滝の処の名で，諸地に同名が多い。

湯内　ゆうない
湯内は余市町海岸の一番西の集落。現在は豊浜町と名が変えられたが，川の方は昔懐かしい湯内川である。西蝦夷日誌は「ユウナイ。両岸惣じて絶壁。土人の話に，水源に温泉の気有，依て号るよし」と書かれた。yu-nai（温泉・川）の意。ぬるい温泉だとか聞いた。湯内の入江の外の海中に有名なロウソク岩があり，昔はその周辺が盛んな鰊漁の海だったという。

出足平　でたるひら（白岩町　しろいわちょう）
湯内から余市の市街に出る途中の地名。出樽平とも書いた。松浦図ではレタリヒラであり，永田地名解は「レタラ・ピラ。白崖」と書いた。余市に出る道の出足平峠の辺では，道ばたの山崖は目のさめるような白岩の壁で，正にレタゥ・ピラ（retar-pira　白い・崖）である。そのrがdに訛って出足平となり，また翻訳して今の白岩町となったのであろう。

シリパ
余市町の岬名。余市市街の西側に高いシリパ岬が海中に突き出していて，小樽の東の方からでもよく見える。シリパはシッ・パ（山の・頭）の意で，海中に突き出している岬のことである。北海道内に同名の処が多いが，厚岸湾頭の尻羽岬と余市のシリパがその景観の双璧である。

余市　よいち
後志支庁管内の町名，郡名，川名。上原熊次郎地名考は「ヨイチ。夷語イヨチな

り。ユウヲチの略語にて則温泉の有る処と訳す。此川上に温泉のある故地名になす由」と書き，松浦武四郎西蝦夷日誌も同説である。ユ・オチ（yu-ochi←yu-ot-i　温泉・一ぱいある・処）の意である。

永田地名解は「イオチ。蛇多く居る処の義。余市村のアイヌ忌みて実を語らずと雖ども，他部落のアイヌは蛇処と云ふを知るなり。旧地名解イウオチにして温泉ある義と説きたるは非なり」と書いた。i-ochi←i-ot-i（それ・多くいる・処）との解。iは「それ」の意。恐ろしいもの，貴重なものは直接にその名を呼ばず，憚かって「それ」ということが多かった。

永田説の方が音は近いが，共にアイヌからの伝聞らしい。上原氏の時代から伝えられた説を他部落の人の言によって，非なりと断定するだけの根拠もなさそうである。特別の根拠がない限りは，この両説があったとして置きたい。

余市は二つの中心地があって，川口の東側が上ヨイチ，川口の西の岬を回った西北の入江が下ヨイチと呼ばれた。今は鉄道の駅のある上ヨイチの方が賑やかであるが，昔は下ヨイチの方が運上金（上納金）も遙かに多い土地で，下ヨイチの運上屋が，上ヨイチの方を管理する時代もあった。

ヌッチ川（沢町　さわまち）

昔の下ヨイチの側の川の名で，その川筋が今沢町になっている。ヌッチ川の意味ははっきりしない。西蝦夷日誌は「ノツ。ヌウチ川と云。訳て沙の岬の事なりと」と書いたが，それには砂という意味はない。ノッ（岬）を考えた解らしい。あるいはノチ（その岬）と読んだものか？

永田地名解は「ヌ・オッチ。豊漁場。豊漁をヌーと云ひ，漁獲多き処をヌーウシ或はヌオッチと云ふ。ヌッチと云ふは訛りなり」と書いた。音から見てむりのない解らしい。

なお，知里博士地名アイヌ語小辞典には「nut,-i。川が一様の深さでゆるやかに流れている所；とろ」という語がある。「そのヌッ」という時はヌチ（nuchi）となる。この川は大川ではないが，ゆったりとした川なので，もしかしたらと思って参考のために書き添えた。

オタノシケ（浜中町　はまなかちょう）

昔の下ヨイチのヌッチ川から東の辺の砂浜地帯の称。西蝦夷日誌は「此処を惣称して浜中と云。ヲタノシケ，ハルトル，モエレ。此辺料理や，また浜千鳥といへる賤妓等有て，三絃，太鼓の音もせり」と書いた。ヲタノシケはオタ・ノシケ（ota-noshke 浜の・中央）の意。ハルトルはar-utor（向こう側の・側面→山向こうの土地）で，余市川の方からモイレの岬の丘の向こう側の処と呼んだ名であろう。

モイレ

下ヨイチ側の浜の東端，余市川川口の西にあるモイレの丘岬に囲われた形の処で，ここに余市の運上屋があった（今もその家屋あり）。松浦氏再航蝦夷日誌は「モイレ。

則運上屋元也，此運上屋前にて小湾をなし，故に波無くして甚だよろしき処也」と書いた。モイレ（moire）は「静かである」の意。モイレ・トマリ（静かな・泊地）ぐらいの名が後略されたのではなかろうか。モエレと書かれたのはその訛った形。

仁木　にき

余市川の中流を占める町名。同じ余市郡で，余市と一体になったような土地である。中心は国道5号線に沿った長い市街で，桜んぼの赤くなったころは道の両側が美しい。昔は仁木村と大江村が並んでいた。仁木は徳島県からの入植者仁木竹吉の姓を採ったもので，大江は毛利藩からの入植者が，藩祖大江広元の姓を採った。後合村して大江村と称して来たが昭和39年仁木町と改称した。

然別　しかりべつ

余市川の西支流。シカリ・ペッ（回っている・川）の意であろう。シカリはshi-kari（自分を・回す）で，「回る」という意になる言葉。どうしてそう呼んだかは分からないが，この川は大きく二股に分かれていて，どっちもゆるく半円を描いているのでその称が出たのであろうか。

稲穂峠　いなほとうげ

余市から南下する国道5号線（札幌－函館）は余市川の西支流ルベシベ川の筋から上り，稲穂峠をトンネルで抜けて，堀株川支流シマッケナイの水源に出ている。ルベシベは「峠道の沢」の意。

アイヌ時代は，岩内地方の人が余市方面に出るための交通路として越えていた処であった。和人はその間を舟で積丹半島を回って交通していたのであるが，遠くて海難も多い航路であるので，早いころにこの山越え道に着目し，文化年間にこの峠道を作り，安政には更に改修し，途中に笹小屋を作って宿泊に供した。

稲穂峠の名は道内諸地に残っている。アイヌ時代は大峠を越える時にはルーチシ（峠）で，山の神にイナウ（木幣）を供えて道の平安を祈った。和人がそのイナウがあるのを見て，そこを稲穂峠と呼んだのが今に残ったのであった。

赤井川　あかいがわ

赤井川村は余市川上流一帯を占める大村で，村内を赤井川，白井川，小樽川などの大支流が流れている。小樽川は水源が小樽の方に行っているという意味の名であろう。

村名のもとになった赤井川は余市川の北支流で，大きな円形の大カルデラ（火山陥没地）の中を回流している。なぜ赤井川なのかはよく分からない。土地の刊行物に赤い川だからの名だとあったが，水が特に赤いとも聞かない。古い火山地帯で赤土の処が多いからその名が出たのではないかともいわれる。

オタノシケ

余市川からフゴッペ岬までは長い砂浜である。西蝦夷日誌は「沙浜まま過ぎてヲタ

ノシケ（浜中）と云。ここには人家なし。是鯡が無故也」と書いた。オタ・ノシケ（砂浜の・中央）の意。道内各地にあった名である。

畚部　ふごっぺ

余市町東端の地名，川名。東側に細長い丘が伸びていて先端が畚部岬と呼ばれ，それから東は，昔は忍路領，今でいえば小樽市である。この名の意味もはっきりしない。永田地名解は「フュコイベ。浪声高き処。後世フンゴベと云ふ。フンキオベの急言にして番をする処の義なり。余市と忍路と境表を争ひ，番人を置きたる処故に此名あり。或人云，フンコベは蜥蜴の義なりと」と三説を並べた。

第一説の語尾ベは名詞にはつかないからまずい。hum-koi-pet（音・波・川）なら形になるが，そんな川とも思えない。hum-koi-ot-pe（音・波・ある・処）ぐらいの形から来たと見るべきか。第二説の方は境界線だった処から考えたもの。punki-ot-pe（番をする・いつもする・処）と解した。地名となったらつまってブンコッペとなるであろう。とにかく分からない地名である。

(4) 小樽市内

小樽市　おたるし

　現在の小樽市は西は蘭島から，東は銭函の先の札幌市境までの東西に長い土地であるが，明治初年の姿でいえば，忍路郡，高島郡，小樽郡に分かれていた地域である。

　名のもとになった小樽内川は小樽郡と札幌郡（後には共に市）の境を流れていた川で，その川口は銭函の東，今は新川川口となっている処であった。そこは古く元禄郷帳（1700年）にも「おたる内」，同年蝦夷島絵図に「おたるない」と書かれた処で，当時アイヌのコタンがあって，和人もそこで漁場を開いていたものらしい。

　後に運上屋を今の市街地内入船町に作り，小樽内川筋のアイヌをその周辺に移した。当初のうちは，当時の習慣で旧地の名をそのまま使って小樽内場所と称していたのであるが，後に下略して小樽と呼ぶようになった。

　小樽内の語意ははっきりしない。従来書かれて来たものの中から代表的なものを年代順に並べると次のようになるのであった。

　① 上原熊次郎地名考は「ヲタルナイ。砂の解ける小川と訳す。此川常に砂の解け流るるゆへ此名ありといふ」と書いた。ota-ru-nai（砂・融ける・川）としたもの。

　② 松浦武四郎は西蝦夷日誌や郡名建議書で「ヲタルーナイ（砂路沢）」と訳した。書けば上原氏と同じ形だが，ota-ru-nai「砂浜の・路（の処の）・川」ぐらいな意味で書いたものか。ru を路と読んだのであった。

　③ 永田地名解（明治）は「オタ・ナイ。砂・川。旧地名解沙路の義とあるは非なり」と書いた。どうしてそう解したかは分からないが，前のころそこの字名は小樽内と書いて，土地の人は「おたね」と呼んでいた。永田氏はそれから ota-nai 説を出したものか。

　④ 北海道駅名の起源は，昭和25年版から「オタ・オル・ナイ（砂浜の中の川）から転訛したもので，今のオタルナイ川，またはオタナイ川を指しているのである」と書いた。

　他地処々に ota-or-pet（砂浜の・処の・川）があるので，この解は興味が持たれる。ただし，ota-or-nai だと，地名として続けて呼べばアイヌ語の発音上オタオンナイとなる。元禄郷帳の昔からのオタルナイを考えると少々考えて見たくなる点がある。

　オタオンナイは母音が一つ略されてオタンナイともなりそうだ（津軽藩主所持の文化7年図は字が読みにくいが「オタンナイ」と見られる）。その音が少しつまるとオタナイとなる。現地の人の「おたね」はそれか？

　いずれにしても小樽の「おた」は砂浜（ota）の意。20年ぐらい前，その地形を見に行った時には，小樽内川の川尻が，砂浜の中に長く古川の姿で残っていたのであるが，このごろはもうその形も失われているようである。

蘭島　らんしま

　小樽市西端の字名，川名。松浦武四郎の東西蝦夷山川地理取調図ではラヲシユマナ

XI 後志地方

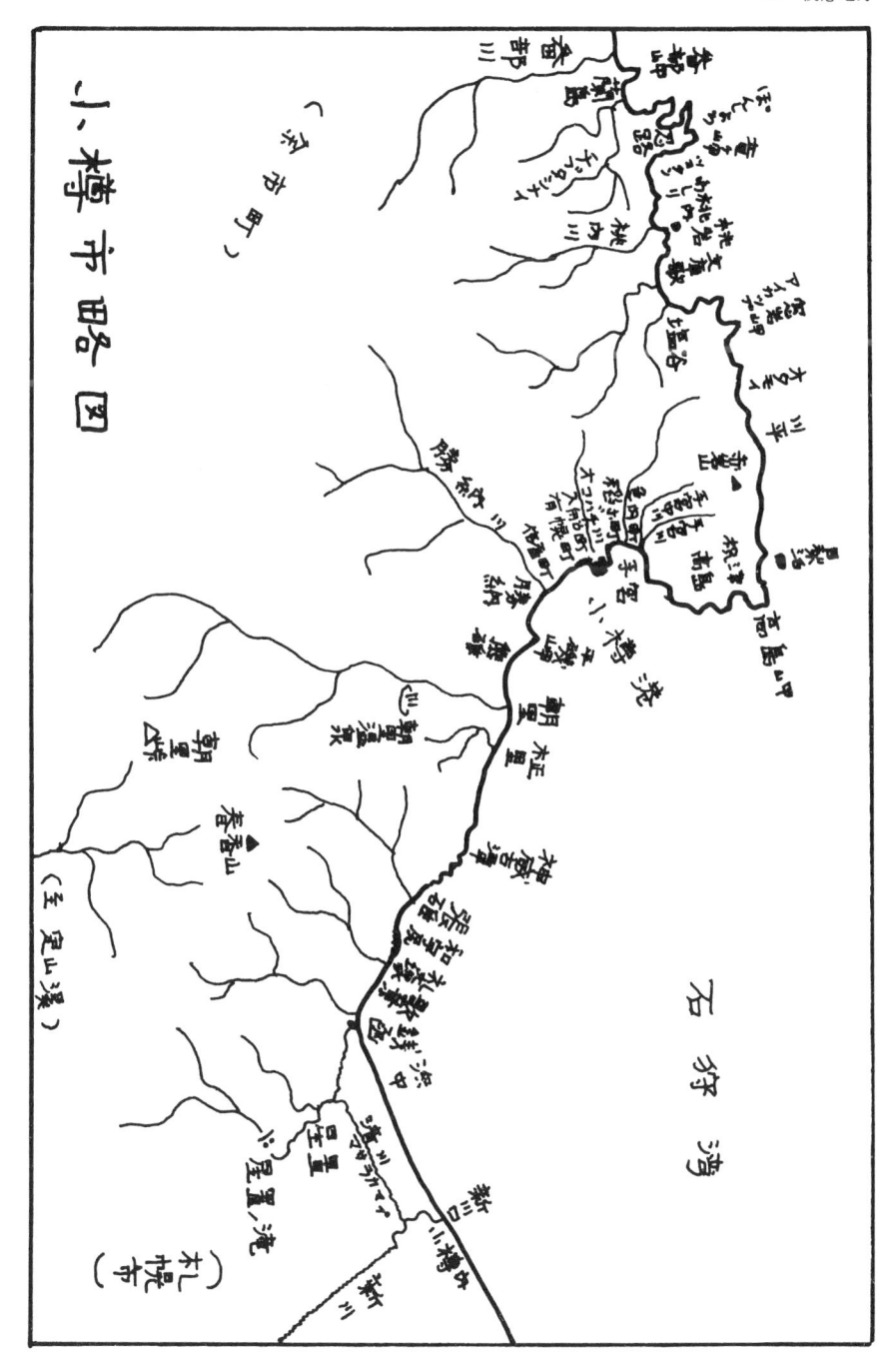

小樽市略図

イ，西蝦夷日誌ではラゴシユマナイであるが，他に例がなく，解しにくい。永田地名解が「ラノシュマナイ。下り入る処。古へ虻田アイヌ山を越えて此処に下り入りて，その子孫南北に蕃息したりと云ふ」と書いたのは，当時のアイヌ古老の説らしい。ラン・オッシマ・ナイ（下り・入った・沢）の意なのであろう。北海道駅名の起源は，それを別に解して，ラン・オッシマヶ・ナイ（下り坂・のうしろの・川）と読んだ。

チプタシナイ

蘭島川の支流の名。つぶた沢等とも書かれた。チプタウシナイ「chip-ta-ush-nai 舟を・作る（掘る）・いつもする・沢」の意だったであろう。丸木舟の材料によい巨木の生えていた処であったろうか。

忍路　おしょろ

小樽市内の字名，旧郡名。元来は忍路の入江のことである。この解も説が多い。

①上原熊次郎地名考は「夷語ウシヲロなり。則入江と訳す」と書いた。ウショロ（ush-or　入江の・中）の意。

②松浦武四郎西蝦夷日誌は「名義ウショロにして懐の事也。此処懐の如く湾に成し故号く」と書いた。ウッショロ（upshor　ふところ）と解した。

③永田地名解は「オショロは湾の義なれども元来臀の義なり。取って以て湾に名く。先輩懐（ウッショロ）と訳したれども，概ね西海岸アイヌは湾をオショロと云ひ，東海岸アイヌは湾をウショロと云が如し」。

④知里真志保博士は永田説に反対し，忍路は女陰（upshor）であると，強く主張していた。

諸地方の類名から考えると，例えば噴火湾の有珠はウス（あるいはウショロ），函館の旧名はウス・ケシ（あるいはウショロ・ケシ），また日本海岸寿都には潮路（ウショロ）があり，久遠郡と茅沼にはそれぞれ臼別（ウス・ペッ）がある。また神恵内村には忍路と同じオショロが残っている。どれも湾あるいは入江である。語源的には説もあろうが，現実の地名では us（ush）あるいは us-or（ush-or）は入江で，osh-or も同じ。ウとオはよく転ずるので，同じことなのであったのではなかろうか。

竜ケ岬　りゅうがさき

忍路の突出部の北東角の名。永田地名解は「シリ・パ。岬」と書いた。突出部から少し南に下った岩崖に竜のような模様が出ているので，元来はそこが竜ケ岬であろうが，その辺を含めた突出部がシリパであったろうか。

この辺の海岸の岬には，ずらっと大小のシリパが並んでいたのであるが，東の方から見ると，忍路のシリパと余市のシリパが並んで見えているのは壮観である。

ツコタン

忍路半島の東の根もとから東にかけての海岸の地名。トゥ・コタン（なくなった・村）の意。昔そこにアイヌの部落があったが廃村になった処。ツコタンまたはトコタ

ンで残っている地名は廃村（tu-kotan），二つ村（同），沼村（to-kotan）等から来たもので，区別が難しい。

わしり

ツコタンの海岸の東端に山の根が海に突き出した処で，それを回った先がポン・ツコタンである。土地のそうらん節で「忍路，ツコタン，わしりの鼻で，可愛い花子（狐のこと）が手で招く」と歌われた。今は国道がその先を回って通っているが，昔はそこが海で，波の間を岩を伝わって通ったという。北海道の早く開けた地方には「わしり」，「走り」の地名が多く，皆同じ地形である。

アイヌ語のウェイシリ（断崖）から来たとも，あるいは波間を走り抜ける処だという意味の日本地名だともいう。

桃内　ももない

ツコタン，ポンツコタンの東隣，岩岬の間の小平地の名，川名。永田地名解は「ヌㇺオマナイ。果実沢。ヌモマナイと呼ぶは急言なり。当地李樹多きことは先輩の日誌に見えたり。今桃内村と称するはヌモマナイの転語なり。或は云，海岸なる桃形の岩石に名くと」と書いた。西蝦夷日誌でもヌモマナイである。num-oma-nai（果実・ある・沢）の意。

文庫歌　ぶんがた

今は塩谷の四丁目ぐらいの名になっているようであるが，私たちには懐かしい名。元来の塩谷とはその西側の低い丘岬で別になっていた処。永田地名解は「ブンガラ・コタン。蔓・村」と書いた。

塩谷　しおや

小樽市内の字名，旧村名。塩谷の起源ははっきりしない。松浦武四郎の資料もシウヤと書いたりシホヤと書いたりしている。永田地名解は「シュー・ヤ。鍋岩。サバネクル（酋長）が鍋を岩に掛けたりと云ふ」と書いたが，あるいは鍋（シュー）の形の岩が岸（ヤ）にあったかもしれない。北海道駅名の起源では，諸地に多い宗谷などの地名と同じと見て「ショー・ヤ（岩・岸）」と書かれた。

あいかっぷ

塩谷の入江の北東角の立岩岬から次の窓岩岬の間の海際の断崖の処の名。永田地名解は「アイガㇷ゚　aigap。能はず。岬角突出して行く能はず。故に名く」と書いた。aikapは会話文の中では，ただ「できない」という意味でよく使われる語。ところが地名では諸方にあって，どれも海か川に面した，とてつもない大崖の名。たいていの場所では，矢を放ったが届かないというような伝承があり，また狩漁や戦に行く時に崖に矢を放って弓勢を試し武運を祈った処だとも伝えられている。

493

窓岩　まどいわ

　立岩岬のすぐ東の窓岩岬は，巨大な絶壁の突出であるが，その下の海面レベルに大きな穴がトンネルのように抜けていて，遠くの方から見ても，向こうが白く光っていて一つの奇観である。永田地名解は「プイ・オ・シュマ。洞岩」と書いた。つまりプヨシュマ（pui-o-shuma　穴が・ある・岩）の意。

オタモイ

　小樽市内の字名。オタモイ地蔵堂の辺は小樽の観光地である。オタモイはオタ・モイ（砂浜の・入江）の意。地蔵堂の岩崖の下の入江の処が，現在小さな砂利浜になっているが，そこがこの地名でいうオタであったのだろう。

川平　かわひら

　オタモイから海岸を東行すると山中という小部落があり，その東にチャラセナイという小さい滝が海岸にかかっている。その東が川平という地名で一般に知られていないが，北海道から東北地方にかけて，処々に類名があるので書いた。永田地名解は「カパラ・シララ。平磯。また暗礁とも訳す」と書いた。kapar-shirar（平べったい・岩）という意味ではあるが，呼ぶ時にはrがtに変わってkapatshirar（カパッシラル）となり，それが川白（神恵内），蚊柱（爾志郡）のようになる。ここは東北弁がシ，ヒを混合した関係か川平なのであった。

祝津　しゅくずし

　小樽湾の西北角の土地の名。前のころは「しゅくずし」と呼んでいた。元禄郷帳にも「しくずし」とあり，古い時代からコタンのあった処らしい。上原熊次郎地名考は「シクズシ。夷語シクトゥルなり。則野韮と訳す。此所野韮又はあさつきなど多くある故字になすといふ」と書き，永田地名解は「シクトゥッ　shikutut。山葱（やまらっきょう）。満山皆葱。祝津（しくとち）村と称す」と書いた。知里博士はこの地名をshi-kut-ush-i（全くの・岩崖・群生する・場所）ではなかろうかとの説を持っておられた。和人は古くはここを場所の中心としていたが，後にそれを高島に移したのだという。
　　　　　　　　　　　　　　　　　　　　　　⇒祝津（400㌻）

高島　たかしま

　小樽市内の字名。旧郡名，旧町名。小樽湾の西北岸の地で，ここに運上屋があり，この地方の大中心地であった。明治に入って高島郡が設けられたが，後小樽市の中に入った。和名なのかアイヌ語から来た名なのかはっきりしない。昔から，トゥカリショ（tukar-isho　海豹・岩）説とともに，和名で高い島だという説，また鷹に似た岩説，鷹がとまる岩という説も書かれて来た。アイヌ名だったのなら，あるいはトゥカル・シュマ（tukar-shuma　海豹・岩）とも呼ばれていて，それから訛って，高島と呼ばれたと考えられないだろうか。

手宮　てみや

　小樽市街の北端部の名。国鉄小樽駅の先（北）の処に，石山と呼ばれる丘陵が山から延びていて昔はその先端が海に至っていた（今海岸部は崩されている）。その石山の向こうが手宮で，少し前までは小樽とは別な土地であった。

　手宮は小樽湾の一番奥の最もよい舟着場で，西蝦夷日誌は「地形東向の湾にして如何なる風雨の時も波浪なし」と書いた。明治の初めに，幌内炭移出のため鉄道が敷設された時も，ここまで線路を伸ばして港とし，手宮港と呼んだ。それが小樽港のはじまりである。手宮は，アイヌ語テンムン・ヤ（tem-mun-ya　菅藻の・岸）の意。海藻が多く，それが岸に打ち上げられていたのでこの名で呼ばれたという。

手宮中川　てみやなかがわ

　手宮には二本の川が流れていて，北側の梅ケ枝町を通る現称手宮川が昔のテミヤ・ペッ，南側の石山の下を通る手宮中川の方はシュマサンと呼ばれた。西蝦夷日誌は「シュマサン。名義訳て岩落るとの義也」と書いた。松浦図ではシュマサンナイである。この川の上流は石山の続きを急流になって下っている。シュマ・サン・ナイ「shuma-san-nai　石・出て来る（流れ下る）・川」の意であったろうか。

色内　いろない

　石山の手前（南）を流れ下る川が色内川で，その川筋が現在色内町である。
①津軽藩公蝦夷地図（文化7年）ではイルンナイと書かれた。
②松浦氏西蝦夷日誌は「イロナイ。川有。本名エリモナイ也。訳て鼠沢の義。其故事如何なる事かしらず」と書いた。松浦図ではイリモナイである。
③永田地名解は「イルオナイ。i-ru-o-nai　熊・路の・沢。北見ノトロ湖にイルオナイあり。義同じ」と書いた。
④北海道駅名の起源は，昭和25年版からは知里さんが参加したためか，さすがに永田地名解を正確に直して「イ・ル・オ・ナイ（熊の・足跡・ある・沢）」と書いた。イは「それ」で熊を指したとしたもの。爾来この説が一般に引用されて来た。
⑤ただし③，④の説はその前に挙げた古い形であったイルンナイ，エリモナイ，イリモナイとは少々音が離れている。もしかしたら，石山の先が岬の形だった時代に，そのそばの川だというので，エンルム・ナイ（enrum-nai　岬・川）と呼ばれたのではないかとも考えた。研究のための試案である。

稲穂町　いなほちょう

　国鉄小樽駅の北側一帯の繁華街が稲穂町である。小樽市史は「竜宮神社明細帳によれば，稲穂町は元稲穂沢と云ふ」と書き，小樽市教育研究小樽のあゆみは「稲穂町。現在の竜宮神社のところからイナオが出て来たので此の名がある」と誌した。

　古い地図で調べると，小樽駅の東端ぐらいから海に向かってボンナイという川が流れていた（今はないが）。それが上記の稲穂沢らしい。

　竜宮神社は駅のすぐ西，国道から山の方にちょっと入った処。石段を上って見ると，

昔から海を見遙かす岡の張り出した先である。アイヌ時代ならイナウ（木幣）を立てて海神に祈ったろう場所であった。そのイナウがあった処なので，和人がそばの川を稲穂沢と呼び，それから稲穂町の名が生まれたものか。またアイヌ時代に海神を祭った処なので，和人がそこに社を建て，竜宮さんというようになったのではなかろうか。

おこばち川（妙見川　みょうけんがわ）

小樽市街のまん中の繁華街を急傾斜で流れている川。妙見川という名は，昔の川尻近くに妙見堂があったからであろうが，「おこばち」という他に例のない名がどうにも気にかかる。西蝦夷日誌は，北からイロナイ，ポンナイ，ウコパチとなっていて，それがこの川であった。

少し上ると二股になっているので，あるいはウコパシ（u-ko-pash　互いに・向かって・走る→急流が走りよる）ぐらいの意ででもあったろうかと，やや乱暴な案を考えては見たが，全くの一試案に過ぎない。

なお昔は，この川の処が高島場所と小樽内場所の境になっていたのだという。

クッタルシ（小樽内運上屋跡）

小樽の入船町の海側の四つ角に，史蹟オタル運上屋跡と書いた石の柱が立ててある。ここがいまの小樽市の発祥地といえようか。この辺の元来の地名はクッタルシ「kuttar-ush-i　いたどり・群生する・処（あるいはもの→川）」と呼ばれた。道南白老の虎杖浜の旧名クッタルシと同じ名であった。

永田地名解は「松前藩オタナイ（注：小樽内）の支流マサラカオマッに住居するアイヌを今の小樽郡入船町の内字クッタルシの地に移して小樽場所を置きたるを初とす」と書いた。場所で働くアイヌの元住所の地名を，その場所の名とするのが当時の例であるが，その名がそのために運上屋所在地の名となるのも当時の例であった。それで，ここから20キロ余りを離れた小樽内の名が引っ越して来て，ここの名になり，後略されて小樽と呼ばれ，次第に大地名になって今に至ったのであった。

有幌町　ありほろちょう

クッタルシ（入船町）の東隣の土地。津軽藩公蝦夷地図（文化7年）はちょうどこの位置にマクホロのように書いた。アリホロの誤記としか思えない。松浦氏西蝦夷日誌ははっきりアリホロである。アル・ポロ（aru-poro　食料が・多い）の意であったろうか。

信香町　のぶかちょう

有幌町の東隣，勝納川の西側の土地。これも津軽藩公蝦夷地図（文化7年）にヌフカと書かれた地名。ヌプカ（nupka　野原）の意であったろう。永田地名解は「ヌプ・パ・オマ・ナイ（野上川）。信香町の原名」と書いた。ヌプカ（nup-ka　野の・表面→野原）とヌプ・パ（nup-pa　野の・上手）は同じような言葉なので，そうも呼ばれていたのであろう。

XI 後志地方

勝納　かつない

　小樽市街南端部の川名，町名。川口のそばの海辺がアットマリと呼ばれていたが，今は埋め立てられて鉄道敷地になっている。永田地名解は「アッ・トマリ。鯡群集する泊。鯡の群来ることをアッ或はアッチと云ふ。松浦地図カチトマリとあるは誤る」また「アッチ・ナイ。豊沢。アットマリを和人訛りてカチトマリと云ひしより，遂にカチナイと名け，今勝納（かちない）町と称す。転々相誤るものと云ふべし」と書いた。

　ヘロキ・アッ（heroki-at　鯡が・一ぱいいる）という言葉がよく使われる。その前の部分を略した形で，アッ・トマリ「（鯡が）一ぱいいる・泊地」という入江があり，そのそばに流れ込む川なので，アッ・ナイ（アットマリの・川）と呼ばれたとでも解すべきか。またアッ→カッと転訛する例を永田氏は処々で書いている。アイヌ語の語頭の a は喉をちょっとしめてから発音するので，そう転訛することがあったのだろうか。

平磯岬　ひらいそざき

　小樽港の南端，その岬の処が南防波堤の根もとになっている。今埋め立てがされたが，昔は突出した岬であった。西蝦夷日誌は「シリハ。岩岬。大難所，風波の時通り難し」と書いた。

　昔は風波の時は手前から山を越して熊碓に出たのだという。この岬もシリパ（shir-pa　岬）と呼ばれていたのであった。

熊碓　くまうす

　平磯岬を東に回った処。街道の左下，低い処に砂浜と市街地が見えるのが熊碓で，熊碓川が流れている。今は船浜町となっているのでよそから来た人は気がつかれないかもしれない。永田地名解は「クマ・ウシ。魚乾棚多き処。熊碓村と称す」と書いた。kuma-ush-i（物乾し・多い・処）の意。同名諸地に多く，熊牛などの字が当てられている。

朝里　あさり
桎里　まさり

　地名，川名。朝里川は定山渓の裏山から北流する長い川で，桎里川はその東を並流する短い川。この辺は高い海岸段丘の下にごく狭い砂浜があり，そこが昔の漁村。鉄道もその窮屈な崖下を通っているが，今は街道も市街地も広い段丘上の平地にできている。この地名もまるで別々の解が書かれて来た。

　①西蝦夷日誌は「アサラ。本名アツウシナイのよし。今訛てアサリと云り。名義，楡皮多き沢の義」，「モアサラ。訛りてマサラといふ」と書いた。at-ush-nai なら「おひょう楡・群生する・沢」，文から見ると，at-sar「おひょう楡（のある）・湿原」ぐらいに呼んだものか？　モアサラは mo-atsar「小さい・朝里川」らしい。それが桎里。

　②永田地名解は「イチャニ　ichani（鮭の産卵場）。和人イチャリと訛るを常とす。

497

因て漁（いさり）の字を充用せしを，漁の字はアサルの訓あるを以てアサリと呼び，遂に朝里村と称す。アイヌ又一郎云，アツウシナイ（松浦氏の）の地名は実にこれなし。甚しき虚言なりと」と書いた。ただし，アイヌの話といっても，時代により違うことが多かったことも考えなければならない。

③北海道駅名の起源は，古くは永田説を書いて来たが，昭和25年版から「朝里駅。マサリ（浜ぞいの草原）から出たものである」と書いた。マサル（masar）は海岸の砂浜に続いている，はまなすなどのある草原であるが，あの辺の崖下の狭い浜には，あまり広い草原はなさそうである。柾里の名から考えられたものだったろうか。

どうも分からない地名。①によってアッ・ニ（おひょう楡）とサル（草原）とを続けても何か変である。研究問題として残したい。

神威古潭　かむいこたん

朝里と張碓の間にある海岸大崖の処の名。落石が絶えず陸行者の大難所であった。次のように，ここは別の称も並び行われた。

①文化4年田草川伝次郎，近藤重蔵等の西蝦夷地日誌は「カムイコタン。出崎数百間之高巌也」と記し，「道よろしからず候に付乗船致候」と書いた。文化7年の津軽藩公図もカモイコタンである。

②松浦氏再航蝦夷日誌は「カモイコタン。神の処云也。此処にて船中より木幣を海に投じける」と書いた。この時も舟行であるが，kamui-kotan（神の・居所）なので，舟からイナウ（木幣）を奉って通った。

③松浦氏西蝦夷日誌「カモイヲロシ。崖下。訛ってカモイコタンといふ。其崖時々崩れ落る故に，土人等必ずここに木幣を作り，山神に手向け無事を祈て行く」と書いた。カムイヲロシは kamui-eorushi（神の・崖）であったろう。エオルシは山が崖になって水中に出ているような処の称である。

④永田地名解は「カムイ・ヘロキ。神鯡。鯡魚夥しく岩間に集る。アイヌこれを手取りにせしを以て神の賜なりとして神鯡と名く。和人カモイコタンと呼ぶは妄称なり」とした。

永田氏は明治中年のアイヌ地名解を聞いて書いたらしい。この地名は，元来は kamui-e-rok-i（神・そこに・坐します・処）→カムイエロキだったであろう。十勝川上流にも遠くからも見えるカムイエロキの大崖があり，神の居所とされていた。rok は a（坐る）の複数形，坐っていらっしゃるという意味の敬語として使われたのであろう。

アイヌ時代には，大意が通じるなら地名をいろいろに呼んだ。カムイコタンは訛りでもなく，妄称でもない。古くからの地名なのであった。

張碓　はりうす

小樽市内の地名。札樽国道を西行すると，銭函を過ぎてしばらくして，道が大きく山側に迂回して橋を渡りトンネルに入る。あの大沢が張碓の名のもとである。ハル・ウシ（食料・群生する）の意。従来海陸の食料に富むなどと書かれたが，この語形の場合は，おおうばゆり，ぎょうじゃにんにくなどの，植物の食料が生えている沢のこ

とであった。

礼文塚　れぶんづか

張碓と銭函との間の地名，川名。今は銭函1丁目と2丁目の境の川となっている。永田地名解は「レプ・ウン・ノッカ。海岬」と書いた。repun-not-ka「海に出ている（入っている）・岬・の上」の意。地図で見ると，海の方にゆるく張り出しているくらいの土地であるが，土地に行って遠くから見ると岬の姿である。古い地名は目で見た形で呼ばれていたのであった。

銭函　ぜにばこ

小樽市東端の市街地の名，川名。和人の付けた地名。松浦氏西蝦夷日誌に「此処鯡多くして何時も漁事有てよろしき故かくの如く号けしものか」と書いた。現代流にいえば，「ドル箱」の土地なのである。アイヌ時代の旧名は，永田地名解に「モイ・ハサマ。湾・底。又湾の奥と訳す。ハサマまたアサマと云ふ。同義」と書かれた。同じ地名が北海道内の処々にあり，続けて呼んでモヤサムの形で残っている処もある。

歌棄　うたすつ

銭函市街の西のはずれの辺の地名，川名。現在は銭函1丁目の辺である。まだ5万分図に書かれているが，そのうちに消えるのではなかろうか。ota-sut（砂浜の・根もと）の意。sut の意味がはっきりしないが，ここも他のオタスッと同じように，砂浜のそろそろ端になる辺の名である。

小樽内　おたるない

小樽内川は手稲の裏山から出て日本海に入っていた川で，後志国，石狩国の境であり，その川筋のアイヌを今の小樽のクッタルシ（入船町）に移して，その名を持って行って小樽内場所を称し，それが今の小樽のもとになった。小樽内の語意ははっきりしないが，それについては小樽市の項を参照ありたし。

小樽内川の川尻は，昔は砂浜の中を東に向かって横流していて，その川筋がずっと国境（小樽郡・札幌郡の境）であった。今は札幌の方からの新川が入り，川口は新川口となり，海に直流させてあるが，前のころは浜の中にずっと川形が残っていて，その海に入る辺の上の草原中に郡境の石標が打ってあった（今どうなったか）。

この辺は石狩築港で，地形が更に変貌することと思われるので，今のうちに昔の小樽内の姿を記録して置きたいものである。

マサラカオマッ

永田地名解は「松前藩オタナイ（注：小樽内川）の支流マサラカオマッに住居するアイヌを今の入船町の地に移して小樽場所を置く」と書いた。その小川が小樽の原点である。

マサラカオマッは masar-ka-oma-p「海浜草原の・上・にある・もの（川）」の意

499

諸地に散在する川名であった。松浦図の方々に書かれたマサラママという川名は，調べて行くと実はこの形の川のことなのであった。

多くの場合川尻に近い処に横から入っている川で，つまり砂浜の上の草原の処を横流して来るからその称があったものらしい。

小樽内川の場合，昔の姿は，川口から入ると三つに分かれ，東からシロイ川，ニゴリ川（以上札幌郡），キヨ川（郡境）となっていたが，現在はそのキヨ川が清川（すみかわ）となっている。そしてその上流が星置川なのであった。

松浦図は星置川となる辺に西支流を描いてマサラママと書いている。明治26年陸地測量部輯製20万分図はその辺に点を打ってマサラカと書いた。小樽内川のマサラカオマㇷ゚のだいたいの位置はその辺だったらしい。地形からいえば清川そのものが草原川だったようである。マサラカオマㇷ゚は，小樽内川の，その草原を流れている部分の称だったか。

星置　ほしおき

小樽市東部の地名，川名。元来の星置川は，手稲山塊の北端天狗山から北東流して清川となり小樽内川となっていて，そこが後志，石狩の境であったが，後に清川とは切り離して銭函の東で直接海に入れられた（また川筋を変えるとかの話も聞いた）。

星置川の星置の滝を訪れる人も少なくない。永田地名解は「ソー・ポㇰ。滝下。一名ホシポキと云ふ」と書いた。ホシポキはどう解すべきか。滝の辺は崖になっているので，pesh-poki（崖の・その下）のような名ででもあったろうか。

総索引

五十音順……………………502頁
アルファベット順………568頁

凡　例
◆五十音順索引でのゴチックの頁数は見出語である．。
◆五十音順索引の配列は長音、短音、濁音、半濁音の順てある。
◆アルファベット順索引では語頭以外のものは前にハイフォンを付した。

〔ア〕

アーラペッ	116
アアベツ	363
アイヲロ	385
愛牛　あいうし	290
アイウシニ・ウシ	290
アイ・オロ・オ・コタン	385
アイカㇷ゚	117,258
アイカプ・ピラ	300
愛冠　あいかっぷ	117,258,300
あいかっぷ	493
アイガㇷ゚	141,493
アイガㇷ゚川	141
アイガㇷ゚・ピラ	141
相内川　あいないがわ	201
アイヌ・オマ・ナイ	443
相沼内　あいぬまない	443
相内　あいのない	201
アイノナイ	201
アイノマナイ	443
アイヒ	123
アイビ・カルシ	123
アイビコタン	123
愛別　あいべつ	100
アイ・ペッ	100
アイボシマ	327
相保島川　あいぼしまがわ	327
アイロ	385
アウンクル	248
アエブシュマム	327
アエヘカルウシ	123
アエボシマム	327
赤井川　あかいがわ	426,488
赤石　あかいし	478
赤岩　あかいわ	373
赤岩岬　あかいわざき	123
赤岩青巌峡　あかいわせいがんきょう	373
赤川　あかがわ	411
赤平　あかびら	66
アカム	278
阿寒　あかん	278

アカンウン・ピンネシリ	280
阿寒川　あかんがわ	278
阿寒湖　あかんこ	278
阿寒湖温泉　あかんこおんせん	279
阿寒太　あかんぶと	267
アカン・プトゥ	267,391
アクナイ	279
ア・ク・ナイ	390
飽別　あくべつ	279
アㇰペ	359
アㇰ・ペッ	279
ア・ク・ペッ	279
浅茅野　あさじの	168
浅羽山　あさばやま	83
旭岡　あさひおか	371
旭川　あさひかわ，あさひがわ	98
朝日町　あさひちょう	150
アサマ	499
アサミ	351
アサラ	497
朝里　あさり	497
麻布　あざぶ	230
アザミ川	351
芦川　あしかわ	140
アシニウシベツ	31
芦野　あしの	167
アシベツ	32
芦別　あしべつ	67
芦別川　あしべつがわ	269
アㇱペッ	32
アㇱ・ペッ	67,269
アシユシベツ	31
アショロ	294
走古丹　あしりこたん	238
アシリ・コタン	238
アシリベツ	31
アシュシベツ	397
アシュシペッ	32
アショイワ	39
足寄　あしょろ	299
アジャンミ	352
アㇱ・オ・イワ	396

502

安住　あずみ	204	アトゥイ・オカケ	261
アソイワ岳	396	アトゥサ・ヌプリ	276
阿蘇岩山　あそいわやま	39	アトゥシ・ナイ	440
アチウシベツ	239	アトエカ	261
アチョロベツ	262	跡永賀　あとえが	261
アツウシナイ	497	アトサヌプリ	272,276
アツウシベツ	239	アトマﾌﾟ	375
アツウルシナイ	116	アヌル	61
厚軽臼内　あつかるうすない	48	アネイサラ	356
アツカンナイ	182	アネ・サラ	346,356
厚賀　あつが	359	姉去　あねさる	356
アツケウシ	257	姉茶　あねちゃ	346
厚志内川　あつしないがわ	440	姉別川　あねべつがわ	239,294
厚田　あつた	116	アネ・ペツ	239,294
厚田川　あつたがわ	116	阿野呂　あのろ	61
厚田村　あつたむら	113	安野呂　あのろ	442
アツトマリ	497	網尻郡　あはしりぐん	211
厚内　あつない	287	網走　あばしり	207
厚別　あつべつ	31,358	網走川　あばしりがわ	208
アツペ	358	網走湖　あばしりこ	209
アツホウシ	484	アパシリ	208
厚真　あつま	375	ア・パ・シリ	208
アツマベツ	375	アヒラフト	377
アッ	116,497	安平川　あびらがわ	377
アッ・イオロ・ペッ	262	アプカウンナイ	182
アッ・ウシ	433	アﾌﾟカ・ウン・ナイ	182
アッウシ・ピナイ	58	アブカナイ川	182
アッ・ウシ・ペッ	239	アフセ	127
アッ・ウォロ・ウシ・ナイ	116	アﾌﾟタペッ	410
アッ・カルシ	48	虻田　あぶた	410
アッ・カン・ナイ	181	アブナイ	287
アッ・ケ・ウシ・イ	257	アﾌﾟナイ	287
厚岸　あっけし	257	アフニ	127
アッケシトー	257	アブニ	127
厚沢部　あっさぶ	441	アブペツ	358
厚沢部川　あっさぶがわ	442	アﾌﾟ・ペツ	359
厚床　あっとこ	239	虻羅　あぶら	454
アッ・トコ・トーペッ	240	油駒　あぶらこま	338
厚床沼川　あっとこぬまがわ	239	アフリ	127
アッ・トマリ	497	阿分　あふん	127
アッ・ニ	153	アフン・イ	127
アッ・ペッ	363	アフンルパル	392

アフン・ル・パル…………127,392	安骨　あんこつ…………291	
アペ・オ・イ…………340	アンシュオユーペッ…………188	
ア・ペシ・ナイ…………143	アンジャミ…………351	
安平志内川　あぺしないがわ…………142	アン・タオル・オマ ップ…………101	
ア・ペッ…………363	安足問　あんたろま…………101	
アベツ川…………363	アンタロマプ…………101	
アベヤキ…………339	アンチ…………204	
アペ・ヤキ…………339	アンチ・オ・ユーペッ…………188	
アポイ岳…………340	アンヌロ…………61	
アポマイ…………242	アン・ルル…………61	
天ノ川　あまのかわ…………440	アンルル…………442	
天野川　あまのがわ…………440		
アママシユケ…………118	〔イ〕	
網尻郡　あみしりぐん…………211		
アユビコタン…………123	イイカウシ…………100	
歩古丹　あゆみこたん…………123	イ・イカ・ウシ…………100	
アヨロ…………385	イイカンヘツ…………308	
アヨロコタン…………385	飯田村　いいだむら…………430	
アラ・ピラ・ペッ…………377	イウォロ…………96	
アリウトル…………458	イ・ウォロ・トー…………257	
有川　ありかわ…………431	イウロウシ…………234	
有戸　ありと…………458	イ・ウン・ニ…………60	
アリホロ…………496	イェ・パロ・ヌプリ…………423	
有幌町　ありほろちょう…………496	イェ・ペッ…………41	
アル…………116	イェ・オ・ナイ…………471	
アル・ウトル…………409	イェ・ケレ・ウセ・グル…………409	
ある川村…………432	硫黄川　いおうがわ…………465	
アルキ…………270	硫黄山　いおうざん…………223	
アルキナイ…………270	イオチ…………487	
アルケ…………270	イ・オッ・イ…………158	
アルケナイ…………271	イ・オ・ペッ…………481	
アルシペッ…………432	イ・オンカ・ウシ・ペ…………97	
アルトリ…………409	イオンガ・ウシ・ペッ…………97	
アルトル…………264,409,458	伊香牛　いかうし…………100	
アルトル…………412	イカウン川…………309	
アルトルコタン…………181	井寒台　いかんたい…………345	
アルトゥル…………264	イカンペッ…………309	
アル・ピラ…………377	イカンラニ…………345	
アル・ポロ…………496	軍川　いくさがわ…………425	
阿歴内川　あれきないがわ…………270	イクサップ…………425	
アンガリトウ…………54	イクシウンペッ…………43	
アンガリ沼…………54	幾品　いくしな…………218	

以久科　いくしな……………………218	イソポ……………………………………272
以久科原生花園	イソポ・ウン・ナイ……………………272
いくしなげんせいかえん……………219	イソヤ（エシヨヤ）……………………225
イクシヘツ………………………………218	磯谷　いそや………………………426,459
イクシ・ペツ……………………………218	イソ・ヤ…………………………………426
イクシリ…………………………………444	井田の沢　いだのさわ…………………198
イクシュン・シリ………………………444	イタラ……………………………………186
イッタラ…………………………………186	イタラタラキ……………………………307
生田原　いくたわら……………………186	イタラタラゲイ…………………………307
幾千世　いくちせ………………………360	イタンキ…………………………………398
幾寅　いくとら……………………………72	市来知　いちきしり………………………43
池田　いけだ……………………………294	イチャニ………………………52,53,352,497
伊忽保　いこっぽ………………………314	伊茶仁　いちゃに………………………232
イ・サッケ・クマ………………………126	イチャニウ・オッ・ペツ………………165
イサンペタラ……………………………296	勇仁川　いちゃにがわ…………………214
イザリ…………………………………52,54	イチャヌニ………………………………214
漁入沢川　いざりいりさわがわ…………36	イチャヌペツ……………………………165
漁川　いざりがわ…………………………52	イチャヌッペツ…………………………165
イシカラ・ウン・クル……………………15	イ・チャ・ピパ…………………………361
イシカラペツ………………………………15	イチャリ…………………………………498
イシカラベツ………………………………15	イチャン……………………………………53
石狩　いしかり……………………………15	一巳　いちゃん……………………………90
イシカリ・エムコ…………………………93	イチャンコッ・ペツ………………………52
イ・シカリ・カリ………………………100	イチャン・コロ・ペ………………………52
石狩狩布川　いしかりかりっぷがわ…100	イチヤンコッペ川…………………………52
石狩川　いしかりがわ……………15,100	イチャンヌプリ……………………………90
石狩町　いしかりちょう…………………28	イチョルリ………………………………252
石狩低地帯　いしかりていちたい……378	糸井　いとい……………………………381
イシカル……………………………………15	糸魚沢　いといざわ……………………256
イシカルンクル……………………………15	イトゥンナプ……………………………354
石垣山　いしがきやま…………………101	イト・カム・ペツ………………………169
石崎　いしざき……………………428,439	イトムカ…………………………………203
イシシュペツ………………………………99	イドンナップ……………………………354
イシタキ…………………………………382	イナウ…………………143,376,398,488,489
イシヤウヤ………………………………225	イナウ・ウシ……………………………299
イジャヌ…………………………………232	イナウ・ウシ・シレトゥ………………123
石山　いしやま……………………………34	イナウ・ウシ・ペツ……………………307
イショヤ…………………………………224	イナウサン………………………………208
和泉　いずみ……………………………372	稲牛　いなうし…………………………299
泉郷　いずみさと…………………………54	イナウシヘツ……………………………308
磯分内　いそぷんない…………………272	イナウ・シュマ…………………………458
イソプンナイ……………………………272	イナウシレトゥ…………………………122

505

イナウ・シレトゥ	122
稲志別　いなしべつ	307
稲穂町　いなほちょう	495
稲穂峠　いなほとうげ	488
イナヲ	398
犬牛別川　いぬうしべつがわ	152
イヌ・オ・ペッ	95
イヌヌシ	476
イヌヌシナイ	95
いぬるいし	476
いぬるし	476
イヌン	96
イヌン・ウシ	476
イヌン・ウシ・ペッ	152
イヌンペッ	93
イノ	93
イノ　ペッ	93
伊納（伊野）　いのう	93
イノ・ナイ	96
祈石　いのりいし	476
イハケシノホリ	195
イパシリ	207
イ・パル	60
いふつ	376
イブツ	369
いぶつ	376
イプツ	376
イ・プッ	41
イプトゥ	376
イプトゥンポロト	377
胆振　いぶり	369
胆振幌別川　いぶりほろべつがわ	396
イベ・ウシ・ペッ	280
イペ・オッ	41
イペ・オッ・イ	47,184
イペオチ	47,184
イペ・コル・ペッ	140
イベシベツ川	280
イベツ	41
イマヲロ	271
今金　いまがね	451
イマニッ	347,350,386
イ・マ・ニッ	347,386
イマリマリフ	404
イマリマリプガワ	404
イモクペ	370
イヤウ・ナイ	471
イユウ・パロ	60
イヨシサンベ	400
イヨチ	486
イヨチオマサッポロ	35
イヨンカシペ	97
イラマンテ	438
入舸　いりか	482
入船町　いりふねちょう	484
イリモナイ	495
イルオナイ	96,206,495
イルオナイ川	206
入鹿別　いるしかべつ	374
イルシカ・ペッ	374
イルリ	244
イルンナイ	495
イロ	312
イロ・ナイ	96
色内　いろない	495
イロナイ	495
イロンネベツ川	233
イロンネ・ペッ	233
イワ	396
イワウ・オ・イ	123
イワウ・シュマ・クシ・ペッ	320
イワウ・ナイ	150
イワウナイ	471
イワウ・ヌプリ	112,223,465
イワウベツ川	223
イワウ・ペッ	223,465
岩老　いわおい	123
イワヲイ	123
岩尾内　いわおない	151
イワ・オ・ナイ	151
イワオヌプリ岳	465
岩尾別　いわおべつ	223
イワキ	156
イワ・ケシ	196

506

イワ・ケシ・オマ・ナイ	191	雨煙内 うえんない	85
イワケシ・ヌプリ	196	ウエンナイ	172
イワケシ・ヌプリ	196	ウエンヘツ	290
イワケシ山	191,196	雨煙別 うえんべつ	85
イワケシュコマナイ	196	ウェンベツ	135,235
イワケシュコマナイ川	191	雨煙別川 うえんべつがわ	60
イワ・ケシ・オマ・ナイ	191,196	宇遠別川 うえんべつがわ	303
イワケソマナイ	191,196	ウェントマリ	163
イワシマクシュベツ川	320	ウェソナイ	60,161,231
イワ・シュマ・ケシ・ペッ	320	ウェン・ナイ	86,161
岩知志 いわちし	367	ウェンノッ	161
イワ・ナイ	311	ウェンピラ	131
岩内 いわない	471	ウェン・ベツ	135
岩内川 いわないがわ	311,367	ウェンペツ	60,230
岩保木 いわほき,いわぼっき	269	ウェン・ペッ	230,303
イワ・ポキ	269	ウェン・ホロカ・ペッ	64
岩見沢 いわみざわ	43	ウェン・ペッ	87
インカルシペ	33	ウ・オㇷ゚	315
インガㇽ・ウシ	186	ウオップ川	315
インガルシ	130,186	ウォーセ・ウシ	181
		ウォーセ・カムイ	181
		ウォロ	234
〔ウ〕		ウカウ	282
ウアシ	413	ウカウ シラリ	428
ウアシ・シャマンベ	413	宇賀潤 うがうら	428
ウ・イェ・ペッ	135	ウカッチウペッ	393
ウウェガリㇷ゚	310	浮島峠 うきしまとうげ	103
上古丹川 うえこたんがわ	448	ウㇰ	243
植苗 うえなえ	379	宇久留 うくるがわ	376
上平 うえひら	131	ウクルキナ	117
ウエベツ	135	ウクル・キナ	376
ウエベツ	135	ウクルペツ	376
植別 うえべつ	230	ウコイキ・ウシ	238
ウェイシリ	149,321,493	ウコバチ	496
ウェン・コタン	448	ウコパシ	496
ウェン・サル	368	烏柵舞 うさくまい	56
ウェンザル	367	ウシシ・キナ	292
ウェンシリ	149,321	ウシシ・ペッ	292
ウェン・シリ	321	牛首別 うししゅべつ	292
ウェンシリ岳	149	牛朱別川 うししゅべつがわ	99,105
ウェン・チャシ	401	ウシトマリ	156
ウエン・トマリ	162	ウシトマリ	156

ウシ・ベツ	447	ウツツ	32
ウシ・ペツ	447,475	ウツナイ川	87,291
臼谷　うしや	130	ウツナイフト	378
ウシ・ヤ	130	ウツペツ	358
ウシヨロケシ	429	ウツベツ川	311
ウシヨンケシ	429	ウッ・ナイ	32,178
ウ・シャッ	367	ウッカ	82
右左府　うしゃっぷ	367	ウッカヤオマナイ	82
ウショロ	409,458,491	ウッチ・ナイ	32
ウショロ・ケシ	430,491	宇津々　うつつ	180
ウス	381	ウッツ川	135
有珠　うす	409	ウッ・ナイ	87,135,142,178,180
有珠川　うすがわ	381	ウッ・ナイト	379
ウスケシ	429	ウッペツ川	98
ウス・ケシ	491	ウッペツ	98
有珠山　うすざん	409	ウッ・ペッ	311
ウスシリ	426	ウトゥカンペッ	383
ウス・シリ	426	ウトゥマンベツ	342
ウスジリ	426	ウトゥルチクシ	222
臼尻　うすじり	426	ウトカンベツ川	383
ウス・ヌプリ	409	宇戸内川　うとないがわ	142
ウスノ沢	381	ウトナイト沼	379
ウスノホリ	409	鵜苫　うとま	342
ウスベツ	446	ウトマンベツ	342
薄別　うすべつ	35	ウトルチクシ	222
臼別　うすべつ	475	宇登呂　うとろ	222
臼別川　うすべつがわ	447	ウナ・オ・ペッ	220
ウス・ペッ	492	海別川　うなべつがわ	220
ウセイ・シリ	426	ウナ・ペッ	220
ウセイ・ナイ	351	ウハラライ	205,207
宇瀬内　うせない	351	宇莫別　うばくべつ	110
ウソプンナイ	272	姥布　うばふ	350
歌越　うたこし	135	卯原内　うばらない	207
歌志内　うたしない	47	ウ・パッ・ペッ	110
歌棄　うたすつ	457,485,499	ウパシ	413
歌内　うたない	142	ウパラ・ナイ	207
歌登町　うたのぼりちょう	173	ウ・パラ・ライ	207
歌別　うたべつ	338	ウパラライルペシペ	197
歌露　うたろ	338	ウフイ	122
ウツ	32	ウフイ・ヌプリ	382
ウッ	32,135,178	ウフイ・ピラ	297
宇津　うつ	178	産土　うぶし	141

ウプ・ウシ	141	ウリウルペシペ	145,149
ウプシ	141	売買　うりかい	310
ウプショロ	492	売買　うりかれえ	310
雨紛　うぷん	110	ウリカペッ	310
ウプン	110	売買　うりかり	310
ウペペサンケ・ヌオプリ	318	瓜幕　うりまく	317
ウペペサンケノホリ	315	ウリマク	317
ウペペサンケ山	315	ウリ・マク	317
ウペットムネプ	292	雨竜　うりゅう	15,76
ウヨロ川	384	雨竜川　うりゅうがわ	76
ウラ	352	雨竜町　うりゅうちょう	76
ウライ	356	ウリリ	244
ウライ・ウシ・ペッ	49	有利里川　うりりがわ	149
ウライ・ウシペッ	49	ウリリ・ルペシペ	145,149
ウライウシ・ヌプリ	215	ウリルントー	194
ウライウシヌプリ	275	ウリル・ルペシペ	145
ウライウシノホリ	215	ウリロペッ	76
ウライ・ウシ・ペッ	216	ウリンルペシペ	145
ウライウシペッ	275	ウルカ・ペッ	310
ウラウシナイ	49	うるふ	247
浦臼内　うらうすない	49	ウルプ	250
ウラウスナイ	49	ウルベシ川	145
ウラエウシノホリ	275	ウル・ペッ	296
ウラエベツ	356	ウルッコ・ペッ	345
浦河　うらかわ	345	得撫　うるっぷ	250
ウラカワ	345	ウレ・カリ・プ	310
有良川　うらがわ	352	ウレ・トイ	317
ウラシ・ナイ	49	ウレルントー・ペッ	194
ウラシナイ	49	ウロコベツ川	345
浦士別　うらしべつ	216	ウロベツ	345
ウラスプツェ	252	ウワッテ・ペッ	283
浦幌　うらほろ	289	運上屋川　うんじょうやがわ	471
浦幌川　うらほろがわ	287,289	海辺　うんべ	342
浦幌十勝川　うらほろとかちがわ	287		
ウラヤシペッ	216	〔エ〕	
ウラユシペッ	216		
ウララ	352	エ・アネ・ヌプリ	143
ウララ・ペッ	346	エアネヌプリ山	143
浦利川　うらりがわ	356	エウコチシ	453
浦和　うらわ	352	エ・ウコッ・チシ	453
ウリ	76	エウルトウ	257
ウリウ	148	エエニワ	57

エ・エン・イワ	58	エトクウシホロシレバ	470
エオルシ	108,234	エトコ	392
江卸　えおろし	108	エトコタンネベツ	96
エキシヨマ	35	エトコ・タンネ・ペッ	96
エ・クシナ・ペッ	218	エトモ	403
エ・コイカ・オマ・ペッ	396	絵鞆　えとも	400
エ・サ・ウシ・イ	101,440	択捉　えとろふ	249
江差牛山　えさうしやま	101	エトロ・プ	249
エサシ	402	えとろほ	247
枝幸　えさし	172	江鳶　えとんび	219
江差　えさし	440	エナヲ	143,376
エサマニ	341	エナヲサキ	122
エサマン・ペッ	341	エナヲベツ	332
エサン	427	恵庭市　えにわし	53
恵山　えさん	427	エ・ノシキ・オマ・ナイ	161
エサン　ピタラ	296	エノシコマナイ	161
エシヤ	225	江花　えはな	70
エシャ・トゥシ	163	エハンケシリ	133
エシャニ	427	エ・パナ・オマ・エホロカンペッ	72
エシャントゥシ	163	エパナマエホロカンベツ川	70
エショ	225	エ・パイラ・ヌプリ	424
エショヤ	225	エパロヌプリ	423
エショロカニ	361	エ・パロ・ヌプリ	423
エショロ・ペッ	299	恵比島　えびしま	80
エソヤ	459	エピシオマップ川	87
エソロカン沢	361	エピショマプ…	81,88
エソロカン・ニ	361	エピショマサッポロ	35
恵岱別　えたいべつ	78	エビス川	80
恵岱別川　えたいべつがわ	77	エブイ	345
エタイェ・ペッ	77	絵笛　えぶえ	345
エ・タンネ・ペッ	96	江部乙　えべおつ	47
エタンプ・ペッ	96	エベコロベツ川	140
江丹別　えたんべつ	96	エベツ	135
江丹別上流川		江別　えべつ	41
えたんべつじょうりゅうがわ	96	江別川　えべつがわ	51,59
江丹別峠　えたんべつとうげ	96	エペッケ	41
エチヤナンケップ川	101	江別太　えべつぶと	41
エチャナンゲップ	101	エベッ・プトゥ	41
エトゥ	159,163,407	エベルケ	222
エ・トゥ・ウン・ペッ	219	エベレケ	222
エトゥ・オル・オプ…	249	江幌　えほろ	70
エト・オロ・オプ	249	エホロカアンベツ川	74

エホロカアンペツ …………………………71
エ・ホロカ・アン・ペッ…………………70,75
エホロカンベツ川 …………………………70
エマウリ・オマレㇷ゚…………………………404
エモエントウ………………………………308
江良町　えらまち…………………………438
エラマンテ…………………………………438
エラマンテシペッ……………………………96
エラマンデ・ウシ…………………………438
襟裳　えりも……………………………337
えりも町……………………………………338
エリモナイ…………………………………495
エルㇺ…………………………………338,400
エレクトヘツ………………………………165
エレクトゥッペ……………………………165
エレクトッペ………………………………165
エンカルシベ…………………………………33
遠軽　えんがる……………………………186
エンコロ………………………………407,468
遠別　えんべつ……………………………135
遠幌　えんほろ………………………………64
遠幌加別川　えんほろかべつがわ…………64
エンルㇺ, エンルム………………337,341,453
エンルㇺヲマムイ…………………………132
エンルㇺ・エトゥㇷ゚………………………400
エンルㇺ・ナイ……………………………495
エンルン……………………………………453
ヱサシ………………………………………171
ヱサン崎……………………………………427
ヱシヤシ……………………………………171
ヱシャニノボリ……………………………427
ヱショロペッ………………………………299
ヱトロフ……………………………………249
ヱトロフワタラ……………………………249
ヱベツ………………………………………135

〔オ〕

オー・オマ・ル……………………………478
オーツナイ川…………………………………98
雄阿寒岳　おあかんだけ…………………280
オ・イ・オチ………………………………302

オイカ・オマ・イ…………………………324
生花苗　おいかまなえ……………………324
オイシ…………………………………………15
オイチャヌンナイ…………………………111
オイチャヌンベ川…………………………110
オイチャンウンナイ川……………………111
オ・イチャン・オマ・ㇷ゚…………………260
オ・イナウ・ウシ…………………………298
追名牛　おいなうし, おいなうす………298
追直　おいなうし, おいなおし…………398
追分　おいわけ……………………………378
追分川　おいわけがわ………………………23
オウコッ……………………………………264
オ・ウ・コッ・ナイ………………………175
オウコッナイ………………………264,418,441
オウコッペ…………………………………178
オ・ウ・コッ・ペ…………………………178
雄武　おうむ………………………………177
オエサマㇷ゚…………………………………260
大麻　おおあさ………………………………40
大江村　おおえむら………………………488
大狩部　おおかりべ………………………358
大岸　おおぎし……………………………412
大島川　おおしまがわ……………………194
太田　おおた………………………………448
大滝　おおたき……………………………408
大津　おおつ………………………………290
大手　おおて………………………………144
大椴　おおとど……………………………130
大泊　おおどまり…………………………171
大沼　おおぬま………………………162,425
大野　おおの………………………………431
大函　おおばこ……………………………104
大鼻岬　おおはなざき……………………429
大平川　おおびらがわ……………………455
大別苅　おおべつかり……………………125
大鳳川　おおほうがわ…………………80,89
オオホ・ウッ・ナイ…………………………98
オオホッ・ナイ……………………………291
オオホナイ……………………………………82
大澗　おおま………………………………441
大岬　おおみさき…………………………164

511

穏内　おおむない	436
大夕張　おおゆうばり	64
大湯沼　おおゆぬま	391
大和田　おおわだ	128
オ・カシ・ナイ	443
可笑内川　おかしないがわ	443
岡志別川　おかしべつがわ	393
オ・カシ・ペッ	393
丘珠　おかだま	25
オ・カマ・ヤ・ウン・ペッ	434
オ・カリ・ペ	358
小川　おがわ	292,447
オ・キ・ウシ・ナイ	476
置杵牛　おききねうし	111
雄木禽川　おききんがわ	145
オ・キキンニ　ナイ	145
興志内　おきしない	476
沖町　おきちょう	485
オ・キトゥ・ウン・ペッ	172
オキトゥンペッ	172
荻伏　おぎふし	348
オクシ	337
オ・クシ・イ	337
オ・クシ・ウンペッ	220
奥薬別川　おくしべつがわ	220
奥尻　おくしり	444
オクシュンペッ	220
オッチシ…	245
奥津内　おくつない	418
オクネップ川	282
奥行臼　おくゆきうす	238
送毛　おくりけ	117
オクリケ	117
オ　クルマッ　オマイ	144
オ・クッタル・オマ・ナイ	178
小車　おぐるま	144
オグルマナイ川	144
置戸　おけと	203
オケトゥウンナイ	203
オ・ケトゥ・ウン・ナイ	203
オケトゥンナイ	304
オ・ケネ	310

オケネ川	310
オコタヌンペ	58,410
オ・コタン・ウン・ペ	57
オコタンペ	57
オコタンペッ	118
興津　おこつ	264
オコツナイ川	175
興部　おこっぺ	178
オコッペ沢川	287
おこない浜	441
おこばち川	496
黄金蘂　おこんしべ	404
小越　おごし	337
長臼　おさうし	291
オ・サ・ウシ・イ	224
オ・サ・ウシ・イ	291
長臼　おさうす	291
筬島　おさしま	143
長知内　おさちない	366
長都　おさつ	53
於札内　おさつない	49
オ・サッ・ナイ	50
オ・ショキ・ナイ	48
オサツナイ川	183
尾札部　おさつべ	275,426
長都内川　おさつないがわ	53
オサッ	53
オサッ・トー	53
オサッ・ナイ川	53
オサックマイ	57
オ・サッ・ナイ	182,366
オ・サッ・ペ	275,426
オサナイケップ川	90
オサナンゲッ	90
オサニコンナイ	143
納内　おさむない	90
納内幌内川　おさむないほろないがわ	91
オ・サラ・ペッ	97
オサラッペ川	97
長流　おさる	406
オ・サル・ウン・ナイ	85,91
オサルカンナイ	210

長流枝内 おさるしない	313	オシンコシンの滝	222
オサルシ・ナイ	313	オセウシ川	182
長留内 おさるない	85	オソウシ	30
オ・サール・ペッ	406	オソウシナイ	476
オサルベツ	97	オ・ソ・ウシ・ナイ	476
オ・サル・ペッ	406	晩生内 おそきない	48
オサルンナイ	85,91	オソベツ川	271
オサルンペッ	406	オソッペッ	271
オサレ・ペッ	406	オソルコチ	386
オシキナウシ	111	オソル・コチ	386
押琴 おしこと	115	オソル・コッ	347
オシトマリ	156	オタ	126,448
鴛泊 おしどまり	157	オタウシナイ	47
渡島 おしま	420	オタ・エトゥ	235
老著舞 おしゃまっぽ	260	オタ・オル・ナイ	490
オショシ川	30	オタ・オロ	338
オ・ショセ・ナイ	48	オタオンナイ	490
オ・ペッ・カ・ウシ	22	オタコツペツ	120
オショロ	115	オタ・コッ	119
尾白内 おしらない,おしろない	423	オタコンペツ	118
オシラネップ川	182	オタシ・ナイ	47
音調津 おしらべつ	332	オタシナイ	47
オシラリカ	76	オタ・シュッ	427,457,485
尾白利加川 おしりりかがわ	76	オタ・スイ	320
オ・シラル・ナイ	423	オタ・スッ	485
オシラルンペ	332	於尋麻布 おたずねまっぷ	230
オシラルンペッ	332	オタソイ川	320
オシランネッ	181	オタチフ	194
オ・シャマム・ペッ	414	オタ・チプ	194
おしゃまっぷ	260	オタチャシコツ	194
長万部 おしゃまんべ	413	オタ・チャシ・コッ	194
オ・シュオッ	296	オタチップ	194
オシュンクウシ	222	オタッテシケ	112
オ・シュンク・ウシ・イ	222	オタ・ナイ	490,496
押帯 おしょっぷ	296	オタナイ	499
オショル・コッ	227	オタ・ニコル	484
オショロ	458	オタニコル・ナイ	143
潮路 おしょろ	458	オタニコロ	484
忍路 おしょろ	492	オタヌプリ	173,174
オショロコッ	227	オタ・ヌプリ	173
オショロッコ	227	オタネコロ	485
オショロッコ川	227	オタ・ノシケ	126,277,428,487

大楽毛　おたのしけ	277	オ・トイネ・プ	175
オタノシケ	428,457,487,488	音威子府　おといねっぷ	143
オタ・ノシケ・オマ・ナイ	470	音稲府　おといねっぷ	175
オタパ	210	音江　おとえ	90
オタ・パ	210	おとしつへ	419
オタフンベ	342	音標　おとしべ	173
オタモイ	494	落部　おとしべ	419
オタ・ル	338	音更川　おとふけがわ	314
小樽川　おたるがわ	488	音更町　おとふけちょう	314
小樽市　おたるし	490	オトプケ	314
小樽内　おたるない	499	オトヘ	442
小樽内川　おたるないがわ	27,34	乙部　おとべ	442
オタッニオマㇷ゚	230	オトゥイエポㇰ	90
オタンナイ	490	オ・ナウケ・オッ・ペ	332
尾岱沼　おだいとう	235	オナウケオッペ	332
オチ	23	オナウコッペ	332
落合　おちあい	73	オナオベツ	332
オチウウシペ	172	オ・ニ・ウシ	177
オチカバケ	228	オニウシ	423
オチカパケ	221	オ・ニ・ウシ・イ	349
オ・チカㇷ゚・エワ・ｸ・イ	221	オニウシ・カ・ペッ	131
オチカペエワキ	221	オ・ニ・ウシ・ペッ	167
オチシペ	172	オニウシ・ペッ	423
オ・チシ・ペッ	172	オノオイ	241
オチチウベ	172	鬼切別川　おにきりべつがわ	165
オチツンペ	172	オ・ニクル・ウシ・ベ	165
オチヌンペ川	69	オニケシペッ	423
オチノンペ	69	御西　おにし	177
オチャラッペ川	451	鬼鹿　おにしか	131
オ・チン・ウン・ペ	69	鬼志別　おにしべつ	167
オツカバケ川	228	オ・ニシュッパ・オマ・ナイ	178
オツプケシ	412	オ・ニッ	178
オツカイ・タム・チャラパ	25	鬼脇　おにわき	157
乙忠部　おっちゅうべ	173	オ・ヌ・ウシ・ペッ	167
オッペ	332	オヌシペツ	167
オ・テシ・ウン・ペ	419	オ・ヌㇷ゚	181
オ・テシ・ウン・ペッ	419	オ・ヌㇷ゚キ・オ・ㇷ゚	182
オ・テシ・ペッ	419	オ・ヌㇷ゚・ナイ	141
オ・テレケ・オッ・ペ	144	オネトトマリ	115
オテレコッペ川	144	オネトマナイ	158
オ・トイネ・プ	143	オネトマナイ川	158
オトイネㇷ゚	175	オネトマフ	115

オネナイ	115,479	オペレケプ	311
尾根内　おねない	476	オペレペレケプ	311
オ・ネッ・オマ・ㇷ゚	158	オホウ	82
雄信内　おのぶない	141	オホ・トマリ	170
オハ・ウシ・ナイ	400	覚生　おぼう, おぼっぷ	382
オハキチヤン川	119	尾幌　おぼろ	257
オハク・ナイ	350	オポㇰオマウッナイ	135
オ・ハシイナウ・ウシ・イ	400	オポプ	382
オ・ハシ・ウン・ナイ	400	オポポ	162
小橋内　おはしない	400	オ・ポロ・ペッ	257
大鼻岬　おはなざき	429	オマ	34,71,166,210,242,260,373,415,470
オハプ	350	オマ・ナイ	90
尾花　おばな	448	オマプ	34,350
姨布　おばふ	350	オ・ム	176
オ・パラ・ナイ	207	オムシャヌプリ	330,343
オ・パラ・ライ	207	オムナイ	435
帯広　おびひろ	311	オ・ム・ペッ	284
小平　おびら	130	オムペッ	284
小平蘂川　おびらしべがわ	130	面白内川　おもしろないがわ	77
オ・ピラ・ウシ・ペッ	130,455	オヤウシ	428
オピラシュマ	455	オヤコッ	266,275
オフイノボリ	382	オ・ヤ・コッ	266,275
負箙　おふいびら	297	小安　おやす	428
オフイ・ピタラ	297	オヤ・フル	27
小鉾岸川　おふきしがわ	412	生振　おやふる	27
雄冬　おふゆ	122	大誉地　およち	301
雄冬市街　おふゆしがい	123	オヨツペ	437
オプカル石　おぶかるし	480	及部　およべ	437
オプカルシ	480	オヨロ	384
オㇷ゚・ケ・ウシ・ペッ	413	オラリ	356
オプケシ	413	折加内　おりかない	435
オプケシペ	413	折川　おりかわ	455
オㇷ゚ケㇱペ・シレトゥ	413	オ・リカン・ペッ	455
オプタケシケ川	323	折戸　おりと	424
オㇷ゚タテシケ	112	居辺　おりべ	296
オプタタテシケヌプリ	274	オ・リリ・オ・ペッ	76
オㇷ゚・タ・テシケ・ヌプリ	274	オル・ベ	296
オプタテシケ・ヌプリ	276	オロ	234,329
オプタテシケ山	112	御路円, 御老円　おろうえん	469
オベリベリ	311	オロ・ウェン・シリペッ	469
オペッカウシ	22,104,196,202,204	オロウェン尻別川	469
オ・ペッ・カ・ウシ・イ	195	オロウェンハボロ	133

オロ・オマ	149
オロ・フーレ・ペッ	407
オロフレ岳	392
オロフレ峠	392
オロフレペッ	407
オワタラウシ	245
オ・ワタラ・ウシ・イ	245
オン	283
オンカ	97,284
オン・トゥレッ	97
恩根　おんね	212
オンネアンジ	204
オンネアンズ川	204
オンネ・イワキ	156
オンネ・エンルム	337
オンネ・オニウシカペッ	131
オンネ・オヨチ	302
温寧川　おんねがわ	131
オンネキキン川	212
温弥古丹　おんねこたん	251
オンネ・コタン	251
オンネト	217
オンネ・トー	240,243
温根沼　おんねとう	240,243
オンネ・トマリ	115
オンネ・ナイ	115,476,480
恩根内　おんねない	144
オンネナイ	479
オンネナイ川	268
オンネ・ヌプリ	219
オンネ沼	243
オンネノッ	181
温根別　おんねべつ	152
遠音別　おんねべつ	222
オンネベツ川	139
オンネ・ペッ	139,152,222
オンネモシリ	279
オンネ・モシリ	280
オンネ・モ・ナイ	442
オンネ・ヤ・ウシ・ペッ	238
温根湯　おんねゆ	202
オンネ・ユ	202

音別　おんべつ	283
オン・ペッ	283
オンペッ	284

〔カ〕

カー・ウシ・ナイ	45
カーウシュナイ	45
カー・ウン・ナイ	109
カーナイ	371
カイ	157,236
カイクマ	372
開盛　かいせい	185
貝取澗　かいとりま	446
偕楽園　かいらくえん	19
カイェ	236
カイェ・ウトゥル	446
化雲岳　かうんだけ	109
楓　かえで	62
掛澗　かかりま	424
カックム	426
カッコ・フミ	426
角田　かくた	60
神楽　かぐら	107
蔭の沢　かげのさわ	395
河西郡　かさいぐん	309
カシ	443
カシ・ウン・ナイ	329
花春　かしゅん	329
カシュンナイ川	329
柏木　かしわぎ	52
春日　かすが	371
春日町　かすがちょう	230
刀掛岩　かたなかけいわ	470
カチトマリ	497
勝鬨の滝　かちどきのたき	391
カチナイ	497
カッ	497
カックニ	426
活汲　かっくみ	211
川汲　かっくみ	426
カックミ	426

カックム	211	上エベコロベツ川	139
カッコㇰ・ハウ	211	神丘 かみおか	451
葛登牛 かっとうし	433	上川郡（石狩）かみかわぐん	92
カットシ	434	上川郡（十勝）かみかわぐん	318
勝納 かつない	497	上川町 かみかわちょう	101
桂恋 かつらこい	264	上越 かみこし	102
カツラコイ	264	上士幌町 かみしほろちょう	314
カツラコイ・チリ	264	神路 かみじ	143
桂の沢川 かつらのさわがわ	78	上砂川町 かみすながわちょう	47
河東郡 かとうぐん	313	上内太路川 かみないふとろがわ	166
金山 かなやま	72	上ノ国 かみのくに	439
カネ・サシ・ペッ	394	上ハカイマップ川	452
カネラン峠	303	上富良野町 かみふらのちょう	69
鹿の子峠 かのことうげ	303	上湧別 かみゆうべつ	184
蚊柱 かばしら	443,494	上ヨイチ	487
カバチリ	397	上鷲別富岸川	
樺戸 かばと	49	かみわしべつとんけしがわ	397
カパシララ	172	神居 かむい	93
カパラシララ	172	カムイ・アパ	122
カパラ・シララ	359,443,479,494	カムイ・ウシ	442
賀張 がばり	359	カムイ・ウン・ナイ	470
カパルシ	359,480	カムイエオロペッ	329
カパル・シラル	479	カムイエト岬	123
カパッシララ	172	カムイエトゥ	125,171,486
カパッシラㇽ	479	カムイエロㇱキヒ	362
カピウ	276,376	カムイオペッカウシ	104
香深 かふか	158	カムイ・オ・ロㇰ・ペ	329
カブ	158	カムイコタン	61,68
カブカイ	158	カムイ・コタン	62,92,328
兜岬 かぶとざき	475	神居古潭 かむいこたん	92
兜沼 かぶとぬま	140	神威古潭 かむいこたん	328,498
カマ	26	神威岬 かむいざき	171
カマソウシ	26	神居尻 かむいしり	39
カマテシカ	144	カムイシリ	132
釜谷 かまや	428,433	カムイ・シリ	348
釜谷臼 かまやうす	26	カムイ・シリパ	475
カマヤウス	26	カムイシレハ	475
カマヤペツ	434	カムイ・シレパ	484
カマンベツ川	396	カムイ・ソ	431
カマンペツ	396	神威岳 かむいだけ	348
上磯 かみいそ	431	カムイ・チセ・モシリ	411
上浦 かみうら	448	カムイ・ナイ	477

カムイ・ニセイ	36
カムイヌプリ	276,395
カムイ・ヌプリ	348
カムイノカマイ	484
カムイノボリ	342
カムイ・ハッタラ	472
カムイパウシ	264
カムイヘロキ	498
神威岬　かむいみさき	481
カムイ・ミンタラ	485
カムイ・ミンダラ	480,485
カムイルウサン	143
カムイ・ルエサニ	104
カムイ・ルベシベ	84
カムイ・ルペシペ	84
カムイロキ	321,329
カムイ・ロキ	322,329
カムイロキ山	300
カムイ・ロㇰ・イ	300
カムイ・ワタラ	208
カムイ・ワッカ	390
カムイワッカ川	223
カムエシリハ	484
俄虫　がむし	442
カムチャッカ	252
カムメロベツ川	329
亀田　かめだ	430
カモイエト	486
カモイヲロシ	498
カモイコタン	62,68,85,498
鴨居沢川　かもいさわがわ	78
カモイシレハ	478
カモイルベシュベ川	84
カモイロキ	329
かもいわっか	390
神恵内　かもえない	477
カモキナイ	308
鷗島　かもめじま	440
カモンナイ	470
カヤ・ウン・ペ	421
カヤ・ウン・ペシ	421
カヤトマリ	475
茅沼　かやぬま	271,474
カヤノマ	475
茅部　かやべ	421
カヤベ・ヌプリ	423
鹿山川　かやまがわ	303
カラ	15,55
カラフト	154
カリ	167
狩勝峠　かりかちとうげ	73
雁来　かりき, かれき	28
狩布川　かりっぷがわ	100
狩場　かりば	455
狩太　かりぶと	464
狩別川　かりべつがわ	168
カリンパ・ウシ・ナイ	415
カリンパ・ウシ・ヌプリ	455
がるがは	23
軽川　がるがわ	23
カルシ	31
カルルス温泉	391
川合村　かわあいむら	294
川上郡　かわかみぐん	270
川下　かわしも	119
川白　かわしら	479,494
カワスモ	119
川沿町　かわぞいちょう	33
川平　かわひら	494
川湯　かわゆ	276
川流布　かわりゅうふ, かわるっぷ	289
カンカン	364
カンチウシ岳	233
寒別　かんべつ	467

〔キ〕

黄臼内　きうすない	49
キオペ	438
キオマプ	42
桔梗　ききょう	430
キキン	212,213
木禽川　ききんがわ	210
キキンニ	146

木古内 きこない	433	キムン・モラㇷ゚	59
キサ・シュマ	165	キモーペッ	468
キサ・ナイ	165	喜茂別 きもべつ	36, 468
北浜 きたはま	215	キモペッ	468
北檜山 きたひやま	450	キモントウ沼	324
北見神威岬 きたみかむいざき	125	旧石狩川 きゅういしかりがわ	26, 27
北見市 きたみし	200	旧札幌川 きゅうさっぽろがわ	29
北見峠 きたみとうげ	102	旧夕張川 きゅうゆうばりがわ	51
北見国 きたみのくに	155	キユンペ	438
北見富士 きたみふじ	202	キヨ川	500
北見幌別川 きたみほろべつがわ	172	清里町 きよさとちょう	219
北村 きたむら	43	清田 きよた	31
北湯沢 きたゆざわ	408	清畠 きよはた	359
北吉原 きたよしわら	385	清部 きよべ	438
キト・ウシヌ・ヌプリ	36	清真布川 きよまっぷがわ	42
キト・ウシ・ヌプリ	36, 106	京極 きょうごく	467
キト・ウシ	99, 298	共和町 きょうわちょう	472
キトウシ	99	キリイカウシ	341
来止臥 きとうし	261	切梶川 きりかじがわ	454
喜登牛 きとうし	297	キリカッチ	454
キトウシノホリ	106	キリキリ	450
鬼斗牛山 きとうしやま	99	キリシタンナイ	341
岐登牛山 きとうしやま	106	霧多布 きりたっぷ	255
キナ・ウシ・ナイ	49	キロル	297, 341
キナウシ	372, 426, 478	嫌呂 きろろ	297
木直 きなおし	426	貴老路 きろろ	290
キナシリ	249	キンタン・カムイ・ト	276
キナ・チャ・ウシ	346	キンマーネフ	190
岐阜川 ぎふがわ	194	金湧川 きんゆうがわ	186
基北川 きほくがわ	105	銀屏風 ぎんびょうぶ	399
キㇺ・クシ・メㇺ	19		
キムアアネプ	190	[ク]	
キㇺ・アネ・プ	190		
キムアネップ崎	190	クー・カル・ウシ・ナイ	83
キㇺ・オ・ペッ	468	クアマナイ	198
キㇺケ・トー	379	ク・アマ・ナイ	198
キムシタンネ	131	クアマノツ	198
木村川 きむらがわ	238	クウカルウシ	83
キムンケトウ	379	クウカルウシナイ	83
キムンゲップ・トウ	376	グンヅウ	447
キムンタイ	389	クウンペッ	302
キムン・トー	324, 411	クオナイ	106, 406

ク・オ・ピラ	364	
ク・オマ・イ	180	
ク・オマ・ナイ	415	
クヲヒラ	364	
群来 くき	484	
草内 くさない	481	
クサンル	158,161	
ク・サン・ル	161	
クシ	219	
クシ・シル	267	
クシ・ペツ	267	
クシル	266	
クシルー	266	
クシュリ	266	
クシユンコタン	251	
クシュン・コタン	252	
釧路 くしろ	266	
釧路川 くしろがわ	266,269	
釧路郡 くしろぐん	259	
クシロ・シベツ	267	
クスリ	266,267,389	
クスリ・エ・サンペツ	389	
クスリ・エ・サン・ペッ	395	
クスリ・コタン	267	
クスリ・サンベツ	372	
クスリサンベツ	389	
クスリサンペッ・ニセイ	390	
クスル	266	
クチ・オロ	270	
クチカンタ	156	
クチヤロ	279	
クチャ	481	
クチャウンナイ	465	
クチャ・ナイ	481	
久著呂 くちょろ	270	
沓形 くつがた	157	
クツカンナイ	157	
クツシヤニ	465	
クツタラシ	482	
クッウンヌプリ	147	
クッ・カ・アン・ナイ	157	
クッコロカムイ	270	
ク・サム・ウン・ペッ	465
屈斜路湖 くっしゃろこ	274
クッタラウシ川	321
倶多楽湖 くったらこ	385
クッタラシ	385
屈足 くったり	321
クッタル	158
クッタル・ウシ・イ	482
クッタルシ	385,496
クッタルシ・トー	385
タッタルシ・ヌプリ	385
クッチャルナイ	157
クッチャルシペ	274
クッチャロ	169,209,266,274,279
クッチャロウシペ	274
クッチャロ湖	168
倶知安 くっちゃん	465
クッネシリ	95
クテクウシ	317
クテク・ウシ	317
クテク・ウン・ペッ	233
クテクンベツ川	233
クトイチヤンナイ	197
九度山 くとさん	147
倶登山川 くとさんがわ	465
クトネベツ	159
クトゥサニ	465
クトゥヌプリ	147
クトゥネ・ペッ	158
久遠 くどう	447
国後 くなしり	247,249
久根別 くねべつ	431
久保川 くぼかわ	292
久保内 くぼない	406
クマ	198
クマーノツ	198
熊石 くまいし	444
熊牛 くまうし	272,321
クマ・ウシ	272
クマウシ	321,444
クマウシナイ	272
熊碓 くまうす	497

隈川　くまがわ	198	群馬川　ぐんまがわ	77
隈根尻　くまねしり	39	クンルー	447
クマ・ネ・シリ	38,39,40.126,298		
クマネシリ	298	〔ケ〕	
熊の沢　くまのさわ	63,107	ケ	413
倉沼川　くらぬまがわ	106	ケイマプ	349
クラロマイ	106	ケシ	29,373
栗丘　くりおか	42	ケショマップ川	469
栗沢　くりさわ	42	ケショマツプ沢川	202
クリヒ	62	ケッ・オ・ナイ	373
栗山　くりやま	60	ケッ・ナイ	202
クリル諸島	247	ケトナイ	373
クルキ	62	ケトナイ川	203
クルピラ	484	毛登別　けとべつ	174
クルマッ・ナイ	457	ケトペッ	174
くるみせ島	247	ケナシ	371
クルムシェ	247	ケナシオロ	370
クル・モシリ	247	ケナシオロコタン	371
黒岩　くろいわ	416	計那詩川　けなしがわ	133
黒松内　くろまつない	457	ケニ・オマ・プ	349
クワ・ウン・ナイ	109	峻淵川　けぬふちがわ	53
クワウンナイ川	109	ケヌッチ川	54
国縫　くんぬい	415	ケネウ・オイカ	233
クン・ヌイ	415	ケネウシ	443
クンネ・シララ	416	ケネウシペッ	19
クンネ・シリ	142	ケネカ川	233
クンネシリ・ナイ	142	ケネカフト	233
クンネシリ・ピタラ	142	ケネカ・プトゥ	233
クンネシリ山	142	ケネ・カ・（ペッ）	233
クンネ・シュマ	416	ケネニ・ウシ	443
クンネ・ナイ	415	ケネニ・ペッ	151
クンネ・ネッ・ペッ	457	ケネフチ	152
クンネプ	202	ケネ・プチ	55
クンネヘツ	231	計根別　けねべつ	233
勲祢別　くんねべつ	304	ケネ・ペッ	55,233
クンネ・ペッ	231,302,304,431	ケネ・ペッ・プト	152
訓子府川　くんねっぷがわ	203	慶能舞　けのまい	359
訓子府町　くんねっぷちょう	203	ケハウシ	346
群別　くんべつ	121	ケバウ	342
薫別　くんべつ	231,302	ゲバウ	312
クンベツ	431		
クン・ペッ	121	下方　げばう	353

521

ケバウ川	346
ケパウ	312
ケマフレ	123
ケマ フーレ	123
ケミチャブ	212
ケミチャップ川	212
ケリ・オチ	189
鳧舞　けりまい	349
ケレ・オチ	189
計呂地　けろち	189
ケロチ・ノッ	189
見市川　けんいちがわ	443
ケンオマイ	359
原生花園　げんせいかえん	216
見日　けんにち	443
剣淵川　けんぶちがわ	151
剣淵町　けんぶちちょう	153
嶮暮帰　けんぽっけ	256

〔コ〕

コービラ	364
コアンヌプリ	463
コイ・オマ・イ	242
コイカ	331,343
コイカ・クシ	344
コイカクシシビチャリ	355
コイカクシトウブイ川	326
コイカクシニオペッ	343
コイカ・クシ・ピロロ川	331
コイカ・クシ・ワニシ	402
コイトイ	234
小糸魚　こいとい	381
コイ・トゥイェ	381
コイトゥイェ	160
コイ・トゥイェ	160,234
コイトゥイェペッ	234
コイポゥ	234,331,343
コイポゥ・クシ	344
コイポゥ・クシ・ピロロ川	331
コイポゥ・クシ・ワヌシ	402
コイポクシシビチャリ	355

コイポクシニオペッ	343
鉱山　こうざん	396
光珠内　こうしゅない	44
幸震　こうしん	310
鴻之舞　こうのまい	181
幸福　こうふく	310
後方羊蹄山　こうほうようていざん,	
しりべしやま	464
声間　こえとい	161
声間川　こえといがわ	162
黄金　こがね	404
黄金沢　こがねざわ	119
黄金山　こがねやま	119
濃昼　ごきびる	117
濃昼川　ごきびるがわ	113
ゴキンビル	117
コクネップ川	141
小沢　こざわ	473
越路　こじ	102
五十石　ごじっこく	272
小清水　こしみず	216
小島　こじま	258
虎杖浜　こじょうはま,いたどりはま	385
小谷　こたに	116
コタニヒ	252
コタヌウシ	434
古多糠　こたぬか	231
コタノカ	231
コタムウカ	231
古潭　こたん	115
コタン・ウン・ペッ	115
コタンエレコロピラ	361
コタン・オカケ	231
コタンナイ	116
コタンニー	252
コタン・バ	251
コタンベツ	115
古丹別　こたんべつ	132
コタン・ペッ	132
小谷石　こだにいし	434
コツ	115
コッタロ	271

コッタロ川 …………………271	
コッ・ネ・イ …………………340	
コッ・ネ・プ …………………141	
コップ山 …………………90	
小椴 ことど …………………130	
琴似の始まり …………………18	
コトニ …………………340	
琴似駅付近 …………………22	
琴似川 ことにがわ …………21,24,25	
小沼 こぬま …………………425	
コノヘオサレベツ川 …………408	
小函 こばこ …………………104	
小林川 こばやしがわ …………319	
小平 こびら …………………363	
コフイ川 …………………427	
古武井 こぶい …………………427	
駒ヶ岳 こまがたけ …………423	
駒場 こまば …………………314	
駒別 こまべつ …………………407	
小向 こむかい …………………181	
コムケ湖 …………………181	
コムケ・トー …………………181	
コムケ・ペシ …………………340	
コムニカ …………………361	
コムプ・モイ …………………244	
珸瑤瑁 ごようまい …………242	
コヨマイ島 …………………242	
コヨマペッ …………………242	
コヨモイペッ …………………242	
御料川 ごりょうがわ …………77	
コルコニウシペツ川 …………70	
古櫓太 ごろた …………………449	
コンタル …………………271	
昆布 こんぶ …………………463	
コンプ …………………404	
昆布浜 こんぶはま …………227	
コソブムイ …………………262	
コンブモイ …………………262	
昆布盛 こんぶもり …………244	
昆布森 こんぶもり …………262	
コンポ・ヌプリ …………………463	

〔サ〕

西河原 さいのかわら …………480	
サオロ・フトゥ …………………319	
サ・オロ・ペッ …………………319	
サヲロフト …………………319	
境野 さかいの …………………203	
栄 さかえ …………………371	
栄浦 さかえうら …………………193	
栄森川 さかえもりがわ …………211	
逆川 さかさがわ …………………119	
サカツキ …………………475	
盃 さかづき …………………475	
坂の下 さかのした …………159	
酒屋川 さかやがわ …………418	
サキベ・モイ …………………231	
崎無異 さきむい …………………231	
サキムイ …………………231	
崎守町 さきもりちょう …………403	
佐久 さく …………………142	
サㇰ・コタン・ナイ …………142	
サㇰコタンナイ …………………142	
サクシ …………………20	
サ・クシ・シュホロベツ …………314	
サクシペッ …………………220	
サクシュオルベツ …………………314	
作集川 さくしゅがわ …………303	
作太郎山 さくたろうやま …………301	
桜庭川 さくらばがわ …………129	
サクル …………97,143,151,183,220,377	
サクルー …………………183	
サクルー …………………151	
サクルーチシペツ …………………97	
サㇰ・ル・クシ・アイペッ …………101	
サクルクシケネプチ川 …………154	
サク・ルベシベ …………………377	
サク・ルペ・シペ …………………148	
サク・ルペシペ …………………452	
サㇰ・ルペシペ …………………473	
サシ …………………171	
刺牛 さしうし,さすうし …………281	
サシウシ …………………281	

サシルイ川	228	サッ・フミ	185
サチポロ	17	サッフミイ	185
サチポロペツ	17	札幌　さっぽろ	17
サチッポポロ	17	サッポロ	17,29,34
札苅　さつかり	433	サッポロ・ブト	24
咲来　さつくる	143,174	サッポロ川	17
サッテクマクンヘツ	308	札幌川（豊平川）	18,24
サツテホロ	17	札幌市街	18
サットカチ	308	札幌岳　さっぽろだけ	36
札内　さつない	309	サッポロ・ヌプリ	36
サツナイ	310	伏籠川口　サッポロプト	26
札内原野　さつないげんや	387	サッ・ポロ・ペッ	17
札内市街　さつないしがい	309	札幌村	25
札富美　さつふみ	185	札楽古川　さつらっこがわ	330
サツホロ	26	サッ・ルー	220
サツポロ	29	サッ・ルペシペ	452
札前　さつまえ	438	サトオカシベツ川	393
サツルエ	220	サトカシペツ	393
サッ	426	さとほろ	17
サックシリクンペッ	303	社名淵　さなふち,しゃなふち	185
サックマ	126	サナプチ	185
サックル	150	サヌシペ	372
サックルベツ川	452	サヌシペッ	373
サッ・サルペッ	307	サヌシュベ川	372
サッタモマナイ	274	サネナイ	479
サッチャルベツ	307	サネンコロ	318
サッチャルペツ	307	サノプツ	208
サッ・チャル・ペツ	307	佐幌川　さほろがわ	319
札弦　さっつる	219	サマイル・サン	298
札鶴　さっつる	219	サマケ	176
サッツル	220	サマツケトコモロ川	289
札的内　さってきない	48	様似　さまに	340
サッテク・ナイ	48	サマニ	341
サッテクペペルイ	71	様舞　さままい	295
サッテベツ	284	サムチセ	406
サットミイ	185	サメ・コイキ・トマリ	459
サットモヲマナイ	274	鮫取澗　さめとりま	459
札友内　さっともない	274	サラ	307,424
サッ・ナイ	309,389,438	サラ・ウン・ペッ	417
サッナイ・プトゥ	389	サラカオーマキキン川	210
札比内　さっぴない	48	サラキ	176,424
サッ・ピ・ナイ	48	更岸　さらきし	135

サラキトマナイ	162
サラキゥ	176
サラケシ	136
サラケシ・トー	135
サラ・パ	218
サラベ	417
更別 さらべつ	307
サラペツ	309
砂蘭部 さらんべ	417
サランペ	417
サリ・ポロ・ペッ	17
サリキウシ	260
サリキ・ト・オマ・ナイ	161
サル	167,218,360
沙流 さる	360
沙流川 さるがわ	360
サル・ウン・ペッ	218
サル・オ・ペッ	139
サル・オマ・ペッ	218
サルカ	210
サル・カ・オマ・キキン	210
去来牛 さるきうし	260
サルキ・ウシ	260
サルキ・ト・オマ・ナイ	161
サルケシ	135
サル・ケシ…	136
猿骨 さるこつ	167
サルシ・ホロカベツ	63
サル・チャル	307
サル・トム・オ・ナイ	274
サル・トム・オマ・ナイ	274
サルパ	362
サル・パ・オマ・ナイ	218
サルパ・テレケ	363
サル・パ・ペッ	218
猿払 さるふつ	168
サルブツ	308
サルブト	167
佐瑠太 さるぶと	361
サル・プトゥ	361
サル・プッ	167
サルベツ	167

猿別 さるべつ	305
サル・ペツ	305,307
サルマトヲ	189
沙留 さるる	180
猿留 さるる	337
サルンクル	356,360
サルンペッ	218
サロベツ川	139
サロベツ原野	139
猿間川 さろまがわ	218
サロマ湖	190
佐呂間町 さろまちょう	191
サロマトー	190
サロマプトゥ	191
サロマベツ	140
佐呂間別川 さろまべつがわ	191
サロマペッ	139
サロマ・ペッ	190,218
サロルン・ウシ	337
サロロ	179,337
沢木 さわき	177
サワキ	177
サワケ	177
沢町 さわまち	487
砂原 さわら	424
サン	101,367
サン・オプッ	208
三階滝川 さんがいたきがわ	408
三角山 さんかくやま	21
産化美唄川 さんかびばいがわ	45
サンケ・ナイ	479
サンケピパイ	45
三毛別川 さんけべつがわ	132,134
サンケ・ペッ	132,134
サンチユフ泊	130
三泊 さんとまり	130
サン・トマリ	130
サンナイ	162
珊内 さんない	164,479
サン・ナイ	164
サン・ナイ・プトゥ	184
三本杉 さんぽんすぎ	453

サンミチセ	406
サンル	149
サン・フペシペ	149

〔シ〕

シー・アショロ	300
シーウシシペッ	107
シーキナ	111,372
シー・クリキ	62
シー・シカリペッ	318
シーショコツ	184
シー・ショコッ	184
シーソラッチ	73
シー・ソラッチ	73
シーソラプチ川	73
シートカッチ	323
シー・トカッチ	323
シートコロ	203
シー・ヌッシャ	127
シー・ホロカ・ウン・ペッ	347
シー・ムッカ	203
シー・モシリ	251
シー・ユーパロ	73
シアクシナエ	66
支安平　しあびら	377
シ・アピラ	377
シアンルル	286
シイシカリベツ	318
シ・イショ	242
シイヌプシヤ川	127
シイヘツ	450
しいもし	251
しいもしり	250
シイ・ワツシャム	153
シウキナウシトウ	38
シウリ	79,374
紫雲古津　しうんこつ	362
塩狩　しおかり	154
塩狩峠　しおかりとうげ	100
汐首　しおくび	428
シ・オ・ナイポ	169

塩幌川　しおほろがわ	301
汐見　しおみ	370
塩谷　しおや	493
シカウンベ	425
鹿追　しかおい	318
鹿落し　しかおとし	478
鹿の谷　しかのたに	63
シカヘツ	424
鹿部　しかべ	425
シカラ・ペッ	237
シカリ・イ	236
シカリ・ウン・ナイ	236
然別　しかりべつ	316,488
然別川　しかりべつがわ	316,318
然別湖　しかりべつこ	318
シ・カリ・ベツ	316
シカリ・ペッ	488
シカルンナイ・エトゥ	237
シカルンナイ川	236
敷生　しきう	385
シキ・ウ	385
シキ・ウシ・ナイ	365
シ・キナ	426
シキナウシナイ	113
シクシシ	400
シクズシ	494
シクチョロ	270
シクツウル	400
シクトゥル	494
シクトゥッ	400,494
シケオショロシユマ	483
シケベ	425
シケレペ	35
シケレヘウシヘツ	35
シケレペ・オ・ペツ	201
シケレヘニ	36
シケレベウシベツ	35
シケレベツ川	202
シケレベニウシ	35,36
地獄谷　じごくだに	390
シ・コタン	243
色丹島　しこたんとう	243

シコツ	55	篠路　しのろ	25
支笏湖　しこつこ	56	篠路川　しのろがわ	25,27
支笏湖畔　しこつこはん	56	シノロブト	26
シコツブト	56	染退　しびちゃり	352
シ・コッ	56	シビチャリ	352
シコッ	430	シビチャリブト	352
シコッ・トホ	56	志比内　しびない	108
シコッ・プトゥフ・トホ	54	シ・ピ・ナイ	108
シコテムコ・エアン・パラト	57	渋井　しぶい	474
シコテムコトホ	57	渋山　しぶさん	313
シシリムカ	360	シプケウシ川	69
シシリ・ムカ	370	シプサラピパウシ川	316
士寸川　しすんがわ	50	シブチャリベツ	352
静狩　しずかり	413	シ・フッチ・ナイ	351
静内　しずない,しつない	289,352	シブノツナイ	181
シセウマナイ	348	シフントウホ	161
支雪裡川　しせつりがわ	269	志文　しぶん	42,181
シ・セッチリ	269	シベ・イチャン	352
舌辛　したから	278	シベ・オチ	243
下頃辺　したころべ	290	シベオッ	232
シタッ	278	シベ・オッ	243
シタッ・カラ	278	標茶　しべちゃ	272
シツキ	454	シベチャリ	352
シツナイ	351	シベチャン	352
シッテク・サム	281	シベツ	35,48
シッテキシャム	120	シベツ	148
シットキ	120	士別　しべつ	150
シットゥ	347	標津　しべつ	232
シットゥカリ	320,347	標津川　しべつがわ	232,254
シトチ	347	シベツヲロ	250
シネエムコ	439	士別峠　しべつとうげ	152
シネ・エムコ	439	薬取　しべとろ	250
シネンゴ	439	シペツコパクシポロナイ	197
シノ・ノテトゥ	205	シペツ	47,150,232
シノマン・ウシシペッ	106	シ・ペッ	47,218
シノマン・オトプケ	316	シ・ペッ・オロ	250
シノマンサツホロ	37	シペッチヤ	272
シノマンシカリベツ	318	シ・ペッ・チャ	272
シノマン・シセウマナイ	348	シベヲツ	232
シノマン・チウ・ウシ・ペッ	453	四方嶺　しほうれい	390
シノマンペッ	396	シホロカアンベツ	347
志海苔　しのり	428	シ・ホロカベツ	63

志幌加別川	しほろかべつがわ	63	シヤクウシ	20
シホロカペツ		63	シヤクシ	20
士幌川	しほろがわ	313	シヤクシコトニ	19
士幌町	しほろちょう	314	シヤクベツ	284
シボサム		294	シヤクマ	126
淵寒村	しぼさむむら	294	シヤクルクシヘツ	96
志発島	しぼつとう	243	シヤスコタン	251
シポッ		243	しやつほろ	17
島歌	しまうた	454	シヤツホロ	26
島古丹	しまこたん	459	シヤツル	220,272
シマツケナイ		488	シヤマツケナイ	473
シマツケナイ川		473	シヤマニ	340
シマトカリ		221	シヤリハ	218
シマトカリ川		221	シヤリヲロ	337
島の下	しまのした	69	シヤルブトゥ	167
島牧	しままき	455	シヤロロ	337
島松	しままつ	32	シヤンマニ	341
シママフ		32	シャク・クシ・ルシャ	223
シママッフ		32	シャッ・コタン	251,482
島武意	しまむい	482	シャクシコトニ（北大構内の川）	20
シマン川		343	シャクシシメム	20
清水	しみず	319	シャ・クシ・ナエ	66
清水沢	しみずさわ	63	尺別	しゃくべつ	284
清水ビバウシ川		320	シャク・モイ	231
占冠	しむかっぷ	373	シャッ・ル	223
シ・ムカッ		374	舎熊	しゃぐま	126
シムシリ		250	積丹	しゃこたん	481
占守	しむしゅ	251	積丹岬	しゃこたんみさき	482
シモウタ		454	捨子古丹	しゃしこたん	251
下エベコロベツ川		139	シャシ・コタン	251
下大誉地川	しもおよちがわ	302	シャシ・ルイ	228
シモカプ		373	シャ・タイ・ペッ	383
下川町	しもかわちょう	148	社台	しゃだい	383
下白滝	しもしらたき	187	シャツナイ	438
シモシリ		250	紗那	しゃな	250
下徳富	しもとっぷ	50	斜内	しゃない	170
下内太路川	しもないふとろがわ	166	社名淵	しゃなふち	185
下沼	しもぬま	139	シャマイクルチセ	112
下ハカイマップ川		452	シャマンベ	413
下ヨイチ		487	シャム・オマ・イ	295
シモン・オカシ・ペッ		393	シャモトマリ	130
シヤウシベツ		87	シャモ・ライケ・ウシ	481

シャラ……424	シュー・オマイ……258
斜里　しゃり……217	シュー・オル・ペッ……313
斜里川　しゃりがわ……218	シューパロ……64,73
斜里郡　しゃりぐん……216,217	シュー・ヤ……493
斜里岳　しゃりだけ……219	シュウトルマップ川……182
シャル……218	十二軒川　じゅうにけんがわ……21
シャルンペッ……218	十二線川　じゅうにせんがわ……129
シャレウコッ……166	しゅうり川……78
シャレウコットー……166	朱円　しゅえん……220
シャロロ……179	シユオプ……113,296
シ・ユーパロ……64,65	シユオプニセイ……104
シ・ユーペツ……187	シユオプ……313
シユウキナイ……116	シユクシ・ペッ……365
支湧別川　しゅうべつがわ……188	宿主別　しゅくしゅべつ……365
シユオマナイ川……348	祝津　しゅくづ……400,494
シユシヤンペツ……134	祝津　しゅくづし……400
シユツナイ……351	祝津の山　しゅくづのやま……400
シユツネ……351	宿徳内　しゅくとくない……262
シユフンベツ……126	シュクトゥッ・ウシ・ナイ……262
シユホロ……62	宿野辺　しゅくのべ……425
シユマヲコタン……459	祝梅川　しゅくばいがわ……54
シユマヲマイ……455	シュクパイ……54
シユマヲマフ……32	シュクッ・ウシ・ペッ……365
シユマウシナイ……90	シュサム・ペッ……134
シユマウシベツ……88	シュシュ・ウシ・ナイ……199
シユマウナイ……90	シユシユウンナイ……51
シユマクヲマキ……455	シユツ……258
シユマコマキ……455	シユツキ……400
シユマサン……495	シユツ・ナイ……351
シユマサンナイ……88	聚富　しゅっぷ……113
シユママツプ……32	シユツ・ポロ……301
シユマムイ……449	シュトゥナイ……351
シユマンベツ……88	朱太川　しゅぶとがわ……456
シユム……241	しゅぶんべつ……126
シユムカプ……373	シユプキ……456
シユル川……374	シユプ（キ）・サラ……313
シユルクヲマナイ……280	シユプキ・サラ……316
シユンカルコダン……230	シユプキ・ナイ……444
シユンヘツ……341	シユプキ・ペッ……454,456
シユルク・タ・ウシ・ペッ……152	シュプケウシ……70
シユーウンコツ……362	シユプ・サル……352
シュー・ウン・コッ……362	シユプシャル……352

529

シュプトゥ	456	シュムンケモペッ	406
シュプノッナイ	180	シュムンコッ	362
シュプノッペ	425	朱文別　しゅもんべつ	126
シュプン・ペッ	42	シュルク・オマ・ナイ	160
シュプン・ウン・トー	215	シュルク・オマ・ペッ	280
シュプントー	162	シュルクタウシペッ川	152
シュプン・トー	162	シュルコマナイ	160
シュプントウ沼	162	春刈古丹川　しゅんかりこたんがわ	230
シュポ	296	シュンクウシホロカナイ	84
シュホロ	69,70	シュンク・トマリ	480
シュポロ	62,70,85,301	春国岱　しゅんくにたい	240
シュホロペッ	313	シュンク・ニタイ	240
シュポロ	62,70,85,301	春別　しゅんべつ	235
シュマ・オタ	454	シュンベツ川	354
シュマ・オ・ナイ	90	春別川　しゅんべつがわ	343,354
シュマ・オマ・ナイ	90	ショーナイ	169
シュマオマㇷ゚	32	ショカンヘツノホリ	125
シュマ・サン・ナイ	495	ショロカンヘツ	347
シュマテレケウシ	456	ショロカンベツ川	347
朱円　しゅまとかり	220	ショー・コツ	179
シュマ・トゥカリ	449	ショー・ヤ	493
シュマトゥカリペッ	221	定山渓温泉　じょうざんけいおんせん	35
シュマフレユーペッ	188	精進川　しょうじんがわ	30,470
シュマ・モイ	449,483	精神川　しょうじんがわ	230
朱鞠内　しゅまりない	86	小豆川　しょうずがわ	77
シュマリ・ナイ	86	小利別　しょうとしべつ	304
シュマ・リ・ナイ	87	昭和新山　しょうわしんざん	406
朱鞠内湖　しゅまりないこ	87	ショ・オロ	281
シュマン	343	ショ・オロ・カ・アン・ペッ	347
シュム	355	ショ・カ・アン・ペッ	125
シュム・ウシ	251	暑寒別　しょかんべつ	125
シュム・カル・コタン	230	ショカンペッ・ヌプリ	125
シュム・クシ・ラッコペッ	330	ショキ	48
シュムクシ・ラッコペッ	330	植物園　しょくぶつえん	19
シュム・シリ	250	渚滑　しょこつ	180
シュムシャマニ	341	ショ・コツ	180
シュム・シュ	251	ショー・コツ	180
シュムチ	251	初山別　しょさんべつ	134
シュム・ペッ	235	ショママㇷ゚	32
シュムペッ	343,354,447	庶野　しょや	337
シュムンクル	353	ショ・ヤ	337
シュムンクル	356	庶路　しょろ	281

女郎子岩　じょろこいわ	483	シリエト	266
ショロロ	281	シリ・エトゥ	266
白井川　しらいがわ	35	シリ・エトコ	224
シラウ・オ・イ	383	シリヲチ	434
シラウオイコヘノエオサルペッ	408	シリカト	116
シラウ沢	361	尻岸内　しりきしない	427
白老　しらおい	383	尻岸馬内川　しりきしまないがわ	70
白樺　しらかば	88	シリキ・シラリ	427
白神　しらかみ	437	シリ・ケㇲ・ナイ	247
白滝　しらたき	187	尻駒別川　しりこまべつがわ	280
知津狩　しらつかり	113	シリコマ・ペッ	280
白糠　しらぬか	281	シリ　サラ　ベ	429
白符　しらふ	435	尻沢部　しりさわべ	429
シララ	416	シリサンベ	429
シララ・エトゥ	428	後静　しりしず	255
シララ・オ・イ	383	シリシャンペ	429
シララオイカ	281	シリシユツ	163
シララ・トゥカリ	113	シリ・シュッ	163
シラリ	416,429	知人岬　しりとみさき	266
シラリイカ	416	シリトリマップ	181
シラリ・イカ	281	シㇳ・トゥカリ	413
シラリカ	281,282	シリ・ナイ	117
シラリカ川	416	尻苗　しりなえ	117
シラリカタナイ	194	シリパ	486,492,497
シラリカㇷ゚	281,282	シリ・パ	260,462,482
シラㇽ	416,423	シㇼ・パ	486
シラㇽ・イカ	416	シリブカ	471
シラㇽ・カ	282	後志　しりべし	445
シラㇽカウ	281	後志利別川　しりべしとしべつがわ	450
シラㇽ・カ・タ・ナイ	194	シリベツ	36
シラㇽ・カムイ	437	尻別川　しりべつがわ	36,461
シラㇽトロ	271	尻別岳　しりべつだけ	468
シラㇽトロ・エトコ	271	シ・リ・ベツ	461
シラㇽトロエトロ川	271	シリ　ベツ	461
シラㇽ・ハ	416	シリペツコヘノエオサルペッ	408
シラッカリ	437	シリポㇰ	338
シラッチセハボロ	133	シリ・ポㇰ	338
シラットゥカリ	433,437	シㇼ・ポㇰ	428
シリアツカリ	113	尻羽岬　しりっぱみさき	260
シㇼ・アッカリ	434	シリンッ	40
尻臼　しりうす	164	シルウシ	163
知内　しりうち	433	シルシ	163

シルトルマップ川	79	〔ス〕	
シルトゥルノシケオマプ	80		
シルトゥロマプ	182	水晶島　すいしょうとう	242
シルベツ	460	スオプ・ポロ	301
シルムカ	471	鈴川　すずかわ	469
シルムカペツ	471	須築　すつき	454
シレト	194	寿都　すっつ	456
シレトゥ	266,282,429	スッツ	456
シレトク	157	砂川　すながわ	47
シレトコ	154,384	洲根子　すねこ	439
知床　しれとこ	158,224,384	須部都　すべつ	47
シレハ	260	須麻馬内　すまうまない,すまままない	89
シレパ	470,482	清川　すみかわ	500
シロイ川	500	摺鉢山　すりばちやま	119
白石　しろいし	28	スンコツ	362
白岩　しろいわ	455	ズルモツベ	128
白岩町　しろいわちょう	486		
シロカカリトープイ	327	〔セ〕	
白金温泉　しろがねおんせん	112		
シロトウ	308	セイ・オ・イ	292
ジロトウ	308	セイオトープイ	327
白水川　しろみずがわ	407	セイ・オ・ピラ	81
城山　しろやま	262	セイオロサム	294
新川　しんかわ	24	生花　せいか	324
新篠津村　しんしのつむら	40	セイヨウベツ川	418
新知　しんしる	250	政和　せいわ	86
新得　しんとく	320	背負　せおい	292
新十津川　しんとつがわ	50	関内　せきない	444
シントク川	320	石北峠　せきほくとうげ	104
シンヌプシヤ	127	石油沢川　せきゆざわがわ	78
シンノシケ・コトニ	19	セセキ	227
シンノシケ・オカシペツ	393	瀬石　せせき	227
シンノシケクスモペツ	406	セセク	389
シンノシケコトニ	18	セセクペツ	276
シン・ノツ	40	セセク・ペツ	276
シンノノトエト	205	セセツカ	35
新信砂川　しんのぶしゃがわ	127	セタイワキ	399
シンプイ	108,474	セタ・ウォーキ	399
新室蘭港　しんむろらんこう	401	セタウシ	186
シンリウネンコロ	258	セタエワキ	453
真竜　しんりゅう	258	セタカムイ岩	486
陣屋町　じんやまち	403	セタカモイ	486

セタトマ……350	ソー・ウン・ペッ……103
瀬棚 せたな……453	ソー・エ・アン・ナイ……391
セタナイ……415,453	ソーケシオマベツ川……469
セタニウシウトゥルコツ……186	ソー・ケシ・オマ・ペッ……469
セタニウシ山……186	ソーコロナイ……472
瀬田来 せたらい……289	ソー・ペッ……406
セタルヘシナイ……453	ソー・ポㇰ……500
セタワキ……399	ソー・ヤ……163,164
セツシ……473	ソーラッチ……66
雪裡 せつり……268	層雲峡 そううんきょう……103
雪裡太 せつりぶと……268	桑園 そうえん……20
セッ・ウシ……473	ソウサンベツ……134
セッ・ウシ・ナイ……179	蘇牛 そうし……279
セッ・チリ……268	ソ・ウシ……51
セッ・チリ・ウシ……268	ソ・ウシ・ペッ……365
節婦 せっぷ……358	双珠別 そうしゅべつ……373
瀬戸牛 せとうし……179	総主別川 そうしゅべつがわ……365
瀬戸瀬 せとせ……186	ソウスケ川……466
セトセ川……473	創成川 そうせいがわ……26
セトゥシ……186,474	ソウツケ……466
銭函 ぜにばこ……499	壮瞥 そうべつ……406
セㇷ゚……358	宗谷 そうや……163
セモナシベツ……164	宗谷岬 そうやみさき……164
セモヤンヘツ・……164	ソウヤワタラ……225
セヨピラ……81	添牛内 そえうしない……86
セヨベツプト……418	ソ・エ・オマ・ㇷ゚……348
セロンペッ……19	ソエマㇷ゚……348
仙美里 せんぴり……298	ソオウンナイ川……86
センピリ……299	測量山 そくりょうざん……399
仙法志 せんぽうし……157	ソコツナイ……472
仙鳳趾 せんぽうし……259	宿内川 そこないがわ……472
センボウジ……259	ソ・コル・ナイ……472
釧北峠 せんぽくとうげ……214	ソコソナイ……472
	ソシケ……116
〔ソ〕	ソッキ……51,466
	ソツコナイ……472
ソー……68	総富地川 そふちがわ……50
ソーアンナイ……391	空知 そらち……65
ソーウシナイ……88	空知川 そらちがわ……65
ソー・ウシ・ペッ……373	空知大滝 そらちおおだき……68
ソー・ウン・ナイ……87	ソラッチ・プトゥ……65
ソーウンペッ……103	ソリヲイ……468

533

ソロロ	92,281	タッ・ニナル・ウシ・ナイ	162
		達布　たっぷ	43
〔タ〕		タップコップ	44
		達布山　たっぷやま	44
タイ・オロ・オマ・ペッ	149	伊達　だて	404
大樹　たいき	328	タトゥシナイ	81
タイキ・ウシ	328	多度志　たどし	81
大黒ケ沢　だいこくがさわ	460	種川　たねかわ	452
大コクシマ	242	種前　たねまえ	458
大黒島　だいこくじま	258,399	旅来　たびこらい	291
大正　たいしょう	310	タプコイ	291
大千軒岳　だいせんげんだけ	437	タㇷ゚コㇷ゚	212,270,354
大雪山　たいせつざん	105	タㇷ゚コㇷ゚・アン・ナイ	395
タイルベシベ	119	タㇷ゚コㇷ゚イヤンナイ	395
タオロマイ	382	タㇷ゚コㇷ゚・エ・アン・ナイ	395
タオロマㇷ゚	129	タㇷ゚コㇷ゚・エ・アンナイ	395
高島　たかしま	295,494	タㇷ゚コㇷ゚ケソマナイ	301
鷹栖町　たかすちょう	98	タㇷ゚コㇷ゚・ライ	291
鷹泊　たかどまり	82	タムパケ	122
鷹泊ダム　たかどまりダム	83	タㇺパケ	122
滝川　たきかわ	65	多寄　たよろ	149
滝里　たきさと	68	タヨロマ川	149
滝の上　たきのうえ	61	タヨロマ・ペッ	149
滝上　たきのうえ	183	タラ・ウㇰ・モシリ	243
滝下　たきのした	181	タラエクシナイ	457
拓北川　たくほくがわ	96	タラ・オマ・イ	382
竹浦　たけうら	385	多楽島　たらくとう	243
タチギ　ボォシ	117	樽川　たるかわ	27
立待岬　たちまちみさき	429	樽岸　たるきし	457
立牛　たつうし	180	タルマイ・ヌブリ	382
達古武　たつこぶ	270	樽前　たるまえ	382
辰五郎川　たつごろうがわ	473	樽前山　たるまえさん	382
タツニウシナイ川	162	タルマップ川	129
立仁臼川　たつにうすがわ	229	タロ・ケス	457
タツニナヤラ	162	タロマイ	382
タツフコイ	291	多和川　たわがわ	272
タッ・ウシ	180	タンネ・トー	52
タッコブ川	211	タンネウェンシリ	23
タッタルケイ	307	タンネソ	333
タッニ・ウシ・ナイ	162	タンネ・トー	243
タッニ・ウス	229	タンネトウ	52
タッニナラウシナイ	162	タンネ・ヌタㇷ゚	208

タンネ沼	243	チェプ・ポ・オチ	260
端野　たんの	199	チェプポ・オチ	260
タンパケ	122	チェプ・ポプ・ウシ・イ	259
		チェプント―	147
〔チ〕		チェプンペツ	19
		チェポッナイ	132
地嵐別　ちあらしべつ	262	チェポッナイ川	132
小砂子　ちいさご	439	チヲプシ	244,324
チウ・アシ	456	チ・オ・プシ・イ	244
チウ・ウシ・ペツ	453	チ・オ・プシ・イ	324
チウクベツ	285	チ・オロ・ペツ	262
チウ・サン	313	チカプ・オツ	82
チウベツ	99	チカプポ・オチ	156
チウペツ	99	チカイェプ	339
チウ・ル	232,278	近浦　ちかうら	339
チウ・ルイ・トープイ	327	誓内　ちかない，ちかふない	339
チウ・アシ・ペ	267	チカフニ	98
チゥプカンクル	248	近文　ちかぶみ	98
小牛　ちえうし，ちせうし	199	チカプエワケ	221
チ・エ・オタ	295	チカプオツ川	82
チエサクエトンビ川	219	チカプ・ナイ	339
チエツポヲチ	259	チカポイ	363
チエツポフシ	259	チキサニ	18,344
チエトイ	166,196	チ・キサ・ニ	30
知恵問　ちえとい	297	チキサニ・カルシ	31
チ・エ・トイ	329	チキサニ・カルシ	344
チエトイオマイ	166	チキサプ	30
チエトイ・オマ・ナイ	166	チ・キサ・プ	31
チエトイナイ	196	チ・キサ・プ	31
チエトイ・ペツ	427	チキシヤニ	30
チエフヲマナイ	260	チキシヤブ	30
チエフホフシ	157	地球岬　ちきゅうみさき	398
チエフンベツ	19	チクシナイ	438
智恵文　ちえぶん	147	チクシル	266
チエホヲチ	157	チクシルウ	266
チェプ・ウシ	244	チクベツ	99
チェプ・ウン・トー	147	築別　ちくべつ	134
チェプホオチ	157	チクヘツブト	98
チェウレ	134	チクペニ	99
チェプ・ウン・ペツ	19	チケウェ	398
チェプ・オマ・ナイ	260	チケプ	398
チェプサクエトゥンピ	219	ちこない	433

千栄　ちさか……………367	チフクシベ………………81
チシ………………165.453	チフトラシ………………18
チシエムコ………………439	チフニウシヘツ…………229
千島　ちしま……………247	チブタウシナイ川………452
知志矢　ちしや…………165	チブタシナイ……………492
チシヤ……………………165	チㇷ゚・エ・カリ・ウㇱ・イ……216
チㇱ・ヤ……………………165	チㇷ゚・オマ・ナイ…………260
チシユエウシ……………199	チㇷ゚カリウシ……………216
チスイエ…………………199	チㇷ゚クシペ………………81
チセショシベ……………121	チㇷ゚クシペッ……………81
チセソシベ………………122	チㇷ゚・タ・ウㇱ・ナイ……414,452
チセソスヘ………………121	チプタウシナイ…………492
チセ・ソソ・ウシ・ペ……122	チプタウシナイ川………414
地勢根尻　ちせねしり……39	知布泊　ちぶとまり……221
チセ・ネ・シリ………………39	チㇷ゚・ニ・ウㇱ・ペッ……230
チセホヲチ………………157	重蘭窮　ちぶらんけうし…259
秩父別　ちっぷべつ………81	チㇷ゚・ランケ・ウシ………259
知方学　ちっぱまない…260	チヘカルウシ……………188
智東　ちとう……………147	チペカリウシ……………188
チトカニウシ山…………103	チペカルシ………………216
千歳　ちとせ……………393	チホヲマナイ……………260
千歳川　ちとせがわ…51,53,55,59,391	池北峠　ちほくとうげ……203,304
千歳市　ちとせし…………55	チホホロ…………………301
チトゥカヌシナイ…………105	チポヤンゲ………………432
チトゥカン…………………103	千舞別川　ちまいべつがわ…404
チトゥカンニウシ…………103	チマ・イベ・ベツ…………404
千鳥の滝　ちどりのたき……61	チマエベツ………………404
知西別　ちにしべつ　つにしぺつ……229	チ・マ・エ・ペッ……………404
チニシベツ………………229	チミケップ川……………212
チヌイェピラ………………399	チヤシナイ………………483
乳呑　ちのみ……………344	チヤラセヘツ……………262
チ・ノミ・シリ………………99	チャシ………………120,401
チノミシリ………………148	茶志骨　ちゃしこつ………234
チパ………………………208	チャシ・コッ…………234,474
チパイペッ………………404	チャシコッナイ…………292
チパシリ…………………208	チャシ・ナイ……………46,474
チパ・シリ………………208	チャシ・ナイ………………46
チ・パ・シリ………………208	茶志内　ちゃしない………45
チパペリ川………………129	チャシュンナイ……………46
チパペル…………………129	チャチャ・ヌプリ………229,249
チヒカルシ………………189	チャチャヌプリ…………249,276
チピカルウシ……………189	茶津　ちゃつ…………401,474,483

茶内　ちゃない	255	長節　ちょうぶし	324
チャミチセ	406	長節　ちょうぼし	244
茶屋川　ちゃやがわ	415	直別川　ちょくべつがわ	284
チャラセナイ	222	チョロベツ川	262
チャラ・セナイ	261	知来　ちらい	191
チャラセ・ナイ	398,486	チライ・オチ	23
チャラセ・ペッ	262	チライ・オッ	47,167,191
茶良津内　ちゃらつない	398	チライヲツ	414
チャラツナイ	486	チライオチ	414
チャラライ・ナイ	398	知来乙　ちらいおつ	47
チャラッセナイ	222	チライカリベツ川	256
チャランケ岩	410	知来川　ちらいがわ	414
チャルセナイ	46	知来別　ちらいべつ	167
チャロ	188,291	チライ・ペッ	167
茶路　ちゃろ	282	チリ・オチ	434
チユウシ	199	チリ・オロ	367
チユフ	130	散布　ちりっぷ	256
チユフベツ	285	知利別　ちりべつ	402
チュㇷ゚カ・ペッ	108	チリ・ペッ	402
チュㇷ゚・ペッ	108	チルハシナイ	268
チューブス川	152	チルワツナイ	268
忠志　ちゅうし	199	チロット	308
チュウシベツ川	453	白人　ちろと	308
忠別川　ちゅうべつがわ	98,107	チロトー	308
忠類　ちゅうるい	232,327	チロㇷ゚	435
チュㇰ・チェㇷ゚	99	千呂露　ちろろ	367
チュクベツ	99	チロロ岳	367
チュクペニ・ペッ	99	チ・ロンヌ	367
チュㇰ・ペッ	99,134,285	チロンノㇷ゚・セッ・ウシ・ナイ	179
チュㇷ゚カ	248	チワシペ・コタソ	267
チュㇷ゚カ・アン・グル	247	チワシペッ	38
チュプカ・アン・グル	248	チワシ・ペッ	456
チュㇷ゚カ・ウン・クル	248	チワシペト	38
チュㇷ゚カ・グル	248	千走　ちわせ	456
チュㇷ゚カ・ペッ	98	チン	370
チュㇷ゚ペッ	99	チンコイベ	452
チュㇷ゚・ポㇰ…	248	鎮錬川　ちんねるがわ	316
チョープシ	244	チンルアシナイ	268
千代志別　ちよしべつ	121	チンル・アッ・ナイ	268
千代田　ちよだ	295	チン・レリㇰ・オマㇷ゚	316
チョウカン村	294	チンレルコマㇷ゚	316
銚子口　ちょうしくち	425		

〔ツ〕

対雁　ついしかり……………………40
ツイシカリ川……………………………40
津石狩川　ついしかりがわ……………40
ツウシベツ……………………………450
杖苦内　つえとまない………………166
津軽　つがる…………………………437
月形　つきがた…………………………48
月寒　つきさむ……………………30,344
ツキサップ………………………………30
つきさっぷ……………………………344
尽内　つくしない……………………438
ツコタン………………………………492
つころ…………………………………194
常室　つねむろ………………………289
津花　つばな…………………………440
ツッカ…………………………………437
津別　つべつ…………………………212
ツルヲツヘ……………………………128
鶴居村　つるいむら…………………268
鶴沼　つるぬま…………………………49
ツルハシナイ川………………………268

〔テ〕

手稲　ていね……………………………23
テイネ・イ………………………………23
テイネ・ニタッ…………………………23
テイネ・ヌプリ…………………………23
テイネイ………………………………189
テイネ川………………………………189
手稲山　ていねやま……………………23
テイネ・ル……………………………268
天売島　てうりとう…………………133
テウレ・シリ…………………………133
テキサマ………………………………120
適沢　てきさわ………………………120
テシ………………………………93,419
テシウシ………………………………137
テシウニ………………………………137
天塩　てしお…………………………137

天塩川　てしおがわ……………139,140
天塩郡　てしおぐん…………………137
天塩町　てしおちょう………………137
天塩国　てしおこく…………………137
テシ・オ・ペッ………………………137
テシ・カ・カ…………………………273
弟子屈　てしかが……………………273
手師学　てしがく, てしょまない…198
徹別　てしべつ………………………279
テシホ…………………………136,137,154
テシヤオマナイ…………………………93
テセウ…………………………………137
テセウ・ルペシペ………………90,137,149
テセウルペシペ川………………………88
出足平　でたるひら…………………486
テツシ…………………………………137
デト二股川　デトふたまたがわ……133
手宮　てみや…………………………495
手宮中川　てみやなかがわ…………495
テミヤ・ペッ…………………………495
照岸　てるぎし………………………475
テッシ…………………………137,144,145
テレケウシ……………………………340
テレケ・ウシ…………………………475
テレケウシナイ………………………447
天狗山　てんぐやま……………………36
天人峡　てんにんきょう……………109
天寧　てんねる………………………268
天幕　てんまく………………………102
テンムン・ヤ…………………………495
電信浜　でんしんはま………………399

〔ト〕

トー……………………………57,161,209,411
トーウッ………………………………177
トーオマナイ…………………………106
トー・オマ・ペッ……………………318
トーカ…………………………………295
トーキナ………………………………117
トー・クシタ…………………………411
トー・クッチャロ……………………168

トー・ケシ	397	トイルパ	193
トーチャロ	206	トイル・パ	193
トー・ノシケ・モシリ	411	トウウツ	177
トーパイェ	240	当沸川 とううつがわ	177
トープイ	326	トウエメクシヘ	215
トープチ	215	十日川 とうかがわ	295
トー・プチ	326	トウカブチ	286
トープトゥ	215	トウカプ	286
トー・プトゥ	239	トウカルモエ	401
トー・プッ	177,190,192,294	峠下 とうげした	130,430
トープッ	190,192,206,215,401	トウシベツ	172
トー・ベツ	350	砥歌川 とうたがわ	448
トー・ペッ	38,434	トウツルト	217
トー・ホロ	234	濤釣沼 とうつるとう	217
トー・マコマ・ナイ	380	トウトゥル	217
トー・モシリ	275	東梅 とうばい	240
トー・ヤ	269,411	鐺沸 とうふつ	192
トー・ル	193	濤沸 とうふつ	215
トール・パ	193	十弗 とうふつ	293
トアオタ	448	十弗川 とうふつがわ	294
トァㇰコタン	121	濤沸湖 とうふつ	216,217
遠浅 とあさ	377	トウフルカ	412
ト・アサム	377	トウブイ	326
戸井 とい	428	遠太 とうぶと	239
トイ・オ・イ	329	当別 とうべつ	38,433
トイカウシ	193	鐺別 とうべつ	273
ト・イカ・ウシ	193	トウベツ	308
トイ・カム・ペッ	141	東別 とうべつ	350
トイカムペッ	169	当別川 とうべつがわ	470
問寒別 といかんべつ	141	当別太 とうべつぶと	38
トイカンベツ	169	当縁 とうべり	326
トイクシペ	274	当幌 とうほろ	234
トイシカラ・メム	29	当麻町 とうまちょう	106
樋平 といひら	29	トウマベツ	318
トイピラ	29	トウマベツ川	318
トイベツ	350	トウマル川	478
トイペッ	350	遠矢 とうや	269
問牧 といまき	171	トウヤ	412
トイマチヌフ	261	洞爺駅 とうやえき	411
トイマルクシペツ川	102	洞爺湖 とうやこ	411
トイル	193	洞爺湖温泉 とうやこおんせん	411
トイルハ	193	洞爺村 とうやむら	411

東洋　とうよう	338	トゥプ・モシリ	243
トウラシ・エホロカアンベツ	111	トゥ・ペッ	212,309
トウルパ	193	トゥペッ	273
塘路　とうろ	270	トゥ・ペッ・クシ	273
トウロ	308	当丸沼　とうまるぬま	478
トゥ・ケシ・サプ	31	当丸山　とうまるやま	478
トゥーキ・オマイ	166	トゥミ・ルペシペ	301
トゥー・ボッ・ケ	427	トゥ・モシリ・ウシ・イ	243
トゥー・ボケ	427	トゥモシルシ	243
トゥイ・パケ	170	トゥラシ・エホロカアンペッ	72
トゥイマ・チ・ヌプ	261	トゥリ・トゥイェ・ウシ	269
トゥイマ・ルペシペ	102	トゥレプ	97
トゥイ・ルペシペ	79	トゥレプシ・リクンペッ	303
トゥイェ	216	トゥワル	150,418
トゥイェ・ピラ	46	トゥワルペツ	418
トウトゥク	130	トゥンニ・ペッ	43
トゥ・エトコ	131	トゥン・ニ・カ	361
トゥエピラ	29	トゥン・ニ・カル	361
トゥカプチ	286	トゥンミシ	252
トゥカラ・モイ	227	ト・ウン・ナイ	157
トゥカリショ	494	ト・ウン・ペッ	168
トゥカル	437	トエ・コロ	293
トゥカルシュマ	494	ト・エトゥ・ウシ・ペ	275
トゥキ	165	トエトクシペ	215,275
トゥキ・オマ・イ	165	登栄床　とえとこ	189
トゥキ・モイワ	165	ト・エトコ	189
トゥク	50,443	トエマキ	171
トゥクシシュンペッ	408	トエルペシペ	79
トゥッピタラ	28	ト・オマ・プ	210
トゥク・ミンダラ	346	ト・オロ	270
トゥ・コタン	121,235,258,269,410,492	トオロコタン	270
トゥコタン	235,258,269,410	トヲ・ウン・ベツ	434
トゥコロ	194	トヲブイ	326
トゥ・コロ	194	十勝　とかち	15,286
トゥゴロ	194	十勝川　とかちがわ	286,287,290,320
トゥシ	294	十勝郡　とかちぐん	287
トゥシ・ペッ	294,450	十勝岳　とかちだけ	112,330
トゥシペッ・プトゥ	295	トカチベツ	286
トゥ・ナシ・ペッ	73	トカプチ	286
トゥニ・ウシ・ペッ	73	トカラモイ	227
トゥパナ	440	トカラモイ川	227
トゥプ・ウシ	189	トガプチ	286

トカリムイ		286
トキカラモイ		401
トキビラ		28
時前	ときまえ	165
トク		28
トクシシ・ウシ・ペッ		408
徳志別	とくしべつ	173
徳舜別	とくしゅんべつ	408
床丹	とこたん	121,190,235
床潭	とこたん	258
ト・コタン		121,190,235
トコタン		410,492
常呂の語義		195
常呂川	ところがわ	195,203
常呂郡	ところぐん	192
常呂市街	ところしがい	193
常呂町	ところちょう	192
トコロ・ペッ		194
ト・コロ・ペッ		194
トコロ幌内川	トコロほろないがわ	197,203
常呂山	ところやま	197
トゴロ		194
トコンポ・ヌプリ		463
ト・サム		377
ト・サム・ウシ・ペ		275
トサモシベ山		275
トシカ		26
利別	としべつ	295
利別川	としべつがわ	254,294,450
利別目名川	としべつめながわ	451
トシリパオマナイ		24
トツカリモイ		401
トツココタン		121
戸蔦別	とつたべつ	311
トツプ		50
トツホウシ		189
トツカリモイ		401
トツク		50
トツクブト		50
突哨山	とっしょうざん	99
トッタ・ペッ		311
徳富	とっぷ	50

徳富川	とっぷがわ	50
突符川	とっぷがわ	442
富武士	とっぷし	190
トトコ		130,131
海馬岩	とどいわ	358
椴法華	とどほっけ	426
トナシベツ川		71
ト・ヌカルシ・ペッ		323
ト・ネ・ペッ		38,43
利根別川	とねべつがわ	43
トノカリウシュベツ川		323
飛仁臼川	とびにうすがわ	229
トピウ		385
斗伏	とぶし	301
トプ・ウシ・アンルル		62
トプシアンルル		62
トプシ・ナイ		301
トプシペッ		172
トプ・モシリ		411
トプヨカオロ		293
トベツ		308
途別	とべつ	309
トベンナイ		160
トベン・ナイ		160
トベンヘラシ		199
トペ・ウン・ナイ		160
トペ・ニ		160
トペニ・ウン・ナイ		160
トペニ・ナイ		441
ト・ペッ		309
トペン・ナイ		160
トペンニ・ピラ・ウシ・ナイ		200
トペン・ピラ・ウシ・ナイ		200
トペンピラウシナイ川		200
トホシベツ		172
ト・ホン		161
トマ		259
苫小牧	とまこまい	380
ト・マコマイ		380
苫小牧川	とまこまいがわ	33,380,381
苫多	とまた	259
トマターヲロ		259

トマ・タ・ル	259
トマタロ	259
トマ・タ・ロ	259
トマ・チエ・ヌプ	261
十町瀬 とまちせ	261
トマ・チセ	261
苫別 とまべつ	337
トママイ	132
苫前 とままえ	132
斗満 とまむ	302
トマム	302,374
トマム	374
トマム川	74
トマム・ケシ・ナイ	451
トマム・ペッ	337
泊 とまり	441,475
トマリ	455
泊川 とまりがわ	455
トマリサン	484
泊内川 とまりないがわ	165
トマップ川	210
トマンケシナイ川	451
富内 とみうち	373
富浦 とみうら	392
富川 とみかわ	361
トミサンベツ	118
トミ・サン・ペッ	118
トムチクシ	333
トム・チ・クシ	333
トムラウシ	112,322
トメルベシベ川	301
友知 ともしり	243
トモシルシ	243
トモチクシ	333
トユニ	329
トヨイ	329,428
トヨイペッ	428
豊岩 とよいわ	165
豊牛 とようし	170
豊満 とようら	412
豊寒別川 とよかんべつがわ	170
豊頃 とよころ	293
豊頃町 とよころちょう	290
豊郷 とよさと	360
豊清水 とよしみず	144
豊城 とよしろ	370
豊田 とよだ	372
豊富町 とよとみちょう	139
豊似 とよに	329
豊沼 とよぬま	46
豊沼奈江川 とよぬまなえがわ	46
豊野 とよの	179
豊畑 とよはた	179
豊浜 とよはま	194,486
豊平 とよひら	29
豊平川 とよひらがわ	29
豊部内 とよべない	441
豊幌 とよほろ	41
トラヶ	243
トラシ江幌完別川 トラシえほろかんべつがわ	70
トララ・ウヶ	243
鳥崎川 とりさきがわ	423
トリトイウシ	269
鳥通 とりとうし	269
取布朱川 とりぷしゅがわ	303
トルバケ	192
登和里 とわり	151
トワリ	151
トワルベツ川	418
富岸 とんけし	397
トンナイ	157
富仁家 とんにか	360
トンニ・カ・ウン・コタン	370
トンニカラプ	361
頓別 とんべつ	168
トンマル	478
トンラウシ	322
トンラ・ウシ	323

〔ナ〕

ナアナイ	430
ナイ	46,66,252,291

542

五十音索引

ナイ・ウトゥル……………………166
ナイ ウトゥロ……………………165
奈井江 ないえ……………………46
ナイ・オロ…………………………215
ナイタイ川…………………………315
内大部 ないたいべ………………150
ナイタイベ…………………………315
内大部川
　　ないたいべがわ, ないだいぶがわ……91
ナイタユベ…………………………315
ナイ・タ・ユペ……………………150
ナイフト……………………………148
内淵 ないぶち……………………148
ナイブツ……………………………56
ナイプト……………………………148
ナイプトゥ…………………………55
苗別川 ないべつがわ……………55
ナイポ………………………………25
ナイ・ポ……………………………372
ナイェ……………………46,66,70
ナウケ………………………………332
ナエイ………………………………46
ナエ川………………………………66
奈江川 なえがわ…………………68
奈江豊平川 なえとよひらがわ……46
苗穂 なえぽ………………………24
中歌 なかうた………………126,428
中川 なかがわ……………………142
中川郡 なかがわぐん………142,290
中越 なかこし……………………102
中札内 なかさつない……………311
中標津 なかしべつ………………233
中島 なかじま………………275,411
中徳富 なかとっぷ………………50
中土場川 なかとばがわ…………184
中頓別町 なかとんべつちょう……169
中の川 なかのがわ………22,24,423
中ノ沢駅 なかめさわえき………414
中の二股川 なかのふたまたがわ……133
中富良野町 なかふらのちょう……69
中幌糠川 なかほろぬかがわ……129
中村 なかむら……………………428

中山峠 なかやまとうげ……………35
中湧別 なかゆうべつ……………184
長沼 ながぬま……………………52
永山 ながやま……………………99
長和 ながわ………………………406
七飯 ななえ………………………430
鉛川 なまりがわ…………………417
名寄 なよろ………………………148
那寄 なよろ………………………215
ナヨロフト…………………………148
ナンナイ……………………………430
難波田川 なんばたがわ…………106
南幌町 なんぽろちょう……………42

〔二〕

ニー・チャ…………………………343
ニ・アン・ペッ……………………371
新冠 にいかっぷ…………………356
仁居常呂川 にいところがわ……204
新内 にいない……………………320
ニイモヲロ…………………………241
ニウシ・タプコプ…………………92
ニ・ウシ・ペッ……………………90
ニウシ………………………………193
ニウシ………………………………204
ニ・ウシ……………………………193
ニ・ウシ……………………………365
ニ・ウシ・タプ……………………382
ニ・ウシ・ベ………………………229
入志別川 にうしべつがわ………90
ニウシペッ…………………………372
仁宇部 にうぶ……………………146
ニウプ………………………………146
ニ・ウン・ナイ……………………320
ニ・エ・アン・ペッ………………372
荷負 におい………………………365
ニ・オ・イ…………………………365
仁王別 におうべつ………………343
ニオトコロ…………………………203
ニ・オ・トコロ……………………203
ニオペッ……………………………343

543

ニ・オ・ペッ		33,343	ニセイ	109,186
ニ・オロ		198	ニセイ・オマㇷ゚	34
ニヲベツ		33	ニセイ・カ・ウシ・ペ	104
ニカウンベツ		339	ニセイカウシペ山	104
ニカブ		356	ニセイケシオマップ川	103
ニカムベツ		339	ニセイ・ケㇱ・オマ・ナイ	373
ニカルベツ		339	ニセイ・ケㇱ・オマ・ㇷ゚	186
ニカンペツ		339	ニセイケシオマップ川	104
仁木	にき	488	ニセイケショマㇷ゚	83,186
ニクラ		190	ニセイケショマプ	104
仁倉川	にくらがわ	191	ニセイチャロマップ川	104
ニクリアン		191	ニセイノシキオマップ川	103
ニクㇽ		198	ニセイノシケオマㇷ゚	83
ニクル沼		217	ニセイ・ノシケ・オマ・ナイ	373
ニコロ		198	ニセイ・パ・オマ・ナイ	373
ニ・コロ		198	ニセイパロマㇷ゚	83
仁頃川	にころがわ	198	ニセイパロマペッ	104
ニ・コロ・ペッ		322	仁世宇	にせう	366
濁川	にごりがわ	182,421	ニセウ	367
ニゴリ川		500	ニセウ・オマ・ナイ	348
似様	にさま	151	ニセウマナイ	348
ニサマップ		151	ニセコアンヌプリ山	463
爾志	にし	442	ニセコアンベツ川	463
西興部	にしおこっぺ	179	ニセコ・コ・アン・ヌプリ	463
ニシ・カ		131	ニセコ町	464
錦岡	にしきおか	382	仁多	にた	273
西里川	にしざとがわ	96	仁達内	にたちない	169
ニシ・サム・オマ・ㇷ゚		151	仁立内	にたちない	374
ニシタプ		382	ニタトロマイ	273
西達布	にしたっぷ	74	ニタトロマプ	273
錦多峰川	にしたっぷがわ	382	ニタッ・ナイ	168,374
西舎	にしちゃ	343	日勝峠	にっしょうとうげ	368
西別	にしべつ	236	日昼崎	にっちゅうざき	448
虹別	にじべつ	237	日昼部岬	にっちゅうべざき	449
西別川	にしべつがわ	236,237,254	ニッネカムイ	95
虹別孵化場	にじべつふかじょう	237	ニッチウベ	449
西紋鼈	にしもんべつ	404	ニト・トマリ	482
ニシユー・オマ・ナイ		348	ニトゥシ	349
ニシュエト		448	ニトゥ・シ	349
ニシュオマナイ		348	荷菜	にな	363
ニシュ・ショ・エトゥ		448	ニナー	363
西和田	にしわだ	244	になちみ	362

荷菜摘 になつみ	362	
仁奈良 になら	80	
ニナラ	162	
ニナル	394	
ニナ・ル	394	
ニナルカ	394	
ニナル・カ	394	
仁々志別 ににしべつ	267	
ニヌムシベツ	267	
ニノオロ	241	
二宮 にのみや	374	
二風谷 にぶたに	364	
ニブ・タ・イ	364	
仁別 にべつ	32	
ニペシ・ソソ・オッ・ナイ	322	
ニペシナイ	470	
ニペソツ川	322	
ニペソツ山	322	
ニペソッ	322	
ニムイ	241	
ニムオロ	241	
ニ・ム・オロ	241	
ニ・モイ	241	
ニヨトコロ	203	
ニヨロ	198	
丹羽 にわ	451	
似湾 にわん	371	

〔ヌ〕

ヌー	279	
ヌー・ウシ	367,442	
ヌーウシベツ	236	
ヌーシ	367	
ヌ・アン・ナイ	430	
ヌイ	415	
ヌウシベツ	236	
ヌ・ウシ・ペッ	236,237	
ヌ・オッチ	487	
糠内 ぬかない	307	
ヌカナン	148,298	
ヌカナン川	148,298	

ヌカナンプ川	150	
糠平 ぬかびら	315	
額平 ぬかびら	365	
糠真布 ぬかまっぷ	221	
ヌカンナイ	307	
貫気別 ぬきべつ	365	
ヌサ・アシ・コタン	257	
ヌサウシ	224	
ヌサ・ウシ・コタン	251	
ヌサ・オマ・イ	267	
幣舞 ぬさまい	267	
ヌシヤアシコタン	257	
ヌシャ・ウシ・コタン	251	
ヌタプ	105	
ヌタプカウシペ	105	
ヌタプカムイシリ	105	
ヌタクカムシュッペ	105	
ヌタプ	43,209	
ヌタプカムシペ	105	
ヌタプカムシュッペ	105	
ヌチ	487	
ヌチタンネ	182	
ヌチタンネフ	182	
ヌチ・タンネ・ブ	182	
ヌツカクシ富良野川		
ヌツカクシふらのがわ	70	
貫気別 ぬっきべつ	365,412	
ヌッケ	365	
ヌツケシ	198,199	
ヌッケベツ	365	
ヌッチ川	487	
ヌッパオマナイガワ（〜川）	71	
ヌッポコマナイ川	184	
布部 ぬのべ	71	
ヌビナイ	328	
ヌビナイ川	328	
ヌピ・ナイ	328	
ヌフカ	354,496	
ヌフシヤルベシベ	79	
ヌプ・オル・オ・ペッ	40	
ヌプ・パ・オマ・ナイ	34	
ヌプ・ウン・ゲシ	198	

ヌプカ	346,354	ヌマ	271
ヌプ・カ・ウシ・ヌプリ	318	ヌマ・ウシ・ホロカナイ	86
ヌプ・カ・オマ・プ	221	沼牛　ぬまうし	85
ヌプカクシフラヌイ川	71	ヌマオロ川	271
ヌプカ・ペツ	330	沼田町　ぬまたちょう	79
ヌプキ・ペツ	365,412	沼田奔川　ぬまたぽんがわ	80
ヌプケウシ	198	沼の端　ぬまのはた	378
ヌプケウシ	199	ヌム・ウシ・ホロカ・ナイ	86
ヌプ・ケシ	199	ヌムオマナイ	493
ヌプサペツ	127	ヌモマナイ	493
ヌプサムメム	20	ヌルモンヘ	128
ヌプ・タイ	418		
ヌプタヌプ	211	〔ネ〕	
ヌプ・タンネ	182		
ヌプタンネナイ	181	ネシコ・ウシ	54
ヌプチミプ	319	根志越　ねしこし	54
ヌプ・チミ・プ	319	根田内　ねだない	427
ヌプトル	296	ネッ	457
ヌプトゥル	296	ネッ・ウン・ベ	449
ヌプ・パ	496	熱郛　ねっぷ	457
ヌプ・パ・オマ・ナイ	72,381,496	ネツプ	457
ヌプ・ホン・ケシ	199	ネトゥ・ナイ	427
ヌプ・ポク・オマ・ナイ	184	ネトゥンベ	449
ヌプリ・エソゴロ・クシ・ペツ	468	ネプ	457
ヌプリ・カ・ウン・ペツ	467	根室　ねむろ, ねもろ	241
ヌプリ寒別川　ヌプリかんべつがわ	466	ネモロ	154,236
ヌプリ・ガン・ペツ	466		
ヌプリケショマプ	129,202	〔ノ〕	
ヌプリコヤンペツ	188		
ヌプリ・コ・ヤン・ペツ	188	ノカナム	148
ヌプリ・トゥラシ・ナイ	395	野花南　のかなん	67
ヌプリパオマナイ	129,202	ノカナン	108,298
ヌプル	40	ノカ・ピラ	315
ヌプル・オチ	40	ノカン・ナイ	69,108
ヌプル・ペツ	387	ノコベリベツ川	239
ヌプルペッエトコ	391	ノコ・ペレケ・ペツ	239
ヌプロチペツ	40	ノコボロベツ	239
ヌプンケシ	199	ノコ・ポロ・ペツ	239
ヌプンゲシ	198	納沙布　のさっぷ	242
ヌホンケシ	199	ノシケ	126
ヌポロペツ	40	ノシケ	470,489
ヌポンケシ	199	ノシケ・コトニ	19

546

野寒布岬　のしゃっぷみさき……………160
ノタオイ……………………………………418
野田追　のだおい…………………………418
野田生　のだおい…………………………418
野近志　のちかし…………………………172
ノツ…………………………………………487
ノツエト……………………………………159
ノツカ………………………………………125
野付　のつけ………………………………234
ノツケウ……………………………………235
野付牛　のつけうし………………………199
ノツシヤフ…………………………………160
ノツシヤブ……………………………160,242
ノツシヤム…………………………………242
能津登　のつと……………………………460
ノットサウシ………………………………159
野塚　のづか…………………125,329,481
野束　のづか………………………………471
ノッ………………………………163,194,235
ノッ・エトゥ………………………………159
ノッオシマッタアンナイ…………………194
ノッ・オロ・コタン………………………205
ノッカ…………………………………126,481
ノッカ・アン…………………………………69
ノッ・カ・オマ・ブ………………………242
ノッカマップ………………………………242
ノッケウ……………………………………235
ノッサム……………………………………242
ノット………………………………………460
野幌　のっぽろ………………………………40
野幌川　のっぽろがわ………………………40
ノテト………………………………………257
ノテトゥ………………………159,164,257,264
能取　のとり　のとろ……………………206
ノトゥロ・コタン…………………………206
ノトロ………………………………………206
能取湖　のとろこ…………………………206
能取岬　のとろみさき……………………206
野深　のぶか………………………………346
信香町　のぶかちょう……………………496
信砂川　のぶしゃがわ……………………127
信取　のぶとり……………………………296

ノプカベツ…………………………………471
ノフロ…………………………………………40
ノホロ…………………………………………40
登延頃川　のぼりえんころがわ…………468
登川　のぼりかわ……………………………62
ノボリキショマップ………………………129
のぼりとらしない川………………………395
登別　のぼりべつ…………………………387
登別温泉　のぼりべつおんせん…………390
登別岳　のぼりべつだけ…………………391
ノポロ…………………………………………40
沼前　のなまい……………………………480
ノムシヤム…………………………………159
農屋　のや…………………………………354
農屋牛　のやうし…………………………292
ノヤ・ウシ…………………………………292
ノヤ・サル…………………………………354
ノヤ・サル・ペッ…………………………375
ノヤサロベツ川……………………………375
ノヤシヤリ…………………………………354
ノルアンナイ川……………………………112
ノロラン……………………………………479

〔ハ〕

パーリル・ペ………………………………383
ハイ…………………………………………360
ハイ・ウシ・ペッ……………………………98
梅花都　ばいかつ…………………………453
ハイカツシ…………………………………453
波恵　はえ…………………………………360
羽帯　はおび………………………………319
パオマナイ川………………………………202
ハカイマップ………………………………452
萩野　はぎの………………………………384
パッカイ・シュマ…………………………453
ハヶ・チャシ………………………………430
白鳥の澗　はくちょうのま………………403
泊津　はくつ………………………………356
函館　はこだて……………………………429
ハサマ………………………………………499
ハシ・ウシ・ベツ……………………………31

馬主来　ぱしくる………	283	初田牛川　はったうしがわ………	245
パシクル………	283	ハッタラウシ………	245
パシクルトウ………	283	ハッタラ・ウシ・イ………	245
パシクロ………	283	発足　はったり………	472
ハシ・シャム………	22	八垂別　はったりべつ………	33
ハシ・イナウ・ウシ・イ………	387	ハッタル………	472
ハシウシペッ………	41	ハッタルペッ………	34
ハシスベツ………	32	ハツヤム………	22
ハシナウシの丘………	387	パナ・ウン・グル・ヤソッケ………	27
ハシハシ………	126	花石　はないし………	452
ハシヘツ………	126	花川　はなかわ………	27
ハシベツ………	31,125,397	花川村　はなかわむら………	28
箸別　はしべつ………	126	花咲　はなさき………	243
ハシ・ペッ………	32,397	パナ・シシ・ウシシペッ………	292
パシペッ………	125	パナワルペシペ………	201
パシ・ペッ………	126	ハナン………	27
ハシユンベツ………	98	パナングル………	27
ハシリ………	458	ハナンクロ………	27
走古丹　はしりこたん………	238	馬場川　ばばがわ………	453
ハシュシペッ………	31,32	ハハシリ………	208
ハシュ・ペッ………	69	ハバシリ………	208
パセ・オンカミ………	344	頗美宇川　はびうがわ………	376
八号沢川　はちごうざわがわ………	188	ハプ・オロ・オ・ペッ………	133
ハチヤム………	22,441	ハプ・タ・ウシ………	410
ハチャム・エプイ………	22	ハプル………	133
ハチャム・パラトー………	27	歯舞　はぼまい………	242
ハチャム・ペッ………	22	羽幌　はぼろ………	133
ハチャム川………	23	ハ・ポロ・ペッ………	133
ハチャムベツ………	441	浜厚真　はまあつま………	375
抜海　ばっかい………	159	浜小清水　はまこしみず………	216
パッカイ・ウシ………	454	浜頓別　はまとんべつ………	168
パッカイ・シュマ………	158	浜中　はまなか………	255,457
パッカイ・ペ………	158	浜中町　はまなかちょう………	487
ハックツ………	356	浜益毛　はまましけ………	120
発寒　はっさむ………	22	ハママシケベツ………	118
発寒川　はっさむがわ………	24,27	浜益　はまます………	118
ハツサフ………	22	浜益川　はまますがわ………	118,120
ハッシヤフ………	22	浜益市街　はまますしがい………	120
ハツ・シャム………	22	浜町　はままち………	485
ハツシャム………	22	早来　はやきた………	377
ハッ　タウシ………	245	林川　はやしのがわ………	129
ハッ・タ・ウム・イ………	245	ハユンクル………	360

原歌　はらうた	456
バラ・オタ	456
バラキ・オ・ナイ	163
バラキ（オ）ナイ	164
バラキナイ	163
原口　はらぐち	439
バラコツ	439
バラ・コツ	439
茨戸　ばらと	27
バラ・ト	27
バラトーウングル	93
バラムシリ	251
バラ・モシリ	251
張碓　はりうす	498
バル	60
ハル・ウシ・イ	402
ハル・ウシ・ナイ	95
ハル・ウス	498
ハルキ	270
ハルキ・オカシペッ	393
春志内　はるしない	93
ハルタウシナイ	350
ハル・タ・ウシ・ナイ	350
春立　はるたち	350
春採　はるとり	264
ハルトル	264,487
ハルトル・ト	264
ハルトゥル	264
芭露　ばろ　ばろう	189
バロ	188
バロマウッ	135
バロマウッナイ	135
パン	106
ハンケアイガツフ	141
班渓　ぱんけ	145
蟠渓　ばんけい	407
パンケ・ウシャプ	367
パンケウタシナイ	46
パンケ・ウプシ	140
パンケウレトイ	316
パンケオイチャヌンペ川	451
パンケオクッタロマナイ	178
パンケオタソイ川	320
パンケ・オペッカウシ	195
パンケ川	179,407
パンケ・ケナシパオマナイ	133
パンケ・サマッキ・ナイ	473
パンケサックル川	143
パンケシユホロ	85
パンケシュル川	374
パンケシルトゥルマﾌ	81
パンケシントク川	320
パンケセンピリ川	298
パンケチライウシナイ	79
パンケチン	316
パンケ・トー	139
パンケトー	280
パンケ沼	139
パンケトブシ川	301
パンケナイ	68,174
パンケニウブ	145
パンケニウンナイ	320
パンケニコロ川	322
パンケヌーシ	367
パンケヌカナンﾌ川	150
パンケヌカナン川	148
パンケ・ハカエ・オマﾌ	452
パンケ・ハッタルペッ	34
パンケ・ビビ	380
パンケピパウシ	317
パンケ・ピラ・ラトゥル・ナイ	363
パンケベツ沢川	355
パンケペオッペ	153
パンケ・ペオッペ川	153
パンケ・ペタウ	78
パンケ・ペッ	407
ハンケホシユシナイ	162
パンケホロカユーパロ川	64
パンケ幌内川　パンケほろないがわ	67
パンケ・ポロ・ナイ	67,79
ハンケメクシ	461
パンケ目国内川　パンケめくんないがわ	461
パンケモユーパロ川	64
パンケヤーラ川	72,74

パンケ山		322
パンケ・ユ		390
パンケ・ユー		407
パンケユㇰルペシペ		73
パンケルペシペ		417
晩生 ばんせい		326
万世 ばんせい		358
花畔 ばんなぐろ		27
番屋の沢 ばんやのさわ		131
番屋の沢川 ばんやのさわがわ		131

〔ヒ〕

ビイウニ		483
ビイエ		112,110
ビイェ・シリ		148
ビイェプトゥ		107
ピウカ		146,359
ピウカ川		313
比宇川 びうがわ		359
ピウケナイ川		109
ピウシ		429
緋牛内 ひうしない		200
ヒエプト		107
美瑛川口 びえいがわぐち		107
美瑛町 びえいちょう		111
ピ・オㇷ゚		100
ピ・オロ		331
ヒカタトマリ		327
ピカタ・トマリ		454
東浦 ひがしうら		166
東神楽町 ひがしかぐらちょう		107
東川町 ひがしかわちょう		108
東静内 ひがししずない		351
東瀬棚 ひがしせたな		450
東浜 ひがしはま		194
東藻琴村 ひがしもことむら		215
美国 びくに		483
ヒクニヘツ		483
ピクニ・ペッ		484
ビサンベツ		118
ヒシエントウ		379

ピシ・クシ・メム		19
毘砂別 びしゃべつ		117
ビシャベツ		118
ピシュン・トー		379
ピシュン・モイワ		402
ピシュン・モラㇷ゚		59
美生 びせい, びばいろ		312
ヒタタヌンゲ		333
ピタタヌンケ		333
ピ・タタ・ヌンケㇷ゚		334
ピタラ		142
ピタランケ		334
ピタル・ランケ		334
日高 ひだか		335
日高町 ひだかちょう		367
日高幌別川 ひだかほろべつがわ		342
日高メナ川 ひだかメナがわ		353
日高耶馬渓 ひだかやばけい		340
火散布 ひちりっぷ		256
比石 ぴついし		439
ピッ・シリ		88
ピッシリ山		88
比布 ぴっぷ		100
ピッ・ランケ		334
日司 ひづか		482
ピトイ		38
美登江 ぴとえ		39
ヒトツ		347
人舞 ひとまい, ひとまっぷ		321
ピトロ		449
ピトロペッ		449
ビハウ		317
ヒハヲマナイ		45
美唄 びばい		45
美葉牛 びばうし		79
美馬牛 びばうし		111
ピバ・ウシ		342
ピパ		45,361
ピパ・イ		45
ピパ・ウ		342,353
ピパウ		346
ピパウシ		80,111,316,317,364

ピパ・ウシ	312,321,346,364
ピパ・オイ	312
ピパオマㇷ゚	312
美々　びび	380
ビビ・エムコ	380
ピピペッ	100
ピ・ピ・ルイ	71
美笛　びふえ	57
美深　びふか	146
美深町　びふかちょう	142
美深パンケ川　びふかパンケがわ	145
ピ・プイ	58
ビベンコ	380
美幌　びほろ	211,332
ビボク	356
ビポㇰ	356
ピポロ	211
ピ・ポロ	332
美蔓　びまん	312,317,321
姫川　ひめかわ	442
百人浜　ひゃくにんはま	337
檜山　ひやま	439
美谷　びや	454,458
ピ・ヤ	459
ピヤシリ	148
日吉　ひよし	198
日和山　ひよりやま	391
ヒラ	84
ピラ	377
平磯崎　ひらいそざき	497
平糸　ひらいと	236
平宇　ひらう	340
ピラウトゥリ	363
ピラ・エトゥ	236
ピラオロ	331
ピラ・カ・ウン・コタン	361
平賀　ぴらか	361
平岸　ひらぎし	29,67
ピラ・ケシ	29
ピラケシ	30
ピラケシ	68
ピラ・ケシ・オマ・ナイ	143
ピラケシマナイ	143
ピラコアンペッ	455
ピラ・タ・サン・ナイ	443
平田内　ひらたない	443
平取　びらとり	363
ピラパ	30
比羅夫　ひらふ	464
ピラ・ラトゥル	363
ピラン・ペッ	296
美蘭別　びらんべつ	296
ピリ	117
美利河　ぴりか	452
ピリカアンペ	297
ピリカ・アン・ペ	297
ピリカ・キナ・ウシ	478
ピリカキナウシ	478
ヒリカトマリ	163
ピリカ・トマリ	163,227
ピリカベツ川	452
ピリカ・ペッ	452
ピリカ・モイ	454
ピリペ	297
美里別　びりべつ	297
ピルイ・ペッ	331
美留和　びるわ	273
広尾　ひろお,びろお	330
広島　ひろしま	32
ピロロ	331
琵琶瀬　びわせ	255
ピンネ・サル	218,360
敏音知　ぴんねしり	170
ピンネ・シリ	170,280,464,468
ピンネ・タヨルシペ	119

〔フ〕

プー・サパ	384
プー・ペッ	384
フーラ・ヌイ	70
フーレ	407
フーレプ	172
フーレ・ペッ	149,238,283,349,384

フーレン湖	238	フシコ・コンプモイ	262
フーレンベツ	134	フシコサッポロ	29
プイ・ウン・チセ	351	フシコチュプペツ	107
プイ・オ・シユマ	340,494	フシコ・トー・プトゥ	238
プイ・オマ・プ	339	伏古遠太　ふしことうぶと	238
プイ・タ・ウシ	169	フシコトカチヘツチヤロ	308
プイタウシナイ川	417	フシコヌツケシ	200
プイトシナイプト	416,417	フシコ・ヌプケシ	200
プイラ	466	伏古別　ふしこべつ	387
プイラルイペッ	358	フシコ・ペッ	24,312
プイラルベツ川	358	フシコ・ヤムッカナイ	160
プウシ	191	プシプトゥ	441
夫宇別　ふうべつ	384	藤山　ふじやま	129
フウベツ川	384	双葉　ふたば	414
フウリュウ	477	二股　ふたまた	414
フウレシユマ	478	二見ヶ岡　ふたみがおか	207
フウレビラ	484	プチ	148
フウレベツ	134,249	風不死岳　ふっぷしだけ	58
風烈布　ふうれっぷ	173	フップシダケ	280
風連　ふうれん	149	布伏内　ふっぷしない	279
風連川　ふうれんがわ	238	プト	291
風連湖　ふうれんこ	238	プトゥ・イチャン・ナイ	198
フウレン湖	238	プトウカマペッ	88
風連別　ふうれんべつ	134	プトゥ・カマ・ペッ	88
風連別川　ふうれんべつがわ	283	プトゥフレナイ	398
笛舞　ふえまい	339	プトカマベツ川	88
深川　ふかがわ	89	太茶苗　ぶとちゃんない	197
蕗ノ台　ふきのだい	87	太美　ふとみ	39
フクシノホリ	59	太櫓　ふとろ	449
福島　ふくしま	435	太櫓川の上流	449
福豊川　ふくとよがわ	211	太櫓市街地　ふとろしがいち	450
畚部　ふごっぺ	489	不動の滝　ふどうのたき	394
プシ・イ	190	フプウシ・ヌプリ	280
布辻　ぶし	350	フプウシ・ピナイ	59
武士川　ぶしがわ	191	フプシナイ	279
伏木戸　ふしきど	441	フプシ・ヌプリ	59
伏古　ふしこ	312	フプシピナイ	59
フシコ・サッポロ	24	婦美　ふみ	185
フシコヲヘレヘレフ	312	フムコイベ	489
フシコ・オペレペレケプ	312	冬島　ふゆしま	340
伏篭川　ふしこがわ	24,25,26,28	フユマフ	339
伏篭川口　ふしこかわぐち	26	プヨシュマ	494

ブヨシュマ	340
フラ・アッ・ナイ	298
フラウェニ	140
フラ・ウェン・イ	140
振老　ふらおい	140
フラツナイ	298
フラ・ヌ・イ	69
富良野　ふらの	69
富良野川　ふらのがわ	70
フリ	362,477
フリナイ	477
フル	27
古宇　ふるう	477
フルウベツ	477
フル・エ・トゥイ・イ	216
フルサム	60
古山　ふるさん	60
フルサン川	60
古樋　ふるとい	216
フル・トゥイェ	216
古番屋川　ふるばんやがわ	259
古平　ふるびら	484
古平川　ふるびらがわ	485
プルプルケ・ヌプリ	391
フレチシ	478
フレトイ	216
フレ・ナイ	72,366,411
振内　ふれない	366,411
フレナイ	477
フレ・ピラ	68
フレプ	172
振別　ふれべつ	249
布礼別川　ふれべつがわ	71
フレ・ペッ	71,426
フレ・ムヶ	417
フレムコ川	416
文庫歌　ぶんがた	493
ブンガラコタン	493
フンキオベ	489
フンゴベ	489
フンベ	295,331
フンベヲマナイ	177
フンベエト	341
フンベ・エトゥ	341
フンベ・オタ	341
フンベ・オマ・ナイ	332
フンベサパ	387
フンベ山	295,387

〔ヘ〕

ペー・ウェン・メム	219
ペートル川	101
ペートゥワルペツ	101
ペーパン	106
米飯川　ぺーぱんがわ	106
ペーペ	412
ペーペシレトゥ	412
ペーペナイ	412
ペーペナイ川	467
ペー・メム	219
ペーメン川	219
兵安　へいあん	170
兵知安　ぺいちゃん	170
ペイペナイ川	467
ペイユルシエベ川	75
辺乙部　ぺおっぺ	153
ペオッペ	152
ペ・オッ・ペ	152
別寒辺牛　べかんべうし	256
ペカンベ・クシ	256
ペカンペ	270
碧水　へきすい	79
戸切地　へきりち	431
ペキンノ鼻	225
ペケレ	222
ペケレ・トシカ	26
ペケレ・ペッ	52
ペケレシラウオイ	384
ヘケレ	222
ヘケレノツ	225
ペケレ・ノッ	227
ペケレペツ	144,391
ペケレ・ペッ	319,431

ペケレペッ川	319	ペテウコピ	201,347,354,365,389,396,414
ペケレット沼	26	ペテガリ	355
ペシ・トゥカリ	125	ペトゥッカ	240
ペタウ	151,414	ペトムナイ	373
ヘタヌ	151,323	辺富内　へとない	373
ペタヌ	149,323,414	ヘトントナイ	373
ベタヌ	450	ペナキナウス川	372
ヘチヤラセ・エト	260	ペナコリ	364
ヘチリ	162	ペナ・コ・リ	364
ペッ	252	ヘナコレ	364
ペッ・ウッカ	240	ペナワルペシペ	201
ペッ・エ・カリ	355	ペニウングル	93
ペッ・カイェ	236	ペニウングルコタン	92
別海　べっかい	236	ペニウングル・コタン	93,101
別狩　べつかり	116	ペニッケウ	456
別苅　べつかり	125	ヘニケウ	456
ペッサムシペ	119	ペニッケウ	456
ヘッチェ・ウシ	118,120	ペ・ペ	380
ペチャラセ	260	ペペッ	110
鼈奴　べっちゃろ	290	ペペケナイ川	144
別奴　べっちゃろ	308	ペ・ペケレ・ペッ	319
ヘツチヤロ	308	ペ・ペケン・ナイ	144
ペッチャロ	184,308	辺別川　べべつがわ	110
ペッ・チャロ	290	ヘヘルイ	164
別当賀　べっとうが	240	ペ・ペ・ルイ	69
ペットカリ	116	ベベルイ川	69
ペッ・トゥカリ	116	ペ・ポロ	211
ペッパラ	58	ヘマシペッ	164
ペッパロ	58	ヘモイヤンペッ	308
ベツピリカイ	355	ヘヨイ	107
ペッ・ピリカ・イ	355	ペライウシ	171
ベツブツ	28	ペライサルトー	140
ペッ・プッ	28,208	ペライ・サル・トー	140
ペップッ	210,308	ペラエウシ	171
別々川　べつべつがわ	383	べりけ	222
ペッ・ペッ	380	ペルア	273
ペッペッ	383	ペルケ・イワ	274
別保　べっぽ	267	ペルケ・イワ・ナイ	274
ペッポ	252,296	ペ・ルヌネ・イ	327
ペッ・ポ	267,372	ペル・ワアン・ペッ	273
ペテウコイ	201	ペレイワナイ	274
ヘテウコヒ	201	ペレケ	222,225

ペレケ・イ	223,456
ヘロカルウス	474
ヘロカルシ	484
ヘロキ・アッ	497
ヘロキカルウシ	118
ヘロックカルシ	120,474
ヘロッ・カルシ	484
ベロツナイ	327
ペロニ	361
ヘンケアイガツフ	141
弁慶　べんけい	456
弁景川　べんけいがわ	407
ペンケ・イチャン	169
ペンケ・ウシャプ	367
ペンケウタシナイ川	46
ペンケ・ウプシ	140
ペンケウレトイ	316
ペンケオクッタロマナイ	178
ペンケオタソイ川	320
ペンケ川	67,179
ベンサイトマリ	483
ペンケ・サマッキ・ナイ	473
ペンケ・シルトゥロマプ	81
ペンケシユル川	374
ペンケシントク川	320
ペンケセンピリ川	299
ペンケチライウシナイ	79
ペンケチャロマップ川	104
ペンケチン	316
ペンケ・トー	139,264
ペンケトー	280
ペンケトウ	264
ペンケ沼	139
ペンケトブシ川	301
ペンケトメルペシペ	301
ペンケナイ	68,174
ペンケナイ川	322
ペンケニコロ川	322
ペンケニウンナイ	320
ペンケヌーシ	367
ペンケヌカナンプ川	150
ペンケヌカナン川	148
ペンケ・ハッタルペッ	34
ペンケピパウシ	317
ペンケビビ	380
ペンケ・ピラ・ラトゥル・ナイ	363
ペンケペオッペ	153
ペンケ・ペオッペ川	153
ペンケペタン川	77
ペンケ・ペッ	355,407
ペンケ・ペッ・イチャン	169
ヘンケヘトチヤン	169
ペンケホロカユーバロ川	64
ペンケ・ポロ・ナイ	68,79
ヘンケメクシ	461
ペンケ目国内川 ペンケめくんないがわ	461
ペンケモユーバロ川	64
ペンケヤーラ川	72
ペンケ・ユ	391
ペンケユックペシペ	73
ペンケ・ルペシペ	417
弁天池　べんてんいけ	376
弁天島　べんてんじま	241
弁天町　べんてんちょう	181
弁天岬　べんてんみさき	181
弁辺　べんべ	412

〔ホ〕

ホールンナイ	261
ボイヤウンベ	118,120
ボイユ	390
蓬栄　ほうえい	350
豊平峡　ほうへいきょう	36
蓬莱　ほうらい	350
ポキン	116
ホキンビリ	117
ポゥ・ウシ・イ	448
ポゥ・サム	484
ポゥ・ニ	483
北竜町　ほくりゅうちょう	79
ポロイタンキ	398
ポロ・イチャニ	473

ポロ・イワ	189,197,346	ポロ・ソー	406
幌岩山　ほろいわやま	190	ホロチケウエ	398
ポロイワ山	346	ポロト	383
ポロ・エトゥ	456	幌戸　ぽろと	255
ポロエンルン	338	ポロ・ト	425
幌岡　ほろおか	66	ポロ・トー	167
ポロ・オニウシカペッ	131	ポロ・トトコ	131
ポロ・オマン・ペッ	339	ポロトマリ	125,221
ホロヲンナイ	261	ポロ・トマリ	126
幌加　ほろか	315	幌内　ほろない	44,175,261
ホロカアバシリ	214	ホロナイ	172,308,458
ホロカ・オシラリカ	76	ポロ・ナイ	44,92,119,174,196,261,481
幌加尾白利加川　ほろかおしらりかがわ	76	ポロナイ	472
幌加音更川　ほろかおとふけがわ	315	幌内川　ほろないがわ	82,197
ホロカクリキ	62	ポロナイ・ヌプリ	197
ホロカ・トマム	374	ホロナイノホリ	197
ホロカ・ナイ	86,315	幌内符　ほろないふ	481
ホロカナイ	435	幌成　ほろなり	82
幌加内川　ほろかないがわ	84	幌似　ほろに	472
幌加内町　ほろかないちょう	84	幌新太刀別川　ほろにたちべつがわ	79
幌加内峠　ほろかないとうげ	83	ポロ・ニタッ・ペッ	81
ホロカマハシリ川	214	幌糠　ほろぬか	129
ポロカムイコタン	84,85,88	ホロヌツフ	141
ポロ・カムイコタン	87	ホロヌフ	141
ホロカ・ヤン・トー	326	ポロ・ヌッカペッ	129
ホロカヤントウ	326	ポロ・ヌプ	140
ホロカユーパロ	65	ポロヌプ	140
ホロ・カリンバ	455	ポロヌプ	141
幌倉　ほろくら	66	ポロ・ヌプリ	390
ポロクラ	66	ポロ沼	168
ポロ・クンベツ	121	ポロ・ノッ	244
幌毛志　ほろけし	366	ホロノコチャ	308
ホロコトニ	18	幌延　ほろのぶ, ほろのべ	140
幌去　ほろさる	366	ポロハックッ	356
ポロサル	366	ポロ・ハッタルペッ	34
ポロ・サル	366	幌美内　ぽろぴない	57
ポロサル・ケシ	366	ポロ・ピ・ナイ	57
ポロシナイ	261	ホロ・ペケレ・オタ	403
ポロ・シリ	311,330,366	幌別　ほろべつ	394
幌尻岳　ほろしりだけ	366	ポロベツ	342
ポロ・シュマ・ペッ	340	ポロペツ	424
ポロ・セプ	358	ポロ・ペッ	171,394,424,459,485

ホロベツカリ	125	本桐 ほんぎり	349
幌別川 ほろべつがわ	172,342,394	ポンクラ	66
幌別川 ぽろべつがわ	459	ポン・クリキ	62
幌別岳 ほろべつだけ	395	ポン・クンベツ	121
幌別来馬川 ほろべつらいばがわ	396	ホンケサンペ	400
ポロ・ベンベ	412	ポン・ケリマㇷ゚	349
ポロ・ポクシ	448	ホンコトニ	18
幌満 ほろまん	339	本陣川 ほんじんがわ	447
ポロマンペツ	339	ポン・セㇷ゚	358
幌向 ほろむい	41	ホンチケウエ	398
幌武意 ほろむい	483	ポン・チュクベツ	107
幌延 ほろむしろ	251	ポン・ツコタン	493
ポロモイ	43,125	ポン・ト	383,425
ポロ・モイ	126,483	ホントウ	39
ポロ・モイ・プトゥ	42	ポン・トッセ・イ	389
幌茂尻 ほろもしり	241	ぽんとこ山	389
ホロモシリ	258	ポントマㇺ	374
ポロ・モシリ	241,251,399	ポントマリ	194,261
ポロユ	391	ポントゥシペツ	304
ポロユ・エトコ	391	浦雲泊 ぽんどまり	261
ホロ・ル	268	ホンナイ	177
幌呂川 ほろろがわ	268	ポン・ナイ	345
ポロ・ワヌシ	402	ポンナイ・ノッ	345
本安平 ほんあびら	377	ポン・ニ・オ・イ	241
ポン・アピラ	377	ポンニタッペツ	81
ポンアヨロ	385	ポン・ヌㇷ゚カペツ	129
ポンアンジ	203	ポン・ヌプリ	390
ポンイオイ	241	ポン・ハチャㇺ	23
ポン・イコツホ	314	ポンハックッ	356
ポン・イタンキ	398	ポン・ハッタルペツ	34
ポン・オウコッチナイ	264,418	奔美唄川 ぽんびばいがわ	45
ポンオコツナイ川	175	ポンピパイ	45
ポン・オニウシカペツ	131	誉平 ぽんぴら	142
ポン・オヨチ	302	ポン・ピラ	142
ポンオンネアンズ川	203	ホンヘケレヲタ	403
ポンカムイコタン	83,86,182	奔別 ほんべつ	44
ポン・カムイコタン	83,86,182	本別 ほんべつ	298,424
ホンカモイコタン	84	ホンベツ	450
本茅部 ほんかやべ	421	ポンベツ川	237
ポン・カリンパ	455	ポンベツ	383
ポン川	81,107	ポンペツ	96
本岐 ほんき	213	ポン・ペッ	44,237,372,384,424

ポン・ベンベ	412	マクンコヘツ	308
ポン・ポクシ	448	マクン・ニウシ	401
ポン・ホロカベツ	63	マクンヘツ	161
奔幌戸　ぽんぽろと	255	マクンヘッチヤロ	308
ポンポロナイ川	197	まくんべつ	308
ポンポロベツ川	174	マクン・ペッ	161
ポン・ポロペッ	174	マクンペッ	162,308
ポン・ムカ	201,369	マクン・ル・ウシ	401
奔無加川　ぽんむかがわ	202	マコマイ	33,380
奔茂尻　ぽんもしり	68	真駒内　まこまない	33,450
ポン・モシリ	70,258,399,411	マコマナイ	33
ポンモシリ	279	マコマ・ナイ	380
ポン・モ・ナイ	442	柾泊　まさどまり	480
ポン・ヤンベツ	217	マサラ	128,497
ポン・ルペシペ	183	マサラ・オマ・イ	128
ポンルペシペ	103	マサラカ	500
ポン・ルルモッペ	129	マサラカオマㇷ゚	496,499,500
ホンワッシヤム	153	マサラカオマブ	120
ボン・ワヌシ	402	マサラママ	128,500
ポンワルイ川	415	柾里　まさり	497
		マサリ	498
〔マ〕		マサリベツ	128
		マサリベツ川	128
マーパオマナイ	381	マサル	498
マウウシオロ	358	マシ	118,276
マウ・オ・イ	55	マシウトウ	276
マウニ・ウシ・オロ・コタン	358	マシ・ウポポ	163
マウニシヨロ	358	マシキニ	118
マウレセㇷ゚	186	マシケ	118
前田　まえだ	472	マシケ	118
馬追　まおい	53	益毛　ましけ	120
マオイトウ	55	増毛　ましけ	125
マヲマイ	132	マシケイ	118
マㇰ	33	マシホホ	163
マㇰ・オマ・ナイ	33	増幌　ましほろ	163
マㇰカリㇷ゚	464	マシ・ポポ・イ	162
マㇰ・カリ・プトゥ	464	摩周湖　ましゅうこ	276
マㇰ・カリ・ペッ	464	マシ・ワン・トー	276
幕西　まくにし	401	鱒浦　ますうら	214
幕別　まくべつ,まくんべつ	162,308	又飯時　またいとき	262
幕別町　まくべつちょう	305	マタエトキ	262
マクホロ	496	マタ・エトㇰ	262

マタオウチ……233
俣落　またおち……233
マタ・オチ……233
マタ・クシ・リクンベツ……303
マタ・クシ・ルシャ……223
マタ・トマリ……480
マタル……96
マタ・ル……223
マタルクシ……97
マタルクシ愛別川
　マタルクシあいべつがわ……100
マタ・ル・クシ・アイペツ……100
マタルクシケネプチ川……154
マタルクシヘツ……96
又留内　またるない……159
マタ・ル・ナイ……159
マタロク……97
マチネウリリ……229
マチネ・シリ……280
マチノリ……229
マツ・オマ・イ……437
松倉川　まつくらがわ……429
松音知　まつねしり……170
マツノイ……229
松法　まつのり……229
松前　まつまえ……437
真狩　まっかり……464
マツカリヌプリ……464
マックシペツ……220
マッネ・サル……218,360
マッネ・シリ……169,464,468
マッネ・タヨルシペ……119
真布川　まっぷがわ……79
マトマイ……437
マトマ・イ……437
マトマ・ナイ……437
窓岩　まどいわ……494
マネ・ウシ・イ……402
マ・マチ……55
ママチ川……55
マラプト・ウン・ナイ……121
丸瀬布　まるせっぷ……187

マルマウツ……135
丸松　まるまつ……135
円山　まるやま……21
丸山　まるやま……484
円山公園　まるやまこうえん……21
円山川　まるやまがわ……21
稚府　まれっぷ……404
万字　まんじ……43
万揃川　まんそろがわ……358

〔ミ〕

御影　みかげ……318
三笠市　みかさし……44
三川　みかわ……61
御岬　みさき……402
美沢　みさわ……380
簾舞　みすまい……34
御園　みその……469
ミソマツプ……34
三石　みついし……349
三股　みつまた……315
美登位　みとい……38
ミトゥシ……349
緑川　みどりがわ……203
港町　みなとまち……131,461,485
南一線川　みなみいっせんがわ……317
南下徳富　みなみしもとっぷ……50
南富良野町　みなみふらのちょう……69
峰岡　みねおか……165
峰泊　みねとまり……115
峰延　みねのぶ……44
峰浜　みねはま……230
宮戸　みやと……370
ミユルトマップ……43
妙見川　みょうけんがわ……496
美流渡　みると……42

〔ム〕

ムー・ベツ……432
ムイ……36,42

559

ムイ・ネ・シ゛	36
無意根山　むいねやま	36
ムイ・ノカ	365
ムエセウ	367
ムカ	370
無加川　むかがわ	201
ムカフ゜	370
ムカ・ペッ	370
鵡川　むかわ	370
ムヶ・アプ	370
ムヶ・オチ	345
ムクチ	345
ムッ・トウ	214
向別　むこうべつ	345
ムコベツ	345
武佐　むさ	232,267
ムシリ	440
ムセ	232
ムセウ	367
ムッカ	200
ムッカ・ペッ	370
ム・ナイ	115
ムナウシベ	421
ムヌシヘ	421
ムライ	115
武利　むり, むりい	187
ムリ	186
ムリイ	186
ムリ・ウシ・ヌタフ゜	284
ムリ川	284
ムルタクウシ	128
ムルクタウシ	128
室蘭　むろらん	397
ムン・リ	186,284

〔メ〕

雌阿寒岳・めあかんだけ	280
メクン	461
目国内川　めくんないがわ	461
メップ川	452
メッフ゜・ナイ	452

芽登　めとう	297
メトッ	297
目名　めな	353
メナ川	353
目名川　めながわ	440,451,463
メナシ	181
目梨　めなし	225
メナシ	225,355
メナシウンペッ	343
メナシウンペッ	343
目梨川　めなしがわ	165
メナシクシ・ラッコペツ	330
メナシシャマニ	341
メナシ・トマリ	164,170
メナシトマリ	485
目梨泊　めなしどまり	171
目梨別　めなしべつ	140
メナシベツ川	182
メナシ・ペッ	140,182,354
メナシュンクル	353
メナシュンゲモペッ	406
メナシ・ルペシペ	148
メノコバシリ	475
メフ゜	457
女満別　めまんべつ	209
女満別市街　めまんべつしがい	210
メマン・ペッ	209
メマンペッ	209
メム	18,19,20,29,81,91,328,365,452
芽武　めむ	327
芽生　めむ	365
メム・オロ・ペッ	241
メム・オロ・ペッ	313
芽生川　めむがわ	80
メム・ナイ	353,440
芽室　めむろ	312
メメトク	81
メモチ	56

〔モ〕

モアサラ	497

茂足寄　もあしょろ	300
モ・アショロ	300
茂発谷　もあちゃ	305
モ・アハチャ	305
モイ	28,42,128
茂生　もい	120
モイ・アサム	194
モイ・オロ	194,208,330
モイケシ	332
モイ・ケシ	333
茂漁　もいざり	54
モイ・シュツ	258
モイチャン川	53
モイ・ハサマ	499
モイベツ	371
モイ・ペツ	371
モイペツ	475
萌間山　もいまやま	165
モイレ	113,487
モイレウシ	227
モイレウシ川	227
モイレウシナイ	227
モイレ・トマリ	475,488
モイワ	165,322,347
藻岩　もいわ	201
茂岩　もいわ	292,476
モ・イワ	21,476
藻岩山　もいわやま	33,201
モイワ山	206,328
モ・ウスペツ	447
モウチ	172
モウツ	135
モウッ	135
望来　もうらい	113
モウライ	115
モエレ	487
モエレウシ	227
モエレ沼	25
モエレ・ペツ・トー	25
茂生　もおい	120
モ・オウコッペ	178
藻興部　もおこっぺ	178

モ・オタ	448,455
モ・オトイネㇷ゚	174
茂草　もぐさ	438
モコチ	345,414
モコッ・ペツ	345
藻琴　もこと	214
モコトー	214
モコトウ	214
藻琴山　もことやま	215,275
モコル・ト	214
モコル・ペツ	345
モサ	232,267
モサハイ	232
モ・シラウオイ	383
毛白老　もしらおい	383
茂尻　もしり	67
モシリ	67,399,440
母子里　もしり	88
モシリ・ウン・ナイ	88
モシリウンナイ川	88
モシリ・ケシ・オマ・ナイ	68
モシリケシオマナイ	70
モシリ・ケシ・オマ・ナイ	70
モシリノシケ	249
モシリ・パ	224
モシリ・パ・オマ・ナイ	68
モシリ・パ・シャル	218
モシルンナイ	89
モシン・ノシケ・オマ・ナイ	68
モセ	232
茂世丑　もせうし	42
妹背牛　もせうし	89
モセカルシュナイ川	183
モセカルベツ川	228
モセ・カル・ペツ	228
茂雪裡川　もせつりがわ	269
モセ・ハイ	232
モ・セッチリ	269
モ・チキシヤプ	344
茂築別　もちくべつ	134
モ・チュクペツ	134
藻散布　もちりっぷ	256

茂津多　もつた	455
モ・トー	167
元稲府　もといねっぷ	175
元浦川　もとうらかわ	346
元浦川市街　もとうらかわしがい	346
元沢木　もとさわき	177
元静内　もとしずない	351
元町　もとまち	25
元室蘭　もとむろらん	403
元紋別　もともんべつ	181
本輪西川　もとわにしがわ	402
茂無部　もなしべ	421
モ・ヌプ・オ・ナイ	145
モヌッポナイ	145
茂発谷　もはちゃ, もはっちゃ	305
茂辺地　もへじ	432
モヘツノホリ	57
モヘル川	475
藻別　もべつ	181
モベツ	360
モ・ペチ	432
モ・ペッ	180,328,340,351,360,406,414
モペッ・ヌプリ	57
モ・ペッ・プトゥ	56
紅葉谷　もみじだに	390
紅葉山　もみじやま	62
モムチヤ	438
桃内　ももない	493
モヤサム	194,499
モユーパロ	64
モ・ユルリ	244
モユルリ島	244
モユワノホリ	205
茂寄　もより	330
モヨロ	208,330
モヨロポ	252
モヨロ・ポ	252
モライ	113
モラプ	58
モラップ	58
森　もり	423
モル・イェ・ラン	403

モ・ルエラニ	398
モ・ルエラン・ホトゥイェ・ウシ	403
モルラン	397
モ・ルラン	398
モ・ル・ラン・ナイ	403
モロフネ	478
モロラン	397
門静　もんしず	258
紋別　もんべつ	328,414
門別　もんべつ	340,360
捫別　もんべつ	351
紋別川　もんべつがわ	56,406
モンベツ川	354
紋別市　もんべつし	180
紋別岳　もんべつだけ	57
紋穂内　もんぽない	145

(ヤ)

ヤーラ川	72
ヤウシペッ	238
矢臼別　やうすべつ	238
ヤウ・トトコ	131
やぎない	432
焼尻　やぎしり	133
ヤクシ	435
八雲　やくも	417
矢越　やごし	435
ヤシ	116
ヤシ・ウシ	141
安牛　やすうし	141
ヤス・ウシ・イ	141
安瀬　やすせ, やそすけ	116
ヤソシケ	116
ヤソスケ	116
ヤソッケ	27
ヤ・タ・チシ	453
ヤッチシ	453
矢不来　やふらい	432
ヤマイ	73
ヤマエ	72,73
山軽　やまがる	169

ヤマッカルー …………………………	168
山越　やまこし ………………………	**418**
山崎　やまざき ………………………	**416**
山鼻　やまはな ………………………	**33**
山部　やまべ …………………………	**71**
ヤム・オ・ナイ ………………………	42
ヤムウシナイ …………………………	418
ヤムエ …………………………………	73
ヤムクシナイ …………………………	418
ヤムグル ………………………………	248
ヤム・ペ ………………………………	73
ヤム・ペッ ……………………………	217
ヤム・ワッカ・ナイ …………………	144
止若　やむわつか ……………………	**303,305**
止若内　やむわつかない ……………	**143**
ヤム・ワッカ・ナイ …………………	**159,303**
ヤムワツカナイ ………………………	**160,303**
ヤムワツカヒラ ………………………	308
ヤム・ワッカ …………………………	217
ヤムワッカシンブイ …………………	108
ヤムワッカナイ ………………………	160
ヤムワッカピラ ………………………	305
ヤム・ワッカ・ルー …………………	168
ヤラ ……………………………………	73
ヤ・ワ・アン・イ ……………………	248
ヤ・ワ・アン・ペッ …………………	217
ヤワニ …………………………………	248
和　やわら ……………………………	**79**
ヤワンベツ ……………………………	217
ヤンケシリ ……………………………	133
ヤンゲナイ ……………………………	432
ヤンゲペッ ……………………………	**338**
ヤンゲ・ペッ …………………………	**338**
止別　やんべつ ………………………	**216**
ヤンベツ ………………………………	217

〔ユ〕

ユー・ウン・ペッ ……………………	421
ユー・エ・サン・ペッ ………………	391
ユーエンゴロクシペッ ………………	407
ユーチ …………………………………	158
ユー・トー ……………………………	324
ユー・トンラウシ ……………………	323
ユー・パロ ……………………………	60
ユー・フレ・ナイ ……………………	72
ユープ …………………………………	379
ユーブ・プトゥ ………………………	379
ユープリ ………………………………	379
ユー・プッ ……………………………	376
ユーベ・オッ …………………………	47
ユー・ペッ・プトゥ …………………	376
ユー・ラㇷ゚ ……………………………	417
浴沢　ゆあみざわ ……………………	43
ユウヲチ ………………………………	487
優園川　ゆうえんがわ ………………	**407**
勇足　ゆうたり ………………………	**296**
勇知　ゆうち …………………………	**159**
ユウトヲ ………………………………	324
優徳　ゆうとく ………………………	**408**
湧洞　ゆうどう ………………………	**324**
湯内　ゆうない ………………………	**486**
湯内川　ゆうないがわ ………………	**470**
ユウニ …………………………………	60
ユウニノホリ …………………………	60
ユウハリ ………………………………	60
ユウハリトウフト ……………………	52
ユウハリフト …………………………	52
夕張　ゆうばり ………………………	**59**
夕張川　ゆうばりがわ ………………	**41,59**
夕張川川口　ゆうばりがわかわぐち ……	**41**
夕張太　ゆうばりぶと ………………	**51**
ユウバリ・ブト ………………………	60
勇払　ゆうふつ ………………………	**376**
ユウブ …………………………………	379
ユウブブト ……………………………	378
勇振川　ゆうぶりがわ ………………	**379**
勇振川　ゆうふれがわ ………………	**71**
湧別　ゆうべつ ………………………	**184**
湧別川　ゆうべつがわ ………………	**184,185**
遊楽部　ゆうらっぷ …………………	**417**
ユ・オチ ………………………………	487
ユㇰトマナイ …………………………	157
ユㇰ・ニクリ …………………………	33

ユㇰ・ミンダラ	28
ユㇰ・チセ	360
ユクトラシベツ	72
ユㇰペッ	371
ユㇰ・リヤ・タナシ	201
ユㇰ・ルー	158
ユㇽペシベ	63,73
ユコシルシ	478
ユコプ	314
湧駒別（勇駒別）ゆこまんべつ	109
ユコマンペツ	109
ユコマンペツ	109
ユコッペッ	371
ユックチカウシ	362,478
ユ・ナイ	470
由仁　ゆに	60
ユニ	60
湯川　ゆのかわ	276
湯の川温泉　ゆのかわおんせん	429
ユベ	41,92,183
ユベ・オッ	41,47
ユベオッ	41
湯別　ゆべつ	457
ユ・ペッ	41,429
ユルリ	244
ユルリ島	244

〔ヨ〕

余市　よいち	486
ヨイチパオマナイ	35
羊蹄山　ようていざん	464
養老牛　ようろーし，ようろううし	233
養老散布　ようろうちりっぷ	256
ヨコシベツ	21
よこち川	21
横澗　よこま	459
吉岡　よしおか	435
義経山　よしつねやま	93,298
呼人　よびと	209
ヨフイ岬	122
余別　よべつ	481

ヨンカシュッペ川	97,98

〔ラ〕

ライキシ	457
来岸　らいきし	481
ライチコタン	235
ライ・チ・コタン	236
ライ・チン	370
ライテム	470
雷電　らいでん	470
ライトコタン	235
ライトコタン川	235
ライ・トコロ	192
ライトコロ	194
ライトコロ川	193
ライ・ニ	470
来馬　らいば	394
来馬岳　らいばだけ	395
ライパエオマペッ	396
ライパ・ヌプリ	395
ラウシ・ナイ	228
羅臼　らうす，らうし	228
羅臼岳　らうすだけ	229
ラウネナイ	110,228
ラウントウ	52
ラエンベツ	470
ラヲシユコマナイ	490
ラカン・ブト	278
ラカンペツ	278
ラッコ・ペッ	330
ラゴシユマナイ	492
羅処和　らしょわ	250
ラスコケ	251
らせうわ	247
ラセウワ	250
ラツコ	330
楽古　らっこ	330
楽古岳　らっこだけ	330
ラニ	299
ラノシュマナイ	492
ララマニ	486

良瑠石　らるいし	449
ラルシ	449
ラルマキ	485
ラルマニ	485
螺湾　らわん	299
ラワンペッ	300
ラン・オシマヶ・ナイ	491
ラン・オシマ・ナイ	492
ランコウシ	56
ランコ・ウシ・イ	463
蘭越　らんこし	55,463
蘭島　らんしま	490
蘭法華　らんぽっけ	392
ランポヶ	430
ラン・ポヶ	430
ランポッケ	393
蘭留　らんる	100
ラン・ル	100

〔リ〕

リイシリ	154,156
リイ・フレ・ナイ	72
リキビリ	131
力昼　りきびる	131
リキビル・ナイ	131
リキピリ	171
リ・キピリ	171
リ・キピル	131
リヶ・ウン・ペッ	303
隆志別川　りくしべつがわ	230
陸別　りくべつ	302
陸別峠　りくべつとうげ	303
リクンベツ	294
リ・クン・ペッ	302
リコナイ	433
リ・シリ	156
利尻島　りしりとう	157
リ・ニクル	217
リビラ川	359
リ・ピラ	359
リフルカ	392

リ・フルカ	392
リヤ	157,472
リヤ・ウシ・ナイ	157
リヤウシ	209
リヤウシ	209
リヤウシナイ	157
梨野舞納　りやむない	472
リャム・ナイ	472
竜ケ岬　りゅうがさき	492
リル・ナイ	208
リロナイ	433
リンナイ	210
リンナイサノプトゥ	208

〔ル〕

ルー・オマン・ソラッチ	74
ルー・クシ・シトゥ	397
ルーサン	468
ルーシヤニ	223
ルーシャ	223
ルーチシ	35,75,219,220,488
ルーチシ・ポヶ	130
ルー・チシ	245
ルーチシアパシリ	214
ルーチシアンベツ	344
ルーチシ・ポヶ・オマ・ナイ	111
ルーチシ・ポヶ・クシ・ペッ	282
ルーチシポクスペツ	282
ルーチシポコマナイ川	111
ルートム	248
ルートン・モン・グル	248
ルウエサンナイ	177
ルウオマンソラプチ川	73
ルウクシチャロ	282
ルウクシチャロ川	282
ルウクシヌプシヤ	127
ルウクシワツシヤム	153
ルウサン	467,469
るうしゃ	223
ルウトゥロマッ	328
ルウブツナイ	459

ルウベツナイ川	459	ル・ペシ・ペッ	333
ルエサニ	228	留萌　るもい	127
ルエシャニ	223	ルル	128
ルエラニ	159	ルル・パ	128
ルエラン	158	ルルパモイ	128
ルオクシナイ	485	ルルプンペッ	128
ルオサニ	467,468	ルルモヲッペ	128
ル・オ・サン・イ	467	ルルモイ・ペッ	128
ル・クシ・ナイ	139,485	ルルモツヘルヘシベ	79
ル・クシ・ペッ	230	ルルモツベ	128
ルコツ川	415	ルルモッペ	127,128
ルコッチ	415	ルルモッペ・ルペシペ	129
ルサ	228	ルルモペ	128
ルサ川	227	ルル・モ・ペッ	128
留産　るさん	467	瑠橡　るろち	179
ルシ・オ・ア	251		
ルシヤ	223	〔レ〕	
ルシャ川	223,227	レー・サㇰ・ペッ	293
留寿都　るすつ	468	礼作別　れさくべつ	293
ルスッ	468	レウウケ・ウシ	127
ル・スッ	469	礼受	127
ルソツ	468	歴舟　れきふね	327
ルテンベツ川	344	歴舟中ノ川　れきふねなかのがわ	328
ルトラシナイ川	111	レクチ	165
ル・トゥラシ・ナイ	111	レクチ・ウン	165
ル・トゥラシ・ペッ	260	レクッ	165
ルヘシナイ	36	レタツトイ	412
ルベシナイ	459	レタラ・ピラ	486
留辺志部　るべしべ	102	レタリ	454
留辺蘂　るべしべ	111,201	レタリヒラ	486
累標　るべしべ	372	レタㇽ・ピラ	486
ルペシベ	488	礼髭　れひげ	435
ルペシベ川	198,303,464	レフンシリ	154
ルペシベ沢川	353	レブンケプ	413
ルペシベツ	333	レブン・ケㇷ゚	413
ルペシペ	36,61,75,105,188,197,303	礼文華　れぶんげ	413
ルペシナイ	105	礼文町　れぶんちょう	229
ル・ペシ・ナイ	105	礼文塚　れぶんづか	499
ルペシナイ川	104	礼文島　れぶんとう	158
ル・ペシ・ペ	372	レプイ・シララ	229
ルペシペ	474	レプイシリ	158,210
ルペシペ・ナイ	459		

レプ・ウン・ノッカ……499
レプ・オ・ナイ……481
レプンゲプ……413,435
レプン・シララ……229
レプン・シリ……157
レプンシリ……207,210
レホナイ……481
レポナイ……481
レルコマベツ川……407
レルコマペッ……407
レレコマペッ……407

〔ロ〕

朗根内　ろうねない……110
六郷駅　ろくごうえき……466
六志内　ろくしない……139,485
六線川　ろくせんがわ……153

〔ワ〕

輪厚　わあつ,わっつ……32
若咲内　わくさくない……186
分遣瀬　わかちゃらせ……260
脇方　わきかた……467
ワッカ・タ・サップ……467
ワッカチャラセ……260
和琴半島　わことはんとう……275
鷲の木　わしのき……421
ワシベツ……32,126
鷲別　わしべつ……397
鷲別岳　わしべつだけ……395
鷲別来馬川　わしべつらいばがわ……395
ワシペッエオマペッ……395
ワシペッ・ノッ……398
ワシペッ・ライパ……397
ワシリ……458
わしり……493
ワタラ……249
渡散布　わたりちっぷ……256
ワッカ……192
ワッカヲエ……192

ワッカウイ……192
ワッカ・オイ……192
若生　わっかおい……409
ワッカオイ……409
稚咲内　わっかさかない……136
ワッカ・サッ・ナイ……136,186
ワッカ・サンゲ・ナイ……479
ワッカ・タ・エトゥ……263
ワッカタサップ……467
稚内　わっかない……160
ワッカ・ピラ……68
ワッサム……153
和寒　わっさむ……153
ワツカシヤクナイ……136
ワツシヤム……153
和田牛川　わったらうしがわ……245
わっち……32
ワツテ……283
和天別　わてんべつ……283
輪西　わにし……402
ワ・ネ・ウシ・イ……402
蕨岱　わらびたい……414
ワルイ川……415
ワルンベ・フル……414

<a>

a ·················· 498
-a ················ 71,251
aahak ·············· 119
-acha ··············· 305
achi-oro-pet ········ 262
aep-oshma-p ········ 327
ahun-i ·············· 127
-ai ················ 54,55
aibi-kar-ushi ········ 123
aigap ··············· 493
aikap ·········· 117,258, 493
aikap-pira ··········· 142
ainu-o-nai ··········· 200
ai-oshma-p ·········· 327
ai-pet ··············· 100
aiushni-ush-i ········ 290
ak ·················· 279
akam ··············· 278
-akka ··············· 169
-akkari ·············· 113
akkesh ·············· 257
akpe ················ 359
a-ku-nai ············· 391
a-ku-pet ············· 279
-ama ·············· 197,198
amam-shuke ········· 118
-an ········ 56,70,74,109,112,157,193,194,201,
        209,210,217,248,249,276,286,297,
        344,391, 395,455
anchi ··············· 203
anchi-o-yupet ········ 188
-ane ················ 190
ane-pet ·············· 239
ane-sar ·············· 356
anji ················· 204
an-or ················ 61
-an-pet ············ 297, 344
an-rur ················ 61
-an-rur ·············· 286
antar-oma-pb ········ 101
-anu ················ 108
ap ·················· 359
-apashir ············· 214
ape-o-i ·············· 340
a-pesh-nai ··········· 142
-apira ··············· 377
ap-oma-i ············ 242
ap-ta ················ 287
ap-ta-pet ············ 410

aram ················ 116
ara-pet ·············· 116
-are ················· 270
are-ku ··············· 270
ar-pira ··············· 377
ar-rur ············· 61,442
ar-taor-oma-p ········ 101
aru-poro ············ 496
ar-utor ······ 264, 409,412,458,487
arutor-kotan ········· 181
aru-ush-pet ·········· 432
-as ·················· 397
-asam ··········· 195,377,484
-ash ·········· 39,257,267,456
ashir-pet ············· 31
ashir-kotan ·········· 238
ash-o-iwa ············ 39
ash-pet ·············· 269
ash-ush-pet ·········· 397
as-o-iwa ············ 39,396
at ················ 116.359
-at ········· 268,283,298,497
at-ioro-pet ·········· 262
at-kar-ush-i ·········· 48
at-ke-ush-i ··········· 257
at-kan-nai ··········· 182
atni-ush-pet ·········· 239
at-oma-p ············ 375
at-pet ··············· 363
at-sam ··············· 153
at-sar ··············· 497
-atsar ··············· 497
at-tok-to ············ 240
atui-ka ··············· 261
atui-okake ··········· 261
atusa-nupuri ········· 276
at-ush-nai ········· 440, 497
at-ush-pet ············ 239
at-woro-ush-nai ······ 116
-au ············ 77,414,450

<b>

-ba ················· 251
-be ················ 329,43

568

bibi-emko	380	chioropet	262
-buchi	185	-chip	194
-butu	185	chip-e-kari-ush-i	216, 189
		chip-kush-pe	81
<c>		chip-ni-ush-pet	230
-cha	101,272,343,438	chip-o-yange	432
chacha-nupuri	229, 249	chip-ranke-usi	259
-char	185,206,290,307,308	chip-ta-ush-nai	414, 452, 492
char	308	chip-turashi	18,22
charo	282,291	-chir	268
-charo	282	-chirai	77
-charomap	104	chirai-ot	47, 167, 191, 414
-charse	261	chirai-pet	167
charse-nai	222, 398, 486	chir-ochi	434
charse-pet	262	chironnup-set-ush-nai	179
chash-kot	234, 292	chir-o-p	436
-chep	17,99	chir-ot-i	434
chep-ot-nai	132	chir-o-to	308
cheppo-ot-i	260	chir-ot-to	308
cheppo-ochi	157	-chise	351,360
chep-pop-ush-i	259	chise-soso-ush-pe	122
chep-sak-etunpi	219	chish	367, 453,478
chep-un-pet	19	-chish	36,173,245,282,367,453,478
chep-un-to	147	chish-emko	439
cheure	134	chish-ya	164
-chi	68,222,261	chisuye	199
chi-are-ku	270	chisuye-ush-i	199
chi-e-ota	295	chi-tukan	103
chi-e-toi	166	chi-tukan-ni-ush-i	103
-chikap	221	chi-tukan-ush-nai	105
chikap-o-i	363	-chiu	173
chikap-ot	82	chiu-ash	456
chikap-pet	82	chiu-ash-pe	267
chikap-un-i	98	chiu-ash-pet	39
chi-kaye-p	339	chiu-pet	99
chi-ke-p	398	chiu-rui	232,278
-chikir	43	chiu-rui-topui	327
chi-kisa-p	30	chiu-ush-pet	453
chikupeni	99	chiwash	397
chi-kush	438	chiw-as-pet	397
chi-kush-pet	81	chuk-chep	99
chi-kush-ru	266	chuk-pet	99, 134,285
chi-ma-ipe-ot-i	404	chup	285
-chimi	319, 362	chupka-un-kur	248
chimi-ke-p	212	chup-pet	98,99
-chin	68	chutchup	152
chi-nomi-shir	344	chutchup-ush-i	152
chin-rerke-oma-p	316		
chinru-at-nai	268	**<e>**	
chi-nuye-pira	399	-e	40,56,71,134,159,166,167,189,216,223,

261,295,348,355,361,389,391,498
e-cha-nanke-p ················· 101
echi-nangep ················· 101
e-en-iwa ···················· 57
e-horka-an-pet ············ 70,74
-e-kari ················· 189,216
e-kush-na-pet ·············· 220
-emko ················ 56,380,439
-en ························ 57
enkor ···················· 258
-enkor ··········· 318,407,467,468
-enkoro ··················· 258
e-noshki-oma-nai ············ 161
enoshk'oma nai ············· 161
enrum ··············· 337,341,453
enrum-nai ················· 495
enrum-oma-moi ·············· 132
e-opi-to ·················· 209
e-oro-ush-i ················ 234
e-or-ush-i ················· 108
-eorushi ··················· 498
e-para-nupuri ·············· 424
e-par-o-nupuri ············· 423
e-perke ··················· 222
e-pish-omap ················· 80
e-pish-oma-satporo ············ 34
epui ······················ 22
eramante-ushishpet ··········· 107
eramante-ush-pet ············· 96
-e-ran ···················· 159
e-rok ···················· 300
esaman-i ·················· 341
esan ····················· 427
-e-san ···················· 134
e-san-i ··················· 427
esani-nupuri ··············· 427
e-san-pitar ················ 296
esashi ···················· 172
e-sa-ush-i ················· 172
e-sa-ushi-i ················ 440
eshan-tush ················· 164
esorkan-ni ················· 361
e-tanne-pet ················· 96
-etaye ····················· 91
etok ···················· 96,271
-etok ······· 58,88,158,189,215,224,263,275,384
-etoko ···················· 392
etu ··················· 160,407
-etu ·········· 123,160,171,235,236,257,266,341,

428,448,486
-etump ··················· 219
etu-or-o-p ················· 249
e-tu-un-pet ················ 219
e-ukot-chish ··············· 453
-ewak ················ 211,399,453
<g>
-gur ······················ 27
<h>
hai ······················ 360
-hai ····················· 232
hai-un-kur ················· 360
hai-ush-pet ················· 98
hak ····················· 279
haru-ta-ush-nai ············· 350
harutor-to ················· 264
-hash ···················· 400
hash-pet ················· 32, 126
hash-ush-pet ·············· 32, 98
has-sam ···················· 22
-hatcham ··················· 23
hatkut ···················· 356
hat-sam ···················· 22
hattar ················· 34,472
hattar-ush-i ··············· 245
hat-ta-ush-i ··············· 245
hemash-pet ················· 165
-henoye ··················· 408
heroki-at ················· 497
heroki-kar-ush-i ········ 118, 120, 484
herok'kar-ushi ·············· 474
hetche-ush-i ··············· 107
homar-moi ················· 352
-hon ················· 162,200,397
honi ····················· 162
-horka ················ 70,74,347
horka-apashir ··············· 214
horka-moi ·················· 28
-horkan ··················· 347
horka-nai ················· 84,315
-horkanai ················· 83,85
horka-oshirarika ·············· 76
horka-p ··················· 471
horka-pet ·················· 63
-horkapet ·················· 63
horka-wen-satporo ············· 37
horka-yan-to ················ 326

570

horka-yupar	63,64
horo	234
-horo	313
horo-ru	268
hoski-san-pe	399
humi	185
-humi	185
hum-koi-ot-pe	489
hum-koi-pet	489
hunbe-etu	341
hunbe-oma-nai	332
hunpe	295
hunpe-sapa	387
hup	211
hup-ush	140
hup-ush-nai	279
hup-ush-nupuri	58,280
-hur	392
hura-at-nai	298
hura-nu-i	70
-huranui	70
hura-wen-i	140
-hure	71,123,188
hure-chish	478
hure-nai	366, 411
hure-p	173
hure-pet	71, 134, 149, 238, 283, 384
hure-pira	484
hure-ponnuka	471
hure-shuma	478
hur-e-tuy-i	216
hur-pira	484
hushko-nup-kesh	200
hushko-pet	312,387
hushko-satporo-putu	26
hushko-to-putu	238
-hutchi	351
hut-tutanu-p	211

<i>

-i	19,22,30,39,42,48,50,52,53,54,5,60,69,70, 79, 98, 100, 103, 104, 107,108,111,112,116, 118,120,123,127,128,130,140,144,152,157, 159,160,166,171,172,177,178,179,181,182, 185,187,189,190,191,192,193,195,196,199, 212,214,216,217,221,222,223,224,227,229, 232,233,234,241,242,243,245,248,257,258, 259,260,261,264,267,269,273,279,281,290, 292,295,300,302,307,312,317,319,321,329, 322,340,341,349,350,352,355,359,362,363, 364,365,380,382,385,389,399,400,401,402, 404,409,410,426,427,428,434,436,437,439, 440,443,444,448,449,453,454,456,467,468, 474,478,480,482,484,487,494,496,497,498
ichan	90
-ichan	53,111,119, 170,198,352,451
ichan-i	52,53,232,352
ichaniu-ot-pet	166
ichan-kor-pe	52
ichankot-pet	52
i-chikir-ushi	43
ichan-un-i	214
-ihi	252
i-ika-ush-i	100
-ika	70,100,172,193,282,310,341,362
ikanrani	345
i-kar-rani	345
iktara	186
i-kush-pet	220
ikushun-pet	43
i-kush-un-pet	219
imaki-para	219
i-ma-nit	347, 386
i-ma-nit-ush-i	349
imokpe	370
-inau	298
inau-shiretu	123
inau-ush	299
inau-ush-pet	307
inau-ush-shiretu	123
-inaw	399
inkar-ush-pe	33
inkar-ush-i	130
ino	93
inun	96, 152
inun-ushi	476
inun-ush-pet	152

iochi	159
i-ochi	487
i-onka-ush-pe	97
i-opi-to	209
-ioro	262
i-osi-san-pe	400
i-ot-i	487
-ipe	404
ipe-kor-pet	140
i-put	376
i-putu	376
i-put-un-poro-to	377
-iro	312
ironne-pet	233
i-ru-o-nai	207, 495
irushka-pet	374
ishikari	15
ish-kar	15
ishkari-ekari-p	100
-isho	242,243,494
isopo-un-nai	272
iso-ya	225,426,459
i-tomka	203
i-tom-muka	203
i-tom-utka	203
itunnap	354
iwa	269,396
-iwa	21,39,57,166,190,197,201,206,292, 322, 347,396,476
iwa-chish	367
iwa-kesh	196
iwa-kesh-oma-nai	196
iwak-i	157
iwa-nai	311,367
iwa-poki	269
iwau-nupuri	112, 223
iwau-o-i	123
iwau-pet	223,465
iwau-shuma-kush-pet	320
i-woro-to	257
iwor-ush-i	234
iyochi-oma-satporo	35
iyochi-pa-oma-nai	35

<k>	
ka	273
-ka	22,104,105,145,157,195,196,231, 233,261,273,282,284,295,318,361, 392,471,496,499
ka-ush-nai	44
kakkok-un-i	426
kakkum	211
-kama	88
kama-tesh-ka	145
kama-un-pet	396
kama-ya	428
kama-ya-us	26
-kamui	105,182,183,270,276,486
kamui-eorushi	498
kamui-e-rok-i	498
kamui-etu	123, 171,486
kamui-kotan	62, 68, 92, 328, 498
kamui-mintar	485
kamui-nisei	36
kamui-noka-oma-i	484
kamui-nupuri	348
kamui-o-rok-be	329
kamui-pa-ush-i	264
kamui-rok-i	300, 329
kamui-ruesani	143
kamui-shir	132,348
kamui-shirpa	475, 478
kamui-wakka	223,390
-kan	158, 182
ka-nai	371
kankan	364
kap	158
-kap	356
kapar-shirar	172, 359, 443, 479, 494
kapar-ush-i	359,480
kapar-ush-nupka	471
kapasshirar	443
kapato	49
kapatshirar	172
kapat-shirar	479, 494
-kar	15,48,82,118,120,123,158,182,183, 228,230,345,361,474,480,484

-kara	401
-karap	360
-kari	189,216,310,316,355,358,464,488
kari-pet	168
kash	443
-kash	393,443
kash-un-nai	329,391
kaya-un-pe	421
kaye	446
-kaye	339
-ke	90,118,212,257,307,393,398,427,437
kema-hure	123
kemichap	212
ken-i-sak-pe	212
ken	359
kenashi	371
-kenash-pa	133
-kene	112,310
kene-ka(-pet)	233
keneka-putu	233
kene-pet	54
kene(-pet)-puchi	152
kene-puchi	54
-kenepuchi	154
kene-ush-i	443
kene-ush-pet	21
keni-oma-p	349
ken-oma-i	359
keri-ochi	189
keri-oma-p	349
kero-oma-p	349
-kes	129,301
kesh	320
-kesh	30,67,83,103,136,195,196,199,200, 202,333,413,423,430,451,457,469
-kesi	397
kct-nai	203
ket-o-pet	174
-ketu	204
ket-un-nai	373
ki-oma-p	42
kikin	212
-kikinni	112,146
kim	324
kim-ane-p	190
kim-o-pet	468
-kina	49,117,292,372,376,478
kin-ta-an-kamui-to	276
kimun-nitai	389
kimun-tai	389
kim-un-to	324
kina-ush-i	426
kin-kush-ushishpet	106
ki-o-pe	438
-kipir	170,171
kirikatchi	454
kir-ika-ush-i	341
kiror	297
kiro-ru	297
kir-o-ru	341
-kisa	30
-kito	173
kito-ush	99, 298
kito-ush-i	261
kito-ush-nupuri	36,106
kitu	36
ki-un-pe	438
-ko	109,188,408,410,455,496
-kochi	386
ko-henoye	408
-koi	489
koika-kush-ni-o-pet	343
koika-kush-topui	326
koipok-kush	20
koipok-kush-ni-pet	343
koipok-ush	20
koi-tuye	234,381
kombu	228,404
kombu-moi	262
komke-to	181
kompu	228,404
-kompu	404
-kopak	197
-kor	52,140,195,198,270,322,361,472
-kor-pe	52
korkoni-ush-pet	70
kot	19,115

573

-kot 115,118,178,180,183,227,234,266,
       275, 292,362,415,430,439,441
kotan 121
-kotan ... 258,57,62,68,92,121,142,181,183,190,
       206,208,230,235,238,243,251,257,258,
       269,328,410,448,459,482,493, 498
kotan-ba 251
kotan-e-re-kor-pira 361
kotan-i 116
kotan-ihi 252
kotan-nai 116
kotanoka 231
kotan-pet 115, 132
kotanu-ka 231
kotan-un-pet 115
kotanu-ush-i 434
kot-ne-i 19
-kotnei 20
kot-ne-p 141
kotune-i 19
ku 406
-ku 270,279,391
ku-ama-nai 198
kucha 481
kucha-un-nai 465
kuchi-or 270
ku-kar-ush-nai 82
kuma 198
kuma-ne-shir 126, 298
kuma-ush-i 273,321,444, 497
-kun 302
-kunne 282
kunne-p 203
kunne-pet 302,304,431
kunne-shirar 416
kunne-shuma 416
kun-ru 447
ku-oma-i 181
ku-o-nai 106,406
ku-o-pira 364
-kur 92,93,248,249,283,353,356,360
ku-rar 66
kurihi 62
-kurmat 144
kur-moshir 247
-kus 282
ku-sam-ru 161
-kush ... 19,20,66,70,81,96,106,127,135,139, 153,
       154,197,219,220,222,233,266,273,282,
       303,320,343,407,436,438,467,485

-kushi 273
kush-ru 266
kusuri 267
kusurii-e-san-pet 389
kut 465
-kut 362,400,494
-kuta 128
kutchar 267,274,279
-kutchar 169
kutchar-ush-pe 274
kutchi-kan(kar)-nai 158
kutek-un-pet 233
kutek-ush-i 317
kut-ka-an-nai 157
kut-kor-kamui 270
kut-ne-shir 93
kut-san 465
-kuttar 179
kuttar-ush-i 321, 385, 482, 496
kutu 159
kutu-ne 158
kutune-pet 158
kut-un-nupuri 148
kutu-nupuri 148
kutu-sani 465
ku-un-pet 302
ku-un-tu 447
kawa-un-nai 109

<m>

-ma 347,349,386,404
-machi 55
machine-uriri 229
-mai 48
mak 33
-mak 317
mak-kari-pet 464
makkari-putu 464
mak-oma-i 380
-makomai 381
mak-oma-nai 33, 450
mak-uni-pet 308
makun-ru-ush-i 401
ma-machi 55
masar 498
masar-ka-oma-p 128,499
masar-pet 128
mashke 118
mash-ke 118
mash-uppo 163

mata-ochi	233	mo-pet	328,351,360
mata-ot-i	233	mopet-nupuri	57
mata-ru	159	mo-rap	58
mata-ru-kush-kenepuchi	154	mo-ruerani	398,403
mata-ru-kush-pet	96	mo-ruran	398
matne-shir	170, 280	mosa	267
matne-tai-or-ush-pe	119	mosa-hai	232
mat-oma-i	437	mose	42
mau-o-i	53	mose-hai	232
mek-un	461	mose-ush	89
mek-ushb	461	mose-ush-i	42
men	80,89,365,452	mose-kar-pet	228
-mem	19,20,219	mose-kar-ush-nai	183
men-an-pet	209	moshir	67,77, 440
mem-etok	80	-moshir	77,247,250,251,258,275,280
men-nai	353, 440, 451	mo-shirauoi	383
mem-oro-pet	313	moshir-un-nai	88
menash	225	mo-to	168
menash-pet	354	moyor-po	252
menash-tomari	165, 171, 485	mo-yupar	64
menash-un-kur	353	-mu	177, 284,436
menash-un-pet	343	mui	365, 483
metot	297	mui-ne-shir	36
-mintar	485	muk	214
mitush	349	muka	201
-mo	128,166	-muka	203
moacha	305	-mukap	374
mo-acha	305	-mun	495
mo-atsar	497	mu-nai	115
moi	41,120,228,258,458,483	mun-ri	187
-moi	28,125,126,227,132,243, 262,352,401,458,483	mun-ush-pe	421
		muri	187
moi-asam	195	mum-i	187
mo-ichan	53	murit	187
moi-kesh	333	mur-kuta-ush-i	128
moi-or	208,330		
moi-or-o-kotan	208	<n>	
moi-pet	475	na	218
moire	113,488	-na	185,220
moire-pet	25	nae	46
moire-tomari	475	naei	46
moire-ush-i	227	-nai	9,24,32,33,35,36,44,45,46,48,49,50,53,
mo-iwa	21, 166, 201, 206, 292, 322, 347, 476		56,57,68,71,77,78,80,81,82,84,85,86,87,88,
mo-ichan	53		89,90,93,98,104,105,106,109,110,111,112,
mokor-to	214		115,116,117,119,129,132,133,135,136,139,
mokotto	214		141,142,143,144,145,146,157,158,160,161,
mom-cha	438		162,163,164,169,172,176,177,179,181,182,
mo-nup-o-nai	145		183,185,194,195,196,197,198,200,202,203,
mo-ota	455		204,207,208,210,218,222,236,250,261,262,
mo-otoinep	176		268,272,279,291,298,300,301,303,307,310,

575

311,313,315,322,328,329,332,348,350,351,	
353,365,366,367,371,373,374,379,389,391,	
395,398,400,406,411,412,414,417,423,427,	
433,436,438,439,440,441,443,444,447,450,	
451,452,453,458,459,460,465,467,470,472,	
473,485,486,490,492,493,495,497	
nai-etaye-pet	91
nai-or-putu	148
nai-po	25,252
-naipo	170
nai-putu	55, 148
nai-ta-yube	91,315
nai-utur	167
nai-utur-ush-pe	167
-nange	90
-nangep	101
-nanke	101
nay	46
naye	46,66
-naye	66
-ne	19,36,43,93,126,141,158,182,292,298
neshko-ush-i	54
net	449
-net	115,158
net-o-nai	427
net-o-tomari	482
netunbe	449
-ni	103,145,166,178,180,230,343,
	360,379,361,423,441
ni-cha	343
ni-o-pet	32
nikaop-un-pet	339
ni-kap	356
ni-kor	198
-nikor	484, 485
ni-kor-pet	322
nikur	199
-nikur	33,165
nikur'a	191
nikur-i	217
nikur-osmak-un-to	217
nikur-to	217
ninar	163,394
-ninar	163
ninar-chimi-p	362
nlna-ru	394
ninum-ush-pet	267
ni-o-i	365
ni-o-pet	343
ni-or	199

nipesh-nai	470
ni-pes-ot .	322
nipes-soso-ot-nai	322
nip-ta-i	364
nisei	103, 183,390
-nisei	36,104
nisei-oma-p	34
nisei-ka-ush-pe	104
nisei-kesh-omap	83
nisei-kesh-oma-p	103
nisei-noshke-omap	83
nisei-noshki-oma-p	103
nisei-par-omap	83
ni-shitap	71
nishu-oma-nai	348
-nishuppa	177
nish-sam-oma-p	151
nishu-sho-etu	448
-nit	347,349,386
-nitai	240,389
-nitat	23,79,80
nitat-nai	169,374
nitat-or-oma-p	273
nitush	349
ni-u-p	146
ni-ush-i	193
ni-ush-pet	90
-noka	484
nokan-nai	68,109
nok-anu-an	109
noka-pira	315, 365
nok-perke-pet	239
nok-poro-pet	239
-nomi	344
nona-oma-i	480
nopka-pet	471
no-ru	112
noru-an-nai	112
-noshke	80,83277,487
-noshki	103,160,161
not	125,159,460
-not	161,164,235,277,499
not-etu	160,257
-notetu	206
not-ika-ush	172
not-ka	471,481
not-ka-oma-p	242
notkeu	235
not-or	206
not-or-kotan	206

not-oshmak-ta-an-nai	194
not-sam	160,242
not-sa-ush-i	160
not-sham	160
motto	460
noya-sar	354
noya-sar-pet	375
noya-ush-i	292
nu	279
-nu	70
nuchi	487
nuchi-tanne-p	182
nukan-nai	307
numa-ush-horkanai	85
num-oma-nai	493
num-ot-pe	71
-nup	140,141,145,200,211,261
nup-chimi-p	319
nup-hon-kesh	200
nupi-nai	328
nup-or	40
nupka	221,354,496
-nupka	471
nup-ka	481,496
nupka-kush-huranui	70
nupka-pet	330,471
-nupkapet	129
nup-ka-ush-nupuri	318
nup-kesh	200
nup-pa-oma-nai	71
nup-pok-oma-nai	185
nup-sam-men	20
nup-sam-pet	127
-nupkapet	129
nup-tanne	182
nup-ta-nup	211
nupur	40
-nupuri	36,57,58,83,106,112,148,173,197, 215,219,223,229,249,276,280,315, 318,348,390,423,424,427
nupuri-enkor-kush-pet	467
nupuri-kes-oma-p	129
nupuri-kesh-oma-p	202
nupuri-ko-yan-pet	188
nupuri-pa-oma-nai	129, 202
nupuri-turashi-nai	395
nupur-pet	387
nupur-pet-etoko	392
nup-utur	296
nusa-ash-kotan	257
nusa-oma-i	267
nusa-ush-kotan	251
nutap	105,208
-nutap	208
nutap-kamui-shir	105
nutap-ka-ush-pe	105
nut-i	487
nu-ush	368
nu-ush-pet	236
-nuye	399

<O>

o	137,139
-o	26,32,33,38,39,53,56,76,77,81,100,106, 115,123,130,139,145,163,166,168,170,187,188, 192,200,201,208,210,241,249,251,277,292,308, 312,314,319,327,329,340,341,343,363,364,365, 396,402,406,409,418,423,427,428,432,433,436, 438,451,454,459,467,468,482,494
-ochi	157,189,233,302,434,487
o-chikap-ewakev	221
o-chikap-ewak-i	221
o-chin-un-pe	68
o-chish-un-pe	173
o-chiu-ush-pe	173
ohak-ichan	119
o-hash-nai	400
-ohora	483
oho-tomari	170
oho-ut-nai	291
-o-i	312,363
o-ichan-un-nai	111
oichan-un-pe	110
oina-ushi	399
o-inau-ush	298
o-inaw-us-i	399
o-i-ochi	302
o-i-ot-i	302
o-i-ot-pe	437
-okake	261
o-kari-pe	358
o-hash-nai	443
o-kash-pet	393
-okashpet	393
ok-chish	245
o-kene	310
o-kene-ush-i	112
o-ketu-un-nai	204
o-kikinni-nai	146
o-kikinni-ush-i	112

o-kito-un-pet	173	oohot-nai	291
o-kompu-ush-pe	404	ooho-ut-nai	98
o-kotan-un-pe	57,410	-op	319
o-kunne-p	282	o-perke-p	311
o-kurmat-oma-i	144	o-pet-ka-ushi-i	22, 104, 195, 196
o-kush-un-pet	220	o-pet-tun-ne-p	292
o-kuttar-oma-nai	179	-opi	209
-oma	9,24,32,33,34,35,42,45,56,71,80,82,83, 93,101,103,106,110,128,129,132,133,135,139, 144,151,158,159,160,161,162,166,177,178,179, 181,182,185,190,191,196,202,218,230,242,258, 267,273,280,295,301,312,313,316,318,328,332, 348,349,359,375,380,382,407,437,450,469,471, 478,480,484,493,499,500	op-kar-ush-i	480
		op-kesh-un-pe	413
		o-poro-pet	257
		op-ta-teshke	112
		or	271,301
		-or	26,40,61,108,119,148,180,199,206, 208,234,249,250,270,273,294,319,330, 331,337, 338,409,449,490,492
-oman	73,109,396		
-oma-nai	71,106,111,133	oro	234
-omanai	196,198	-oro	234,262,281,313
-oman-pet	109	oro-wen-shirpet	469
omap	350	-or-ush-pe	119
-omap	80,83,87	o-sa-nange-p	90
-oma-p	129,151	o-sara-pet	97
o-moshir-o-nai	77	o-sarka-an-nai	210
o-mu	177	o-sarki-an-nai	210
omu-iv	177	o-sar-pet	97,406
o-mu-nai	436	-osarpet	408
o-mu-pet	284	o-sar-un-nai	85
on	283	o-sar-un-pet	406
o-net-oma-p	158	o-sar-ush-nai	313
o-net-o-tomari	115	o-satkuma-nai	56
o-ni-kesh-pet	423	o-satkuma-o-i	56
onikki-ush-pet	165	o-satkuma-oma-nai	56
o-nikur-ush-pe	165	o-sat-nai	49,53,83
o-nishuppa-oma-nai	177	o-sa-ush-i	291
o-ni-ush-i	178,349	o-sa-ushi-i	224
o-ni-ush-pet	166,423	o-sat-nai	366
onka	97	-osh	400
-onka	97	o-shikina-ush-i	111
on-ka	284	o-shirar-ika	76
onne	115	o-shirar-nai	423
onne-kotan	251	o-shirar-ne-p	182
onne-moshir	280	o-shirar-un-pet	332
onne-nai	144	-oshma	200,327
onne-nupuri	219	-oshmak	194,217,471
onne-pet	152	oshor	458
onne-to	243	oshor-kot	115,227
onne-ya-ush-pet	238	o-sho-ush-i	30
on-pet	283	o-shunku-ush-i	222
o-nup-nai	141	o-shuop	296
onush pet	167	-osirarika	76
ooho-nai	80,89	-osmak	217

o-so-ush-i	30
osor-kot	227
osor-kochi	386
o-soshke-mai	48
-ot	47,71,82,128,132,148,153,166,167,179, 181,191,232,233,234,243,260,302,308, 322,371,404,414,425,434,437,487,489
ota	448,490
-ota	295,455,456,488
ota-chip	194
ota-etu	235
ota-kot-pet	118
ota-kush-pet	135
ota-nai	490
ota-nikor	484,485
ota-noshke	277,487
ota-noshke-o-p	277
ota-nupuri	173
ota-or	338
ota-or-nai	490
ota-or-pet	490
ota-pa	210
ota-pet	338
ota-ru-nai	490
ota-shut-nai	458
ota-sui	320
ota-sut	457, 485
ota-ush-nai	46
o-tatni-oma-p	230
o-tereke-ot-pe	144
o-toine-p	143, 176
-otoinep	176
otope	442
-otopke	316
o-to-un-pe	442
o-tui	90
o-tui-nai	90
o-tui-ush-nai	90
o-tuye-pok	90
o-u-kot-nai	441
o-u-kot-pe	178
o-watara-ush-i	245
oya-kot	266
o-ya-kot	266,275
o-ya-ush-i	428
oyoro	384
o-yu-un-be	437

<p>

-p	30,32,34,42,80,90100,101,103,122,127, 128,129,141,143,145,146,151,158,173,176,182, 190,200,202,203,210,211,212,230,242,249,273, 277,282,292,310,311,312,314,316,319,327,328, 339,348,349,362,375,398,436,437,469,471,499
-pa	24,30,35,71,129,133,202,210,218,264, 362,482,497
-pak	110
pakkai-ush	454
-pan	106
-pana	440
panan-gur	27
panawa-an-rupeshpe	201
pani-un-kur	92
panke	29
panke-chirai-ush-nai	77
panke-kenash-pa-oma-nai	133
panke-ni-u-p	145
panke-o-ichan-un-pe	451
panke-poro-nai	78
panke-samatki-nai	473
panke-shir-utur-oma-p	80
panke-shupor	84
panke-so	62
panke-to	280
panke-yu	390,407
par	56,59,162, 189
-par	56,83,162,423
-para	56,219,424
paraki-o-nai	163
para-kot	439
para-moshir	251
para-ota	456
para-to	27
parir-ush-pe	383
paro	189
par-oma-ut	135
-pash	496
pash-kur	283
pash-pet	126
-paye	240
pe	58
-pe	33,36,52,57,61,63,68,69,71,73,81,88,97, 102,104,105,110,118,119,122,128,140,149,153, 165,167,173,178,188,198,212,215,267,274,275, 297,303,358,372,383,399,400,404,410,412,413, 417,421,425,429,437,438,441,442,451,467,489
peken	144
-peken	144
peker	26, 144, 225,384
peker-not	227

peker-pet	52, 319, 391, 431	petanu	150, 323,450
pena-wa-an-rupeshpe	201	petau	77
peni-un-kur	93	-petau	77
penke	29	pet-au	77,414,450
penke-chirai-ush-nai	77	pet-char	185, 290, 308
penke-(nisei-)charomap	104	pet-e-kari-i	355
penke-petau	77	peteukopi	200, 201, 348, 389,396
penke-pet-ichan	170	petomnai	373
penke-poro-nai	78	pet-par	56
penke-so	61	pet-pet	383
penke-to	281	pet-pirka-i	355
penke-yu	391,407	pet-po	252, 296
pe-ot-pe	153	pet-put	210
pe-pan	106	pet-sam-ush-pe	119
pe-pan-pet	106	pet-tukari	116
pe-pe	412	pet-utka	240
pe-peken-nai	144	pe-tuwar	151
pepeker-pet	319	pe-tuwar-pet	101
pepe-nai	467	pe-un-pe	412
pe-pe-nai	412, 467	pe-wen-mem	219
pepe-shiretu	412	pi	296
pe-pe-rui	69	piba-iro-pet	312
pe-pet	110	pikata-tomari	454
pera ushi	170	-pi-nai	48
perai-ush-i	171	pi-nai	57
perke	225	pin-nai	57
perke-i	223	pinne-shir	170, 280
-perke	222,239,311	pinne-tai-or-ushpe	119
-pesh	36,61,63,73,88,102,104,119,142,	pi-o-p	100
	149,188,198,303,453,459	pi-or	331
pesh-poki	500	-pipai	45
pesh-tukari	125	pipa-oma-nai	45
-pet	3,17,19,21,22,25,31,32,36,39,42,43,44,48,	pipa-o-i	312
	52,54,60,63,65,68,70,71,72,74,76,79,80,	pipa-oma-p	312
	81,82,86,88,90,91,96,97,98,99,100,101,103,	pipa-u	312
	104,105,106,109,110,115,116,118,126,127,	pipa-ush-i	79, 111,312, 317,364
	128,132,134,135,139,140,148,149,150,152,	pipa-ushi	312
	158,165,166,167,168,170,173,174,188,191,	pipi-pet	100
	195,196,197,209,212,215,216,217,218,219,	pi-pok	356
	220,221,223,228,230,232,233,236,238,239,	pi-poro	332
	250,257,262,267,269,272,273,276,278,279,	pir	117,296
	280,282,283,284,285,292,293,296,297,302,	pira	296,377
	303,304,305,307,308,309,310,311,312,313,	-pira	29,46,81,108,131,142,305,315,359,
	316,318,319,320,322,323,326,328,330,331,		361,364,365,377,399,484,486
	332,337,338,339,341,342,343,344,351,354,	pira-etu	236
	358,360,363,365,366,371,373,374,375,381,	pira-kesh	30,67
	383,384,387,389,391,392,393,394,396,397,	pira-ko-an-pet	455
	406,407,408,410,418,421,423,424,431,432,	pira-or	331
	447,449,450,452,453,454,455,457,459,461,	pira-pa	30
	464,465,467,468,469,471,475,485,489,490	pira-un-pet	296

pira-utur	363	pon-moshir	280
pira-uturu-i	363	pon-nai	460
-pirka	355	pon-nitat-pet	80
pirka-an-pe	297	-ponnuka	471
pirka-kina-ush-i	478	pon-nupka	471
pirka-pet	452	pon-pet	424, 450
pirka-tomari	163	pon-pira	142
pir-nai	57	pon-poronai	197
pir-or	331	pon-poropet	174
pir-pet	297	pon-to	383,425
pirui-pet	331	pon-tokse-i	389
pi-san-pet	118	pon-tomari	194
pish	324	pon-ya-un-pe	118
-pish	34,80	pon-yu	390
pish-kush-mem	19	-pop	259
-pitar	296	popke-i	279
-pitara	28	-poro	17,78,239,257,301,332,377,496
pi-tata	334	poro-iwa	190, 197
pit-o-i	39	poro-nai	44
pit-or-pet	449	-poronai	197
pit-shir	88	poro-to	39
pit-ush-i	439	poro-moi	125, 126, 483
pit-ush-nai	439	poromoi-putu	42
piuka	146,313,359	poro-moshir	251,258
piuke-nai	109	poro-nai	82, 119, 176, 197,261.458,460
pi-ushi	429	poronai-nupuri	197
pi-ya	454	poro-nitat-pet	79
piye	109	poronot	244
piye-nupuri	112	poro-nup	140
piye-putu	107	poro-nupkapet	129
-po	25,252,296	poro-nupuri	390
-pok	90,110,185,282,338,356,393,427,430	poro-pet	342, 394, 459, 485
-poki	269,500	-poropet	174
pokin	117	poro-sar	366
pok-ke	90	poro-shir	311,366
pokke	279	poro-so	406
pok-o-i	402	poro-to	168,383,425
pok-sam	484	poro-tomari	126, 221
pok-sey	402	poro-yu	391
pok-uni	483	poru-un-nai	262
pok-ush-i	448	puchi	148
pon-apira	377	-puchi	54,152,185,215
pone-op	319	-pui	326
pon-horkapet	63	pui-o	454
pon-i-o-i	241	pui-o-shuma	340,494
pon-i-o-p	319	puira	466
pon-pet	44	puira-rui-pet	358
pon-pipai	45	pui-ta-ush-nai	417
pon-to	39	pui-un-chise	351
pon-kamui-kotan	183	punki-ot-pe	489

pu-pet	384	retar-pira	486
pu-sapa	384	retar-toi	412
push-i	191,350	reuke-p	127
push-putu	441	-ri	187,258,281,461
put	148,308	ri-hur-ka	392
-put	28,168,191,206,210,215,294,376,377	ri-hure-nai	71
put-au	450	ri-kipir	171
putu	148,291,417,418	ri-kun-pet	302
-putu	26,42,55,66,107,139,148,185, 191,215, 233,238,239,291,295, 361,376,379,389, 441,464	rik-un-pet	303
		-rikunpet	303
		ri-pira	359
putu-ichan-nai	198	rir-nai	208
putu-kama-pet	88	rir-o-nai	433
pu-ush-i	191	riya	472
		-riya	202
<r>		riya-ush	209
ra	228	rok	498
-rai	291	-rok	300,329,498
rakan-pet	278	-ru	63,73,96,100,112,143,151,154,158,159, 161,169,174,182,183,207,220,259,266,268,297, 341,377,394,401,447,452,453,468,478,490,495
rakko-pet	330		
ran	68		
-ran	159	ru-chish	36
rani	299	-ruchish	97
-rani	345	ru-chish-pok-kus-pet	282
-ranke	259	ruchish-an-pet	344
ranko-ush-i	55,463	ruchish-apashir	214
ran-pok	430	ruchish-pok-oma-nai	110
ran-pok-ke	393	ru-e-ran-i	159,403
ran-ru	100	-ruerani	398,403
rap	68	-ruesani	143
-rap	58,417	ru-e-shan-i	223
-rapchi	65,66,68	-rueshepe	149
-rar	66	-rui	69,228,232,278,327,358
rarmani	486	ru-kot	415
rar-ush-i	449	ru-kush-charo	282
rashua	251	ru-kush-nai	139,485
raune-nai	110	ru-kush-nupsha	127
ra-ushi	228	ru-kush-pet	230
-re	361	-ruoeshpe	88,102,119,145,149, 197,201, 301,452
rekuchi	166		
rekut	166	ru-oman-sorapchi	73
repun-ke-p	437	ru-o-san-i	467
repun-not-ka	499	-rupeshbe	453
repun-shir	158	ru-pesh-nai	36,104,459
repun-shirar	229	rupeshpe	70
repuy-shir	158	ru-pesh-pe	36,61,88,102,119, 149,188,198,303
-rerke	316		
rerke-oma-pet	407	-rur	61,286
re-sak-pet	293	-ruran	398
retar-i	454	rur-mo-ot-pe	128

rurochi	179
rur-ot-i	179
rush-o-a	251
ru-sut	468
ru-tom	248
rutom-an-kur	249
rutom-un-kur	249
ru-turashi-nai	111
ru-utur-oma-p	328

\<S\>

sa	33
-sa	90,160,172,224,291,440
sak	284
-sak	36,136,219,212,293
sakatuki	475
sak-kotan-nai	142
sak-kush-rikunpet	303
sak-ru	143, 151, 174, 182, 183, 220, 377
sak-ruchish-pet	97
sak-rupeshpe	452
sak-ru-pet	452
sa-kush	19
-sam	20,22,119,120,127,151,153, 160,242,275,294,484
samaikur-san	298
saman-i	341
-samatki	473
san	101,298,399.495
-san	118,134,161,296,298,389,391,399, 400,427,429,465,467,495
sana-buchi	185
sana-butu	185
sanapuchi	185
sa-na-puchi	185
sa-na-putu	185
san-enkor	318
-sani	465
-sanke	315
sanke-pipai	45
sanke-pet	132
san-nai	164,250
sannai-putu	185
san-ush-pe	372
sa-or-o-pet	319
-sap	367,467
-sapa	384,387
sapporo	17
sar	167,307,356,360,375,406,424,497
-sar	85,97,313,316,352,354, 356,366,375,406,497
-sara	97
sarakip	177
sara-un-pe	417
sar-char-pet	307
sar-e-ukot	167
-sarka	210
sar-kesh	136
sarki	177
-sarki	210
sarki-to-oma-nai	162
sarki-ush-i	136
sar-oma-pet	139,191
saroma-putu	191
sar-oma-to	190
sar-o-pet	139,168
sar-or	180,337
sar'oro	180
sar-pa	362
sar-pa-oma-nai	218
sar-pet	305
sar-put	168
sar-putu	361
sar-rupeshepe	149
sar-un-kur	356,360
sar-un-pe	417
sar-un-pet	218
sar-ush-horkapet	63
sash-ush-i	281
sat	284
-sat	49,53,183,366
sat-char-pet	307
sat-chep-poro	17
sat-humi	185
sat-humi-i	185
-satkuma	56
sat-pi-nai	48
-satporo	26,34,35,37
sat-nai	53,310,389,438
sat-nai-putu	389
sat-okashpet	393
sat-pet	284
satporo	17
sat-oro-pet	17
satporo-putu	26
satporo-nupuri	36
sat-putu	139
satte	284
sattek	284
sattek-nai	48

sei-o-i	292
sei-o-pet	418
sei-o-pira	81
sei-or-sam	294
sei-o-topui	327
senpir	299
sep	358
sesek-i	227
sesek-pet	276
-set	179
seta-ewak-i	399, 453
seta-kamui	486
seta-nai	453
seta-rupeshbe-nai	453
seta-ru-pesh-nai	453
set-chir	268
set-ush-i	474
set-ush-nai	179
-sey	402
shak-kotan	251,482
shak-ru-kush-pet	96
sha-kush-kotnei	20
sha-kush-naye	66
-sham	160
sham-oma-i	295
sham-o-tomari	130
-shan	233
shan-nai	250
shar	360
shas-rui	228
sha-tai-pet	383
shi-an-rur	286
shi-apira	377
shi-hatcham	23
shi-horkan-pet	347
shi-horkapet	63
shi-hutchi	351
shi-isho	242
-shikari	40
shi-kari	488
shi-kari-pet	316
-shikaripet	318
shikari-un-nai	236
shike-oshora-ushi	483
shikerpe	35
-shikina	111
shi-kina	49,372
shiki-ush-nai	365
shi-kot	430
shi-kotan	243
shikot-emko-e-an-para-to	56
shikot-emko-toho	56
shikot-putu	55
shikutur	400
shi-kut-ush-i	494
shikutut	262,400,494
shikutut-ush-i	400
shi-moshir	250
shi-muka	203
shi-mukap	374
shine-emko	439
shini-ush-pet	105
shini-ush-shuma	106
shinoman-otopke	316
shinoman-satporo	37
shinoman-shikaripet	318
shino-notetu	206
shino-oman-pet	396
shino-or-o	26
shini-ri-un-enkoro	258
shi-nupsha	127
shi-o-naipo	170
shipe-ichan	352
shipe-ot	232,243
shi-pet	36, 48. 148, 150, 232, 450
shi-pet-cha	272
shi-pet-kopak-kush-poronai	197
shi-pet-or	250
-shir	23,36,80,88,93,105,126,132,149,158, 170,243,280,298,311,321,344,348,366
shir-akkari	113
-shirar	76,172,182,229,271,332,359, 383,416,423,429,443,479,494
shirar-etu	428
shirar-ika	282
shirar-ika-p	282
shirar-ka-ta-nai	195
shirar-tukari	113,434
shirar'ukau	281
shirar'utoro	271
shirattukari	433
-shirauoi	383
sirauoi-ko-henoye-osarpet	408
shir-etok	158,224,384
-shiretu	123,194,412,429
shir-etu	266
shi-ri-pet	461
shiri-pet	461
shir-nai	117
-shirpa	475,478

shir-pa	482,497	shum-un-kur	353
-shirpet	469	-shunku	222
shirpet-ko-henoye-osarpet	408	shunku-nitai	240
shir-pok	338	shunku-ush-horkanai	83
shir-san-pe	429	shunkuush-nupri	83
shir-shut	164	shu-oma-i	258
shir-tukari	413	-shuop	296
shir-um-ka-pet	471	shuop-nisei	104
shir-utur-noshke-oma-p	80	shup(ki)-sar	313
shir-utur-oma-p	80,182	shupki-nai	444
shi-shikaripet	318	shupki-pet	454
shi-shokot	184	shupki-sar	316
shi-sorapchi	73	shupki-ush-i	69
-shitap	71	shupo	296
shi-tat	278	shupor	62, 68,84
shi-tokapchi	323	-shupor	84
shi-tokor	204	shup-sar	352
shittek-sam	120	shupun-pet	42,126
shittok	320,347	shupun-ot-nai	181
shittukari	413	shupun-ot-pe	425
shiukina-ush-to	39	shupun-to	162
shiuri	78	shurk-oma-nai	160
shi-watsam	153	shurku-oma-pet	280
shi-yupet	188	shurku-ta-ush-pet	152
shukup-ai	54	shushu-un-nai	50
-sho	448	shushu-ush-i	50
sho-e-san-pet	134	shut	258
sho-kot	180,183	-shut	164,458
-shokot	184	shut-poro	301
-shonko	410	shutu-nai	351
sho-ri-oro	281	shu-un-kot	362
sho-us-pet	86	si-kut-us-i	400
shu-horo-pet	313	-simpui	108
-shuke	30,118	siuri	374
shukush-pet	365	so	68
shukutut	262	-so	30,61,62,99,333,406
shukutut-ush-pet	366	so-an-nai	391
shum	235	so-e-oma-p	348
shuma	87,455	so-kesh-oma-p	469
-shuma	106,320,340,416,478,494	so-kesh-oma-pet	469
shuma-hure-yupet	188	so-kor-nai	472
shuma-oma-p	32	so-pet	406
shuma-moi	483	-sorapch	73
shuma-o-kotan	459	so-rapchi-pet	65,68
shuma-san-nai	495	so-rapchi-putu	66
shuma-terke-ush-i	456	sori-o-i	468
shuma-un(-pet)	343	soshke	116
shum-kar-kotan	230	-soshke	48
shum-pet	3, 341, 354	-soso	122,322
shum-un-kot	362	sotki	48,50,466

so-un-nai	86	terke-ush-i	340
so-un-pet	103	terke-ush-nai	447
so-ush-nai	86	teseu-rupeshpe	88
so-ush-pet	279, 365, 373	tesh	93,419
so-ya	163,164	-tesh	145
-sui	320	tesh-ka-ka	273
suma-tukari-pet	221	-teshke	112,274
suop-poro	301	tesh-omanai	198
sut	499	tesh-ya-oma-nai	9
-sut	457,468,485	to(沼)	25,39,56,162,209,264,379

<t>

-to 27,39,47,52,56,162,168,181,190,194, 209,214,217,238,240,243,257,264,276,280, 281,308,324,326,377,379,383,425,442

-ta	91,112,152,194,195,211,245,259, 263,274,276,287,315,350,351,364, 410,414,417,452,467,492		
		toa-ota	448
		to-asam	377
-tai	119,383,389	to-char	206
tai-rupeshpe	119	to-e-shikari	40
-tanashi	202	to-etok	189
tanne	96	to-etok-ush-pe	215, 275
-tanne	96,182	-toho	56
tanne-moi	458	to-hon	162
tanne-nutap	208	to-hon-kesi	397
tanne-so	333	-toi	166,317,412
tanne-to	52,243	to-ika-ush-i	193
tanne-wenshir	23	-toine	143,176
-taor	101	toi-o-i	329,428
taor-kesh	457	toi-um-i	329
taor-oma-i	382	to-pet	39
taor-oma-p	129	-tok	240
tapkop	44,58,212,270,395	to-ka	295
tapkop-kes-oma-nai	301	-tokapchi	323
-tar	307	tokap-ushi	286
tar-tar-ke	307	toki-kara-moi	401
-tat	278	-tokor	204
-tata	334	to-kotan	190,235,258,269,493
-tathi	230	-tokse	389
tat-ni	180	to-kutchar	169
tat-ninar-ush-nai	163	-tom	203,248
tatni-us(-i)	229	toma	259
tatni-ush-nai	163	toma-chi-e-nup	261
tattarke-i	307	to-makomai	381
tat-ush-nai	81	tomam	210,302,374
-te	283	tomam-kesh-nai	451
teine-i	189	tomam-pet	337
teine-nitat	23	toma-o-p	210
teine-ru	268	-tomari	115,126,130,162,163,165,170, 171,194,221,454,475,482,485
teksam	120		
tem-mun-ya	495	tomari-asam	484
-terek	144	tomari-nai	164
-terke	456	toma-ta-ru	259

-tomka	203
tom-ni-karap	360
to-moshir	275
to-ne-pet	43
tonmaru	478
-tonraushi	323
-topui	326,327
toura-ush-i	322
to-unkar-ush-pet	323
to-oma-nai	106
to-oma-pet	318
to-oma-ru	478
to-or	270
to-oshmak-oma-pet	471
to-par	162
to-paye	240
to-pe-nai	441
to-pe-ni	441
topeni-un-nai	160
topeni-us(-i)	229
topen-nai	160
to-pet	381,309
tope-un-nai	160
to-puchi	215
to-pui	326
top-ush-i	190
top-ush-nai	301
top-ush-pet	173
to-Put	191,206,215,294
to-putu	215,239
to-sam-ush-pe	275
toshka	26
totta-pet	311
to-um-kesi	397
to-un-nai	158
to-un-pet	168
to-ut	177
to-utur	217
to-ya	269
-tu	219,447
-tui	90
tui-pira	29
tuikanpet	141
tuima-rupeshpe	102
-tuk	130
tuk	443
tukan	383
-tukan	103,105,383
tukapchi	286
tukar	401
-tukari	113, 116, 125,221,413,433
tukar-isho	494
tukar-moi	227
tukar-shuma	494
tuki	166
tuki-mo-iwa	166
tuki-oma-i	166
tuk-kotan	121
tuk-pitara	28
tu-kor	195
tu-kotan	121, 190, 235, 258, 269, 410, 493
tuk-so	99
tukushish-un-pet	408
tumi-rupeshpe	301
tu-moshir-ush-i	243
tum-shir-ushi	243
-tun	292
tunash-pet	72
tunni-pet	43
tun-ni-ka	361
tun-ni-kar	361
tu-pana	440
tu-pet	212, 309
tu-pet-kushi	273
tu-pok-ke	427
-turashi	8,18,22,72,111,260,395
turep	97
turep-ush-rikunpet	303
turi-tuye-ush-i	269
-tush	164
tushiri-pa-oma-nai	24
tushir-pa-oma-nai	24
tush-pet	450
tushpet-putu	295
tusso	99
-tutanu	211
tu-tuk	130
tu-ush-pet	450
tuwar.	151,418
-tuwar	101,151
-tuye	90,216,234,269,381
tuye-pira	29,46

<u>

u	137, 145
-u-	145,146,178,282,312,441
u-at-te	283
uhui	297
uhuipa-p	122
ukau	281

u-ka-u ·················282
ukoiki-ushi ·················238
u-ko-pash·················496
u-ko-shonko-ye-ush-i ·················410
-ukot·················167,453
ukuri-kina·················117
ukur-kina·················117,376
-um·················137,233,329,397,471
un·················137,233
-un·················6,9,19,50,57,60,68,85,86,87,88,89,92,
93,98,103,109,110,111,115,118,147,148,157,
158,159,160,166,168,172,173,193,194,204,214,
217,218,219,220,223,236,248,249,258,262,272,
296,302,303,308,324,329,332,339,343,351,353,
356,360,362,373,377,391,396,406,408,410,412,
413,417,421,426,437,438,442,447,451,461,465
una-pet·················220
-uni·················483
-unkar·················323
u-pak-pet·················110
upar·················207
upara·················207
upararai-rupeshpe·················197
upepe-sanke·················315
-uppo·················63,163
upshor·················115,492
upun·················110
up-ush·················140
urai·················356
urai-us-nai·················49
urai-ush-nupuri·················215
urai-ush-pet·················216
urai-ush-pet-nupuri·················215
urash·················49
ure-kari-p·················310
ure-toi·················317
ur-ika-pet·················310
uri-mak·················317
urir·················76
-uriri·················229
urir-o-pet·················76
urir-rupeshpe·················88,145,149
urir-un-to·················194
uriu·················76
uriu-rupeshpe·················88
urka-pet·················310
ur-pet·················296
urup·················250
-us·················26,49,86,229,399,400
u-sap·················367

ush·················256, 257
-ush···20,21,30,32,33,36,39,42,44,46,47,48,50,
54,55,58,63,69,70,77,79,81,82,83,85,86,87,
89,90,96,97,98,99,100,103,104,105,106,107,
108,111,112,116,118,119,120,122,123,128,
130,136,140,141,152,160,163,165,166,167,
171,172,173,179,178,182,183,189,190,191,
193,199,209,215,216,222,227,230,234,236,
238,239,243,245,251,257,259,261,264,267,
269,273,274,275,279,280,281,287,290,291,
292,298,299,301,303,307,312,313,317,318,
321,322,323,340,341,349,351,359,362,364,
365,366,368,372,373,383,385,387,397,400,
401,404,410,414,417,421,423,426,428,432,
434,439,440,443,444,447,448,449,450,452,
453,454,456,461,463,471,474,478,480,482,
484,492, 494,496,497
-ushi·················22,43,104,123,170,171,195,196,
224,228,238,243,286,312,399,
429,474,476, 483
ushish-kina·················292
ushish-pet·················99
-ushishpet·················106,107
ushor·················458
ush-or·················409, 492
ushor-kesh·················430
-ushpe·················119
ush-ya·················130
-usi·················259
us-kesh·················430
us-or·················492
us-pet·················447
ut·················178, 180 291
-ut·················98,135,177,291
ut-nai·················32
utka·················82
-utka·················203,240
u-tukan-pet·················383
utka-ya-oma-nai·················82
ut-nai·················87,135
utnai-putu·················379
ut-nai-to·················379
utor·················264
-utor·················264,409,412,458,487
ut-pet·················311
utumam-pet·················342
-utur·················80,167,182,217,296,328,363
-uturu·················363
uturu-chi-kush-i·················222
uwatte-pet·················383

uwekari-p	310

\<w\>

-wa	201,217,248
-wakka	143,160,223,303,305,390
wakka-charse	261
wakka-o-i	192,409
wakka-sak-nai	36
wakka-ta-etok	263
wakka-ta-sap	467
wattar	245
-watara	245
wat-sam	153
-watsam	153
-wen	36,37,140,219,469
wen-kotan	448
wen-nai	85,161,172
wen-not	161
wen-pet	60
wen-pira	131
wen-shir	23,149,321
-wenshir	23
wen-tomari	163
wóse-kamui	182
woro	234
-woro	116,257
wose-ush-i	182

\<y\>

ya	116,164,275,428
-ya	9,26,82,118,130,163,164,225,238, 266,269,275,428,454,459,495
ya-kush-i	436
yam-a-e	71
yam-(w)akka-ru	169
yam-e	71
yam-wakka-nai	143,160,303
yam-wakka-pira	305
yam-wakka-simpui	108
-yan	188,326
yange	432
-yange	432
yange-pet	338
yar	72
yash	116
yas-ush-i	141
yau	131
ya-wa-an-i	248
ya-wa-an-pet	217
ya-wa-un-kur	248
ye	409
-ye	410
ye-par-nupuri	423
yoko-ush-pet	21
yopi-to	209
yu	227, 379, 407
-yu	390,391,407,437
yube	184
-yube	91,315
yu-enkor-kush-pet	407
yu-e-san-pet	391
yu-hure	71
yuk-chise	360
yuk-nikur	33
yuk-kut-ika-ush.i	362
yuk-oma-nai	158
yuk-oman-pet	109
yu-ko-oman-pet	109
yuk-o-p	314
yuk-ot-pet	371
yuk-riya-tanashi	202
yuk-ru	158
yuk-ru-pesh-pe	63, 73
yuk-turashi-pet	72
yu-nai	486
yu-ochi	487
yu-ot-i	487
yup	379
-yupar	63,64
yupe	91, 150
-yupet	188
yu-pet	457
yu-rap	417
yu-tonraushi	323
yu-un-i	60
yu-un-pet	421

589

◎復刻版刊行にあたって◎
・本書は『北海道の地名』(北海道新聞社、第5刷、1994年刊)を底本とした。
・刊行にあたっては、明かな誤植や年代等の誤記のみ訂正した。
・訂正に際して、読者からのご教示を参照させていただいた。記して感謝いたします。(編集部)

著者略歴 明治32年東京生まれ。大正13年東京帝国大学法学部卒業。農商務省・商工省・企画院等を経て、昭和24年北海道曹達株式会社創設、以後30余年間同社を経営。その間、北海道、東北地方の地名を現地探訪、研究すること半世紀、北海道文化賞・地名研究賞等受賞。平成4年死去。
主著著作 『アイヌ語地名の研究』(全4巻)『東北・アイヌ語地名の研究』『アイヌ語地名の輪郭』『関東地名物語』(以上、草風館)『アイヌ語地名を歩く』(北海道新聞社)など多数。

北海道の地名
―― アイヌ語地名の研究　別巻

2000年　4月10日　　初版
2018年11月30日　　2刷
著　者　山田秀三 ⓒ　Hidezou Yamada
発行者　内川千裕
発行所　草　風　館
　　　　千葉県浦安市入船3-8-101　〒279-0012
　　　　TEL.047-723-1688　FAX.047-723-1688
　　　　e-mail:info@sofukan.co.jp
　　　　http://www.sofukan.co.jp
　　　　ISBN978-4-88323-114-0

装丁者　菊地信義
印刷所　創栄図書印刷㈱

草風館刊 ●山田秀三著作

アイヌ語地名の研究

山田秀三著作集　新装復刊　全四巻（各巻5825円）＋別巻

北海道・東北地方のアイヌ語地名の分布・系統を解明した山田地名学の宝庫！

（定価は本体価格）

第一巻◎アイヌ語地名考

【第一部】アイヌ語地名のために／北海道のアイヌ語地名十二話／アイヌ語地名を尋ねて／アイヌ語種族考／アイヌ語族の居住範囲／アイヌ語の地名を大切にしたい／アイヌ語地名・アイヌ語の古さ／狩猟のアイヌ語地名を尋ねて／黒曜石のアイヌ語地名を尋ねて【第二部】アイヌ語地名分布の研究／津軽海峡のアイヌ語時代／北海道のナイとペッ／東北地方のナイとペッの比／アイヌ語地名の三つの東西／メナという地名とその分布

第二巻◎アイヌ語地名の川と峠

【第一部】北海道の川を尋ねて▼北海道の川の名＝石狩・空知・上川・留萌・宗谷・網走・釧路・根室・十勝・日高・胆振・渡島・檜山・後志＝湖沼【第二部】北海道の峠を尋ねて▼ルベシベ物語＝アイヌ語の内陸交通路地名／雨竜川筋のルベシベ／鵡川の累標／倶知安・余市間の二つの稲穂峠

第三巻◎北方史の旅（一）

【第一部】東北地方のアイヌ語地名▼東北と北海道のアイヌ語地名／十三潟のアイヌ語系地名／下北の旅の記録／津軽半島の記録／津軽の犹村の記録／コンナイという地名／東北のアイヌ地名の旅【第二部】北海道南部のアイヌ語地名／雨竜川筋の地名＝函館→室蘭→札幌／登別・室蘭のアイヌ地名を尋ねて

第四巻◎北方史の旅（二）

【第一部】北海道中部のアイヌ語地名▼札幌のアイヌ地名を尋ねて＝札南地区・都心と西郊・札北地区略説・札幌周辺・札幌の東南郊／深川のアイヌ地名を尋ねて＝深川という地名／石狩川筋の地名／雨竜川中流の地名【第二部】追想のひとつ／久保寺博士の追想／金田一京助先生を偲んで／知里さんのこと／知里さんと地名調査をした話／八重九郎翁を偲んで▼付録／アイヌ語地名総索引＝第一巻～第四巻のアイヌ語地名総索引

東北・アイヌ語地名の研究

東北地方に分布するアイヌ語地名の南限は仙台平野、秋田・山形県境にかけた線。この南限線は古代の蝦夷と和人の境界線だった。本書は東北北部とさらに南下して調査した著者最後の地名研究

6000円

アイヌ語地名の輪郭

入手困難な山田地名学の余録。主要論文＝アイヌ語地名研究概説、地名の変化、地名研究の楽しみ、南のアイヌ語地名を尋ねて、仙台案内考、俚謡に唄われた地名、カリンパの話等 6000円の地名調査、常呂町